舍我其誰:胡適

第一部
璞玉成璧
1891-1917

江勇振　著

獻給　麗豐

樂群、龍泉、青龍；荷亭、玫瑰、影茵

目　次

圖目次

前言

　　胡適是中國近代史上著述最多、範圍最廣，自傳、傳記資料收藏最豐、最齊的一個名人；同時，他也是在眾目睽睽之下，最被人顧盼、議論、窺伺；卻又是最被人所誤解的一個名人。這原因當然跟他自己處處設防、自己刻意塑造他的公眾形象有很大的關係。在這個意義之下，我們可以說，在中國近代知名的人物裡，胡適可能既是一個最對外公開、又最嚴守個人隱私的人。他最對外公開，因為從他在1917年結束留美生涯返回中國，到他在1948年離開北京轉赴美國的三十年間，作為當時中國最具影響力的思想界領袖、輿論家以及學術宗師，他的自傳資料產量與收藏最為豐富與完整。這些自傳資料，他有些挑出來出版，有些讓朋友傳觀，有些除了請人轉抄以外，還輾轉寄放保存。然而，在另一方面，他又是一個極其謹守個人隱私的人。他所蒐集、保存下來的大量日記、回憶，以及來往信件，其實等於是已經由他篩選過後的自傳檔案。從這個意義上說來，那就好比說他已經替未來要幫他立傳的人先打好了一個模本(a master narrative)，在他們要為他立傳之先，他已經把那些他不要讓人窺密或分析的隱私，以及他思想成熟以後所已經放棄了的主張和想法，都一一地從他的模本裡剔除了。

　　胡適一生中所蒐集保存起來的自傳檔案，卷帙浩瀚，對研究者來說，當然是一大挑戰。然而，最大的挑戰並不在於數量，而毋寧是在於它已經是一個篩選過的傳記的模本。面對這個傳記模本，研究者必須能取其所用，而不為其所制；要能不落入那「浮士德式的交易」(Faustian bargain)的窠臼；要能不贏得了些許資料，卻賠去了自己的靈魂。換句話說，研究者必須要能入胡適的寶山，得其寶，而且能全身而出，不被寶山主人收編為其推銷員。

　　胡適的日記與書信，都不屬於那種秘而不宣、寫給自己看的私領域的產物。一般所謂的私密的文件，比如日記與書信，用在胡適的身上，已經是在公眾的領域。就像我在一篇文章裡所強調的，胡適的日記不但不屬於秘而不宣的性質，而且它更是他「知識男性唱和圈」裡一個重要的環節。這是因為胡適的日記並不單只是留給後人看的。就以他《留學日記》為例，他在留美的時候，就已經把他的日記寄給許怡蓀瀏覽、保存和選刊。在他一生中，他不只讓他的朋友借他的日記去看，有時還主動的把他的日記借給朋友。更重要的是，胡適的日記所記載的，幾乎完全和他個人或家庭的生活毫無關係。即使我們用他所用的「箚記」這個字眼來形容他的日記，即使他在《留學日記》的〈自序〉裡，說那是他「私人生活、內心生活、思想演變的赤裸裸的歷史」。整體來說，我們與其說胡適的日記是他個人心路歷程的記錄，不如說是他和友朋唱和的記錄。從這一點說來，他的日記實際上是他的來往書信和學術著作的延伸。如果我們借用崔芙‧柏洛芙屯(Trev Broughton)對19世紀末期英國傳記文學所下的斷語，我們可以說，胡適的日記，就和他所有的自傳寫作一樣，是「一個社會和文化的行為(activity)，而非一個單純的文學成品(literary event)；是脈絡(context)、是介於文本之間(intertext)，而非文本。」[1]

　　無怪乎美國名作家威廉‧蓋司(William Gass)會說：「如果我已經顧慮歷史會怎麼寫我；如果我知道在我走了以後，我所留下來的塗鴉會讓人家拿去審視、讚嘆和品評，我可能就會開始埋下一些能幫助我開罪的伏筆、重新排比片段、把故事稍微改編一下、報一點小仇、改寫、讓自己看起來像樣一點。於是，就像莎士比亞戲劇裡的獨白，它們等於是說給全世界聽的。」[2]琳‧卜倫(Lynn Bloom)

1　Trev Broughton, *Men of Letters, Writing Lives: Masculinity and Literary Auto/Biography in the Late Victorian Period* (London: Routledge, 1999), p. 12；請參閱拙著 "Performing Masculinity and the Self: Love, Body, and Privacy in Hu Shi," *The Journal of Asian Studies* (May, 2004), pp. 305-309以及〈男性與自我的扮相：胡適的愛情、軀體與隱私觀〉，熊秉真等編，《欲掩彌彰：中國歷史文化中的「私」與「情」——公義篇》(台北：漢學研究中心, 2003)，頁197-200。

2　William Gass, "The Art of Self: Autobiography in An Age of Narcissism," *Harper's Magazine*, 288.1728 (May, 1994), online edition from Academic Search Elite, p. 7.

說得更直接,她認爲專業的作家所寫的東西,沒有一件眞正是屬於私人性質的。她說:「專業作家沒有下班的時候。」[3]

作爲胡適傳記的「模本」,最典型的莫過於他的〈四十自述〉了。試問到現在爲止,哪一個爲胡適立傳的人,對胡適早年生涯的敘述不是跟著〈四十自述〉亦步亦趨?胡適在〈四十自述〉裡膾炙人口的故事,從他母親的訂婚、慈母兼嚴父、三歲入塾讀書、發現白話小說、無神論的萌芽、在上海進了三個學堂卻沒有一張畢業證書、《競業旬報》的白話撰述、叫局吃花酒到酒醉打巡捕進巡捕房、閉門讀書考上庚款留美、以至於「逼上梁山」的文學革命,都幾乎被依樣畫葫蘆地搬上了坊間林林總總的胡適傳裡。套用胡適在世時喜歡用來批評人「人云亦云」的話來說,這就是被胡適牽著鼻子走的結果。

〈四十自述〉當然是了解胡適早年生活最重要的資料。這就好像他的《留學日記》是了解胡適留美生涯不可或缺的史料一樣。只是,俗話說得好,「盡信書不如無書。」套用後現代、後結構主義的話來說,就是必須解構(deconstruct)。〈四十自述〉,顧名思義,是胡適在四十歲的時候所作的回顧。任何人作回顧,都不可能避免以今釋古、選擇記憶、隱此揚彼的傾向,更何況是胡適這樣一個已經替未來要幫他立傳的人先打好了一個傳記模本的高手呢!對當時功成名就、時時放眼歷史會如何爲他定位的胡適來說,他自然有他覺得應該凸顯的,以及不妨讓它隨著大江東而去的往事。爲他立傳的我們,如果不能識破胡適的取捨、渲染與淡出,則當然只有落得被他的〈四十自述〉牽著鼻子走的命運。任何有心人只要把〈四十自述〉拿來跟胡適在上海求學時期的日記,以及他在《競業旬報》上所發表的文章對比,就可以很清楚地尋出〈四十自述〉斧鑿、嵌入、建構的痕跡。

同樣地,儘管《留學日記》是了解胡適留美生涯最重要的史料,它的局限性也是不言而喻的。沒有其他資料作佐證、給脈絡、供背景,日記是不可能自己說

3　Lynn Bloom, "I Write for Myself and Strangers": Private Diaries as Public Documents, " in Suzanne Bunkers and Cynthia Huff, eds., *Inscribing The Daily: Critical Essays on Women's Diaries* (Amherst: University of Massachusetts Press, 1996), p. 25.

故事的。我們必須用胡適的《留學日記》作基礎，去參對當時的報紙，特別是康乃爾大學的學生報，以及胡適當時所作的演說與發表的文章。不但如此，我們還必須把胡適放在當時美國和中國的政治社會，以及中國留學生的組織和活動的脈絡下來觀察與分析。只有如此，我們才可能栩栩如生地描繪出留學時期的胡適。

胡適是20世紀中國思想界的第一人。有名的中日古典文學名著翻譯大家英國人韋利(Arthur Waley, 1889-1966)說得好。他在1927年10月18日在《北京導報》(*The Peking Leader*)上所發表的一篇文章裡，稱許胡適是當世六大天才之一。他說：

> 首先，他絕頂聰明，可以說是當今世界上最聰明的六個人之一。同時，他天生異類，他的思考模式(cast of mind)完全是歐洲式的。任何人只要跟他作幾分鐘的交談，就會心服口服，說他的聰明絕不只是教育和後天的產物，而只能說是天生的異稟。

胡適在1926年7月17日啓程，經由西伯利亞、俄國、歐洲到英國去。後來又在1927年1月11日轉道美國。韋利這篇文章發表的時候，胡適已經在五個月前就從美國回到中國了。胡適在英國的時候跟韋利過從相當頻繁，以他的日記作依據，就有九次之多。韋利說中國人常常表示他們無法忍受西方人對中國文學與思想的了解。然而，他認爲中國人自己應該檢討他們自己作的努力實在太不夠了。他認爲中國人很少花心思去了解西方人到底已經在這方面作了多少的努力。他說：「一個人如果要想爲某一門知識作出貢獻，他必須先知道那門知識的現況；要使山加高一點兒的方法，是在山頂上加塊石頭，而不是老是在山腳下堆巨石。」

韋利說胡適不同於其他中國人的地方，在於他了解西方人，所以他知道他們要的是什麼。他說西方人碰到胡適，就好像是第一次跟中國的知識分子有了眞正的心智上的接觸一樣。問題是，胡適不是一般的中國知識分子。他說胡適除了是當世六大天才之一以外，他天生異類，雖然形體上是中國人的樣子，他根本等於

就是西方人。所以韋利說：「如果胡適只是一個一般的中國教授，唯一跟他的同僑不同的地方只是他會說我們的話，這隻『會說人話〔註：英語〕的鸚鵡』（oiseau qui parle）或許還可以比較如實地為我們呈現出當代中國的心態（mind）。事實是，他壓根兒就不具有代表性。」[4]

　　韋利一句話就點中了關鍵的所在：胡適不是中國知識分子的典型。換句話說，我們不能透過胡適來了解20世紀中國的知識分子，因為他根本就是天生異稟的奇葩。要想用胡適來作為20世紀中國知識分子的典型，就彷彿把天才當作一個社會的典型一樣地荒謬。然而，這並不表示研究胡適就等於是象牙塔、孤星式的研究，沒有其普遍的意義。事實是恰恰相反。胡適在中國近代思想史上的重要性，就正在於他是龍頭；他具有指標性、前瞻性與規範性。作為一代宗師，他訂定了當時中國史學、哲學、文學研究的議題、方法和標準；作為白話文學的作者和評論家，他不只是推行了白話文，他根本上是規範了新文學的技巧、形式、體例與品味；作為一個政論性雜誌的發行人、主編、撰稿者，他塑造了輿論；作為中國教育文化基金會最具影響力的董事，他透過撥款資助，讓某些特定的學科、機構和研究人員得以出類拔萃，站在頂尖的地位[5]。

　　20世紀前半葉的中國，能帶領一代風騷、叱吒風雲、臧否進黜人物者，除了胡適以外，沒有第二人。正由於胡適是20世紀中國思想界的第一人，正由於胡適是當時中國思想、學術、輿論界的領袖、宗師與巨擘，胡適的一生正是用來管窺20世紀前半葉中國學術、知識、輿論界最理想的透視鏡。我撰寫這套《舍我其誰：胡適》的理想，是希望能在栩栩如生地呈現出他的學術、思想、生活與事業以外，並透過這部傳記，來重建胡適所處的社會、時代的風貌——不管是他生於斯、長於斯、功成名就於斯的中國也好，還是他留學、訪問、持節出使、以至於流亡的美國也好，甚至是他龍困淺灘以至於終老埋骨的台灣。

　　胡適的一生是燦爛的。在他人生的巔峰，國際是他的舞台。他一生中與之往

4　Arthur Waley, "Hu Shih's Exceptional Genius," *The Peking Leader*, October 18, 1927.
5　請參閱拙著Yung-chen Chiang, "Performing Masculinity and the Self: Love, Body, and Privacy in Hu Shi," *The Journal of Asian Studies* (May, 2004), p. 307.

來唱和，在思想上平起平坐的，是奧林帕斯巔峰上的杜威、羅素、王國維、梁啓超等等眾神及其山腰上的眾仙；在他的大使任內，往來的冠蓋，有美國羅斯福總統、訪美的王公將相、美國的國務卿及其司長、各國駐美使節以及美國顯貴富豪的社交圈。有多少人，人云亦云，說胡適「膚淺」，說他西學根柢薄弱，渾然不知他們自己就是莊子的寓言裡所說的蟬與斑鳩。他們不識鯤鵬之大，坐井觀天，正坐莊子所謂「朝菌不知晦朔，蟪蛄不知春秋」之譏。試問，在胡適出生百年後的人如果能看出胡適「膚淺」的所在，其所反映的不過是學術的漸進，而不是曉曉然貶抑胡適者個人的聰明與才智；反之，在胡適出生百年後的我們，既有坐擁群書之利，又有能坐在研究室裡，隨時手打鍵盤，上圖書館期刊網搜索、閱讀論文之便，如果不能超越胡適，則該汗顏的是自己，而不是反其道而行，津津樂道地細數胡適的「膚淺」。

　　一個不能向天才致敬、虛心反求諸己的社會，就是胡適所說的「侏儒的社會」。1927年4月10日，如日中天的胡適為韋蓮司對他所在的「侏儒的社會」所下的定義是：「人人都盲目地崇拜著你，甚至連你的敵人也一樣。沒有一個人能規勸你，給你啓發。成敗都只靠你一個人！」[6]胡適百年以後，都已經過了半個世紀，不去追問胡適對杜威的了解如何，不去細思實驗主義說的是什麼，不去讀讀胡適所讀過的書，不去追尋胡適思想的來源、時代與脈絡，而仍然只會施施然、人云亦云地說胡適膚淺、西學根柢薄弱，讓自己覺得自己比胡適高明，那就比胡適口中的「侏儒的社會」更等而下之了。

　　胡適說他在1920年代中期，曾經跟魯迅兄弟在閒談中，談起他對《西遊記》的「八十一難」最不滿意。他說應該這樣改作：「唐僧取了經回到通天河邊，夢見黃風大王等等妖魔向他索命，唐僧醒來，叫三個徒弟駕雲把經卷送回唐土去訖，他自己卻念動真言，把當日想吃唐僧一塊肉延壽三千年的一切冤魂都召請來，他自己動手，把身上的肉割下來布施給他們吃，一切冤魂吃了唐僧的肉，都得超生極樂世界，唐僧的肉布施完了，他也成了正果。」如此結束，最合佛教精

6　Hu Shi to Clifford Williams, April 10, 1927，《胡適全集》(安徽合肥：安徽教育出版社，2003)，40：259。

神。胡適這段話是寫在他1930年4月30日給楊杏佛的信上。他接著說：「我受了
十餘年的罵，從來不怨恨罵我的人。有時他們罵得不中肯，我反替他們著急。有
時他們罵得太過火了，反損罵者自己的人格，我更替他們不安。如果罵我而使罵
者有益，便是我間接於他有恩了，我自然很情願挨罵。如果有人說，吃胡適一塊
肉可以延壽一年半年，我也情願自己割下來送給他，並且祝福他。」[7]我們如果把
這一段話當成胡適的自況，就不免有不知詼諧之譏；這段話必須以寓言來讀，是
胡適教人掙脫「侏儒的社會」的法門。

　　「侏儒的社會」與「胡適膚淺論」是相生相成的。就像「朝菌不知晦朔，蟪
蛄不知春秋」一樣，侏儒當然不識天才。但那是有眼無珠的社會自身的損失。天
才既已如孤鶩歸去，秋水長天，也只不過是落霞餘暉最後的一瞬。如果天才還肯
回眸，那是他割肉反饋的布施之心未了；善哉！善哉！歷來鄙夷胡適的人，上焉
者直指他膚淺，下焉者用歇後語謔稱他為「胡一半」——「下邊兒沒有了」——
以其主要著作都只出了上半部也：如《中國哲學史大綱》以及《中國白話文學
史》。他們不能體會胡適的「一半」，其實「開山」的意義遠勝於「定論」。這
固然可以歸之為見仁見智的問題。然而，他們所不求甚解的，是胡適的「一半」
是他知識論、方法論推至其極致的必然結果。

　　胡適說他是實驗主義者。其實，他是一個實證主義者。他的「大膽的假設，
小心的求證」的基礎是「事實」，是用「上窮碧落下黃泉，動手動腳找東西」的
方法去找出來的「事實」。這句傅斯年說的話，胡適引以為共鳴的佳句，其實就
是胡適的夫子自況。問題是，「上窮碧落下黃泉」，如果不能適可而止，可以演
變成一個無止境、不知伊於胡底的歷程。當然，找資料、作研究可以是一種讓人
樂在其中而不思蜀的樂趣，可以是一種讓人可以心甘情願地渾然忘卻找資料只不
過是研究過程的手段而已。胡適膾炙人口的考據癖，就是一個最好的例證。考據
的樂趣，郎格盧瓦（Charles-Victor Langlois）和塞諾博（Charles Seignobos）形容得最
為生動。他們在其所合著的《史學導論》（*Introduction to Historical Studies*）裡說：

7　　胡適致楊杏佛，1930年4月30日，《胡適全集》，24：44-45。

就像集郵、益智拼圖、拼字有其中的樂趣一樣，考據學家也自有其辨僞、解謎、拆障之樂；不管多麼鑽牛角尖，問題越難，解決以後的成就感也就越大。他們用了一個法國考據家的話來形容這種樂趣：「是的，毫無疑問，這是一種雕蟲小技。但世界上有多少其他的工作，它用來回報我們的辛勞的方式，是讓我們常有機會狂呼：『我找到了(Eureka)。』」[8]

找資料、作考據與下詮釋、作綜合當然是相輔相成、不可須臾剝離的過程。然而，它們也同時代表了兩個不同的層次。用建築來作比方，資料就是建材，詮釋與綜合的完成就是建成的房子。胡適當然很清楚他選建材的目的是爲了要蓋房子。比如說，他在1920到1921年六個月的病中，開始對整理《詩經》產生興趣。1921年春天，他認定研究《詩經》：「必須下死工夫去研究音韻、訓詁、文法，然後從死工夫裡求出活見解來。」[9]一直要到1922年8月間，他才又有時間重新拾起這個工作，興致勃勃的他，連題目都已經訂好了，就叫做《胡適詩經新解》，他認爲至遲兩年可成[10]。然而，才不到半個月，他就已經發現自己想得太容易了：「研究一個字，其難如此……這部《詩經新解》真不知何日可成了。」他從這個經驗悟出了一個道理：「從前我們以爲整理舊書的事，可以讓第二、三流學者去做。至今我們曉得這話錯了。二千年來，多少第一流的學者畢生做此事，還沒有好成績；二千年的『傳說』(tradition)的斤兩，何止二千斤重！不是大力漢，何如推得翻？何如打得倒？」[11]

「大力漢」的胡適，一輩子發了好幾次宏願要把他的哲學史寫完。到了1940年代，他已經改用中國思想史來稱呼他未完的夙願。我們從他寫給王重民的信，可以知道他在蒐集各類書籍，開始準備著手寫他藏諸名山之作。他不但已經訂好了兩漢、三國爲他《中國中古思想史》的第一期，而且也發願，說他要重寫漢魏思想史。然而，那些累積了二千年、二千斤重的「傳說」，還是得他這個「大力

8　Charles-Victor Langlois and Charles Seignobos, *Introduction to Historical Studies* (tr., G.G. Berry (New York: Henry Holtand Company, 1926), p. 123.
9　《胡適日記全集》(台北：聯經出版公司，2004)，3：6。
10　《胡適日記全集》，3：724。
11　《胡適日記全集》，3：740。

漢」親自出馬去推倒。然而，他才著眼漢初，就發現連「太學」這個題目都沒有可資利用的材料：「〈博士考〉一個題目，我欲借此作漢代經學變遷的研究。偶一下手，始知謹嚴如王靜安先生，亦不能完全依賴！……本意只想爲王先生〈博士考〉作一跋，結果也許還得我自己重寫一篇〈兩漢博士制度考〉。」[12]哪知半年以後，《水經注》就開始吸引了他的注意，彷彿著魔似的他，還以爲只要費六、七個月時間，全力爲之，就可以竟全工。到1944年3月，他還很樂觀，雖然他同時也提醒自己還有更重要的工作在等著他：「作《東原年譜》，我久有此意。但爲《水經注》案擱置《中國思想史》太久，此案結束後，恐須用全力寫書，不能再弄『小玩意兒』了！」[13]試想，他《中國思想史》都還沒開始寫，居然已經又動念想寫《東原年譜》！

　　胡適自己一定很清楚，他一定知道即使是「大力漢」的他，也不可能獨力推翻、打倒那兩千年的傳統。然而，他必須堅持他科學實證的精神；他不能在還沒有作校勘、訓詁、辨僞的工作之前，就去作綜合、解釋的工作。套用余英時的話來說，沒有先經過「小心的求證」，胡適沒有辦法推出他「大膽的假設」；[14]但是，這是他實證主義的盲點，完全不是杜威實驗主義的論點。如果胡適學術的起點和終點都是中國的考證學，那是因爲中國傳統所留下來的東西，都必須要先由他親自「下死工夫去研究」、實證主義地去重新整理過，然後再「從死工夫裡求出活見解來。」胡適註定沒有寫出他發願要藏諸名山的中國思想史，我們可以想像他晚年的擲筆之嘆：「予不得已也！」

　　胡適之所以會有他晚年「予不得已也！」的擲筆之嘆，「胡適膚淺論者」之所以能施施然夸言胡適膚淺，「胡一半論者」之所以能繼續眉飛色舞地傳誦其自以爲是的刻薄無比的蓋棺論定，正是因爲胡適還有一個更深層的才情的因素，那是人所不知、眾所不察的。英國的柏林(Isaiah Berlin)爵士在他的《刺蝟與狐狸》(*The Hedgehog and the Fox*)一書裡，引用了古希臘詩人阿給勒克司(Archilochus)

12　胡適致王重民，1943年4月5日，《胡適全集》，24：603。
13　胡適致王重民，1944年3月31日，《胡適全集》，25：65。
14　余英時，《重尋胡適歷程：胡適生平與思想再認識》（台北：聯經出版公司，2004），頁213-216。

的一句話：「狐狸知曉許多事情；刺蝟就知道一件大事。」他說思想家、文學藝術家有兩種類型：第一種類型有一個中心的思想或系統，其完整性與一致性不一定必須完備，但這中心思想或系統是他們用來理解、思考、感覺事物的根據；第二種類型則沒有定見，他們所追求、探索的事物可以是完全不相干，甚至是互相矛盾的。前者是刺蝟；後者是狐狸。柏林爵士用「刺蝟與狐狸」的這兩個隱喻來分析托爾斯泰，他說歷來的學者和批評家都誤解了托爾斯泰。就以托爾斯泰的《戰爭與和平》為例，大家都說這本小說在文學藝術上舉世無雙。然而，其所表露出來的歷史哲學，則荒誕無經、不忍卒睹。柏林爵士說這是對托爾斯泰的誤解。他說我們如果要了解托爾斯泰，就必須認識到：「托爾斯泰從才情上來說是一隻狐狸，但一直以為自己是一隻刺蝟。」[15]

柏林爵士說托爾斯泰洞識人間眾殊相的能力無人能及，他能精準地刻畫出各個具體殊相的特徵，能捕捉出其韻味、感情與律動。不管他所描寫的是一個人、一個家庭、一個社區或者是一整個國家，他都能夠把其獨特、複雜、微妙的每一個面向栩栩如生地為我們呈現出來。然而，像狐狸一樣火眼金睛的托爾斯泰所堅信的，卻是一種刺蝟所執著的單一的理念。柏林爵士說：「他所宣揚的不是萬象（variety），而是一真（simplicity）；不是意識的多重性，而是化約到單一的層面。在《戰爭與和平》裡，這個單一的層面是好人的典型，是一個獨特、自發、開放的靈魂；後來，則是農民，或者是那擺脫了煩瑣的教條和形上學的束縛的素樸的基督倫理；一種樸實、準功利主義的標準。在這個標準之下，事事相連，事事都可以用這個標準來作衡量的準據。」[16]換句話說，托爾斯泰的才情是「徹底地屬於經驗主義、理性主義、冷眼面對事實（toughminded）、寫實主義的。然而，其感性的來源是自己明明是一隻狐狸，卻偏偏執拗地要像刺蝟一樣，熱切嚮往地追求著一個一元的人生觀。」[17]

胡適跟托爾斯泰一樣，是狐狸才、刺蝟心。柏林爵士用來描述托爾斯泰的才

15　Isaiah Berlin, *The Hedgehog and the Fox: An Essay on Tolstoy's View of History* (New York: Simon and Schuster, 1966), pp. 1-2.

16　Isaiah Berlin, *The Hedgehog and the Fox*, pp. 39-41.

17　Isaiah Berlin, *The Hedgehog and the Fox*, p. 75.

情的話完全適用於胡適：「徹底地屬於經驗主義、理性主義、冷眼面對事實、寫
實主義。」胡適跟托爾斯泰不一樣的地方，在於托爾斯泰以刺蝟自居，而胡適則
以狐狸自視。托爾斯泰以刺蝟自居，所以他一味地追求一個單一的理念來作為人
生、社會、歷史發展的基礎，儘管與此同時，他拒絕所有玄學的冥思、排斥所有
編年排比的歷史、睥睨所有大放厥詞談歷史定律的夸言。胡適以狐狸自視，所以
他會說「多研究些問題，少談些『主義』」，所以他喜歡教誨人家，說社會的改
革、人類的進化是一點一滴造成的。

　　胡適的「非主義論」和「點滴進化論」很自然地會讓人覺得他徹頭徹尾是一
隻狐狸。自詡為實驗主義的胡適，照理說當然不應該是一隻狐狸。然而，胡適是
不是一個實驗主義者，或者，更正確來說，胡適是如何挪用實驗主義，是一個人
云亦云了一個世紀，早就應該被釐清的問題。胡適有所不自知，他是刺蝟心。他
跟托爾斯泰一樣，喜歡把人間的事物「化約到單一的層面」。這個「單一的層
面」可以是科學、民主；也可以是「人性化」、「社會化」；也可以是文學的進
化論、或是白話「活」文學千年的「自然演化」。胡適這種對「單一的層面」的
追求，跟他的「非主義論」與「點滴進化論」是不相衝突的。就像他在〈《科學
與人生觀》序〉裡所說的：「我們信仰科學的人，正不妨做一番大規模的假設。
只要我們的假設處處建築在已知的事實之上，只要我們認我們的建築不過是一種
最滿意的假設，可以跟著新證據修正的。」

　　對於這個從事實出發，到建立假設，以至於作為人生準則的正當性，胡適的
解釋是：「我們如果深信現有的科學證據，只能叫我們否認上帝的存在和靈魂的
不滅，那麼，我們正不妨老實自居為『無神論者』。這樣的自稱並不算是武斷；
因為我們的信仰是根據於證據的：等到有神論的證據充足時，我們再改信有神
論，也還不遲。」換句話說，那「待證的假設」在胡適的眼裡，就成了「待證的
定律」。所以他會大膽地說：「我們帶著這種科學的態度，不妨衝進那不可知的
區域裡。正如姜子牙展開了杏黃旗，也不妨衝進十絕陣裡去試試。」[18]

18　胡適，〈《科學與人生觀》序〉，《胡適全集》，2：205。

　　問題是，這種從事實出發到建立假設的刺蝟心，是唯證據、精準、秩序是問的，是容不下一絲的疑竇與不確定性的。刺蝟心的胡適，是不可能放心地責成「第二、三流學者」去推倒那「二千年」、「二千斤重」的「傳說」的。這個重任是只有作爲刺蝟的「大力漢」自己才可能勝任的。試想：連王國維的〈博士考〉他都不滿意，「結果也許還得我自己重寫一篇〈兩漢博士制度考〉」！刺蝟求證據、精準、秩序之心到此地步，還有什麼不是胡適必須親自出馬勘定的呢？

　　胡適在大使下任以後，接受了「美國學會聯合會」(American Council of Learned Societies)兩年的資助，從1943年開始，每年美金六千元，供給他從事「中國思想史」的撰述計畫。眼看著兩年就要結束了，胡適沒有任何成績可以交出。他在第二年度的報告裡，一開始就承認這是一份細數自己「壯志未酬與不務正業」(frustrated objectives and dissipated time)的報告。胡適說他自己「不務正業」，因爲他把八個月的時間都拿去審理《水經注》一案了。審理這個公案的樂趣難以筆墨來形容，他說他在那八個月之間，幾乎專注到了「廢寢忘食」的地步。既然交不出成績，他說他的良心告訴他不可以再繼續接受「美國學會聯合會」的資助。然而，彷彿晚年的胡適終於心裡有了自悟：狐狸才、刺蝟心，可以是一個詛咒(curse)；這個矛盾一日不解，狐狸就會繼續當道，刺蝟永遠出不了頭天：

　　　　只要我繼續使用中文的史料，我必須招認我有一個無法克制的強烈的智性上的嗜欲(temptation)：爲了稽核一個事實或釐清一個疑慮，我可以用上幾個星期、甚至是幾個月的時間去作打破沙鍋問到底的工作。於是，這就妨礙了我寫中國思想通史的正務。[19]

　　胡適「爲了稽核一個事實或釐清一個疑慮」、「打破沙鍋問到底」的狐狸才，注定終究「妨礙」了他想要寫中國思想通史的刺蝟心的「正務」。然而，這

<hr>

19　Hu Shih, "Second Report on My Work," 胡適外文檔案，E-52-130，藏於中國北京社會科學院近代史研究所。

也是胡適「予不得已也！」的另一面。他的刺蝟心促使他必須在萬千的事實中理出頭緒、找出其「單一的層面」。不到這個境界，他沒辦法動筆從事綜合的工作。怎奈他的狐狸面，動如脫兔，即使刺蝟面的他，駟馬都難追。他越縱容他的狐狸才去任意馳騁，他所積累的「事實」就越多，他的刺蝟心也就越發望洋興嘆。

狐狸才、刺蝟心。這是胡適年齡越大，越發無法掙脫的矛盾；而這也是《舍我其誰》故事裡重要的一環。

這套《舍我其誰：胡適》的傳記，預計共分五部。第一部，即本部，從1891到1917年；第二部從1917到1927年；第三部從1927到1937年；第四部從1937到1942年；第五部從1942到1962年。這第一部，在十個月沉醉於斯的撰寫過程裡，不覺寫了將近五十萬字。不識者或有下筆不能自休之譏。其實不然。就像胡適在1922年想寫《胡適詩經新解》時的擲筆之嘆：「二千年的『傳說』（tradition）的斤兩，何止二千斤重！不是大力漢，何如推得翻？何如打得倒？」胡適一生的思想，亦復如是。從胡適在世時就已經層層積累起來的所有誤解、傳說、人云亦云，甚至胡適云、眾亦云，也不啻是「何止二千斤重！」研究者不下死工夫，何如能「從死工夫裡求出活見解來」？《舍我其誰：胡適》寫五部、每部50萬字的構想，下筆不能自休非其咎也。所有的誤解、傳說、人云亦云、胡云亦云，套用胡適自己的話來說，都須要先去「推翻」、「打倒」。然而，這只是第一步而已。在抽絲剝繭、解構之餘，還必須更上一層樓，要去重新分析、重新詮釋，並重新編織出一幅不爲胡適所預設的圖案所羈、而且比它更全面、比它更花團錦簇的胡適的一生。所有這些，都不是三言兩語所能道盡。「予豈好辯哉？予不得已也！」

＊　　　　＊　　　　＊

本書從研究到寫作的過程中，得到許多人的協助。台北南港中央研究院近代史研究所的謝國興；胡適紀念館的楊翠華、黃克武、潘光哲等歷、現任館長鼎力支持；胡適紀念館的柯月足小姐、鄭鳳凰小姐；文哲所的楊貞德教授；中國社會

科學院近代史研究所的張顯菊女士、茹靜小姐；以及北京大學圖書館北京大學文庫的鄒新明先生，都在多年來幫忙我調閱資料，給與諸多的方便。北京的徐進良先生、韓子榮書記夫婦在起居、找資料上，給與我多方的協助，不勝感激。我任教的德堡大學(DePauw University)所提供的研究資助，是我多年來得以長期從事研究胡適的經費來源。大學的休假制度，更是讓我能夠規劃寫作的要素。陳宏正先生慷慨的資助，讓我能夠跟學校安排協商，多享有了一學期不須要教學的時間全力完成這《舍我其誰》的第一部，在此特別申謝。最要感謝的，是我的妻子麗豐，謹獻上此書。

序幕

　　半夜時分，胡適坐在書桌前，在一盞煤油燈下，一手翻著書，一手挾著一根強盜牌的香菸不時吸著，額上微露著青筋，全神貫注。當時，他住在《競業旬報》社在上海公共租界裡的愛爾近路(現在的安慶路)慶祥裡的一個房子。他的房間在二樓。房間裡沒有書架，書就堆在一張空著的床鋪上，堆得滿滿的。他常往上海二馬路(現在的九江路)外國墓園附近的舊書店裡跑，左一部、右一部地買書回來。他常吸的香菸，是英商英美菸草公司出品的，菸盒上原來只印有英文牌名，叫Pirate，是海盜的意思。廣州人叫它老刀牌或「派律」，即Pirate的廣東音，後來才印上老刀牌的中文字。菸盒正面印的畫面是一個站在甲板上的海盜，左手握著一把彎刀，刀尖抵著甲板，右手叉著腰，腰間還插著一把腰刀。反面印有兩幅畫面，上幅像是一名軍官指揮著三名水手開炮，下幅則是炮彈在幾艘多桅高帆船之間的海面上爆炸，濺起水花的畫面。據說，強盜牌香菸是1902年開始出品的，後來改名為老刀牌，1952年再改名為勞動牌。

　　強盜牌香菸有很多促銷的手段，其中之一，就是在香菸盒裡附贈的手繪彩色畫片：有人物、山水、動物等等，可以蒐集成套，背面印有香菸廣告。我們今天還可以在網路上查到強盜牌香菸所附贈的52張以鳥為畫面的一組撲克牌畫片。胡適就利用這畫片，在上面寫著某日購得某書共幾百幾十幾卷，限幾日讀完，插在書桌顯明的地方，一伏案就看到自己在畫片上所立的期限。他是用這種方法來督促自己讀書。當時住在樓下房間的葉德真看到胡適這樣一往直前，深夜還不休息的讀書態度，大感慚愧。他於是也去買了香菸來，等夜晚讀書疲憊想睡的時候，拿來作為刺激提神之用。從那天以後，他只要看到樓上的燈還亮著，就告訴自己

不能先睡。葉德眞在他日後所作的回憶錄裡說，從他跟胡適的交往體會到：「一個人的成功，眞不容易，有天才而不能苦幹不行；沒有天才，苦幹也還不行；既沒有天才，又不能苦幹，那就更糟。」

葉德眞在這段回憶裡所描述的，是1908到1909年之交的胡適。當時的胡適到上海已經四年了，上海話已經說得溜口，普通話也說得流利了。他喜歡讀詩，也喜歡作詩。據葉德眞的回憶，胡適當時手頭所常把玩著的，是一部蘇東坡詩集。他說胡適很喜歡李後主的〈浪淘沙〉：「簾外雨潺潺，春意闌珊，羅衾不耐五更寒。夢裡不知身是客，一晌貪歡。獨自暮憑欄，無限江山，別時容易見時難。流水落花春去也，天上人間。」葉德眞說，他自己也因爲聽胡適吟誦這首詞而心生欣賞。當時，胡適是《競業旬報》的主編，葉德眞替旬報寫稿，交給胡適，不妥當的地方，胡適會老實不客氣地幫他修改。葉德眞讀《漢書》，胡適會拿《漢書》裡的典故來考他。當時葉德眞只認得幾個英文，胡適還教了他半年的英文。

圖1　胡適18歲攝於上海(胡適紀念館授權使用)。

圖2 胡適18歲攝於上海，應該是與圖1同時所攝(胡適紀念館授權使用)。

　　胡適從1908年8月起，開始擔任《競業旬報》的主編，每出一期，社中送他十塊錢的編輯費，但吃住則由社中負擔。後來，在1909年2月以後，胡適又兼在中國新公學教英文，每天上六點鐘的課，一星期教課三十個鐘頭，月薪80元。然

而由於學校財政困難，薪水常不能全領到。由於《競業旬報》不能按期出版，新中國公學又常欠薪，胡適偶爾會用典當物品來買書。有一回剛把皮袍質了八元，卻忽然病了。躺在床上幾天，連書也讀不得。這時，社中住的人也漸稀，又加上連日風雨，更使客寄他鄉的遊子感慨多端。在胡適病中，葉德真常上樓去看他，聊天以排遣。等胡適病稍好了，需要喝牛肉汁，可能就是從英國進口的補品保衛爾(Bovril)。由於價昂，正在猶豫，才想到前些天典當皮袍的錢還有，於是由葉德真替他去黃浦灘的一家鋪子買了一瓶，用掉了三塊多錢，即三塊銀元[1]。

這進口的保衛爾價錢確實不便宜。我們記得胡適在《競業旬報》擔任主編的時候，雖然吃住由報社供給，編輯費每個月卻只有十塊錢。即使他後來在中國新公學教英文，每個月也只有80元，而且還領不到全薪呢！當時中國物價以及民眾購買力的低落，由此可見。當時，在城隍廟吃一碗酒釀圓子只要兩個銅元；肉麵，四個銅元；乘電車，一個銅元；米價每擔三元六角；學徒滿師後工錢一個月一元；普通職員，六元。當時銅元和銀元的兌率大概是1比128。強盜牌香菸的價錢在胡適在上海的年代待查，但據說在1920年代，一包(十枝裝)三個銅元[2]。

葉德真的這段回憶最寶貴的地方，在於它為我們繪出了一幅年輕困頓時候的胡適的肖像。〈四十自述〉裡固然有胡適描述他在上海困頓、拮据的一段遊子生涯。然而，在胡適的自述裡，他所著墨的，荒唐更甚於困頓。這幅肖像最令人注目的地方，是胡適的用功與上進。誠如葉德真所說的，胡適後來的成功是天才加上努力的結果。胡適一生當中常常思索天才和努力在一個人的成功上所占的比例問題。這是天才所特有的焦慮：知道自己有天才可恃，卻又唯恐被天才所誤。越焦慮，就越加倍努力；越努力，就越發與其天才相得益彰。

1　以上的敘述是根據葉德真，〈讀《藏暉室劄記》後的感想〉，胡適檔案，現藏於中國社會科學院近代史研究所，365：6。

2　有關當時物價及銅元、銀元兌率，請參閱陳存仁，《銀元時代生活史》(香港：周知翁發行，1973)，頁3-4、11。

第一篇
從「糜先生」到敝裘鬖鬖少年郎
(1891-1910)

客裡殘年盡，嚴寒透窗簾。

霜濃欺日淡，裘敝苦風尖。

壯志隨年逝，鄉思逐歲添。

不堪頻看鏡，頷下已鬖鬖。

——胡適，〈歲暮雜感〉己酉除夕(1910年2月9日)

第一章
「糜先生」初長成

　　胡適是在1908年8月搬進《競業旬報》社的。雖然他不可能預知他在上海的學生生涯已經就要結束，而且他的困頓也將會加劇，但是敏銳善感的他，一定可以從周遭所發生的事物，對茫茫的人生滋生了無所適從的感覺。他唸了兩年的中國公學，從那年春天起就已經開始發生風潮。原來由學生自治管理的學校，由於經費短缺，從1907年開始接受兩江總督的專款補助，一年以後，又得到大清銀行的貸款建校舍。既然接受了政府的撥款與貸款，中國公學於是成立了董事會，由董事會任命校長以及行政主管。這與中國公學原來不設校長，而由學生公選齋務、教務、庶務等等幹事來主持校務的自治傳統相違背，衝突自然難免。胡適在1908年春天寫的一封信裡，已經提到衝突的惡化。這封信是寫給當時他在績溪里仁村的思誠學堂教書的朋友程玉樨(字春度)：「公學近日幾起大風潮，苟非監督〔即校長〕明白事理，則公學已破壞矣。」[1]到了9月，衝突終於白熱化。由於校長和行政人員拒絕承認學生有參與學校行政的權利，並進而禁止學生集會演說。這些舉動激起學生全體簽名罷課，校方於是開除學生領袖，並威脅將罷課學生集體解散。這種壓迫的手段激起了絕大多數學生的公憤，於是決定集體退學，另成立了中國新公學。

　　中國新公學成立，但胡適卻沒有入學。他當時如果繼續上學，第二年就可以畢業，拿到一張畢業證書。然而，由於他二哥事業失敗，把他們家在上海的瑞興泰茶葉店讓給了債權人，他們家只剩下了漢口一家無利可圖的酒棧，叫兩儀棧。

1　胡適致程春度，1908年春，《胡適全集》，23：7-8。

他沒錢住宿舍，於是搬進了他擔任編輯的《競業旬報》社裡去住。他在1908年12月30日給程春度的信上說：「弟來年以家境之困迫，人事之錯迕，遂決計暫且輟學，專爲餬口之計，鄙意此爲萬不獲已之舉。蓋不如此，則弟讀一日書，中心一日不安，吾壽或且日促一日。且弟年尚少，一二年後俟境遇稍裕，再來讀書，正復不晚。年來以此問題大費躊躇，今決計向此途，此心反覺泰然自得。此時種種留學西洋研究文學之妄想已不再入夢矣。明年啖飯處大約仍在上海，近擬與新公學訂約教授戊己兩班英文，每日四時，月可得八十元，此外或尚可兼任外事。惟此約尚未訂定，故行止尚未大定，大約上海一方面居其多數。蓋弟意在上海有三利：人地兩熟，一也；可爲吾續旅滬旅淞諸人作一機關部，二也；課餘之暇尚可從人受學他國文字，三也。弟來年境況大略如是。足下聞之，千萬勿爲吾悲。人各有志，吾行吾素而已。」[2]胡適在〈四十自述〉裡也提到他在中國新公學擔任低級班的英文老師，但他並沒有給寫下明確的時間，只是在敘述了他在1908年8月搬進了《競業旬報》社的同時，籠統地說：「正在這個時候，李鶴琴君來勸我在新公學作教員。」然而，這封給程春度的信是1908年12月30日寫的，他說他當時跟中國新公學已經訂了約，但還沒有簽。看來，他開始在中國新公學教英文恐怕還是1909年初以後的事。

這封信裡最值得注意的地方，是胡適說：「此時種種留學西洋研究文學之妄想已不再入夢矣。」換句話說，他當時早就已經有了留學西洋的念頭，只是一旦輟學，他的留學夢想來是更加不可能如願了。眼看著清廷即將招考第一次的庚款留美學生，鬱鬱不平的胡適在《競業旬報》第27期的〈時聞〉欄裡寫著：「學部現在又要考試出洋留學生了，那一班想作『外國狀元』的東西，都一個一個的趕進京去了。聽說這一次考試，先要考一考各種普通學，好像考舉人的要考一次錄遺，才得進場。普通考過了，再考各人專門學。又聽說這一次投考的人，有百餘人，內中有幾十個被部裡駁去，不許應考，唉，何苦呢！何苦呢！」[3]其實，胡適

2　胡適致程春度，1909年1月21日［農曆12月30日］，《胡適全集》，23：11。
3　胡適，〈時聞：內國近事：考試留學生〉，《競業旬報》，27期，1908年9月16日，《胡適全集》，21：44。

自己也是一個「想作『外國狀元』的東西」，只是時間未到，他自己就會在1909
年第二次招考庚款留美學生的時候「趕進京去」考上的。

　　更有意思的是，胡適還在下一期裡批評美國退還庚款的動機以及其應該運用
的方法。他說：「看官要記得庚子那年的賠款，美國也派著許多萬。後來美國的
政府懷著詭計，就想把那些賠款一齊退還中國〔按：不正確，不是一齊退還中
國〕……列位中國國民要曉得，這賠款的錢，是誰種下的禍根？這一年一年的賠
款，可不是我們國民的血汗錢麼？如今美國退還了這麼多的賠款回來，政府就應
該揀那受害最大、擔任最多的幾省，攤派了，每年減少幾成，使我們國民的擔
子，輕一些兒；官民的勒索，少一些兒；關卡的釐金，減一些兒；各項的加捐，
少一些兒。」[4]更令人玩味的是，胡適已經有了要出洋留學研究西洋文學的夢，他
卻又在《競業旬報》裡，說中國文學的偉大，是沒有一個其他國家所能企及的：
「我們中國最擅長的是文學，文哪！詩哪！詞哪！歌曲哪！沒有一國比得上的，
我們應該研求研求，使祖國文學，一天光明一天，不要卑鄙下賤去學幾句『愛皮
細低』〔註a, b, c, d〕，便稀奇得不得了，那還算是人麼？」[5]

　　這種看見別人去考庚款留學，自己卻因為輟學無緣叩門投牒一試，不油然心
生酸溜溜之處的心情是不難理解的。這並不是胡適第一次吐露出他有出國留學的
想法。在這半年以前，他已經在一封家書裡提起，也就是我們在下一段會提起的
那一封。然而，更令人值得玩味的，是他在這裡所批判美國退還庚款的動機，以
及他說中國的傳統文學沒有一個國家可以比得上的論調，這些論調都是留學歸國
以後的他所深惡痛絕的。就像他1929年10月10日在杭州火車站買了一張慶祝「雙
十節」的報紙，猛然看見「中國本來是一個由美德築成的黃金世界」這句大膽的
話，嚇得他「連忙揩拭眼鏡，仔細研讀」這才發現原來是國民黨宣傳部長葉楚傖
說的話[6]。他後來每聽到這種過度頌揚中國國粹或傳統的論調，都會嗤之以鼻，

4　適廣[胡適]，〈中國的政府〉，《競業旬報》，28期，1908年9月25日，《胡適全
　　集》，21：61-62。

5　鐵兒[胡適]，〈白話（一）：愛國〉，《競業旬報》，34期，1908年11月24日，《胡
　　適全集》，21：106-107。

6　胡適，〈新文化運動與國民黨〉，《胡適全集》，21：436。

叱其爲「誇大狂」、「迷夢」、「反動」。

　　然而，十七歲時頌揚「祖國文學」最爲偉大的胡適，其實可能是言不由衷的。如果他在〈四十自述〉裡所作的回憶是可靠的，他其實在編輯《競業旬報》的時候，就已經被梁啓超的〈新民說〉把他從這些誇大狂的迷夢裡救醒過來了。他說：「〈新民說〉諸篇給我開闢了一個新世界，使我徹底相信中國之外還有很高等的民族，很高等的文化。」[7]他在用英文寫的〈我的信念及其演化〉(My Credo and Its Evolution)裡，說得更爲激動和徹底，他說是梁啓超的這些文章「的棒喝，把我從我國的古文明是自足的，除了武器與商業機制以外，沒有任何東西須要向好戰、物質的西方學習的這種迷夢裡驚醒過來；它們爲我呈現的，是一個徹底不同的新的世界觀。」[8]當然，人的回憶是不可靠的，胡適的〈四十自述〉和〈我的信念及其演化〉都是他四十歲以後所寫的，他當時的想法與境遇跟十六、七歲的他當然大不相同；胡適十六、七歲時所說的那些「誇大狂」、「迷夢」、「反動」的話，也許並不是言不由衷的，而很可能就是他當時的信念。如果所有的回憶都是建構、過濾、篩選之下的產物，則在有意、有心之下所作的回憶更必須作如是觀。梁啓超當時給他的影響只不過是播下了種子，畢竟他出國以前所能看到的西洋文學的書還是有限。梁啓超所給他開闢了的一個新世界的這顆種子，還必須等他到了美國留學才能生根發芽。無論如何，這個胡適在上海時代所形成的「徹底不同的新的世界觀」爲何？就是我們在下一章所要分析的一個主題。

　　胡適當時的問題不止在經濟、學業與未來，他同時還面對了他母親要他回家成婚的壓力。原來他在1904年到上海上學以前，他母親已經讓他跟江冬秀訂了婚。他在一年前回家養病的時候，他母親已經跟他提起要他及早完婚的想法。現在，他母親以爲他會在1908年夏天畢業，於是催促他回家完婚。7月31日，胡適寫了洋洋灑灑的一封長信，舉出六大理由，斬釘截鐵地拒絕了。除了用家裡經濟困難作爲一個主要的藉口以外，胡適用的是「以情動之」的妙訣：

　　　　今日接得大人訓示及近仁叔手札，均爲兒婚事致勞大人焦煩。此事男

7　胡適，〈四十自述〉，《胡適全集》，18：61。
8　Hu Shi, "My Credo and Its Evolution,"《胡適全集》，37：179。

去歲在里時大人亦曾提及，彼時兒僅承認趕早一二年，並未承認於今年舉行也。此事今年萬不可行。一則男實係今年十二月畢業，大哥及諸人所云均誤耳。此言男可誓之鬼神，大人縱不信兒言，乃不信二哥言耶？二則下半年萬不能請假。蓋本校定章若此學期有一月中請假一小時者，於畢業分數上扣去廿分；有二月中均有請假者扣四十分，餘以次遞加。大人素知兒不甘居人下，奈何欲兒以此兒女之私使居人後乎？（一小時且不敢，何況二三禮拜乎？）

三則吾家今年斷無力及此。大人在家萬不料男有此言，實則二哥所以遲遲不歸者，正欲竭力經營，以圖恢復舊業。現方辦一大事，拮据已甚，此事若成，吾家將有中興之望（此事亦不必先行稟知，以里中皆非善口，傳之反貽人猜疑，貽人嘖嘖煩言也）。若大人今年先爲男辦此事，是又以一重擔加之二哥之身也。且男完婚，二哥必歸，而此間之事將成畫餅矣。大人須念兒言句句可以對越上帝，兒斷不敢欺吾母。兒今年尤知二哥苦衷，望大人深信兒言，並以此意語二嫂知之。

四則男此次辭婚並非故意忤逆，實則男斷不敢不娶妻以慰大人之期望。即兒將來得有機會可以出洋，亦斷不敢背吾母私出外洋不來歸娶。兒近方以倫理勗人，安敢忤逆如是，大人盡可放心也。兒書至此，兒欲哭矣，嗟夫吾母！兒此舉正爲吾家計，正爲吾二哥計，亦正爲吾一身計，不得不如此耳。若此事必行，則吾家四分五裂矣，大人不可不知也。若大人因兒此舉而傷心致疾或積憂成痼，則兒萬死不足以蔽其辜矣。大人須知兒萬不敢忘吾母也。

五則大人所言惟恐江氏處不便，今兒自作一書申說此中情形，大人可請禹臣師或近仁叔讀之，不識可能中肯，以弟〔兒〕思之，除此以外別無良法矣。大人務必請舅父再爲男一行，期於必成，期於必達兒之目的而後矣。

六則合婚擇日兒所最深惡痛絕者，前此在家曾屢屢爲家人申說此義。爲人父母者，固不能不依此辦法，但兒既極恨此事，大人又何必因此極

可殺、極可烹、雞狗不如之愚人、蠢蟲、瞎子之一言，而以極不願意、極辦不到之事，強迫大人所生、所愛之兒子耶？以兒思之，此瞎畜生揀此日子，使兒忤逆吾所最親愛之母親，其大不利一；使兒費許多腦力宛轉陳詞以費去多少光陰，其大不利二；使吾家家人不睦，其大不利三；使母親傷心，其大不利四；使江氏白忙一場，其不利五；使舅父奔走往來，兩面難為情，其不利六；有大不利者六，而猶日今年大利，吾恨不得火其廬、牛馬其人而後甘心也。兒言盡於此矣，大人務必體諒兒子之心，善為調停，萬不可待至臨時貽無窮之憂。男手顫欲哭，不能再書矣……

尤有一事，男不敢不告於大人者，男自得此消息至今消瘦甚矣。昨日拍有一照，他日寄歸，大人當亦傷心，兒何憔悴至此耶！

……兒以昨日作兩書，今日又作致江氏書，天氣太熱，作字太多，致背脊酸痛，今不能多作書矣。今萬言為一句曰：「兒萬不歸也！」

兒子嗣穈飲泣書 [9]

這時，胡適還不滿十七歲。

徽州家鄉

胡適1891年12月17日(清光緒十七年十一月十七日)出生在上海大東門外。他的本名是洪騂，乳名叫嗣穈(音：門)，家鄉是安徽績溪[10]。在清朝的時候，績溪屬於徽州府。徽州府位在安徽最南部，其治下有六縣，績溪為其一，是徽州府最北的一縣。安徽南部多山，有名的黃山就在這裡。這裡的河水是向東南流，注入

9　胡適稟母親，1908年7月31日，《胡適全集》，23：8-10。

10　以下描寫胡適從出生到1895年的敘述，主要是根據胡適的〈四十自述〉以及他的"The Reminiscences of Dr. Hu Shih" (Chinese Oral History Project) (Glen Rock, N.J.: Microfilming Corporation of America, 1975), pp. 1-26.請注意，《口述自傳》一定要用英文本，因為中譯本有許多錯誤和不精確，甚至闕漏之處。

錢塘江。徽州是一個高移民的社會。先說移入,避亂是北方人移民遷徙到徽州的第一個原因。徽州多山,「東有大鄣山之固,西有浙嶺之塞,南有江灘之險,北有黃山之阨」,「其險阻四塞,幾類蜀之劍閣矣,而僻在一隅,用武者莫之顧,中世以來兵燹鮮焉。」[11]然而,徽州也是一個向外遷徙的高移民社會。由於徽州多山,耕地稀少,一年收成只夠三個月的糧食,因此,糧食得靠外供應。徽州人出外經商的人於是很多。一千年來,徽商聞名全國。他們四出經商,往東去浙江,往東北去江蘇,往北則是長江沿岸的城鎮。他們到了一個村落,就會開一個小鋪子,等小鋪子變成一個雜貨店以後,這個村落也就成為一個小鎮了。所以中國有一句俗話說:「無徽不成鎮」。

很多徽商從做小生意起家,刻苦積累,成為大商賈。徽商所從事的買賣,鹽是其中之一。幾百年來,徽商壟斷了鹽的貿易。另外一個主要的買賣是當鋪。從前當鋪所扮演的腳色,相當於現在的銀行。「徽州朝奉」指的是當鋪的掌櫃,但後來成了徽州士紳或徽商的泛稱。胡適在一篇〈四十自述〉的增訂殘稿裡說徽商有「徽駱駝」的綽號,他說那是「嘲笑徽州人的笨做省用,實在是很恭維我們的民族的。」注意,也許是無心或筆誤,但胡適在這裡是用「民族」這個名詞來稱呼徽州人。可能就因為如此,胡適把徽州人比作中國的猶太人[12]。這個猶太人的比擬,並沒有在〈四十自述〉裡出現,更沒有在胡適晚年在美國哥倫比亞大學所作的《口述自傳》裡出現。當然,在當年美國社會仍然歧視猶太人的脈絡下,胡適不用猶太人來比擬徽州人是可以理解的。在《口述自傳》裡,胡適用了另外一個說法來描述徽州人遍布中國各城市的現象,他說:「這就是為什麼你在旅行的時候,常會看到姓汪、程的,他們一律都是徽州姓。其他像葉、潘、胡、余、俞、姚等姓,也多半是徽州來的。」[13]

徽州治下轄有六縣,即:歙縣、黟縣、休寧、祁門、績溪與婺源。其中,胡適的家鄉績溪在經濟上是最落後的。績溪可能是徽州府治下人口最少的一縣不但

11 唐力行,《徽州宗族社會》(合肥:安徽人民出版社,2005),頁2。
12 胡適,〈四十自述殘稿六件〉,《胡適遺稿及秘藏書信》(合肥:黃山書社,1994),5:496-497。
13 Hu Shih, "The Reminiscences of Dr. Hu Shih," p. 4.

村莊數低，而且名族聚居的村莊數僅爲歙縣或休寧的18.54%。這與績溪的地理條件的限制是分不開的，乾隆《績溪縣志》說：「績邑與歙爲接壤，而獨受多山之累」，「山壓水衝，遍績有難耕之堉土。」績溪人外出經商也比歙縣與休寧爲遲。前引的乾隆《績溪縣志，風俗》篇中說：「惟績鮮挾資之遊人。」[14]績溪人多半在家經商，很少人出外闖天下。唯一把績溪人帶出鄉裡去做買賣的，是茶行的生意。胡適家做的就是茶行的生意。

　　胡適在〈四十自述〉的增訂殘稿裡說，他出生的績溪縣的上莊村叫做上川，「人都叫它做『上莊』」，在績溪縣城以北五十里。全村都姓胡，「都是我們一族」，屬於中國南方所常見的單姓村。根據胡適的說法，在太平天國亂前，上莊男女老小有六千人。種地是他們的本業，出外經商則是他們的副業。上莊人顯然很有經商的本領，胡適說，在太平天國亂前的極盛時期，上莊一村在上海有「九鼎十三萬」的說法，「就是有九個『鼎』字的大店，十三個『萬』字的大店。」[15]胡適家的茶行生意，是由他的高祖開始的，到了胡適這一代已經有了150年的歷史。他高祖創業的地方在上海附近的川沙鎮，這個茶行開業的資本只有一百銀元。他們的經營方式，就是每年春天在家鄉附近的山區收購茶農的茶葉，然後再運到川沙的茶行去賣。在胡適的祖父及其伯祖的努力經營之下，他們在川沙鎮上又開了第二家茶行，目的是在防止別人跟他們競爭。1843年，他們又在上海開了一家支店。胡適的祖父顯然很會做生意，除了茶行以外，他還開了一家酒肆，叫作大酺樓，胡適說是「徽州酒館(通稱『徽館』)的創始者。」[16]太平天國之亂，上海的支店被毀，川沙本店也受損。根據胡適父親胡傳的估計，在1880年的時候，川沙、上海兩家店值三千銀元。這就是胡適一家四房、二十幾口衣食的來源。因此，胡適先世的背景是在商業方面。他們家第一個在科舉功名上下功夫的，是胡適父親胡傳的大伯。只可惜他在科場上並不順遂，只拿了秀才，是他們家破天荒的第一個秀才，胡傳則是第二個。這好像是上莊的宿命，胡適說：「科

14　唐力行，《徽州宗族社會》，頁23、24。
15　胡適，〈四十自述殘稿六件〉，《胡適遺稿及秘藏書信》，5：499。
16　胡適，〈四十自述殘稿六件〉，《胡適遺稿及秘藏書信》，5：498。

舉一途好像瞧不起我們的村子，開族以來，村子裡只不過□個舉人。」[17]胡適
寫這篇改訂稿的時候想不出上莊出過幾個舉人，只好留白了。

在汽車運輸、高速公路發達的今天，我們很難想像從前徽州人出外經商是徒
步的。就以跟胡適的故鄉上莊村接壤的宅坦村為例。宅坦村，古名龍井，自古以
來村民外出都要靠步行，翻過崇山峻嶺才能抵達歙縣和旌德的水碼頭。然後至新
安江去杭州，再轉水路至金華、衢州及江西的玉山、鉛山，或是沿徽水(青弋江
主要支流)北溯至蕪湖，再經由長江去南京、蘇州、上海和武漢等地。這也是宅
坦的徽商外出經商的主要路線。一直要到1933年蕪屯公路通車，宅坦人外出方可
免去艱難的跋山涉水，不過從村落到績溪縣城還得靠步行[18]。宅坦村如此，上莊
當亦如是。胡適1904年到上海去唸書的時候，就用了七天的時間，多半是用走路
的。1928年，他接受蘇雪林的一篇訪問裡，就有一段很生動的描述。當時胡適住
在上海英租界的極司非而路(今萬航渡路)49A號。胡適在這篇訪問裡，是從請蘇
雪林吃的徽州的麵餅談起的：

> 僕人送上一杯咖啡調的牛乳和一盤切開的烤麵餅，先生說我今天起身
> 遲了，所以到此刻才用早點。我是徽州人，用的也是徽州點心，請你們
> 不要見笑，我還願意將這東西介紹給你們呢；這烤麵餅是麵做的，餡子
> 是香椿、蘿蔔干，不易霉壞的材料，這是我們徽州人的「國寶」。我們
> 徽州人在商業上的成功，都要歸功於這「國寶」。
> ……
> 先生拈起一片麵餅對我們說道：我們徽州是多山的地方，大凡山國的
> 出產都是微薄的，不足供居民生活的需要，於是居民不得不冒險到外邊
> 求謀生之道了。我們徽州人的習慣，一家若有兩個或三個以上的男孩，
> 把一個留在家裡耕種田地。其餘的孩子，到了十三歲，便打發出門學生
> 意。出門時不要帶多少川資，只用幾尺藍老布做成一個袋，兩端縫合，

---

17 胡適，〈四十自述殘稿六件〉，《胡適遺稿及秘藏書信》，5：499。
18 唐力行，《徽州宗族社會》，頁65。

中間開一個口，每袋一端，裝進五個這樣的「國寶」，就算是孩子長途的糧食了。〔這個藍布做的裌褳，胡適在那篇〈四十自述〉的殘稿裡説叫做「信馬」，顯然是徽州話。[19]〕好在這「國寶」的餡子都是乾材料，過上十天八天也是不要緊的。到了宿店的時候，一點火，袋裡掏出一個「國寶」，在火上烘烤一會，吃下去就算一頓飯。至於宿費，每夜只需大錢二十一文，由徽州走到杭州，二百文川資，綽有餘裕。徽州人窮得不能聊生的時候，有句安慰自己的口號，説是「不要慌，十天到餘杭！」[20]

　　胡適認為徽州人因為耕地少養不活人口，而必須冒險出外經商的傳統，對徽州人在思想上產生了正面的影響。由於他們在城鎮經商，他們就有機會接觸到最新的思想和教育上的潮流。他們又常把孩子帶到城鎮裡去受教育。因此，徽州人的思想視野一般說來是比較寬廣的。他接著推論說，這也是為什麼中國思想界裡的幾個重要人物都是徽州人。例如：12世紀的朱熹、18世紀的江永和戴震以及19世紀的凌廷堪和俞正燮。

胡適的父母

　　胡適的父親胡傳1841年出生在上莊村。由於從小就長得很健壯，胡適說每年春天他祖父回鄉採購茶葉的時候，他的父親就已經是一個得力的幫手了。十六歲的時候，胡傳就被帶到川沙店裡。由於胡傳的伯祖，也就是他們家族裡第一個從事舉業的人，看出胡傳天資聰穎，認為他不應該被埋沒在茶行裡，於是就請了塾師教授他詩文。1850年，胡傳九歲的時候，太平天國起。其後，胡傳可能是被帶回家鄉避難。1860年，太平天國已近尾聲，胡傳在那年結婚，娶了馮姓女士為妻。不料，從1860年到1862年之間，太平軍三度侵入績溪境內。胡傳和鄰居避難

19　胡適，〈四十自述殘稿六件〉，5：497。
20　雪林女士，〈與胡適之先生的談話〉，引自《胡適日記全集》，5：19-20。

山巔，情勢危急，甚至還在1862年的時候，到鄰縣休寧避難。然而，由於休寧也不安靖，他們又在年底回到上莊村。沒想到就在翌年年初和夏天，太平軍又兩次進犯。最不幸的是，胡傳的妻子就在這1863年夏天太平軍第二次進犯時死難，是他們家族二十幾口裡唯一的死難者，沒有生下任何兒女[21]。

1865年，太平天國已經滅亡，胡傳考上秀才。接下去的一關，胡傳試了好幾次，可惜就是中不了舉。他在1868年進了上海的龍門書院，一共三年，到1871年。胡傳再接再厲地去考舉人，卻始終不能如願。他在自撰年譜裡，說他一生「五次入場，皆不中式。」[22]1873年，胡傳父親過世，他扶柩返回績溪。從1873年到1881年，胡傳在家鄉從事重建宗祠以及重修族譜這兩件大事。胡傳很顯然在第一任妻子死了不久以後就再婚。胡適沒有說他父親是什麼時候再婚的，但從他大女兒是1866年生的這個時間來推算，他最遲是在1865年再婚的。他的第二任妻子姓曹，跟他生了三男三女。胡適在《口述自傳》裡說，胡傳的第二任妻子，「由於生育過多而體弱，其中，有一對雙胞胎〔即胡適的二哥和三哥，1877年生〕，死於1878年。」至於是什麼病，胡適並沒說。他在〈四十自述〉小說化了的〈序幕〉裡雖然說得有點輕佻，但卻點出了病名：肺結核。在這一段敘述裡，胡傳的伯母要替胡傳作媒，娶他的第三任妻子馮順弟，也就是胡適的母親。她對馮順弟的爸爸說：

> 「三哥今年四十七，前頭討的七都的玉環，死了十多年了。玉環生下了兒女一大堆，三個兒子，三個女，現在都長大了。」
>
> 「我們種田人家的女兒哪配做官太太？這件事不用提。」
>
> 「我家三哥有點怪脾氣。他今年寫信回來，說，一定要討一個做莊稼人家的女兒。」
>
> 「什麼道理呢？」

---

21 Hu Shih, "The Reminiscences of Dr. Hu Shih," p. 11.

22 胡傳，《鈍夫年譜》，轉引自胡明，《胡適傳論》（北京：人民出版社，1996），上冊，頁24。

「他説，做莊稼人家的人身體好，不會像玉環那樣癆病鬼。」[23]

　　無論如何，胡傳在第二任妻子曹玉環過世以後並沒有馬上續娶。他在1881年離開家鄉，到北京找出路。也許因爲北京沒有機會，他就帶著兩封在北京拿到的介紹信，到吉林的寧古塔去找欽差吳大澂，當了他的幕僚。胡傳在中國東北追隨著吳大澂六年，一直到1886年他母親過世，才返裡奔喪。翌年，他又到廣州去追隨當時已經轉任廣東巡撫的吳大澂。1888年，黃河在鄭州決口，吳大澂被調任河道總督，胡傳又隨吳大澂到了鄭州。由於胡傳襄理治河有功，吳大澂就保舉他以直隸州候補知州分發各省候缺任用。1889年，胡傳利用返鄉探親的機會跟住在離上莊村十里的中屯的馮順弟，也就是胡適的母親結了婚。新婚後，不到兩個月的時光，胡傳又單身趕回鄭州繼續他治河的工作。次年，胡傳到北京抽候補缺的籤。幸運的他，抽到了江蘇的缺。於是，從1890到1891年，甫新婚卻又跟他新婚妻子別離的胡傳，終於得以把他新婚的妻子帶到蘇州，共享了一段新婚燕爾。隨後，胡傳就被派到上海，擔任淞滬釐卡總巡。這也就是爲什麼胡適是績溪上莊人，卻是在上海出生的原因。

　　胡適在〈四十自述〉的〈序幕〉裡，用小說的寫法寫他母親的訂婚。他用很生動的筆調，描寫了他母親的家庭。他母親馮順弟的父親除了種地以外，也出村幫人作裁縫。他跟他妻子先生了大女兒順弟，而「順弟」也果眞天從人願地幫她的父母在又生了一個女兒以後，帶來了個弟弟。他們夫妻一共生了三女一男。胡適用上莊村的「太子會」廟會作引子，讓順弟和胡傳在廟會上打了個照面。廟會散的時候，順弟聽得有人低聲說：「三先生來了！」只見路人紛紛讓出一條路，順弟抬起頭看，見到的是「一個高大的中年人，面容紫黑，有點短鬚，兩眼有威光，令人不敢正眼看他；他穿著苧布大袖短衫，苧布大腳管的褲子，腳下穿著麻布鞋子，手裡拿著一桿旱煙管。」錯身而過的胡傳沒說話，繼續大步向前行，但是跟他同行的月吉先生則停下來跟順弟的姑媽說了話，他看著順弟說：「你看這

23　胡適，〈四十自述〉，《胡適全集》，18：16。

姑娘的頭髮一直拖到地！這是貴相！是貴相！許了人家沒有？」羞得順弟滿臉緋紅，牽著弟弟的手，就往前飛跑。胡適的表親石原皋說胡適這段描述是小說化了的，不免有些虛構。他說事實上是胡傳聽說順弟賢惠，「一天，趁著風和日暖，他邀友人胡月吉陪往中屯村看人。恰巧順弟牽著一頭黃牛，在村邊放牧。胡父看著了她，她也看到他。她有覺，而處之泰然。胡父甚為滿意，請人去說媒。」[24]

胡傳跟順弟在「太子會」上不期而遇的故事，是很戲劇化的，胡適自己說是用小說式的文字來寫的。他說這個寫法不但很得到徐志摩的讚許，他自己也很喜歡，因為這種寫法「是自傳文學上的一條新路子，並且可以讓我(遇必要時)用假的人名地名描寫一些太親切的情緒方面的生活。」這篇〈序幕〉顯然是太小說化了，所以胡適自己承認：「因為第一章〔即〈序幕〉〕只是用小說體追寫一個傳說，其中寫那『太子會』頗有用想像補充的部分，雖經董人叔〔胡適的叔叔兼童年成長的摯友，胡近仁〕來信指出，我也不去更動了。但因為傳聞究竟與我自己的親見親聞有別，所以我把這一章提出，稱為〈序幕〉。」[25]

胡傳跟順弟結婚的故事，最可能的，就是傳統的媒妁之言。事實上，胡適在描寫「太子會上巧遇」這一段以後，寫胡傳的伯母替胡傳作媒，去順弟家提親那一段對話，可能是最近真實的。我們已經在上文引了胡傳的伯母說的話：「我家三哥有點怪脾氣。他今年寫信回來，說，一定要討一個做莊稼人家的女兒。」胡適在〈四十自述〉改訂殘稿有一句劃掉的話，跟這個說法一致，他說：「我父親寫信回家，說要娶一個農家女兒，因為農家女子的身體最健，不像〔以下缺。亦即：不像第二任妻子曹氏死於肺病〕」。[26]其實，胡傳自己也留下了記錄。胡傳在自己的日記裡的敘述，一方面可能是因為傳統日記體例的限制，另一方面也許是因為它如實地反映了當時的社會習俗，則完全沒有在婚前打量過對方的痕跡：

〔光緒十五年(1889)二月〕十六日〔農曆〕，行五十里，抵家……

24　石原皋，《閒話胡適》(合肥：安徽人民出版社，1989)，頁10-11。
25　胡適，〈四十自述‧亞東版的自序〉，《胡適全集》，18：7。
26　胡適，〈四十自述殘稿六件〉，《胡適遺稿及秘藏書信》，5：508。

二十一日，遣媒人訂約於馮姓，擇定三月十二日迎娶。

……

三月十一日，遣輿詣七都中屯迎娶馮氏。

十二日，馮氏至。行合巹禮。謁廟。

十三日、十四日，宴客……

四月初六日，往中屯，叩見岳丈岳母。

初七日，由中屯歸……

五月初九日，起程赴滬，天雨，行五十五里，宿旌之新橋。[27]

　　馮順弟是1873年農曆四月生的。她跟胡傳1889年三月結婚的時候，才快滿十六歲，胡傳那年四十八歲。胡適透過月吉先生，這樣地描述了他母親的長相：「圓圓面孔，有一點雀斑，頭髮很長」，「面貌並不美，倒穩重的很，不像個莊稼人家的孩子。」有關順弟那一頭落地的長髮，胡頌平作了這樣的描述：「馮太夫人身高五尺三寸，但髮長五尺八寸。每次梳頭時，都要站在矮凳上，分三節來梳。第一節梳好了，用頭繩扎住，再梳第二節、第三節。一次梳頭要費三點多鐘。」他聲明這是胡適和江冬秀親口跟他說的[28]。

　　胡傳和順弟的新婚生活顯然是很美滿的。1891年，胡傳被派為淞滬釐卡總巡以後，他們從蘇州搬到上海。胡適就在這年的12月17日出生。那年，順弟才18歲。只可惜好景不長，胡傳被調往台灣。他在1892年3月啟程赴台，把妻子和才幾個月大的兒子留在上海川沙，大概就住在他們家在川沙的茶行裡，在那裡一住就是一年。一直要等胡傳被任命為台南鹽務總局提調以後，順弟才帶著胡適，在四叔、二哥、三哥的照應下，在1893年4月到台南和胡傳團聚。沒想到一家人好不容易才團聚，胡傳又在第二年6月被調任為台東直隸州知州。由於台東是新設的州，一切草創，胡傳於是把順弟和胡適留在台南。順弟和胡適一直要到1894年1月初，才到台東和胡傳團聚。他們一家人在台東住了整一年。

27　胡適，〈四十自述〉，《胡適全集》，18：21。
28　胡頌平，《胡適之先生年譜長編初稿》(台北：聯經出版公司，1989)，頁10-11。

　　胡傳、順弟的燕爾，以及他們一家三口在這幾年間的快樂生活，胡適在〈四十自述〉裡有一段非常生動的想像的描述：「我父又很愛她，每日在百忙中教她認字讀書，這幾年的生活是很快樂的。我小時也很得我父親鍾愛，不滿三歲時，他就把教我母親的紅紙方字教我認。父親作教師，母親便在旁作助教。我認的是生字，她便借此溫她的熟字。他太忙時，她就是代理教師。我們離開台灣時，她認得了近千字，我也認了七百多字。這些方字都是我父親親手寫的楷字，我母親終身保存著，因為這些方塊紅箋上都是我們三個人最神聖的團居生活的紀念。」[29]

　　俗話說，天不從人願。胡傳夫婦的恩愛，以及一家三口天倫之樂也就只有這短短五年不到的時光，其中還不包括他們因為胡傳一再被調任而分別的時間。1894年，中日甲午戰爭爆發。2月，胡傳請他的四叔把順弟和胡適送回家鄉上莊村，只留他二哥在台東。那年4月，中日簽訂馬關條約。胡傳一直要到6月25日才離開台東。那時，電報已不通，餉源也已斷絕。胡傳的腳氣病已經很嚴重，雙腳浮腫，已經不能動了。他8月18日到廈門，四天以後就死在當地。胡傳死的時候五十四歲，順弟則才剛滿二十二歲又三個月。胡適在〈四十自述〉裡說：「這時候我只有三歲零八個月。我彷彿記得我父死信到家時，我母親正在家中老屋的前堂，她坐在房門口的椅子上。她聽見讀信人讀到我父親的死信，身子往後一倒，連椅子倒在房門檻上。東邊房門口坐的珍伯母也放聲大哭起來。一時滿屋都是哭聲，我只覺得天地都翻覆了！」[30]

　　順弟作為胡傳的第三任妻子，結婚才不到六年半，二十二歲就成了寡婦。前妻留下來的三男三女，一半比她還大。胡傳的大女兒比順弟大七歲，順弟過門的時候，這個大女兒已經出嫁了，而且已經生了一個兒子。二女兒比順弟大五歲，從小就抱給人家了。大兒子比順弟大兩歲，在順弟過門後三天，他也娶親了。三女兒比順弟小三歲，二哥、三哥這對雙胞胎，比順弟小四歲。胡適在〈四十自述〉裡最為感人的描述，可能就是他描寫他母親作為一個寡婦、後母在大家庭裡

29　胡適，〈四十自述〉，《胡適全集》，18：24。
30　胡適，〈四十自述〉，《胡適全集》，18：23。

容忍的功夫。例如，說到胡適同父異母的大哥：

> 大哥從小就是敗子，吸鴉片煙、賭博，錢到手就光，光了就回家打主
> 意。見了香爐就拿出去賣，撈著錫茶壺就拿出去押。我母親幾次邀了本
> 家長輩來，給他訂下每月用費的數目。但他總不夠用，到處都欠下菸債
> 賭債。每年除夕我家總有一大群討債的，每人一盞燈籠，坐在大廳上不
> 肯去。大哥早已避出去了。我母親走進走出，料理年夜飯、謝灶神、壓
> 歲錢等事，只當做不曾看見這群人。到了近半夜，快要「封門」了，我
> 母親才走後門出去，央一位鄰居本家到我家來，每一家債戶開發一點
> 錢。作好作歹的，這一群討債的才一個一個提著燈籠走出去。一會兒，
> 大哥敲門回來了。我母親從不罵他一句。並且因為是新年，她臉上從不
> 露出一點怒色。這樣的過年，我過了六七次。[31]

順弟對她兒媳的「忍」功，更是人上人的榜樣：

> 大嫂是個最無能而又最不懂事的人，二嫂是個很能幹而氣量很窄小的
> 人。她們常常鬧意見，只因為我母親的和氣榜樣，她們還不曾有公然相
> 罵相打的事。她們鬧氣時，只是不說話，不答話，把臉放下來，叫人難
> 看；二嫂生氣時，臉色變青，更是怕人。他們對我母親鬧氣時也是如
> 此。我起初全不懂得這一套，後來也漸漸懂得看別人的臉色了，我漸漸
> 明白，世間最可厭惡的事，莫如一張生氣的臉，世間最下流的事，莫如
> 把生氣的臉擺給人看。這比打罵還難受。
>
> 我母親的氣量大，性子好，又因為做了後母後婆，她更事事留心，事
> 事格外容忍。大哥的女兒比我只小一歲，她的飲食衣料總是和我的一
> 樣。我和她有小爭執，總是我吃虧，母親總是責備我，要我事事讓她。

31　胡適，〈四十自述〉，《胡適全集》，18：37。

後來大嫂、二嫂都生了兒子了，她們生氣時便打罵孩子來出氣，一面打，一面用尖刻有刺的話罵給別人聽。我母親只裝做不聽見。有時候，她實在忍不住了，便悄悄走出門去，或到左鄰立大嫂〔註：根據〈四十自述殘稿六件〉改正〕家去坐一會，或走後門到後鄰度嫂家去閑談。她從不和兩個嫂子吵一句嘴。

　　每個嫂子一生氣，往往十天半個月不歇，天天走進走出，板著臉，咬著嘴，打罵小孩出氣。我母親只忍耐著，忍到實在不可再忍的一天，她也有她的法子。這一天的天明時，她就不起床，輕輕的哭一場。她不罵一個人，只哭她的丈夫，哭她自己命苦，留不住她丈夫來照管她。她先哭時，聲音很低，漸漸哭出聲來。我醒了起來勸她，她不肯住。這時候，我總聽得見前堂(二嫂住前堂東房)或後堂(大嫂住後堂西房)有一扇房門開了，一個嫂子走出房向廚房走去。不多一會，那位嫂子來敲我們的房門了。我開了房門，她走進來，捧著一碗熱茶，送到我母親床前，勸她止哭，請她喝口熱茶。我母親慢慢停住哭聲，伸手接了茶碗。那位嫂子站著勸一會，才退出去。沒有一句話提到什麼人，也沒有一個字提到這十天半個月來的氣臉，然而各人心裡明白，泡茶進來的嫂子總是那十天半個月來鬧氣的人。奇怪的很，這一哭之後，至少有一兩個月的太平清靜日子。[32]

　　順弟在大家庭裡對兒媳的百般容忍，恐還不止於此。胡適晚年的時候曾經說他寫〈四十自述〉時「是很客氣的，還有許多都沒有寫出來。」比如他說：「我在〈四十自述〉裡沒有寫我的三嫂呢！我三哥出繼出去，後來窮得什麼都沒有了，我母親又接他回來，從此我母親受的氣更大。」[33]這個三嫂叫曹細娟，她有一個同父異母的妹妹，就是後來跟胡適在杭州的煙霞洞一起過了三個月的「神仙生活」的曹誠英。

32　胡適，〈四十自述〉，《胡適全集》，18：38-39。
33　胡頌平，《胡適之先生晚年談話錄》(台北：聯經出版公司，1985)，頁58。

其實大家庭裡的問題何只是婆媳妯娌之間的不和與爭吵。胡適雖然由於母親能大忍，在自己的家裡只看到妯娌之間的勃谿，但是左鄰右舍的例子就夠他觸目驚心了。他說：「我天天聽見隔壁立大嫂家裡的婆媳爭吵和姑嫂不和，我常常聽見鄰舍人家的婦人到我家來訴說冤苦。」他也「聽見我母親的大妹子在家如何受丈夫和婆婆的虐待。」婆媳妯娌姑嫂之間的勃谿至少還多半是冷戰，頂多是拉扯扭打，兄弟之間鬩牆就真可怕了。胡適親眼看到他那個不肖的大哥，為了分產，用刀刺傷了他的二哥。[34]

慈母兼嚴父

胡適的母親不只是一個好後母、好婆婆，她更是一個好母親。胡適在他母親過世回家奔喪的時候寫的一首詩裡有一句：「一世的深恩未報。」他也曾經對他的美國女朋友韋蓮司說：「我有一個很好、很好的母親，我的一切都是她所賜予的。」[35]胡適的母親確實是一個了不起的母親。胡適在〈四十自述〉裡，有幾段非常感人的描述：

> 每天天剛亮時，我母親就把我喊醒。叫我披衣坐起。我從不知道她醒來坐了多久了。她看我清醒了，才對我說昨天我做錯了什麼事，說錯了什麼話，要我認錯，要我用功讀書。有時候她對我說父親的種種好處，她說：「你總要踏上你老子的腳步。我一生只曉得這一個完全的人，你要學他，不要跌他的股。」(跌股便是丟臉、出醜。)她說到傷心處，往往掉下淚來。到天大明時，她才把我的衣服穿好，催我去上早學。學堂門上的鎖匙放在先生家裡；我先到學堂門口一望，便跑到先生家裡去敲門。先生家裡有人把鎖匙從門縫裡遞出來，我拿了跑回去，開了門，坐下唸生書。十天之中，總有八九天我是第一個去開學堂門的。等到先生

34　胡適，〈四十自述殘稿六件〉，《胡適遺稿及秘藏書信》，5：516-517。
35　Hu to Edith Clifford Williams, November 2, 1914.

來了，我背了生書，才回家吃早飯。

　　我母親管束我最嚴，她是慈母兼任嚴父。但她從來不在別人面前罵我一句，打我一下。我做錯了事，她只對我望一眼，我看見了她的嚴厲目光，就嚇住了。犯的事小，她等第二天早晨我睡醒時才教訓我。犯的事大，她等到晚上人靜時，關了房門，先責備我，然後行罰，或罰跪，或擰我的肉。無論怎樣重罰，總不許我哭出聲音來。她教訓兒子不是借此出氣叫別人聽的。

　　有一個初秋的傍晚，我吃了晚飯，在門口玩，身上只穿著一件單背心。這時候我母親的妹子玉英姨母在我家住，她怕我冷了，拿了一件小衫出來叫我穿上。我不肯穿，她說：「穿上吧，涼了。」我隨口回答：「娘(涼)什麼〔按：安徽方言「娘」、「涼」不分〕！老子都不老子呀。」我剛說了這句話，一抬頭，看見母親從家裡走出來，我趕快把小衫穿上。但她已聽見這句輕薄的話了。晚上人靜後，她罰我跪下，重重責罰了一頓。她說：「你沒了老子，是多麼得意的事！好用來說嘴！」她氣得坐著發抖，也不許我上床去睡。我跪著哭，用手擦眼淚，不知擦進了什麼細菌，後來足足害了一年多的眼翳病。醫來醫去，總醫不好。我母親心裡又悔又急，聽說眼翳可以用舌頭舔去，有一夜她把我叫醒，真用舌頭舔我的病眼。這是我的嚴師，我的慈母。[36]

　　所有仰賴男人養家的家庭，最怕的就是失去那個男人。胡適的父親過世，對一家的打擊是無可名狀的。情感精神等方面不用提，家計是最現實的。由於他祖父的店業都分給幾位叔叔家了。全家的生計就靠胡適父親所遺留下來的幾千兩銀子。這幾千兩銀子，就寄存在同鄉的店裡生息。換句話說，把本金保住不動用，就靠這些利息錢的收入來維持家裡的生計。怎奈存款的店家後來倒了帳，作為賠償，胡適家分攤到一點小店業。這些分攤到的店業，就由胡適兄弟裡最有幹才的

36　胡適，〈四十自述〉，《胡適全集》，18：36-37。

二哥掌理。胡適有三個同父異母的哥哥，老大既然不成材，順位下來就是老二、老三這對孿生兄弟。胡傳死的那年，他們才十八歲。三哥從小過繼給沒生兒子的伯父家，於是剛好又有幹才的二哥自然就得扛下責任來經營家裡在上海和漢口的兩個店了，胡適說這就是他們一家經濟的來源。換句話說，由於家裡在上海和漢口的店是他二哥經營，他二哥也就掌有了他家的財政權[37]。

我們不知道胡傳所留下來的幾千兩銀子是什麼時候被倒了帳的，但我們可以推測應該不會是在胡傳過世幾年內就發生的。胡適描述他在家鄉唸私塾的經驗有一句名言，他說他不屬於「兩元階級」。他說他家鄉蒙館的學費太低了，每個學生每年只送兩塊銀元。由於學費太低了，先生自然不會認真教書，每天只教學生唸死書。胡適就不同了，他的母親望子成龍心切，要先生依照胡傳的叮囑，為胡適「每讀一字，須講一字的意思；每讀一句，須講一句的意思。」為了這個要求，她為胡適付的學費特別優厚，第一年就送了六塊錢，這已經是其他「兩元階級」的三倍。而他母親為他付的學費以後還每年遞增，最後一年加到了12元，是其他學生的六倍。我們很難想像如果他母親完全沒有財政支配權的話，她能如此大方地付超額的學費。她能這樣作，一定是胡傳那幾千兩銀子還在生息的時候。胡傳過世的時候，雖然胡傳的大兒子當時已經成年，但他是一個公認的敗家子，孿生的老二、老三又才十八歲。胡適是順弟和胡傳所生唯一一個孩子，當時還不滿四歲，在這種情況之下，傳統的宗法社會對胡適的母親還是有一定的保障的。六年以後，胡適十一歲，當時胡適的母親想送他去上海唸新學堂，情況顯然就不同了。那時，胡傳那幾千兩銀子可能已經被倒了。胡適的二哥，當時二十四歲，已經在經營同鄉倒了帳以後賠給他們家的兩家店。在宗法社會「未嫁從父、既嫁從夫、夫死從子」的規矩之下，胡適的母親自然失去了她的財產支配權。這也就是為什麼胡適在〈四十自述〉裡會安排有以下這一段的場景：

　　我十一歲的時候，二哥和三哥都在家，有一天我母親問他們道：

37　胡適，〈四十自述殘稿六件〉，《胡適遺稿及秘藏書信》，5：510-512。

「糜今年十一歲了。你老子叫他唸書。你們看看他唸書唸得出嗎？」

二哥不曾開口，三哥冷笑道：「哼，唸書！」

二哥始終沒有說什麼。我母親忍氣坐了一會，回到了房裡才敢掉眼淚。她不敢得罪他們，因為一家的財政權全在二哥的手裡，我若出門求學是要靠他供給學費的。所以她只能掉眼淚，終不敢哭。[38]

「糜先生」上學記

好在胡適沒有辜負他母親對他的期望，從小就是一個好學生。胡適跟他母親在1895年3月中旬從台灣經上海回到績溪以後，他母親就讓他開始入塾讀書了。當時他才滿三歲四個月，連七、八寸的門檻都跨不過。被抱上學堂的高凳子上面，自己就爬不下來，還得要人家抱他下來。可是，胡適的程度並不低，因為他從台灣回來的時候，已經在父親的教導、母親的助教之下，認得了七、八百字了。所以胡適入塾的時候，並沒有像一般普通的學生一樣，唸《三字經》、《千字文》、《百家姓》、《神童詩》等書。他唸的頭兩本書都是他父親自己編的四言韻文，第一本書是《學為人詩》，說的是做人的道理，開頭的幾句是：「為人之道，在率其性。子臣弟友，循理之正；謹乎庸言，勉乎庸行；以學為人，以期作聖。」第二本叫《原學》，胡適說是一本講哲理的書，先生講不了，他也懂不了。他唸的第三部書叫做《律詩六鈔》，胡適不記得是誰選的，全是律詩，他雖然讀得不甚了解，卻背得很熟。從第四本書開始，胡適說除了《詩經》以外，他後來在私塾裡所唸的書就都是散文的了。它們依次是：《孝經》、朱子的《小學》、《論語》、《孟子》、《大學》、《中庸》、《詩經》、《書經》、《易經》與《禮記》。

胡適跟其他學生一起進學堂唸書，別人背書，他也背書。不同的是，他有先生幫他講解他唸的古文的意思。他說，有一天，因為在學堂裡的一件事，終於讓

---

38 胡適，〈四十自述〉，《胡適全集》，18：25。

他了解他母親比別人多付幾倍的學費的好處。那天，有一個同學的母親請塾師用孩子的名義代寫家信給在異鄉的丈夫。塾師把信寫好了就交給那個學生，讓他放學後帶回去。等塾師出去的時候，那個學生就把信抽出來偷看。忽然，他走過來問胡適說：「糜，這信上第一句『父親大人膝下』是什麼意思？」胡適說那個學生只比他小一歲，已經唸過《四書》了，卻居然不懂「父親大人膝下」是什麼意思！胡適說：「這時候，我才明白我是一個受特別待遇的人，因爲別人每年出兩塊錢，我去年卻送十塊錢。」他因而感嘆說，唸古文而不講解，就等於跟唸「揭諦揭諦、波羅揭諦」一些佛語，卻不知其義的人一樣，一點用處都沒有。他後來總結他自己在家鄉九年的私塾教育所得的成績，其中之一，就是：「講書和看書，也使我了解書中的內容。我雖然不能完全了解『天命之謂性』一類的話，然而有一些話是一個十幾歲的聰明孩子也能懂的。」換句話說，就是打下了他的古文的基礎，他說：「我在那幾年之中，竟把古文的文理弄通了。」[39]

　　當然，這並不表示胡適都懂得他在私塾裡所唸的古文，就像他在回憶裡所說的：

> 　　學堂裡唸的書，越到後來，越不好懂了。《詩經》起初還好懂，讀到〈大雅〉，就難懂了；讀到〈周頌〉，更不可懂了。《書經》有幾篇，如〈五子之歌〉，我讀的很起勁；但〈盤庚〉三篇，我總讀不熟。我在學堂九年，只有〈盤庚〉害我挨了一次打。

留學以後唸過佛洛依德，讀過心理學的胡適，就用這個例子來幽默一下他後來爲什麼從事疑古的考證：

> 　　後來隔了十多年，我才知道《尚書》有今文和古文兩大類，向來學者都說古文諸篇是假的，今文是眞的；〈盤庚〉屬於今文一類，應該是眞

39　胡適，〈四十自述殘稿六件〉，《胡適遺稿及秘藏書信》，5：513、515。

的。但我研究〈盤庚〉用的代名詞最雜亂不成條理，故我總疑心這三篇書是後人假造的。有時候，我自己想，我的懷疑〈盤庚〉，也許暗中含有報那一個「作瘤慄」〔塾師處罰學生的時候，勾起五指，打在學生頭上，常打起瘤子，故叫做「作瘤慄」〕的仇恨的意味罷？[40]

　　毫無疑問地，胡適的天才，在他小的時候就已經展現出來了。但也就因為他是一個天才，他從小就跟其他的孩子不一樣。試想，三歲幾個月就坐在高腳凳上唸書，上凳、下凳都還需要人抱，卻已經認得七、八百個字了，別的學生一定覺得他是一個神童，但恐怕也把他當成一個怪胎來看呢！胡適在〈四十自述〉裡說：「我小時身體弱，不能跟著野蠻的孩子們一塊兒玩。我母親也不准我和他們亂跑亂跳。小時不曾養成活潑遊戲的習慣，無論在什麼地方，我總是文謅謅的。所以家鄉老輩都說我『像個先生樣子』，遂叫我做『糜先生』。」寫〈四十自述〉的胡適當然知道佛洛依德「超我」(superego)、「自我」(ego)、「本我」(id)的說法，所以，他說當「糜先生」「這個綽號叫出去之後，人都知道三先生的小兒子叫做糜先生了。既有『先生』之名，我不能不裝出點『先生』樣子，更不能跟著頑童們『野』了。有一天，我在我家八字門口和一班孩子『擲銅錢』，一位老輩走過，見了我，笑道：『糜先生也擲銅錢嗎？』我聽了羞愧的面紅耳熱，覺得大失了『先生』的身分！。」[41]

　　胡適敬愛、孝順他的母親是毋庸置疑的。他對韋蓮司說：「我有一個很好、很好的母親，我的一切都是她所賜予的」；他在他母親過世回家奔喪時所寫的詩句：「一世的深恩未報。」這些都是刻骨銘心的真心話。然而，胡適的〈四十自述〉也有不同的版本。在他的增訂版的殘稿裡，胡適因為他沒有過「亂跑亂跳」的童年生活，還是對他的母親有些許怨言的。他說：「三歲就坐在高腳凳上讀書的我，可說是不曾享受過小孩子的遊戲生活。一來呢，我母親不許我和那些頑皮

40　胡適，〈四十自述〉，《胡適全集》，18：33。
41　胡適，〈四十自述〉，《胡適全集》，18：34。

孩子一塊玩。二來呢，我的身體文弱，也加不進他們的隊伍。」[42]值得注意的是，他在這篇增訂稿裡，是把他在〈四十自述〉裡說爲什麼他「不能跟著野蠻的孩子們一塊兒玩」的兩個理由的順序顛倒過來了。在增訂版裡，「母親不許」是排在第一順位的理由；在〈四十自述〉裡，「我小時身體弱」則排在第一位：

> 　　我小時身體弱，不能跟著野蠻的孩子們一塊兒玩。我母親也不准我和他們亂跑亂跳……大人們鼓勵我裝先生樣子，我也沒有嬉戲的能力和習慣，又因爲我確是喜歡看書，所以我一生可算是不曾享過兒童遊戲的生活。每年秋天，我的庶祖母同我到田裡去「監割」(頂好的田，水旱無擾，收成最好，佃戶每約田主來監割，打下穀子，兩家平分)，我總是坐在小樹下看小說。十一二歲時，我稍活潑一點，居然和一群同學組織了一個戲劇班，做了一些木刀竹槍，借得了幾副假鬍鬚，就在村田裡做戲。我做的往往是諸葛亮、劉備一類的文角兒；只有一次我做史文恭，被花榮一箭從椅子上射倒下去，這算是我最活潑的玩藝兒了。[43]

顯然胡適在十一、二歲的時候，不只是「稍活潑一點」而已，也不只是「和一群同學組織了一個戲劇班」而已，他實際上是發起人和導演。他在〈四十自述〉增訂版的殘稿裡回味無窮般地說得更爲生動：

> 　　有一年，我邀了一班孩子學「做戲」(演劇)，置備了一些刀槍、鬍子、馬鞭子；戲場有時在我家門口的空坦上，有時在祝封叔家門口的稻田裡。做戲總在有月亮的夜裡。小孩子們都不喜歡做文戲，又沒有人肯做女角，所以我們多做武戲。我懂得戲的故事最多，故我自然成了一種「導演者」。我記得有一次我做〔《水滸傳》〕「擒史文恭」裡面的史

42　胡適，〈四十自述殘稿六件〉，《胡適遺稿及秘藏書信》，5：523。
43　胡適，〈四十自述〉，《胡適全集》，18：34、35。

文恭，仰面跌倒在稻草墊的田裡。別的戲我記不得了。[44]

問題是，胡適的母親不喜歡他有「兒童遊戲的生活」：「她從不當眾人前面責備我。有時她知道我跟一班小孩子去頑了，她只叫人去喊我回家。夜靜上床時，或第二天睡醒時，她才教訓我，教我不要跟著那些孩子『嬉野了心』（我們土話叫遊戲爲『嬉』）。」[45]

小說「羅生門」

然而，有趣的是，胡適說他母親有她的盲點。他說：「有一種遊戲，比月下稻田裡做武戲要有害得多多，她卻不知道禁止我，這就是看小說。」乍看之下，這好像跟胡適在〈四十自述〉裡所說的話兩相矛盾。這就是爲什麼如果我們要描述胡適的早年生活，我們就一定不能被胡適牽著鼻子走，照本宣科地跟著〈四十自述〉依樣畫葫蘆。所有的自述和自傳都有它寫作的時代背景，都有作者寫作時的考量，除非作者存心作僞，它當然是反映了作者的心路歷程。然而，這個心路歷程畢竟是作者建構出來的。所有的懷舊憶往，不管是有心還是無意，都經過了渲染、淡出的篩選過程，都是對自己過往人生的重新詮釋。事實上，胡適看小說這個看似再單純也不過的故事，居然像黑澤明導演的「羅生門」一樣，有多重的版本，而且每一個版本的作者都是胡適自己。第一個版本就是〈四十自述〉，是他全面肯定他小時候讀傳統白話小說的好處的版本。

胡適在〈四十自述〉裡維妙維肖地描寫他如何在意外中發現小說的經過：

　　當我九歲時，有一天我在四叔家東邊小屋裡玩耍。這小屋前面是我們的學堂，後邊有一間臥房，有客便住在這裡。這一天沒有課，我偶然走進那臥房裡去，偶然看見桌子下一隻美孚煤油〔美國洛克斐勒家族的企

44　胡適，〈四十自述殘稿六件〉，《胡適遺稿及秘藏書信》，5：524。
45　胡適，〈四十自述殘稿六件〉，《胡適遺稿及秘藏書信》，5：524-525。

業，原來叫Standard Oil，即現在的ExxonMobil〕板箱裡的廢紙堆中露出一本破書。我偶然撿起了這本書，兩頭都被老鼠咬壞了，書面也扯破了。但這一本破書忽然為我開闢了一個新天地，忽然在我的兒童生活史上打開了一個新鮮的世界！

這本破書原來是一本小字木板的《第五才子》，我記得很清楚，開始便是〈李逵打死殷天錫〉一回。我在戲台上早已認得李逵是誰了，便站在那隻美孚破板箱邊，把這本《水滸傳》殘本一口氣看完了。不看尚可，看了之後，我的心裡很不好過：這一本的前面是些什麼？後面是些什麼？這兩個問題，我都不能回答，卻最急要一個回答。[46]

皇天不負苦心人，後來終於讓胡適找到了《水滸傳》的全部。此後，他到處去借小說來看。借他小說，幫他找小說的好幾個人，像他不長進的大哥、五叔、宋煥哥、三姊夫都是吸鴉片煙的，這是因為小說是煙榻上最好的伴侶。連他的大嫂都是幫他搜小說的人，因為他的大嫂認得一些字，嫁妝裡帶來了好幾種彈詞小說，如《雙珠鳳》之類。「這些書不久都成了我的藏書的一部分。」二哥、三哥在這方面給他的幫助不大。他的三哥因為得了肺病，在家鄉時多。但由於「他同二哥都進過梅溪書院，都做過南洋公學的師範生，舊學都有根柢，故三哥看小說很有選擇。我在他書架上只尋得三部小說：一部《紅樓夢》，一部《儒林外史》，一部《聊齋志異》。」他二哥在這方面對他的幫助，則在於把外國小說引介給胡適：「二哥有一次回家，帶了一部新譯出的《經國美談》，講的是希臘的愛國志士的故事，是日本人做的。這是我讀外國小說的第一步。」胡適說在所有的人裡，幫他借小說最出力的是他的族叔胡近仁，他只比胡適大五歲，是胡適成長階段最好的朋友。胡適說胡近仁家中頗有藏書。他看過的小說，常借給胡適看；胡適借到的小說，也常借給胡近仁看。「我們兩人各有一個小手摺，把看過的小說都記在上面，時時交換比較，看誰看的書多。」可惜這兩個摺子後來都不

46　胡適，〈四十自述〉，《胡適全集》，18：31。

見了，但胡適記得在1904年他十二歲離開家鄉到上海去讀書時，他的摺子上好像已有了三十多部小說了[47]。

胡適說他小時候所看的這三十多部的小說，包括彈詞、傳奇以及筆記小說在內。有《雙珠鳳》、《琵琶記》；也有《聊齋》、《夜雨秋燈錄》、《夜譚隨筆》、《蘭苕館外史》、《寄園寄所寄》、《虞初新誌》等等，種類不同，品味也天差地別。有「《薛仁貴征東》、《薛丁山征西》、《五虎平西》、《粉妝樓》一類最無意義的小說」，也有「《紅樓夢》和《儒林外史》一類的第一流作品。」胡適在〈四十自述〉裡只提了他小時讀舊小說的好處，他說由於這些小說都是白話小說，「我在不知不覺之中得了不少的白話散文的訓練，在十幾年後於我很有用處。」他又說：「看小說還有一樁絕大的好處，就是幫助我把文字弄通順了。」讀白話的舊小說不但幫他把文字弄通順了，也回過頭來幫他更了解古文的文理。這是因為他變成了他那些堂姐妹、侄女們巴結說故事的對象。從前是胡適跟這些本家姐妹們請五叔講故事，巴結他，替他點火、裝旱煙、替他捶背。到了胡適十二、三歲的時候，他自己已經成了氣候，已經能夠對本家姊妹們講說《聊齋》的故事了。於是，輪到胡適受人巴結了。他說：「我不用人裝煙捶背，她們聽我說完故事，總去泡炒米，或做蛋炒飯來請我吃。她們繡花做鞋，我講《鳳仙》，《蓮香》，《張鴻漸》，《江城》。這樣的講書，逼我把古文的故事翻譯成績溪土話，使我更了解古文的文理。所以我到十四歲來上海開始作古文時，就能做很像樣的文字了。」[48]

胡適看小說這個「羅生門」故事的第二個版本，是他〈四十自述〉的增訂版。在這個增訂版裡，胡適說看小說「比月下稻田裡做武戲要有害的多多。」他說他母親所以沒有禁止他看舊小說，有兩個原因。第一，是因為她根本不知道胡適在看什麼。雖然他母親在父親在世的時候，教了她認得了將近一千個字的基礎。然而，「我父親死後很少溫習的機會，有時候她晚上督責我溫習那幾匣方字，她借此溫習她認過的字。但她從不曾有機會讀書，又從不敢讓別人知道她認

47　胡適，〈四十自述〉，《胡適全集》，18：32。
48　胡適，〈四十自述〉，《胡適全集》，18：34。

得字，故她認得的字漸漸荒疏了。」其次，望子成龍的她，總以爲看書就是好事。「因此，他見我看書，總是歡喜的，不管我看的是什麼書，她從不干涉我。」胡適接著說：「可憐她從不知道我看的小說。」可惜這句話沒寫完就被他用筆刪掉了[49]。

　　胡適雖然沒有解釋爲什麼看小說那麼有害，但我們不難推測其原因何在。小說有好有壞，並不是所有的小說都會對讀者有益。就像他在〈四十自述〉裡所說的，他自己小時候所看的小說裡，有像《薛仁貴征東》、《薛丁山征西》、《五虎平西》、《粉妝樓》那一類最無意義的小說，也有像《紅樓夢》和《儒林外史》那一類第一流的作品。然而小說不管好壞，它之所以會讓人入迷，常常就因爲在情節取勝，讓讀者不由自己地隨之起舞，可以爲了想知道下文如何而廢寢忘食。胡適在上海讀書的時候，就發現他自己中毒太深，好幾次立志要改掉這個惡習，但就是作不到。最有意思的，是他1906年春天在澄衷學堂的兩篇日記。4月21日的日記說：「連日考試，憊甚。予最嗜小說，近已五日未看矣。考畢，閱《戰血餘腥記》一帙，竟之，使稍愈。」從「使稍愈」這個詞的使用，可以知道他是用病態，或者說，像毒癮一樣，來形容他對小說著迷的程度。十天以後，5月1日的日記說得更爲沉痛：「予幼嗜小說，惟家居未得新小說，惟看中國舊小說，故受害滋深，今日腦神經中種種劣根性皆此之由，雖竭力以新智識、新學術相挹注，不能泯盡也。且看淺易文言，久成習慣，今日看高等之艱深國文，輒不能卒讀。緣惡果以溯惡因，吾痛恨，吾切齒而痛恨。因立誓，此後除星期日及假期外，不得看小說。惟此等日，亦有限制：看小說之時限，不得逾三小時；而所看除新智識之小說，亦不得看也。」[50]

　　他在這篇日記裡，是以全稱的方式來批判所有的舊小說，說舊小說與新智識、新學術相牴觸，把舊小說當成是他自己腦神經中種種劣根性的由來。不但如此，他甚至把舊小說的淺易文言——白話，也就是他在提倡新文化運動以後所稱道的「活文字」——歸罪爲因爲他常「看淺易文言，久成習慣」，而使他「看高

49　胡適，〈四十自述殘稿六件〉，《胡適遺稿及祕藏書信》，5：525-526。
50　胡適，《胡適日記全集》，1：19、23。

等之艱深國文，輒不能卒讀」的罪魁禍首。三年以後，也就是1909年9月13日，當時他已經輟學，在新中國公學教英文。他在家信裡說他聽二哥說他的長子思聰已能勉強看小說，他就特別提醒他母親和二嫂：「此大好事，惟小說中有一種淫書，切不可看。又有石印字太小之書，亦切不看。聰兒眼目已有毛病，千萬不可令以小說之故，又受損傷，望大人及二嫂時時留意。」[51]

胡適看小說這個「羅生門」故事的第三個版本是第一、第二版的混和版，既肯定他看小說的好處，也指出舊小說裡有淫書的害處。更有意思的是，在這個版本裡，胡適小時候看小說，並不是自由自在的，而是被塾師和家人處處禁止、摧殘他在這方面的興趣。這個版本寫作的時間是在1916年3月6日，已經到了他在美國留學的後期。我們必須注意這個版本形成的時代背景。他早在一年以前，也就是1915年的夏天，就已經下了結論，說白話是活文字，古文是半死的文字。1916年，已經到了他跟他在美國的幾個朋友為了白話、古文爭得最白熱化的時候。他在〈逼上梁山〉裡說：「從二月到三月，我的思想上起了一個根本的新覺悟。我曾徹底想過：一部中國文學史只是一部文字形式（工具）新陳代謝的歷史，只是『活文學』隨時起來替代了『死文學』的歷史。」[52] 了解了這個背景，我們就可以了解為什麼第三版是第一、第二版的混和版的原因了。他在當天的札記裡說：

> 余幼時酷嗜小說，家人禁抑甚力，然所讀小說尚不少。後來之文學觀念未必非小說之功。此種興趣所以未為家人塾師之阻力所摧殘者，蓋有二因：一以小說易得。余以一童子處於窮鄉，乃能得讀四五十種小說〔注意：胡適在第一個版本裡說是三十多部〕，其易求可見。二則以有近仁之助力。近仁與余每以所得小說互傳觀之，又各作一手摺記所讀小說，每相見，輒互稽所讀多寡以相誇焉。
>
> 然以家人干涉之故，所讀小說皆偷讀者也。其流毒所及蓋有二害，終身不能挽救也。一則所得小說良莠不齊，中多淫書，如《肉蒲團》之

---

51 胡適致母親，1909年9月13日，《胡適全集》，23：14。
52 胡適，〈逼上梁山〉，《胡適全集》，18：108。

類，害余不淺。儻家人不以小說爲禁物而善爲選擇，則此害可免矣。二
則余常於夜深人靜後偷讀小說，其石印小字之書傷目力最深，至今受其
影響。[53]

我們把這三個版本拿來對比，〈四十自述〉是最晚出的。他在〈四十自述〉
裡寫他小時候看小說的這篇是在1930年底寫的。當時，新文學運動已經成功，白
話文以及傳統白話文學的地位已經奠定。胡適在這第一個版本裡，強調他小時候
看小說的「絕大的好處」說那是幫助他「把文字弄通」。同時，又由於他爲本家
姐妹們講故事，必須要把小說裡的古文故事翻成徽州土話來講，這又回過頭來幫
忙他「更能了解古文的文理」。這是白話文運動收功、功成名滿的胡適要人相信
的「故事」，這也幾乎可以說是所有讀過〈四十自述〉的讀者，都會拿來當作胡
適小時候因爲看小說而得益的定論。然而，在第二個版本，也就是〈四十自述〉
增訂稿以及他在上海寫的日記裡，胡適卻說看小說，比他母親禁止他在月下的稻
田裡演戲的害處要大得更多。更鮮明對比的，是成長階段的胡適對自己沉耽於小
說的罪惡感，以及他害怕看慣了舊小說的白話，會使他進不了古文的堂奧的疑
懼。留學日記裡的第三個版本夾在中間，正是他在美國獨排眾議、被逼上梁山，
就在他要揭起白話文運動大旗的前夕。

這三個版本的對比，可以提醒我們：自傳與自述都是建構的結晶。胡適在
〈四十自述〉裡並沒有說謊。爲了不影響白話文運動的氣勢，爲了不削弱他把白
話文學締造成爲中國文學正宗的努力，他只是在畫布上，渲染了用讀傳統小說來
學習白話文的好處，而淡出了舊小說良莠不齊的事實；他只是一筆帶過地說：傳
統文學裡，也「有像《薛仁貴征東》、《薛丁山征西》、《五虎平西》、《粉妝
樓》那一類最無意義的小說。」他在〈四十自述〉增訂稿裡也沒說謊，只不過他
所渲染的，是看壞小說的害處。他在上海讀書時，在日記裡寫下來的對看小說的
罪惡感以及疑懼，當然是最眞實的，因爲那是他當下的感受。然而，一個人當下

53　胡適，《胡適日記全集》，2：287。

的感受也不一定是對的。西方俗諺說：「事後看問題，秋毫躲不過」（Hindsight is 20/20）。胡適青少年時候的感受當然是真實的，但不一定是正確的。它所反映的，不過是當時文言為正宗、小說屬末流的傳統心態，以及一個一心上進、為前途焦慮的年輕人的自省自勵。

誰怕牛頭馬面？

胡適在〈四十自述〉裡，還有另一個同樣具有典範意義的「渲染」與「淡出」的範例，那就是〈從拜神到無神〉那一節。胡適這一節的名稱裡的「拜神」這個詞是具有深意的，但他的寫作的策略，就有意地讓人把他「拜神」的這個階段給忽略過去了。胡適在這一節一開頭，就引了他父親胡傳在河南鄭州辦河工時嘲諷傳統河工祀典的詩句，來說明他父親反迷信的思想。這四句詩是：「紛紛歌舞賽蛇蟲，酒醴牲牢告潔豐。果有神靈來護佑，天寒何故不臨工？」胡傳自己有註說：「霜雪既降，凡俗所謂『大王』、『將軍』化身臨工者，皆絕跡不復見矣。」這些所謂的「大王」、「將軍」也者，就是河工區域內的水蛇蝦蟆。牠們被認為是大王或將軍的化身，是傳統進行河工時被禮拜的河神。胡傳這四句詩，就在嘲諷這些河神怎麼霜雪一降，就失去蹤跡？既然是河神，怎麼天一冷，就怕冷不來保護河工的進行了？接著，胡適說他父親深受宋朝理學家程頤、朱熹的自然主義的宇宙觀的影響。比如說，胡傳所作的〈原學〉的啟始說：「天地絪縕，萬物化生。」胡適說這種自然主義的宇宙觀與近世科學的態度若合符節。最後，他引了胡傳〈學為人詩〉的結論：「為人之道，非有他術：窮理致知，反躬踐實，黽勉於學，守道勿失。」他說這是程朱「格物窮理」的態度[54]。

胡適緊接著說，雖然他的父親早逝，但他四、五歲的時候就已經熟讀了他父親的〈原學〉與〈學為人詩〉了。他又說雖然當時先生怎麼解釋，他已經不記得了；雖然他當時大概也不完全懂得這些話的意思，但他仍然要強調，說他父親對

---

54 胡適，〈四十自述〉，《胡適全集》，18：41。

他的影響有兩方面：「一方面是遺傳，因為我是『我父親的兒子』。一方面是他留下了一點程朱理學的遺風；我小時跟著四叔唸朱子的《小學》，就是理學的遺風；四叔家和我家的大門上都貼著『僧道無緣』的條子，也就是理學家庭的一個招牌。」胡適在這裡說：「我是我父親的兒子」，這句話乍讀起來有點不通，雖然意思明白。幾經尋思，發現是從英文裡翻譯過來的。原來胡適在寫〈四十自述〉以前，就已經用英文寫了一篇〈四十自述〉的前身，那就是他在1931年美國一家出版社所出版的《當代名人哲理》(*Living Philosophies*)〈胡適篇〉裡的文章。這一篇英文自述，胡適自己在同一年，以〈我的信念及其演化〉為題印了單行本，分送給朋友。胡適在這篇英文文章裡用了："I am my father's son" 這句話，他後來寫〈四十自述〉的時候，就把它直譯成「我是我父親的兒子」，寫到〈四十自述〉裡。這句話比較順口而且達意的中文翻譯應該是：「我是我父親的種。」[55]

　　大多數的讀者在讀了這麼一長段自然主義的宇宙觀、程朱「格物窮理」的態度、「僧道無緣」的論述以後，大概那「無神論」的結論已經都到了嘴邊了。在這一長段的渲染策略的運用以後，下一段的描述雖然可能更為生動，因為它描述的，是胡適大家族中，由「女眷」所帶領的迷信的大反撲。但由於前一段已經先入為主地在讀者心中留下了深刻的印象，這下一段的描述基本上等於是淡出，等於是背景。它所要襯托的，是等待「我畢竟是我父親的種」的胡適，來力挽那被家裡的「女眷」所捲起的迷信的狂瀾，來重振家風，來重現乃父自然主義的宇宙觀的遺風：

　　　　我記得我家新屋大門上的「僧道無緣」條子，從大紅色褪到粉紅，又漸漸變成了淡白色，後來竟完全剝落了。我家中的女眷都是深信神佛的。我父親死後，四叔又上任做學官去了，家中的女眷就自由拜神佛了。女眷的宗教領袖是星五伯娘，她到了晚年，吃了長齋，拜佛唸經，

55　這句話在《當代名人哲理》以及〈我的信念及其演化〉裡的出處，請參見《胡適全集》，36：504；37：175。

四叔和三哥(是她過繼的孫子)都不能勸阻她,後來又添上了二哥的丈
母,也是吃長齋唸佛的,她常來我家中住。這兩位老太婆做了好朋友,
常勸誘家中的幾房女眷信佛。家中人有病痛,往往請她們唸經許願還
願。

星五伯娘這位宗教領袖,加上二哥的丈母娘,等於是如虎添翼。更糟糕的
是,二哥丈母娘的加入,意外地給胡適稚嫩的心靈帶來了嚴重的創傷與驚駭:

> 二哥的丈母頗認得字,帶來了《玉曆鈔傳》、《妙莊王經》一類的善
> 書,常給我們講說目蓮救母遊地府、妙莊王的公主(觀音)出家修行等等
> 故事。我把她帶來的書都看了,又在戲台上看了《觀音娘娘出家》全本
> 連台戲,所以腦子裡裝滿了地獄的慘酷景象。[56]

這些地獄裡的殘酷景象,就是那十八層地獄,牛頭馬面用鋼叉把罪人叉上刀
山、叉入油鍋、拋下奈何橋去餵惡狗毒蛇的種種殘象。此外,還讓當時的胡適
畏懼萬分的,是他從小就聽慣了的佛家因果報應的輪迴觀念。他說他那時最怕
的就是來世變成一隻豬或一隻狗。

在女眷狂熱的宗教信仰之下,稚嫩不懂事的胡適害怕死後被打入十八層地
獄,也害怕來世變豬變狗。於是虔誠地跟著這些女眷的宗教領袖依樣畫葫蘆,人
家燒香,他就跟著燒香;人家拜跪,他就跟著拜跪:

> 後來三哥得了肺癆病,生了幾個孩子都不曾養大。星五伯娘常為三哥
> 拜神佛許願,甚至於招集和尚在家中放焰口超渡冤魂。三哥自己不肯參
> 加行禮,伯娘常叫我去代替三哥跪拜行禮。我自己幼年身體也很虛弱,
> 多病痛,所以我母親也常請伯娘帶我去燒香拜佛。依家鄉的風俗,我母

---

56 胡適,〈四十自述〉,《胡適全集》,18:42。

親也曾把我許在觀音菩薩座下做弟子，還給我取了一個佛名，上一字是個「觀」字，下一字我忘了。我母親愛我心切，時時教我拜佛拜神總須誠心敬禮。每年她同我上外婆家去，十里路上所過廟宇路亭，凡有神佛之處，她總教我拜揖。有一年我害肚痛，眼睛裡又起翳，她代我許願：病好之後親自到古塘山觀音菩薩座前燒香還願。後來我病好了，她親自跟伯娘帶了我去朝拜古塘山。山路很難走，她的腳是終年疼的，但她為了兒子，步行朝山，上山時走幾步便須坐下歇息，卻總不說一聲苦痛。我這時候自然也是很誠心的跟著她們禮拜。

胡適不但禮拜神佛，他也聽母親的話，祭拜孔子，還為孔子做了一座小聖廟：

我母親盼望我讀書成名，所以常常叮囑我每天要拜孔夫子。禹臣先生學堂壁上掛著一幅朱印石刻的吳道子畫的孔子像，我們每晚放學時總得對他拜一個揖。我到大姊家去拜年，看見了外甥章硯香(比我大幾歲)供著一個孔夫子神龕，是用大紙匣子做的，用紅紙剪的神位，用火柴盒子做的祭桌，桌子上貼著金紙剪的香爐燭台和供獻，神龕外邊貼著許多紅紙金紙的聖廟匾額對聯，寫著「德配天地，道冠古今」一類的句子。我看了這神龕，心裡好生羨慕，回到家裡，也造了一座小聖廟。我在家中尋到了一隻燕窩匣子，做了聖廟大庭；又把匣子中間挖空一方塊，用一隻午時茶小匣子糊上去，做了聖廟的內堂，堂上也設了祭桌、神位、香爐、燭台等等。我在兩廂又添設了顏淵、子路一班聖門弟子的神位，也都有小祭桌。我借得了一部《聯語類編》，鈔出了許多聖廟聯匾句子，都用金銀錫箔做成匾對，請近仁叔寫了貼上。這一座孔廟很費了我不少的心思。我母親見我這樣敬禮孔夫子，她十分高興，給我一張小桌子專供這神龕，並且給我一個銅香爐；每逢初一和十五，她總教我焚香敬禮。這座小聖廟，因為我母親的加意保存，到我二十七歲從外國回家

時，還不曾毀壞。[57]

　　毫無意外地，把胡適從這些女眷的宗教統治之下解救出來的，是男性的傳統自然主義、理想主義的理學家。營救少年胡適，是〈四十自述〉裡一個膾炙人口的故事。這件事，胡適說他不記得是什麼時候發生的，但大概是在他十一歲的時候：

　　　　有一天，我正在溫習朱子的《小學》，唸到了一段司馬溫公的家訓，
　　　　其中有論地獄的話，說：

　　形既朽滅，神亦飄散，雖有銼燒舂磨，亦無所施⋯⋯

　　　　我重讀了這幾句話，忽然高興得直跳起來。《目蓮救母》、《玉曆鈔
　　　　傳》等書裡的地獄慘狀，都呈現在我眼前，但我覺得都不怕了。放焰口
　　　　的和尚陳設在祭壇上的十殿閻王的畫像，和十八層地獄的種種牛頭馬面
　　　　用鋼叉把罪人叉上刀山，叉下油鍋，拋下奈何橋去餵餓狗毒蛇——這種
　　　　種慘狀也都呈現在我眼前，但我現在覺得都不怕了。我再三唸這句話：
　　　　「形既朽滅，神亦飄散，雖有銼燒舂磨，亦無所施。」我心裡很高興，
　　　　真像地藏王菩薩把錫杖一指，打開地獄門了。[58]

　　從胡適的這段敘述看來，〈從拜神到無神〉這個〈四十自述〉裡膾炙人口的故事，其真正的意義並不在於胡適用他的寫作策略把讀者導入的「思想上的解放」，而是在讓他「高興得直跳起來」的心靈上的解放。如果司馬光的那幾句話救了胡適，他所營救成功的，並不是寫〈四十自述〉時候功成名就的胡適回首去詮釋的胡適無神論的發端，而是一個十一歲幼小稚嫩的胡適敏感的心靈創傷的癒

57　胡適，〈四十自述〉，《胡適全集》，18：42-44。
58　胡適，〈四十自述〉，《胡適全集》，18：44。

合；司馬光的話，把十一歲的「穈先生」從十八層地獄、閻羅王、牛頭馬面、刀山油鍋、輪迴成豬狗這些可怕的夢魘裡解放出來。這種掙脫了夢魘的解脫與喜悅，胡適自己說得最爲生動：「我心裡很高興，眞像地藏王菩薩把錫杖一指，打開地獄門了。」

胡適說他不記得是什麼時候讀到司馬光家訓裡的這一段話。根據他在1920年代初期所寫的一首詩來看，那是在他肚痛、眼翳醫好以後，他跟他母親跟星五伯娘去古塘山觀音菩薩座前燒香還願的那一年。我們記得胡適有一年初秋傍晚，吃完晚飯，在門口玩，身上只穿著一件單背心，他姨母怕他著涼，拿了一件小衫要他穿上，他不肯穿，回嘴說：「娘(涼)什麼！老子都不老子呀。」當晚他母親把他罰跪，重重責罰他，他跪著哭，用手擦眼淚，擦進了細菌，足足害了一年多的眼翳病，醫來醫去，總醫不好的那個故事。他跟母親、伯娘去古塘還願就是他眼翳病好了以後的事。這首詩說：

> 二十年前，
> 我跟我母親上古塘去燒香，
> 回家時，我偶然讀到一個古人的兩句話，
> 這兩句話狠打動了我的思想。
>
> 這兩句話使我不信鬼，
> 也不信什麼天帝——
> 我這二十年的宗教觀，
> 都是從這兩句話做起。[59]

這首二十年以後所寫的詩，它行文的口氣，自然跟〈四十自述〉的是一致的，這是功成名就以後的胡適爲他自己成長的軌跡所建構出來的定案版本。它在

59　胡適，〈無題詩一首〉，北京社會科學院近代史研究所藏《胡適檔案》，0300-010，「胡適的雜記小本：無年分」。

經過一再地演練以後，就會作者連同讀者，一起都認爲它確是作者成長的真實記錄。同樣的這段故事，胡適在他的英文自述裡作了描述。他在《當代名人哲理：〈胡適篇〉》、〈我的信念及其演化〉裡說：那是「我的宗教生命裡一個奇特的轉捩點」（a curious crisis）。他在這篇英文的自述裡說，他在朱子的《小學》唸到了司馬光的那幾句話過後不久，就又讀到了更爲詳盡、更爲雄辯的無神論，那就是范縝反佛教的言論。用〈四十自述〉的話來說：

> 有一天，我讀到《資治通鑒》第一百三十六卷，有一段記范縝（齊梁時代人，死時約在西曆五一〇年）反對佛教的故事，說：
> 縝著《神滅論》，以爲「形者神之質，神者形之用也。神之於形，猶利之於刀。未聞刀沒而利存，豈容形亡而神在哉？」此論出，朝野喧嘩，難之，終不能屈。

胡適說他先前讀司馬光的話已經覺得很有道理了。現在讀范縝的議論，覺得更明白，更有道理。胡適在《當代名人哲理：〈胡適篇〉》以及〈我的信念及其演化〉裡解釋了爲什麼范縝說的話更有道理。他說：司馬光雖然說「形既朽滅，神亦飄散」，這個說法仍然承認靈魂的存在。相對的，范縝則連靈魂的存在都否認掉了，所以他說：「形者神之質，神者形之用也。」[60]因此，「司馬光的話教我不信地獄，范縝的話使我更進一步，就走上了無鬼神的路。」他說：

> 大概司馬光也受了范縝的影響，所以有「形既朽滅，神亦飄散」的議論；大概他感謝范縝，故他編《通鑒》時，硬把《神滅論》摘了最精彩的一段，插入他的不朽的歷史裡。他決想不到，八百年後，這三十五個字竟感悟了一個十二歲的小孩子，竟影響了他一生的思想。

---

60 《胡適全集》，36：503；37：174。

范縝給胡適的影響不只是無神論，還有他的非因果論。胡適說《通鑑》引述范縝的無神論那一段，也記述了范縝和竟陵王蕭子良討論「因果」的事：

> 子良篤好釋氏，招致名僧，講論佛法。道俗之盛，江左未有。或親為眾僧賦食行水，世頗以為失宰相體。
>
> 范縝盛稱無佛。子良曰：「君不信因果，何得有富貴貧賤？」縝曰：「人生如樹花同發，隨風而散，或拂簾幌，墜茵席之上；或關籬牆，落糞溷之中。墜茵席者，殿下是也。落糞溷者，下官是也。貴賤雖復殊途，因果竟在何處？」子良無以難。[61]

我們可以很合理的懷疑，這種哲理的討論是不是一個十一、二歲的小孩子所能真正了解的。胡適說范縝的三十五個字的無神論「感悟了」他，影響了他一生的思想。然而，這更有可能是他寫〈四十自述〉的時候為他自己所回溯建構出來的心路歷程。其所反映的，與其說是十一、二歲時的他，不如說是四十歲的他所回顧、建構的十一、二歲時的自我。他在《當代名人哲理：〈胡適篇〉》以及〈我的信念及其演化〉裡就說得比較像一個小孩子會說的話，他說范縝的那三十五個字，「簡單明瞭，連小孩子都能懂，而更讓我刮目相看的是，朝野群起攻之，但就是辯不倒他。」[62]至於范縝的非因果論，胡適在〈四十自述〉裡，至少還說得比較近情理，他說：「這一段議論也只是一個譬喻，但我當時讀了只覺得他說的明白有理，就熟讀了記在心裡。我當時實在還不能了解范縝議論的哲學意義。他主張一種『偶然論』，用來破壞佛教的果報輪回說。」

他在《當代名人哲理：〈胡適篇〉》以及〈我的信念及其演化〉裡說得更像一個孩子會有的反應：「范縝的比喻〔用同一樹上被風吹落下來的花，有的落在席墊上，有的卻落在糞坑裡，來形容人的際遇與運命的偶然性〕，吸引了童稚的我，也把我從輪回那種叫天不應、叫地不理的夢魘裡喚醒過來。那是偶然論跟命

61　胡適，〈四十自述〉，《胡適全集》，18：44-46。
62　《胡適全集》，36：503；37：174。

定論的對決。十一歲的我，選擇了偶然，拒絕了命定。對童稚的我而言，那並不是成熟推論的結果，而是一種來自於我性情深處的好惡感，我畢竟是我父親的種，我就是喜歡司馬光和范縝，原因就是那麼簡單。」[63]這段話說得真實多了，既沒有讓一個十一、二歲的孩子說大人話，也沒有硬是要把他後來才形成的信念溯源到童稚的歲月，即使它的種子在那時候已經種下了。如果胡適在英文寫的自述裡，說出了像小孩子會說的話，如果他在〈四十自述〉裡傾向於把思想成熟後的他投射到他神童但畢竟還是孩子的自我身上，至少他在〈四十自述〉總結范縝和司馬光對他的影響的時候，他還是說得比較中肯，把他們對他的影響放在消弭他對地獄和輪迴的恐懼上：「我小時聽慣了佛家果報輪迴的教訓，最怕來世變豬變狗，忽然看見了范縝不信因果的譬喻，我心裡非常高興，膽子就大的多了。他和司馬光的神滅論教我不怕地獄；他的無因果論教我不怕輪迴。我喜歡他們的話，因為他們教我不怕。我信服他們的話，因為他們教我不怕。」

　　胡適在〈四十自述〉裡說，自從「我的思想經過了這回解放之後，就不能虔誠拜神拜佛了。但我在我母親面前，還不敢公然說出不信鬼神的議論。她叫我上分祠裡去拜祖宗，或去燒香還願，我總不敢不去，滿心裡的不願意，我終不敢讓她知道。」接著發生的他想把泥菩薩打爛，丟到茅廁裡的想法，就是〈四十自述〉裡的另一個高潮了。他自己的描述是再生動也不過了[64]：

　　　　我十三歲的正月裡，到大姊家去拜年，住了幾天，到十五日早晨，才和外甥硯香回我家去看燈。他家的一個長工挑著新年糕餅等物事，跟著我們走。

　　　　半路上到了中屯外婆家，我們進去歇腳，吃了點心，又繼續前進。中屯村口有個三門亭，供著幾個神像。我們走進亭子，我指著神像對硯香說，「這裡沒有人看見，我們來把這幾個爛泥菩薩拆下來拋到茅廁裡去，好嗎？」

63　《胡適全集》，36：504-505；37：175。
64　以下這段的敘述，請參見胡適，〈四十自述〉，《胡適全集》，18：47-50。

這樣突然主張毀壞神像，把我的外甥嚇住了。他雖然聽我說過無鬼無神的話，卻不曾想到我會在這路亭裡提議實行搗毀神像。他的長工忙勸阻我道：「糜舅，菩薩是不好得罪的。」我聽了這話，更不高興，偏要拾石子去擲神像。恰好村子裡有人下來了，硯香和那長工就把我勸走了。

這個沒有完成的打倒偶像的行動，完全像是一個早熟、有個性的小孩子覺得長期以來受騙，憤恨而想出氣的反應。有趣的是，這個沒有完成的「壯舉」居然有一個令人意想不到的續篇：

我們到了我家中，我母親煮麵給我們吃，我剛吃了幾筷子，聽見門外鑼鼓響，便放下麵，跑出去看舞獅子了。這一天來看燈的客多，家中人都忙著照料客人，誰也不來管我吃了多少麵。我陪著客人出去玩，也就忘了肚子餓了。

晚上陪客人吃飯，我也喝了一兩杯燒酒。酒到了餓肚子裡，有點作怪。晚飯後，我跑出大門外，被風一吹，我有點醉了，便喊道：「月亮，月亮，下來看燈！」別人家的孩子也跟著喊，「月亮，月亮，下來看燈！」

門外的喊聲被屋裡人聽見了，我母親叫人來喚我回去。我怕她責怪，就跑出去了。來人追上去，我跑的更快。有人對我母親說，我今晚上喝了燒酒，怕是醉了。我母親自己出來喚我，這時候我已被人追回來了。但跑多了，我真有點醉了，就和他們抵抗，不肯回家。母親抱住我，我仍喊著要月亮下來看燈。許多人圍攏來看，我仗著人多，嘴裡仍舊亂喊。母親把我拖進房裡，一群人擁進房來看。

這時候，那位跟我們來的章家長工走到我母親身邊，低低的說：「外婆(他跟著我的外甥稱呼)，糜舅今夜怕不是吃醉了吧？今天我們從中屯出來，路過三門亭，糜舅要把那幾個菩薩拖下來丟到茅廁裡去。他今夜

嘴裡亂說話，怕是得罪了神道，神道怪下來了。」

這幾句話，他低低的說，我靠在母親懷裡，全聽見了。我心裡正怕喝醉了酒，母親要責罰我；現在我聽了長工的話，忽然想出了一條妙計。我想：「我胡鬧，母親要打；菩薩胡鬧，她不會責怪菩薩。」於是我就鬧的更凶，說了許多瘋話，好像真有鬼神附在我身上一樣！

我母親著急了，叫硯香來問，硯香也說我日裡的確得罪了神道。母親就叫別人來抱住我，她自己去洗手焚香，向空中禱告三門亭的神道，說我年小無知，觸犯了神道，但求神道寬洪大量，不計較小孩子的罪過，寬恕了我。我們將來一定親到三門亭去燒香還願。

這時候，鄰舍都來看我，擠滿了一屋子的人，有些婦女提著「火筒」（徽州人冬天用瓦爐裝炭火，外面用篾絲作籃子，可以隨身攜帶，名為火筒），房間裡悶熱的很。我熱的臉都紅了，真有點像醉人。

忽然門外有人來報信，說，「龍燈來了，龍燈來了！」男男女女都往外跑，都想趕到十字街口去等候看燈。一會兒，一屋子的人都散完了，只剩下我和母親兩個人。房裡的悶熱也消除了，我也疲倦了，就不知不覺的睡著了。

母親許的願好像是靈應了。第二天，她教訓了我一場，說我不應該瞎說，更不應該在神道面前瞎說。但她不曾責罰我，我心裡高興，萬想不到我的責罰卻在一個月之後。

過了一個月，母親同我上中屯外婆家去。她拿出錢來，在外婆家辦了豬頭供獻，備了香燭紙錢，她請我母舅領我到三門亭裡去謝神還願。我母舅是個虔誠的人，她恭恭敬敬的擺好供獻，點起香燭，陪著我跪拜謝神。我忍住笑，恭恭敬敬的行了禮——心裡只怪我自己當日扯謊時不曾想到這樣比挨打還更難為情的責罰！

直到我二十七歲回家時，我才敢對母親說那一年元宵節附在我身上胡鬧的不是三門亭的神道，只是我自己。母親也笑了。

　　胡適說他在三門亭跟著母舅跪拜謝神的時候，「心裡只怪我自己當日扯謊時不曾想到這樣比挨打還更難爲情的責罰」，這句話就又是大人說的話了。其所反映的，是胡適留美時期最愛說的「一致」的觀念。那就是說，他如果相信無神論，他就應該堅守無神論的原則，既不信神，卻又去向祂拜跪，豈不是「比挨打還更難爲情的責罰」嗎！胡適誠然早熟、聰明過人，然而，十三歲時候的他不一定會有這種在大學唸哲學時候的他對一致的執著。

　　胡適說這三門亭事件發生在他十三歲時的正月十五日元宵，應該就是1903年，那天是陽曆2月12日。用現在的算法，他那時候還差五天才滿十二歲。一年以後，胡適就到上海去進新學堂了。就在他要離開家鄉的前夕，他的母親幫他訂了婚。胡適的妻子江冬秀是旌德縣江村人，江村離胡適所住的上莊約四十里[65]。江冬秀生於1890年12月19日(農曆11月8日)，比胡適大一歲。江冬秀的父母家都是望族，而且是書香門第。胡適跟江冬秀家有遠親的關係，江冬秀的舅母是胡適的姑婆。說起胡適和江冬秀的婚事，據說又跟「太子會」有關。胡適在〈四十自述〉的〈序幕〉裡描寫他母親的訂婚，他是把他父母首次不期而遇的場景放在「太子會」上。這個「太子會」是徽州的廟會，據說也是可以用來證明徽州人祖先是來自北方的一個證據。我們在本章啓始的時候說，徽州治下轄有六縣：歙縣、黟縣、休寧、祁門、績溪與婺源。據說，這個「太子會」的廟會是只有徽州所屬的這六縣有，其他縣都沒有。這個「太子會」所紀念的是唐朝安史之亂死守睢陽(今河南商丘)的張巡。避難來徽州的北方人，塑造了一個「太子老爺」來紀念張巡。這個「太子會」是每逢閏年所舉行的迎神賽會。如果胡適在〈四十自述〉裡，安排讓他的父母在這裡不期而遇，江冬秀的母親看上了胡適，要選他作女婿，據說也是在這個「太子會」的廟會上。

　　胡適姑婆住在旺川村。有一年輪到旺川作廟會，胡適跟母親到旺川的姑婆家去看廟會。江冬秀的父親早逝。可是，這一年旺川的廟會，江冬秀的母親也去了。據說江冬秀的母親看見胡適眉清目秀，又聰明伶俐，就請了胡適的叔叔胡祥

65　以下有關江冬秀跟胡適訂婚的敘述，是根據石原皋，《閑話胡適》，頁45-47。

鑒做媒。胡祥鑒在江村教私塾，也教過江冬秀唸書。然而，胡適的母親有幾層顧忌：第一、江冬秀比胡適大一歲，績溪有一句俗諺：「寧可男大十歲，不可女大一年」；第二、江冬秀屬虎，八字硬；第三、江家興旺，胡家中落，有門不當、戶不對的顧慮。在胡祥鑒鍥而不捨的努力之下，胡適的母親於是答應讓他先把江冬秀的八字開來。八字開來以後，命也算過，兩人的生肖很合，不犯沖。接著，胡適的母親就把江冬秀紅紙寫的八字疊好，放在竹昇(量器)裡，擺在灶神老爺面前。這竹昇裡，同時還放了別人送來提親的幾個八字。過了一段時日，家中平安無事，既沒有丟一隻筷子，也沒打碎一個湯匙，六畜平安，人丁無事。於是，胡適的母親就虔誠地把竹昇拿下來，用筷子夾出其中的一個八字，打開一看，就是江冬秀的。顯然是緣中注定，於是就決定了這椿親事。

可惜胡適在為他自己所擬的自述的第十一章〈我的訂婚與結婚〉[66]，他從來就沒有時間去寫。更可惜的，是唐德剛所看過的江冬秀所寫的「一篇最純真、最可愛的樸素文學」的自傳，現在可能已經不存[67]。胡適在1917年12月30日跟江冬秀結婚以後，寫了幾首〈新婚雜詩〉，其中兩首是他結婚幾天後，跟江冬秀「回門」到江村以後寫的。這兩首中，有一首專門是紀念他已過世的丈母娘：

> 回首十四年前，
> 初春冷雨，
> 中邨簫鼓，
> 有個人來看女婿。
> 匆匆別後便輕將愛女相許。
> 只恨我十年作客，歸來遲暮。
> 到如今，待雙雙登堂拜母，
> 只剩得荒草新墳，斜陽淒楚！

---

66 胡適，〈四十自述殘稿六件〉，《胡適遺稿及秘藏書信》，5：491。
67 唐德剛，《胡適雜憶》（台北：傳記文學出版社，1979），頁185-186。

最傷心，不堪重聽，燈前人訴，阿母臨終語！[68]

　　胡適這首詩跟他父親日記裡記他結婚的寫法有異曲同工之處，同樣簡潔扼要，不帶痕跡。寫這首詩在1918年1月，往前推回十四年，就是1904年。在那個初春一個下雨天裡，有個人來看女婿，匆匆別後，便輕將愛女相許。當然，雖然胡適在這首詩裡沒有提到媒妁之言、算命、八字等等傳統提婚必經的手續，我們可以想像所有這些種種，兩家都按照禮俗作去了。我們永遠不會知道的是究竟傳聞是否屬實？真的是江冬秀的母親先選中了準女婿，再請胡祥鑒做媒？還是這件親事，實際上是胡家主動的呢？無論如何，我們所能確知的，是江冬秀的母親在1904年初去「相」了胡適。滿意的她，匆匆別後，便輕將愛女相許給他了。這時，胡適才剛滿十二歲，江冬秀也才剛滿十三歲。

　　1904年農曆2月，也就是陽曆3月，胡適訂婚不久以後，他三哥的肺病已經到了末期，決定到上海去醫病。胡適陪著他三哥上路，順道到上海去上新學堂。

68　胡適，〈新婚雜詩〉，《胡適全集》，10：77-78。

第二章
新學堂，新世界

> 「我就這樣出門去了，向那不可知的人海裡去尋求我自己的教育和生活——孤零零的一個小孩子，所有的防身之具只是一個慈母的愛，一點點用功的習慣，和一點點懷疑的傾向。」[1]

　　這是胡適描述他1904年初離開家鄉到上海去求學的一段話：簡潔、雋永、清麗，而又有那婉約又深沉的感染力。它譜出的，是一幅「易卜生式」的個人昂首走向社會的圖像。這段話裡的關鍵詞，是「孤零零的」、「人海」、「尋求我自己的」；它所釋放出來的，不是擔心沒有同志和依傍，而毋寧是一種不求同志和依傍、特立獨行的氣概；是那種「天地一沙鷗」，我自翱翔的氣魄。當然，一個十二歲的鄉下小孩子，到當時最西化的大都市去受教育，雖然有二哥在那裡經商，雖然有去治病的三哥同行，那人海茫茫令人望而生懼之感，是可以想見的。然而，也正因為這段話是被易卜生的思想洗禮過後的胡適所寫的，它提醒了我們〈四十自述〉裡所描述的青少年的胡適，畢竟是胡適用後來的眼光去重塑的。

　　〈四十自述〉裡感性的話語用得很多，很能讓人感動得滴下幾滴清淚。在這遊子臨行別母的一刻，他用的文字是那麼的雋永，他數說的情懷是那麼的刻骨銘心：「我母親……只我一個人，只因為愛我太深、望我太切，所以她硬起心腸，送我向遠地去求學。臨別的時候，她裝出很高興的樣子，不曾掉一滴眼淚。」也正由於他寫得這麼雋永，沉重又不失其清麗，它更顯得真實。看！「孤零零的一

1　胡適，〈四十自述〉，《胡適全集》，18：51。

個小孩子，所有的防身之具只是一個慈母的愛，一點點用功的習慣，和一點點懷疑的傾向。」有多少讀者，在吟詠、玩味這段雋永、清麗的文字之餘，會去懷疑它的真實性？胡適到上海去求學的行囊裡，裝著「一個慈母的愛」和「一點點用功的習慣」是絕對毋庸置疑的。然而，「一點點懷疑的傾向」，則是四十歲的他，不管是無心還是有意，倒灌回去十二歲的他的。胡適開始喜歡談「懷疑」的精神是1922年以後的事。在一開始的時候，他提的是笛卡兒，後來最喜歡用的才是赫胥黎。胡適在留美的時候，即使提到笛卡兒，尚且還沒有提到「懷疑」的精神。甚至在他回國以後，他的口頭禪還只是「批評」和「研究」。換句話說，即使在胡適回國以後的四、五年間，他還是處在他動輒祭出「拿證據來！」的利劍的「史前史」時代。十二歲時的胡適，連笛卡兒、赫胥黎是什麼東西都不知道，更遑論什麼是證據，什麼是赫胥黎式的懷疑了。

　　胡適1904年到上海的時候是什麼樣子，他在〈四十自述〉裡描寫得再生動也不過了。他說：「我初到上海的時候，全不懂上海話。進學堂拜見張〔煥綸——梅溪學堂校長〕先生時，我穿著藍呢的夾袍，絳色呢大袖馬褂，完全是個鄉下人。許多小學生圍攏來看我這鄉下人。」[2]至於他當時的思想和世界觀如何？也是他的夫子自道描述得最為貼切。他1915年在美國寫的一篇殘稿裡說：「我1904年離開揚子江南邊群山裡的家鄉。當時，除了美國美孚公司的煤油燈以外，沒有任何其他西方文明在這些重山裡留下足跡。我們沒有郵局、電報，也沒有報紙。我永遠忘不了我到上海第一個晚上的感覺，那是我生活了六年的地方。上海是一個現代的城市，當時早已成了中國一個教育中心。在那裡可以找到最好的學校、報紙和出版社。政治犯在那兒可以找到避難之所。那裡也充斥著革命的印刷品。當我十二歲第一次到上海的時候，我對那些早已叩上中國大門上的新潮流是全然懵懂的。哥倫布、拿破崙或俾斯麥究竟是什麼東西，我根本一點概念都沒有。我不認為我那時知道地球是圓的。但是，在很短的時間裡，我就完全被改造了。十三歲不到，我就已經變成了一個革命分子了。跟上海的孩子比，我有一個強項：他

2　胡適，〈四十自述〉，《胡適全集》，18：52。

們對新事物知道得比我多，但我看書的能力比他們強。」[3]

事實上，胡適這個「鄉下人」能到上海去進新學堂讀書，這本身就是一件不尋常的事。首先，這是一個經濟能力的問題。儘管胡適在〈四十自述〉裡所一再呈現的是他家境的窘困，然而，他主觀的感受和客觀的實際之間，其實是有很大的差距的。試想在20世紀初年的中國，有多少人家可以有能力把孩子送到上海去求學？胡適一家到上海去求學的還不只他一個人，他的二哥、三哥都去上海的梅溪書院讀過書。這梅溪書院也就是胡適在上海所就讀的第一個學校梅溪學堂的前身。不但如此，他倆還做過南洋公學的師範生。當然，胡適父親過世的時候，他二哥、三哥已經十八歲了。在這以前，他倆在上海唸書可能有父親的支持。他父親所遺留下來的讓他們能生息的幾千兩銀子，雖然後來被倒帳掉了，他們所分到的上海和漢口的兩個店的營收，顯然並不可小盱，否則胡適他家如何能負擔他到上海去讀書的費用呢？20世紀前半世紀中學的學雜費，以當時人的收入來說，是相當可觀的。根據高哲一（Robert Culp）的統計，江浙地區中學一年的學雜、膳宿費，在1920年代末期到中日戰爭爆發以前，是在52到130銀元之間，我們如果以100作為中數，以1927年美金與銀元1比2.24的匯率來計算，是相當於當時的美金45元，大概相當於今天美金的560元的幣值。相對於當時的收入來說，那些有能力讓兒子上中學的，大概只有都市裡10%到15%的最高收入階層[4]，鄉下就更不用說了。在這種經濟現實之下，無怪乎20世紀初年中國中學生的數目偏低。根據教育部以及中華教育改進社的統計，1915年，全國中學和師範學校學生的總人數只有93,933人，即使在沿海最富庶的江浙兩省，也只有12,414人，以大家人云亦云說當時中國有四億人口的數目來說，全國中學和師範生的人數只占全國總人數的0.023%，江浙學生的數目則占當時全國中學和師範生總人數的13.22%。即使到了1935年，全國中學和師範生的人數也還只有522,625人，占全國總人數的0.13%，江浙中學和師範生的人數則有100,203人，占當時全國中學和師範生總人數的

---

3 《胡適外文檔案》，E005-022-066。
4 Robert Culp, *Articulating Citizenship: Civic Education and Student Politics in Southeastern China*, 1912-1940 (Cambridge, Mass.: Harvard University Asia Center, 2007), pp. 26-27.

19.17% [5]。

　　20世紀前半世紀中國的中學，不但學雜費偏高，而且也可能由於新式教育發展的緩慢，處於新、舊教育的過渡期，學生的年齡也偏高。胡適在〈四十自述〉裡說中國公學學生的年齡大，有的居然是二、三十歲的人。當然，中國公學可能比較特殊，因為很多學生是由於抗議日本頒布取締中國留學生規則，管束中國學生政治活動，而歸國另組學校的學生，他們的年齡偏高是可以理解的。梅溪、澄衷，胡適沒有特別提起學生的年齡，可能是因為學生年齡並沒有那麼大，因此沒有造成特別的印象。然而，根據高哲一的研究，從1912到1937年，中國中學生的年齡是在十二到二十歲之間，而以接近二十歲的學生的比率為高。比如說，在1918年，蘇州的江蘇省立第一師範學校的學生，十八歲以上的學生所占的比率高達83.5%。1923年，浙江省立第一中學校十八歲以上的學生所占的比率為84%。隨著時間的發展，江浙地區中學生的平均年齡雖然逐漸降低，然而，年齡仍然偏高。比如說，1928年，江蘇省立上海中學，十八歲以上的學生所占的比率仍然高達63%，這個比率在1933年降到了31%，然而，即使到1936年，仍然高達29% [6]。

　　在當時的經濟生態環境之下，只要中學或師範學校畢業，就已經是取得了可以謀生的文憑了。80%以上的師範學校畢業生，以及20%左右的中學畢業生，在教育基層擔任教職或行政職務，更少部分的人則在都會或城鎮新興的公司、行號、銀行、出版社等等地方找到安身之所。那50%左右能繼續升學的中學畢業生，特別是那些能繼續唸大學的，則握有了擠入當時中國精英階層的敲門磚，在大學畢業以後，進入政府機關、大學及其他專業的部門 [7]。換句話說，胡適到上海去上新學堂，也就是後來所通稱的中學，實際上，等於是讓他有了躋身到中上層社會的條件。後來，胡適還能更上一層樓，到美國去留學，就不啻成為精英裡的精英了。從這個角度來說，胡適跟他的母親都是很有遠見的人。他母親知道她望子成龍就必須要投資；胡適知道這個投資要能夠有幾何倍數的回利，就必須要

5　轉引自Robert Culp, *Articulating Citizenship*, Appendix A, Table A2, p. 304.
6　Robert Culp, *Articulating Citizenship*, pp. 25-26.
7　Robert Culp, *Articulating Citizenship*, pp. 27-28.

到美國去留學。他母親作了最大的犧牲，忍受與她的愛子分別十四年：胡適在上海六年多，在美國七年。在這十四年當中，胡適只回家過三次，三次加起來的時間，根據胡適自己的計算，還不到六個月的時間。胡適所作的付出，當然跟他母親的不同，而且不可同日而語；遊子在外所受的歷練不管是多麼的痛苦，都比不上慈母在家的牽掛與煎熬，那「寸草心」，就是再赤誠，也永遠報不了「三春暉」。然而，胡適畢竟有他的鴻鵠之志，他咬著牙、橫了心，一出門就是十四年。憑著自己的堅毅、聰明才智和努力，他不但好好地讀書、吸取了新知識，還終於實現了他留學美國的夢想。

梅溪學堂

胡適最喜歡說他年輕的時候在上海進了三個學校：梅溪、澄衷和中國公學，但始終就沒有得到一張畢業證書。在這三個學校裡，梅溪和澄衷是他進入學習門徑的一個重要的里程碑。他在〈四十自述〉的增訂殘稿裡，很簡明扼要地總結了他在上海所上的三個學校的總成績。關於梅溪，他說：「在梅溪學堂的一年，我學得了一點做古文的門徑，把文字做通順了；英文還沒有入門，算學只學得一點極淺的知識；但課外看的書都是《新民叢報》一類的書，頗使我得著一點普通的新知識。那時正是日俄戰爭的第一年，天天讀新聞紙——尤其是那新出來的最有鋒芒的《時報》——給了我不少的刺激與興奮。《新民叢報》的第一、二年匯編頗多革命思想，我又讀了鄒容的《革命軍》，所以也受著了種族革命思潮的感動。」[8]胡適在這裡說：他在梅溪的時候「受著了種族革命思潮的感動」，這跟他1915年在美國的時候，說他十二歲到上海的時候，對世界、對新思潮一竅不通，但「十三歲不到，我就已經變成了一個革命分子。」這兩句話是異曲同工的。十二歲初抵上海的胡適，雖然在穿著上像個「鄉下人」，但他不但聰明、用功，而且已經有了一個很堅實的基本的國學基礎。我們與其被胡適牽著鼻子走，說他到

8　胡適，〈四十自述殘稿六件〉，《胡適遺稿及秘藏書信》，5：518-519。

上海的第三個「防身之具」是「一點點懷疑的傾向」，不如更貼切地把他形容像一塊海綿一樣，把林林總總的新思想都囫圇吞一般地吸收進來了。

胡適說他1904年進梅溪學堂的時候，梅溪的課程還很不完備，只有國文、算學、英文三項。分班的標準是國文程度。英文、算學的程度即使好，國文如果沒有升到最高一班，就不能畢業；而如果國文到了最高班，英文、算學不好，卻可以畢業。胡適一向瞧不起教會學校，所以，他說梅溪這種偏重中文的作法，其實跟教會學校偏重英文的作法，都是同樣的偏頗，都是過渡階段的特殊情況，不需要去非議。由於胡適不懂上海話，又不曾「開筆」做文章，所以就被編在第五班，差不多是最低的一班。班上的中文讀本是《蒙學讀本》，英文課用的是《華英初階》，算學課本是《筆算數學》。

《蒙學讀本》是吳稚暉等人所編，是文明書局在1902年出版的。前三本為初級讀本，第四本是修身，第五本摘選子部史部中的寓言，第六本是記敘文，第七本是論說文[9]。《華英初階》是商務印書館在1898年出版的。這部教科書據說是從英國為其殖民地的小學生所編印的讀本翻譯過來的，有大段《聖經》的內容。這本教科書由謝洪賚譯註，對內容進行了刪減，逐課翻譯並附中文註釋，以中英兩種文字編排出版[10]。《筆算數學》是美國傳教士狄考文(Calvin Mateer)所編寫的，他是第一個採用阿拉伯數字、「+」、「－」等國際通用符號，並將阿拉伯數碼直接運用於算式的人，他的貢獻是把中國的數學由中算帶向西算。《筆算數學》先後修訂、重印達三十餘次，可見是一本當時被廣泛採用的教科書[11]。事實上，不僅是《筆算數學》，《華英初階》也是當時被廣泛採用的英文教科書。許多名人，像周作人、夏丏尊，都在他們的回憶裡提到了他們上學的時候讀過這兩本教科書。

9　陸費逵，〈六十年來中國之出版業與印刷業〉，http://www.china1840-1949.com/thread.aspx?id=313，2009年9月22日上網。

10　黃惲，〈中國最早的英語課本──《華英初階》〉，http://www.booyee.com.cn/bbs/thread.jsp?threadid=27257&forumid=87，2009年9月21日上網。

11　郭大松，〈狄考文研究〉，http://www.lw23.com/lunwen_829752347/，2009年9月22日上網。

　　由於胡適在家鄉已經讀了許多古書，《蒙學讀本》對他來說當然是太容易了，所以他可以全心地學習英文和算學。然而，他很快地就得到了一個嶄露頭角的機會了。胡適在〈四十自述〉裡說在第五班上了四十二天以後，有一天，星期四，教國文的沈先生講到了《蒙學讀本》的一段引文：「傳曰，二人同心，其利斷金。同心之言，其臭如蘭。」沈先生隨口說這是《左傳》上的話。胡適說他那時候已經能勉強說幾句上海話了，等先生講完之後，他拿著課本，走到先生桌子邊，低聲對沈先生說：這個「傳曰」是《易經》裡的《系辭傳》，不是《左傳》。先生臉紅了。問說：「儂讀過《易經》？」「讀過。」先生接著問：「阿曾讀過別樣經書？」「讀過《詩經》、《書經》、《禮記》。」先生問胡適是否做過文章，胡適說沒有。「我出個題目，撥儂做做試試看。」先生出了「孝悌說」的題目，胡適回到座位上，勉強寫了一百多字。先生看了，點點頭，說：「儂跟我來！」胡適捲起書包，跟著沈先生下了樓。沒想到沈先生一帶，就把他帶到了第二班，沈先生對了第二班的顧先生說了幾句話以後，顧先生便叫胡適坐在最後一排的椅子上。胡適這才明白，他在一天之中，居然跳了三班，變成了第二班的學生了。

　　胡適才暗自高興，沒想到抬頭一看，黑板上寫著兩個作文題目：「論題：原日本之所由強；經義題：古之為關也將以御暴，今之為關也將以為暴。」這下慘了，原來星期四是作文課的日子。「經義題」是科舉考試做八股文的題目，胡適從沒有做過，他說他連想都不敢想。「論題」就更糟糕了，「日本」是什麼，連在天南地北他都不清楚，更何況什麼叫「原日本之所由強」呢？胡適既不敢去問先生，班上同學中又沒有一個認識。就在這個求告無門的時候，學堂的茶房突然來到班上，呈給先生一張字條。先生看了字條以後，告訴胡適說他家中有急事，派人來領他回去。先生說他可以把卷子帶回家去做，下星期四再交卷。到了門房那兒，胡適才知道原來是他三哥病危了。由於他二哥那時人正在漢口，店裡的管事趕緊派人去學校領胡適回去。等胡適趕回到他們家在上海開的「公義油棧」時，他三哥還能說話，但不到幾個鐘頭，就斷氣了。三天以後，胡適的二哥從漢

口的店趕回到上海，把喪事辦了[12]。

如果胡適這個在梅溪學堂嶄露頭角的機會，是發生在他三哥病危那天的話，則胡適在〈四十自述〉裡所說的日子就不對了。胡適在他三哥四週年忌辰寫了一首詩〈先三兄第四週年忌辰追哭〉。其中有幾句寫到他跟他三哥初到上海醫病，到他進梅溪，以及他三哥彌留的一段：「終乃來滬壖，悠悠別親故。方期覓盧扁，良藥求甘露。豈意此願力，渺渺成虛度。蒼茫黃歇浦，竟作歸魂處。我時侍兄來，相處僅匝月。初見醫頗效，便期病全絕，遂乃挾篋去，別兄往就學。入學十二日，豈圖成永訣。聞耗即趨歸，猶幸得一別。」[13]這首詩所題的日子是四月十二日，也就是1908年5月11日。從這首胡適在他三哥的忌日所寫的詩來看，胡適跟他三哥在三月底到了上海以後，先照顧了他三哥一個月。因為他覺得他三哥的病情好轉，於是比較放心地離開他進了梅溪學堂。如果他是在入學的第十二天接到病危通知，當天是5月11日，則胡適是在4月30日進梅溪學堂唸書的。而且，他跳班的日子，也不是上學四十二天，而是上學才十二天以後的事。我們有理由相信胡適在1908年寫這首詩時候的記憶，是比他二十三年以後寫〈四十自述〉時的記憶要來得正確。

無論如何，在他三哥的喪事辦完了之後，胡適把升班的事告訴了他二哥，並且問他「原日本之所由強」這個題目應該參考什麼書。他二哥挑出了《明治維新三十年史》以及1902年(也就是第一年)的《新民叢報》一類的書，裝了一大籃，叫他帶回學校去翻看。胡適說他費了幾天的工夫，勉強湊了一篇論說交出去。不久以後，胡適也學會了怎麼做「經義」。再過幾個月，他又跳了班，升到頭班去了。但他說英文還是沒有讀完《華英初階》，算學還只做到〈利息〉那一章。其實，胡適在算學方面的進步一點都不差。《筆算數學》分上、中、下三卷，共二十四章：上卷：開端、加法、減法、乘法、除法、諸等法；中卷：數目總論、命分、小數、比例、百分法、利息；下卷：保險、賺賠、糧餉、稅餉、乘方、開

12　胡適，〈四十自述〉，《胡適全集》，18：53-54。
13　胡適，〈先三兄第四週年忌辰追哭〉，《胡適遺稿及秘藏書信》，11：137-139。

方、級數、差分、均中比例、推解、量法、總雜問[14]。換句話說，他在梅溪才幾個月，就已經學到中卷的最後一章了。相對之下，他在英文方面的進步就比較緩慢。《華英初階》只有32頁，居然還是沒有讀完，可見他在〈四十自述〉的增訂殘稿裡說他在梅溪的時候，英文還沒入門，確屬實情。當然，這種緩慢的進度所反映的恐怕不是胡適，而是梅溪英文課程的進度。無論如何，最驚人的是，他在一、兩年以後，居然就已經能讀原文書了。這點我們在下文會詳細說明。

　　除了在課堂上所吸收的新知識以外，胡適在課外所得的恐怕更為重要。胡適在上海求學、成長的階段，對他影響最大的是梁啟超。他在〈四十自述〉裡說：「梁先生的文章，明白曉暢之中，帶著濃摯的熱情，使讀的人不能不跟著他走，不能不跟著他想。」他說：「我個人受了梁先生無窮的恩惠。現在追想起來，有兩點最分明。第一是他的〈新民說〉，第二是他的〈中國學術思想變遷之大勢〉。」[15]值得注意的是，〈新民說〉和〈中國學術思想變遷之大勢〉這兩篇，都是在1902年的《新民叢報》裡刊出的，而這一年的《新民叢報》也就是胡適跳升到第二班，遇到作文要寫「原日本之所由強」那個難題以後，他二哥所幫他挑選出來的參考書之一。然而，我們幾乎可以確定〈新民說〉和〈中國學術思想變遷之大勢〉，並沒有對十二歲的胡適產生立時的影響。1902年梁啟超創刊《新民叢報》的時候，是他提倡「破壞、革命」最為激烈的時候[16]。我們在前面引了胡適自己在〈四十自述〉的增訂殘稿裡說：「《新民叢報》的第一二年匯編頗多革命思，我又讀了鄒容的《革命軍》，所以也受著了種族革命思潮的感動。」這段話是很可以相信的。對於一個初從徽州鄉下獨闖上海，不知道地球是圓的、日本在哪裡，不知道哥倫布、拿破崙、俾斯麥是人還是東西的十二歲的小孩子來說，那新思潮對他的心靈、對他的整個人的震撼，是令人難以想像的。而這些新思潮

14　王全來，〈《筆算數學》內容探析〉，
　　http://www.kongfz.com/trade/trade_reply.php?id=204937&tc=gs&tn=%E7%81%8C%E6%B0%B4%E4%B8%93%E5%8C%BA，2009年9月22日上網。
15　胡適，〈四十自述〉，《胡適全集》，18：58-59。
16　請參閱張朋園，《梁啟超與清季革命》（台北南港：中央研究院近代史研究所，1999），頁59-85。

裡，最能夠讓一個十二歲的小孩子產生共鳴的，自然是那最能讓血氣沸騰(visceral)的民族主義。

胡適在〈四十自述〉裡，從這最激烈期的梁啓超對他的影響說到鄒容的《革命軍》：

> 這時代是梁先生的文章最有勢力的時代，他雖然不曾明白提倡種族革命，卻在一班少年人的腦海裡種下了不少革命的種子。有一天，王言君借來了一本鄒容的《革命軍》，我們幾個人傳觀，都很受感動。借來的書是要還人的，所以我們到了晚上，等舍監查夜過去之後，偷偷起來點著蠟燭，輪流抄了一本《革命軍》。

更巧的是，1904年胡適到上海唸書的那一年正是日俄戰爭爆發的一年。胡適說：

> 上海的報紙上每天登著很詳細的戰事新聞，愛看報的少年學生都感覺絕大的興奮。這時候中國的輿論和民眾心理都表同情於日本，都痛恨俄國，又都痛恨清政府的宣告中立。仇俄的心理加了不少排滿的心理。這一年，上海發生了幾件刺激人心的案子。一件是革命黨萬福華在租界內槍擊廣西巡撫王之春，因為王之春從前是個聯俄派。一件是上海黃浦灘上一個寧波木匠周生有被一個俄國水兵無故砍殺。這兩件事都引起上海報紙的注意，尤其是那年新出現的《時報》，天天用簡短沉痛的時評替周生有喊冤，攻擊上海的官廳。我們少年人初讀這種短評，沒有一個不受刺激的。周生有案的判決使許多人失望。我和王言、鄭璋三個人都恨極了上海道袁海觀，所以聯合寫了一封長信去痛罵他。[17]

17　胡適，〈四十自述〉，《胡適全集》，18：55-56。

　　在這樣的排滿、民族主義的氛圍之下，怪不得胡適會在1915年他在美國寫的那篇殘文裡，說「十三歲不到，我就已經變成了一個革命分子了。」胡適說他在梅溪的時候變成了一個革命分子，這句話並不算誇張。因為他離開梅溪，就是一個十三歲孩子的革命行為。原來梅溪學堂在那一年要改為梅溪小學，年底要辦畢業第一班。胡適跟王言、鄭璋和張在貞四個人聽說學校要送他們到上海道衙門去考試。他跟王言、鄭璋既然都已經寫了信去痛罵了上海道台，他們自然也就不會願意去考試了。不等到考試的日期，他們就已經離開梅溪了。

澄衷學堂

　　胡適在〈四十自述〉的增訂殘稿裡，總結了他在澄衷學堂的成績，他說：「在澄衷學堂的一年半，是我進步最快的時期。算學和英文都有進步，文字和思想也有點成熟的樣子。嚴復的譯本，梁啟超的散文論著，夾雜著一些宋明理學的書，都給了一些思想的材料。」[18]在〈四十自述〉裡，他也說：「我在澄衷只住了一年半，但英文和算學的基礎都是在這裡打下的。澄衷的好處在於管理的嚴肅，考試的認真。還有一個好處，就是學校辦事人真能注意到每個學生的功課和品行。白振民先生〔總教，即現在的教務長〕自己雖然不教書，卻認得個個學生，時時叫學生去問話。因為考試的成績都有很詳細的記錄，故每個學生的能力都容易知道。天資高的學生，可以越級升兩班；中等的可以半年升一班；下等的不升班，不升班等於降半年了。」[19]

　　澄衷學堂是寧波富商葉成忠辦的。原來的目的是教育寧波的貧寒子弟，後來規模變大了，就漸漸成為上海一個有名的私立學校(1956年改為上海五十八中學，1985年恢復舊名)。澄衷學堂共有十二班，課堂分東西兩排，最高一班稱為「東一齋」，第二班為「西一齋」，以下一直到「西六齋」。胡適說當時沒有什麼嚴格的學制規定，也沒有什麼中學、小學的分別。他說，前六班可以說是中

18　胡適，〈四十自述殘稿六件〉，《胡適遺稿及秘藏書信》，5：519。
19　胡適，〈四十自述〉，《胡適全集》，18：63。

學，後六班則爲小學。胡適說澄衷的學科完備多了，除了國文、英文、算學以外，還有物理、化學、博物、圖畫等科。分班的標準，是略依各科的平均程度，但英文、算學程度過低的，都不能入高班。胡適說他初進澄衷的時候，由於英文、算學的程度太低，被編在「東三齋」，即第五班。然而，聰明又不甘落人之後的胡適，很快地又重演了他在梅溪輝煌的記錄，一年內就升了四班。原來澄衷的管理很嚴，每月有月考，每半年有大考，月考、大考都出榜公布，考到前三名的學生都有獎品。由於胡適每次考試常常都是第一，他進澄衷半年以後，就升入了「東二齋」(第三班)，翌年春天又升入「西一齋」(第二班)[20]。

胡適用功的程度，可以說是到了廢寢忘食的地步。無怪乎，在他的一生，他常常談到一個人成功，天才與努力所占的比率如何的問題。胡適有時候會說，天才不重要，努力才是成功的要素；可是，他有時又會說光靠努力是不夠的，沒有天才還是不行的。我們可以總括胡適自己的經驗，說胡適的成功，是天才加上努力的結果。我們看胡適在澄衷的時候，爲了要跳班，如何廢寢忘食地學代數：

> 我這時候對於算學最感覺興趣，常常在宿舍熄燈之後，起來演習算學問題。臥房裡沒有桌子，我想出一個法子來，把蠟燭放在帳子外床架上，我伏在被窩裡，仰起頭來，把石板放在枕頭上做算題。因爲下半年要跳過一班，所以我須要自己補習代數。我買了一部丁福保先生編的代數書，在一個夏天把初等代數習完了，下半年安然生班。這樣的用功，睡眠不夠，就影響到身體的健康。有一個時期，我的兩隻耳朵幾乎全聾了。[21]

胡適好不容易三級跳，升到了澄衷最高的第二班，再升一班以後就可以畢業了，卻又橫生了意外。這一次跟政治、跟民族主義沒有關係，而是跟澄衷教務長

20　胡適，〈四十自述〉，《胡適全集》，18：56-57。
21　胡適，〈四十自述〉，《胡適全集》，18：57。

白振民的衝突。這個衝突的遠因，是爲了一堂體操課[22]。根據胡適日記的記載，1906年5月16日，那天天氣極熱，由於學校新定做的夏季體操制服還沒到，作爲「西一齋」班長的胡適，於是用天氣太熱沒有適合的體操服爲理由，跟舍監要求當天罷操。舍監要他們穿舊的體操制服。胡適去找了以後，發現不夠十件。於是，就自行決定當天罷操，大家相率到教室去溫課。舍監與白振民到教室來責問的時候，胡適以「天熱」作爲答覆。白振民大怒，說胡適集眾要挾。誰知道「東一齋」也跟著有樣學樣而罷操。於是白振民說：東一齋不操，要怪西一齋；西一齋不操，要怪胡適。後來因爲胡適的國文老師楊千里的說情，才息事寧人。沒想到事情卻急轉直下，因爲那天後來下了一場小雨，熱氣稍退，同學於是出去補操。白振民覺得東、西兩齋學生後來出去補操以後，並沒有人生病，這表示原先以天氣太熱而罷操只是一個藉口，他於是懸牌告示：「胡洪騂、趙敬承(東一齋班長)不勝班長之任，應即撤去。」

　　胡適說他反正已經不想當班長了，因爲當班長使他荒廢功課，所以也就不予計較。只是爲了解釋清楚，他寫了一封信跟白振民解釋。由於胡適同班同學余成仁說白振民說胡適好辯，胡適在這封信裡，也對這一點作了辯解。白振民在第二天看了信以後，要胡適找余成仁來對質，於是事情弄得越來越僵。5月18日，白振民一天之中懸了兩次牌，上午懸的牌說胡適「播弄是非、誣蔑師長」；下午懸的牌詰問胡適是否能擔保將來不會再發生失序的情況。白振民每懸一牌，胡適就寫一封信反駁。當天傍晚，胡適收到他二哥的信。由於胡適的二哥跟白振民從前是同學，他二哥責備胡適好名，要胡適去跟白振民謝罪。胡適只好寫第三封信給白振民，在信後「略表悔意」，並說明他將辭去所有職務以爲謝罪的表示。白振民收到了胡適的道歉函以後，在19日懸牌說胡適已經悔改，姑許其自新，不再追究前情。

　　五月間的體操事件雖然落幕，胡適顯然憤憤不平，完全是看在他二哥的分上，忍氣吞聲。兩個月以後，又發生了一件事情。這件事顯然和胡適無關，可惜

22　以下有關胡適跟澄衷教務長的衝突，是根據胡適的澄衷日記，請參見《胡適日記全集》，1：29-48。

我們不知道發生了什麼，因為胡適當天的日記沒寫完。我們只知道在7月16日那天，白振民又懸了一個牌說：「余成仁既自命太高，應聽其別擇相當者入之，下學期毋庸來校。」顯然胡適為了余成仁被開除的事情，又跟白振民起了衝突。他在〈四十自述〉裡也談到了這件事情：「有一次為了班上一個同學被開除的事，我向白先生抗議無效，又寫了一封長信去抗議。白先生懸牌責備我，記我大過一次。我雖知道白先生很愛護我，但我當時心裡頗感覺不平，不願繼續在澄衷了。」

胡適離開澄衷這件事情，其實反映出他性格方面一個不為人所知的一面。我們可以看出胡適有他氣盛的一面，這是他在澄衷所寫的日記裡所一再自省的課題，這也是除了跟他有深交的人以外，所不知道的一面。他日後給人的理性、溫文和煦的形象反映了他在內斂上所下的功夫，也更反映了這個被許多人攀龍附鳳稱為「我的朋友胡適之」的胡適，其實是一個沒有什麼真正了解他的人。無怪乎胡適後來會對他的美國女友韋蓮司訴苦，說他過的是一個非常寂寞的生涯；說他常常在半夜三更寫出自己滿意的東西，卻沒有可以分享的對象；說他多麼渴望能找到知己[23]。胡適不但是一個一輩子沒有知己的人，在中國近代知名的人物裡，他恐怕是一個最生活在眾目睽睽之下的公眾人物，然而，他卻又是最被人所誤解的。當然，這箇中原因也跟他自己處處設防、跟他自己刻意塑造他的公眾形象是很有關係的。他1921年8月26日的日記，在這一點上其實透露了不少。那天晚上的飯局上，夏威夷出生的華僑鄭萊，用西洋手紋相術替大家看相。鄭萊是胡適留美時期就認識的老朋友，不會說中文。胡適是在康乃爾大學唸書的時候就認得鄭萊的。後來胡適到哥倫比亞大學讀博士，鄭萊則唸哈佛商學院。胡適說鄭萊很了解他，所以他說中的許多話是不足為奇。可是，有兩點，是準到連胡適都私下稱奇的，因為那是他「不足為外人所道也」的秘密：

　　一、他說：我受感情和想像的衝動大於受論理的影響。此是外人不易

23　Hu to Edith Clifford Williams, October 31, 1936,《胡適全集》，40：311-312。

知道的，因爲我行的事，做的文章，表面上都像是偏重理性知識方面
的，其實我自己知道很不如此。我是一個富於感情和想像力的人，但我
不屑表示我的感情，又頗使想像力略成系統。二、他說，我雖可以過規
矩的生活，雖不喜歡那種gay的生活，雖平時偏向莊重的生活，但我能
放肆我自己，有時也能做很gay的生活(gay字不易譯，略含快活與放浪
之意)。這一層也是很眞，但外人很少知道的。我沒有嗜好則已，若有
嗜好，必沉溺很深。我自知可以大好色，可以大賭。我對於那種比較嚴
重的生活，如讀書做詩，也容易成嗜好，大概也是因爲我有這個容易沉
溺的弱點。這個弱點，有時我自己覺得也是一點長處。我最恨的是平
凡，是中庸。[24]

　　韋蓮司對胡適氣盛的一面其實很有了解。她在1938年給胡適的一封信裡，就
這樣老實不可氣地批評了胡適：

　　　　你在朋友圈裡，會輕率地說出你對公眾或社會事物的看法。你這樣作
　　是因爲你腦筋很快，而不是因爲你有了理由充分的意見。因此，當你在
　　矛盾之海泅泳的時候，你也許看到了某些字句(相信它們是對的)，就
　　說：「我寧願我是對的。」我在這裡想說的意思是，哲學或行爲的對
　　錯，並不像歷史問題那麼容易來判定。由於我不清楚你在中國的生活，
　　也無法看你用中文寫的雜文，因此我在這裡所說的一定很不公平，你可
　　能老早就把你大學時代的習性摒除了。[25]

24　《胡適日記全集》，3：294-295。
25　Williams to Hu, August 31, 1938。轉引自拙著，《星星、月亮、太陽：胡適的情感世
　　界》(台北：聯經出版公司，2007)，頁335。

中國公學

　　年輕氣盛的胡適既然已經兩次跟教務長起過衝突，現在又被記了一次大過，他也就決定離開澄衷了。1906年夏天，他去報考中國公學。他被錄取以後，就在那年的秋天進入中國公學。

　　中國公學是清末留日的中國學生回上海創辦的。這件事情的緣起，是因爲日本文部省在1905年11月2日頒布了一個「取締清國留學生規則」。「取締」在日文是「管束」、「整飭」的意思。然而，在中文聽起來就很刺耳。當時謠言極多，比如說，傳言說取締規則將把中國人和韓國人並列。由於當時韓國雖然還沒有正式成爲日本的殖民地，但殖民地的事實已經昭然若揭，中國留學生認爲把中國人和韓國人並列是一個侮辱。又加上這些取締規則裡面，還有對中國留學生住宿以及行爲的管理，有侵害留學生權利之虞。在抗議無效之後，中國留學生便議決罷課抗議。當時中國在日本的留學生估計有八千人之多，其中，有三千人回了國。這些從日本回國的學生在該年12月底，在上海成立了留日學生總會，擬定了自治規則。1906年1月18日，各省代表選定了第一次公學職員。且經決議，定校名爲中國公學，並起草了學校章程。1906年3月4日，中國公學行開校典禮。校址所在，在上海北四川路黃板橋之北。

　　中國公學是在留日學生的民族主義激盪之下成立的。然而，慷慨激昂過後，許多實際的問題就出現了。首先，罷學歸國的學生雖然號稱有三千人之多，然而，清朝政府當然不想讓他們都留在上海。其命令是：「勸令迅速各回本籍，不許逗留。」此外，根據報載，駐日公使又威脅所有學生必須在一個月，最晚兩個月內，回東京上課，否則官費生停費，自費生則不送入學。於是「靦顏東渡者大半，窮蹙四散者又半之」，留在上海的，不到罷學回國的三千人裡的十分之一。因此，中國公學開學的時候，只有兩百六十幾個學生。

　　更嚴重的是中國公學的財務。胡適在〈四十自述〉裡說：「上海那時還是一個眼界很小的商埠，看見中國公學裡許多剪髮洋裝的少年人自己辦學堂，都認爲

奇怪的事。政府官吏疑心他們是革命黨，社會叫他們做怪物。所以捐錢的人很少，學堂開門不到一個半月，就陷入了絕境。公學的幹事姚弘業先生（湖南益陽人），基於義憤，遂於三月十三日投江自殺，遺書幾千字，說『我之死，爲中國公學死也。』遺書發表之後，輿論都對他表敬意，社會受了一大震動，贊助的人稍多，公學才稍稍站得住。」[26]

表2.1 1906、1907年中國公學經費來源狀況表

	1906年		1907年	
	數量(元)	百分比(%)	數量(元)	百分比(%)
學 費	10522.5	19.94	14804.77	23.00
膳 宿	11059.5	20.95	14936.45	23.20
開 辦	7540	14.29	5060	7.86
制 服	240.9	0.46	1891.6	2.94
墊 款	7762.1	14.70	970	1.50
捐 款	15654.53	29.66	4272.16	6.64
補 助	0	0	21606.73	33.57
舊 存	0	0	830.25	1.29
總 入	52779.18	100	64371.96	100

資料來源：《中國公學第一次報告書》，光緒丁未年十二月，上海商務印書館代印，頁76-81。[27]

　　事實上，在中國的社會、經濟、觀念的條件之下，捐款和贊助都不是恆久之道。我們只要比較表2.1所列出來的中國公學1906和1907年的財務報告，就可以看出端倪。中國公學第一年，也就是1906年，總收入是52,779元。其中，捐款收入是15654.53元，占總收入的29.66%。到了次年，雖然總收入增加了一萬多元，到64371.96元，但捐款的收入卻驟降到4272.16元，僅占該年總收入的6.64%；與前一年相比，降幅幾達四分之三。換句話說，姚弘業的自殺，雖然引起了社會的同

26　胡適，〈四十自述〉，《胡適全集》，18：65-66。
27　轉引自 http://bbs.ltgx.net/thread-5405-1-4.html，2009年10月2日上網。

情，使中國公學得到了大量的捐款，但這只是一個暫時的現象，不是辦學的人所能仰仗的。這一點，是中國和美國國情大不同的一點。美國的私立學校靠捐款、靠投資維持；中國的私立學校則主要靠學雜、膳宿費的收入。1906年，中國公學在學費和膳宿費的收入是21,582元，占總收入的40.89%。1907年，由於學生增加，中國公學在學費和膳宿費的收入，增加到29741.22，占該年總收入的46.2%。如果我們在把該年制服費的收入也加進去，就將近該年收入的一半。

從這個角度來看，中國公學的財政實際上是不穩固的。中國公學在1906年12月向兩江總督端方呈請補助，得其允自1907年正月起每年由江南財政局撥銀1萬2千兩。此外，中國公學又得到粵督張人駿批准，由廣東批銀3千兩。這兩個撥款使得中國公學在1907年的補助款項達到21606.73元，占該年總收入的33.57%。這個來自官方的補助，加上捐款，占該年總收入的40%。當然，我們在此也必須指出表2.1的統計並不是很精確的。首先，當時的錢幣單位並不是統一的，比如說，端方跟張人駿的撥款是以銀兩計的，而社會通用的是銀元。表2.1的統計所用的單位是銀元，但並沒有告訴我們銀兩與銀元的兌換比率。其次，表2.1「補助」欄裡的數目，也大於端方和張人駿撥款的總和，究竟這個差異是因為換算成銀元的結果，還是中國公學另有其他補助來源。如果是後者，則表2.2的捐助名錄裡，並沒有其他撥款的來源。我們如果把表2.1跟表2.2的統計數字拿來相比，我們就更可以看出這些統計資料是不精確的。比如說，表內臚列的捐款數目有幾項是籠統的總數。捐款的總數也與表2.1的總數不符。當然，這除了可能因為是表2.2只列出超出百元或百兩以上的捐助款項以外，也可能又是跟兌率有關。無論如何，端方除了撥款補助中國公學以外，還撥了吳淞公地百餘畝作為新校址。1908年，中國公學得到大清銀行貸款十萬兩為建築新校舍之用。然而，事與願違，就在新校舍還在興建的時候，中國公學的大多數學生就因為與學校的行政人員的爭執，而集體罷學。退學的學生在愛而近路慶祥里組織了中國新公學，留校的學生，則於1909年搬進吳淞的新校舍。新中國公學堅持到該年冬天，終於以維持困難而解散，與原校合併。有關這點，我們下文還會談到。

表2.2　1906、1907捐助名錄(百元/兩以上者)

身分/性質	捐/籌款數量	附注
端方/兩江總督	銀12000兩	江南財政撥款
張人駿/廣東總督	銀3000兩	官方補助
鄭孝胥/四品京堂	洋1000元	捐款
湖南學界/學界	銀4000兩	捐款
龍州學界/學界	銀100兩	捐款
王氏樹人學堂/學界	洋200元	捐款
東京四川同鄉會/學界	洋430元	捐款
河南廳公所/政界	洋100元	捐款
河南師範學堂/學界	洋100元	教員、管理員捐款
河南高等學堂/學界	銀120兩	職員、教員捐款
湖南事務所	洋100兩	捐款
杜邍三/廣東潮州商人	洋2055元、銀300兩	募款：包括潮州官銀300兩、林清波1000元
黃瞻鴻/福建商人	洋1884元、銀50兩、自捐540元	募款：包括三山會館捐款450元
喬佩芳/北京商人	洋761.1元	募款
胡竹國/南洋大吡叨埠華僑	銀1837兩5錢	捐款
林曉波/越南華僑	洋1000元	捐款
孫境清/公學職員、商人	約1萬元	墊款
四川商界/商界	約3000元	周果一和陳潤夫經募

資料來源：《中國公學第一次報告書》，光緒丁未年十二月，上海商務印書館代印，頁117-143。[28]

　　胡適在1906年秋天進入中國公學，他在〈四十自述〉的增訂殘稿裡，是這樣總結他在中國公學的經驗：「在中國公學住了兩年多，在功課上的進步不算怎樣快，但我卻在課外學得了幾件東西。第一是學會了『普通話』。我們的徽州土話是很不好懂的；那時上海各學堂全用上海話，所以我學會了上海話；中國公學是各省留學日本的學生因為『取締風潮』罷學回國創辦的，各省人都有，而四川湖

28　轉引自 http://bbs.ltgx.net/thread-5405-1-4.html，2009年10月2日上網。

南人最多，所以人人都得學『普通話』；我那時年紀輕，學話很容易，所以不上一年，我居然能說很普通的官話了。第二是認識了許多年歲比我大的各省朋友，不但學得了一點成人的習慣，還使我認得中國之大，從一個上海學生漸漸變成了一個有國家觀念的中國人。第三是學會了做中國詩詞，使我漸漸走上文學的路上去。第四是學會了做白話文。一班同學辦了一個白話的《競業旬報》，要我投稿；我投了一些稿子，後來竟做了這個旬報的編輯人。這一年多的白話文試作，使我明白白話文是差不多可以『不學而能』的一種工具；使我試用這種新工具發表我少年時代的思想，因此把我早年的一點知識思想整理出一點條理來，至少把自己的思路弄清楚了；最重要的是這點訓練給了我不少的自信力，使我能在七八年後大膽的提倡白話文學運動。」[29]

　　就像胡適在這個總結裡所說的，他在中國公學的收穫，主要不在學科，而是在課外方面。事實上，胡適在〈四十自述〉裡說中國公學的程度很淺，特別是英文和數學。然而，即使如此，很多課程還是必須請日本教習來教，例如高等代數、解析幾何、博物等。這些日本老師用日文教授，然後再由懂日文的同學翻譯。根據胡適的回憶，聘用日本教習在當時是一個很普遍的現象。他說，當時「北京、天津、南京、蘇州、上海、武昌、成都、廣州，各地的官立中學師範的理科工課，甚至於圖畫手工，都是請日本人教的。」胡適在這一篇回憶裡，還告訴了我們另外一些當時中國教育的怪現象。比如說，以他後來最喜歡非難的文言文教學來說，他說：「我在上海(最開通的上海！)做小學生的時候，讀的是古文，一位先生用浦東話逐字逐句的解釋，其實是翻譯！做的是『孝悌說』、『今之為關也將以為暴義』、『漢文帝、唐太宗優劣論』。」外文跟外國史地則必須請青年會或上海聖約翰大學出身的教員來教。更有趣的是澄衷所用的西洋史教科書。他說：「我記得我們學堂裡的西洋歷史課本是美國19世紀前期一個托名Peter Parley的《世界通史》，開卷就說上帝七日創造世界，接著說『洪水』，卷末有兩頁說中國，插了半頁的圖，刻著孔夫子戴著紅纓大帽，拖著一條辮子！」[30]其

29　胡適，〈四十自述殘稿六件〉，《胡適遺稿及秘藏書信》，5：520-522。
30　胡適，〈悲觀聲浪裡的樂觀〉，《胡適全集》，4：523。

實這個有關Peter Parley的回憶不很正確，詳情請看下文。

　　中國公學的成立，既然是以留日罷學歸國的學生爲骨幹，其所來自的省分與年齡自然極爲不整齊，不像一般地區性的學校有較高的同質性。胡適說他剛搬進中國公學的時候，看到許多各色各樣的同學。許多剪了辮子、穿著和服、拖著木屐，完全是一副日本人的樣子；還有「一些是內地剛出來的老先生，戴著老花眼鏡，捧著水煙袋」[31]。後面這一句話，顯然相當誇張。中國公學的學生的年齡，即使以當時的標準來看都是偏高，也不至於會像胡適說得那麼的離譜。表2.3的學生年齡分布，可以讓我們知道學生的年齡最小十三歲，最大三十二歲，絕對還沒有到需要戴老花眼鏡的地步。值得注意的是，如果學生當中有「內地剛出來」，「捧著水煙袋的老先生」，則顯然中國公學的成分極爲複雜，並不是傳言中的盡是革命分子。

表2.3　1906年中國公學學生年齡狀況表

	最小年齡（歲）	最大年齡（歲）	相距(歲)
高等普通預科甲班	17	31	14
高等普通預科乙班	18	27	9
普通甲班	15	27	12
普通乙班	15	26	11
普通丙班	13	24	11
普通丙二班	13	23	10
普通丁班	15	26	11
理化班	19	32	13

資料來源：《中國公學第一次報告書》，光緒丁未年十二月，上海商務印書館代印，頁87-112。[32]

　　胡適在〈中國公學史〉裡說：「中國公學眞可算是全國人的公共學校。」這句話不算誇張。胡適說中國公學，「學校在上海，而校中的學生以四川、湖南、

31　胡適，〈四十自述〉，《胡適全集》，18：65-66。
32　轉引自 http://bbs.ltgx.net/thread-5405-1-4.html，2009年10月2日上網。

河南、廣東的人爲最多，其餘各省的人差不多全有。」[33]表2.4中國公學1906年學生省籍最高六省分布表，證明了胡適的回憶是正確的。1906年中國公學學生最多的六省依次是：四川、廣東、湖南、河南、浙江和江蘇。河南人在中國近代教育界的資源和地位所占的比率向來不高，而在中國公學則是例外，這可以解釋爲什麼河南人在爲中國公學的捐輸上，比起其他沿海更富庶的省分還要踴躍，雖然在捐款總額上其實是相當微不足道的。表2.4的學生省籍分布表只取了最高的六省。其實中國公學學生省籍分布表，一共列了十二個省，第七到第十二順位依次是：廣西、江西、陝西、安徽、湖北、福建。胡適是安徽人，該年中國公學的安徽學生有12人，占學生總人數的3.31%。在省籍統計表所列出的十二省裡占第十順位，亦即倒數第三名。此外，表2.4的統計也提供了我們一個可以用來推測胡適在中國公學究竟是上哪一班的資料。胡適在〈四十自述〉裡只說他在甲班，但沒有說明他是在高等普通預科甲班，還是普通甲班。表2.4顯示這兩班都剛好只有一個安徽人，根據表2.3，高等普通預科甲班最年輕的十七歲；普通甲班最年輕的十五歲。胡適在〈四十自述〉裡提到他的年齡的時候，用的都是西洋的算法，但是，當時的算法是傳統的，所以胡適說他1904年離開家鄉到上海去唸書的時候，他名爲十四歲，其實只有十二歲。用這個傳統的算法來算，胡適1906年可以名爲十六歲，所以，當年中國公學高等普通預科甲班唯一一個安徽來的學生，可能就是胡適。

由於學生所來自的省份這麼多，中國又是一個方言極多的國家，於是就必須尋求一個共同的語言了。胡適在1931年寫〈四十自述〉的時候說：「我們現在看見上海各學校都用國語教授，決不能想像二十年前的上海還完全是上海話的世界，各學校全用上海話教書。學生全得學上海話。中國公學是第一個用『普通話』教授的學校。」更有趣的是，因爲中國公學的同學裡四川人最多，所以胡適在上海所學的「普通話」是帶有四川口音的：「我的同學中四川人最多；四川話清楚乾淨，我最愛學他，所以我說的普通話最近於四川話。二、三年後，我到四

33　胡適，〈中國公學史〉，《胡適全集》，20：149。

川客棧(元記、厚記等)去看朋友，四川人只問，『貴府是川東，是川南？』他們都把我看作四川人了。」[34]

表2.4　中國公學1906年學生省籍最多六省(附加安徽)分布表

	四川	廣東	湖南	河南	浙江	江蘇	安徽	小計
高等普通預科甲班	14	0	4	0	3	1	1	23
高等普通預科乙班	11	5	5	0	2	0	0	23
普通甲班	2	2	4	0	4	6	1	19
普通乙班	4	8	5	2	7	4	1	31
普通丙班	9	12	2	7	4	2	1	37
普通丙二班	16	6	9	4	3	3	1	42
普通丁班	8	2	8	11	1	2	0	32
理化班	10	19	5	5	3	5	4	51
理化班卒業生	2	15	5	2	2	0	0	26
師範班卒業生	1	2	13	0	0	0	3	19
小計	77	71	60	31	29	23	12	303
百分比(%)	21.21	19.56	16.53	8.54	7.99	6.34	3.31	83.48

資料來源：《中國公學第一次報告書》，光緒丁未年十二月，上海商務印書館代印，頁85-116。[35]

　　不管是以今天或當時的眼光來看，中國公學都是一個獨一無二的學校。胡適在〈中國公學史〉裡說：「中國公學的組織是一種民主國的政體。公學的發起人是革命黨人，故學校成立之時，一切組織多含有試行民主政治之意，全校分執行與評議兩部。執行部的職員〔即教務幹事、庶務幹事、齋務幹事〕是學生投票互選出來的，有一定的任期，並且對於評議部負責任。評議部是班長和室長組織成的，有定期的開會，有監督和彈劾職員之權。開會時，往往有激烈的辯論，有時

34　胡適，〈四十自述〉，《胡適全集》，18：67-68。
35　轉引自 http://bbs.ltgx.net/thread-5405-1-4.html，2009年10月2日上網。

到點名熄燈時方才散會。」[36]在〈四十自述〉裡，他說：「我年紀太小，第一年不夠當評議員，有時在門外聽聽他們的辯論，不禁感覺到我們在澄衷學堂的自治會真是兒戲。」[37]

　　這種「民主國政體」的組織，必須是建立在學校財政獨立的基礎上。從1907年正月，端方撥的款開始進來以後，這個獨立的條件就消失了。胡適說：「學校受了兩江的補助常款，端方借此要監視這個有革命嫌疑的學校，故不久即委派監督，學校有了官派的監督，民主的政體，便發生了障礙，幹事部久不改選，評議部也有廢止的危險。」[38]其實，胡適在〈四十自述〉裡說這個民主的制度只實行了九個月，丙午年二月到十一月，即1906年3月到12月。他說該年冬天的時候，學校就已經改組，請了鄭孝胥、張謇、熊希齡等幾十個人作中國公學的董事，董事根據新章程選出監督，於是以學生作為主體的制度，就變成了以董事會作為主體的制度。在開始的一、兩年裡，由於監督不常到學校，學生也就不覺得監督制的可畏。問題是，在董事會和監督的制度之下，幹事就不能由學生公選了。同時，新章程裡邊也沒有評議部。於是，原來由學生公選的教務幹事、庶務幹事、齋務幹事，改為由學校聘任。根據中國公學的校章，學校組織的變更必須經過全體三分之二的承認。現在董事與幹事片面修改學校組織，學生當然反對。

　　評議部取消以後，中國公學的學生組織了一個「校友會」，其實就是一個「學生會」。學生會和三個幹事爭了幾個月以後，幹事終於答應校章可以由學生修改。等學生會費了幾個月的時間，擬出了草案，再經過幾次的會議，好不容易訂出了一個新校章以後，卻得不到監督與幹事的承認。這一年多來的爭執，終於在1908年9月底白熱化。27日當天，監督發出布告，否認學生有修改校章的權力。同時，又發出布告，禁止學生集會演說，違者以開除處分，限一日內搬出學校。群情激動的學生，就在28日全體簽名罷課，在操場上開大會。當天就有七名學生被開除。衝突越演越烈，即使有董事會出來調停，事情已經無法挽回。10月

36　胡適，〈中國公學史〉，《胡適全集》，20：150。
37　胡適，〈四十自述〉，《胡適全集》，18：68。
38　胡適，〈中國公學史〉，《胡適全集》，20：150-151。

3日當天，校方發出公告，宣布次日起停止膳食，學校即日起關閉，等事情了結以後，再行通告學生復學。憤怒的學生決定集體退學，另創新校。這就是中國新公學的開始。那一天，下著雨，胡適在〈四十自述〉裡，有一段很生動的描述：

> 退學那一天，秋雨淋灕，大家冒著雨搬到愛爾近路慶祥里新租的校舍裡。廚房雖然尋來了一家，飯廳上桌凳都不夠，碗碟也不夠。大家都知道這是我們自己創立的學校，所以不但不叫苦，還要各自掏腰包，捐出錢來作學校的開辦費。有些學生把綢衣、金錶都拿去當了錢來捐給學堂做開辦費。十天之內，新學校籌備完成了，居然聘教員、排功課，正式開課了，校名定為「中國新公學」，學生有一百六七十人。[39]

　　胡適在〈四十自述〉裡說在中國公學風潮之中，「最初的一年因為我是新學生，又因為我告了很長時期的病假，所以沒有參與同學和幹事的爭執；到了風潮正激烈的時期，我被舉為大會書記，許多記錄和宣言都是我做的。」[40]既然如此，胡適對這個風潮的描述，也就是說，從爭執白熱化到中國新公學的這一段，他的描述應該是他所親身經歷的。然而，前一句話就有稍須補充說明的必要。這是因為胡適長期告假有兩次，兩次都因為是腳氣病。第一次根據胡適自己的說法，是在他進中國公學不到半年以後，時間可能是在1907年初。我所以會作這樣的推定，是因為他在1907年3月初參加了中國公學到蘇州的旅行；4月，又參加了中國公學去杭州的旅行。這第一次病假，時間應當不長。胡適人是留在上海，就住在他們家在上海南市開的瑞興泰茶葉店裡。當時，他偶爾還會回學校看同學。第二次病假比較長，因為胡適是回家養病，時間可能是在1907年6月底到10月初。作這樣的推定，是因為胡適是在10月14日從上莊回到上海的。當時，從上莊走到上海要花掉大約七天的時間，而胡適在途中顯然又順道憑吊了一些古蹟。所以，他應當是在10月初離開上莊的。胡適說他回家住了兩個多月，以此推算，他

39　胡適，〈四十自述〉，《胡適全集》，18：85-86。
40　胡適，〈四十自述〉，《胡適全集》，18：86。

應當是在6月底(農曆五月)回家的。以今天的醫學常識來說，腳氣病(Beriberi)是維他命B1的缺乏症。在當時則不然，胡適說徽州人在上海得了腳氣病，必須趕緊回家鄉，行到錢塘江的上游，腳腫便漸漸退了。換句話說，徽州人相信腳氣病是一種水土不服的病。

胡適說中國公學風潮初起的時候他還是新生，又因為他請了長期的病假，因此他沒有參與同學和幹事之間的爭執。這些都是實情。而且我們從胡適的描述，知道中國公學的民主政制實際上只實行了九個月的時間。從1906年底董事會成立、監督制形成以後，中國公學的學生實際上已經失去了學生治校的權力了。因此，中國公學學生與幹事之間的爭執，實際上從1907年初就已經開始了，只是爭執的白熱化，要到1908年春天才浮現。我們在第一章的啟始引了胡適在1908年春寫給他家鄉朋友程春度的一封信，在那封信裡，胡適說：「公學近日幾起大風潮，苟非監督明白事理，則公學已破壞矣。」換句話說，中國公學的風潮，前後算起來，一共延燒了一年十個月。

胡適雖然在中國公學風潮最激烈的時候是主要的參與者。他自己說，他「雖然不在被開除之列，也在退學之中」；雖然他很可能也參與了中國新公學的創立，然而，胡適並沒有進入中國新公學唸書。他說他沒有繼續唸書的原因，是因為家裡沒錢。他父親所留下來的幾千兩銀子被倒帳以後，家裡分到了上海和漢口的兩個店。他那頗有幹才的二哥，在幾年當中，跟朋友合伙撐起了一個規模不小的瑞興泰茶葉店。可惜，胡適說，他二哥在那幾年間，「性情變了，一個拘謹的人變成了放浪的人；他的費用變大了，精力又不能貫注到店事，店中所托的人又不很可靠，所以店業一年不如一年。後來我家的虧空太大了，上海的店業不能不讓給債權人。當戊申〔1908年〕的下半年〔也就是中國公學的風潮最激烈，導致大部分學生集體罷學，中國新公學成立的時候〕，我家只剩漢口一所無利可圖的酒棧(兩儀棧)了。這幾個月來，我沒錢住宿舍，就寄居在《競業旬報》社裡(也在慶祥里)。從七月〔陽曆七月底〕起，我擔任《旬報》的編輯，每出一期，社

中送我十塊錢的編輯費。住宿和飯食都歸社中擔負。」[41]換句話說，在中國公學
還沒有分裂以前的兩個月，胡適就已經搬出中國公學的宿舍，住進《競業旬報》
社裡去了。在這裡，附帶一提，胡適只說他二哥變成了一個「放浪的人」，就打
住了，然後接著說：「他的費用變大了。」在原稿裡，這兩句話之間，有一句被
他刪掉了的話，依然可以辨識：「在上海窯子裡愛上了一個婦人，時常不回店
裡。」[42]

　　胡適沒有進中國新公學當學生，卻去當了老師。胡適在〈四十自述〉裡，說
中國新公學成立以後，擔任教務幹事的李琴鶴請他擔任低級班的英文課。雖然他
沒有說這是從什麼時候開始的，然而，由於他提到這件事情的時候，是緊接著他
在談中國新公學成立的時候，讀者的印象自然會以為他是在中國新公學一成立就
開始在那兒教英文。我在第一章的啟始，提到了胡適在1908年12月30日給程春度
的信，他在這封信上說：「近擬與新公學訂約教授戊己兩班英文，每日四時，月
可得八十元，此外或尚可兼任外事。惟此約尚未訂定。」所以，我認為胡適開始
在中國新公學教英文最早應該是1909年初以後的事情。胡適在中國新公學教英
文，就一直教到該年的11月13日，中國新公學因為與中國公學合併而解散為止。
這跟胡適說他在〈中國公學史〉裡說，他「在校〔中國公學〕兩年多，在中國新
公學又留一年」的說法是相符的。

　　如果胡適確實是一直到1909年初，才開始在中國新公學的戊、己兩班教英
文，則他的經濟必定是很拮据的。雖然吃住由《競業旬報》社負擔，他每出一
期，才得編輯費十元。《競業旬報》是旬刊，表示他一個月可以拿三十塊錢，但
這是假定《競業旬報》沒有衍期的話。即使是他開始在中國新公學教英文以後，
雖然一個月有80元的收入，這80元卻不是一定能拿到的。這是因為中國新公學的
財務極為拮据。關於這一點，胡適描寫得再生動也不過了：「經費實在太窮，教
員只能拿一部分的薪俸，幹事處常常受收房捐與收巡捕捐的人的氣；往往因為學
校不能付房捐和巡捕捐，同學們大家湊出錢來，借給幹事處。有一次幹事朱經農

41　胡適，〈四十自述〉，《胡適全集》，18：86-87。
42　胡適，〈四十自述殘稿六件〉，《胡適遺稿及秘藏書信》，5：589。

君(即朱經)感覺學校經費困難到了絕地，他憂愁過度，神經錯亂，出門亂走，走到了徐家匯的一條小河邊，跳下河去，幸遇人救起，不曾喪命。」也就是因為中國新公學的財務這麼的困難，新公學的教務幹事的李琴鶴在聘請胡適教英文的時候，就已經告訴胡適說，既然是自家同學做教員，薪俸是不能全領的，總得欠著一部分。

　　就好像天總是不從人願一樣，眼看著他就會有兩個糊口的工作，《競業旬報》卻發生了問題。我們不知道問題出在哪裡，但是1909年1月22日的《競業旬報》刊出了胡適的啓事：「鄙人今年大病數十日，幾瀕於死。病後弱質，殊不勝繁劇，《旬報》撰述之任現已謝去，後此一切，概非鄙人所與聞。此布。」[43]胡適在辭去了《競業旬報》的編輯工作以後，《競業旬報》也跟著就停刊了，胡適也搬進了新公學去住，一直到中國新公學在該年11月13日解散爲止。胡適拿了中國新公學發給他的兩、三百塊錢的欠薪，搬到海寧路的南林里的一幢有東、西兩間相通的房子去住。住在東屋的是原來在中國新公學教書的一個德國人何德梅(Ottomeir)。胡適說「何德梅的父親是德國人，母親是中國人，他能說廣東話、上海話、官話。什麼中國人的玩意兒，他全會」。胡適和幾個四川朋友合住西屋。這是胡適掉落到谷底的開始，然而，也是胡適一生最大的轉捩點。但這是後話。

無神、社會不朽論的奠基

　　胡適在寫〈四十自述〉的時候，回去翻檢了他在《競業旬報》上所寫的一些文章。他說他回頭去看那些文章的時候，雖然眞有如同隔世之感，「但我很詫異的是有一些思想後來成爲我的重要出發點的，在那十七、八歲的時期已經有了很明白的傾向了。」胡適舉的例子有兩個。一個是他在當時責怪中國人隨便省事不肯徹底思想的毛病。他舉兩篇文章爲例，第一篇他1908年12月14日在《競業旬

43　鐵兒[胡適]，〈鐵兒啓事〉，《胡適全集》，20：513。

報》36期上所發表的〈苟且〉一文，說苟且這兩個字，「是中國歷史上的一場大瘟疫，把幾千年的民族精神都瘟死了。」第二篇是他在《競業旬報》37期上所連載的〈眞如島〉章回小說第十六回裡對扶乩迷信的批判，以及他盛讚程頤所說的「學原于思」是千古至言的話。他說「『學原于思』一句話是我在澄衷學堂讀朱子《近思錄》時注意到的。我後來的思想走上了赫胥黎和杜威的路上去，也正是因爲我從十幾歲時就那樣十分看重思想的方法了」[44]。

胡適所舉的另外一個他年輕時就已經有的思想的種子，是他後來會再進一步發展的社會不朽論。這就是他的〈論承繼之不近人情〉，最先發表在《安徽白話報》，然後在《競業旬報》第29期轉載。胡適在這篇文章裡說：「我如今要薦一個極孝順的兒子給我們中國四萬萬同胞，這個兒子是誰呢？便是社會。」他勸讀者說：「列位要記得，兒子孫子，親生的、承繼的，都靠不住，只有我所薦的這種孝子賢孫，是萬無一失的。」胡適在〈四十自述〉裡，說明了他是如何把這個思想的種子發揮成後來的社會不朽論：「這些意思，最初起於我小時看見我的三哥出繼珍伯父家的痛苦情形，是從一個眞問題上慢慢想出來的一些結論。這一點種子，在四五年後，我因讀培根（Bacon）的論文有點感觸，在日記裡寫成我的『無後主義』。在十年以後，又因爲我母親之死引起了一些感想，我才寫成〈不朽：我的宗教〉一文，發揮『社會不朽』的思想。」[45]

這個社會不朽論的思想的種子，最可以拿來說明胡適早熟、聰明過人的所在；一個十七歲的年輕人能有那麼深刻的思想。不但如此，它更可以拿來說明年輕的胡適，和思想成熟以後的胡適在思想上確實有其連續性的存在。賈祖麟（Jerome Grieder）在他那本分析細膩、文字優美的《胡適與中國的文藝復興》（*Hu Shih and the Chinese Renaissance: Liberalism in the Chinese Revolution, 1917-1937*）裡，強調的就是胡適在思想上的連續性。賈祖麟說他在檢視了胡適在日記以及其他公開場合所寫的東西以後，他覺得胡適留美時期的思想，與他在上海時期所已經形成的思想方向，並沒有什麼根本的差異。觀點的修正當然是有的，比如說，

44　胡適，〈四十自述〉，《胡適全集》，18：75-76。
45　胡適，〈四十自述〉，《胡適全集》，18：76-77。

它反映在胡適對女性在社會上所可以扮演的腳色，比較開明的看法上；也反映在
他對「思想的方法」漸臻成熟的看法上。賈祖麟認為，除了胡適從悲觀的心態脫
胎換骨成為一個不可救藥的樂觀主義者以外，他找不到任何證據可以顯示胡適在
信念上有什麼突兀或驚人的轉變，或者在世界觀上有什麼根本的修正。他說他所
能得到的結論是：胡適在美國作學生的時候，他所會不假思索、傾心地去接受的
觀念，都是他先前的教育已經為他準備好了的，而且他所吸收的當代西方思潮，
都是跟他踏上新大陸以前就已經浮現了的——即使還不是很堅定地接受的——想
法最契合的[46]。

　　事實上，胡適研究到現在為止最大的一個盲點之一，就是不能突破對他所謂
的思想上的連續性的執著。而始作俑者，其實就是胡適自己。胡適在他思想成長
的軌跡上自然有他相當驚人的連續性，但他同時也有他鮮明的斷裂性。胡適在
〈四十自述〉裡追溯他後來思想發展的種子，就很有以今釋古的毛病。一個人十
幾歲的時候就注重思想的方法，跟他日後會不會走上赫胥黎和杜威的路上去，其
實並沒有必然的關係。更驚人的是，胡適在這裡已經是明目張膽地在作選擇的回
憶——反正沒有多少人會看《競業旬報》——因為他把〈苟且〉這篇文章裡所說
的偉大的「祖國」幾千年前的「光榮的科學文明」的話都略過不提了。這點我們
下一章會詳細討論。相對地，他的無神論、社會不朽論，以及他在〈四十自述〉
另一節所提到的梁啓超的〈新民說〉，都可以說是他思想發展的連續性上最好的
例子。然而，即使在這幾處，特別是無神論，都還有令人意想不到的變奏。試
想，胡適在留美的初期，還差一點就皈依了基督教呢！

　　我們在分析胡適在思想上的連續性以前，必須先說明一下胡適跟《競業旬
報》的關係。胡適跟《競業旬報》的淵源是從創刊就開始的。時間是1906年10
月，當時他剛進中國公學。根據胡適的回憶，中國公學的一些學生，很多可能是
革命黨人，組織了一個競業學會，其目的在「對於社會，競與改良；對於個人，
爭自濯磨」，所以定了這麼一個名字。《競業旬報》就是競業學會所出的一個白

46　Jerome Grieder, *Hu Shih and the Chinese Renaissance: Liberalism in the Chinese Revolution, 1917-1937* (Cambridge, Mass.: Harvard University Press, 1970), pp. 43-44.

話報，宗旨有四：「一、振興教育，二、提倡民氣，三、改良社會，四、主張自
治。」胡適在第一期上就有一篇文章，那就是他闡述地球基本常識的〈地理
學〉。《競業旬報》出了十期以後就停辦了，一直要到一年四個月以後，也就是
1908年4月才又復刊。到該年七月底，胡適就變成了《競業旬報》的主編，一直
到翌年一月他辭職為止。

　　胡適在《競業旬報》裡所寫的文章很多，有論文、章回小說、詩詞。等他擔
任編輯以後，更是無所不包，從社論、論說、時聞、詩詞到雜俎，常常是他一個
人所包辦。我們可以從這些文章裡找出幾個胡適當時所關心的主題出來，其中，
無神論就是最顯著的。我們記得胡適無神論的啟蒙，是在他十一歲，司馬光和范
縝的話語把他從地獄、牛頭馬面的夢魘裡解救出來的時候。司馬光所說的：「形
既朽滅，神亦飄散，雖有銼燒舂磨，亦無所施」的話，對他是一大解放。的確，
如果人死了以後，魂魄也跟著飄散，則即使真有牛頭馬面會用鋼叉把罪人又上刀
山，又下油鍋，拋下奈何橋去餵餓狗毒蛇，那被叉上了刀山、又進了油鍋、或拋
下了奈何橋的人既然「形既朽滅，神亦飄散」，又有什麼可怕的呢！范縝的「神
之於形，猶利之於刀。未聞刀沒而利存，豈容形亡而神在哉？」更是為胡適的無
神論提供了哲學的話語。五年以後，胡適在《競業旬報》所發表的章回小說〈真
如島〉，就是胡適無神論啼聲的初試。

　　根據胡適自己的構想，〈真如島〉是一部長篇小說，共有四十回，連回目都
擬好了。可惜才寫了六回，就因為《競業旬報》第一次停刊而停筆。一直要等到
他擔任《競業旬報》的編輯以後，他才又開始續作。然而，作到第十一回以後，
因為《競業旬報》再度停刊，胡適的這第一部文學創作就這樣無疾而終了。作為
一篇小說，〈真如島〉當然是極為稚嫩的。它沒有什麼文學的技巧，布局隨性，
情節隨靈感位移。更重要的是，它說教的意味要甚於文藝。就像胡適在〈四十自
述〉裡所說的，他寫〈真如島〉的用意在「破除迷信，開通民智」。胡適說因為
他從小就最痛恨道教，因此，〈真如島〉的開場就選在張天師的家鄉江西貴溪。

年紀輕輕才十九歲的主人翁孫紹武在第一回就譏詆算命[47]；第二回批判的是排八字合婚擇日、拜菩薩求籤；第三回則左批早婚、中表聯姻之誤(因為孫紹武的舅舅虞善仁〔愚善人〕想把女兒嫁給他)，右摑看黃曆定行止的愚昧；第四回評的是看風水。由於胡適實在不知道貴溪的地理風俗，寫到了第五回，已經是索盡枯腸了，只好讓孫紹武回徽州去投奔他的姑丈去了。不但主人翁中途換了場地，破除迷信的主軸也突然停擺，橫生出對賭博的批判和開鴉片煙店的禍害(鴉片店失火，燒死了店東兩歲的孫子)。第六回跳回了主軸，把故事講到了徽州的「太子會」，說「先王以神道設教」，原意是為了要讓人們用鑼鼓爆竹把夏日炎熱天候裡的穢氣震散，是「預防瘟疫傳染的辦法」，後人不懂這個道理，變成了「專在木人土偶面前燒香許願，祈求免疫，那真是可笑的很了！」好不容易把故事拉回到主軸，卻又由於《競業旬報》第一次的停刊而倏然中止。

〈真如島〉第七回是通篇裡的一大高潮：「掃群魔潑婦力誅菩薩，施善會痴人妄想仙方。」好個讓人觸目驚心的回目！這是胡適在他主編復刊以後的《競業旬報》的第一炮，也是〈真如島〉裡最成功的一回。故事一開始就是高潮。啓慶嫂持刀衝將闖入「太子會」，把所有的大、小三、四十個泥抹紙糊的菩薩全給拽倒在地上，逐一斬首。然後，再把這些斬下來的菩薩頭，裝在從供桌下拉出來的一個最大的用來裝供奉菩薩祭品的籃子裡。她把這個籃子提到一個露天的茅廁，把斬下來的菩薩頭，一個、一個地扔了進去。胡適接著用了倒敘法，說原來啓慶嫂一家八口裡，五口染了時疫：啓慶三兄弟，兩個弟媳。她一個人要照顧五個病人，又要照應一個五歲的兒子、六歲的姪兒。啓慶嫂在太子菩薩前許願，如果一家五個病人病好，今年善會一切費用，都由啓慶嫂一家出錢。哪裡知道善會才開始，三弟和啓慶就先後一命嗚呼。傷心欲絕，痛心「難道菩薩連一個賢妻慈母都不許我做」的啓慶嫂暈死過去又醒轉過來以後，就走進廚房一把抓起菜刀，一路衝將到「太子會」去了。等她把三、四十個菩薩的頭都丟進了茅廁以後，啓慶嫂回到家門，見到啓慶與三弟已經放進棺木裡，呀的一聲哭出聲來，嚎啕之聲慘不

47　有關〈真如島〉情節，請參閱胡適，〈真如島〉，《胡適全集》，10：501-541。

忍聞，那還活著的三個病人，也一起放聲大哭，哭得連左鄰右舍都爲之傷心下淚。「那哭聲眞個驚天動地日月無光，不料那三個病人哀痛極了，竭力一哭，哭到力竭淚盡聲嘶的時候，那病便不知不覺的好了。」胡適在這回的跋裡說這是一個眞實的故事，發生在四十幾年前。從她大鬧當年的「太子會」以後，啓慶嫂從不再出一錢辦善會，但其家業日盛；她的兒子也業已長成，都已經抱了三、四個孫子了。

可惜的是，寫完這高潮迭起的第七回以後，就後繼無力了。〈眞如島〉在《競業旬報》停刊前所刊出的最後四回，第九回完全離題，介紹的是績溪詩人石鶴舫的詞；第十回談的是名教倫常方面的憾事：悔婚與後母的錯綜關係。只有第八跟第十一回又回到了破除迷信的主軸。第十一回所針砭的是扶乩求仙的詐術，第八回所批判的是果報的觀念，是胡適對果報觀念最詳盡的一個論述。小說主人翁孫紹武說：

這「因果」二字，很難說的。從前有人說：「這因果兩個字，可以把一樹鮮花做一個比喻，譬如窗外這一樹花兒，枝枝朵朵都是一樣，何曾有什麼好歹善惡的分別？不多一會，起了一陣狂風，把一樹花吹一個「花落花飛飛滿天」，那許多花朵，有的吹上簾櫳，落在錦茵之上；有的吹出牆外，落在糞溷之中。這落花的好歹不同，難道好說是這幾枝花的善惡報應不成？」這話狠是，但是我的意思卻還不止此。大約這因果二字是有的。有了一個因，必收一個果。譬如吃飯自然會飽，吃酒自然會醉。有了吃飯吃酒兩件原因，自然會生出醉飽兩個結果來。但是吃飯是飯的作用生出飽來，種瓜是瓜的作用生出新瓜來，種豆便是豆的作用生出新豆來，其中並沒有什麼人爲之主宰。如果有什麼人爲主宰，什麼上帝哪！菩薩哪！既能罰惡人於既作孽之後，爲什麼不能禁之於未作孽之前呢？……「天」要是眞有這麼大的能力，何不把天下的人個個都成了善人呢？……「天」既生了惡人，讓他在世間作惡，後來又叫他受許多報應，這可不是書上說的「出爾反爾」麼？……總而言之，「天」既

　　不能使人不作惡，便不能罰那惡人。

　　這一長段話，前半段固然是范縝說的，是胡適十一歲的時候在《資治通鑒》裡讀到的話。但後半段就不然了，是胡適自己的衍申。這已經是胡適無神論的定論。

　　無神論是胡適在《競業旬報》裡論述的一個重點。他除了以白話小說的〈眞如島〉來宣揚他的無神論以外，還用文言體寫了〈無鬼叢話〉。〈無鬼叢話〉裡有一段話，胡適後來在〈四十自述〉裡特別拿來表彰，那就是他對《西遊記》、《封神榜》的批判。他說從《西遊記》、《封神榜》對中國社會深遠的影響，可以看出小說的力量。他深恨這兩本小說在社會、歷史上的流毒，於是說如果天地間眞有鬼神、眞有地獄，那就應該是爲這些作者所設的。他說這些作者怎麼有寫作的資格呢！他引《禮記》〈王制〉篇裡的話，說：「托於鬼神時日卜筮以亂衆者，誅。」他說他不能了解爲什麼幾千年來，以濟世明道爲口號的人君，居然會讓這些惑世誣民的學說大行其道，害得「我神州民族投諸極黑暗之世界！」於是像孟子說「予豈好辯哉」一樣，他說：「吾昔謂『數千年來僅得許多膿包皇帝、混帳聖賢』，吾豈好罵人哉！吾豈好罵人哉！」[48]這段引〈王制〉篇裡的話，就是胡適晚年寫〈容忍與自由〉是表示懺悔的話。

　　胡適不但用白話小說、文言論文，他還用白話的社論來宣揚他的無神論。他在《競業旬報》第28期的社論〈論毀除神佛〉，就是一個很有意味的例子。他在這篇社論裡，先聲明「兄弟並非外國人，也不是吃洋教的人」。他用兩大理由來說明爲什麼神佛一定要毀：第一、神道是無用的。首先，神佛是泥塑木雕的；其次，人在精神在，人死精神飄散。人世間沒有鬼，所以也就沒有神佛；再來，人人都求鬼神，各個要求常互相衝突，鬼神如何應付？更何況堂堂做個人，怎麼能低頭去求那泥塑木雕的菩薩呢！最後，如果人死了反而靈起來，那麼不如大家都去死了罷！第二、神佛是有害的。神佛一日不毀，就有愚夫愚婦來燒香拜佛，就

48　胡適，〈無鬼叢話〉，《胡適全集》，20：503。

是浪費。其次，神佛不毀，來燒香的一定會帶孩子來，把小孩子們都染壞了。神佛不毀，會造成同胞靠天吃飯的心裡，是進化的大障礙。再來，神佛不毀，拜佛不禁，國民就會一愚到底。神佛不毀，和尚道士不驅逐，有害於國計民生，這是因為僧道不事生產，卻坐而食之。而且，和尚道士總是借著神佛之名，做十惡不赦的事。說完了神佛一定要毀的兩大理由以後，為了擔心讀者會害怕得罪神佛遭譴，胡適就以自己提倡毀神佛而沒事，要大家放心：「列為切莫害怕，還有我呢！要當真有神佛，我哪裡還會在這裡做報，要當真有神佛，我死已長久了，打下地獄已長久了，我哪裡還在這裡做報呢？哎喲！列位，不要怕。毀了罷！毀了罷！」[49]

　　其實，胡適在他的〈無鬼叢話〉裡，還有另外一個他後來會詳盡發揮的非常重要的觀念的種子，那就是他批判中國為什麼有格物致知之說，而卻沒有發展出科學的理由。他的〈無鬼叢話(三)〉是發表在《競業旬報》的第28期。在這一篇文章裡，胡適提到清朝紀昀寫的《閱微草堂筆記》。他說紀昀這本書，是中國數千年來談鬼的空前絕後的傑作；別人談鬼，說的只是鬼，只有紀昀能夠「一一哀諸世情，準諸義理，其文復足以達其微言妙諦」。可惜遺憾的是，紀昀「能以義理附會鬼神，乃不能以義理辟除神鬼」。所以他說紀昀終究還是被束縛在神道設教的框架裡。那「魄力不足」之譏，他是逃不過的。胡適接著引申了為什麼中國有格物致知之說，而卻發展不出科學的原因：

　　　嘗慨夫吾國先聖格物致知之說，乃為宋儒「物猶事也」一語所誤，其遺毒遂致我神州民族科學思想墮落無遺，其有稍涉於此，則又以「玩物喪志」四字一筆抹煞。嗟夫！物理之不明，則日日講道德說仁義，而於生民之塗炭、群氓之蚩蚩，終無絲毫之益。所謂獨善其身者非耶？王陽明為一代大儒，而於格物之說，亦夢然無曉。其言以七日夜之力，坐對庭竹，思窮其理，終不可得，乃廢然返於身心之學。然則終為「物猶事

49　胡適，〈論毀除神佛〉，《胡適全集》，21：63-66。

也」之說所誤耳。物理之不明，終不足以明道解惑。紀氏正坐此病，故其書僅能以義理附會鬼神，而不能以物理辟除神鬼，僅能於談鬼書中占一席而已耳。嗟夫！[50]

　　如果胡適一生所信奉的無神論的理論基礎，在上海唸書的時候就已經形成了，他的社會不朽論，也同樣是在這個時期奠基的。我們在前面已經提到胡適在〈四十自述〉裡，對他的社會不朽論淵源的說明。他的社會不朽論，是他對傳統中國宗法社會一個不人道的作法的反動，所以，他才會說，這個想法「最初起於我小時看見我的三哥出繼珍伯父家的痛苦情形，是從一個真問題上慢慢想出來的一些結論」。胡適的社會不朽論確實是經過了相當長一段醞釀的時間。就像他所說的，這一顆種子在他留美的時候發了芽。先是，他讀了培根的論文，產生了一些感想，在日記裡寫成了「無後主義」。他說他一直要等到1918年，因為他母親過世所引起的感觸，才引發他寫〈不朽：我的宗教〉，來發揮他的社會不朽論。胡適這個回憶，從他社會不朽論的起源到〈不朽：我的宗教〉的發表，當然是相當正確的。然而，這是一個簡化了的回憶。除了培根以外，胡適的社會不朽論還受到了其他人的影響，這一點我在本傳的第二部還會詳細說明。不但如此，胡適在美國留學的時候，還一再地跟他的美國朋友演練過他的社會不朽論。他的美國女友韋蓮司也是聽眾之一。比如說，胡適在1919年2月，為了準備他在燕京大學的演講，把他〈不朽〉這篇文章翻成了英文。這篇英文稿的篇名為：〈不朽：一個人生的準繩〉(Immortality as a Guiding Principle in Life)。1920年2月19日，他把這篇英文稿寄給韋蓮司，特別在第一頁左上角加了一個按語：「妳也許會記得，我第一次表達這篇論文的主旨，是在一個下午，我們在紐約第五大道散步的時候我對妳所說的。中文稿起筆於我母親過世一個月以後，過後我把它發表了。本篇是中文版的濃縮、改訂版。請代問家人好。胡適上。」[51]

　　無論如何，即使胡適的社會不朽論是經過了長期的醞釀，種子是他十幾歲的

50　胡適，〈無鬼叢話〉，《胡適全集》，20：504。
51　Hu Shi, "Immortality as a Guiding Principle in Life," 《胡適全集》，35：262。

時候就已經種下了的。他在〈論承繼之不近人情〉這篇文章裡，是從承繼這個觀念的不合人道開始，一步步地引向留芳萬世這個觀念上。胡適後來對社會不朽論最大的修正，就是把不朽變成一個中性的觀念；換句話說，不朽可以是留芳萬世，也可以是遺臭萬年，但這是後話。在〈論承繼之不近人情〉這篇文章裡，他說：「我們中國幾千年來，有一件最傷天理、最傷倫理、豈有此理的風俗，就是那『人死無後，把兄弟之子來承繼』一事。」[52]胡適在他三哥忌辰所寫的那首詩裡，描寫他三哥十年之間備受病痛、抑鬱的交相折騰：「何其十年中，兄乃困遭遇，慘澹復淒其，悲劇時相飫。」他甚至相信他三哥的肺病是由抑鬱得來的。胡適在當時很有可能還不了解肺結核是由病菌傳染的：「人生不稱意，尚復何生趣。憂患最傷人，二豎遂相累(兄出嗣先伯父，恆抑鬱不得意，吾姊氏嘗言兄實死於是，故知吾國為人後之法非人情也。兄嘗舉數子，皆不育，遂益無聊，病乃日劇)。」[53]他說每一個人的人權都是極尊貴、極神聖的，不許自己放棄，也不許別人來侵犯。所以沒有一個人應該被強迫去認別人為父母；也不應該作那「一種不顧廉恥、豬腸狗肺的人，貪人家的財產，甘心情願，去營求做人家的兒子」。胡適說這問題的解決，不能只對作兒子的說，還必須對那作父母的說。他說由於作父母的害怕斷嗣，於是望子望不到的時候，就要把別人的兒子領來作自己的兒子。更糟糕的是，「那些什麼混帳忘八羔子的聖人哪！賢人哪！自己也恐怕將來沒有兒子養老，沒有兒子送終，便定了這種大傷天理豈有此理的制度。」

　　胡適勸這些想找承繼的父母要認清事實。他說親生兒子當中，真正能孝順、紀念著父母的人有幾個？「親生的兒子尚且如此，那過繼的兒子，也遂可想而知了。」他要昭告全天下父母，告訴他們說這世界上有一個最好、絕對可靠的孝子賢孫：「我如今要薦一個極孝順的兒子給我們中國四萬萬同胞，這個兒子是誰呢？便是社會。」為什麼社會是一個「萬無一失的孝子賢孫」呢？這個道理很簡單：

52　以下分析所徵引文，請參閱胡適，〈論承繼之不近人情〉，《胡適全集》，21：77-80。

53　胡適，〈先三兄第四週年忌辰追哭〉，《胡適遺稿及秘藏書信》，11：137-138。

你看孔子死了多少年了。然而我們個個敬重他，紀念他，孝順他。看官要認得分明，孔子所以能夠傳到如今，還有許多人紀念著他，這可並不是因為孔子的子孫的原故，都只為孔子發明許多道理，有益社會，所以社會都感謝他，紀念他，這不是把全社會都做他的子孫了麼？你再看那些英雄豪傑人義士的名譽，萬古流傳，永不湮沒，全社會都崇拜他們，紀念他們，無論他們有子孫沒有子孫，我們紀念著他，總不少減，也只為他們有功於社會，所以社會永永感謝他們，紀念他們……一個人能做許多有益大眾有功於大眾的事業，便可以把全社會都成了我的孝子賢孫。

如果社會作為一個孝子賢孫的概念似乎有點抽象，胡適在〈名譽〉這篇文章裡，就給了它一個非常具體的形象：

你再看外國歷史上許多英雄、賢聖、義士、傑女，非但是歷史記載著，非但是小說稱道著，非但是戲台上扮演著，生的時候，已是銅像高高地豎著，顫顫巍巍，高出雲向，受了無數無數人的瞻仰、稱讚、羨慕、崇拜；死的時候，肉身死了、消滅了，然而這些銅像，仍舊是巍巍地矗立在那裡，千年萬年，地球一日不壞，這些銅像一日不滅，那些英雄、賢聖、義士、傑女的英名總不得埋沒。[54]

婦德、媒妁婚姻的現代詮釋

胡適對女性的看法，在留美以後，有了顯著的變化。用賈祖麟的話來說，是比較「自由開放」的看法[55]。但是，由於他寫他那本胡適傳的時候，看不到胡適留美以前的文章，他並沒有解釋這個比較「自由開放」的看法，究竟是和什麼樣

54　胡適，〈白話(四)：名譽〉，《胡適全集》，21：131。
55　Jerome Grieder, *Hu Shih and the Chinese Renaissance*, p. 43.

子的看法相對比的。事實上，胡適對女性的看法是漸次演進的。留美前後固然是一個重要的分水嶺，然而，即使在留美之前，他對女性的看法也有微妙的變化。基本上，胡適在留美以前對女性的看法，是受到梁啓超影響的。他1906年11月在《競業旬報》所發表的〈敬告中國的女子〉，就是最好的例子。他在這篇文章裡，首先責備中國女子甘心作爲男人的玩物。他說：

> 我們中國的人，從前都把那些女人當作男子的玩物一般，只要她容貌標緻，裝飾奇異，就是好女子。全不曉得叫那些女子讀些有用的書，求些有用的學問。那些女子既不讀書，自然不懂什麼道理。既沒有學問，自然凡事都靠了男人，自己一點也不能自立。因爲這個緣故，所以我們中國雖有了四萬萬人，內中那沒用的女人倒居了二萬萬，那些男人賺來的錢，把去養這些女人，都還不夠。我們中國如何不窮到這麼地步呢？那些女人，既然沒有本事，若是她們還讀了些書，能夠在家中教訓兒女，倒也罷了。不料她們聽了一句什麼「女子無才便是德」的放屁話，什麼書也不去讀。咳！我們中國的女人，眞眞是一種的廢物了。

胡適說女子要發奮不作廢物，就必須要立志從兩件事情作起：一是不纏足；二是讀書。爲什麼不要纏足呢？第一，因爲纏足有害身體。害自己，還不打緊，纏足所戕害的，是中國的種：

> 倘是那些身體素來不大強壯的女子，受了這種苦處，那身體便格外贏弱，到後來生男育女的時候，因爲他的身體不好，那乳水便一定不多的。原來人家小孩子的身體氣魄，都和他們爹娘的身體氣魄很有關係，這些身體軟弱的爹娘，怎麼還能夠養出身體強壯的兒女呢？所以中國人的身體，總和病人一般的，奄奄無生氣，難怪外國人都叫我們是病夫國呵！可見纏腳這一件事，是不但有害於自己的身體，而且有害於將來的子孫。

纏足的第二個害處，是不能做事，其結果就是使女子變成廢物：

> 第二做事不便……若是生了女孩，便罵他是賠錢貨……豈不是因爲女
> 人不會做事，所以討厭他嗎？……女人爲什麼不能做呢？……這個緣
> 故，雖然不只一端，但是照我看起來，纏腳這一件事，恐怕要算是最大
> 的緣故了……作女人的，從五六歲的時候，就被那些沒有人心的爹娘，
> 把他的腳緊緊的包起來了，當那個時候，他們受那種苦處也還受不完，
> 哪裡還有功夫來學做什麼事呢？　……因爲這個緣故，所以中國的女
> 子，幾乎沒有一個會做事的……大凡女子纏了腳，不要說這些出兵打
> 仗、做書、做報的大事情不能去做，就是那些燒茶、煮飯的、縫縫洗洗
> 的小事情也未必人人能做的，咳！這豈不是眞正的一種廢物麼。

中國女子發奮異圖強的第二法門是讀書：

> 原來那「無才便是德」這句話，是很沒有道理的……如今我所說的
> 「才」字，卻不是這麼說法，……第一、大凡一個人年小的時候，知識
> 沒有充足，心思也沒有一定，都是跟好學好，跟壞學壞的。所以小的時
> 候，一定要受過頂好的教育，方才可以做一個完完全全的人……俗語說
> 得好：「三歲定八十」……在家都要受他們父母的教訓，這就叫做「家
> 庭教育」。但是做父親的，總不時時在家，所以這事便是做娘的責任
> 了……所以女子一定要讀書才能夠懂得些正大道理，曉得些普通學問。
> 道理和學問都懂得了，自然能夠教出好兒女來。人家都想有好兒女，卻
> 不曉得教女子讀書，好像農夫不去種田，倒想去收好穀，哪能夠想得到
> 手呢？第二、大凡天下女子的心思比男子更細密，又沒有那些應酬的勞
> 苦，倘使他們肯用心去求學問，所成就的學問，一定比男子高些。有可
> 以求學問的資格，卻自己糟蹋了，就使我們中國人愚到這般地步，豈不
> 可惜嗎？第三、以上所說，多是讀書的大用處，如今且說那些小事。就

　　如鄉村人家，買兩擔柴，記幾筆帳，看幾封信，若是男人不在家，婦人不讀書，那就不得不去求別人了，豈不是不便嗎？這些小事也不會做，那還可以算得一個有用的人嗎？真個是我所說的「廢物」罷了。[56]

　　胡適在這篇文章裡所提出來的論點，從「玩物」、「廢物」、「保種」、「母教」，都是梁啓超已經在〈變法通議〉說過的論點。胡適所謂的「中國雖有了四萬萬人，內中那沒用的女人倒居了二萬萬，那些男人賺來的錢，把去養這些女人」，不外乎是梁啓超在〈新民說：論生利分利〉裡說：中國四萬萬人口，「婦女約二萬萬，分利者約十之六七」的說法[57]。所謂「母親的乳水」、「家庭教育」也者，不外乎是梁啓超在〈倡設女學堂啓〉裡說：「上可相夫，下可教子；近可宜家，遠可保種；婦道既昌，千室良善，豈不然哉！」的白話版[58]。胡適受到梁啓超的影響，應該是毋庸置疑的。即使胡適沒有直接讀到梁啓超的文章，這個說法仍然可以成立。這是因為女學的應興與必興，在中國從1900年八國聯軍的重創蘇醒過來以後，已經成為朝野的共識。胡適的〈敬告中國的女子〉，必須從這個角度觀之。

　　如果女學是必興的，這個女學的內容應該如何呢？對年輕的胡適來說，這畢竟是太大的一個題目，同時也不是他會有時間與興趣去認真思考的。重要的是，就像同時代的一些先進的男女人士一樣，胡適也對婦德從事了現代的新詮釋。他在〈敬告中國的女子〉的文後，附錄了東漢蔡邕的〈女訓篇〉。這種作法，當然是相當傳統的。這也就是說，舉古聖先賢的話，來證明自己的論點。他在正文裡，把〈女訓篇〉的論旨翻成簡易的白話文，說：「人的心思，和人的面孔一樣，面孔不修飾，就醜齷了；心思不修飾，也就變壞了。人家女子都曉得把面孔裝飾得好看，卻不曉得修飾她的心思。」最後，他用責備兼鼓勵的話語來勸勉中國的女性：「今日我們中國的女子，為什麼情願費了許多工夫，丟了最要緊的學

56　胡適，〈敬告中國的女子〉，《胡適全集》，21：4-12。
57　梁啓超，〈新民說：論生利分利〉，《飲冰室文集》，頁72。
58　http://www.guoxue.com/master/liangqichao/w-acsn.htm，2009年11月6日上網。

問不去做，卻要去做這些梳頭、纏足、穿耳、搽粉的事呢？可不是那〈女訓〉上說的愚人麼？可不是我從前所說的廢物麼？所以我說中國的女子，若不情願做廢物，第一樣便不要纏腳，第二樣便要讀書。若能照這兩件事行去，我做報的人，便拍手大叫著：『中國女界萬歲！中國萬歲！！中國未來的國民萬歲！！！』」[59]胡適對女性只知外表的修飾，而不知內在涵養的批判，是有其社會的代表性的。隨著西化的加速以及女子教育的勃興，這種批判會越演越烈，卒使「女學生」、「新女性」成為奢華、墮落、寡廉鮮恥的代稱。這是當時東亞傳統社會在受到西方文化衝擊之下，一個相當普遍的，把「女性」化約成衡量社會道德的度量儀的作法[60]。

　　蔡邕的〈女訓篇〉畢竟是男性寫的。很自然地，胡適必須在中國歷史上找到女德的女性發言人。就像當時有同樣想法的男女作者一樣，胡適找到的這個發言人就是班昭。在〈敬告中國的女子〉這篇文章裡，胡適為了打破「女子無才便是德」這個傳統觀念，就在歷史上找那些有才又有德的女性作反證，其中，有班昭，也有著有《女孝經》的陳邈的妻子鄭氏。他說：「就如漢朝有一位班昭，是最有名的才女。他的哥哥班固，做了一部《漢書》，沒有做好就死了，後來班昭竟接續下去做成了這書，又做了一部《女誡》；又有一個女子，叫做緹縈，他的父親犯了罪，虧得緹縈上了一本奏章救了他；唐朝陳邈的妻子鄭氏，著一部《女孝經》；晉朝有一個謝道韞，會做詩賦又會辯駁。這都是有才的女子，難道她們有才便無德麼？」[61]

　　有趣的是，胡適對班昭的看法，不久就產生了根本的改變。胡適這篇〈敬告中國的女子〉是1906年的作品。兩年以後，胡適在1908年11月的〈愛國〉篇裡，寫中國歷史上偉大的人物的時候，女界裡，就只剩下了秦良玉與花木蘭[62]。一個月以後，胡適開始在《競業旬報》裡，以連載的方式，發表社論，展開他對班昭

59　胡適，〈敬告中國的女子〉，《胡適全集》，21：12。
60　Yung-chen Chiang, "Womanhood, Motherhood and Biology: The Early Phases of The Ladies' Journal," *Gender & History*, 18.3 (November 2006), pp. 524-525。
61　胡適，〈敬告中國的女子〉，《胡適全集》，21：9-10。
62　胡適，〈白話(一)：愛國〉，《胡適全集》，21：106。

的總批判，〈曹大家《女誡》駁議〉：「我們中國女界中，有一個大罪人，就是
那曹大家〔音：姑〕。這位曹大家，姓班名昭，她做了一部《女誡》，說了許多
卑鄙下流的話。」年輕的胡適，已經知道以今非古，如果處理不得當，會犯有歷
史謬誤的弊病。同時，他也知道《女誡》在歷史上的讀者泰半是男性。所以，他
非常言之成理地解釋他寫這個批判的用意：

> 列位要曉得，她這部《女誡》，雖然我們的姐姐妹妹們，大半沒有讀
> 過，然而幾千年來，那許多男子，都用這《女誡》的說話，把來教育我
> 們的姐姐妹妹，把來壓制我們的姐姐妹妹，所以她那區區一部《女
> 誡》，便把我們中國的女界生生地送到那極黑暗的世界去了，你想我怎
> 好不來辯駁一番呢！有的人說：「鐵兒先生，你何苦把幾千年後的新思
> 想，去責備那幾千年前的古人呢！」我說：「是的，我並不敢責備古
> 人，不過我要把這些道理辯白一番，好教那些頑固的人，不致借這《女
> 誡》來做護身符，這便是我的區區微意了。[63]

　　胡適對《女誡》的批判，是逐句式的，也就是說，是逐句地批判。《女誡》
共七篇：〈卑弱〉、〈夫婦〉、〈敬慎〉、〈婦行〉、〈專心〉、〈曲從〉、
〈叔妹〉。胡適批判《女誡》的社論，在連載到第三篇，也就是在《競業旬報》
的第39期，批判《女誡》的第五篇，也就是〈專心〉篇以後，由於他接著就辭去
了《競業旬報》的編輯工作，而告終止。近代中國知識分子對《女誡》的批判，
在戊戌前後，是選擇性的闡揚與批注。換句話說，是藉由表揚班昭的才，來選擇
性地詮釋她所闡揚的女德，而讓《女誡》在女學堂的課程裡占有一席之地。20世
紀初年以後，由於「女權」概念的勃興，與《女誡》所闡揚的「男尊女卑」的概
念，兩相扞格，《女誡》於是變成了負面的教材。夏曉虹說，在當時對《女誡》

63　胡適，〈曹大家《女誡》駁議〉，周質平編，《胡適早年文存》（台北：遠流出版
　　社，1995），頁125。

持論最嚴厲的是女性[64]。從這個角度來看，胡適是一個相當特殊的例子。無政府主義、激進的何震直呼班昭為「班賊」，胡適則稱班昭為「罪人」。在批判所採取的高姿態上來說，可謂旗鼓相當。何震稱班昭為「班賊」的文章，是1907年7月在日本發行的《天義報》上所發表的。胡適對《女誡》的批判，開始發表是在1908年12月，晚了一年半。我們不知道胡適是否看過何震的文章。以胡適當時讀《新民叢報》的習慣來說，他如果讀了《天義報》，而讀過何震的文章，並不是不可能的事。然而，即使胡適讀過何震的文章，我們只能說何震給了他靈感，英雄、英雌還是可以所見略同。更何況胡適所作的，是全面的批判。

我們沒有必要在這裡一一地複述胡適對《女誡》逐句的批判，一則是因為這畢竟是一個十七歲青少年輕狂卻又未免幼稚的嘗試。就舉兩個年少輕狂、自以為真理自明的例子。在評〈卑弱第一〉「常若畏懼」這句話的時候，胡適說：

> 這話更不通了，畏懼誰呢！天下的人，只有一個理字，是應該畏懼的。只須我自己行止動作，上不愧天，下不愧人，自己對得住自己就是了。何必怕人呢？所以孔夫子說：「君子坦蕩蕩」。坦蕩蕩就是無所畏懼的意思。大凡君子人，行事只求合理，自然坦蕩蕩的，無所畏懼，其實又何必畏懼呢？[65]

又，〈敬慎第三〉篇：「然則修身莫若敬，避強莫若順。」胡適批注說：

> 上句「修身莫若敬」倒也罷了，下一句「避強莫若順」，你想這不是卑鄙下賤嗎？俗語道得好：「兵來將擋，水來土掩」，這是一定的道理。那些男子如果用強權來壓制女子，就該正正當當和他抵抗，有何不可？何必避呢？如果女子不去和他抵抗，那麼他們自然要得尺進尺、得寸進寸了。古人說：「以順為正者，妾婦之道也。」可見古人是很瞧不

64　夏曉虹，《晚清女性與近代中國》，頁159。
65　胡適，〈曹大家《女誡》駁議〉，周質平編，《胡適早年文存》，頁127-128。

起這個「順」字的，我從前說過的，天下只有一個「理」，是應該畏懼的，我們只要依著理行去，還怕什麼呢？又何必躲避呢？[66]

我們不需要在這裡一一複述胡適逐句批判的另外一個原因，是因為他批判的基調，是《女誡》裡「男尊女卑」的概念。這與當時先進的智識階級的批判沒有什麼不同。比較有意義的作法，是一方面去勾勒出胡適與眾不同之處；同時，在另一方面去指出胡適仍然是深深地浸淫於傳統之中的事實。胡適與眾不同的批判有二。第一、他開宗明義，批判《女誡》的第一篇：〈卑弱第一〉，說「怪不得幾千年來，總沒有女權的希望。」然而，胡適的重點不在「女權」，而是班昭所犯的歷史謬誤。他說這是誤把當時的民間歌謠，當成不可變異的哲理的謬誤。因此，班昭所謂古人生女弄瓦也者，完全是食古不化，或者說讀死書的結果。他解釋說：

　　這一段文章，是曹大家引用《詩經》上說的話兒，那《詩經》上說：「乃生女子，載寢之地，載衣之裼，載弄之瓦。」看官要曉得，那《詩經》一部書，乃是古時聖賢採訪四方的風俗歌謠，因而輯成一部大書，即如這一篇詩所說的話，在做書的人本意，不過是教人曉得某地有這麼一種重男輕女的風俗，他的本意，只有望人改良的意思，並不教人依著他行。譬如那《詩經》上說的：「期我乎桑中，要我乎上宮，送我乎淇之上！」難道他真個要人做這些淫奔的事嗎？又如「子不我思，豈無他人！」「子不我思，豈無他士！」這二句詩，淫極了，難道他真個教人做這種「□□□□」，□□□嗎？可見《詩經》上說的，不過說某處有某樣的風俗罷了，不料這位曹大家，不懂詩人的命意，便以為古人都是卑視女子的了，可不是大錯了嗎？至於「齋告先君，明當主祭祀也」這句話，更容易明白了。你想古人最重祭祀，斷不會使那卑弱下人的人去

66　胡適，〈曹大家《女誡》駁議〉，周質平編，《胡適早年文存》，頁137。

主祭祀，可見古人並不卑視女子，不過曹大家不懂得罷了。[67]

　　胡適在《先秦名學史》裡，說《詩經》是經由孔子審訂、保留下來的古代中國「社會、思想生活的見證」。[68]他在《中國古代哲學史》(上卷)說：「從前第八世紀到前第七世紀，這兩百年的思潮，除了一部《詩經》，別無可考。我們可叫它做詩人時代。」[69]顯然，胡適對《詩經》作爲古代中國政治、社會、思想的記錄的看法，在1908年就已經形成了。

　　胡適的第二個與眾不同的批判，是從男女平等的概念，一面批判使用「男尊女卑」的語言，頗類似於今天的政治正確(politically correct)的要求；一面又進一步地演繹到夫妻有平等訴求離婚的權利。《女誡》〈夫婦第二〉有段話說：「夫不賢則無以御婦，婦不賢則無以事夫。」胡適說：

　　哈哈！曹大家也講起平等來了。你想這兩句話，不是很平等嗎？不是很有點抵抗性質的嗎？桀紂無道，湯武便去征伐他，爲什麼呢？因爲「君不賢則無以臨民」，所以便要討他的罪，如今曹大家是承認「丈夫可以御婦的」了。看官要記得，那個「御」字，有駕御的意思，管理的意思，便和皇帝治民的治字差不多了。皇帝不賢尚且可殺可去，丈夫不賢，便失了丈夫的資格，做妻子的，可以抵抗他，所以這「夫不賢則無以御婦」八個大字，正是泰西各國離婚律法的一大原理。不料曹大家這麼一個卑鄙的人，也會有這種理想，這就很難得了。但是上面用一個「御」字，就和馬夫趕馬，車夫推車一般，下面用一個「事」字，是服侍的意思，就和下官服侍上司，奴才伏侍主人一般，兩兩比較起來，還是大不平等，可見曹大家一定是一個沒見識沒魄力的女子了。[70]

―――――――――――

67　胡適，〈曹大家《女誡》駁議〉，周質平編，《胡適早年文存》，頁126。
68　胡適，"The Development of the Logical Method in Ancient China,"《胡適全集》，35：322-323。
69　胡適，〈中國古代哲學史〉，《胡適全集》，5：228。
70　胡適，〈曹大家《女誡》駁議〉，周質平編，《胡適早年文存》，頁132。

同樣地,《女誡》〈專心第五〉:「《禮》,夫有再娶之義,婦無二適之文」
這段話,又讓胡適重申男女在離婚上的對等權:

> 看官須要認明這個「禮」字。這個《禮》是古時一班「男子」,以自
> 私自利之心來定這部《禮》。他所說的話,全是男子一方面的話。從前
> 有位女豪傑,很有思想的,說「當時若使周婆制禮,斷不敢如此」。這
> 句話,千古以來,傳爲笑話,哪曉得這句話,真正是千古名言。即爲再
> 嫁一事,男子何以可再娶?女子何以不可再嫁?千古以來,卻沒有人能
> 明明白白的講解一番,只可憐那些女子也,只曉得糊糊塗塗的守著這話
> 做去,沒有人敢出來反對。其實「夫婦之道,義以和親,恩以好合」,
> 曹大家不是說過的嗎?既然說「以和親,以好合」,丈夫死了,或是被
> 出了,什麼和,什麼好,都沒有了,爲什麼不可再嫁呢?丈夫不肯爲了
> 「和」、「好」而不再娶,女子有何嘗不可再嫁呢?所以我說這個
> 《禮》是一班自私自利的臭男子定的,並不足據的,盡可不去管它。[71]

不管胡適在批判班昭的時候是如何激進,他當時畢竟還是徹底的傳統文化的
產物。傳統文化給人的信念可以是根深柢固的。《女誡》〈夫婦第二〉:「夫婦
之道,參配陰陽,通達神明,信天地之弘義,人倫之大節也。」這些所謂「陰
陽」、「神明」、「天地」、「人倫」也者,胡適顯然不假思索就認同了。他的
批注是:「何等鄭重,曹大家於此一節,頗知注意,總算是有點閱歷的話
了。」[72]胡適既然認可「陰陽參配」的概念,如果「陰」與「陽」是平等的,如
果「陰」與「陽」是「相敬如賓」的,他顯然是可以認同「陰」爲「陽」之輔
的。有關這點,最有意思的例證,是以下的一段批判。〈敬愼第三〉篇:「夫事
有曲直,言有是非。直者不能不爭,曲者不能不訟。訟爭既施,則有忿怒之事
矣。此由於不尚恭下者也。」胡適評說:

---

71 胡適,〈曹大家《女誡》駁議〉,周質平編,《胡適早年文存》,頁144。
72 胡適,〈曹大家《女誡》駁議〉,周質平編,《胡適早年文存》,頁131。

　　你想天下哪有這種道理，難道丈夫做強盜做賊，做妻子的都不應諫阻嗎？丈夫忤逆不孝，弒君弒父，做妻子的都只好聽他嗎？甚至於丈夫把妻子賣給人家爲妾爲娼，難道也只好順從嗎？那古人說的「內助」到底助什麼呢？古人說的「家有賢妻，男人不遭橫禍」，又是什麼道理呢？古人說的「以順爲正者，妾婦之道也」。既然說「以順爲正」，自然有個「以不順爲權變」的反面文章在裡面，若照曹大家這話說去，豈〔只〕是妾婦之道，簡直是娼妓之道了。[73]

　　這段批注批判的主題是：夫婦之好，建立在妻子守其「恭下」的本分；而「恭下」之道無他，不跟丈夫爭是非曲直是也。胡適的反駁固然振振有詞，然而，更有趣的，是他所用的「諫阻」、「內助」這兩個字眼。這並不是佛洛伊德式的說溜嘴(Freudian slip)，而是他來自於傳統文化、未經挑戰的信念。在「陰陽參配」的前提之下，「陰」既是「陽」之輔，則妻子應扮演「內助」的腳色，作「諫阻」的工作，就不言可喻了。胡適留美以前對女性的看法，他在《留學日記》裡作了反省。他在1915年10月30日的日記裡說：「女子教育，吾向所深信者也，惟昔所注意，乃在爲國人造良妻賢母以爲家庭教育之預備。今始知女子教育之最上目的，乃在造成一種能自由獨立之女子。」[74]

　　胡適另外一個當時不自察、未經反省的來自傳統文化的信念是：婦女節烈之天經地義。《女誡》〈卑弱第一〉：「忍辱含垢。」胡適義憤塡膺地批說：

　　這四個字，不通極了。我們中國的女子教育，開口就是節，閉口就是烈。這節烈二字的意思，就是說那女子的品行名譽，斷不可有什麼玷污。如果有了一些羞辱垢污，總要洗得乾乾淨淨，明明白白。不然，那就算不得節烈了。怎麼這位曹大家倒要教人忍辱含垢呢！難道曹大家還

<hr>

73　胡適，〈曹大家《女誡》駁議〉，周質平編，《胡適早年文存》，頁141。
74　《胡適日記全集》，2：245。

不贊成那些節婦烈女，和那些有氣節的女丈夫麼！不通！不通！[75]

〈敬愼第三〉篇：「然則修身莫若敬，避強莫若順。」胡適批注說：

> 如果這句「避強莫若順」是合理的，那麼古來那許多殉節守貞的節婦
> 烈婦，她們都是不肯「順」的了，都是不肯避強的了，難道這些節婦烈
> 婦都不合理嗎？[76]

　　聰穎、有機會留美、勤讀書、敏於觀察、能反躬自省的胡適，很快地就擺脫
了傳統節婦烈女的崇拜。留美歸國以後的胡適，在一系列的文章裡抨擊了節婦烈
女的崇拜以及處女偏執狂。他指斥貞操論是「全無心肝」的。他在讀到了上海縣
長呈請江蘇省長褒揚一位陳烈女的呈文以後，說：「以近世人道主義的眼光來
看，褒揚烈婦烈女殺身殉夫，都是野蠻殘忍的法律，這種法律，在今日沒有存在
的地位。」在回答一個讀者來書，詢問應該如何對待被人強暴的女子的問題，他
回答說，女子爲強暴「所污」，不必自殺。他說「這個失身的女子的貞操並沒有
什麼損失……不過是生理上、肢體上、一點變態罷了！」我們在此處可以不需要
去斤斤計較胡適說溜嘴了的「失身」、「變態」這兩個字眼，而把重點放在他所
反問的話：「娶了一個被污了的女子，與娶了一個『處女』，究竟有什麼分
別？」[77]

　　如果胡適在留美以前，已經開始對女德作了現代的新詮釋，他對與自己休戚
相關的媒妁之言的婚姻，想當然耳地，也是他關注的論題。由於胡適與江冬秀的
婚姻，是經由媒妁之言，在他十二歲的時候就定下來的。而這個留美博士、鼎鼎
大名的中國新文化運動的導師，卻能與人人都認爲不能跟他匹配的江冬秀白頭偕
老，歷來研究胡適的學者，總喜歡在他的文字裡找到他不情願、不甘心的證據。

75　胡適，〈曹大家《女誡》駁議〉，周質平編，《胡適早年文存》，頁127。
76　胡適，〈曹大家《女誡》駁議〉，周質平編，《胡適早年文存》，頁137。
77　胡適，〈貞操問題〉，《胡適全集》，1：634；胡適，〈論女子爲強暴所污──答
　　蕭宜森〉，《胡適全集》，1：652。

關於這一點，在胡適研究資料蒐集上最孜孜不倦、用力最深、貢獻最大的周質平
有一個理論。他說，胡適對中國一些風俗制度的辯護，特別是他在用英文寫文章
的時候，其所反映的，是他想「爲宗國諱」的「中國情懷」的情結。他解釋說：
胡適「在面對華洋不同讀者時，有他不同的說詞和不同的處理方式；而且也多少
可以看出他在自己婚姻上，所經歷的一段掙扎與妥協。有時我覺得：與其說他爲
中國婚制辯護，不如說他爲自己在辯護，爲他自己極不合理的婚姻找出一個理
由」[78]。

　　周質平的這個「中國情懷」的說法，其實類似美國學者列文生(Joseph
Levenson)對梁啓超的論定。列文生說梁啓超在思想上其實已經疏離了中國的傳
統，只是在情感上，他無法跟它一刀兩斷[79]。從這種詮釋的角度出發，胡適對中
國風俗制度，包括婚姻制度的辯護，就理所當然地，變成了一種潛意識的自衛機

圖3　1910年代初的江冬秀(胡適紀念館授權使用)。

78　以下所討論的周質平的文章，請參閱周質平，〈國界與是非〉，耿雲志編，《胡適
　　研究叢刊》，第一輯(北京：北京大學出版社，1995)，頁56-57。

79　Joseph Levenson, *Liang Qichao and the Mind of Modern China* (Cambridge, Mass.:
　　Harvard University Press, 1953), pp. 1, 219.

制，一種佛洛依德式的合理化。事實上，胡適在美國的時候，或者說，他用英文寫作的時候，如果比較傾向爲中國辯護的話，那是非常可以理解的。身在異國，親身感受到美國人對中國人的歧視，那種感覺必須要親身體驗過的人，才能如人飲水而自知的。胡適1915年3月22日寫給他母親的家信，說明了他爲什麼三年來，演講了七十餘次，而卻能樂此不疲的原因：「此邦人士多不深曉吾國國情民風，不可不有人詳告之。蓋恆人心目中之中國，但以爲舉國皆苦力、洗衣工，不知何者爲中國之眞文明也。吾有此機會，可以消除此種惡感，豈可坐失之乎？」[80]

　　這「爲宗國諱」的話固然是胡適自己說的，然而，我們不可以在不考慮胡適說這句話的脈絡，就貿然地拿來作爲胡適寫英文論著時的心態的自況。胡適在《留學日記》裡寫下這段話的時候，是在1914年7月26日。當時，他正深自思索「愛國」與「是非」的問題。我們會在下章裡，再詳細地討論這個問題。簡要來說，1914年4月，美國出兵干預墨西哥的革命，《綺色佳新聞報》(*Ithaca Journal*)，即胡適所就讀的康乃爾大學所在地的綺色佳城的報紙，在報導中引了美國19世紀初一個海軍將領笛凱特(Stephen Decatur, 1779-1820)的一句名言。胡適在日記裡所引用的版本如下：「我的國家，我願它永遠作的都是對的。但不管對錯，它總是我的國家」(My Country──May it ever be right, but right or wrong, my country)。胡適不但投書該報，而且在演說中批判了這種可以因爲愛國而不問是非的態度。胡適的美國師友，有的贊同他，有的則解釋說，這句話可以從狹義、廣義的角度去作詮釋，也可以作理智與情感上的劃分，其情感的部分，雖有缺失，是可以體諒的。胡適在日記裡，表示他很感謝師友的匡正。就是在這樣的問難、匡正、反思的脈絡下，胡適在7月26日的日記裡寫下這段話：

　　　　孔子曰：「父爲子隱，子爲父隱，直在其中矣。」仁人之言也。故孔
　　　　子去魯，遲遲其行，曰：「去父母之國之道也。」其作《春秋》，多爲

80　胡適稟母親，1915年3月22日，《胡適全集》，23：78。

　　魯諱，則失之私矣。然其心可諒也。吾未嘗無私，吾所謂「執筆報國之說」，何嘗不時時爲宗國諱也。是非之心，人皆有之。然是非之心能勝愛國之心否，則另是一問題。吾國與外國開釁以來，大小若干戰矣，吾每讀史至鴉片之役，英法之役之類，恆謂中國直也；至庚子之役，則吾終不謂拳匪直也。[81]

　　胡適在這裡說得很清楚，「爲宗國諱」的態度，是「失之私矣」，雖然「其心可諒也」。更重要的是，胡適認爲是非之心，還是有可能超越愛國之心的。他以自己爲例，說雖然他是中國人，那庚子之亂，他還是要說中國是錯的。

　　言歸正傳，周質平說在傳統婚姻制度上，胡適「爲宗國諱」。他的證據是把胡適出國留學以前對傳統中國婚制的抨擊，拿來對比他在康乃爾大學讀書時，所作的一個爲中國傳統婚姻制度辯護的演講。對於後者，周質平舉的是胡適1914年6月在《康乃爾時代》(Cornell Era)所發表的〈中國的婚制〉(Marriage Customs in China)。這是他該年一月在康乃爾大學所作的一篇演講。周質平說：「其中如『早婚』等胡適〔出國前〕認爲『罪大惡極』的中國風俗，到了他的英文文章中，竟成了良風美俗了。倒是西洋人的自由戀愛、自主結婚成了頗不堪的社會習俗了。從這一轉變中，我們可以確切地體會到，什麼是胡適所說的『不忍不愛』和『爲宗國諱』了。」

　　周質平所拿來對比的，是胡適出國留學以前的兩篇文章。一篇是〈眞如島〉第三回，胡適用故事主角孫紹武的口吻來批判早婚的習俗。他批評少年子弟，年紀輕輕就娶了妻子，從此終日纏綿床褥之間。等生了兒女之後，爲了一家生計，就沒有任何工夫去讀書、求學問了。孫紹武還在這回的結尾臚列了早婚的害處：早婚、近親聯姻，是弱種的禍根，個性不和而反目；早婚生子，不懂育兒；父母自己都未成熟，生子必弱；早婚，則求學不專。另一篇則是胡適1908年8月在《競業旬報》分兩期連載的〈婚姻篇〉。周質平說：

在〈婚姻篇〉中，胡適更是「筆禿口枯」地痛罵中國婚制，指出許多父母為了早日抱孫，不顧子女前途，糊糊塗塗就急著叫兒子娶妻生子。他說：「中國男女的終身，一誤於父母之初心，二誤於媒妁，三誤於算命先生，四誤於土偶木頭。隨隨便便，便把中國四萬萬人，合成了許許多多的怨偶，造成了無數不和睦的家族。」他甚至於把「我中國幾千年來，人種一日賤一日，道德一日墮落一日，體格一日弱似一日」都歸罪於這個不合理的婚姻制度。

令人驚訝的是，周質平只徵引了胡適〈婚姻篇〉上篇的論述，而完全不顧胡適在下篇所作的結論。事實上，胡適在這整篇文章裡，對傳統中國的婚姻的看法，跟周質平所說的剛好相反。胡適所痛罵的，不只是相信媒妁之言的父母，而且還包括了那些謳歌「自由結婚」的「志士青年」。換句話說，胡適說新舊兩派都錯了，都該各被打五十大板。這也就是說，十七歲不到的胡適，還沒到美國去留學的胡適，老早就已經對婚姻制度抱持了一個折衷論的看法。胡適開宗明義，就批判新派人物，說他們對傳統中國婚姻的診斷，完全牛頭不對馬嘴。他說：

> 現在的新學家，都說中國的婚姻是極專制的，是極不自由的。中國的婚姻所以不進步，也只為父母太專制的緣故。一個人如此說，二個人也如此說，便把現在所有的青年子弟，都哄得什麼似的，都說這中國婚姻，是極專制的，是極要改做自由結婚的。哎！列位，這句話是大錯的，是大錯的。[82]

胡適說，傳統中國的婚制是「極不專制的，是極隨便的。因為太不專制了，太放任了，所以才有這個極惡的結果」。胡適所謂的「極不專制」、「極隨便」，就是指父母把婚姻這麼重要的人生大事委託給媒婆、瞎眼的算命先生和泥

---

82 以下有關胡適〈婚姻篇〉的引文，見〈婚姻篇〉，《胡適全集》，21：24-29。

菩薩。

　　最令人值得玩味的，是胡適的補救之道：「照我的意思，這救弊之法，須要參酌中外的婚姻制度，執乎其中，才可用得。第一是要父母主婚；第二是要子女有權干預。」由於胡適的補救之道與眾不同，而且跟周質平所下的結論完全相反，更重要的，由於它反映了胡適在留美以前，就已經發展出一個傳統與現代調和的婚姻觀，我們在這裡必須比較完整地引述：

　　(第一)父母主婚。現在上海有一部書叫做《法意》，是法國一位大儒孟德斯鳩做的。他那書中有一段話，說得最好，兄弟把來翻做白話，給大家看看。那書中道：
　　我所以要說婚姻要父母主張者，因為做父母的慈愛最深，況且多活了幾歲年紀，見識思想畢竟比較子女強些、見得到些。若是專靠子女的心思，那做子女的，年紀既輕，閱歷世故自然極淺了。況且少年心思必不週到，一時之間，為情欲所蔽，往往把眼前的東西當作極好，再也不會瞻前顧後，他們的選擇怎麼靠得住呢？(嚴譯本759頁)
　　這是一些也不會錯的，不用兄弟再說了。但是他那書中還有一句話說「做父母的和子女最親切而且知道子女的性格，別人斷比不上。」這句話行到中國便有些不合用了。古語道得好：「人莫知其子之惡，莫知其苗之碩。」可見得父母愛子過深，反不明白做兒女的性格了。全國的人，內中自然有一二明白的人。但是溺愛不明的人居多。所以那些講新學的人便說這是一定要男女自由結婚的。兄弟卻不如此。因為父母溺愛不明，難道做子女的便都是事理通達的人麼？所以兄弟說一定要父母主婚。這是極正當極合時勢的辦法。
　　(第二)子女有權干預。做父母的能照兄弟的話做去，那是極好的了。但是內中有些父母的嗜好和做子女的不同。譬如兒子愛學問愛德行，父母卻愛銀錢、愛美貌。父母盡父母的心力做去，卻不合兒子的性情，可不是反了嗎？可不是一樣的不和睦麼？所以兄弟也想一條先事預防的法

子，是要使做兒女有干預之權，做父母的也要和兒女相酌而行，這才是完全的好法子了。

　　還有一層。近來上海各地，有些男女志士，或是學問相長、或是道德相敬，有父母的，便由父母主婚；無父母的，便由師長或朋友介紹，結爲婚姻。行禮的時候，何等鄭重！何等威儀！這便是一種文明結婚，也是參合中外的婚禮而成的。但是這是爲一班有學問有品行的人說法的，而且只可於風氣開通的地方行罷了。要是在內地一般未開通的父母子女，那還是用用兄弟前面說的話好呵。

　毫無疑問地，青少年時代的胡適對婚姻的看法，在在地反映了他「作新民」、以愛國的理念：「兄弟卻要恭恭敬敬的告訴我中國千千萬萬的做父母的，極希望那些做父母的，個個都把兒女的婚姻看做一家一族的最大問題。不但看做一家一族的最大問題，而且要看做中國的大問題。稍稍留一些心兒、擔一些兒擔。」與此同時，他並沒有忘掉個人的幸福與利益的考量：「娶兩房好媳婦，嫁兩個好女婿，這也是做父母的幸福。難道列位做父母的竟有福不會享麼？」他勸做父母的要懂得時勢的變遷，要懂得因勢利導，作兩全其美的因應之道：「列位做父母的，再要是一定要糊糊塗塗的過信媒人、過信瞎子、過信土偶木人，那便是列位自己不要享福，那便是列位自己願做中國的大罪人，哈哈！那可怪不得那些青年男女要說家庭革命了！」

　換句話說，胡適並不是到了美國以後，因爲周質平所說的「中國情懷」的作祟，才開始爲傳統中國的婚制作辯護。胡適日後誠然對中國傳統作了嚴厲的批判，但這並不表示他一向就是反傳統婚制的。他在《競業旬報》上所寫的〈婚姻篇〉，可以說是他在這個問題上持中西調和觀的雛形。從這個角度來看，他在康乃爾大學所作的演講，〈中國的婚制〉，只不過是根據他留美以前在〈婚姻篇〉裡所發表的論點，加上他留美以後所觀察領略到的西方習俗以後，所作的衍申而已。

　胡適對他與江冬秀的婚姻，一定有其錯綜複雜的情緒，絕不是外人所能體嚐

其萬分之一的。其錯綜複雜的程度，絕不是佛洛依德的「合理化」的觀念所能道
盡其中心酸的。他在接受、抗拒、矛盾；遐想、疑慮、隨緣之間的婉轉與徘徊，
絕不是外人所能道者也。我們在第一章啓始引了胡適在1908年7月寫給他母親的
家信。他在那封家信裡，拒絕回家完婚。那封信的文字強硬、語氣悲憤。雖然他
表明他不會悔婚，其所瀰漫的，卻彷彿是哀兵之氣。然而，即使事實擺在眼前，
他仍然不免於遐想。有一天，家裡的來信裡夾了一封署名「寶孫」，看來像是一
個女子寫給她母親的信，筆跡、詞意都不錯。他問那是不是江冬秀寫的；如果是
的話，他說他就要謝謝母親了，因爲那表示江冬秀的文字已經大有進步。他說他
這幾年來，閱歷較深，已能懂得知足。他頗後悔這幾年來屢次寫信要求江冬秀讀
書，弄得自己與母親、母親與親家間多一層怨尤，眞是不該。語鋒一轉，他緊接
著說：「實則兒如果欲兒媳讀書識字，則他年閨房之中，又未嘗不可爲執經問字
之地，以伉儷而兼師友，又何嘗不是一種樂趣？」[83]一直到他留美的晚期爲止，
胡適會持續地在接受、抗拒、矛盾；遐想、疑慮、隨緣之間的婉轉與徘徊著[84]。

83　胡適稟母親，1909年9月13日，《胡適全集》，23：14。
84　請參閱拙著，《星星、月亮、太陽：胡適的情感世界》。

第三章
作新民，以愛國

胡適青少年時期在上海的六年，是他一生思想發展的一個極其重要的階段。從某個角度來說，我們對上海時期的胡適有相當程度的了解，是多虧了他所寫的〈四十自述〉。然而，也正由於〈四十自述〉的關係，我們對這個階段的胡適的認識，到今天為止，一直逃不出他所為我們鋪陳出來的故事。換句話說，如果我們對青少年胡適已經有了相當程度的了解，那是胡適的功勞；反過來說，如果我們對青少年胡適的了解有相當的局限，那也是胡適所刻意造成的。

青少年的胡適最不為人所知的，有幾個面向。第一，他跟梁啟超一樣，有他為中國「作新民」的一個階段。其實，他在〈四十自述〉裡，已經很清楚地點出了梁啟超對他的影響。他指出了梁啟超對他的影響有兩點：一是〈新民說〉；二是〈中國學術思想變遷之大勢〉。然而，他說的就像禪機一樣，是不點破的，是要人自己去尋思體會的。第二，胡適的「作新民」與他在這個階段強烈的愛國心是息息相關的。而「愛國」這個主題，是胡適在〈四十自述〉裡所完全沒有觸及的。如果我們以留美作為斷限來分析胡適，留美以後的他跟留美以前的他之間最大的不同，就是他對愛國的看法。留美以前的胡適是一個動輒曰愛國、凡事不忘愛國的青少年；留美以後的胡適，在他最極端的階段，曾經是一個即使家破人亡，也絕對不抵抗的和平主義者。第三，胡適留美以前的強烈的愛國心，又跟他當時的悲觀心緒糾結在一起。胡適自己在他1914年1月29日的《留學日記》裡說，他初到美國的幾年，唯一值得稱頌的，是他所新得的樂觀主義[1]。在他一篇

---

1 《胡適日記全集》，1：268。

英文著述裡，他把美國人的樂天與達觀，比擬成一種良菌，經過幾年的接觸以後，逐漸醫好了他的未老先衰症(premature senility)[2]。

作新民

　　胡適在上海求學的時候，對他思想影響最大的人，就是梁啓超。胡適在〈四十自述〉裡說得很感人：

> 　　我在澄衷一年半，看了一些課外的書籍。嚴復譯的《群己權界論》，像是在這時代讀的。嚴先生的文字太古雅，所以少年人受他的影響沒有梁啓超的影響大。梁先生的文章，明白曉暢之中，帶著濃摯的熱情，使讀的人不能不跟著他走，不能不跟著他想。有時候，我們跟他走到一點上，還想往前走，他倒打住了，或是換了方向走了。在這種時候，我們不免感覺一點失望。但這種失望也正是他的大恩惠。因爲他盡了他的能力，把我們帶到了一個境界，原指望我們感覺不滿足，原指望我們更朝前走。跟著他走，我們固然得感謝他；他引起了我們的好奇心，指著一個未知的世界叫我們自己去探尋，我們更得感謝他。[3]

　　這一段話，有回憶，也有他四十歲作回顧時的立場，更有他對梁啓超的蓋棺論定。胡適後來會把梁啓超定位爲一個宣揚英國維多利亞時代思想的人。他在1933年12月22日的日記裡，把中國近代思想史分爲兩期：一、維多利亞思想時代，從梁任公《新青年》，多是側重個人的解放；二、集團主義時代，一九二三年以後，無論爲民族主義運動，或共產革命運動，皆屬於這個反個人主義的傾向[4]。什麼叫做維多利亞時代的個人主義思潮呢？那就是胡適在〈四十自述〉裡

2　胡適，"*Essay in Living Philosophies*,"《胡適全集》，36：512。

3　胡適，〈四十自述〉，《胡適全集》，18：59。

4　《胡適日記全集》，6：730。

所說的中國人所所缺乏西方民族所具有的美德：

> 〈新民說〉的最大貢獻，在於指出中國民族缺乏西方民族的許多美
> 德。梁先生很不客氣的說：五色人相比較，白人最優。以白人相比較，
> 條頓人最優。以條頓人相比較，盎格魯撒遜人最優。

　　為什麼梁啓超說盎格魯撒遜人最優呢？因為他們具有中國人「所最缺乏而最
須採補的」美德。這些美德「是公德、是國家思想、是進取冒險、是權利思想、
是自由、是自治、是進步、是自尊、是合群、是生利的能力、是毅力、是義務思
想、是尚武、是私德、是政治能力。」[5]
　　如果胡適在〈四十自述〉裡表揚了梁啓超這些「側重個人的解放」的美德，
他在 1933 年 7 月，在美國芝加哥大學所作的「中國文藝復興」（Chinese
Renaissance)的講座裡，則蓋棺論定地批判了梁啓超的局限：

> 然而，就像大家都一定已經注意到的了，所有這些梁啓超用他筆鋒常
> 帶感情的雄辯之才所宣揚的德行，幾乎沒有例外，全是維多利亞時代所
> 最讓人稱道的個人主義的德行。梁先生寫〔〈新民說〉〕的時候，維多
> 利亞女王才剛逝世，他很明顯地是被那個盛世的榮華給鎮住了。他完全
> 看不見在那個個人主義和自由主義的時代裡，已經出現了一些新的運動
> 和潮流，正在用猛烈的炮火，攻擊著他這個中國信徒所最仰慕的個人主
> 義的德行所建立起來的經濟、社會結構。同時，由於他的訓練是新聞記
> 者，又沒有接受過任何有系統的現代教育，所以他完全沒有提到西方文
> 明的科學和技術的面向。[6]

　　西方的科學與技術？這又是一個典型的例子，提醒我們要注意任何人作回

5　胡適，〈四十自述〉，《胡適全集》，18：61。
6　Hu Shi, "The Chinese Renaissance,"《胡適全集》，37：68-69。

憶，都是從他作回憶時的背景和理念出發的。換句話說，成熟以後的胡適所念茲在茲的，就是西方的科技文明。這是他作回憶時一個重要的回溯、建構他的往事的過濾器。讓我們暫且回到這段引文的重點。事實上，何止是梁啓超？連年輕的胡適自己也都「被那維多利亞盛世的榮華給鎮住了」。四十歲的胡適回顧20世紀初年中國的思想界，他可以很清楚地看出當時中國思想界的一些明星，是被鎮在維多利亞時代思潮的迷罩之下。然而，有趣的是，他把自己也曾經在這個迷罩下仰天長嘯的歷史，給神不知、鬼不覺地一筆抹殺掉了。更有意味的是，如果梁啓超如他所說的，是被那維多利亞盛世的榮華給鎮住了，我們或者可以更確切的說，梁啓超所被鎮住的，是維多利亞中期的思潮；而留美以後的胡適，雖然超越了維多利亞中期的思潮，他卻終其一生被維多利亞後期的思潮所鎮住。但這又是後話，暫且不表。

就像胡適所指出的，梁啓超的〈新民說〉是他被維多利亞中期的思潮所鎮住的產物。而梁啓超的〈新民說〉又鎮住了年輕時在上海求學的胡適。用胡適自己的話來說：「我個人受了梁先生無窮的恩惠。現在追想起來，有兩點最分明。第一是他的〈新民說〉，第二是他的〈中國學術思想變遷之大勢〉。」〈新民說〉究竟給了胡適的恩惠是什麼呢？胡適說：「〈新民說〉諸篇給我開闢了一個新世界，使我徹底相信中國之外還有很高等的民族，很高等的文化。」[7]他在用英文寫的〈我的信念及其演化〉（My Credo and Its Evolution)裡，說得更爲激動和徹底，他說是梁啓超的這些文章「的棒喝，把我從我國的古文明是自足的，除了武器與商業機制以外，沒有任何東西須要向好戰、物質的西方學習的這種迷夢裡驚醒過來；它們爲我呈現的，是一個徹底不同的新的世界觀」[8]。

事實上，就像我們在本章的「愛國」那一節還會再詳細分析的，這時的胡適，是否眞的如他在四十歲的時候所回溯、建構的，已經從天朝的迷夢裡驚醒過來了，是很值得懷疑的。我們即使暫且相信他確實是已經從天朝的迷夢裡驚醒過來了，他這幾句話還是說得語焉不詳；他並沒有告訴我們，說他驚醒過來以後，

7　胡適，〈四十自述〉，《胡適全集》，18：61。
8　Hu Shi, "My Credo and Its Evolution," 《胡適全集》，37：179。

所看到的這個「徹底不同的新的世界觀」究竟是什麼？因爲他話說到那裡就打住了。

　　我們有理由相信，胡適不願意告訴我們他這個「徹底不同的新的世界觀」究竟是什麼，因爲它就像「禪機」一樣，如果說了，就等於是說破了。胡適是一個喜歡戲弄歷史家的頑童，他喜歡東挖個洞，西鑿個坑，在裡面塞幾兩黃金，然後在路邊不顯眼的地方立幾個暗語指標。這是胡適用言教不如身教的方法，去教人思想的方法。這其中的三昧，胡適得之於禪宗。就像胡適引蘇軾所寫的一篇序裡所說的，禪宗的方法是：「道不可告，告即不得。以不告告，是眞告敕。」用胡適自己的話，說得白一點，就是：「禪宗的方法只是教人『自得之』」、「不說破」；「不說破的用意是要人懷疑，要人自己去體會尋思」；「因爲要不說破，又要教人疑，教人思考，所以須用種種奇怪的『禪機』。」[9]

　　既是「禪機」，要人自己去懷疑、思考、去尋找、去悟出來，還是頗費工夫的，是需要像胡適所說的禪學工夫裡面的一訣，那就是「行腳」；就好像是「穿著一雙草鞋，拿著一個鉢，遍走名山大川；好像師大學生，轉到清華，再轉到中央大學，直到大覺大悟而後已。」[10]這所謂的「行腳」，對今天作研究工具齊備的我們而言，就是勤上圖書館，或是坐在辦公室裡用圖書館的期刊網站，「上窮碧落下黃泉，動手動腳找文章」來解疑、來自得之。等我們自己悟出來以後，就像胡適最愛作的比喻，那行腳僧說：「我大悟也！」悟到什麼呢？「尼姑原來是女人做的！」胡適說頓悟是「踏破鐵鞋無覓處，得來全不費工夫」。這話雖然不盡然是對的，至少不適合於學術研究的領域。但胡適要人自己去悟出來的他的「禪機」，說破了其實不值一文錢；他那所謂的「徹底不同的新的世界觀」，不外乎那被維多利亞中期的思潮所鎮住的梁啓超的〈新民說〉。

　　如果胡適在上海求學的時候得了梁啓超「無窮的恩惠」，受了他很大的影響，則他當時跟梁啓超一樣，也被維多利亞中期的思潮所鎮住，就不會是一件讓

9　胡適，〈禪宗的方法：道不可告，告即不得〉，《胡適全集》，9：767；胡適，〈中國禪學的起來〉，《胡適全集》，9：98-100。
10　胡適，〈中國禪學的發展〉，《胡適全集》，9：268。

人驚訝的事了。然而，胡適最特別的地方，在於他從年輕開始，就不喜歡接受二手貨，不喜歡人云亦云，而寧願要自己去取經。因此，雖然胡適的維多利亞時期在一開始的時候，是受到梁啓超的影響。然而，他很快地就從幾本英文書裡找到他自己的維多利亞思潮的來源。最令人刮目相看的是，胡適這時才學了兩年的英文。

　　胡適在澄衷學堂一年半的時間，是他所學所獲最多、最快的一段時間。他在澄衷時努力學習的態度，不是一般人所能企及的。他廢寢忘食地學代數，以至於兩隻耳朵都幾乎全聾了的故事，就是最典型的寫照。由於他在上海所上的第一個學校梅溪學堂不注重英文，課堂上所用的英語課本《華英初階》只有32頁，上了一年，居然還沒有讀完。然而，等他轉到澄衷學堂以後，情況就完全不同了。他在〈四十自述〉裡說：「在澄衷學堂的一年半，是我進步最快的時期。算學和英文都有進步。」這句話其實是過謙之辭。澄衷是用英文程度來作分班的標準，跟之前的梅溪用中文程度來作分班的標準，有異曲同工之處。澄衷學堂的許多課本也是英文的。他在〈四十自述〉裡說他在理科班上用的課本是英文的，叫《格致讀本》(*The Science Readers*)。英文課用的課本，根據他在澄衷寫的日記，是Peter Parley的《世界通史》。

　　我們在前文引了胡適在1934年所寫的回憶，他說：「我記得我們學堂裡的西洋歷史課本是美國19世紀前期一個托名Peter Parley的《世界通史》，開卷就說上帝七日創造世界，接著說『洪水』，卷末有兩頁說中國，插了半頁的圖，刻著孔夫子戴著紅纓大帽，拖著一條辮子！」回憶不可靠，即使天才如胡適也不例外。彼得・帕里(Peter Parley)是筆名，他的本名叫顧利奇(Samuel Goodrich, 1793-1860)，是美國東岸紐約州南邊的康乃狄克州人。他是美國內戰前，出版青少年教科書的一個巨擘。他出版了一系列的教科書，範圍包括地理、傳記、歷史、科學、故事等等。他晚年的時候，誇耀地說他一生出版了170種書，總銷量在7百萬冊。胡適在英文課堂上用的書，是*Peter Parley's Universal History on the Basis of Geography*（世界通史：按洲分論）。這本書其實是美國著名的小說家霍桑(Nathaniel Hawthorne, 1804-1864)在1837年，也就是說，在他成名以前，跟他的姐

姐伊麗莎白所捉刀代筆的。他們以彼得‧帕里這個像註冊商標一樣的慈藹、周遊過列國、會說故事的老先生爲主人翁，帶著讀者一起想像他們是坐在一個汽艇上，去周遊世界，審視各國的地理、風俗及其歷史。這本書非常暢銷，一直到19世紀末爲止，一再出修訂版。日本的慶應大學，據說就採用這本書作西洋史教科書，日譯本是在1876年由文部省出版的[11]。

胡適說這本《世界通史》「開卷就說上帝七日創造世界，接著說『洪水』」。他的記憶是正確的。這本書說上帝創造世界的時間是在公元前4004年。這上帝開天闢地的時間是在公元前4004年的說法，是17世紀一個愛爾蘭的主教所推算出來的，並不是唯一的說法，但爲很多人所接受。上帝創造亞當、夏娃的地點是在西亞的幼發拉底河畔。諾亞方舟、洪水的故事發生在公元前2348年。雨水是從該年的11月開始下到隔年3月才停。當時，除了幼發拉底河畔以外，歐、美、非三洲都沒有人跡。說完了洪水的故事，再根據舊約聖經敘述了希伯來人的故事，說他們出埃及、他們的先知、再說到耶穌的降生、上十字架以後，才開始敘述巴比倫、波斯，然後，繼續向東說到中國。

胡適說這本《世界通史》只在卷末用兩頁講到中國是不正確的。我所看到的幾個不同年代的版本，都是從亞洲開始說起，這也許是因爲上帝創造亞當、夏娃的幼發拉底河畔位於西亞。中國位在亞洲，所以中國史其實是在第一部的內容裡。同時，中國史的篇幅不是兩頁，以1869年的版本爲例，總共有十一頁，分成三節[12]。因爲是青少年讀物，每節的內容都很簡短，經常是用一、兩段話就交代一個歷史人物。第一節是〈古代中國史〉，有三頁。1859年以前的版本，提到了伏曦，以及茹毛飲血的時代。後來的版本就刪掉了這段，只提到了兩個君王：一個是商紂，另外一個則是焚書坑儒、築長城的秦始皇。第二節是〈近代中國史〉，其副標題是〈中國皇帝逸事〉，占有的篇幅，如果不扣除占有一頁的五分

11　Shingo Minamizuka, "Teaching World History in the Meiji Era in Japan: Examination of the'Bankokushi'Textbooks," www.history.l.chiba-u.jp/.../Teaching_World_History_in_the_Meiji_Era_in_Japan.pdf，2009年10月12日上網。

12　Peter Parley [Samuel Goodrich], *Peter Parley's Universal History on the Basis of Geography* (New York and Chicago: Ivison, Blakeman, Taylor & Company, 1869).

之四篇幅的〈孔子及其弟子圖〉，則有四頁加三行之多。胡適說書中有一個刻著
孔夫子的插圖，「戴著紅纓大帽，拖著一條辮子」恐怕也是不正確的。1869年版
的〈孔子及其弟子圖〉，所有站著的弟子確實是「戴著紅纓大帽，拖著一條辮
子」，但坐在桌子後邊講道的孔子則蓄者髯髯的鬍子，頭頂雖然光禿，但顱後的
長髮披肩。這一節的內容，從想要長生不老的漢武帝開始，說到五代的後唐莊
宗、一個說玉石是「飢不可食，寒不可衣」而關掉玉礦的Chang-tsa皇帝〔註：此
皇帝為誰不詳。作者說是在三、四百年前，即明朝，登基的皇帝〕、雍正，接
著，就跳到鴉片戰爭、太平天國、英法聯軍。

　　第三節的標題叫〈中國的城市和習俗〉。其中有幾段值得提出來讓讀者一
哂：中國人穿長袍，用一條絲帶在腰間攏住。絲帶上掛者一把刀，和兩枝吃飯用
的筷子；中國人都是騙子，嗜於行騙；他們有許多惡習，比如說，父母如果生了
太多孩子，養育不便，就准予把他們丟進河裡溺死；中國人吃不擇食；寵物可以
殺來公開買賣作食物；很多人吃老鼠；婦人裹小腳；中國人的宗教很不堪，拜偶
像，雖然各種宗教都可信，卻完全沒有虔誠之實可言。在1867年以前的版本，還
有後來的版本所刪除的一條，說中國人想結婚的時候，就付錢給中意者的父母，
把她買下來，只是他在把她娶回來家以前不准見她。這新娘是用轎子抬到新郎家
門前的。這時，新郎把轎子的簾子掀起來，打量一下轎子裡的新婦。如果他不喜
歡新娘的長相，就可以把她退貨送回家去。

　　我們知道胡適非常不滿意這本霍桑寫的《世界通史》。他在英文班上發起換
書的要求，他在1906年3月20日的日記裡說：「本齋英文歷史前讀Peter Parley's
Universal History，此書為宗教家所言，上古史皆附會神鬼，如God、Angel之類充
塞紙上，無俾學術，因發起請以*Outlines of World's History*易之，已得英文教習允
諾矣。」[13]胡適在次日的日記裡作了進一步的說明：「新讀之*Outlines of World's
History*，著者為美人維廉司衛頓，中皆哲學家言，解釋『歷史』之界說，頗有至
理，余甚喜之，擬暇日當為譯成漢文也。」[14]

13　《胡適日記全集》，1：6。
14　《胡適日記全集》，1：6。

　　胡適在澄衷的時候，每讀到一本他喜歡的英文書，就想把它譯成中文。維廉‧司衛頓(William Swinton, 1833-1892)的《世界史綱：古代、中古、近代，特重文明史和人類的進步》(Outlines of the World's History, Ancient, Mediæval, and Modern, with Special Relation to the History of Civilization and the Progress of Mankind)是1874年出版的。這本書雖然也是專為高中生所寫的，卻比霍桑在將近四十年前所寫的《世界通史》無論就內容或用字遣詞而言，都要成熟多了，而且它的寫法已經具有現代學院作品的格式。胡適當然會喜歡這本《世界史綱》，光是它的副標題，「文明史」、「人類的進步」，就會是胡適所喜愛的。胡適在日記裡說他喜歡這本書對「歷史」所作的定義，說它「頗有至理，余甚喜之」。

　　值得注意的是，司衛頓說得很清楚，他這本書所界定的歷史，是那些「已經跨越了自然原始狀態，組織成政治國家的民族的文明史。」這些「文明」的國家都屬於一個廣義下的種族，那就是高加索族，也就是一般所通稱的白種人。這個白色人種的家庭，包括古代的埃及、亞述、巴比倫、希伯來、腓尼基、印度、波斯、希臘和羅馬人；當然，也包括近代的歐洲國家。其他人種，比如中國、墨西哥和印加人，雖然也已經躍離了野蠻的階段，但他們的文明已如死水，對現代人類的進步殊無貢獻。他們是在歷史之外，換句話說，中國、墨西哥、印加人根本連在人類歷史的舞台上跑龍套的資格都沒有。研究他們的工具不是歷史，而是人類學、考古學和語言學[15]。這一段話所反映的，不但完全是黑格爾一派的說法，而且也反映了19世紀西歐、美國人對「民族國家」、「種族」概念的偏執與痴迷。換句話說，除了對「種族」的偏執以外，19世紀「民族國家」的興起，更使得歐美人把它拿來定義「現代性」以及衡量一個民族是否能進入歷史範疇或舞台的準則。無須贅言的，司衛頓的這本《世界史綱》一個字也沒提到中國。

　　事實上，司衛頓所謂的「文明」、「進步」，其實就是阿利安種族(Aryans)的故事；他所要凸顯的，就是阿利安是一個帶領人類前進的種族。他雖然說他的

15　William Swinton, *Outlines of the World's History, Ancient, Mediæval, and Modern, with Special Relation to the History of Civilization and the Progress of Mankind* (New York: Ivison, Blakeman, Taylor and Company, 1874), pp. 1-2.

《世界史綱》是高加索種族的故事，但他所真正要說的，是高加索種族裡的阿利安人。他說，高加索族裡分三大支：阿利安族、閃族(Semites)和含族(Hamites)。他說：「值得指出的是，我們〔即美國〕所屬的種族——阿利安人——一直是人類進步的舞台上的主角。」含族是埃及和迦勒底人(Chaldeans)，已經是古人，他們的榮華已逝；閃族是希伯來和阿拉伯人，他們除了一神教的貢獻以外，別無所有。換句話說，阿利安人是現代國家的播種者，阿利安人的榮耀——思想上的偉大成就，或者在政治自由、科學、藝術、文學上的進步——都不是含族或閃族能望其項背的。不但如此，阿利安人是古希臘、羅馬，不，不僅如此，是開天闢地的時候就已經不同凡響的先民一脈相承的繼承人：

> 如果我們去追溯世界上進步國家的文明——我們〔美國〕、英國、德國、法國、義大利等等國家的文明——我們就會發現它跟羅馬的文明是一脈相承的。羅馬則又是希臘的傳承。看，所有這些都是阿利安人；如果我們回溯到那些在原始時代在亞洲的阿利安人，這一族人，即使在當時，就一定已經迥異於一般的野蠻人，他們已經在政治、社會、宗教、以及製作上作出好的開始。因此，我們完全有理由說，阿利安人是一個獨一無二的進步的種族；所以，一部世界史，絕大部分就是要去表揚阿利安人所建立的國家對人類共同文明遺產所作的貢獻。[16]

這種阿利安至上主義，在我們今天看來當然是再赤裸裸也不過了。但是，對於一個才剛滿十四歲，才開始看英文書，對西方思潮的來龍去脈一點概念都沒有的胡適來說，是完全不可能有識破這一點的能力的。即使在日本，反省與反響也是漸次滋生的，而且，也絕對不是在學的青少年所能為之的。我們在前文提到彼得・帕裡的《世界通史》的日譯本是在1876年出版的。司衛頓的《世界史綱》最早的日譯本有兩本，一本在1883年出版，另一本在1886年出版。在1880年代，明

16　*Ibid.*, pp. 2-4.

治中期，司衛頓的《世界史綱》取代了彼得‧帕里的《世界通史》，取得了日本萬國史教科書的龍頭地位。「文明史」，或者更確切地說，由阿利安民族所主導的文明史，被奉為圭臬。一直要到1890年代，也就是明治晚期，對這種阿利安至上主義的批判才開始出現[17]。

其實，即使胡適能披覽群籍，他在當時所能找到的英文書，即便不是宣揚阿利安至上主義，也是西方中心的。比如說，他才開始讀司衛頓的《世界史綱》，就因為喜歡而想把它翻成中文。不到兩個星期以後，他又去買了另一本世界通史的書。他在4月1日的日記裡說：「夜，往棋盤街購邁爾《通史》一本。」這本邁爾的《通史》是邁爾(Philip Van Ness Myers, 1846-1937)在1889年所出版的《通史：大學高中教本》(*General History for Colleges and High Schools*)。邁爾這本《通史》，在專業的訴求上，又要比司衛頓的《世界史綱》更上一層樓了。基本上，到了19世紀末期，像彼得‧帕里那種搖筆桿、什麼教科書都寫的寫家已經被淘汰了，歷史教科書變成了專業歷史家的專利。然而，這並沒有改變歐洲中心以及阿利安至上主義的心態。事實上，這種心態可以變本加厲，由學術的光環冠與「科學」的地位。19世紀歐美人對「民族國家」、「種族」概念的偏執與痴迷，也同樣一覽無遺地展現在邁爾這本《通史》裡。跟司衛頓一樣，邁爾也開宗明義地討論種族。他跟司衛頓不一樣的地方，是司衛頓的眼中只有白種人，因為對他而言，其他人種都沒有歷史，都不在人類歷史的舞台上。邁爾至少承認人類歷史舞台上，除了白種人以外，還有其他人種的存在。他把全世界的人類分成三個種族：黑、黃、白三種。他說黑種人從遠古以來，就是替比他們優越的種族「引水伐木」的人；黃種人，「就以中國人為例，雖然他們在文明上還頗有點所成，但他們那個種族在藝術、文化上的成就不高。甚至他們的語言也是發展不全的，就好像是不成熟、發育不良一樣，不像高加索種族的語言有單複數、性別的變化以及動詞語態上的變化。」相對比之下，「在所有這幾個種族裡，白種人，或者

---

17 Shingo Minamizuka, "Teaching World History in the Meiji Era in Japan: Examination of the 'Bankokushi' Textbooks," pp. 4-8.
www.history.l.chiba-u.jp/.../Teaching_World_History_in_the_Meiji_Era_in_Japan.pdf, 2009年10月12日上網。

說，高加索種，從體格、思想和德行上來說，都是最完美的。」[18]

　　當然，一個讀者讀到阿利安至上主義的書，並不見得就會接受阿利安至上主義的觀點，更何況是跨越了文化的疆界以及語言上的鴻溝呢！而且更何況自己又是屬於被阿利安至上主義所排斥的種族呢！然而，我們知道胡適一生確實是鍾情於盎格魯‧撒克遜人。終其一生，盎格魯‧撒克遜人是他所崇尚的西方近代文明──民主、科學──的播種與收成者。如果司衛頓、邁爾的歷史教科書，教導了胡適阿利安種族的歷史，特別是他們建立近代民族國家的軌跡，另外兩本公民教科書，則教導了胡適作一個現代民族國家公民所必備的條件：第一本是亞諾福斯特(Arnold-Foster, 1855-1909)所寫的《國民讀本》(*The Citizen Reader*)。我們從胡適在澄衷時寫的日記，知道這本書是他在澄衷學堂時就讀過的書；第二本書是馬奎克(W. F. Markwick)與史密斯(W. A. Smith)所合寫的《真國民：如何成為其中的一員》(*The True Citizen: How to Become One*)。《真國民》，胡適可能是稍候才接觸到的，其內容，他在編《競業旬報》時利用最多。這兩本書都是給中、小學生讀的。前者是英國人寫的，後者是美國人寫的，但兩者所要灌輸給學生的，都是梁啟超在〈新民說〉裡所宣揚的維多利亞的美德。這些美德，我們完全可以用胡適描述梁啟超的〈新民說〉時所列出來的名單：國家思想、進取冒險、權利思想、自由、自治、進步、自尊、合群、生利的能力、毅力、義務思想、尚武、私德與政治能力。

　　亞諾福斯特的《國民讀本》，是1886年出版的[19]。到1894年新版印刷的時候，已經印行了26萬冊。作者在新版序裡，還特別指出日本的文部省在連續兩年買了一大批《國民讀本》以後，已經決定以它作基礎來編寫日本的公民教科書。到了1898年又再版的時候，這本書已經印行了31萬冊。亞諾福斯特在這本《國民讀本》裡，主要在讓英國的小學生了解英國的政治、法律、軍事、財政制度。他要他們知道作為國民或國家未來的公民的權利和義務；要他們體認到英國及其殖

18　Philip Van Ness Myers, *General History for Colleges and High Schools*（Boston；London：Ginn & Co., 1889), pp. 2-3.

19　以下有關本書的討論，請參閱 H. O. Arnold-Forster, *The Citizen Reader*（London: Cassell and Company, 1904).

民地的締造是先民的努力，得來不易，每個人都有職責去維護，並繼續發揚光大；要他們明白英國國旗的象徵意義：就英倫三島而言，是英格蘭、蘇格蘭、愛爾蘭聯合的象徵，對外而言，是日不落帝國維護正義、確保自由的象徵。英國國民既然肩負了那麼大的使命，他們就必須從小養成良好的美德，要懂得愛國、有愛心、求眞理、有榮譽心、服從、紀律、勤學、會做人、勤儉。

　　大不列顚帝國的維繫與傳承，端賴國民的奉獻與犧牲。亞諾福斯特在《國民讀本》裡，用了三十頁的篇幅，來解釋英國的軍制，包括民兵。他說依法，所有英國人都有在必要的時候爲國執干戈的義務。所幸的是，愛國心，英國人人都有，連散布在大不列顚殖民地的英國人，在必要的時候，都會從戎報效祖國。他還特別說明爲什麼每在閱兵的時候，第一個出場的都是海軍：那是因爲大海是英國最重要的防線，保衛英國在海上利益的海軍，當然是最必須要被注重的。他還穿插了一些爲國奮鬥、甚至犧牲的英雄的故事，例如：曾經在中國率領「常勝軍」打太平天國，後來戰死在蘇丹的戈登(Charles Gordon, 1833-1885)、1857年因爲印度殖民地士兵起義叛變，馳援的英國軍官與士兵、1852年「暴堪海艦」(Birkenhead)在南非沿海觸礁沉船時，讓婦孺登上救生艇，列隊留在艦上沉船而溺死的軍官和士兵，以及1805年在西班牙特拉法加角(Trafalgar)打敗法國、西班牙聯合艦隊的納爾遜(Horatio Nelson, 1758-1805)。「暴堪海艦」沉船的故事，特別讓胡適感動，他在1906年12月6日的《競業旬報》上，特別以〈暴堪海艦之沉沒〉爲題名，翻譯出來加以表揚。納爾遜的故事，他在1906年5月31日的日記裡提到：「今日上課，適楊師有喉病，故國文科無功課。看《新民叢報》〈責任心與名譽心之利害〉篇，心大感動，不自已。是篇立論，注重責任心。因憶昔者拿坡崙與英名將納耳遜戰於脫拉發加(Trafalgar)，英軍垂敗矣，納耳遜乃詔其軍曰：吾英人當各盡其職守也(England expects every man to do his duty)。於是士氣復振，遂大敗法軍法艦隊及西班牙之艦隊，殪焉。噫，『責任心』(Duty)之權力固如是其大耶！」[20]

20　《胡適日記全集》，1：39。

　　值得注意的是，亞諾福斯特雖然不厭其詳地介紹英國的軍制，表揚英國軍人的紀律及其尚武的精神，但他也同時要他《國民讀本》的小學讀者了解這些都是對外的美德。對內，國民的第一要務則是知法、守法。爲了國家的榮譽而執干戈對付敵人是必要的，然而，本國人自己動干戈來解決冤屈與罪行，並不能爲國家帶來榮譽。亞諾福斯特在講述英國軍制那一章，在一開頭就引了18世紀英國保守主義巨擘伯克(Edmund Burke, 1729-1797)的一句話：「絕不可輕言灑熱血，除非是要償血債。爲我們的家、爲我們的朋友、爲我們的神、爲我們的國家、爲我們的同類去灑熱血值得，其他則都是虛榮，都是罪惡。」亞諾福斯特要大家即使必須犧牲小我，都應該爲國家著想的保守心態，最明顯地反映在他對工會的態度上。他說工會能保障會員的福利，能爲會員爭取較高的工資與工作環境，當然是一件好事情。但是，當工會用集體罷工的方式，強制規定會員不准私自去上工的時候，它們就忘卻了自由的眞意，它們就不再是自由的朋友，而是專制的朋友。毫無疑問地，他所害怕的是罷工，他所擔憂的，是勞工集結起來跟資方對抗。他所憎惡，卻又不願意點出的，就是社會主義，那就好像是如果他把社會主義這幾個字說出來，就會增長其威風似的。

　　胡適很欣賞《國民讀本》。他在1906年4月14日的日記裡，稱讚這本書：「《國民讀本》(*The Citizen Reader*)一書，其於國家政治法律，以及成人之道、自治治人之理，皆推闡無遺，其中哲理法語足爲座右銘者，不可勝數。」他翻譯了其中的兩句：「To rule oneself is the first step to being able to rule others.」（自治者乃治人之第一著手處也。）；「We shall do no injustice to others nor suffer injustice ourselves.」（毋以不義加諸人，亦毋受人不義之加諸我。）他接著說：「以上二語，其第一語則『未有己不正而能正人者』之義也，其第二語則『己所不欲，勿施於人』、『我不欲人之加諸我也，我亦欲毋加諸人』之義也。嗚呼，我學者其無唾棄先聖，先聖固與二千年後之泰西哲學家、教育家同其學說也。」[21]這一節日記反映了胡適在這個階段，很喜歡去尋找中西觀點若合符節的

21　《胡適日記全集》，1：16-17。

地方，也更反映了我們在本章「愛國」一節所要分析的他的強烈的愛國心理。然而，更重要的是，他認為《國民讀本》裡，可以作為座右銘的哲理名言，俯拾皆是。而這些所謂的哲理名言，一言以蔽之，就是他說梁啟超被其所鎮住了的維多利亞時期的公德。

在這些維多利亞時期的公德裡，胡適對愛國、尚武的精神特別重視。1906年6月2日的日記裡說：「上海第一次舉行徵兵令，惟吾國積習賤視軍人，故應徵者絕少。識者乃利用人之『名譽心』，行歡迎歡送之禮，以鼓勵來者。上海第一批徵兵已得六十人，闔邑官紳學子定於明日開歡送徵兵大會於學宮，本校與焉，明日十一時出發矣。」次日，澄衷學堂的學生在上午十一點半，從學校整隊出發，一點到達學宮。下午三點鐘，歡送大會開始。各界演說完畢，最後由各校學生合唱「徵兵歌」。典禮結束以後，各校學生送徵兵上船，大家「各揚校旗，呼『中國萬歲』、『陸軍萬歲』而散」。他去參與歡送徵兵大會後的第二天，又在日記裡寫下他的感想。他現在讀了亞諾福斯特的《國民讀本》，認識到西方的兵制有兩種：徵兵與募兵。他受到維多利亞尚武精神的影響，認為當兵是國民的天職，中國應該實行徵兵制。他說：「各國兵制分二種：一強迫的(conscription)，即所謂通國皆兵制也(人人皆須從軍，如德國是)；一情願的(voluntary enlistment)，則海陸軍皆以徵兵充之(如英國是)。今日之我國徵兵令，情願的也。夫今日而行強迫兵制，固足以致亂；而但知行情願的徵兵令，而不知亟施普及教育，使人人皆知服戎為國民天職，是則不揣本之說也。英行情願的兵制，而英以兵強於天下者，以教育普及，人人皆以是為其應盡之義務，故國愈危，而應徵者欲踴躍，且能死戰也。吾國人不此之圖，而以『名譽的鼓勵』為唯一之手段，嗚呼！他日兩陣交綏，兵刃既接，生命且不保，尚能顧名譽耶？」6月7日星期四，又到了上作文課的日子，當天的作文題目就是〈歡送徵兵之感情〉。胡適就把他前幾天在日記裡所寫來下的感想作為主旨發揮。他躊躇滿志地說：「蓋不思不言者也。」[22]

另外值得一提的，是胡適從《國民讀本》裡學到了西方選舉的作業程序。他

22　《胡適日記全集》，1：41-42。

在1906年4月10日的日記裡說：「西國舉議員(代議士)一事，予習聞之，以爲隨眾人之意向而舉之，不必被選者之知之也。又以爲被選者苟自陳欲被選之意於舉人之前，則將躋於鑽營者之列也。今讀Arnold-Forster之《國民讀本》，乃知其大謬不然者，因節譯其論選舉voting一段如下，以見英國選舉乃由被選者之願意而使舉之也。」[23]他所節譯下來的一段，就是敘述候選人發表政見，以及選民進選舉事務所投票的過程。這一節日記最有意義的地方，在於它顯示了胡適在讀這本書以前，所道聽途說來的一些對選舉的誤解。當時有很多中國人以爲選舉不須先要有候選人。因此，投票的時候，選民可以投票給任何他們中意的人。更有意味的是，他們以爲候選人當眾宣布政見，就有「鑽營」的嫌疑。傳統讀書人「不病人之不己知也」，以及胡適在這個階段常愛說的：「三代以上，惟恐好名，三代以下，惟恐不好名」的戒懼，在這裡流露無遺。這跟我們在本章下一節會談到的胡適在修身上的焦慮感，有密切的關係。

如果亞諾福斯特在《國民讀本》裡所念茲在茲的，是大不列顛帝國利益的維繫與捍衛，作爲美國人的馬奎克與史密斯，在他們所合寫的《眞國民》就沒有什麼帝國的焦慮與執著。也許因爲如此，《眞國民》所著重的，既不在於美國的政治、法律制度，也不在於國民與國家之間的權利義務關係，而是在於國民的德性。用馬奎克與史密斯自己的話來說，就是著重於作爲國民的道德或倫理面向。從這個角度來說，《眞國民》比《國民讀本》還更徹底地反映了維多利亞時期的美德。這本書的對象是初中生。全書分三十九章，配合當時的美國學制，一星期講一章。每一章啓首還配有五個與該章內容相關的格言，或者，用胡適使用的譯名來說，「金玉之言」，剛好一天一個格言。同時，馬奎克與史密斯在討論每一個美德的時候，盡可能都舉了一個有名的人物來作言教身教的範本。這三十九章分爲四大部分，分別討論了作爲兒童、青年、成人以及國民所應有的德性。如果我們扣除了每一部分作爲緒論的第一章，則本書一共討論了三十五個美德。兒童期的美德是：觀察、服從、坦白、愛心、爽朗、審美、有求知心；青年期的美德

23　《胡適日記全集》，1：15。

是：勤勉、立志、專注、自制、毅力、準時、誠實、有禮貌、刻苦、自重、認
真、熱誠、勇氣、自立、謙遜、忠實；成人的美德則是：秩序、敬謹、富於感情
（sentiment）、責任心、節制、愛國、獨立、立志作完人；公民的美德則展現在四
個方面：公民與家庭、公民與社區、公民與國家以及理想中的公民[24]。這些美
德，在數目上，比胡適在〈四十自述〉臚列梁啟超〈新民說〉的美德還要多得
多，然其所反映的則如一：維多利亞時代的美德是也。

　　一如我們在上文所指出的，胡適接觸到《眞國民》要比《國民讀本》稍晚，
很可能就是在他主編《競業旬報》的時候。《眞國民》對胡適的影響，最典型的
是他在1908年10月15日的《競業旬報》第30期所發表的〈軍人美談〉。他在這篇
文章裡討論的美德是「服從」。他說：「西洋人最愛講自由，有句俗語兒『自由
和麵包一般，一天不可少。』你想他們把『自由』兩字，看得何等重大。然而他
們一遇國家有事，去當了兵，便把自己的『自由』，都丟在耳背後去了。都是一
心一志，聽著主將的號令，主將說一句，他們便聽一句，便服從一句，斷不敢詰
問，斷不敢違拗。這都只爲軍人臨陣的時候，要是各人顧各人的自由，不聽主將
的號令，那號令不嚴了，又怎麼打仗呢？又怎麼得勝呢？又怎麼救國呢？所以那
作兵人的，一定要把『服從』二字，做一種人人共有的天職。兄弟今天所說的這
件故事，也是講這『服從』二字的，列位且聽我說來。」胡適所說的故事，是克
里米亞戰爭(1853-1856)期間一場最賺人熱淚的戰役，那就是1854年在巴拉克拉瓦
（Balaclava）的戰役。在這場戰役裡，英軍在傳達進攻命令含混的情況之下，讓673
名輕騎兵，衝向好整以暇，給與英軍迎頭痛擊的俄國軍隊。雖然這六百多名英國
的輕騎兵衝到了被俄國擄走的大炮，而且殺斃了俄國的炮手，這673名輕騎兵，
只有不到兩百名生還。胡適說：「這一回，雖然死了這麼多人，然而這六百多人
的服從軍令，奮不顧身，從此便名聞天下了，惹起了多少詩人、詞客的讚嘆。這
六百人的名譽，從此便永永不朽了。內中單表一位英國大詩人，叫做鄧耐生，便
把這事做了一首長歌，兄弟看了，便把他譯出來，給我們中國人看看，好作一個

24　W. F. Markwick and W. A. Smith, *The True Citizen: How to Become One* (New York: American Book Company, 1900).

大大的榜樣。」鄧耐生(Alfred Tennyson, 1809-1892)寫的這首詩，胡適翻成〈六百男兒行〉(The Charge of the Light Brigade)。這場巴拉克拉瓦戰役以及但尼生的詩，出現在《眞國民》兒童期的美德〈服從篇〉[25]。

　　胡適對《眞國民》的喜愛恐怕不下於《國民讀本》。他在《競業旬報》裡連載的「金玉之言」，除了最後幾句以外，都是來自於《眞國民》每章啓首所配有的格言。值得注意的是，胡適翻譯這些格言，有額外別取也有從中割捨的。換句話說，他並沒有翻譯所有《眞國民》每章啓首的格言。有些篇章的格言，他完全置之不顧；相對地，有些胡適把它們翻譯出來的，根本就不是《眞國民》篇章啓首的格言，而是篇章裡的話。只是因爲他喜愛，就把它們當作格言翻出來，加在他在《競業旬報》所連載的「金玉之言」裡。這取與捨之間的準據，就透露了維多利亞時期的公德，哪些是胡適所服膺、或者覺得可以用來矯枉中國人的劣根性的？而哪些是屬於不急之務、或者與中國的國情毫不相干的？

　　由於胡適在上海求學的時期所服膺的維多利亞的美德多與個人的任重道遠以及愛國有關，他從《眞國民》的篇章裡所加選譯出來的五句格言，其中有三句說的都是勇氣：「勇也者，非無懼之謂也，謂能勝其懼耳。」(We would rather say that courage does not consist in feeling no fear, but in conquering fear.)、「吾之所謂勇，精神之勇也。是故有以偉男子而中怯者矣，有弱女子而大勇者矣。」(Genuine courage is based on something more than animal strength; and this holds true always. Cowardly hearts are often encased in giant frames. Slender women often display astounding bravery.)、「天下惟大勇之人，斯能立非常之功，人之從之也，亦視死如歸，其感人之力，若磁之吸鐵然。」(The courageous man is a real helper in the work of the world's advancement. His influence is magnetic. He creates an epidemic of nobleness. Men follow him, even to death.)[26]。另外兩句他從《眞國民》的篇章裡所加選譯出來的格言，也都跟愛國有關，更精確來說，是跟傳統士大夫愛國理念相

25　胡適，〈六百男兒行〉，《胡適全集》，42：457-458；W. F. Markwick and W. A. Smith, *The True Citizen*, pp. 25-27.

26　胡適，〈金玉之言〉，《胡適全集》，42：472；W. F. Markwick and W. A. Smith, *The True Citizen*, pp. 150-151.

通的格言。其中一句說的，簡直就是「天將降大任於斯人也，必先苦其心志，勞其筋骨，餓其體膚，空乏其身」的西洋版：「歷史所載，自古至今，天未嘗以優美之境遇賜偉大之人物也。」（History and biography unite in teaching that circumstances have rarely favored great men.）[27]。另外一句格言則等於是「天下興亡，匹夫有責」的西洋版：「高尚之生，其目的、其結果，責任而已矣。天地之間，惟此二字誠耳。」（Duty is the end and aim of the highest life; and it alone is true.）[28]。維多利亞時期的美德與傳統儒家美德有其合轍之處，胡適所翻譯的這幾個格言就是最好的例證。

《眞國民》所表揚的三十五種美德裡，唯一全部被胡適所割捨的，就是審美、敬謹、感情、節制以及公民與社區這五篇的格言。胡適沒有翻譯公民與社區篇的五個格言，是很可以理解的，因爲中國當時還在清朝皇權的統治之下，談公民的治權，不啻天方夜譚。我們就舉這一篇裡的兩個格言爲例，就可以讓我們很清楚地了解胡適爲什麼沒選譯這幾句格言：「市政府應該完全與政黨撇清關係」；「一個不去投票的人，如果他沒有能言之成理的藉口，就該被褫奪其投票權。」[29]至於審美、敬謹、富於感情和節制，恐怕不但屬於不急之務，說不定還會被當時的胡適譏斥爲衣食不足、家國不保，而侈言追求空靈的境界呢！就以審美篇的五個格言爲例：「美是永恆的」、「美麗的事物所帶給我們的喜悅是永恆的」、「對美麗事物的喜愛，是健康的人性必要的一部分」、「美感是其所以存在的理由」、「如果眼睛是用來看東西的，則美就不需要爲自己的存在而覺得不好意思」（If eyes were made for seeing, then beauty is its own excuse for being）[30]。

如果審美篇的格言對胡適來說，無補益於中國的急務，亦即，無補益於現代國民與現代國家的鑄造，則敬謹、富於感情與節制篇的格言，恐怕又流於空泛、

---

27 胡適，〈金玉之言〉，《胡適全集》，42：472；W. F. Markwick and W. A. Smith, *The True Citizen*, p. 157.
28 胡適，〈金玉之言〉，《胡適全集》，42：473；W. F. Markwick and W. A. Smith, *The True Citizen*, p. 200.
29 W. F. Markwick and W. A. Smith, *The True Citizen*, p. 239.
30 W. F. Markwick and W. A. Smith, *The True Citizen*, p. 48.

冥想，甚至可以說是不切實際。比如說，敬謹篇裡的一句格言說：「敬謹是大丈
夫的操守(moral manhood)之最。」。另一句格言說：「真正的敬謹之心，是被愛
浸淫過的膜拜的情懷。」[31]富於感情一篇的格言，一句說：「感情是詩歌與藝術
的生命和靈魂。」另一句說：「感情是想像力把七情六慾(emotion)淬造出來的亮
麗的水晶。」[32]胡適沒有譯節制篇的任何一個格言是既可以理解，但同時也很令
人驚訝的。可以理解的原因，是因為那五個格言似乎都跟禁酒有關。其中的一句
說：「蘭姆酒(rum)把人所有乖劣、惡毒、罪惡的本性都給煽動出來了。」另一
句格言則說：「不沾酒(sobriety)是慾望的韁繩，節制是那根韁繩上的馬口銜跟勒
馬索；那就好比是卡在人們嘴上的羈絆；吃肉、喝酒要有節度。」再一句格言
說：「節制是在肉身上所作的虔敬的行為；那是在肉身上維持著上帝所命定的秩
序。」然而，令人驚訝的是，節制篇所談的內容──克己、自制──就正是胡適
在上海時期日日為之焚心的課題。就像《真國民》的作者所說的，節制是比耐
心、堅忍更高的一個德行，「它是理性的守護者，宗教的堡壘、審慎的姐妹、是
使人生更甘美的要素(sweetener)。」[33]

　　胡適在翻譯這些「金玉之言」時所作的取捨，或者更確切地說，胡適在維多
利亞的美德裡所作的取捨，其實跟絕大多數近代中國人所作的取捨是合轍的。當
然，胡適在留美以後，就與這種心態分道揚鑣了。從這個角度來說，胡適是一個
異數，在近代中國的政治思想史上不具代表性，但這是後話。高哲一說近代中國
從西方汲取來的公民理念(citizenship)，是偏頗於一面的。這也就是說，公民理念
在西方有兩個面向：一個面向是側重於個人的自由與權利；另一個面向則側重於
具有公德心、熱心公眾事務的個人，透過參與、奉獻，來履行其對國家社會的責
任。前者可以稱之為自由主義的公民理念；後者則常被泛稱為公民共和主義
(civic republicanism)，它強調參與、公德心與熱心公益，這就是高哲一用來詮釋
近代中國政治思想史的線索。這種強調參與、公德心與公益的公民共和主義可以

31　W. F. Markwick and W. A. Smith, *The True Citizen*, p. 188.

32　W. F. Markwick and W. A. Smith, *The True Citizen*, p. 193.

33　W. F. Markwick and W. A. Smith, *The True Citizen*, pp. 206-207.

被曲解、操縱和濫用，以至於使國家社會凌駕於個人之上，把人民變成了螺絲釘、工具。也正由於如此，高哲一所用的這條線索非常有詮釋力，它不但可以把近代中國政治思想史，從清末、國民黨到共產黨在宣傳、灌輸、運動、組織人民這一個面向上找出其連續性。同時，他也可以把它用來解釋自由主義在近代中國的命運。這也就是說，那側重於個人的自由與權利的自由主義的公民理念，爲什麼不能在中國生根[34]？換句話說，如果從梁啓超開始，包括青少年時代在上海求學的胡適，中國人就已經被某些特定的維多利亞時期的美德——公民共和主義下的公德——所鎮住，則自由主義在中國，從一開始就既沒有沃壤，也沒有耕耘的園丁。

從胡適所翻譯的《眞國民》裡的「金玉之言」，我們可以看到一個聰穎超常、用功過人的胡適。他從1904年到上海才開始學習英文。我們從上文的討論裡，已經說明了他的英文基礎是在1905年秋天，進入澄衷學堂以後才打下的。然而，他不但已經開始讀課內、課外的英文書，他而且已經著手開始翻譯。他所翻譯的「金玉之言」，絕大多數都確切、精準。即使偶爾有漏譯之處，其所反映的，常是我們在上文所分析的他取捨的標準。舉個例來說，「It is noble to seek truth, and it is beautiful to find it.」他的翻譯是：「求眞理，高尚之行也。」換句話說，他只著重求眞理是「高尚之行」，而不覺得有必要去點出「找到了眞理何其美！」的雀躍。這是成熟以後，在研究中找到樂趣的胡適所能深自體會的。另外一個極有意味的例子是「The desire of knowledge, like the thirst for riches, increases ever with the acquisition of it.」這句話。胡適的譯文是：「天下之人，惟日與學問相習。求學之思，乃日以熾。」他所增添與他所漏譯的部分都格外地有意義。他所添加的，是他循循善誘，希望人人能「日與學問相習」；與此同時，他又不屑於把原文裡用「愛財之慾」來比擬「求學之思，乃日以熾」的說法，因此，他就把「愛財之慾」給刪去了[35]。

34　Robert Culp, *Articulating Citizenship*, pp. 277-300.

35　胡適，〈金玉之言〉，《胡適全集》，42：468-469；W. F. Markwick and W. A. Smith, *The True Citizen*, p. 55.

　　《眞國民》裡有兩個格言，胡適當時沒有選譯，可是後來都被他在他的生命裡身體力行。一個是林肯在1860年競選美國總統時，在一篇批判蓄奴的演講詞裡所說的話：「我們要有信心，公理就是力量；在這個信心之下，我們就要敢於去作我們認爲該作的事。」(Let us have faith that right makes might; and in that faith let us dare to do our duty as we understand it.)[36]胡適從留美時期開始，先是成爲一個和平主義者，後來變成一個國際正義主義者，後者成爲他一生所信奉的理念。林肯這句「公理就是力量」的格言，其實是「強權就是公理」(Might makes right)的顛倒版。「強權就是公理」是胡適從留美開始就深惡痛絕的一句話，而在上海求學的青少年的他，卻對林肯所說的這句格言視若無睹。這個遺珠之憾，當然可能是胡適的疏忽。然而，更有可能的是，這是胡適的社會達爾文時期，是他欣然地接受他二哥的建議，用「適者生存」的「適」來作他的名字的時候。「公理就是力量」，對當時的胡適而言，說不定是屬於「腐儒之見」的範疇。

　　另外一個胡適在青少年時期認爲與中國的急務不相干的格言是：「A place for everything, and everything in its place.」這句格言，胡適在將近四十年以後，從他得心臟病以後的特別護士兼情婦哈德門太太那兒聽來，覺得是一句至理名言。他當時可能早已忘了這是他年輕時候曾經讀過的一句話。他在1946年4月2日的日記裡說：「Virginia Davis Hartman〔哈德門太太〕說，她小時，家庭教育最注重一句話：「A place for everything, and everything in its place.」她一生得力不少。我也喜歡此語，試譯爲白話：『每件東西有一定地方，件件東西各歸原地方。』此種教育最有用。『每物有定處，每物歸原處』(六月十七改譯)。」[37]

　　當然，才學了四年英文的胡適，如果他在讀《眞國民》的時候，沒有讀錯、譯錯的地方，那才是匪夷所思呢！胡適翻譯「金玉之言」難免有錯譯的地方，有些是文字上的，有些則是文化上的。換句話說，翻譯的工作絕對不只是單純在文字上的轉譯工作，它還是一種文化上的轉借與詮釋。胡適在翻譯〈金玉之言〉時

36　W. F. Markwick and W. A. Smith, *The True Citizen*, p. 200.
37　《胡適日記全集》，8：221-222；W. F. Markwick and W. A. Smith, *The True Citizen*, p. 182.

所犯的錯誤，絕大多數都不是文字上的，而是文化上的，這又是胡適聰穎過人的
另外一個證據。文字上的錯譯，可以舉兩個為例。「搖搖床之手，可以震動天
下。」(The hand that rocks the cradle rules the world.)《真國民》讀本說這句俗諺
的作者不詳(Anon.)，十七歲時候的胡適不知道「Anon.」是「Anonymous」〔無
名氏〕的縮寫，所以他用音譯說這句俗諺的作者是「阿農」[38]。另外一個例子
是：「Every great and commanding movement in the annals of the world is the triumph
of some enthusiasm.」胡適把這句話翻成：「一年之中，世界記載之大事業，皆熱
誠之勝利而已矣。」胡適在這裡把「annals」〔史乘〕這個字譯成「一年之
中」。其實，他不如就乾脆把那四個字刪去，而把那句話翻成「世界記載之大事
業，皆熱誠之勝利而已矣」[39]。

　　另外兩句話，必須要懂得西方的文化背景，我們甚至可以說，必須中西融通
了以後，才能正確掌握。第一句是：「The child is father of the man.」胡適把它翻
成：「孺子亦人父也。」[40]正確的翻譯應該是：「從小可以看大。」亦即，俗話
所說的：「三歲定終身」；或者以胡適自己當時曾經徵引過的俗話來說：「三歲
定八十。」[41]第二句是：「The revolutionist has seldom any other object but to
sacrifice his country to himself.」胡適把這句話翻成：「所謂志士者，惟思犧牲其
身於祖國而已，無他願也。」[42]胡適所翻出來的句子剛好跟原文的意思相反。這
句話是英國保守主義者亞理生(Archibald Alison, 1757-1839)在他所寫的歐洲近代
史裡所說的一句話。亞理生說這句話的時候，他所批評的對象是法國大革命，這
一句話的前文是："The lover of freedom is willing, if necessary, to sacrifice himself

---

38　胡適，〈金玉之言〉，《胡適全集》，42：474；W. F. Markwick and W. A. Smith,
　　The True Citizen, p. 235.
39　胡適，〈金玉之言〉，《胡適全集》，42：471；W. F. Markwick and W. A. Smith,
　　The True Citizen, p. 144.
40　胡適，〈金玉之言〉，《胡適全集》，42：469；W. F. Markwick and W. A. Smith,
　　The True Citizen, p. 62.
41　胡適，〈敬告中國的女子〉，《胡適全集》，21：10。
42　胡適，〈金玉之言〉，《胡適全集》，42：473；W. F. Markwick and W. A. Smith,
　　The True Citizen, p. 213.

for his country."[43]所以，如果我們把上下文都譯出來，它的意思是：「愛自由之士，在必要時，願意爲國犧牲；革命分子的目的，則不外乎要國家爲自己而犧牲」。我們與其說胡適因爲英文不夠好而讀錯了原文，不如說胡適因爲先有了成見而讀錯了原文。我們要注意，胡適在此處把「revolutionist」翻成「志士」，因爲他受到了梁啓超的影響，而同情革命、同情秋瑾，(胡適在《競業旬報》裡寫了好幾篇〈時聞〉，緬懷秋瑾，以及痛詆處決秋瑾的紹興知府貴福)[44]，因此，胡適在直覺上就把「revolutionist」當成一個正面的名詞，而把它翻成「志士」，他不知道在亞理生的心目中，「revolutionist」就如「洪水猛獸」一般。《眞國民》的作者會在〈愛國篇〉裡選收了亞理生的這句話，其意識形態如何，當然也就不言可喻了。

　　胡適的「新民」說，或者說，胡適在他的思想成長的過程中有他的「作新民」的階段，這對我們對他思想的理解，或者對中國近代思想史的發展有什麼意義呢？胡適在1933年12月22日的日記裡，把中國近代思想史分爲兩期：「一、維多利亞思想時代，從梁任公到《新青年》，多是側重個人的解放；二、集團主義(collectivism)時代，1923年以後，無論爲民族主義運動，或共產革命運動，皆屬於這個反個人主義的傾向。」[45]胡適把梁啓超和《新青年》同樣劃爲維多利亞時期，可能會使一些人感到驚訝。然而，胡適的詮釋是正確的。誠然，梁啓超的「新民說」和《新青年》都側重個人的解放。這種維多利亞、側重個人的解放的思潮，從表面上看來，似乎與愛國或民族主義矛盾。其實不然，個人的解放與國家社會之間雖然有其矛盾、抗衡與緊張的關係存在，在中國這樣一個沒有深厚的自由主義與個人主義傳統的社會裡，追求國家富強的夢想，以及公德心的禮讚，都足以把個人的解放與國家社會進步連結在一起。這種把個人的解放視爲國家進步的先決條件的想法，當然可以有不同的詮釋方式，它可以很「法家式」地把個

43　Archibald Alison, *History of Europe from the Commencement of the French Revolution in 1879 to Restoration of the Bourbons in 1815* (Edinburgh and London, William Blackwood and Sons, 1853), Vol. I, p. 119.

44　胡適，〈時聞〉，《胡適全集》，21：12-13、82-83、90、92、120-121。

45　《胡適日記全集》，6：730。

人視爲國家社會的工具，也可以「儒家式」地把個人的進德與國家社會的進步視爲相輔相成、相生相應的關係。也就是因爲如此，史華慈（Benjamin Schwartz）在分析嚴復的思想時，指出嚴復翻譯西方自由主義的經典著作，可以與他尋求國家富強的目的並行不悖，甚至是附麗於其下[46]。我們在上文所提到的高哲一所用的公民共和主義的理念，對這點也作了異曲同工的詮釋。這也就是說，公民各個把自己鑄造成一個獨立自主的個人，目的可以是在發揮其公德心，以便把自己奉獻給國家與社會。

問題是，史華慈的「尋求富強說」與高哲一的「公民共和主義」可以解釋近代中國許多人物的想法，特別是政黨的黨義與行徑，但並不是全部，而且有簡單化了的弊病。思想襲人的態勢是眾聲喧嘩的，它不但沒有一定的軌跡，而且常是糅雜（hybrid）、矛盾、盤根錯節的，特別是當傳統文化面臨前所未有的衝擊的時候。個人與國家社會之間的關係，從後現代、後結構主義的角度來看，一點都不乾淨利落，而是盤根錯節、難以歸類定位，它可以遊離於現代化了的「法家」、「儒家」理念之間，更可以附麗於西方自由主義、公民共和主義，甚至也可以附麗於開明專制與法西斯主義的理念。從這個角度來說，胡適所謂的近代中國思想的維多利亞時期，從梁啓超到《新青年》，其實也應該包括上海時期的他自己，就是這種糅雜、遊離最好的幾個範例。而這幾個範例，也正是史華慈的「尋求富強說」以及高哲一的「公民共和主義」最無法詮釋的例子。

不像賈祖麟所說的，他說梁啓超跟以尋求國家富強爲依歸的嚴復一樣，把個人主義奴屬於民族主義之下[47]。梁啓超在〈新民說〉裡說得很清楚：「天生人而賦之以權利，且賦之以擴充此權利之智識，保護此權利之能力。故聽民之自由焉，自治焉，則群治必蒸蒸日上。有桎梏之，戕賊之者，始焉窒其生機，繼焉失其本性，而人道乃幾乎息矣……夫中國群治不進，由人民不顧公益使然也。人民不顧公益，由自居於奴隸盜賊使然也。其自居於奴隸盜賊，由霸者私天下爲一姓

46　Benjamin Schwartz, *In Search of Wealth and Power: Yen Fu and the West* (Cambridge, Mass.: Harvard University Press, 1964).

47　Jerome Grieder, *Hu Shih and the Chinese Renaissance*, p. 92.

之產，而奴隸盜賊吾民使然也。」[48]個人與國家社會之間有著相輔相成、相生相應的關係，在這裡是再彰顯也不過了。梁啓超並沒有把個人單純地視爲國家社會的工具，個人的權利對梁啓超而言，是天賦的，是人道的根本。即使梁啓超後來鑒於中國的落後，而一度青睞於開明專制，天賦人權之說，一直是他所不可妥協的基點。梁啓超之遊離於公民共和主義與開明專制之間的事實，適足以證明近代中國思想界糅雜、盤根錯節、難以歸類定位的特質。

　　胡適這個對中國近代思想史的分期說，有「夫子自道」的意味，雖然他有意地自外於這個近代中國的維多利亞時期。從本節的分析，我們可以看到胡適也經過了他自己的維多利亞時期。他對《國民讀本》與《眞國民》的喜愛，主要在於這兩本書都細緻地討論了維多利亞的美德，以及這些美德如何把個人鑄造成獨立、高尚、健全、有用、愛國的國民。上海時期的胡適對愛國的執著，我們甚至可以說，偏執(fixation)，我們在本章倒數第二節還會詳細分析。我認爲胡適之所以不把青少年的自己歸類在近代中國的維多利亞時期，是因爲在他思想成長的軌跡裡，以留美初期爲界，有一個爲人所不知的斷層。這個斷層脈的名字是狹隘的民族主義，這是留美以後以世界主義自視、自詡的他所雅不願人所知的過去，是他在〈四十自述〉裡不著痕跡所湮沒的歷史。

　　《新青年》是近代中國維多利亞時期的終結，這是胡適慧眼獨具的論定。許多學者好以「啓蒙運動」來稱呼以《新青年》爲代表的新文化運動。張灝很早以前，就提醒人們應該把這個運動的開始，追溯到梁啓超的《新民叢報》。他認爲近代中國思想的分水嶺，與其說是五四新文化運動，不如說是從1890年代中期到1900初年，梁啓超叱吒中國思想界的時代[49]。張灝的卓見可以與胡適在日記裡的慧見前後輝映。如果像胡適所說，近代中國思想的維多利亞時期，是從梁啓超到《新青年》，《新青年》裡所發表的文章、所反映出來的思想，其糅雜、盤根錯節的程度，也不下於梁啓超在其文字浩瀚的作品裡所顯示的。我們只需要舉一個

48　梁啓超，〈新民説：論進步〉，《飲冰室文集》(台北：同光出版社，1980)，頁45。

49　Hao Chang, *Liang Ch'i-ch'ao and Intellectual Transition in China, 1890-1907* (Cambridge, Mass.: Harvard University Press, 1971), pp. 296-307.

例子，就可以管窺爲什麼胡適說《新青年》是近代中國維多利亞時期的終結：
《新青年》也翻譯了《眞國民》的一章。

《新青年》第一卷第一、三號連載了署名「中國一青年」翻譯的〈青年論〉。它所翻譯的，是《眞國民》的第二章〈青年篇〉(The Youth)其中的一篇。「中國一青年」在「譯者識」裡說：「馬、斯二氏同著之 *The True Citizen*〔《眞國民》〕，坊間已有譯本。顧舛晦不可讀。茲擇原書之第二篇 The Youth，重譯之。並錄原文於下方。以其命意遣詞，均親切可味也。」[50]然而，不知是因爲譯者沒譯完，還是編者改變意願和方針，《新青年》只在第一卷第一、三號上刊載了〈青年篇〉的第一個美德，即「勤勉」(Industry)以後，就無疾而終了[51]。其實原書「青年期」還有其他十五個美德：立志、專注、自制、毅力、準時、誠實、有禮貌、刻苦、自重、認眞、熱誠、勇氣、自立、謙遜、忠實。

1915年的《新青年》會刊載《眞國民》宣揚維多利亞時期的美德，這就在在說明了胡適把《新青年》判定爲近代中國維多利亞時期的終結，確實是一針見血的慧見。胡適在〈四十自述〉裡湮沒了他自己的維多利亞時期。在他1933年12月22日把中國近代思想史分爲兩期——「維多利亞思想時代」和「集團主義時代」——的日記裡，胡適更似乎把自己自外於這兩個時代之外。其實，這個心理是不難理解的。留學歸國以後的胡適，自然不可能認同於留學以前的自己，因爲那就等於宣稱自己在思想上沒有進步一樣。而且這也不是事實，因爲留美是胡適一生思想的轉捩點。然而，如果留學以前心儀《眞國民》的胡適，跟梁啓超一樣，都可以在思想上被定位爲近代中國的維多利亞人，這不會是胡適自己所願意到處去廣播的事實。問題是，如果胡適不願意讓他的昨日之我在歷史上曝光，如果他雅不欲與上一代的梁啓超並列爲維多利亞人，他當然更不會屬於《新青年》左傾以後的「集團主義」中的一員。於是，如果讀者不加深察，就會誤以爲胡適在1933年12月22日的日記裡爲近代中國思想所作的分期只是一個概括性的鳥瞰，

50 中國一青年譯，〈青年論〉，《新青年》第一卷第一號(1915年9月15日)，頁1-5[無連續編頁]。
51 中國一青年譯，〈青年論(接前號)〉，《新青年》第一卷第三號(1915年11月15日)，頁1-8[無連續編頁]。

並不適用於胡適。更有甚者，如果有讀者要強自作解，像羅志田，把胡適這個近
代中國思想的二期說，用來詮釋胡適的心路歷程，說是胡適在1926到1927年間轉
趨激進，「漸傾向於他所謂的集團主義之一的民族主義運動。」羅志田說胡適這
個激進的步子「邁得實在太大，也顯得太突然」[52]。其實，胡適從來就不曾激進
過。他在1926到1927年之間也不曾轉趨激進。但這是本傳第二部才會分析的。胡
適是一個徹頭徹尾的維多利亞人，羅志田不察胡適的隱筆，被他誆了。

修身進德的焦慮

胡適在上海求學的時期，有一個非常重要的人格特徵，一直持續到他留美的
初期為止，那就是他對反躬自省的執著，或者用本節的標題來說，修身進德的焦
慮。我認為這個修身的焦慮，就是使他在留美之始幾乎皈依基督教的一個主要的
原因。這是後話，暫且不表。胡適的修身焦慮，在在流露於他在澄衷學堂所寫的
日記裡。這本現在藏在北京大學的日記，顯然是澄衷學堂印的，因為封面有鉛印
的《澄衷中學日記》的字樣。同時，這可能也是當時的學校所通用的日記，因為
它在內頁也印有「學界用丙午年〔1906〕自治日記」的字樣。這種制式的日記
本，格式劃一，一天一頁。最頂端的橫欄是日期，週日的稱呼不是用星期或週
一、二、三、四、五、六、日，而是用當時所流行的「來復」一、「來復」二、
「來復」三、「來復」四、「來復」五、「來復」六、「來復」日〔《易經》：
「反復其道，七日來復」，當時被用來翻譯西洋的星期週期的算法〕。日期欄下
是格言欄，選的是歷史上哲人的語錄或警句，宋朝的二程子、朱子、陸九淵的最
多，但也選有東、西洋的格言和諺語，拉丁、德、法、英文皆有。英文以外的格
言都附有中英文的翻譯。日期、格言橫欄之下，有三個直欄，其中兩個所占的篇
幅較大，右欄是「記學」，左欄是「記事」。最左邊較窄的直欄又分為二：上欄
是「接人」，又分「往」與「來」二欄；下欄是「通信」，也分「往」與「來」

52　羅志田，《再造文明之夢──胡適傳》(成都：四川人民出版社，1995)，頁325-
327。

兩欄。胡適的這本《澄衷中學日記》顯然是學校統一訂購的，因為上面有鉛印的
胡適當時用的名字「胡洪騂」。胡適在日記的內頁裡自題：「學者所以〔為
學〕，學為人而已，非有他也。丙午夏五月適之錄陸子語以自警。」這表示在
1906年6、7月間，胡適已經開始使用他的新名字了。這本日記始於1906年2月13
日，止於同年7月26日，是他在澄衷第二個學期的日記[53]。

　　我們讀胡適的《澄衷中學日記》，可以看到當時的新學堂鼓勵學生組織社
團、學習自治的風氣。同時，我們也可以從這本日記看到一個熱心參與學校社
團、潛心學習學生自治的胡適。澄衷學生所組織的社團，光是胡適在日記裡所提
到的，就相當五花八門：有閱書社、集益會、講書會、算術研究會、理化研究
會、英語研究會、球會、運動會等。此外，胡適還參加了安徽旅滬學會及跨校的
化學遊藝會。在自治方面，胡適除了擔任他自己班上的自治會的會長以外，還被
本班自治會推選為代表，指導最低班所組織的讀書會，為他們擬定章程。我們在
前節裡已經描述了胡適是從《國民讀本》學到西方選舉制度裡候選人必須經由提
名、競選，以及無記名投票的過程。他1906年4月29日在班上的自治會所作的演
講，很可能就是他讀《國民讀本》的心得：「予演說三事：『釋治字之義』；
『論同學宜於學問上德性上著力競爭』；『論選舉時被選者及選人者之權利義
務』。」[54]他在這本日記裡還有一段非常有意味的記載。首先，這則1906年5月8
日的日記讓我們知道《國民讀本》可能是澄衷學堂課內的讀物。其次，《國民讀
本》在解釋英國的審判制度時，列下了六條金科玉律。胡適在日記裡轉錄，並把
它們翻成中文：

　　　　余等近日所讀之《國民讀本》所論法律之功力六條甚切，當譯之。1.
　　　Everyone is equal before the law(凡人對於法律皆平等)；2. Every man is
　　　held to be innocent until he is proved to be guilty(凡人未為他人證其有罪之

53　有關胡適《澄衷中學日記》的印刷格式，見《北京大學圖書館藏胡適未刊書信日
　　記》(北京：清華大學出版社，2003)，頁1-57。
54　《胡適日記全集》，1：22。

前，皆當以無辜待之)；3. No one can be tried twice for the same offence(同一罪名不能經二次之裁制)；4. All courts of justice are open to the public(公堂皆洞開，恣人觀審)；5. No one is a judge in his own cause(凡人不能裁制關切己身之訟事)；6. No one has the right to take the law in his hands(法律不能以一人私之)。以上六條，惟第三則〔原文缺〕。[55]

　　雖然胡適的這則日記沒寫完，我們幾乎可以斷定胡適對這六條金科玉律裡的第三則不敢苟同。換句話說，從年輕的他的角度來看，有罪就該受罰，如果審判不易，就應該再接再厲，怎麼可以一次沒有斷案，就讓罪犯給逍遙法外了！這並不是憑空推論。胡適在兩年以後，也就是1908年9月第27期的《競業旬報》裡有一篇〈時聞〉的短評，〈停止刑訊〉：「我們中國訊官司的時候，專用各種刑法，屈打成招，往往有之。所謂三木之下，何求不得也？要曉得這用刑訊案一事，是文明各國所沒有的，所以前年便有上諭，要停止刑罰，如今法部又行文到給各省的地方官，一律停止刑訊。唉！這是很好的，只是太便宜了那班大盜老賊了。」[56]

　　胡適的《澄衷中學日記》裡，還有另外一則很有意味的日記。他在1906年4月13日的日記裡說：

　　集益會開第七次常會，余〔成仁〕君演說，提議會員不到會逾三次者即令出會之法，眾皆贊成。繼白雅余先生演「泰否」二字之義。繼由汪立賢君演說南昌教案事，言佛教入中國千年無教案，景教一入則教案紛起，病民禍國云云。繼嚴君佐情演說光學、李君世桂演說算術九試法。余聞諸君演說，輒生無數感情，乃登壇演說，總論各人之演說，於余君

55　《胡適日記全集》，1：26。
56　胡適，〈時聞〉，《胡適全集》，21：50。

則深明法律與道德之關係，並以治己治人及被治於人之義相勖；於汪君
則就佛教景教發一愛國之論，謂佛教無國力以保護之，故不敢生事，近
世景教則一教士儼然一國也，故敢生事；於嚴君則辨其「隔牆不能見光
爲光線屈折之故」，爲光線反射之故；於李君則加說「七試」法，皆得
會員歡迎云。[57]

　　胡適年輕時好爲人師的個性，在這則日記裡表露無遺。五個同學所作的報
告，題目範圍各異，胡適聽完以後，居然上台爲大家作總結！更值得指出的是，
汪立賢說佛教傳入中國千年而無教案，反之，基督教一入則教案紛起。胡適上
台，就把佛教、基督教的對比，演繹成「愛國之論」，同時又把佛教的和平與基
督教的滋生事端，歸結爲前者沒有國家的武力作爲後盾，後者則動輒施以船堅炮
利的顏色。這就是胡適1927年1月在美國紐約所作的演講的一個重要論點。當
時，他對北伐中的國民黨寄予厚望，在英國、美國處處爲國民黨辯護。他呼籲英
美政府要了解中國的情況，不要動輒把中國反帝國主義的行動誣蔑成赤化、或者
是蘇聯的國際陰謀。他說英美國家與其去責怪蘇聯的赤化野心，不如先反躬自
省，看自己有沒有像蘇聯一樣，能給中國人提供一個他們自己會心甘情願去接受
的援助計畫。他用的例子就是佛教。胡適說我們所該去鼓勵的，是讓西方和平地
用文化去征服中國。他說這有歷史的前例：印度在兩千年前用佛教征服中國的時
候，並沒有動用一兵一卒，而中國在宗教上卻徹徹底底地讓印度征服宰制了兩千
多年。他要美國記取這個不用一兵一卒征服中國的教訓[58]。
　　胡適學習、參與自治的活動，跟他對修身進德的要求是息息相關的。換句話
說，從胡適的角度來看，如果沒有修身進德作爲基礎，自治就將只是虛有其表，
而不得其實。比如說，1906年4月29日，他被選爲他們班自治會會長的那天，他
在日記裡抱怨說，當天的自治會，全體會員之所以會都出了席，是因爲班導師楊
千里在前一天宣布：「『不到者，將扣去品行分數』，故也。」他說：「予每於

57　《胡適日記全集》，1：16。
58　胡適，"Address at the China Institute in America,"《胡適全集》，36：202-203。

道德上設辭諄諄誥誡，令其每次到會，終無效；今乃懼法律上之處罰，不敢不來，豈程度之淺、資格之低歟，抑辦理之道未盡善歟？爲之三嘆！」[59]

　　我們在本節啓始，描寫了胡適這本澄衷的《自治日記》的印刷格式，說明了它每天都印有一句格言。這些格言，胡適常加以圈點，表示那句格言對他是受用的。我們略把這些格言歸類，各舉一些他所圈點的，以便管窺他所關切的修己之德：

　　自省：「才覺退，便是進；才覺病，便是藥」（陳白沙）；「心似菩提樹，意如明鏡台，時時勤拂拭，勿使惹塵埃」（神秀）；「學始於不欺暗室」（大程子）；「二十年治一怒字，尚未銷磨得盡，以是知克己之難」（薛文清）；「不能克己者，志不勝氣也」（薛敬軒）；「自視爲無過，過之最大者也」（The greatest of faults, I should say, is to be conscious of none）（卡黎爾〔卡萊爾〕，Carlyle）；「總不使吾之嗜欲，戕害吾之軀命」（曾文正）；「君子恥其言而過其行」（孔子）；

　　惜時：「古人云，一刻千金，一年間有許多金子！既不賣人，又不受用，不知放在何處，只是花費無存，可惜」（鄒東廓）；「三十功名塵與土，八千里路雲和月，莫等閒白了少年頭，空悲切」（岳武穆）；「一事失諸晚，萬事隨而晚」（si unam rem sero feceris, omnia opera sero facies: If you do one thing too late, you do everything too late）（卡陀，Cato the Elder）；[60]

　　勤：「百種弊病皆從懶生，懶則弛緩，弛緩則治人不嚴而趣功不敏。一處遲，則百處滯矣」（曾文正）；「懈心一生，便是自暴自棄」（小程子）；

　　恆與專：「凡作一事，便須全副精神注在此事，首尾不懈。不可見異

59　《胡適日記全集》，1：22。
60　此則卡陀的箴言是煩請北京大學圖書館特藏室的鄒新明先生掃描提供的，由鄒先生在2009年11月9日電郵寄給筆者。特此致謝。

思遷，做這樣想那樣，坐這山望那山。人而無恆，終身一無所成。」
（曾文正）；「行衢道者不至，事兩君者不容。目不兩視而明，耳不兩聽
而聰」（荀子）；

為學：「義理有疑，則濯去舊見，以來新知」（張子）；「殺人須在咽
喉上著刀，吾人為學，當從心髓入微處用力」（王陽明）；「學者須占定
第一義做工夫，方是有本領學問；此後自然歇手不得，如人行路，起腳
便是長安道，不患不到京師」（劉蕺山）；「千古學術，只就一念之微上
求」（王龍溪）；

知行：「人生而不學，與不生同；學而不知道，與不學同；知道而不
行，與不知同」（貝原益軒）；「學惟在力行。說得一丈，不如行得一
尺；說得一尺，不如行得一寸」（劉元城）；

事功：「雪恥酬百王，除凶報千古」（唐太宗）；「願得一脈暖，散為
天下春；援手水火間，以道拯斯民」（鄭所南）；「行爾所能，死爾所
職」（Va où tu peux, mourir où tu dois: Go where you can, die where you
must）（法國俚語）；[61]

處世：「人處憂患時，退一步思量，則可以自解。此乃處憂患之大法
「（呂東萊）；「天道在人，凡有不如意者，皆人之罪，皆人之不德無智
所致」（福澤諭吉）；

智愚之判：「智者一切求諸己，愚者一切求諸人」（Der Weise
bekommt alles von sich, der Thor alles von andern: The wise man gets
everything from himself, but the fool gets everything from others）（袁波爾，
Jean Paul Richter）；

偶然：「風吹瓦墮屋，正打破我頭。瓦亦自破碎，豈但我流血。我終
不嗔渠，此瓦不自由」（王荊公）。

61　此則法國俚語是煩請北京大學圖書館特藏室的鄔新明先生掃描提供的，由鄔先生在
　　2009年11月9日電郵寄給筆者。特此致謝。

　　胡適在這本澄衷的《自治日記》圈點了哪些格言，固然是一個很有意義的問題。同樣有意義的，是哪些是他當時所沒有圈點的格言呢？特別是，如果我們以胡適後來的興趣與關注來作準則，他當時沒選，而後來可能會選的格言，可能又是哪些呢？我們可以列出一個意外落選的格言榜。如果以他後來最喜歡說的口頭禪：「拿證據來！」，以及他後來總是叫人不要被牽著鼻子走的教訓來作標準，這個意外落選格言榜的榜首，毫無疑問地，應當是羅馬的哲學言辭大家西塞羅(Marcus Tullius Cicero, 公元前106-43年)所說的一句話：「世俗之斷事，憑眞理者少，憑先入之僻見者多」(Vulgus ex veritate pauca, ex opinione multa aestimat: The common people judge of a few things by real truth, and of many things from prejudice)[62]。以胡適後來批判東方文明只知苟存歹活，不像西方文明眞能作到利用厚生的看法爲準則，這個意外落選格言榜的第二名，應該是羅馬詩人馬提亞利斯(Marcus Martialis, 公元38/41-103?年)的格言：「生命在健〔有價值〕，不在活」(non est vivere sed valere vita est: Not to live, but to be healthy [worthwhile], in life [Life is more than just being alive])[63]。以胡適日後樂觀進取、人定勝天的信念爲準據，第三名應該是本‧瓊森(Ben Jonson, 1572-1637)的格言：「人不遇艱難，不知我躬之有大力」(He knows not his own strength that has not met adversity)[64]。

　　另外還有一句格言，以胡適當時對愛國的執著、對維多利亞美德、特別是他對服從這個公德的崇尚來說，是他應該會圈點，卻很意外地漏選了的，是羅馬史家塔西佗(Publius Tacitus，大約公元56-117年)的格言：「人自爲戰，則總軍必勝〔註：誤譯，應譯爲敗〕」(dum singuli pugnant, universi vincuntur: While each is fighting separately, the whole are conquered)[65]。這個格言因爲翻錯了一個字，而意思剛好相反。胡適沒圈點這個格言的原因，當然有可能是只是因爲他疏忽了，但也很有可能是因爲他只看了中文翻譯，由於這句格言錯譯的關係而讓他不同意，

62　胡適，《北京大學圖書館藏胡適未刊書信日記》，頁23。
63　胡適，《北京大學圖書館藏胡適未刊書信日記》，頁33。
64　胡適，《北京大學圖書館藏胡適未刊書信日記》，頁47。
65　胡適，《北京大學圖書館藏胡適未刊書信日記》，頁50。

所以沒圈點。

這些當時被胡適圈點，以及當時漏選、而日後極可能會被他圈點的格言，等於是胡適心路歷程上的里程碑。我們如果把它們拿來對比，就可以發現留美以前的胡適，與留美以後的胡適，其實是有極為不同的地方。他在澄衷的《自治日記》裡所圈點的格言，大多是屬於傳統修身進德的範疇。王安石「風吹瓦墮屋」那句偶然論的格言是一個特別的例子。那跟他從司馬光、范縝那兒所啟發而得的偶然論、無神論有很大的關係。至於那些他當時所沒有圈點的格言，除了塔西佗的「人自為戰，則總軍必敗」，因為翻譯錯誤，而沒有被他圈點以外，其所反映的，都是他留美以後，思想有了新的突破與發展以後的新理念。這個對比告訴了我們什麼呢？那就是，胡適在思想上的心路歷程固然有其相當大的連續性，但重要的斷裂性也同時存在。因此，我們要了解胡適思想形成、蛻變、成熟的軌跡，特別是從他青少年在上海求學的時代到他留美以至於回國的階段，就絕對不能只根據他的〈四十自述〉。因為那是他建構出來的心路歷程史，他有他自己的選擇與考量；他要說的故事，與其說是青少年時期的他，不如說是要在青少年的他的身上找到四十歲的自己的胚芽。

胡適對修身進德的焦慮，可以說是到了戰戰兢兢、如履薄冰的程度。他在1906年3月18日的日記是一個典型的例子：

> 夜間天氣頗暖，輾轉不能寐，一切往事皆來襲余心，益煩悶不可耐。自念當是心不安靜之故，因披衣起坐，取節本《明儒學案》讀之。每讀至吳康齋(與弼)：「人須整理心下，使教瑩淨常惺惺地，方好。」，又，「責人密，自治疏矣」，又，「人之病痛，不知則已，知而克治不勇，使其勢日甚，可乎哉？」等，竊自念小子心地齷齪，而又克治不勇，危矣殆哉！[66]

---

66 《胡適日記全集》，1：4。

兩天以後，他又在日記這樣地責怪自己：

> 子輿氏有言「人有不爲也，而後可以有爲」；「恥之於人，大矣」。
> 小子自念頗具廉恥心，惟名譽心太重，每致矯揉文過之弊，欲痛革而未
> 逮也。每念孔子「學者爲人爲己」之戒，胡居仁「爲學在聲價上做，便
> 自與道離了」之語，輒怵惕危懼不自已，記此所以自警也。[67]

胡適自己說，他的毛病在於他「名譽心太重」，或者用他當時常用的另一句
話來說，是「太好名」。他3月23日的日記說：「程子『學始於不欺暗室』一
語，正是爲小子好名之誠。」[68]有趣的是，不只胡適自己覺得他好名，他二哥也
這麼說他。當然，這好名的症候，也有可能是因爲那疑心自己犯有「好名症」的
人，一再自我「供認」以後，就變成了被「公認」的罪狀。我們在本章澄衷學堂
那一節，描述了胡適因爲天熱，自動取消班上的體操課，而跟澄衷的教務長白振
民衝突的事情。這件衝突事件，他的二哥就以這件事爲例，責備胡適好名。他二
哥在信上規勸胡適說：「弟所以致此者，皆好名之心爲之，天下事，實至名歸，
無待於求。名之一字，本以勵庸人，弟當以聖賢自期，勿自域於庸人也。」[69]在
這封信裡，他二哥一方面用了「庸人」這麼重的字眼來責備他，但另一方面，又
鼓勵他要「以聖賢自期」。兩天以後，5月20日，胡適從學校回到他們家在上海
開的店，他二哥又當面告誡他：「二兄爲予言好名之病，復以朱子《近思錄》授
予，命予玩味之，謂當擇其切於身心處讀之，其『太極』、『無極』之說可姑置
之也。」[70]

胡適發現自己除了好名以外，又有嚴於責人，疏於治己的毛病。他在1906年
4月16日的日記裡說：「予喜規人過，而於己之過失或反不及檢點，此爲予一生
大病。千里師嘗以『躬自厚而薄責於人』相勖，顧雖深自克制，猶不能克除淨盡

---

67 《胡適日記全集》，1：5。
68 《胡適日記全集》，1：6。
69 《胡適日記全集》，1：31。
70 《胡適日記全集》，1：32。

矣。康齋曰：『責人密，自治疏矣』。嗚呼，此言吾其朝夕置之腦中也。」[71]胡適說他好於規勸別人，恐怕確是實情。他在4月8日的班自治會上提議「每人各備一冊，半以記己過，半以記人過」。胡適在日記裡說，這個提案「蒙會眾贊成，遂實行」[72]。胡適不但坐而言，要大家用本子把自己與別人的過錯寫下來，他甚至起而行，付諸行動。在他提這個動議的前四天，他就已經規勸過一個同學，說他犯了懶病。意外的是，那個同學承認他懶，但是他反過來規勸胡適的話，卻使胡適自己震撼良久。胡適在日記裡描述了這件事：「曾文正『百種弊病皆從懶生』云云，實具至理。友人郭君虞裳粹於國文，性極聰穎，惟有懶病。予嘗以『精神愈用則愈出』之語相勉。郭君答予以『君崇拜此語誠是，但恐君他日將坐此而促其壽命耳』。余聞之，心為之震動不已，徐思之，蓋至言也。」[73]

即使胡適真的好名、喜規人過，他最嚴求的還是他自己。澄衷《自治日記》5月2日印的格言是程頤的「學者為氣所勝，習所奪，只可責志」。胡適在圈點了這句格言以後，在日記裡說：「余平時行事，偶拂意，則怫然，怒不可遏，以意氣陵人。事後思之，輒愧怍無已，蓋由於不能克己之故，即程子所謂『為氣所勝、習所奪』也，後當深戒之。」[74]胡適越反求諸己，就越發現自己問題越多。他在5月22日的日記裡說：「予一生大病根有三：(一)好名、(二)鹵莽、(三)責人厚。未嘗不自知之，每清夜捫心，未嘗不念及而欲痛改之。陽明云『未有知而不行者，知而不行只是未知』。噫，騂也，乃竟欲見呵於子王子歟？」[75]

胡適在上海求學的時期，雖然已經受到了維多利亞美德思潮的浸染，他的整個思想、價值體系仍然是傳統的。從某個角度來說，維多利亞的美德適足以用來重新詮釋傳統價值、賦予其新生，乃至於鞏固他對傳統思想文化的信心。他在6月5日的日記裡說：「偶讀《學記》，至『記問之學，不足以為人師』句，未嘗不生大感觸。夫本校教員有不藉記問之學而足為人師者乎？無有也。學堂且開預

71　《胡適日記全集》，1：18。
72　《胡適日記全集》，1：14。
73　《胡適日記全集》，1：12。
74　《胡適日記全集》，1：23。
75　《胡適日記全集》，1：33。

備室以使其記問。嗚呼！眞人師哉？昔二兄言中國文學三十年後將成爲絕學，吾
始聞而疑之，今觀乎今日之爲人師者而大懼，懼吾兄之言或果驗也。」[76]記問之
學，居然可以致使中國的學術成爲絕學，這在在顯示了胡適心目中的學問之道是
傳統的。他在這本日記內頁寫下陸九淵的「學者所以〔爲學〕，學爲人而已，非
有他也」這句作爲自警的話，這是在當年農曆五月，也就是在陽曆六月底以後。
換句話說，是在他寫說記問之學會使中國的學術成爲絕學以後。這是胡適從尊德
性作道問學的最後階段。他留美以後，他在美國的所學所見，將會徹底地挑戰了
他這個傳統的學術、思想、價值體系。他對基督教的興趣，他幾乎成爲基督徒的
事實，其所反映的，就是傳統修身進德體系對基督教道德體系的全面臣服；他在
美國所漸次發展出來的中西考證學的匯通，他在哥倫比亞大學的博士論文《先秦
名學史》，其意義，就是從尊德性作道問學的土崩瓦解。

愛國

　　胡適所崇尚的維多利亞時期的美德之本，一言以蔽之，就是愛國。他從1908
年底到1909年初，在《競業旬報》所發表的一系列四篇〈白話〉論說：〈愛
國〉、〈獨立〉、〈苟且〉與〈名譽〉，就是最好的例子。很明顯的，這四篇文
章的論點，都受到《眞國民》的影響。這其中三篇，我們都已經先後徵引過。
〈名譽〉這篇，我們在第二章討論胡適的社會不朽論時徵引過。如果豐功偉業可
以使人不朽，榮譽心就是它的促因。榮譽心是一個維多利亞時期所崇尚的美德，
這一點固不待言。然而，由於對胡適來說，愛國是所有美德之本，榮譽心也就變
成了個人對國、對家的責任：「在家的時候，便要做一個大孝子；在一村，便要
做一村的表率；在一國，便要做一個大愛國者。」[77]同樣地，獨立所以是一個美
德，也正由於國家是個人的獨立最終的受益者。胡適說：「因爲一人能獨立，人
人能獨立，你也獨立，我也獨立，那個祖國自然也獨立了……列位，來來來，獨

76　《胡適日記全集》，1：43。
77　胡適，〈白話(四)：名譽〉，《胡適全集》，21：133。

立，獨立，祖國獨立，祖國萬歲。」[78]

當時的胡適心目中的傳統中國，是一個燦爛的文明。這跟他留美以後對中國傳統的想法是大相逕庭的。他說：「先說我們祖國的科學。以前我們中國，講起各種科學來，哪一門不發達得早？神農皇帝的時候，便能嚐藥性，發明醫學。黃帝的時候，已有人會算天文，會造曆日。到了唐堯的時候，那天文學更發達了。黃帝的時候，便會做指南車，那指南車便是現在的羅盤。現今各國人航海行軍，哪一個不用這個東西，可見我們中國的磁學發達得非常之早了。至如那些蠶桑哪！文學哪！印刷術哪！哪一樣不是我們祖國所發明的呢？唉！講到我們中國上古時代的文化，那真正是我們的光榮了。」[79]

又如我們在第一章所引的胡適在〈愛國〉篇裡所說的無與倫比的傳統中國文學：「比如我們中國最有名的是那些道學家所講的倫理，我們斷不可唾棄了去，務必要力行那種修身的學問，成一種道德的國民，給世界上的人欽敬。又如我們中國最擅長的是文學，文哪！詩哪！詞哪！歌曲哪！沒有一國比得上的，我們應該研求研求，使祖國文學，一天光明一天，不要卑鄙下賤去學幾句『愛皮細低』，便稀奇得不得了，那還算是人麼？」他在這〈愛國〉篇結束的時候，引了《真國民》〈愛國篇〉的一句來自荷馬史詩的格言：「為祖國而戰者，最高尚之事業也。」[80]

不但中國的傳統文明燦爛、文學無與倫比，連中國國貨的精美，也是外國所望塵莫及的。胡適在1908年9月16日的《競業旬報》的〈時聞〉，有一篇介紹上海一間私人開辦的中國國貨陳列所的文章。他說：

> 外國人每一國都時時要開一次博覽會，把自己國內的東西和外國的東西，比較起來，看是誰強誰弱。這一種會很可以鼓勵起國民爭強好勝的心，自己國內的實業，自然一天一天的振興起來了。只可憐我中國，也

78 胡適，〈白話(二)：獨立〉，《胡適全集》，21：108-111。
79 胡適，〈白話(三)：苟且〉，《胡適全集》，21：112-113。
80 胡適，〈白話(一)：愛國〉，《胡適全集》，21：106-107。

不知要等到何年何日，才開得一個博覽會呀！幸得上海有一班紳商，發起了一個中國品物陳列所，在四馬路上，很大很大，已於本月十一日行開幕禮。在下去遊過兩次，那陳列所內，樓上樓下，通統走遍，找不出一件洋貨來，這真是難得的了。那中國貨之中，第一便是那中國的陶器，又古雅，又精緻，這是外國一定做不出的。第二便是顧繡，又活動，又工緻，這又是外國做不到的。第三便是中國綢緞，那些中國緞子，又堅固，又好看，又大方。第四，便是福州的漆器，又光明，又韌固，那所畫的花木人物，無一不好。第五便是那中國瓷器。第六便是那中國竹器。還有一種最好的，便是中國雕刻品。還有那陳列所樓上，另有一處，掛了許多中國古代名人書畫真跡，只這幾種已足以勝過外人，看了這些東西，再到大馬路去看那些外國的貨物，真是曾經滄海難為水了。[81]

　　胡適這種對傳統中國文明的頌讚，用他自己後來常用的批判的話語來說，簡直就是「誇大狂」、「迷夢」、「反動」。然而，胡適深知愛國的第一步就是要愛自己國家的歷史：「一家有一家的族譜，一國有一國的歷史。做子孫的，總極力保存他那一族的族譜，族譜上有幾個大英雄、大義士，做子孫的時時對人稱道，覺得非常榮耀。做國民的，也應如此，也應把他祖國歷史上的奇功偉業，息息不忘記。」他接著說：

　　譬如中國歷史有個定鼎開基的黃帝，有個驅除醜虜的明太祖，有個孔子，有個岳飛，有個班超，有個玄奘；文學有李白、杜甫；女界有秦良玉、木蘭，這都是我們國民天天所應該紀念著的。愛國的人，第一件，要保存祖國的光榮歷史，不可忘記，忘記了自己祖國的歷史，便要卑鄙齷齪，甘心作人家的牛馬奴隸了。你看現在的人，把我們祖國的光榮歷

81　胡適，〈時聞：中國博覽會的起點〉，《胡適全集》，21：47。

史忘記了，便甘心媚外，處處說外國人好，說中國人不好，哪裡曉得他們祖宗原是很光榮的。不過到了如今，生生地，給這班不爭氣的子孫糟蹋了。哎！可慘呀！[82]

　　有趣的是，胡適說得容易，做起來卻難。他讀《漢書》，讀到「漢武帝親帥師十八萬騎，北登單于台，使使高單于曰：『南越王頭已懸北闕矣！單于能戰，天子自將待邊；不能，亟來臣服，何但亡匿幕北苦寒之地為？』單于讋不敢出」。胡適說他「至今讀此段文字，猶令人神往不已」。只可惜：「恨此等盛業，歷史上不多見耳。」[83]

　　他在《競業旬報》裡筆之於書，來紀念的中國歷史上的愛國人物只有一個，那就是王昭君。胡適在這裡面臨了一個兩難的困局，這也就是說，講愛國就必須要去紀念、發揚中國歷史上光榮的事蹟與偉大的人物。然而，中國歷史上的人物，卻又和他所要談的現代的愛國意識與行為有格格不入、兜不攏的感覺。胡適這個兩難之局，其實是有普遍性的。這說明了為什麼20世紀初年的中國革命分子，更喜歡援引西洋歷史上甚或當代的人物，例如貞德、羅蘭夫人、美國《黑奴籲天錄》的作者，斯托夫人（當時多譯為批茶夫人）(Harriet Beecher Stowe, 1811-1896)，以及俄國的虛無黨人，特別是暗殺了沙皇亞歷山大二世的蘇菲亞(Sophia Perovskaia, 1854-1881)[84]。這種借西風、西雨以澆中國塊壘的作法，越演越烈。到了五四新文化運動時代，對最激進的人來說，特別是像《新青年》時期的陳獨秀，愛中國與愛傳統，就必須完全切割了。愛中國，就必須去傳統、就西洋；要救中國，就必須打倒孔家店，擁抱西洋近代文明。

　　胡適說，讀者看到王昭君跟「愛國女傑」這四個字連在一起，一定覺得很訝異。這是因為大家一想到王昭君，就會想到她不過就是一個失寵而被送去「和番」的宮女嗎？他說兩千年來，大家都冤枉了王昭君了。他申明他故事的來源，

<hr>

82　胡適，〈白話(一)：愛國〉，《胡適全集》，21：106。
83　胡適，〈讀《漢書》雜記〉，《胡適全集》，13：5。
84　夏曉虹，《晚清女性與近代中國》（北京：北京大學出版社，2004），頁166、172-219。

都是「從古書上來的，並不是無稽之談」。他說漢元帝時，匈奴的單于呼韓邪來朝，願作漢朝女婿，求元帝賜給一個宮女。在各宮女面面相覷，裹足不前的時候，王昭君自告奮勇，作了犧牲。王昭君這個絕色美女出現的時候，「元帝又驚又喜，又憐又惜。驚的是，宮中竟有這麼一個美人；喜的是，這位美人竟肯遠去匈奴；憐的是，這位美人怎禁得起那萬里長征的苦趣；惜的是，宮中有了這個美人，卻不曾享受得，便把去送與匈奴，豈不可惜，豈不可惜嗎？」胡適說王昭君出塞，使得漢朝得享幾十年的平安，「這都是這位愛國女傑王昭君的功勞，這便是王昭君的愛國歷史。」[85]

如果胡適心目中的傳統中國有一個燦爛的文明，有一個無與倫比的傳統文學，他對他所處的時代的中國則是徹底地悲觀。中國人沒有榮譽心，胡適大筆一揮，居然可以追溯到夏商周三代以後，讓人不禁懷疑他所說的那個燦爛光輝的傳統年代，究竟是在什麼時候，是不是就是儒家傳統所好稱的「三代」？：「古語說得好：『三代以上，惟恐好名，三代以下，惟恐不好名。』說三代(夏、商、周)以上的古人，個個人都能守他的天職，做他的本分，所以那時的人，沒有一個人想那虛名的。到了三代以後的人，人人都是自私自利的，個個都只曉得顧自己，沒有一個人，肯顧公益的，更沒有人肯顧國事的，所以不得已才借這個名字，把來鼓勵天下的人。後來世界越發不好了，到了如今，連那名譽都不顧了，天下人笑他也不顧，唾罵他也不顧，一身的名譽，一家的名譽，祖宗的名譽，子孫的名譽，甚至於祖國的名譽，一塌颳辣仔，都不顧了，都不顧了。」[86]

三代以下的中國人好名，以後則每況愈下，連名譽都不顧了。不但名譽不顧了，又加上苟且。胡適痛斥中國人苟且的習性，因為「我想起這『苟且』二字，在我們中國真可以算得一場大瘟疫了。這一場瘟疫，不打緊，簡直把我們祖國數千年來的文明，數千年來的民族精神，都被這兩個字瘟死了」。胡適所憂心的「苟且」的禍害，與其說是降在個人身上，毋寧說是國家和民族。換句話說，如果美德最終的受益者是國家，劣根性的貽害也是落在國家身上：「你看我們中國

85　胡適，〈中國愛國女傑王昭君傳〉，《胡適全集》，19：614-619。
86　胡適，〈白話(四)：名譽〉，《胡適全集》，21：133-134。

的民族，今年你來作皇帝，他也服服貼貼的，明年他來作皇帝，他也服服貼貼的，不管是人是狗，他都肯服侍的，到了如今，哪一個不是安安穩穩的伺候著做順民呢！唉！國民苟且到這步。科學上是苟且極了，思想精神哪一件不苟且，行一步路，做一件事，說一句話，哪一件不苟且，國亡了，還要隨便些兒呢。哎喲！那可眞亡了，祖國可眞是沒有救的了。唉！可恨呵！苟且。」[87]

對亡國的憂慮，是胡適在討論愛國的基調。以當時中國瀕臨被瓜分的命運的時代背景來說，這當然是不難想像的。但胡適對中國前途、對中國人的悲觀是相當徹底的。他〈愛國〉、〈獨立〉、〈苟且〉與〈名譽〉這四篇時論的主標題是〈白話〉，然而，這「白話」有其特別的定義，完全是我們臆想不到的：「我今天所用這『白話』二字，並不是白話報的白話，是別有一個意思的。這個『白』字，是『白白地』的意思。『白白地』是『空空』的意思。我這『白話』二字的意思，就是白白說掉的話兒。因爲我要說的話，說得筆禿口枯，天花亂墜，列位看官終究不肯照這話實行，我的話可不是白白說掉了嗎？所以便用這『白話』二字，做了全篇的題目。我很盼望列爲看官切不可使我說的話，當眞成了白話才好呀！」[88]

胡適對中國的悲觀，不只限於一般的人，而更包括了知識分子。我們甚至可以說，他對當時中國的新式教育所走的方向感到悲觀。比如說，中國公學剛成立的時候，由於經費困難，逼得公學的幹事姚洪業用死諫的方式，來激起社會的關心。他在投江自殺以前所寫的遺書說：「我之死，爲中國公學死也。」胡適在〈姚烈士傳略〉裡說：「列位可曉得人世間最要緊的是什麼？我想列位一定回答我道：『生命』……但是列位可曉得世界上還有一種東西比生命還貴重幾千百倍麼？……這一種東西就叫做責任。」這段話所用的，當然還是維多利亞美德的論述。然而，胡適已經開始認識到中國的新式教育到今天爲止都還沒有完全解決的一個問題，那就是上新學堂等於是在準備出洋留學。那不但耗費鉅大，而且反而造成崇洋的心理。這個看法，胡適後來還會在他留美以後所寫的〈非留學篇〉裡

87　胡適，〈白話(三)：苟且〉，《胡適全集》，21：112-114。
88　胡適，〈白話(一)：愛國〉，《胡適全集》，21：104。

詳述。總之，他在〈姚烈士傳略〉裡說：

> 人人都曉得出洋遊學是很緊要的了，但是本國若沒有完備的學堂，出洋的人，什麼都不懂得。譬如沒有學過普通學問的人，也要出洋；夠不上人家高等小學的人，也要出洋。一來呢，丟臉(上海人叫做坍台)；二來在外國費用大，連小學堂的學生都要在外國教育，你想這還了得麼。第二，要是派了一般什麼不懂的學生出洋，這些人眼光到有豆樣大，肚子裡茅塞極了。一到外國，瞧見了那些奇技美術、高等學問，你想他那一種佩服傾倒的情形那還說得出、描得出嗎？這種人即使學成之後，還不是一班奴隸根性的人嗎？於我們祖國前途何嘗有分毫利益呢？[89]

如果中國是應該愛的，如果那光輝燦爛的傳統中國文明，是應該讓中國人覺得驕傲，並且去發揚光大的，則那是當代的中國人的責任。問題是，從胡適的角度看來，他那個時代的中國人根本就沒有榮譽心而且苟且。更嚴重的是，對這些麻木不仁的當代中國人談這光輝燦爛的歷史，根本等於是對牛彈琴，因為他們「甘心媚外，處處說外國人好，說中國人不好，哪裡曉得他們祖宗原是很光榮的」。然而，胡適並沒有灰心。雖然他說的話，也許像他所說的，等於是「白話」，白說了的話，但是，他還是願意苦口婆心。他的對策顯然是用西洋的例子。我們在本章「作新民」那一節所提到的克里米亞戰爭期間，英國輕騎兵在巴拉克拉瓦之戰壯烈的表現——〈六百男兒行〉——就都是他想借西洋人愛國的故事，來激發起中國人愛國心的例子。

另外一個例子，就是他在1908年9月16日，在《競業旬報》所發表的〈世界第一女傑貞德傳〉。胡適在這篇文章裡，先以中國歷史上女扮男裝、代父從軍的木蘭作為引子，襯托出兩相對比之下，會讓木蘭變得望塵莫及的貞德：「唉！哪裡曉得法蘭西國，曾出有一個女子，她處的時勢比木蘭艱難百倍，立的功業比木

89　胡適，〈姚烈士傳略〉，《胡適全集》，19：589-590。

蘭高百倍。她是誰呢？這便是我今天所要說的世界第一女傑貞德了。」胡適說貞
德出生於法國東方一個名叫陶蘭美(Domremy)的小村，她在英法百年戰爭的晚
期，法國頻臨敗亡的時候，上帝由天使托夢，對她說：「貞德，妳還不去救國
嗎？妳去一定可以救得法國，可以使法國國王在雷姆〔Reims〕地方行加冕的
禮。貞德，妳還不去救國嗎？」貞德接受了上帝的指令，到處去作慷慨激昂的演
說：

> 上帝的威靈，實鑒在茲；我法國國祚的存亡，全在此一舉；我們法國
> 全國生民的自由，也都在此一舉。上帝的威靈，實鑒在茲，列位好國
> 民，努力呀！戰呀！自由呀！驅除異族呀！上帝呀！

在貞德的號召率領之下，法軍每戰皆捷，不但解除了被英軍包圍了七個月之
久的亞倫斯城(Orléans)，甚至乘勝長驅直入雷姆城，果眞如上帝在托夢中所說
的，在雷姆城爲法王查裡七世行加冕禮。不幸的是，胡適說貞德後來「中了奸人
詭計，遂爲褒根得人〔Burgundians〕所擒，囚起來，賣給英國人，唉！這種人，
還可算作人嗎？簡直是禽獸了。唉！」胡適說，英國人在審訊貞德，問她爲什麼
以一介小女子，而出來打仗呢？貞德侃侃地答道：

> 我麼，我是上帝差我來搭救我所最親愛、最莊嚴的祖國。我存了這
> 心，上帝自然會幫忙我。你們這班英狗，哪裡夠我殺呀！

英國人恨極了貞德，於是以妖術惑眾爲名把她燒死。胡適描寫說：

> 到了那日，英國人架起柴來，預備要燒了。那時有一個黑人女奴，服
> 侍貞德的，英人也要燒死她。那女奴見了刑具，嚇得哭起來了，貞德還
> 過去從從容容地勸導她，叫她不要怕死。唉！這種魄力，這種心腸，我
> 們中國幾千年來可曾見過麼？後來時候到了，火著了，我們這位可敬、

可愛、愛國、愛人、前無古人、後無來者的貞德女傑，便死在烈火之中
了。唉！

　　這神靈感召的故事，是留美初期幾乎皈依基督教，後來產生反感、反動的胡
適所必定會嗤之以鼻的，但這是後話。他的寫作策略，是激將法；他要讓讀者覺
得可恥、受辱，從而激起他們想要證明胡適錯怪他們的激情。胡適在結語裡說：

　　　我們中國如今的時勢，危險極了，比起那時法國的情形，我們中國還
　　要危險十倍呢！那時法國只和英國一國打仗，如今中國倒有幾十個強國
　　環繞境上，可不是危險十倍麼？我很望我們中國的同胞，快些起來救
　　國，快些快些，不要等到將來使娘子軍笑我們沒用。我又天天巴望我們
　　中國快些多出幾個貞德，幾十個貞德，幾千百個貞德，等到那時候，在
　　下便拋下筆硯，放下書本，趕去做一個馬前卒，也情願的，極情願的。
　　唉！在下現在恐怕是作夢吧！哈哈！[90]

　　胡適不但自己寫，他也在《競業旬報》上介紹其他闡揚愛國思想的書籍。比
如說，他讀了林紓翻譯的《愛國二童子傳》(*Le Tour de la France par deux enfants*,
G. Bruno [Mme Alfred Fouillée])。胡適在他的介紹裡說：「現在上海出了一部極
好、極有益處的小說，叫做《愛國二童子傳》。那書真好，真可以激發國民的自
治思想、實業思想、愛國思想、崇拜英雄的思想。這一部書很可以算得一部有用
的書了。兄弟看那書裡面，有許多極好的話，遂和那些格言相彷彿，便抄了一些
來給大家看看。兄弟的意思，這些格言，比那朱子(朱伯廬)〔(1617-1688年)，朱
用純〕的〈治家格言〉好得多多呢！」
　　胡適在這篇介紹的文章裡，摘抄下來二十句的這部小說裡類似格言的句子。
他在其中的幾句話之後加了評註。這些評註用的還是激將法。比如說，「美成洛

90　胡適，〈世界第一女傑貞德傳〉，《胡適全集》，19：599-608。

將死，乃張目作淒戀，頗聞微息作聲，大類微風之吹入，頗辨析爲『法國』二字。(你看人家到死，尚不肯忘記國家，我們呢？)」；「凡人得資於分外者，即奇富亦不足爲榮顯矣(中國那些夢想發橫財的聽著！)」；「伯爾亞將死，尚呼其步卒，扶之倚樹而立，力回面斥敵師日：我雖死，終不示汝以背也(這句話的意思，說大凡逃走的人必定把背脊朝著人，如今我雖死，終不肯逃走)(中國的兵聽著！)。」[91]

另外一個例子更有意思，因爲它讓我們領悟到胡適讀書之廣。胡適在上海時期所讀的宣揚維多利亞美德的書，顯然不限於《國民讀本》與《眞國民》。他1909年8月在《安徽白話報》上所發表的翻譯短篇小說〈國殤〉，是從義大利作家亞米契斯(Edmondo De Amicis, 1846-1908)所著的《心》(*Cuore*)裡所翻譯過來的。《心》是1886年出版的，是一本風行世界，被翻譯成多國語言的暢銷青少年讀物。鴛鴦蝴蝶派的小說巨匠包天笑，據說是第一個把這本書由日文轉譯成中文的，時間在1909年，跟胡適所翻的〈國殤〉是同一年。由於包天笑有一個兒子叫可馨，故該書取名爲《可馨兒就學記》。1924年夏丏尊對照日、英兩種譯本，又將該書譯成中文，取名《愛的教育》。據說民國時期的翻譯小說裡，《愛的教育》的再版次數與印刷數量是創記錄的。這篇小說的背景是在郎巴德(Lombardy)的一場戰役，是義大利邁向統一的一個里程碑，時間在1859年。故事所描寫的是一個少年，爬上樹梢爲義大利前哨軍偵測奧地利軍隊，結果不幸被敵軍發現，中彈而亡。爲了表揚他爲國捐軀，義大利官兵以國旗覆蓋在死在槐樹下的少年身上，舉起指揮刀向少年的屍身致敬，其中一名軍官從溪旁的花叢裡摘下兩朵花撒在他的身上。於是，所有向前線行軍的官兵，在經過的時候，都各個摘下了花朵，撒在覆蓋著國旗的少年的屍身上。不一會兒，他的屍身就全被花朵所覆蓋住了。「那些士官們，軍人們，走過的時候，個個都朝著他行禮。口中喊著：『勇敢的郎巴德！永別了！我尊敬你，好孩子〔英譯是：金髮兒〕！呀！光榮！永別了！』」胡適在文後附了三個譯者後記：

91　胡適，〈讀《愛國二童子傳》〉，《胡適全集》，19：609-610。

譯者曰：讀者須知死在槐陰之下，以國旗裹屍，以萬花送葬，較之呻吟床蓐之間，寂寂郊原之下，何者爲苦？何者爲樂？祖國青年，尚祈念之。

又曰：大佐說：「這孩子死的和軍人一般，應該我們軍人來葬他。」此即孔子「能執干戈以衛社稷，雖欲勿殤也，不亦可乎！」之義。屈子《國殤》篇曰：「身既死兮神以靈，魂魄毅兮爲鬼雄。」故亦以「國殤」名之。(《小爾雅》：無主之鬼曰殤。)

又曰：這孩子說：「我是郎巴德人，今兒爲的是咱們自己的事。」我願我祖國青年，三復斯言。我尤願我國無數之賣國賊，日夜諷誦斯言也。[92]

　　儘管胡適苦口婆心，儘管胡適用激將法，他對當時中國的現狀是完全悲觀的，完全相信他的話都是白說的。他當時悲觀的心境，流露得最淋漓盡致的，就是在他所寫的詩。胡適在上海時期所寫的詩很多，用他自己的話來說，他從1907年開始寫詩，到他1909年赴美留學爲止，作了兩百多首詩[93]。可惜，現在所能找得到的只有將近四十首。這些詩有意義的地方，除了讓我們看到胡適留美以前對愛國的執著以外，還可以讓我們看到他畢竟是傳統文化的產物。他當時寫詩的風格完全是留美以後，開始提倡白話文學運動的他所反對的。從這個角度來說，胡適的白話文學運動，不但是對傳統文學的體例、文風的宣戰，而且，更確切來說，是他對昨日之他的自我批判與超越。

　　胡適對詩產生興趣是在1906年底。那時他才進中國公學不到半年。他在〈四十自述〉裡說[94]，由於他得了腳氣病，就向學校請假，到他家在上海南市開的瑞興泰茶葉店裡養病。養病期間，他偶然翻讀了清末桐城派吳汝綸選的古文讀本，其中第四本是古詩歌，即樂府歌詞和五七言詩歌。胡適讀得興致大起，每天讀幾

92　胡適，〈國殤〉，《胡適全集》，42：476-480；Edmondo De Amicis, *The Heart of a Boy* (*Cuore*) (Chicago: Laird & Lee, Publishers, 1895), pp. 46-51.
93　胡適，〈《嘗試集》自序〉，《胡適全集》，1：180。
94　以下四段，請參見胡適，〈四十自述〉，《胡適全集》，18：77-79。

首，不久就把這一冊古詩讀完了。他覺得這些樂府歌詞和五七言詩歌，比小時候讀的那些律詩有趣多了。不必像律詩一樣，必須先學對仗，自由多了。他說他從〈木蘭辭〉、〈飲馬長城窟行〉、〈古詩十九首〉，一直背到了陶淵明、杜甫，他都喜歡。

有一天，胡適回學堂去，路過《競業旬報》社，就轉進去看傅君劍，他不久就要回湖南去了。胡適回到了宿舍以後，寫了一首送別詩，自己帶去給傅君劍，問他像不像詩。胡適說他在寫〈四十自述〉的時候，已經記不得這首詩寫的是什麼了，只記得開頭是「我以何因緣，得交傅君劍」。哪想到傅君劍不但誇獎胡適寫的送別詩，過了一天，還送了一首〈留別適之即和贈別之作〉來，用日本卷箋寫好。胡適說他還真嚇了一跳，因為他詩中有「天下英雄君與我，文章知己友兼師」兩句，真讓他受寵若驚了！胡適把傅君劍這幅詩箋藏了起來，不敢給人看。然而，從此以後，胡適就發憤讀詩、寫詩，想要做個詩人了。

在發現了這個新世界以後，胡適就像著了魔似的學作詩。就像胡適自己說的：「我沒有嗜好則已，若有嗜好，必沉溺很深。」從前他在澄衷學堂的時候，迷上代數，每天晚上宿舍熄燈以後，在蚊帳外點蠟燭，趴在被窩裡對著燭光自己補習代數，弄到兩耳都聾了的地步。現在在中國公學迷上了詩，先生在黑板上寫高等代數的算式，他卻在斯密斯的《大代數學》課本底下翻《詩韻合璧》。練習本上寫的不是算式，而是他一首未完成的詩！

又過了半年，也就是1907年6、7月間，胡適的腳氣病又發了，胡適回績溪上莊養病，住了兩個多月。他的族叔兼好友胡近仁，很鼓勵他作詩。兩人常常互相討論、唱和。胡適說他當時讀了不少白居易的詩。等他回到學校以後，胡適說他在他們學校裡已經有了少年詩人的稱號了。胡適從這時候開始到留美為止寫的詩，有抒情感懷的，也有敘事的，然而，最令人觸目的，是他的憂國詩。

胡適1908年10月5日發表在《競業旬報》的〈霜天曉角‧長江〉，就是一個典型的例子。

江山如此，

人力何如矣。

遙望水天連處，

青一縷，

好山水。

看輪舟快馳往來天塹地，

時見國旗飄舉，

但不見，

黃龍耳。[95]

　　1907年10月初，胡適在家養病養了兩個多月以後，告別了慈母，步行回上海去。途中，胡適經過富春江，乘機遊覽了嚴子陵釣台。嚴子陵釣台分東台、西台，故稱「雙台垂釣」。東台相傳是東漢的嚴子陵，即嚴光，垂釣之地。嚴光是東漢中興的光武帝小時之友，是光武帝逐鹿中原的策士。光武帝即位以後，他卻拒絕出仕，到富春山中去釣魚，過隱居生活；西台為南宋遺民謝皋羽，即謝翱，哭祭文天祥之處。胡適的〈西台行〉云：

富春江上煙樹裡，石磴嵯峨相對峙。

西為西台東釣台，東屬嚴家西謝氏。

子陵垂釣自優遊，曠觀天下如敝屣。

皋羽登臨曾慟哭，傷哉愛國情靡已。

如今客自桐江來，不拜西台拜釣台。

人心趨表乃如此，天下事尚可為哉！[96]

　　胡適這首詩有序曰：「嚴光釣台之西，為謝皋羽西台。而過者但知有釣台，不知有西台也，感此，成八十四字。」換句話說，遊人到富春江來攬勝，只知有

95　胡適，〈霜天曉角·長江〉，《胡適全集》，10：365。
96　胡適，〈西台行〉，《胡適全集》，10：364。

嚴子陵釣台，那裡有祠堂，又有對聯；而愛國的謝翱哭祭文天祥的西台，卻寂寂無人，使他憤慨莫名。

有趣的是，留美以後，心境大改，由悲觀轉爲樂觀，開始提倡文學革命的胡適，就不再作如是觀。憑吊謝皋羽，曾經是他心目中的愛國心的表露，現在則變成是無病呻吟、亡國哀音。他在〈文學改良芻議〉的第四議說：

> 不作無病之呻吟：此殊未易言也。今之少年往往作悲觀，其取別號則曰「寒灰」、「無生」、「死灰」；其作爲詩文，則對落日而思暮年，對秋風而思零落，春來則惟恐其速去，花發又惟懼其早謝。此亡國之哀音也。老年人爲之猶不可，況少年乎？其流弊所至，遂養成一種暮氣，不思奮發有爲，服勞報國，但知發牢騷之音，感喟之文；作者將以促其壽年，讀者將亦短其志氣。此吾所謂無病之呻吟也。國之多患，吾豈不知之？然病國危時，豈痛哭流涕所能收效乎？吾惟願今之文學家作費舒特(Fichte)、作瑪志尼(Mazzini)，而不願其爲賈生、王粲、屈原、謝皋羽也。其不能爲賈生、王粲、屈原、謝皋羽，而徒爲婦人醇酒喪氣失意之詩文者，尤卑卑不足道矣！[97]

用胡適留美以後這個「吾惟願今之文學家作費舒特、作瑪志尼，而不願其爲賈生、王粲、屈原、謝皋羽也」的標準來看，他等於也是在跟他「昨日之我」在宣戰。用這個標準來衡量，他留美以前所寫的許多愛國詩歌，都是無病的呻吟、亡國的哀音。比如說，他的〈送石蘊山歸湘〉云：

> 北風烈烈雪霏霏，大好河山已式微。
> 滿眼風塵滿眼淚，夕陽影裡送君歸。
> 老驥猶憐志未磨，干戈聲裡唱驪歌。

97　胡適，〈文學改良芻議〉，《胡適全集》，1：8。

盡多亡國飄零恨，此去應先弔汨羅。[98]

　　胡適出國以前寫的許多首詩，都犯了他後來所抨擊的毛病。再舉兩個無病呻吟的例子。他1910年的〈送二兄入都〉：

　　落木蕭蕭下，天涯送弟兄。
　　銷魂猶佇望，欲哭已吞聲。
　　意氣開邊塞，艱難去帝京。
　　遠遊從此始，慷慨赴長征。
　　回首家何在，朱門已式微。
　　無心能建樹，有室可藏暉。
　　黯黯愁霜鬢，朝朝減帶圍。
　　淒其當此夜，魂夢逐飄飛。[99]

　　又，他在1910年2月9日，己酉年除夕寫的〈歲暮雜感〉云：

　　客裡殘年盡，嚴寒透窗簾。
　　霜濃欺日淡，裘敝苦風尖。
　　壯志隨年逝，鄉思逐歲添。
　　不堪頻看鏡，頷下已鬖鬖。[100]

　　胡適寫這兩首詩的時候，誠然家道中落，自己又前途茫茫。然而，十八歲不到的他，寫〈歲暮雜感〉的時候，才剛滿十八歲。所謂「朝朝減帶圍」、「頷下已鬖鬖」云云，實難免為賦新詞強說愁之譏。無怪乎他在1914年1月29日的《留

98　胡適，〈送石蘊山歸湘〉，《胡適全集》，10：356。
99　胡適，〈送二兄入都〉，《胡適全集》，10：396。
100　胡適，〈歲暮雜感〉，胡明編著，《胡適詩存》(北京：人民文學出版社，1993)，
　　　頁43。

學日記》裡說：「吾與友朋書，每以『樂觀』相勉，自信去國數年所得，惟此一大觀念足齒數耳。在上海時，悲觀之念正盛，□偶見日出，霜猶未消，有句云：『日淡霜濃可奈何！』後改為『霜濃欺日薄，』足成一律。今決不能復作此念矣。」他還在當天的日記裡，寫下他重讀〈歲暮雜感〉的感想：

> 三年之前嘗悲歌：「日淡霜濃可奈何！」
> 年來漸知此念非，「海枯石爛終有時！」
> 一哀一樂非偶爾，三年進德只此耳。[101]

不只無病呻吟，胡適在上海時期所寫的詩，有些還犯了他在〈文學改良芻議〉裡的第六個「不」，即不用典。這中間，最好的例子，就是他在1908年寫的兩首讀林紓翻譯的小說的有感。第一首是〈讀大仲馬《俠隱記》《續俠隱記》〉：

> 從來桀紂多材武，
> 未必武湯皆聖賢。
> 太白南巢一回首，
> 恨無仲馬為稱冤。

第二首是〈讀《十字軍英雄記》〉。這《十字軍英雄記》是英國司各特（Walter Scott）所寫的：

> 豈有酖人羊叔子？
> 焉知微服武靈王！
> 炎風大漠荒涼甚，

---

101 《胡適日記全集》，1：268-269。

誰更持矛望夕陽？

胡適在1916年9月16日的《留學日記》裡，寫下他想依照他不用典的新理念，來改這兩首舊詩的成敗。第一首，他把「太白」、「南巢」這兩個典都給去掉了，把它成功地改寫成：

從來桀紂多材武，
未必武湯真聖賢。
哪得中國生仲馬，
一筆翻案三千年！

其實胡適在這裡，難免落得明察秋毫，不視輿薪之譏，這「仲馬」也者，豈不是一個來自西洋的新典嗎？第二首，他再怎麼想，就是想不出什麼更好的方法，來甩掉「羊叔子」、「武靈王」那兩個典：

豈有酖人羊叔子？
焉知微服趙主父？
十字軍真兒戲耳，
獨此兩人可千古。

胡適的結論是：「此〔第二首〕詩注意在用兩個古典包括全書。吾近主張不用典，而不能換此兩典也……第一首可入《嘗試集》，第二首但可入《去國集》。」[102]換句話說，由於〈讀大仲馬《俠隱記》《續俠隱記》〉，經他改寫以後，已經沒有犯了他在〈文學改良芻議〉裡不用典的戒律，可以收入他以身作則，從事新文學創作的《嘗試集》裡；反之，〈讀《十字軍英雄記》〉，終不能

---

[102] 《胡適日記全集》，2：425-426。

免於用典，就必須打入他《去國集》的傳統詩的冷宮裡。

來來來，來上海；去去去，去美國

　　如果胡適寫的愛國詩，多傾向於淒淒，而有「亡國之哀音」；如果胡適所寫的感懷的詩，多暮氣沉沉，而有「無病呻吟」之嫌，這跟他當時的處境也有很大的關係。我們在上一章提到胡適在1909年1月22日的《競業旬報》上，刊出了辭去編輯撰述工作的啓事。《競業旬報》也跟著就停刊了。胡適辭去編輯工作以後，先是搬進了中國新公學去住。等中國新公學在該年11月13日解散以後，胡適拿了中國新公學發給他的兩、三百塊錢的欠薪，搬到海寧路的南林裡的一幢房子裡，和幾個四川朋友合住在西屋。住在東屋的，是原來也在中國新公學教書的一個德、中混血，能說廣東話、上海話、官話，什麼中國人的玩意兒他全會的何德梅。胡適在〈四十自述〉裡說：

　　　　何德梅常邀這些人打麻將，我不久也學會了。我們打牌不賭錢，誰贏
　　　　誰請吃雅敍園。我們這一班人都能喝酒，每人面前擺一大壺，自斟自
　　　　飲。從打牌到喝酒，從喝酒又到叫局，從叫局到吃花酒，不到兩個月，
　　　　我都學會了。幸而我們都沒有錢，所以都只能玩一點窮開心的玩意兒：
　　　　賭博到吃館子為止，逛窰子到吃「鑲邊」的花酒〔註：上海話：妓女只
　　　　當喝酒的陪客，純喝酒〕，或打一場合股份的牌為止。有時候，我們也
　　　　同去看戲。林君墨和唐桂梁發起學唱戲，請了一位小喜祿來教我們唱
　　　　戲。同學之中有歐陽予倩，後來成了中國戲劇界的名人。我最不行，一
　　　　句也學不會，不上兩天我就不學了……我那幾個月之中真是在昏天黑地
　　　　裡胡混。有時候，整夜的打牌；有時候，連日的大醉。[103]

103　胡適，〈四十自述〉，《胡適全集》，18：92。

　　胡適在這個時期的墮落，泰半都由於他沒寫日記，而無得尋蹤。他在《藏暉室日記・已酉第五冊》的卷頭語說：「余自十月一日中國新公學淪亡以來，心緒灰冷，百無聊賴，凡諸前此所鄙夷不屑為之事，皆一一為之，而吾日日之記載，乃至輟筆至七八十日之久。」[104]但是，我們從他在1910年舊曆年前又開始寫的日記，可以管窺其中的一二。從這兩個多月的日記裡，我們可以看到一個前途茫茫、靠借錢典當度日，借打牌、喝酒以消愁的年輕人。

　　胡適年輕時，就是一個慷慨的人。1910年1月31日，離舊曆新年已經只有十天了。胡適在日記裡，寫他一年來因為慷慨而在金錢上吃虧，窮到連吃飯的錢都必須拖欠：「返觀今年所行事，大半受人之愚，於『慷慨』二字上吃虧不少。今年盡歲迫，余乃受人敲炙，至無以償食金。」先前，朋友夏森林問他近況如何，他回答說：「余答以邇來所賴，僅有三事，一曰索，索債也；二曰借，借債也；三曰質，質衣物也。」現在的情形卻是每況愈下，連想靠「索」、「借」、「質」都已不可能：「此種景況，已不易過；今則並此三字而亦無之，則惟有坐斃而已耳。」潦倒窮困至此，無怪乎他會自暴自棄地說：「連日百無聊賴，僅有打牌自遣。實則此間君墨、仲實諸人亦皆終日困於愁城恨海之中，只得呼盧喝雉為解愁之具云爾。」[105]

　　胡適當時的窘狀，真是已經到了山窮水盡的地步。2月7日，剩下兩天就過年了，胡適還在為償還飯錢而煩惱：「今日已不易度矣。仲實、君墨皆奇窮，余之房金飯金亦皆未付。昨日謝卓然為我假得五元，徐子端還我三元，今日胡希彭還我八元，然尚不足。曩日求助於亮孫、意君、亦許相助，不知有效否。下午訪子勤，談甚久。夜七時訪節甫，約明日取款。余以所寫約據與之。談一時許始歸。」[106]胡節甫是胡適的叔公，他借了胡適250元。拿了這筆救急之款，胡適趕忙在除夕當天，要僕人老彭到當鋪裡去，拿回朋友但怒剛為了借錢給他而當掉的衣服：「晨起，命僕至質庫為怒剛贖衣。前此余嘗告貸於怒剛，怒剛適無錢，乃

104　《胡適日記全集》，1：57。
105　《胡適日記全集》，1：61。
106　《胡適日記全集》，1：64。

質衣以應，今日已除夕，始能贖還，余負歉深矣。」[107]就是在這種心境之下，胡適寫下了我們在第一章啓首所引的《歲暮雜感》：「客裡殘年盡，嚴寒透畫簾。霜濃欺日淡，裘敝苦風尖。壯志隨年逝，鄉思逐歲添。不堪頻看鏡，頷下已鬑鬑。」

就在胡適過著這種昏天暗日、今朝有酒今朝醉的日子的時候，胡適在中國公學時候的老師王雲五幫了他很大的忙。1910年舊曆年前，王雲五有一天到胡適住的地方去看他，就力勸胡適一定要遷居。其實，胡適自己也知道他住的地方「藏垢納污，萬難久處」，他說等過了年再找地方住，但就是一直沒能實行。好在胡適即使在這段最落魄、墮落的時候，仍然不時跟王雲五來往。王雲五介紹胡適到華童公學教中文。華童公學是上海租界工部局所設的，專收貧民子弟。除此之外，王雲五還勸胡適每天用課餘的時間翻譯小說，他說，胡適應該規定自己每天譯一千字。這樣，每個月可以得五、六十元的稿費，既可增加收入，又可以增進學識[108]。胡適雖然覺得這個建議很好，但顯然沒有執行。

華童公學的教書工作，顯然對胡適而言，是索然無味，毫無成就感的。他所教的己班，不體罰，就無法教導。他是這樣形容的：「所授諸生年長者已近二十，幼者十一二歲，然皆懵然無所曉，且極難駕馭，非施以夏楚不爲功。蓋此種人初無家庭教育，野蠻之行，習與性成，教者雖唇敝舌焦，而一日暴之，十日寒之，終無所補。甚矣，爲小學師之不易也！」[109]

也許就因爲在華童公學的教學工作不但使他身心俱疲，又沒有成就感，胡適依舊過他的頹廢的生活。他開始到華童公學上課以前，就已經時常喝得爛醉，比如說，2月6日的日記說：「晏起。下午陳祥雲來。桂梁出佳餚沽酒飲之。時諸人皆抑鬱無俚，得酒尤易醉，計所飲只一壺，而醉者三人，桂梁、劍龍及余也。中夜酒醒，乃不成寐，至天明始睡。是夜本擬訪節甫，以醉故不果。」[110]等到他開始到華童公學上課以後，這種習性仍然不改。3月16日晚上，跟朋友一起上妓

107 《胡適日記全集》，1：65。
108 《胡適日記全集》，1：65。
109 《胡適日記全集》，1：76。
110 《胡適日記全集》，1：64。

院，鬧了個通宵，一直到清晨六點，才雇車回家改學生作業：「同出至花瑞英家打茶圍〔跟妓女喝茶聊天〕，其家欲君墨在此打牌，余亦同局。局終出門已一句鐘。君墨適小飲已微醉，強邀桂梁及余等至一伎者陳彩玉家，其家已閉戶臥矣，乃敲門而入。伎人皆披衣而起，復欲桂梁打牌。桂梁以深夜驚人清夢，此舉遂不可卻。余又同局，是局乃至天明始終。是夜通夜不寐，疲極矣，然又不敢睡。六時以車獨歸，強自支持，改學生課卷三十冊。」[111]改完作業，又趕到華童公學上課，勉強撐到下午下課，才回家蒙頭睡了十五個鐘頭：「九時上課，時時強自支撐，然苦極矣。至下午四時下課，始得安臥，遂睡至十二時始醒。醒時適君墨來，以不及歸去，遂同寢。至次日七時半始起。計共睡十五小時云。」[112]

　　這樣子過頹廢的生活，用胡適自己在〈四十自述〉裡的話來說，終於「鬧出亂子來了」。3月22日晚，胡適在日記裡說：「是夜，唐國華招飲於迎春坊，大醉，獨以車歸。歸途已不省人事矣。」[113]在〈四十自述〉裡，他說，那一晚他們「在一家『堂子』裡吃酒，喝的不少了，出來又到另一家去『打茶圍』。那晚上，雨下的很大，下了幾個鐘頭還不止。君墨、桂梁留我打牌。我因為明天要教書，所以獨自雇人力車走了。他們看我能談話，能在一疊『局票』〔用以召妓的字條〕上寫詩詞，都以為我沒喝醉，也就讓我一個走了。」

　　接下來的情節，胡適在〈四十自述〉裡描寫得再維妙維肖也不過了[114]：

　　　　直到第二天天明時，我才醒來，眼睛還沒有睜開，就覺得自己不是睡在床上，是睡在硬的地板上！我疑心昨夜喝醉了，睡在家中的樓板上，就喊了一聲「老彭！」──老彭是我雇的一個湖南僕人。喊了兩聲，沒有人答應，我已坐起來了，眼也睜開了。

　　　　奇怪的很！我睡在一間黑暗的小房裡，只有前面有亮光，望出去好像沒有門。我仔細一看，口外不遠還好像有一排鐵柵欄。我定神一聽，聽

---

111 《胡適日記全集》，1：80。
112 《胡適日記全集》，1：80。
113 《胡適日記全集》，1：81。
114 胡適，〈四十自述〉，《胡適全集》，18：93-96。

見欄桿外有皮鞋走路的聲響。一會兒，狄托狄托的走過來了，原來是一個中國巡捕走過去。

我有點明白了，這大概是巡捕房，只不知道我怎樣到了這兒來的。我想起來問一聲，這時候才覺得我一隻腳上沒有鞋子，又覺得我身上的衣服都是濕透了的。我摸來摸去，摸不著那一隻皮鞋；只好光著一隻襪子站起來，扶著牆壁走出去，隔著柵欄招呼那巡捕，問他這是什麼地方。

他說：「這是巡捕房。」

「我怎麼會進來的？」

他說：「你昨夜喝醉了酒，打傷了巡捕，半夜後進來的。」

「什麼時候我可以出去？」

「天剛亮一會，早呢！八點鐘有人來，你就知道了。」

我在亮光之下，才看家我的舊皮袍不但是全濕透了，衣服上還有許多污泥。我又覺得臉上有點疼，用手一摸，才知道臉上也有污泥，並且有破皮的疤痕。難道我真同人打了架嗎？

八點鐘以後，果然有人來把胡適帶了出去。於是，就開始了審訊：

在一張寫字桌邊，一個巡捕頭坐著，一個渾身泥污的巡捕立著回話。那巡捕頭問：

「就是這個人？」

「就是他。」

「你說下去。」

那渾身泥污的巡捕說：

「昨夜快十二點鐘時候，我在海寧路上班，雨下的正大。忽然(他指著我)他走來了，手裡拿著一隻皮鞋，敲著牆頭，狄托狄托的響。我拿巡捕燈一照，他開口就罵。」

「罵什麼？」

「他罵『外國奴才！』我看他喝醉了，怕他闖禍，要帶他到巡捕房來。他就用皮鞋打我，我手裡有燈，抓不住他，被他打了好幾下。後來我抱住他，搶了他的鞋子，他就和我打起來了。兩個人抱住不放，滾在地上。下了一夜的大雨，馬路上都是水，兩個人在泥水裡打滾。我的燈也打碎了，身上臉上都被他打了。他臉上的傷是在石頭上擦破了皮。我吹叫子，喚住了一部空馬車，兩個馬夫幫我捉住他，關在馬車裡，才能把他送進來。我的衣服是烘乾了，但是衣服上的泥都不敢弄掉，這都是在馬路當中滾的。」

……

巡捕頭問我，我告訴了我的真姓名和職業，他聽說我是在華童公學教書的，自然不願得罪我。他說，還得上堂問一問，大概要罰幾塊錢。

審訊完了以後，胡適寫了一封短信，托人送到家中，請帶錢來繳罰款。胡適被罰了五元，「做那個巡捕的養傷費和賠燈費。」胡適接著說：

我到了家中，解開皮袍，裡面的棉襖也濕透了，一解開來，裡面熱氣蒸騰。濕衣裏在身上睡了一夜，全蒸熱了！我照鏡子，見臉上的傷都只是皮膚上的微傷，不要緊的。可是一夜的濕氣倒是可怕。

同住的有一位四川醫生，姓徐，醫道頗好。我請他用猛藥給我解除濕氣。他下了很重的瀉藥，瀉了幾天。可是後來我手指上和手腕上還發出了四處的腫毒。

這個教訓很大。胡適說他那天在鏡子裡看了自己臉上的傷痕，和渾身的泥濕，忍不住嘆了一口氣。想到了「天生我材必有用」這句詩句，心裡百般懊悔，覺得對不住他的慈母。他說，雖然這次的事故，他沒有掉一滴眼淚，但這是他一生中「一次精神上的大轉機。」

我在第一章啓始，就說胡適至少在1908年的時候，就已經有了到美國去留學

的夢想。這次因爲酒醉而被關進巡捕房的教訓，讓他徹底地驚醒，決定痛改前非。不但如此，還使他立下了破釜沉舟的決定，辭去了華童公學的工作，關起門來，準備當年7月底的第二次庚款留美考試。志既已立定，唯一所欠的是東風。他在〈四十自述〉裡說明了他的朋友和叔公，如何幫他解決了財務上的疑懼與困難：

> 許怡蓀來看我，也力勸我擺脫一切去考留美官費。我所慮的有幾點：一是要籌養母之費；二是要還一點小債務；三是要籌兩個月的費用和北上的旅費。怡蓀答應替我去設法。後來除他自己之外，幫助我的有程樂亭的父親松堂先生，和我的族叔祖節甫先生。[115]

　　胡適說他閉戶讀了兩個月的書。我們可以從他所留下來的六月份的日記，看出他著實用功地讀書。至於他是否眞的如他所說的，是「閉戶」讀書，那就要看其是否在嚴格的定義下來界定了。至少，在6月的日記裡，他打過三次牌，下過三次棋，看過兩次戲。然而，他確實是戒了酒。唯一破戒的一次，是北上赴考前一個星期，但怒剛買酒來爲他打氣餞行的那一下午。在預備考試方面，他六月份的日記所記的，大部分是複習代數，一直複習到6月17日，他在當天的日記裡說：「習代數完。」此後的日記，則記他讀希臘、羅馬史。比如說，21日的日記：「讀史，希臘史畢。希臘史如吾春秋戰國時代，其間人才輩出，如亞歷山大父子，皆不世之英傑，惜皆不永其年，抱恨以沒。又如Solon、Lycurgus，如商君、管子，爲國家立法，遂躋強盛，皆人傑也。」[116]
　　那踏上征途的日子終於到來。6月28日晚，胡適與他的二哥登上「新銘」輪。兩天以後，胡適在「新銘」輪上，給他母親寫信，向她報告決定報考庚款留美的經過，以及用出國留學以重振家聲的雄心：

115 胡適，〈四十自述〉，《胡適全集》，18：97。
116 《胡適日記全集》，1：91-92。

　　兒今年本在華童公學教授國文。後二兄自京中來函，言此次六月〔陰曆〕京中舉行留學美國之考試。兒思此次機會甚好。不可錯過。後又承許多友人極力相勸，甚且有人允爲兒擔任養家之費。兒前此所以不讀書而爲糊口之計者，實爲養親之故。而比年以來，窮年所得，無論兒不敢妄費一錢，終不能上供甘旨，下蓄妻孥。而日復一日，年歲不我與，兒亦纍纍老矣。既不能努力學問，又不能顧贍身家，此眞所謂「肚皮趺筋鬥，兩頭皆落空」者是也。且吾家家聲衰微極矣，振興之責，惟在兒輩。而現在時勢，科舉既停，上進之階，惟有出洋留學一途。且此次如果被取，一切費用皆由國家出之。聞官費甚寬，每年可節省二、三百金。則出洋一事，於學問既有益，於家用又可無憂，豈非一舉兩得乎？兒既決此策，遂將華童公學之事辭去。一面將各種科學溫習，以爲入京之計。兒於四月中即已將此事始末作書稟告大人。此書交彌臣姊丈帶上。不意彌臣逗留上海不即歸去。及兒知之已隔二十餘日。事隔多日，遂將此信索回。今兒於二十二夜與二哥同乘「新銘輪」北上。舟中蜷伏斗室，不能讀書，因作此書奉稟。兒次行如幸而被取，則趕緊歸至上海，搬取箱篋入京留館肄業，年假無事，當可歸來一行。如不能被取，則仍回上海覓一事糊口，一面竭力預備，以爲明年再舉之計。[117]

　　胡適在這封家信裡說，如果考取，將「趕緊歸至上海，搬取箱篋入京留館肄業，年假無事，當可歸來一行。」他之所以會這樣說的原因，是因爲根據清政府原先的計畫，是要把考取的學生集中在北京的肄業館，也就是後來的清華學堂，先修習預備一段時間以後，再送出洋。根據胡適7月12日的家信，顯然計畫已經有所變更，考取的學生，將即刻放洋：

　　兒此次與二哥北上，在舟中曾作一書托瑞生和轉寄……兒於二十七日

117 胡適稟母親，1910年6月30日，《胡適全集》，23：19-20。

〔7月3日〕抵京。二哥於二十九日〔7月5日〕乘火車往奉天矣。兒抵京後始知肄業館今年尚不能開辦。今年所取各生，考取後即送出洋。兒既已來，亦不能不考。如幸而被取，則八月內便須放洋。此次一別遲則五年，早亦三年，始可回國。兒擬如果能被取，則趕緊來家一行。大約七月初十以前可以抵家。惟不能久留，至多不過十日而已；如不能被取，仍回上海覓一事糊口。一面習德、法文及各種高等科學，以爲明年再舉之計……現考試之期定於十五〔7月21日〕至二十三〔7月29日〕等日，至二十四日〔7月30日〕便分曉。屆時如果被取，當以電報來家問照也。兒此次北上，一切用費皆友人代籌，故今年家用分文未寄。如能被取，則有每人五百兩之改裝費，家用可以無憂；若不能被取，則兒南歸後即當趕緊設法籌寄，大人可以放心也。[118]

胡適到了北京以後，由他二哥的朋友楊景蘇先生的介紹，住在當時還在建築中的女子師範學校，即後來的女師大。楊先生指點他從《十三經註疏》用功起。胡適在〈四十自述〉裡描述了第二次庚款留美考試的經過：

　　留美考試分兩場，第一場考國文和英文。及格者才許考第二場的各種科學。國文試題是「不以規矩不能成方圓說」。我想這個題目不容易發揮，又因爲我平日喜歡看雜書，就做了一篇亂談考據的文章，開頭就說：「矩之作也，不可考矣。規之作也，其在周之末世乎？」下文我說《周髀算經》作圓之法，足證其時尚不知道用規作圓；又孔子說「不踰矩」，而並不舉規矩。至墨子、孟子始以規矩並用，足證規之晚出。這完全是一時異想天開的考據，不料那時看卷子的先生也有考據癖，大賞識這篇短文，批了一百分。英文考了六十分，頭場平均八十分，取了第十名。

118 胡適稟母親，1910年7月12日，《胡適全集》，23：21-22。

第二場考的各種科學，如西洋史，如動物學，如物理學，都是我臨時
抱佛腳預備起來的，所以考得很不得意。幸虧頭場的分數占了大便宜，
所以第二場我還考了個第五十五名。取送出洋的共七十名，我很挨近榜
尾了。[119]

第二場考試的科目，胡適只說了幾個。根據跟胡適同年考中的徐然與張履鰲
〔張履鰲不是庚款生，他早在1907年就自費赴美留學〕合寫的〈1910年庚款生〉
(The Boxer Indemnity Students of 1910)的記載，這些科目是：高等代數、平面及
立體幾何、三角、物理、化學、生物、地理、拉丁文、現代語言、西洋古代及近
代史。根據他們的報告，第二場的專科考試，是一天考一科[120]。徐然跟張履鰲說
這些科目是當時美國大學入學考試的科目。根據趙元任的回憶，「現代語言」是
德文或法文，他選了德文；至於拉丁文，趙元任說那是可考可不考的[121]。我們有
理由相信德文、法文、拉丁文都是可考可不考的科目，因為當時的胡適還沒學過
德文、法文和拉丁文。德文和法文是胡適到了康乃爾大學以後才學的，拉丁文則
是他在康乃爾大學的時候自己在課外研讀的。

第二次庚款留美考試放榜是在7月30日。胡適在將近三十年以後，在〈追想
胡明復〉這篇文章裡，回憶了他去看榜的情形：

宣統二年(1910)七月，我到北京考留美官費。那一天，有人來說，發
榜了。我坐了人力車去看榜，到史家衚衕，天已黑了。我拿了車上的
燈，從榜尾倒看上去(因為我自信我考的很不好)。看完了一張榜，沒有
我的名字，我很失望。看過頭上，才知道那一張是「備取」的榜。我再

119 胡適，〈四十自述〉，《胡適全集》，18：97-98。
120 Ts-zun Z. Zee and Lui-Ngau Chang, "The Boxer Indemnity Students of 1910," *The Chinese Students' Monthly*, VI.1 (November. 1910), p. 16.
121 Yuen Ren Chao, *Life with Chaos: The Autobiography of a Chinese Family, Vol. II, Yuen Ren Chao's Autobiography: First 30 Years, 1892-1921* (Ithaca, New York: Spoken Language Services, Inc., 1975), p. 71.

　　拿燈照讀那「正取」的榜，仍是倒讀上去。看到我的名字了！仔細一
看，卻是「胡達」，不是「胡適」。我再看上去，相隔很近，便是我的
姓名了。我抽了一口氣，放下燈，仍坐原車回去了，心裡卻想著，「那
個胡達不知是誰，幾乎害我空高興一場！」那個胡達便是胡明復。後來
我和他和憲生都到康奈爾大學。中國同學見了我們的姓名，總以爲胡
達、胡適是兄弟，卻不知道憲生和他是堂兄弟，我和他卻全無親屬的關
係。[122]

　　胡適去參加1910年第二次庚款留美考試，顯然自己確實是沒有抱很大的希
望。最好的證據，就是他報名的時候，用的不是胡洪騂，而是胡適。我們在本章
「修身進德的焦慮」那一節，就從他在《澄衷中學日記》內頁的題字，推斷他至
少在1906年6、7月間，已經開始使用胡適這個名字了。他在〈四十自述〉裡，描
述了他二哥如何幫他想出了這個名字：

　　　　有一天早晨，我請我二哥代我想一個表字。二哥一面洗臉，一面說：
　　　　「就用『物競天擇，適者生存』的『適』字，好不好？」我很高興，就
　　　　用「適之」二字。後來我發表文字，偶然用胡適作筆名。直到考試留美
　　　　官費時，我才正式用「胡適」的名字。

　　根據徐然與張履鰲的〈1910年庚款生〉一文，第二次庚款留美考試放榜，中
選的七十名，備取一百五十名。備取者須留在北京的肄業館加強培訓，然後再於
次年放洋。中選的七十名幸運兒，則受命即赴上海準備放洋。這篇發表在《中國
留美學生月報》（The Chinese Students' Monthly）上的文章，流露著年輕人留美宿
願得償，如身在雲端的雀躍之情：

―――――――――――――
122　胡適，〈追想胡明復〉，《胡適全集》，3：862。

　　禮部、外務部官員的大門爲〔這七十名幸運兒〕敞開，這些要員都各個向他們祝賀。然而，一句：「小伙子們！即刻前往上海，準備在八月十六日啓航赴中國教育的聖地(the Chinese Mecca of Education)！」卻把他們怔住了，因爲這表示在措手不及之下，他們就要充軍離開中國，遠離自己的父母、朋友、甜心等等。每一個人都帶著悲喜交加的心情，坐上轟隆轟隆心不甘情不願地向前邁進的鐵馬〔火車〕，離開北京到天津。接著，這些學生就上了船，挨了幾個怒濤的侵襲。這群年輕人知道，這只不過是怒濤給我們下馬威而已，更多更大的還在後頭。

　　很快地，上海就出現在眼前了。船才靠岸，這七十名乘客的親友，就興奮地擠向他們。碼頭上的衛兵很難維持秩序。〔聖經裡〕古代的巴倍兒塔(Tower of Babel)一定是倒塌了，因此什麼樣的話都有！親友衝將過後，下一波，就是挑夫、車夫、裁縫和剃頭匠。他們讓我們覺得我們就像是凱旋歸來的大兵一樣。我們的門房很快地就受不了了，因爲他們須要替我們收受各種宴席、茶會等等的邀約，忙得他們團團轉。

　　時光是不等人的。很快地八月十六日就到了。不管我們情願與否，我們都坐上了小輪船，去接駁那海上之宮。雖然這七十名裡，一個逃兵也沒有，我們知道他們的心是沉重的。然而，他們各個看起來都欣喜莫名——各個都對著岸上的親友高呼、搖曳著他們的手帕。[123]

　　他們所搭乘的輪船是美國「太平洋航運公司」(Pacific Mail Steamship Company)所屬的「中國號」(S.S. China)。這七十名幸運兒裡的胡適，也寫下了他航向「中國教育的聖地」的詩，〈去國行〉兩首：

　　　　　　　　一

木葉去故枝，遊子將遠離。

123　Ts-zun Z. Zee and Lui-Ngau Chang, "The Boxer Indemnity Students of 1910," p. 17.

故人與昆弟，送我江之湄。

執手一爲別，慘愴不能辭。

從茲萬裡役，況復十年歸！

金風正蕭瑟，別淚沾客衣。

丈夫宜壯別，而我獨何爲？

二

扣舷一凝睇，一發是中原。

揚冠與汝別，征衫有淚痕。

高邱丘豈無女，猙獰百鬼蹲。

蘭蕙日荒穢，群盜滿國門。

褰裳渡重海，何地招汝魂！

揮淚重致詞：祝汝長壽年！[124]

圖4　1910年庚款留美學生放洋前在上海所攝。前排中間坐的三位，左為范源濂，中為周自齊，右為唐介臣。立者第二排左一是胡適(胡適紀念館授權使用)。

124 胡適，〈去國行〉，《胡適全集》，10：149。

　　胡適在〈去國行〉這兩首詩裡用了好幾個典，自不待言。最無病呻吟、爲賦新詞強說愁的，莫若「金風正蕭瑟，別淚沾客衣」這一句。試想八月中天的上海，居然可以把它說成是「秋風」蕭瑟的日子！這兩首詩所流露出來的戚戚慘慘的心境，與徐然與張履鰲刻劃七十名幸運兒，依傍著郵輪的船舷，「欣喜莫名」、「各個都對著岸上的親友高呼、搖曳著他們的手帕」的描述，是格格不入的對比。誠然，享受公費，穿上新定做的西裝，坐豪華郵輪的頭等艙，到夢寐以求的美國去留學，沒有人不會欣喜若狂的；誠然，欣喜若狂的同時，也有那無以名狀的畏懼與彷徨。毫無疑問地，那遊子之心，是錯綜複雜的。「丈夫宜壯別」，固然是一句套語，然而，以胡適當時的愛國情懷來說，賦起詩來，留美彷彿就像是上救國的戰場一樣。試看那觸目驚心的句子：「高邱豈無女，猙獰百鬼蹲；蘭蕙日荒穢，群盜滿國門。」雖然還沒有到「風蕭蕭兮易水寒，壯士一去兮不復還」的地步，在他詩人所構思出來的意象之下，彷彿自己是批上了「征衫」、行「萬里役」。〈去國行〉是胡適一生最後一首戚戚慘慘離騷風的愛國詩。

　　從個人的意義上來說，得以考上庚款留美，是胡適一生中最大的一個轉捩點。這是一個絕對戲劇性的變化：從群山僻壤裡的績溪上莊、到上海、到美國。這一段曲折的里程徹底地改變了他的一生。如果沒有他母親望子成龍的決心，含辛茹苦，用最堅定的意志、最大的犧牲，把他送到上海去進新學堂，胡適的一生就完全會是另外一個面貌。那比他大五歲，在輩分上是他的叔叔，而實際上是他童年成長的摯友的胡近仁，就是一個最好的反證。胡適在美國任大使的時候，讀了近仁的遺詩以後，寫下了這樣感嘆的話：「亡友董人先生遺詩三冊，海外讀畢，頗感覺失望。董人少年時有才氣，可以造就，不幸陷在窄小的環境裡，拔不出來，就無所成而死，可惜。」[125]

　　同樣地，如果不是胡適自己的天才，加上他驚人的意志與努力，能夠衝破他困頓的環境，考上庚款留美，他的一生可能就是一介上海灘的文人。以他的才

125　胡適1939年9月8日自記，胡適檔案，355。

華，能在詩文方面造就他的聲名，當不成問題。然而，那與他留美歸國以後如日中天的天下第一子的顯赫，絕對是不可同日而語的。我們看他在梅溪、澄衷、中國公學，以及其他在家鄉或上海認得的同學。那些沒有出國的，如果沒有繼續讀大學，大概都像我們在第二章啟始所說的，只能在省市教育、行政的基層，或出版機構任事。那境遇不佳的就更不用說了。最典型的，是胡適剛回國的時候所寫的一篇用小說的形式鋪陳，但可能確有其實的故事：他在北京中央公園碰見了他出國前的同學朱子平，心想「當初在我們同學裡面，要算一個很有豪氣的人，怎麼現在弄得這樣潦倒？」[126]反觀那些在他友朋當中後來得以出國留學的，如任鴻雋、張慰慈、梅光迪等等，後來都成了有名的人物。這所反映的，當然是近代中國政治、經濟、社會、文化、教育上，到今天仍然無解的一個結構性上的問題，亦即，留洋鍍金是登龍門的黃金之道。胡適「來來來，來上海；去去去，去美國」所走的一條路，就是讓他能取得他一生成功的第一把鎖鑰。

---

126 胡適，〈一個問題〉，《胡適全集》，1：771-778。

第二篇

乘風之志今始遂，萬里神山採藥去

（1891-1910）

留學者，過渡之舟楫也；留學生者，篙師也，舵工也。乘
風而來，張帆而渡。及於彼岸，乃採三山之神藥，乞醫國
之金丹，然後揚帆而歸，載寶而返。其責任所在，將令攜
來甘露，遍灑神州；海外靈芝，遍栽祖國；以他人之所
長，補我所不足，庶令吾國古文明，得新生機而益發揚光
大，為神州造一新舊泯合之新文明，此過渡時代人物之天
職也。

——〈非留學篇〉

第四章
進康乃爾，作新鮮人

對20世紀前半葉留美的中國學生來說，那航向美國之旅的心情是憂喜參半的。最令他們擔心害怕的，是那些吹毛求疵的移民局官員。美國1882年通過的「排華法案」（the Exclusion Act），禁止所有中國人入境；唯一豁免的，是官員、商人、教師、學生和觀光客。但是，由於不少中國人以各種方式，假冒為上述五類豁免階級的身分進入美國，移民局的官員對中國旅客的檢查特別嚴格。證件稍有不符或錯誤，就會有慘遭被囚禁或遣返的命運。早期囚禁中國人的囚房就在舊金山碼頭海關的二樓，美國移民官員就稱之為「棚房」（the "Shed"）。最有名但是也最鮮為人知的兩個例子，是孔祥熙以及宋靄齡。這個夢魘式的「天作之合」與他們兩位後來成為夫妻當然沒有關係。他們兩個人的遭遇都是自作聰明反為聰明誤的結果。孔祥熙在1901年抵達舊金山的時候，因為他的護照是李鴻章的衙門所發，而不是美國海關所認可的天津道台——李鴻章的下屬——所發的，證件不符，就在那「棚房」裡被關了一個星期；1904年抵美的宋靄齡，她父親為她所買的葡萄牙護照被海關人員識破了。只是她運氣比較好，在一個美國女傳教士「捨命陪君子」的堅持之下，沒被送到「棚房」，但被關在碼頭的船上十九天。孔祥熙、宋靄齡都分別是在美國教會的營救下才脫險的 [1]。

無巧不成書。在20世紀前半葉叱吒中國的赫赫孔、宋家族裡，還有一個宋美齡，也就是後來的蔣介石夫人，也是美國種族歧視下的受害者。宋美齡是在1907年跟宋慶齡一起到美國去的。當時，她才十歲。四年以後，宋美齡想進喬志亞州

---

[1]　筆者中國留美學生未刊書稿，"Educating 'Pillars of State' in the 'Land of the Free': Chinese Students in the United States, 1905-1931," Chapter 2.

梅坎市(Macon)的葛雷仙中學(Gresham High School)唸書的時候，卻吃了閉門
羹。根據當地的報紙的報導，葛雷仙中學拒絕收宋美齡的原因，是因為她不是白
人。留美中國學生所辦的《留美學生月報》的編輯，特別為了這件事致書位在梅
坎市的衛斯理言(Wesleyan)大學的校長安司沃斯(W. N. Ainsworth)。安司沃斯的
回信回答得非常技巧。他解釋說問題不在種族歧視，而是學校爆滿。他說：「宋
美齡小姐最近被所有梅坎市的公立學校拒絕入學。理由是因為根據喬志亞州州議
會的規定，該市的公立學校是為畢卜縣(Bibb County)的公民所設的。如果收了外
人，就恐有剝奪當地納稅者受教育的機會的可能。她想進的學校已經人滿為
患。」[2]安司沃斯校長接著解釋說，他已經為宋美齡請了一個家庭老師，並且讓她
住在衛斯理言大學。他說這樣作，更符合宋美齡父親宋家澍的要求。宋家澍要他
的兩個女兒在一起，而當時宋慶齡就在衛斯理言大學上學。不管到底是因為種族
歧視，還是因為當地學校人滿為患，宋美齡在兩年以後，也進了衛斯理言大學就
讀。但後來她轉學到麻省的衛斯理女子學院(Wellesley College)，1917年畢業[3]。

　　宋美齡的故事充分地說明了當時中國人即使過了移民局那一關，並不表示就
天下太平了。種族歧視可以是如影隨形，無孔不入的。我們且回過頭來說完舊金
山碼頭那個主要是用來囚禁中國人的「棚房」的故事。由於那個「棚房」太小不
敷使用，地點又不理想。於是，就開闢了那有名的「天使島」(Angel Island)。所
謂的「天使島」是美國移民局在1910年到1940年之間，在美國加州舊金山灣裡的
「天使島」所設的移民檢查站[4]。從亞洲來的旅客，在抵達舊金山的時候，如果
一切證件齊全無誤，通常最多只要幾天就可以獲准登岸。其他有問題的——多半
是中國人——則用渡船載到「天使島」，關進拘留所裡，等待進一步的審訊。審
訊的過程一般說來是兩到三天。被判拒絕入境的人，有上訴的權利。但是，上訴

2　"Not Question of Race, But of Room," *The Chinese Students' Monthly*, VI.1（November
　　1910）, p. 102.
3　詳情請參閱筆者的"Educating 'Pillars of State' in the 'Land of the Free': Chinese Students
　　in the United States, 1905-1931," Chapter 2.
4　*The Asian American Encyclopedia*（New York: Marshall Cavendish, 1995）, V.I, "Angel
　　Island Immigration Station," 32-35; Jack Chen, *The Chinese of America*（New York:
　　Harper & Row, 1980）, pp.188-189.

成功的機會不但很小，而且既費時又費金錢。在「天使島」被拘留最高的記錄，
長達兩年之久。

　　唯一受到特殊待遇的中國人似乎是清華的留美學生。因為移民局官員知道他
們是所謂的「庚款學生」(Indemnity Students)，是用美國退還的庚款送到美國留
學的學生；他們不但集體行動，而且有帶隊護送的專員——可以是清華的校長、
院長或教授——不太可能是以學生為名，而以偷渡為實的華工。就因為這個原
因，從1909年開始派送庚款留美生開始，每年八月中、下旬，清華留美生所搭乘
的郵輪，總是像磁鐵一樣，吸引了其他三五成群的公、自費生，浩浩蕩蕩地載著
每年人數最眾的中國留美學生駛向舊金山或溫哥華。留美學生另外一個類似買保
險的作法，就是一定要乘坐郵輪的頭等艙，以便於向美國的移民官顯示他們不是
沒有錢、坐三等艙想混進美國的華工。享受公費的清華留美生既然由國家出錢，
自然是搭乘頭等艙的嬌客。

揚帆西渡仙山，求救國靈芝

　　清華留美生還有幾個與眾不同的地方。他們除了每個月有80美元的獎學金可
拿以外，還有赴美的治裝費以及裝置他們的行頭的手提箱和行李箱。當時男學生
出國，定做西裝自然不在話下。庚款以及後來清華的學生有學校所發給的3、5百
元的治裝費。在清朝覆亡以前，唯一頭痛的問題，就是腦袋瓜後頭的那一根辮
子。自費生可以比較果決，像顧維鈞和蔣夢麟都是出國前，在上海就把他們的辮
子給剪掉了。從今天看回去，我們很難想像當時人會把辮子的問題看得那麼嚴
重：顧維鈞回憶他的母親看到他剪掉辮子以後，為之失聲痛哭。就連蔣夢麟自
己，也形容理髮師的大剪刀擱在他辮子上的一刻，他「彷彿就身在斷頭台上——
一股寒氣串身」[5]。與之相較，公費生就沒有這個自由了。像胡適、趙元任這些在
1910年放洋的第二批七十名庚款留美學生，各個都頭上拖著一根辮子，浩浩蕩蕩

5　顧維鈞，《顧維鈞回憶錄》(中譯本)(北京：中華書局，1983)，第一分冊，頁23；
　　Chiang Monlin, *Tides from the West* (Yale, 1947), p. 67.

地到了美國。根據胡適晚年的回憶，他顯然在美國把辮子剪掉以後，還把它寄回家保存起來：「我十九歲還不到就出國的，那是宣統二年。我記得我的頭髮剪斷後寄到家中保藏起來。」[6]

他們所搭乘的郵輪都是美國、日本和加拿大的。即使那些名為「中國號」、「南京號」或「滿洲號」的郵輪，也實際上是美國「太平洋航運公司」(Pacific Mail Steamship Company)所屬的[7]。這些郵輪的路線通常是先從上海抵達日本的長崎、神戶和橫濱，然後取道夏威夷，最後再直駛舊金山。胡適這批批庚款生所搭乘的「中國號」，趙元任在回憶錄裡說是一艘一萬噸的郵輪，胡適則說它只有幾千噸。他們在8月16日起航，第一站就是長崎[8]。在長崎，他們上岸作了遊覽。第二站是神戶，由於他們在神戶停留的時間太短，只夠他們飛快地瀏覽了一下布引(Nunobiki)瀑布。等他們抵達了橫濱，船長給了他們一個好消息：「『中國號』下禮拜三〔8月24日〕下午三點整，準時出航。」這等於是意外地給了大家時間，讓他們到東京去作了遊覽。

我們不知道胡適是否也跟大夥兒們去了東京遊覽，但我們知道在長崎、神戶、橫濱，他都上岸作了遊覽。在橫濱的時候，就在郵輪快開之前，當時在日本留學的任鴻雋突然出現，讓他在驚喜之餘，跟他倚著船舷，有了幾分鐘的交談。胡適1915年8月底，要離開綺色佳轉學到紐約哥倫比亞大學之前，曾經跟任鴻雋有詩唱和，回憶了這件事情。任鴻雋的詩云：「秋雲麗高天，橫濱海如田，扣舷一握手。」胡適的和詩比較詳細：「橫濱港外舟待發，徜徉我方坐斗室。檸檬杯空菸卷殘，忽然人面過眼瞥。疑是同學巴縣任，細看果然慰飢渴。扣舷短語難久

6　胡頌平編，《胡適之先生晚年談話錄》，1961年5月16日，頁194。
7　美國「太平洋航運公司」從1867年開闢了舊金山到上海的航線。1915年，舊金山的華僑集資買下了「太平洋航運公司」的太平洋航線，成立了「中國航運公司」(China Mail Steamship Company)。但是，「中國航運公司」的船只是在美國註冊，掛的是美國旗。後因資本不足、經營不善而失敗。請參閱Chong Su See, *The Foreign Trade of China* (New York: Columbia University, 1919), p.292註釋；又*The Asian American Encyclopedia* (New York: Marshall Cavendish, 1995), V.I, "Chinese Americans," p. 241.
8　以下敘述胡適等人所搭乘的「中國號」赴美的情形，除非另有註明，是根據Ts-zun Z. Zee and Lui-Ngau Chang, "The Boxer Indemnity Students of 1910," pp. 17-19.

留，唯有相思耿胸臆。」[9]

　　徐然與張履鰲在他們所合寫的〈1910年庚款生〉赴美記裡，說由於他們的郵輪延遲到8月24日下午才從橫濱開船，讓他們有了三天的時間去東京遊覽。這個「三天」的說法，是大略的說法，其實只有兩夜三天。胡適晚年的回憶也有不正確的地方，他說他們到橫濱的日子是8月29日：「那天(八月廿九日)船到橫濱，看見岸上的日本人，瘋狂的發號外。到處掛滿了國旗，成千成萬的人在狂歡著，原來是宣布高麗併入日本本國的一部分，就是說高麗正式亡國的一天。」[10]胡適說那天是韓國的亡國日，這個記憶是正確的，因為看見日本人在遊行慶祝韓國變成日本的殖民地，這個印象不容易磨滅。但是，他記的日子是錯的。韓國變成日本的殖民地是在8月22日。這兩相對照之下，我們大概可以確定他們的郵輪是在8月22日抵達橫濱，然後在8月24日離開橫濱直駛夏威夷。

　　胡適對日本的印象並不好。他覺得他所看到的日本，還遠比不上當時的上海和天津。當然，胡適對日本的印象，也很有可能是典型的三稜鏡(prism)作祟之下的產物。這三稜鏡的組合，是傳統華夏天朝中心觀之下對日本的鄙夷之心，以及他當時的強烈的愛國心：

　　　　過日本時，如長崎、神戶、橫濱皆登岸一遊。但規模之狹，地方之齷齪，乃至不如上海、天津遠甚。居民多赤身裸體如野蠻人，所居屬矮可打頂、廣僅容膝，無几、無榻，作書寫字，即伏地為之，此種島夷，居然能駸駸稱雄於世界，此豈〔非〕吾人之大恥哉！今日、韓已合併矣。韓之不祀，伊誰之咎！吾國人猶熟視若無睹然？獨不念我之將為韓續耶！嗚呼！傷已！[11]

　　胡適他們這一行庚款生所搭乘的「中國號」郵輪，在8月24日離開橫濱以

　　9　《胡適日記全集》，1：203、213。
　10　胡頌平編，《胡適之先生晚年談話錄》，1961年5月16日，頁180。
　11　胡適致胡紹庭、章希呂、胡暮僑、程士範，無日期，美國綺色佳郵戳日期是1910年9月25日，《胡適全集》，23：23。

後，就直駛向夏威夷。在這大約一個星期的航程裡，日子絕不是單調和無聊的；這些橫渡太平洋的郵輪，除了豐盛的餐飲以外，還爲旅客提供了各式各樣的遊戲和娛樂活動；從撲克牌、麻將、推圓板(shuffleboard)、擲圓環(quoit)，到後來才有的電影。其中，留學生所唯一沒有嘗試的，大概是社交舞。比胡適早兩年留美的蔣夢麟在回憶裡說，在1908年赴美的郵輪上，那最讓他目瞪口呆的是社交舞。他說：「對於一個在男女授受不親的社會長大的我來說，我一開始眞的是無法接受。然而，我多看了幾次以後，還是能看出其優美的地方。」[12]一直到1924年，一個上海聖約翰大學——當時中國最洋化的大學——的畢業生，還會在他的遊美紀行裡說：「晚餐後在甲板上的舞會是外國人的娛樂。」[13]

　　胡適自己也寫過片斷的遊美紀行的回憶。他說：「那年我們同時放洋的共有七十一人……船上十多天……我是一個愛玩的人，也吸紙菸、也愛喝檸檬水、也愛打『五百』及『高、低、傑克』等等紙牌。在吸菸室裡，我認得了憲生，常同他打"Shuffle Board"；我又常同嚴約冲、張彭春、王鴻卓打紙牌。」[14]當時的胡適的樣子，趙元任有一段很生動的描述：「他給人的印象是健談、愛辯論、自信心極強。當時大家都留著辮子，胡適講話時喜歡把辮子用力一甩，生氣的時候就說要把辮子拿掉。……他的身體瘦，看起來並不十分健康，可是精神十足，讓人覺得他雄心萬丈。」[15]

　　20世紀初年中國留美的學生等於是自成一個特殊的階級。他們固然自以爲是天之驕子，人們也視其爲天之驕子。他們在上海出航以前，就有各界的歡送會。路過夏威夷的時候，有夏威夷中國學生聯合會、基督教青年會、基督教女青年會的接待，抵達美國的舊金山或者西雅圖，也一定會有更大規模的歡迎接待活動。這種歡迎的活動成爲制度化以後，其活動一般是兩到三天。接待的單位也頗爲龐

12　Monlin Chiang, *Tides from the West: A Chinese Autobiography* (New Haven, Conn.: Yale Univ. Press, 1947), p. 67.

13　Ken Shen Weigh, "Our Trip to America," *The Chinese Students' Monthly*, XX.3 (January, 1925), p. 28.

14　胡適，〈追想胡明復〉，《胡適全集》，3：862-863。

15　王彤，〈趙元任在美哭胡適〉，馮愛群編，《胡適之先生紀念集》(台北：台灣學生書局，1972)，頁40。

大，其骨幹除了最早就從事接待，而且最為熱心的基督教青年會、基督教女青年會以外，當然包括了「全美中國學生聯合會」（Chinese Students' Alliance of the United States of America）以及「北美中國基督徒留學生協會」（Chinese Students' Christian Association of North America）。1911年的歡迎會，還包括了一項新鮮的活動，由舊金山的商人招待留學生坐汽車遊覽舊金山市區及金門大橋[16]。1919年的汽車遊覽活動，氣派更大，總共動用了五十部汽車[17]。

　　胡適他們這一批留美生當然也不例外，沿途受到歡迎接待。「中國號」還沒到夏威夷，郵輪上的庚款留美生就已經收到了夏威夷中國學生聯合會的歡迎電報。「中國號」才一停泊在檀香山港，夏威夷中國學生聯合會的代表就立刻帶庚款生參觀州長官邸、中國領事館、博物館、水族館以及有名的卡外阿好修道院（Kawaiaha'o Seminary）。徐然與張履鰲在〈1910年庚款生〉赴美記裡，描寫他們是如何依依不捨地離開檀香山，以及他們抵達舊金山所得到的歡迎：

　　　　沒心肝的「中國號」郵輪的笛聲，把我們叫離了夏威夷的大都會。我們只好在我們飄搖著的海上堡壘裡，和藍天和大海又作伴了一個星期。唯一能夠消解旅途的單調的，只有做夢、玩遊戲，和讀點消遣的東西。一直要到九月十日我們抵達美麗的舊金山，我們的旅途方才告終。我們一下船，各界代表就給了我們一個盛大的歡迎會。他們為我們安排了一個非常豐富的節目。我們在舊金山的三天，就跟在故鄉過年一樣地令人難以忘懷。

　　由於每年夏天都有許多中國留學生抵達，從1909年開始，每年最大的一批就是庚款生，後來就是清華留美生。這些歡迎團體跟美國政府，以及輪船、鐵路運

16　Y. Y. Tsu（朱有漁）, "Welcoming the Educational Mission of 1911," *Monthly Report of the Chinese Students' Christian Association in North America* (October, 1911), 9-14（本件藏於耶魯大學神學院圖書館，RG 13, 1-12）.

17　"The Student World: Berkeley, California," *The Chinese Students' Christian Journal*, VI.2 (November, 1919), p. 114.

輸公司就商量好了辦法，在火車上安排了專門車廂，來運送那些須要繼續往東，到其他西部各州、中西部甚至東部入學的中國留美生。胡適他們這一行必須繼續往東前進的學生，有余日章作陪伴。余日章當時是「北美中國基督徒留學生協會」的副總幹事，特別從美國東岸來到舊金山，陪伴這些學生東行。歡迎接待新生的活動，並不止於美國的西岸。芝加哥是一個大站，也是中西部「全美中國學生聯合會」歡迎新生的一個重鎮。比如說，1911年9月，中國留學生專車抵達芝加哥的時候，在火車站歡迎他們的有五十人之多。迎新的節目，除了例行的歡迎演說、午餐以及簡短的餘興節目以外，還包括遊覽芝加哥市區，以及參觀芝加哥大學[18]。我們從下述胡適給他在中國的四個朋友的信裡，可以知道他1910年抵芝加哥的時候，應該也是受到了同樣熱烈的招待。

根據中國駐美大使館秘書兼庚款生監督容揆的報告，第一與第二批庚款生共116名：第一批47名；第二批69名。第二批原來是70名，顯然少了一個。其中，19名就讀紐約州的康乃爾大學，人數最多。密西根大學次之，有16名；伊里諾大學第三，有14名；威斯康辛州第四，有13名[19]。這是中國留學生湧入美國中西部的全盛期的開始。根據康乃爾大學中國同學會1910年秋天的一份報告，也就是胡適入學以後，康乃爾大學的中國學生人數居全美之冠，共有49名；紐約州的哥倫比亞大學居次，有39名；伊里諾大學與威斯康辛大學再次，各有30名。除了哥倫比亞大學以外，其他三個大學，都以農科學生居多。哥倫比亞大學則幾乎有一半的中國學生是唸政治和礦科[20]。

徐然與張履鰲說，1910年的第二批庚款生在舊金山停留了三天。胡適在給中國四個朋友的信上則說是兩天。他說，他們繼續東行的學生，在火車上過了四天才到芝加哥。再過一天，也就是9月18日，當天是中秋節，才到康乃爾大學所在

18　Y. Y. Tsu, "Welcoming the Educational Mission of 1911, p. 12."
19　"Of Interest to Chinese Students: No Money for Private Students Yet," *The Chinese Students' Monthly*, VI.1 (November 1910), p. 101.
20　"Club News: Cornell Has the Greatest Number of Chinese," *The Chinese Students' Monthly*, VI.2 (December 1910), p. 199.

的綺色佳。「途中極蒙學界歡迎，每至一城，可不費一錢而得周遊全市。」[21]他
在給他的叔叔胡近仁的信，除了報平安以外，也透露了他得償留美之夙願的躊躇
滿志之情：

> 七月十二日(8月16日)去國，八月七日(9月10日)抵美國境，中秋日抵
> 綺色佳城。計日三十三晝夜，計程三萬餘里，適當地球之半。此間晨興
> 之時，正吾祖國人士酣眠之候；此間之夜，祖國方日出耳。乘風之志於
> 今始遂，但不識神山採藥效果如何，又不知丁令歸來，能不興城郭人民
> 之嘆否？[22]

「文章真小技」、「種菜種樹」以救國

我們在上節提到胡適給中國四個朋友的信。胡適寫那封信的時候，他已經在
康乃爾大學的農學院辦完了註冊的手續：

圖5　1910年秋初胡適抵美國所攝。前排：右二是胡明復、右三是胡適、左三
是周仁；後排：左一是陳茂康、左三是趙元任(胡適紀念館授權使用)。

21　胡適致胡紹庭、章希呂、胡暮僑、程士範，無日期，《胡適全集》，23：22。
22　胡適致胡近仁，重九(1910年10月11日)，《胡適全集》，23：24。

學生三千餘人，中有吾國學生約五十（並新生而言），弟已得大學許爲正科生，專習農科Agriculture。此校農科最著名，爲國家科大學。凡農科學生概不納費，即此一項，一年可省百五十金，可謂大幸。[23]

胡適晚年在台灣的一個演講裡，也解釋了爲什麼他當時選農科的原因：

家兄……以家道中落，要我學鐵路工程，或礦冶工程。他認爲學了這些回來，可以復興家業，並替國家振興實業。不要我學文學、哲學，也不要學作官的政治法律，說這是沒有用的。當時我同許多人談談這個問題，我以鐵路礦冶都不感興趣。爲免辜負兄長的期望，決定選讀農科，想作科學的農業家，以農報國。同時美國大學農科是不收費的，可以節省官費的一部分，寄回補助家用。[24]

胡適這個學習農科的決定，很可能並不是在出國以前就已經完全底定的。我會作這樣的推測的原因，是因爲他在出國的行囊裡，居然帶了一千三百卷的線裝書。他給前引胡近仁的信上說：「此行攜有古籍千三百卷，惟苦暇日無多，不能細細研讀，甚恐他日學殖荒落，有手生荊棘之懼也。」他這一千三百卷線裝書的數目，恐怕不是誇張之詞。一旦已經決定學農，他於是開始把這些書分送給朋友。他在1917年6月1日，要回國前寫給任鴻雋、楊杏佛、梅光迪的一首詩云：「我初來此邦，所志在耕種。文章眞小技，救國不中用。帶來千卷書，一一盡分送。種菜與種樹，往往來入夢。」[25]

現存的《胡適留學日記》的第一天的日記是1911年1月30日。當天是第一學期期末考的第一天。換句話說，已經是第一學期的尾聲。由於胡適之前的日記已經不存，我們因此完全不知道胡適在康乃爾大學第一學期前大半部的情形。我們

23　胡適致胡紹庭、章希呂、胡暮僑、程士範，無日期，《胡適全集》，23：22-23。

24　胡適，〈中學生的修養與擇業〉，《胡適全集》，20：298。

25　胡適，〈文學篇：別叔永、杏佛、覲莊〉，《胡適全集》，10：69。

知道胡適進康乃爾大學那一年，以新生的數目來說，文理學院最大，有329名新生，胡適就讀的農學院次之，有321名新生。但如果把一、二年級的學生合併計算，則機械工程學院最大，有1,060名學生；文理學院次之，有956名學生；農學院第三，有688名學生[26]。根據該年12月7日的《康乃爾校友通訊》，康乃爾大學農學院有1,230名學生，是全美國學生最多的農學院[27]。無怪乎胡適在上述四個國內朋友的信會說：「此校農科最著名。」

康乃爾大學1910年度開學的第一天是9月30日。這個20世紀初年的行事曆跟今天的康乃爾大學相比，可以說是晚了一個月才開學。不但如此，胡適進康乃爾大學的那一年，康乃爾剛開始實行一個新的學期制度，第一學期一直要到一月才結束。換句話說，學生在過了聖誕節的假期以後，還要回到學校上三個半禮拜的課，然後才考期末考[28]。這個制度很類似哈佛大學到今天仍然採用的制度，但康乃爾大學今天已經不使用了；康乃爾大學現在的學期制度跟大部分的學校一樣，第一學期是在聖誕節以前就結束了。由於當年這個新制的實行，胡適在康乃爾第一學期期末考的第一天，1911年1月30日——目前所存胡適第一天的《留學日記》——剛好就是農曆的新年。當天考的是生物。農曆新年還得考試，使得胡適在哭笑不得之餘，寫了一首詩自況：

> 永夜寒如故，朝來歲已更。
> 層冰埋大道，積雪壓孤城。
> 往事潮心上，奇書照眼明。
> 可憐逢令節，辛苦尚爭名。[29]

胡適在這首詩裡所指的「奇書」，是他買的一套叢書，剛好當天送到。他在當天的日記裡，如此地描述了這套叢書：

26　*Cornell Alumni News*, XIII.3 (October 12, 1910), p. 1.
27　*Cornell Alumni News*, XIII.11 (December 7, 1910), p. 121.
28　"The Calendar Changed," *Cornell Alumni News*, XII.11 (December 8, 1909), pp. 121-122.
29　《胡適日記全集》，1：115-116。

　　今日《五尺叢書》送來，極滿意。《五尺叢書》(*Five Foot Shelf*)又名《哈佛叢書》(*Harvard Classics*)，是哈佛大學校長伊裡鶚(Eliot)主編之叢書〔1909年出版〕，收集古今名著，印成五十巨冊，長約五英尺，故有「五尺」之名。

　　胡適才剛進康乃爾大學的農學院，就買了這套《五尺叢書》，這是非常有意義的。這意味著說，雖然他進了農學院，他並不想只過「種菜與種樹，往往來入夢」的生活，而毋寧是像傳統理想裡所說的耕讀並修的生活。或者，像他跟梅光迪說的，「要讀盡有用之書而通其意。」[30]

　　我們從他在康乃爾大學的成績單，可以知道他第一學期選了四門課：「英文一」、「植物學一」、「生物一」以及「德文一」。由於現存的《留學日記》是從他第一學期期末考的第一天開始，我們不知他上課的情形。我們所知道的只是他第一學期的成績：「英文一」，他得了80分；「植物學一」，82分；「生物一」，75分；「德文一」，90分[31]。胡適第一學期的德文顯然唸得很好，曾經考過全班第一名。他顯然在家信裡報告了這件榮譽，所以他母親在回信裡勸勉他說：「德文乃新入門，遂考得全班之冠。可見學問無窮，只需專心壹志，未有不成就也。」[32]

　　期末考結束四天以後，第二學期就開學了。胡適在康乃爾的第二學期選了六門課，其中，「英文一」、「植物學一」、「生物一」，似乎是一學年的課，是上學期的繼續；「德文二」、「植物學二」以及「氣象學一」則似乎是以學期計的。他在1911年春天的《留學日記》裡所提到的書，絕大多數都是課堂上必讀的書。比如說，根據英文系的課程規劃，「英文一」所要讀的書包括：三個莎士比

30　轉引自梅光迪致胡適，中三月朔日(1911年3月30日)，耿雲志主編，《胡適遺稿及秘藏書信》(安徽：黃山書社，1994)，33：310-311。
31　胡適在康乃爾大學農學院的成績單副本，現藏於北京近代史研究所的胡適外文檔案，E-497: Miscellanies (14): Credentials, Diplomas and Relics。
32　胡母致胡適，十二月二十八日[1911年1月28日]，《胡適遺稿及秘藏書信》，22：14-15。

亞的戲劇、五本近代小說以及一些詩歌和散文[33]。胡適在《留學日記》裡所列出來的書，「英文一」是：四個莎士比亞的戲劇，亦即《亨利四世》、《羅密歐與朱麗葉》、《哈姆雷特》、《無事生非》；培根的散文以及Joseph Addison與Richard Steele所編的《旁觀報論文集》（*Spectator*）。在「德文二」課上則讀了Heinrich Seidel（賽德，1842-1906）所著的《盧馨傳》（*Leberecht Hühnchen*）、Gottfried Keller（凱勒，1819-1890）所著的《人靠衣裝》（*Kleider Machen Leute*）、Gotthold Lessing（萊辛，1729-1781）所著的《敏娜傳》（*Minna von Barnhelm*）以及歌德的《赫曼和多羅西亞》（*Hermann and Dorothea*）。在「生物一」的課上讀了達爾文的《物種起源》。

　　然而，天才又好學如胡適，讀課堂上必讀的書對他來說，是遊刃有餘。所以，他還是繼續他出國以前的習慣，廣泛地涉獵群書。他在1911年2月初，第一學期期末考結束以後，就跟一個美國友人艾司（Ace）進城去買了一本拉丁文法的書，因為艾司答應要教他拉丁文[34]。1911年暑假的時候，雖然他選了一門化學課，他還去買了一本希臘文法的書來自修[35]。不但如此，他在1917年那首詩所寫的「帶來千卷書，一一盡分送」也不見得是實情。我們從他的《留學日記》知道他還在農學院的時候，還時常在課餘讀他帶到美國去的線裝書，如：《左傳》、《古詩十九首》、《杜詩》、《詩經》、《說文》、《水滸》、《王臨川集》、周星譽的《鷗堂日記》、《陶淵明詩》、《謝康樂詩》、《荀子》。除此之外，胡適甚至還能找出時間練字。他從朋友那兒借來顏真卿的〈元次山碑〉來臨摹[36]。

　　胡適第二學期的課顯然重一點。他在開學兩個星期以後的日記裡說：「下學期之課雖未大增，然德文讀本《盧馨傳》，英文*Henry IV*〔《亨利四世》〕，皆需時甚多；又實習之時間多在星期一與星期二兩日，故頗覺忙迫。」[37]胡適雖然

33　*Official Publications of Cornell University*, III.12, *Announcement of the College of Arts and Sciences*, 1912-13, p. 15。請注意，我在此處所用的是1912學年度的課程大綱。雖然不是胡適選「英文一」那一年的大綱，但課程規劃大同小異。
34　《胡適日記全集》，1：118。
35　《胡適日記全集》，1：161。
36　《胡適日記全集》，1：117、119、121、124。
37　《胡適日記全集》，1：123。

人在農學院，但他對農學顯然從一開始就興趣索然。他在日記裡一再地提到英文、德文以及其他文學的課程。相對地，他提到農學院功課的地方很少，最多只是寫說他做了生物學或植物學的報告。比較特別的有兩則：第一則是1911年4月12日的日記：「今日習農事，初學洗馬，加籠轡，駕車周遊一週。」[38]有關這個洗馬、駕車的故事，胡適在1952年在台灣所做的一篇演講裡也提起過，只是在時間上，他顯然是記錯了。1911年第二學期開學的日期是2月13日，他在日記上說他第一次學習洗馬、駕車是在4月12日。換句話說，這個故事發生在他進農學院以後的第二學期第八個星期以後，而不是他記憶中所說的第一學期的第三個星期：

　　進農學院以後第三個星期，接到試驗系主任的通知，要我到該系報到實習。報到以後，他問我：「你有什麼農場經驗？」我說：「我不是種田的。」他又問我：「你做什麼呢？」我說：「我沒有做什麼，我要虛心來學，請先生教我。」先生答應說：「好。」接著問我洗過馬沒有，要我洗馬。我說：「我們中國種田，是用牛不是用馬。」先生說：「不行。」於是學洗馬，先生洗一半，我洗一半。隨即學駕車，也是先生套一半，我套一半。[39]

　　第二則是5月15日的日記：「生物學課觀試驗腦部，以蛙數頭，或去其頭部，或去其視觀，或全去之，視其影響如何，以定其功用。」[40]他在日記裡所顯示的興趣，畢竟還是在文學方面。比如說，由於他英文課的成績一直保持得很好，期末考於是得以免考，他在6月3日的日記裡說：「本學期英文科，余得免考（Exempt），心頗自喜。實則余數月以來之陰大半耗於英文也（每學期平均分數過八十五分者得免大考）。」[41]我們從他的日記裡，可以知道胡適這時已經開始試寫

38　《胡適日記全集》，1：134。
39　胡適，〈中學生的修養與擇業〉，《胡適全集》，20：298。
40　《胡適日記全集》，1：143。
41　《胡適日記全集》，1：148。

英詩了。他在5月29日的日記裡說：「夜作一英文小詩(Sonnet)，題爲"Farewell to English I"〔〈揮別「英文一」〉〕，自視較前作之〈歸夢〉稍勝矣。」[42]可惜這兩篇今皆已不存。

1911年康乃爾大學第二學期在6月3日結束，期末考在6月5日開始。胡適第二學期的成績如下：「英文一」，89分；「植物學一」，80分；「生物一」，82分；「德文二」，80分；「植物學二」，64分；「氣象學一」，70分[43]。胡適在期末考結束以後，就去了賓州的李可諾松林城(Pocono Pines)參加了「北美中國基督徒留學生協會」舉辦的夏令營。在這個夏令營裡，胡適幾乎皈依基督教，這我們將在第五章再分析。總之，他回到康乃爾以後，那年夏天的暑期班，他選修了「化學A」，7月5日開始上課，8月16日結束，當天，是他乘坐「中國號」離開中國的一週年。他在「化學A」這門暑期課所得的成績是73分[44]。

對康乃爾大學農學院來說，1911學年度是一個轉捩點。康乃爾大學的農學院原來是免學費的。然而，由於學生人數暴增，從1909年的932名學生，增加到1910年的1,254名，成長幅度達到25%。於是，康乃爾大學農學院決定從1911年秋季班開始，向非紐約州居民的學生收取學費[45]。北京的胡適檔案裡，藏有一張康乃爾大學向胡適收1911年秋季班學費的通知條，是美金55元，外加1910年度上下學期的學費美金100元，總計是155美元[46]。雖然這張學費通知條上沒有時間的註記，我們可以假定這是胡適從農學院轉到文學院以後才收到的學費通知。根據新規定，他從1911學年度開始，就必須付學費。同時，根據康乃爾大學的規定，學生如果從免學費的學院轉到須繳學費的學院，就必須補繳學費[47]。胡適從農學院轉到文理學院是1912年初，也就是1911年第二學期的事。

康乃爾大學1911年度的秋季班在9月27日註冊，次日開學。我們不知道胡適

---

42 《胡適日記全集》，1：147。
43 周質平，《胡適與韋蓮司》，頁12-13。
44 周質平，《胡適與韋蓮司》，頁12-13。
45 "Tuition in Agriculture," *Cornell Alumni News*, XIII.13 (December 21, 1910), p. 149.
46 胡適外文檔案，E-486: Miscellanies (3)。
47 *Official Publications of Cornell University: General Circular of Information*, 1912-1913, III.1 (January 1, 1912), p. 26.

最初選的課是哪些。從他在開學那幾天的日記來看，他原來的計畫不但選了「經濟學一」，而且也想旁聽幾門英文課——「演說」、「英詩」以及「英文散文」。然而，他很快地就放棄了這個計畫。「經濟學一」才上了幾天，就被迫退選，原因是：「經濟學第一課宣言農院二年生不許習此課，以人太多故也。」[48] 想旁聽的英文課，也因為課業太忙，而只好泰半放棄：「今年每日俱有試驗課。上午受課稍多，竟不暇給；懼過於勞苦，自今日為始，輟讀演說及英文詩二課，而留英文散文一科。」[49] 胡適在這學期所選的課有：「地質學一」、「化學B」、「植物生理學七」以及「果樹學一」。以他在這學期所選的課程來說，這是胡適真正踏入農學的開始。然而，諷刺的是，這也會注定是胡適在農學院的最後一個學期。他這些課所得的成績如下：「地質學一」，75分；「化學B」，85分；「植物生理學七」，77分；「果樹學一」，76分[50]。胡適在農科方面的學習成果，用他自己晚年在《口述自傳》裡的話來說：「我考試的成績還頗像樣的（fairly successful）。」[51]

　　1911年秋天是胡適在康乃爾大學的第三個學期。9月28日開學，兩個星期不到，辛亥革命就發生了。胡適在為辛亥革命而雀躍的同時，卻為自己學業的問題而煩惱。他是該繼續學農？還是應該轉他的主修專業？或者甚至應該轉學？胡適對自己學農，很可能從一開始就雅不情願。他1911年6月去李可諾松林城參加「北美中國基督徒留學生協會」舉辦的夏令營的時候，寫了一封信給章希呂，在這封信的結尾，他突然冒出了一句：「適有去Cornell〔康乃爾〕之志，不知能實行否？」[52] 當時，他已經唸完了第一學年。凡是了解美國大學學制的人，都知道轉學必須在一年以前就進行的。他當時如果真想要轉學，就必須等到該年秋天申請下學年度想轉去的學校。不管他1911年秋天開學以後，是否仍有轉學的念頭，農學對他來說，顯然已經失去了任何足以讓他繼續受苦受難的理由。

48　《胡適日記全集》，1：184。
49　《胡適日記全集》，1：185。
50　周質平，《胡適與韋蓮司》，胡適康乃爾大學總成績單，頁12-13。
51　Hu Shih, "The Reminiscences of Dr. Hu Shih," p. 45.
52　胡適致章希呂，1911年6月17日，《胡適全集》，23：32。

　　我們從梅光迪在1912年1月17日給他的信看來，胡適最後的決定是轉系而不是轉學。梅光迪在這封信裡極力贊成胡適轉系。他說：「來書言改科一事，迪極贊成……足下之材本非老農，乃稼軒〔辛棄疾〕、同甫〔陳亮〕之流也。望足下就其性之所近而爲之，淹貫中西文章，將來在吾國文學上開一新局面。」他甚至預言：「足下改科乃吾國學術史上一大關鍵，不可不竭力贊成。」[53]然而，從胡適在該年2月6日給章希呂的信看來，即使胡適決定轉系，他的興趣顯然也不在哲學，而毋寧是在政治文學。有關這點，我們會在第五章再分析討論。胡適在這封信裡說：「適已棄農政習哲學文學，旁及政治，今所學都是普通學識，畢業之後，再當習專門工夫，大約畢業之後，不即歸來，且擬再留三年始歸。然當改入他校，或Harvard〔哈佛〕或Columbia〔哥倫比亞〕或入Wisconsin〔威斯康辛〕(在中美爲省費計)尙未能定，因Cornell〔康乃爾〕不長於政治文學也。」[54]康乃爾大學在該年的2月19日批准胡適從農學院轉到文學院[55]。

　　我們有理由相信胡適決定轉系是在1911年秋天，也就是他在康乃爾的第三學期。而那轉系促因，就是他那學期所選的「果樹學一」。胡適在他晚年所作的《口述自傳》裡，舉了三個他爲什麼決定轉系的根本理由。第一、是他從小對中國哲學與歷史的興趣；第二、是辛亥革命。因爲他到處去演講，講中國的現況，使他必須去了解中國近數十年的歷史和政治；三、在康乃爾大學讀了英、法、德三國的文學，使他對中國文學興趣的復甦。然而，最有趣的是，他在講述這三個理由之前，先講了他在「果樹學」課上滑鐵盧的故事。這個故事他把它當成笑話來講，是他晚年演講的時候，拿來勸人要根據自己的興趣和性向擇業的經驗談。然而，如果胡適晚年能把它當成「笑話」來談，年輕時，在康乃爾大學身歷其境的他，恐怕就不是那麼一件輕鬆的事情了。試想年輕時候的他，已經唸了三個學期農學院的他，一旦發現所學非己所長，那種恐懼、茫然、失去自信、覺得虛費了光陰、何去何從、仿如世界末日到來的心情。那種心情，可能只有在大學轉

53　梅光迪致胡適，[1912年]正月17日，《胡適遺稿及秘藏書信》，33：334-336。
54　胡適致章希呂，1912年2月6日，《胡適全集》，23：32。
55　參見周質平，《胡適與韋蓮司》，胡適康乃爾大學總成績單，頁13。

系、特別是出國以後轉系、轉行的人所能深自體會的。

我們看胡適是怎麼從他上「果樹學一」的課，領悟到自己的能力和興趣都不在農業上：

「果樹學」……是一門研究果樹培育的科學，在紐約州等於就是蘋果培育學。等我們學了果樹培育的基本原理以後，每週都一段實習的時間，把課堂上所學的，拿來應用。而就是這些花在果樹實習的時間，讓我決定放棄農學的……每個學生都會分到三十個或三十五個蘋果，根據果樹學手冊上所列出來的「特徵」來分類：例如莖的長短，果腔的形狀，蘋果的角和圓度，果皮的顏色，果肉的種類——把果皮切開一小片以後，我們可以看出果肉是軟的還是脆的、甜的還是酸的。這些分類的特徵相當籠統。我們這些對蘋果所知無幾的外國學生，作這蘋果分類的工作非常辛苦。但對美國學生來說，這就易如反掌。他們知道一般常見的蘋果的名字，所以他們只須要翻到書後的索引；從俗名，他們就可以很快地找到學名。如此，他們就可以一一地把分類表填好。在短短的時間裡，二三十分鐘的時間，他們就可以輕易地把三十幾種蘋果分類好。因為他們不用把蘋果切開，那會氧化變色，所以他們就把那些蘋果，塞入大衣口袋裡，一個個快快地離開了實驗室揚長而去。可憐我們三兩位留在實驗室裡的中國同學。我們絞盡腦汁，根據手冊去分類，結果多半還是錯的，我們得到的成績不好。

在這些果樹學的實習階段以後，我開始問我自己：我勉強自己學我完全沒有興趣的農科是否是錯的？我背離了我早年的思想背景和訓練，以及我新發現的興趣和能力是否是錯的？這門果樹學——特別是那些實習——幫助我作了我的決定。

我那時年輕，記憶力又好。我可以在考試前夕開夜車，我可以把這些蘋果的種類硬記下來考過關。但是我知道考過以後，不出三天或一個禮拜，我就會把當時那些四百多種蘋果的種類忘得一乾二淨。同時，那些

蘋果，中國泰半也都沒有。所以我決定我違背了我個人的興趣和性向去
學農，根本就是徹底的浪費，徹底的愚蠢。[56]

　　胡適1952年在台灣所做的那個演講裡，說得更為確切。有趣的是，根據他在
這個演講裡的說法，「果樹學一」還是他註冊後所加選的一門課。更重要的是，
他把他決定轉系的決定更確切地訂在開學的第二個星期。我會比較相信胡適對這
個日期的記憶，是因為這種心靈上的震撼與創傷，是比較不容易磨滅的：

　　依照學院的規定，各科成績在八十五分以上的，可以多選兩個學分的
課程，於是增選了種果學。起初是剪樹、接種、澆水、捉蟲，這些工
作，也還覺得是有興趣。在上種果學的第二星期，有兩小時的實習蘋果
分類。一張長桌，每個位子分置了四十個不同種類的蘋果，一把小刀，
一本蘋果分類冊，學生們須根據每個蘋果蒂的長短、開花孔的深淺、顏
色、形狀、果味和脆軟等標準，查對蘋果分類冊，分別其類別(那時美
國蘋果有四百多類，現恐有六百多類了)、普通名稱和學名。美國同學
都是農家子弟，對於蘋果的普通名稱一看便知，只須在蘋果分類冊查對
學名，便可填表繳卷，費時甚短。我和一位郭姓同學則須一個一個的經
過所有的檢別手續，花了兩小時半，只分類了二十個蘋果，而且大部分
是錯的。晚上我對這種實習起了一種念頭：我花了兩小時半的時間，究
竟是在幹什麼？中國連蘋果種子都沒有，我學它有什麼用處？自己的性
情不相近，幹嗎學這個？這兩個半鐘頭的蘋果實習使我改行，於是決定
離開農科。[57]

　　說完了他上「果樹學一」課的慘痛經驗以後，胡適接著說明了他從農學院轉

56　以下敘述胡適轉系的理由，除非另有註明以外，是根據Hu Shih, "The Reminiscences
　　of Dr. Hu Shih," pp. 43-49.
57　胡適，〈中學生的修養與擇業〉，《胡適全集》，20：298-299。

到哲學系的三大理由。第一理由，也是胡適認爲比較根本的理由，就是他對中國哲學、歷史的興趣：

> 我年輕的時候，就讀了大多數基本的古代中國哲學，以及近代中國思想方面的書，後者所指的是宋明的新儒家。這就是我思想的背景，這也就是我對中國古代、近代中國思想史的興趣。
>
> 在農學院的那三個學期，我考試的成績還頗像樣的。那時學校有一個規定，只要我期末考的成績平均在八十分以上，我就可以在十八小時必修的學分以外，去多選兩小時額外的學分的課……我選的是文學院克雷登教授(Professor J. E. Creighton)所開的哲學史的課。克雷登教授並不是一個有口才的老師。但是，他嚴肅、懇切地展現各個學派。那種客觀地對待歷史上各個階段的思想史的態度，給我留下了一個極深的印象，也重新喚起了我對哲學，特別是中國哲學的興趣。

　　胡適說他在農學院的時候，就選修了克雷登哲學史的課。這個回憶是不正確的；時間和課程的名稱都不對。我們在前文所列出來的他第一學年在農學院時所選的課裡，沒有一門是哲學的課程。他在1928年寫的一篇回憶胡明復的文章裡說：「到了1912年以後，我改入文科，方纔和明復、元任同在克雷登先生(Prof. J. E. Creighton)的哲學班上。我們三個人同坐一排。」[58]胡適在這篇文章裡說的時間雖然對，也就是說，這是他第一次選哲學的課，可是他在這裡所謂的「哲學班」指的是哪一門課呢？根據胡適在康乃爾的成績單，他在1912年春天，也就是他轉到文學院以後，選了兩門哲學課程，一門是「哲學三：邏輯」，是克雷登教授和炯司(Jones)先生合開的；另外一門課是「哲學六：道德觀念及其實踐」(Moral Ideas and Practice)，是狄理(Frank Thilly)教授和炯司先生合開的。問題是，胡適在《口述自傳》以及1928年那篇文章的回憶，都跟趙元任所說的兜不攏。

58　胡適，〈追想胡明復〉，《胡適全集》，3：863。

　　根據趙元任1912年5月29日的日記，他該年春天選的兩門哲學課，一門是
「近代哲學問題的發展」（The Development of Modern Philosophical Problems），另
一門是「邏輯與形上學研討課」（Seminar in Logic and Metaphysics）[59]。根據康乃
爾大學印行的課程大綱，前者的課程編號是「哲學19」；後者是「哲學40」。這
兩門課都已經不是哲學入門的課，特別是「哲學40」這種研討課，是給高年級以
及研究生上的課。趙元任的是日記，不太可能是錯的。由於當時胡適跟趙元任都
已經是大二下學期的學生。趙元任沒有轉系，按部就班的選課，所以胡適轉系的
時候，趙元任應該老早就已經修過「哲學三：邏輯」這門入門的課了。我們今天
還可以在北京大學圖書館所藏的胡適的英文藏書裡，看到一本趙元任所藏的克雷
登的《邏輯導論》（*An Introductory Logic*）的教科書，扉頁上還有趙元任簽的名
字。那本書顯然是胡適在1912年選「哲學三」的時候，趙元任借或送給胡適的。
我們很難解釋胡適為什麼在1928年那篇文章裡說他和趙元任、胡明復一起上克雷
登教授哲學的課。唯一能作的合理的解釋，是胡適有旁聽的習慣。他和趙元任、
胡明復一起上克雷登教授的課，可能是胡適跟著去旁聽的一門課。

　　胡適決定轉系的第二個理由是辛亥革命。他說由於這是亞洲第一個成功建立
的共和國，美國人都很有興趣，到處要請中國學生演講：

　　　　當時中國學生裡的演講最成功的是大四、學土木工程的K. Y. Char。
　　他的中文名字是蔡劼卿〔註：即蔡光勚〕。他是上海聖約翰大學畢業
　　的。到康乃爾之前，他在母校教過英文。他是一個很穩健的人，英文演
　　說一流。但是由於演講的邀約太多，蔡先生的課業又重，他不得不謝絕
　　許多演講的邀請。因此，他就開始在中國學生裡物色人才。他覺得我是
　　個可造之材，可以在他畢業以後，接替他演說中國問題。有一天，蔡先
　　生來找我，他說他在中國同學會中聽過我幾次講演，他知道我國學的基

59　Yuen Ren Chao, *Life with Chaos: The Autobiography of a Chinese Family, Vol. II, Yuen Ren Chao's Autobiography: First 30 Years, 1892-1921* (Ithaca, New York: Spoken Language Services, Inc., 1975), p. 75.

礎訓練，又了解中國歷史。他要我替他接幾個比較容易的演講，對美國人講解辛亥革命與民國。我在幾經考慮以後，決定接受了其中的幾個，努力地作了準備。這是我從事英文演說的開始。這種公開的演講促使我去研究辛亥革命從19世紀末以來的歷史背景，以及民國新政府領袖的生平。這是促使我轉系的政治歷史因素。

　　胡適把辛亥革命說成是促使他轉系的第二個理由，其實也是頗為牽強的說法。胡適說辛亥革命發生以後，美國人對中國的事物好奇，中國學生當中的演說大師、大四的蔡光勗應接不暇，於是物色胡適做他的幫手兼接班人。事實上，我們在第五章會指出，胡適開始頻繁地做公開的演講應該是在1912年夏天以後，也就是說，大四的蔡光勗畢業以後的事情。當時，胡適早已轉系了。他轉系是在1912年2月。而這指的，還是他正式轉系的時間。胡適在1952年的演講說他是在上「果樹學一」的第二個星期發現他幹嘛浪費時間在作蘋果分類，而決定轉系。1911年的秋季班是在9月28日開學的，開學的第二個星期是十月的第二個禮拜，剛好就在10月10日武昌起事的時候。換句話說，早在胡適因為辛亥革命而四處被人請去做演講的一年以前，胡適已經決定轉系了。我們甚至可以把胡適有轉系的念頭推得更早，至少推到1911年6月以前。就像我在前文已經指出的，胡適在該年6月初寫給章希呂的信上，就已經提起：「適有去Cornell〔康乃爾〕之志，不知能實行否？」

　　第三個使胡適決定轉系的理由是胡適從小對文學的興趣。他第一學年在康乃爾大學讀了英、法、德三國的文學，使他對中國文學的興趣復甦了：

　　　　我的古文和詩詞的訓練相當不錯。從少年時候開始，我作文寫詩就已經頗能差強人意了。康乃爾的農學院不但規定大一的學生必修英文，每週上五小時的課，還得要修兩門外國語：德文和法文。這些規定使我對英國文學產生了興趣，使我不但閱讀了英文的經典著作，而且也練習寫作和會話。德文、法文課也讓我去摸索了德國和法國的文學。我學了兩

年的德文、一年半的法文。我雖然不會說德語或法語，但我那時的德文
和法文都相當不賴。教我法文的便是我的好友和老師康福（W. W.
Comfort）教授〔後來當費城黑沃佛學院（Haverford College）的校長，胡
思杜唸過的學校〕，我們中國學生查經班的老師。兩年的德文課，讓我
接觸到德文的經典著作，像歌德、席勒（W. W. Schiller）〔請注意：唐德
剛音譯爲雪萊，容易被誤會爲大家比較熟知的英國浪漫詩人雪萊（Percy
Shelley）〕、萊辛、海涅等等。特別是我對英國文學的興趣，讓我接觸
到了英國文學的巨擘，促使我繼續去選修更高深的英文課。

　　回憶和《口述自傳》都不一定正確，都得小心運用，在這裡又得到一個例
證。胡適說他在康乃爾學了兩年的德文、一年半的法文。但是他的總成績單只顯
示了一年的德文以及一個學期的法文。德文是他大一還在農學院的時候選的。成
績都不錯，我在上文已經提過了：「德文一」得90分；「德文二」得80分。我在
本節前文列出了他在「德文二」所讀的書名，洋洋大觀，舉凡賽德、凱勒、萊
辛、歌德等等。他對自己德文能力的自信，也在在地表現在他才學完了一年的德
文就躍躍一試，想寫一本《德文漢詁》的念頭：「昨夜尋思非賣文不能贍家，擬
於明日起著《德文漢詁》。雖爲貧而作，然自信不致誤人也。」[60]法文則是胡適
一直到大三的下學期才選的，也就是1913年春天。他「法文一」得80分。他在康
乃爾的時候，翻譯了法國作家都德（Alphonse Daudet）的兩篇短篇小說，第一篇是
1912年9月29日譯的：「夜譯〈割地〉（即〈最後一課〉〔The Last Lesson〕）成。
寄德爭，令載《大共和》。」[61]第二篇是〈柏林之圍〉（The Siege of Berlin），是
1914年8月24日譯的。兩篇都是愛國小說。1912年9月的時候，胡適還沒學法文。
他的〈最後一課〉以及〈柏林之圍〉都是從英譯本轉譯過來的，雖然胡適在《留
學日記》裡記他翻譯這兩篇小說的時候，用的都是法文的篇名："La dernière

60　《胡適日記全集》，1：175。
61　《胡適日記全集》，1：200。

classe"（最後一課）；"Le siége de Berlin"（柏林之圍）[62]。

　　無論如何，胡適從農學院轉文學院是一個正確的抉擇，而且也是一個順遂的轉折。這個抉擇完全符合他個人的興趣；這個轉折也完全順遂，因為，就像他自己在《口述自傳》裡所說的，他當時「已經選了足夠的學分來滿足英國文學的『學程』了。」更重要的，就像梅光迪所預言的，胡適的「改科乃吾國學術史上一大關鍵」。雖然這並不表示如果胡適沒有改科，他未來所走的道路就會一定不同。然而，可以確定的是，由於胡適的「改科」，他就可以全心地醉心於他所心嚮往之、可以為之廢寢忘食、可以不油然地為之「足之蹈之，手之舞之」的文學、政治、哲學的領域裡。這是胡適之幸，也是中國之幸。

「新鮮人」新鮮事

　　胡適1910年8月以後的日記，可惜遺失了。胡適1936年7月在赴美的郵輪上為他的《留學日記》所寫的序裡，說他1910年8月以後有日記，但遺失了[63]。日記遺失當然是可能的，特別是胡適一生常常有讓朋友借閱他的日記的習慣。最可惜的所在，是因為這可以說是胡適一生中最重要的一個里程碑：從第一次搭乘豪華郵輪出國，到抵達美國，以及在美國開始讀大學的經驗。目前所存的胡適的《留學日記》，是從1911年1月30日開始的，當天是他第一學期期末考的第一天。換句話說，我們完全不知道胡適第一個學期是怎麼過的。我們如果想要重建胡適在康乃爾大學，特別是他第一學期的學生生活，就只好根據康乃爾大學的出版品，特別是《康乃爾太陽日報》(*The Cornell Daily Sun*)，這是康乃爾的學生報，是美國大學學生報裡發行最久的報紙，以及《康乃爾校友通訊》(*Cornell Alumni News*)，再佐以家信以及胡適在《留學日記》裡一些零星的記載。

　　美國的學制，是以畢業年作為級別年。因為胡適是1914年畢業的，所以他是康乃爾大學1914級的學生。根據1914級畢業紀念冊編輯部自己的說法，1914級是

62　《胡適日記全集》，1：462。
63　《胡適日記全集》，1：107。

一個「淘氣又淘氣的一級」。這個結論的主要根據，是因爲有110名1914級的學生說他們最喜歡喝的飲料是啤酒[64]。胡適在康乃爾大學五年，在他的心目中，「美國大學生之大多數皆不讀書，不能文，談吐鄙陋，而思想固陋，其眞可與言者，殊寥寥不可多得。」[65]跟胡適一起進康乃爾的新鮮人有1,110名之多，他們的行徑，一定讓少年老成的胡適覺得幼稚可笑。他們在9月27、28兩天註冊。註冊完以後的兩大集會，從胡適的角度看來，可能都和進大學求知的目的是風馬牛不相及的。第一個集會是由大學的教練主持的，時間在9月27日晚，他們雖然談的是學校的運動項目、運動的精神以及1914級級風的培養，但這等於是爲新學年度體育季啓動的開幕式。三天以後的第二個晚會，是由康乃爾大學基督教聯會（Cornell University Christian Association）主持的。這個集會，除了請康乃爾大學的校長致辭以外，主要介紹的是康乃爾大學的課外活動，諸如新聞、辯論、話劇社等等。此外，則是教新生唱康乃爾的校歌，各種運動會、集會時的集體歡呼（yells），以及康乃爾大學的各項傳統。最後，則是選舉1914級的臨時主席與委員會，以便籌備選舉各部正式職員的事宜[66]。

我們不知道胡適是否去參加了這兩個新生的活動。27日晚上介紹學校各項運動項目的活動，我們知道有六百名新鮮人去參加了，是新生總人數的一半[67]。不管他是否去參加了這兩個新生活動，也不管他是否覺得他們過於幼稚，康乃爾大學其他一些開學的活動，一定是會讓他感到新鮮和振奮的。比如說，他去註冊的時候，一定看到了已經退休的康乃爾首任校長，白校長（Andrew White, 1832-1918）歡迎新生的一封信。白校長是一位有名的教育家、學者、外交官，胡適在《留學日記》裡經常提到，對他非常敬重。白校長對新生的歡迎信很簡單，主要

64　"Senior Class Expresses Likes and Dislikes," *Cornell Daily Sun*, XXXIV.145, April 15, 1914, p. 1.
65　《胡適日記全集》，2：46。
66　"600 Freshmen Hear Advice from Coaches," *Cornell Daily Sun*, XXXI.2, September 28, 1910, p. 1; "Freshman Campus Meeting Tonight," *Cornell Daily Sun*, XXXI.4, September 30, 1910, p. 1.
67　"600 Freshmen Hear Advice from Coaches," *Cornell Daily Sun*, XXXI.3, September 29, 1910, p. 1.

是引美國作家畢靈司(Josh Billings，是Henry Shaw用的筆名，1818-1985)所說的一句話來勖勉新生。這句話說：「小伙子，就以郵票為例吧；它之所以有用，就在於它能夠一心一意地黏在一個東西上，一直到它達到目的地為止。」根據《康乃爾太陽日報》的報導，白校長的這封信，讓在廊道上排隊等著註冊的新生都各個爭睹著[68]。

　　如果胡適覺得白校長歡迎新生的方法別出心裁，而且意義深遠，他一定也會對休曼(Jacob Schurman, 1854-1942)校長在30日中午的演講擊節激賞。30日是1910學年度開學的第一天，按照康乃爾大學的傳統，校長都會在這一天做開學的演講。休曼校長後來在1921年到1925年之間出任美國駐華公使，跟胡適頗有過從。休曼校長的這篇演講，在一開始就強調了兄弟會(fraternities)對學校的貢獻[69]。以今天許多美國大學設法削弱、甚至禁止兄弟會的作法來看，休曼校長會那麼正面地稱讚兄弟會的組織是有它特殊的時代背景的。由於當時康乃爾大學沒有學生宿舍，兄弟會等於是幫助學校解決了一個非常重要的問題。以胡適的1914級為例，在一千一百名左右的新生裡，有227名，也就是說，有十分之二是選擇住進兄弟會裡[70]。對這些新生來說，兄弟會不但為他們解決了吃住的問題，而且也為他們提供了一個現成的社交圈。當然，休曼校長也指出兄弟會有兄弟會的問題。如果學生不懂得本末，忘卻了他們來大學的目的是求知，而不只是社交和嬉遊，那就會反得其害。在強調了兄弟會的好處以後，休曼校長就接著談到康乃爾的運動，以及各種社團活動。

　　休曼校長在他的演講裡先談到社交、運動以及課外活動是有他的深意的。他說，「我所要強調的是：身體是腦之器，腦要能善其事，就必須先要利其器。因此，我歡迎所有有益的體操、遊戲、運動和社交活動。我建議每一個新生，每一個今天聽我演講的學生，都要去參與我們大學五花八門的活動，如果這樣做，能

68　"Stick to One Thing Like a Postage Stamp," *Cornell Daily Sun*, XXXI.3, September 29, 1910, p. 1.
69　以下敘述休曼校長的演講，請參閱"University Exists for the Training of the Mind, Says Dr. Schurman," *Cornell Daily Sun*, XXXI.5, October 1, 1910, p. 1.
70　"Fraternity and Non-Fraternity Men," *Cornell Daily Sun*, XXXI.13, October 11, 1910, p. 4.

砥礪其身心的話……你是否進了校隊，對我來說一點都不重要。我所希望見到的，是一個用功的學生群體，他們懂得應該如何適度的玩，也懂得照料自己，用運動來鍛鍊他們的身體，讓身體能成為腦力工作的器官和工具。」

休曼校長要學生了解，所有上述這些活動，都是附麗或從屬於他們來大學的主要目的，那就是心智的培養(training of the mind)。他說，世界上沒有其他事情比心智的培養還要重要。要達到這個目的的途徑無他，就是求學、努力執著地求學。休曼校長把人世間的知識歸類成兩支：

　　本校所教授的知識，這個世界上的知識，總的來說可以歸為兩類，就好像是一個球體的兩個部分一樣。一個半球處理的是人的問題：藝術、文學、歷史、制度以及哲學等等我們稱之為通人之學(liberal arts)或人文學科(humanities)。另一個半球處理的是人類作為其中一員的浩瀚的宇宙，是我們稱之為統御我們的宇宙的知識，換言之，就是科學：解析出物質世界的成分的化學；呈現出宇宙的能量及其運作規律的物理；讓我們了解生命的奧妙的生物學；為我們說明地球表殼的地質學等等。

休曼校長說求學之道無他，就在於要懂得專注，埋頭不懈的專注。不管眼前所要學習的問題是什麼，不管是數學、物理或是寫論文：

　　就要彷彿本校只有你和那個問題存在一樣，專心一致地全力以赴。弄通它、與它搏鬥、絕不輕言放棄。這是自我教育。否則，你只是在填鴨(assimilate)，你並沒有作反應，並沒有創造；否則，你就只是一個傀儡，別人拉線，你就動，別人奏樂，你就跳。如果你想要作一個受過教育的人，想要作一個具有獨立思考能力的人，你必須從大一開始就要學會竭盡全力去弄通當前的課題。

除了註冊，參加新生訓練的活動，在9月30日開學，聽休曼校長的演講以

外，在開學之初，還有一件新生必須作的事情，那就是體格檢查。1914級的體格
檢查是從10月3日開始進行的[71]。等這一切都作完以後，胡適就正式成爲康乃爾大
學的新鮮人了。作爲康乃爾大學的新鮮人，並不只是註冊、選課、上下課、到圖
書館學習這樣單純的生活。康乃爾大學有其所謂的傳統，說得白一點，就是規
矩。這些規矩，如果沒有遵守，後果是頗爲嚴重的。怪不得他們在新生訓練的時
候，還必須特別騰出時間來爲新鮮人講解康乃爾的傳統。這所謂的康乃爾大學的
傳統，有些說來是令人啼笑皆非的。其中，跟胡適這批新鮮人有關係的，就是所
謂的「新鮮人守則」。這些守則主要就是在「整」新鮮人，一代傳一代，年代久
遠，根深蒂固。根據高年級學生所組成的「綜合事務委員會」(General
Committee)在1911年2月24日所開的會，他們對「新鮮人守則」作了一些修正。其
中最有趣的幾項如下：

• 新鮮人不准在校園的草地上行走。
• 新鮮人不准在校園裡吸菸，也不准在綺色佳街道上抽菸斗。
• 新鮮人在任何情況之下，都不准在Zinck's〔勁客店〕、the Dutch〔胡適
  譯爲荷蘭店〕[72]、the Alhambra〔阿爾漢巴拉〕樓下出現。他們也不准在
  Ithaca Hotel〔綺色佳酒店〕的大廳裡徘徊。七點鐘以後，他們也不准進
  Jay's〔傑店〕、the Senate〔塞內特〕或者the Office〔奧菲司〕。除非有
  高年級生作伴，他們也不准上Zinck's〔勁客店〕、the Senate〔塞內特〕
  或者Alhambra〔阿爾漢巴拉〕的二樓〔以上這些地方都是酒吧，或者是
  有酒吧間的酒店〕。
• 每一個新鮮人，除了星期天以外，都必須在任何時刻戴著以下所規定的
  帽子，二者選一：公定的灰色帶有小帽舌〔帽舌比現流行的棒球帽短
  〕、頂端有一顆黑色紐扣的帽子；或者公定的灰色圓形無沿小帽
  (torque)，懸著一條三寸長的黑色流蘇。

71 "Physical Examinations Today," *Cornell Daily Sun*, XXXI.6, October 3, 1910, p. 7.
72 《胡適日記全集》，2：30。

- 新鮮人沒穿西裝上衣，或沒戴帽子就不准在校園走動。
- 新鮮人不准坐在蘭息院(Lyceum)〔綺色佳的劇院〕的前三排或包廂裡。
- 電車上如果有高年級生有沒座位之虞，新鮮人就不准占坐電車上的座位。
- 新鮮人和大二學生都不准蓄鬚。[73]

　　這些「新鮮人守則」所反映的，其實就是大吃小、老薑欺嫩薑。這種行爲，英文叫做"hazing"，中文的「整」是一個很適切的翻譯；是一個「當頭棒」、「見面禮」、入門式(initiation)。說得好聽一點，是在灌輸長幼有序的道理，教導後輩要懂得尊重前輩。這在階級、身分、位階森嚴的團體裡，如軍隊、幫派、秘密社會裡是常見的。在今天美國大學校園裡的兄弟會、姐妹會，雖然三申五禁這種行爲的存在，仍然是我行我素的公開秘密。康乃爾大學的這些「新鮮人守則」之所以怕人，是因爲高年級學生確實會去貫徹執行。新鮮人違反了這些守則，情節輕的，可能被刮掉頭髮變光頭，以示懲戒；嚴重的，則有被高年級生扔進校園裡的碧比湖(Beebe Lake)裡的命運。這些守則，雖然隨著20世紀的進展，一再淡化。然而，一直要到1960年代才完全消失[74]。可惜由於胡適的《留學日記》幾乎整整缺了第一個學期，我們不知道他對這「新鮮人守則」的反應爲何。

　　由於「新鮮人帽」是大一學生像低等動物一樣被對待的標誌，每年春天都會有一個盛大的「焚帽日」(cap burning day)，來慶祝新鮮人揮別這個可憎的標誌的歡欣時刻。1914級把他們的「焚帽日」定在1911年5月27日，當天星期六，既剛好是康乃爾的「春日假」(Spring Day)，胡適在日記裡稱爲「春朝」假期，又是康乃爾大學跟哈佛大學的划船比賽的日子。他們顯然是希望利用「春日假」，既放假，來康乃爾遊覽的人多，人多熱鬧，更希望康乃爾能打敗哈佛，讓勝利的歡欣增添「焚帽」活動的喜氣。

　　「春日假」是康乃爾從20世紀初開始的一個傳統，一直繼續到大約1960年。

73　第一條不在此增訂條例裡，但已行之有年。"Underclassmen Must not Wear Mustaches," *Cornell Daily Sun*, XXXI.107, February 25, 1911, p. 1.

74　Corey Earle, "Tales of Cornell Freshmen," *Cornell Daily Sun*, July 21, 2006.

「春日假」今天已經不再，取代的是今天的「斜坡日」(Slope Day)。慶祝「春日假」的意義在揮別嚴冬、迎接暖和日子的到來。康乃爾的每一個學院、每一級學生、各社團都會製作節目，室內、戶外的節目都有。來「春假日」遊覽的人，除了康乃爾的學生、校友以外，還有綺色佳以及附近的居民。遊覽「春假日」，是需要買票的。這也是舉辦「春日假」的另外一個重要的理由。因為這個收入，是用來支持學校的各項運動經費。1911年的「春假日」特別的地方，是連紐約州長(是校友)和夫人，都被吸引來參加了，而且該年各項活動的收入是歷年之最。

對胡適等1914級的新鮮人來說，1911年的「春日假」既是他們的啼聲初試，又是他們的「焚帽日」，因此不敢掉以輕心。他們所製作的節目是一齣諧劇，叫「都是葛碧惹的禍」(Gaby Shedidit)。主題是1910年因為葡萄牙革命而失去王位的曼努埃爾二世(Manuel II)。曼努埃爾二世據說跟法國舞星葛碧‧黛絲蕾(Gaby Deslys)有一段情，傳言他是為美人而失去了江山。1914級的這個諧劇，把康乃爾的學生寫進了故事。在革命的前夕，曼努埃爾二世跟葛碧在皇宮接見了一些康乃爾的學生。這些學生帶了一份葛碧轟動了舞台的劇本，吹毛求疵地跟她起了爭執，吵將起來。接著進場的劇中人物是康乃爾大學的訓導主任(Proctor)，以及「皮納克爾」("Pinochle")。他們兩個人把康乃爾學生和葛碧之間的爭端擺平。訓導主任維持了秩序，「皮納克爾」則取得了王位[75]。

這齣諧劇的結局只有當時的康乃爾學生才看得懂、才會捧腹大笑。這訓導主任是康乃爾的學生人人都愛戴的推斯登(Theodore Tweston)。他從軍中退役以後，在費城當過警察，1910年到康乃爾當訓導主任。由於他跟1914級的新鮮人是在同一年進康乃爾的，因此雙方都覺得他們之間有特殊的感情。在康乃爾，人人都稱他為推斯登少尉。中國留學生也喜歡推斯登少尉。他們在1911年春天，也就是胡適在康乃爾的第二學期，請推斯登少尉和學生事務委員會的會長羅里(Rowlee)教授為中國同學會的特別來賓[76]。「皮納克爾」則是威爾司(Aaron

---

[75] "'Gaby-Shedidit' To be 1914's Maiden Effort," *Cornell Daily Sun*, XXXI.181, May 29, 1911, p. 1.

[76] "Club News: The Cornell Club," *The Chinese Students' Monthly*, VI.7 (May 10, 1911), p. 653.

Wells)的諢名。他是綺色佳一家買賣舊衣店老闆兼調頭寸的東主，滑溜精明，愛打皮納克爾撲克牌，所以連他自己也以「皮納克爾」的諢名稱呼自己。這齣諧劇安排讓訓導主任維持了秩序，而讓滑溜精明的「皮納克爾」登上國王的寶座。這個結局，康乃爾人，人人能體會，保證可以讓人人笑得前仰後翻。

康乃爾當天的各項活動，胡適顯然只去參加了「春日假」的活動。我們不知道他是否去看了他們1914級演的「都是葛碧惹的禍」那齣諧劇。他沒去看球賽，也沒去看划船比賽，他那晚更幾乎可以確定是沒去參加「焚帽日」的活動。他當天的日記說：「今日為校中所謂『春朝』(Spring Day)假期。赴Spring Day會場。下午，讀英文詩數家。是日，本校與哈佛(Harvard)競舟，與耶而(Yale)競球，皆大勝；又參與美國全國運動大賽(Track)，亦大勝；尚有小競皆勝：計一日而七捷，此間仕女喜欲狂矣。」[77]

胡適在日記裡所說的「一日而七捷」，其實是不正確的。他當天的日記可能不是當晚寫的。這在胡適並不稀奇，因為他常補寫日記，而且不是每次都會註明是補寫的。他在日記裡所謂的七全勝，顯然是看了5月29日星期一的《康乃爾太陽日報》的報導。那篇報導在啟始確實是用了「七全勝」的字眼，但那是大學生華而不實的辭藻；胡適一眼掠過，沒注意到那所謂「七全勝」裡的「第七勝」，指的其實是「焚帽」。那句話是這樣說的：「1914級在上週六晚慶祝了七全勝——在六項比賽全勝之後，外加新鮮人的『焚帽』盛會。」[78]康乃爾大學在5月27日的「六全勝」如下：划船三勝；棒球二勝（一場贏耶魯〔在康乃爾比賽〕，另一場贏達特茅斯大學〔Dartmouth〕〔在達特茅斯比賽〕；以及田徑（在波士頓比賽）[79]。

無論如何，1914級的「焚帽日」活動，號稱是歷年來最大的一次。5月27日晚上7點45分，1914級生戴著他們的新鮮人帽在西伯里圓頂樓(Sibley Dome)前集合。在行過儀式以後，參與活動的學生就各自舉著一把火炬，列隊向圖書館斜坡

77　《胡適日記全集》，1：147。
78　"Saturday's Celebration," *Cornell Daily Sun*, XXXI.172, May 18, 1911, p. 1.
79　*Cornell Daily Sun*, XXXI.181, May 29, 1911, p. 1.

(Library Slope)邁進。大隊跳著蛇舞前進。大隊抵達圖書館斜坡以後，就繞著巨大的營火圍成一圈。大家先唱校歌、集體作各種康乃爾以及1914級的歡呼。然後，在一聲槍響以後，大夥兒們就把那令人憎惡的灰色「新鮮人帽」一齊往營火裡扔將進去。「焚帽」大典結束以後，大家就在鼓號隊的帶領下，列隊向綺色佳市中心邁進。沿路上，大家一會兒唱歌、一會兒歡呼。沿途，越來越多的學生陸續加入，已經不再只是1914級的遊行隊伍，而儼然成為一個全校學生的活動。

他們在「州際大道」(State Street)上來回遊行幾次以後，就在綺色佳酒店前停下來。大夥兒們在酒店前作各種康乃爾以及各級的歡呼。接著，大家就開始各自四處去找薪柴。從街口到街口，望眼看去，就是這人手一根薪柴的遊行隊伍。最後，他們就在黎明女神街(Aurora)和水牛街(Buffalo)的十字路口，燃起一個巨大的營火。營火會結束以後，大夥兒們就作凱旋歸。在訓導主任推斯登少尉的率領之下，列隊邁回位在山丘上的校園。這時的人數已經有兩千人之多。他們遊行的終點是校長的官邸。大家對著校長的官邸，以歌聲向校長以及當時人在校長家的紐約州長吟唱。校長和州長都從官邸裡走出來。在火炬的映照之下，對遊行隊伍做了簡短的演說，稱讚了他們的康乃爾精神，也祝賀他們當天的六全勝。「焚帽日」的活動於焉結束，但是仍有一部分人又回到綺色佳市，繼續慶祝到過了半夜[80]。

「焚帽日」是康乃爾大學新鮮人在第一學年的兩件大事之一，另外一件是「新鮮人大宴」(Freshmen Banquet)，胡適去參加了。這個「新鮮人大宴」舉行的時間是在「焚帽日」之前。以1914級來說，他們的「新鮮人大宴」是在3月11日舉行的。「焚帽日」則是在兩個多月以後，也就是說，在5月27日晚上舉行的。胡適在1911年3月11日的日記裡說：「夜赴第一年級新生宴會(Freshmen Banquet)。是夜與宴者凡六百人，興會飛舞，極歡樂。他日當另為作一記。」[81]可惜，他在《留學日記》裡就從來再也沒有提起過這件事了。更有趣的是，胡適

80　"A Big Night for 1914," *Cornell Daily Sun*, XXXI.180, May 27, 1911, p. 7 and "Saturday's Celebration," *Cornell Daily Sun*, XXXI.181, May 29, 1911, p. 1.

81　《胡適日記全集》，1：126。

在這則日記裡，完全沒有提起這個「新鮮人大宴」有一個序曲，那就是「新鮮人大宴衝刺戰」（Freshman Banquet Rush）。這「新鮮人大宴衝刺戰」有它相當淘氣、甚至可以說是走火入魔的歷史[82]。由於新鮮人是被欺負的對象，而「新鮮人大宴」對他們來說又是一件大事，所以，康乃爾的傳統派給大二學生的任務，就在讓新鮮人去不了他們的「新鮮人大宴」。在早期的時候，大二學生在「新鮮人大宴」之前，就開始綁架新鮮人，綁架得越多越好，最好是綁架到新鮮人自治會的幹部，因爲他們是「新鮮人大宴」的主持工作人員。這些慘遭被俘的新鮮人，在「新鮮人大宴」當天，臉上被塗上各種顏色，被迫穿上各種不倫不類的衣服，然後被帶出去，在校園、綺色佳市區遊街示眾，最後，才被送到「新鮮人大宴」的會場。

爲了避免被綁架，新鮮人只好躲起來。去上課的時候，就集體進出，以人多勢眾、不落單，不讓大二生有機可乘。可是，大二生也有他們的辦法。他們甚至可以從屋頂上穿洞，從屋頂上進去抓躲在閣樓裡的新鮮人。等到「新鮮人大宴」的日子好不容易終於盼到了，那些還沒有被綁架去的新鮮人，就在秘密地點集合，然後集體向「新鮮人大宴」的會場——「軍械庫」（the Armory）〔當時兵學系和體育系所在，場地大，可以容納大型的宴會〕邁進。這是他們最後的衝刺。進得了「軍械庫」他們就自由了。但守在外邊不讓他們進去的是大二的學生。新鮮人死命往「軍械庫」裡衝，大二學生則硬是不退讓，甚至曾經打開消防栓，用水龍來阻擋衝將過來的新鮮人。這雖然是康乃爾的傳統，但畢竟作得過火，勞民又傷財。校方終於在1904年出面禁止。這種青年人血氣方剛的衝刺被禁止一年以後，經由學生跟校方的交涉，終於產生了一個折衷的方案。這就是胡適進了康乃爾大學以後，沒有去參加、也沒有筆之於日記裡的「新鮮人大宴」前所上演的「新鮮人大宴衝刺戰」。

這個折衷的方案，是把原先在「新鮮人大宴」前幾天就開始上演的綁架、躲避、追逐等種種亂象，儀式化成像足球賽一樣，由新鮮人和大二生在草地上對壘

82　以下兩段的描述，請參閱O. D. von Engeln, *Concerning Cornell* (Ithaca, N.Y., Geography Supply Bureau, 1917), pp. 247-248.

的「新鮮人大宴衝刺戰」[83]。這個「新鮮人大宴衝刺戰」舉行的時間，就在大宴當天下午的一點半開始，舉行的地點就在「軍械庫」旁的草地上。這個衝刺戰的打法，是井然有序的。大二學生列隊排在草場的南面，新鮮人在北面。這兩相對峙的學生又各自以25個人分為一隊，以體重作為分隊的標準。由羽量級打頭陣，每梯次由雙方各出兩隊。在槍響的號令下，這兩隊就各自向草場的對方衝刺。新鮮人的目標是要衝到草場的南面，大二生的目標則是阻擋他們。他們用的是擒將法，在抓住了一個新鮮人以後，使盡全力把他拽倒到草場上。被拽倒到草場上的新鮮人必須連續被壓在地上三分鐘以後，才算是被俘。

　　等羽量級的衝刺結束以後，就節節上升，直到重量級的廝殺完畢為止。由於綺色佳的天氣三月才是雪剛溶過後，草地潮濕鬆軟。在這樣子的來回廝殺之下，自然變得泥濘不堪。參加衝將的學生渾身上下沾滿污泥，自不待言。每年的「新鮮人大宴衝刺戰」也因此吸引了一大批想看人出洋相的觀眾。被俘的新鮮人臉上被塗上鮮亮的紅、藍、綠等等顏色，要他們穿上費盡心血所設計出來的越女性化越好的衣服、裝飾，再在他們身上插上各種羞辱他們的標誌和旗幟。這樣子把被俘的新鮮人裝飾好以後，就帶他們出去在校園和綺色佳市區遊行示眾。當然，新鮮人也同樣可以把大二生拽倒在草場上把他們收為俘虜，但他們主要的目的是成功地衝刺到另外一頭。

　　裁判這個「衝刺戰」的自然都是大三、大四的學生。他們有板有眼，裁判的工作除了主席、發令員以及計時員以外，還由七個小組分工合作：西區大二生裁判組、東區大二生裁判組、西區新鮮人裁判組、東區新鮮人裁判組、新鮮人俘虜服裝視察組、以及草場圈繩組。胡適在大一的時候可能沒去參加他自己那一級的「新鮮人大宴衝刺戰」。然而，有趣的是，等他大四的時候，他卻是1918級「新鮮人大宴衝刺戰」的「大四委員會」的委員之一[84]。無論如何，參加胡適1914級

83　以下兩段的描述，請參閱 "Sloppy Field for Underclass Rush," *Cornell Daily Sun*, XXXI.118, March 11, 1911, p. 1; "275 Freshmen Fall by Sophomore Defense," *Cornell Daily Sun*, XXXI.119, March 13, 1911, p. 1; and O. D. von Engeln, *Concerning Cornell*, pp. 246-247.

84　"Freshman-Sophomore Rush Plans Complete," *Cornell Daily Sun*, XXXIV.129, March 20,

的「新鮮人大宴衝刺戰」的人數有九百人之多。在經過一個半小時的衝鋒陷陣以後，有275名新鮮人被俘，大二生被俘的則有45人。這275名被俘的新鮮人被帶到體育館健身房後邊的鍋爐房。他們已經全身泥濘，但又被套上各種稀奇古怪的服裝和裝飾，以及塗上各種不同的顏色。眼看著他們被俘的同級生這樣美侖美奐的化裝，有75名沒有被俘的新鮮人，也自動要求接受同等的待遇。等到一切化裝就緒以後，就由高年級生押著這350名囚虜的大隊，浩浩蕩蕩開始遊街（"pee-rade"），任人拍照。先是遊校園，然後再遊綺色佳市區的大街。這些俘虜身上插著各式各樣的標籤和旗幟，最醒目的是墊後的俘虜，他們被鐵鏈串起來，各個身上還套著沉重的鐵鏈。

　　從1907年開始實施這種「新鮮人大宴衝刺戰」的折衷方案以後，新鮮人赴他們的大宴的時候，就不需要再在「軍械庫」前作最後的「殊死戰」了。現在有了「新鮮人大宴衝刺戰」，在戰陣、遊街結束以後，遊街的新鮮人至少還有點時間趕回去沖洗整裝以便赴宴，而且再也不用擔心那大二生在「軍械庫」前埋下的最後最後防線了。這對胡適來說是幸運的，否則他大概就一定不會去參加1914級的「新鮮人大宴」了。這「新鮮人大宴」並不便宜。1914級大宴的票一張要2.7美元，幾乎相當於當時最便宜的學生住所一個星期的膳宿費。3月11日，也就是「新鮮人大宴衝刺戰」與「新鮮人大宴」的當天，《康乃爾太陽日報》特別呼籲，要所有有血氣的1914級的新鮮人，都一定要在當天下午去衝刺大二學生所排出來的陣仗，也一定要在當天晚上去參加大宴。這篇文章用典型的大學生誇張的筆調來形容這個大宴：

　　　　這是一個宴中之宴。是一年中，不，可以說是整個大學生涯裡的最重
　　　要的一件大事。這是一件大事，是傳統中的傳統，是新鮮人絕對不可以
　　　錯失的大事。票價似乎令人捨不得，但絕對是值得的，是絕對能值回票
　　　價的十二倍以上的。這是因為你所買的回憶，是即使你所有其他大學生

（續）—————————————
　　　　1914, p. 1.

活的點滴都忘卻了，它還是記憶猶新的。當你汲取到了今晚的氣氛，當
你感受到了其精神，你所獲得的那難以名狀的東西，絕對不是能用那區
區的票價所能衡量的。所以，我說：所有的新鮮人！一定要去參加你們
的大宴。這是你康乃爾生涯裡的一件大事。不管你是用乞討、借錢或者
作其它犧牲〔去買票〕，一定要去你的大宴。[85]

就像胡適在日記裡所說的，1914級有大約六百人去參加了「新鮮人大宴」。
這個大宴有八道菜，是由兩家有名的承辦宴席的公司負責的。「軍械庫」布置得
極爲美麗，除了美國國旗以外，掛滿了代表1914級顏色——瑪瑙和白色——的彩
帶。當晚的節目當然穿插了一些演講，包括訓導主任推斯登少尉。因爲他接任康
乃爾的訓導主任是在1910年，跟1914級入學同一年。因此，當晚他就被公舉爲
1914級的榮譽級友。胡適在日記裡說：「興會飛舞，極歡樂」，指的可能是大夥
兒們在大宴後的種種餘興活動。《康乃爾太陽日報》有一段非常生動的描述：

> 〔1914級的〕級風，以及同儕心充分地流露出來。自發的歌聲裊繞著
> 整座樓房，1914級的喇叭聲響徹屋脊。歡欣的年輕人，有些把酒杯並
> 排，敲打著音階；有些很技巧地把紙盤扔在空中盤旋；不時歡呼、不時
> 呼叫。最有創意的，是大家各自坐在自己的座位上，配合著歌曲的拍
> 子，全體一致地左右搖擺著。當天下午在〔「新鮮人大宴衝刺戰」〕所
> 沾滿的塗漆、泥巴，大家早就已經忘得一乾二淨。整棟樓房所回響著
> 的，是手掌拍擊、鞋履擊地的擊節聲，一直到過了半夜。

《康乃爾太陽日報》在本報訊裡加了一個註腳：「最新消息：有幾個大二學
生偷走了當晚沒抽完、數目達數千支之多的香菸。據了解，他們是把體育館健身
房的一面後窗打破，從那兒進去取得香菸的。」[86]

85　"Freshman Day," *Cornell Daily Sun*, XXXI.118, March 11, 1911, p. 4.
86　"First Year Men Make Merry in the Armory," *Cornell Daily Sun*, XXXI.119, March 13,

綺色佳的飲食起居

我們在上文提到：目前所存的胡適第一天的《留學日記》，是1911年1月30日寫的。當天剛好就是農曆的新年。而現存胡適給他母親的第一封家信也是這一天寫的，是一個奇特的巧合。胡適說他1910年8月以後有日記，但遺失了。胡適一生有讓朋友借閱他的日記的習慣，再加上留學期間幾度遷徙，然後回國，日記會遺失是不難理解的。然而，他在此之前的家信也不存，就是一件很奇怪的事。到美國留學是非比尋常的事，胡適不可能不會寫信報告他的沿途的所見所聞。到了綺色佳，更不可能不會寫信向他母親報平安、報告他的生活起居以及他初進美國大學的經驗。我們從胡適母親給他的信，可以知道胡適到美國的沿途都寫了信，到了綺色佳以後，還勤寫家信。胡適的母親甚至在第五號信裡稱讚他說：「汝自到美後，勤寫家書，收閱之餘，恍如晤語，殊以為慰。」[87]胡適的母親規定胡適每個月要寫兩封信，每年上下兩季要各拍一張照片寄回家[88]。這些信件，在找到以前，目前都只能當作已經遺失了。

更有意味的是，胡適的母親更定出了一個標號的方法。這就是說，她要胡適和自己都在信上標號。這樣子，是否每封信都收到了，以及其先後順序如何，就可以一目瞭然。她在家信裡，總是一再不厭其煩地提醒胡適要記得標號。她抱怨胡適總是一再疏忽，忘了標號。更重要的是，這個標號的好處，可以方便檢視，看是否該說、該回答的事情都交代清楚了。她說書信是兩個相隔萬里的人之間唯一交流的方法，如果沒有一應一答，就不能聲聲相應。她形容得再貼切也不過了：「望書回信時，將家信重再看過，以免失於問答。蓋相隔幾萬里，路途太

(續)————————————————————
    1911, pp. 1, 3.
87   胡母致胡適，十二月二十八日[1911年1月28日]，《胡適遺稿及秘藏書信》，22：14。
88   胡母致胡適，辛亥閏六月十六日[1911年8月10日]，《胡適遺稿及秘藏書信》，22：42。

遙，寄信總不便當。故家外彼此，均須聲聲相應爲貴。」[89]這書信標號的方法，
後來胡適也要他的兒子沿用。他跟江冬秀之間通信，特別是當胡適出任駐美大使
以後，用的也是這個方法。

　　當然，雖然胡適的母親制定出這個通信標號的方法，如果信在郵遞中遺失
了，即使再勤於標號也無濟於事。我們從胡適母親給胡適的信裡，可以知道她常
常提到幾號、幾號信還沒有收到，雖然大多數後來還是寄到了。因此，我們可以
想見胡適早期的家信，有些可能是遺失了。然而，這仍然不能解釋爲什麼胡適在
1911年1月30日以前寫的家信現都不存。這封1911年1月30日寫的信，編號爲第四
信，很可能是他1911年寫的第四封家信。無論如何，因爲這是現存的胡適留美以
後的第一封家信，因此分外寶貴。它告訴了我們胡適覺得美國大學生活新鮮有趣
的地方：

　　　　糜兒百拜，遙祝吾母大人新禧百福。兒今日有大考一次，考畢無事，
　　因執筆追記入學以來之事。以告吾母。想吾母新春無事，家人團聚之時
　　得此書以爲家人笑談之資：
　　　　(一)體育：外國大學有體育院〔健身房〕，中有種種遊戲，如杠子、
　　木馬、跳高、爬繩、雲梯、賽跑、鐵環、棍棒之類，皆爲習體育之用。
　　大學定章，每人每星期須入此院練習三次，兒初一無所能，頗以爲恥。
　　因竭力練習，三月以來，竟能賽跑十圈，爬繩至頂，雲梯過盡，鐵環亦
　　能上去，棍棒能操四磅重者，舞動如飛，現兩臂氣力增加。兒前此手腕
　　細如小兒，今雖未加粗，然全是筋肉，不復前此之皮包骨頭矣。此事於
　　體力上大有關係，如能照常習練，必可大見功效。現兒身體重110磅(脫
　　去衣履時稱得之重)，每磅約中國十二兩零。一年之後，必可至150磅
　　矣。
　　　　(二)交際：美國男女平權，無甚界限。此間大學生五千人，中有七八

89　胡母致胡適，壬子四月十三日[1912年5月29日]，《胡適遺稿及秘藏書信》，22：
　　70-71。

百女子，皆與男子受同等之教育。惟美國極敬女子，男女非得友人介紹，不得與女子交言。(此種界限較之中國男女之分別尤嚴，且尤有理。)此間有上等縉紳人家，待中國人極優。時邀吾輩赴其家坐談。美俗每有客來，皆由主婦招待，主人不過陪侍相助而矣。又時延女客與吾輩相見。美國女子較之男子尤爲大方，對客侃侃而談，令人生敬。此亦中西俗尚之不同者也。

(三)飲食：此間食宿分爲二事。如兒居此室，主人不爲具食，須另覓餐館。每日早餐有大麥飯(和牛乳)、烘麵包(塗牛油)、玉蜀黍衣(和牛乳)之類。中晚兩餐始有肉食。大概是牛羊豬之類。至禮拜日始有雞肉。美國烹調之法殊不佳，各種肉食，皆枯淡無味，中國人皆不喜食之。兒所喜食者，爲一種麵包，中央雞蛋，或雞蛋火腿〔即三明治〕，既省事，又省錢，又合口味。有時有烤牛肉，亦極佳，惟不常有耳。兒所居之屋，房東是一老孀，其夫爲南美洲人。南美洲地本產米，故土人皆吃飯。其烹肉燒飯之法，頗與中國相同。十一月中，主婦用一女廚子，亦是南美洲人，遂爲同居之房客設食。同居者，有中國人七人，皆久不嘗中國飯菜之味，今得日日吃飯食肉，其快意可想。兒亦極喜，以爲從此不致食膻酪飲矣。不意主婦忽得大病，臥床數日，遂致死去。死後其所用之廚子亦去。如是此種中國風味之飲食，又不可得矣。此一事實，頗有趣味。吾母聞之，亦必爲之大笑不已也。

又舉三事，拉雜書之，即以奉稟。順叩金安　縻兒百拜　辛亥元旦(1月30日)家中長幼均此。[90]

我們從這封家信裡，知道胡適到了綺色佳以後，是跟七個中國學生在外租屋同住的。當時的康乃爾大學沒有男生宿舍。女生宿舍則有兩棟：賽姬院(Sage College)以及賽姬村(Sage Cottage)。根據康乃爾大學1912年爲新生所提供的資

90　胡適稟母親，辛亥元旦(1911年1月30日)，《胡適全集》，23：28-29。

料，女生宿舍一年的膳宿費，包括暖氣和電費，是在225到300美元之間。由於大學不提供男生宿舍，男學生就必須在外租房子住。根據校方所提供的資訊，在外租屋的費用，膳宿外加暖氣和電費，每週的費用在5到12美元之間。康乃爾大學經濟學教授威爾恪思(Walter Wilcox, 1861-1964)，活到103歲。他是胡適的老師，比胡適晚兩年才過世，胡適在晚年的談話裡還常提到他。根據威爾恪思教授的統計，在1911學年度，康乃爾學生每週的房費是2.82元，膳費4.53元，合計是7.35元。然而，根據他的調查，即使在最便宜的膳宿全包的地方，一週三塊美元，飯菜由雇來的學生當跑堂，從廚房端菜上桌，每星期天還是保證能吃到燴雞或烤雞，外加冰淇淋[91]。

趙元任的英文自傳可以拿來當威爾恪思調查的佐證。他說他一個禮拜付三塊半美元給房東太太飯錢，早餐還有牛排可吃呢[92]！可是，人的回憶不可信，在這裡又可以得到另一個佐證。趙元任在自傳裡寫他1919學年度回到康乃爾大學當一年的物理講師。他在這一章裡回憶起他生病的過去。他說1914年中國科學社成立的時候，為了省錢捐給科學社，跟董任堅(J. C. S. Tung，本名董時)就進行節省比賽，從開始的時候一天美金五毛的伙食費降到後來的三毛五一天[93]。很快地，兩個人就因為體弱而感冒了[94]。趙元任說，有一陣子，他的中餐就只喝湯跟吃蘋果派，結果營養不良[95]。其實，美金五毛一天，一個星期是3.5美元；三毛五一天，一星期是2.45美元。趙元任之前才說他「一個禮拜付三塊半美元給房東太太飯錢，早餐還有牛排可吃呢！」3.5美元一個禮拜的伙食費，也就是一天五毛美金。怎麼原來趙元任說五毛美金一天的伙食費，早餐還有牛排可吃，卻會貶值到

91 Morris Bishop, *A History of Cornell* (Ithaca, New York: Cornell University Press, 1962), p. 405.
92 Yuen Ren Chao, *Life with Chaos: The Autobiography of a Chinese Family, Vol. II, Yuen Ren Chao's Autobiography: First 30 Years, 1892-1921*, p. 77.
93 趙元任記錯了，不可能是董任堅，因為董任堅是1918年才從清華畢業留美的。他1919年在克拉克(Clark)大學拿到學士學位以後，到康乃爾唸了一年的書，拿到碩士學位。那一年，剛好是趙元任到康乃爾擔任物理講師的一年。
94 Yuen Ren Chao, *Life with Chaos: The Autobiography of a Chinese Family, Vol. II, Yuen Ren Chao's Autobiography: First 30 Years, 1892-1921*, p. 100.
95 Yuen Ren Chao, *Life with Chaos: The Autobiography of a Chinese Family, Vol. II, Yuen Ren Chao's Autobiography: First 30 Years, 1892-1921*, p. 79.

吃不飽而造成營養不良的程度呢？我們確知1910到1914年之間並沒有急劇的通貨
膨脹。

　　當時康乃爾大學的學費，文理學院是一年100美元，醫學、建築、土木以及
機械工程的學費是一年150美元，農學院則一直到胡適入學那一年為止，也就是
到1910學年度為止，是免學費的[96]。從以上這些資訊，我們可以計算出胡適在康
乃爾大學第一年的費用。由於胡適第一年在康乃爾大學是免學費，膳宿費方面，
如果我們以胡適的老師威爾恪思教授最便宜的一週美金3元來作計算，一年就是
156元。這就是胡適第一年必須付出的生活費。如果我們假定他那年的買書、購
衣、零用是150美元，則他在康乃爾大學第一年的總費用是在300美元之間。

　　當時中國庚款生的待遇是非常優厚的，他們的官費原來是一年960美元，也
就是說，一個月80美元。怪不得胡適在赴北京考庚款留美時給他母親的家信說：
「聞官費甚寬，每年可節省二、三百金。」[97]只是，好景不長，官費在辛亥革命
發生以前，就調降為每個月60美元。一個月60美元，相當於今天的1400百美元；
一年720美元，相當於今天的1萬7000美元。胡適每年所能省下來的何止「二、三
百金」？他所能省下來的，應該有四百多金，相當於今天的一萬美金。可是，當
時的留美庚款生，幾乎各個都叫窮。比如說，趙元任在他的英文自傳裡就說：
「我們清華的獎學金一個月只有60美元，得拿來付所有的費用，包括學費。」所
謂學費也者，我們知道當時康乃爾文學院一年是100美元。就是扣掉這100美元的
學費，一個月也還有將近52美元。當然，趙元任在叫窮的同時，也承認當時的物
價實在便宜，說他一個禮拜付3.5美元給房東太太飯錢，早餐還有牛排可吃呢！

　　拿公費或獎學金的人永遠不會嫌多，只會嫌少。這是人之常情，連這批「六
十美元階級」自然也不例外。唐德剛在翻譯《胡適口述自傳》之餘，感嘆胡適這
批庚款留學生是「少爺小姐」不知民間疾苦。他們沒有真正窮過，當然不識窮滋
味。他嗟嘆這些「國之棟梁」和一般老百姓之間的鴻溝是無法跨越的[98]。其實，

96　*Official Publications of Cornell University: General Circular of Information, 1912-1913,*
　　III.1 (January 1, 1912), pp. 13, 27.
97　胡適稟母親，1910年6月30日，《胡適全集》，23：19-20。
98　唐德剛，《胡適口述自傳》，《胡適全集》，18：193-194、231-232。

不只唐德剛這麼想，連本身也是「六十美元階級」的梅光迪也抨擊庚款留學生的不知民間疾苦：「吾國今日救時之士須如〔春秋時期的〕衛文公大布之衣、大帛之冠，能耐勞操作與至下等人同其甘苦，始可以有爲耳。而官費生月領六十元，衣裳楚楚，飲食豐腴，歸國後非洋房不住，非車馬不出門，又輕視舊社會中人，以爲不屑與伍，而鑽營奔走之術乃遠勝於舊時科舉中人，故此輩官高矣，祿厚矣。」[99]

　　庚款獎學金夠不夠多，這當然沒有絕對的尺度，而是相對而言的。但是，我們可以把它拿來跟康乃爾大學給的獎學金相比。比如說，胡適在1914年4月申請到康乃爾大學下學年度哲學研究所的獎學金，其金額根據胡適自己在家信裡向他母親報告的，是三百美金。這點，胡適並沒有以多報少，根據康乃爾大學哲學研究所的通告，確實是三百美元[100]。必須指出的是，在康乃爾拿到獎學金的學生都免學費。所以，這三百美金純是生活費。美國大學的獎學金是供學期當中用的，因爲假定學生在假期當中可以回家或可以打工掙錢。因此，一年三百美金的獎學金，除以八個月的眞正上課的時間，一個月有37.5美金的生活費。這跟庚款一個月60美元相比，還是小巫見大巫。庚款獎學金這麼優厚，無怪乎胡適放得下手在1910年底給自己買了一套五十冊的《哈佛叢書》(*Harvard Classics*)[101]。這套《哈佛叢書》沒有統一的價格，因爲它有普及版，也有眞皮封面、鑲金、著色的豪華版；價格從最便宜美金50元(相當於今天的1,200美元)一套的普及版，到492美金(相當於今天的11,500美金)一套的豪華版[102]。無怪乎趙元任敢買一架值220美元的二手貨鋼琴。他用的是分期付款的辦法，每月付3.5美元[103]。官費每個月調降爲60美元以後，胡適告訴家鄉的朋友，說他「頗形拮据，已不能〔不〕有所撙節

99 梅光迪致胡適，十三號[無年月]，《胡適遺稿及秘藏書信》，33：427-428。
100 胡適稟母親，1914年5月20日，《胡適全集》，23：55；*Official Publications of Cornell University, IV.3, Announcement of the Graduate School*, 1913-14, p. 21.
101 《胡適日記全集》，1：115。
102 感謝哈佛大學檔案館Robin Carlaw女士的協助，在伊里鄂(Charles Eliot)校長[《哈佛叢書》主編]的檔案裡(Call number UAI 5.150, Box 243, "P, 1909-1911")找到這些價格的資料。根據Robin Carlaw在2009年12月22日致筆者的電子信。
103 Yuen Ren Chao, *Life with Chaos: The Autobiography of a Chinese Family, Vol. II, Yuen Ren Chao's Autobiography: First 30 Years, 1892-1921*, p. 77.

矣。」[104]

　　其實，胡適所謂「不能〔不〕有所撙節矣」的說法，還是誇張之辭。我們在下文會談到康乃爾大學農學院從1911學年度以後，開始向非紐約州的居民收學費。農學院一年的學費當時是一百美元。換句話說，從1911學年度開始，胡適一年的費用，學費、生活費外加零用錢增加到四百元，官費720美元，還頗有週轉的餘地。如果能省吃儉用，應該還是綽綽有餘的。美國和中國收入與生活水平的差異實在是天差地別。胡適的母親說她一年的家用在兩百大洋之間[105]。當時美金跟中國銀元的兌率，根據胡適母親據胡適在家信裡的報告，是1比2.66[106]，胡適一年的官費原來是一年960美元，值2千5百大洋，足夠她母親維持一家十二年半的生活費；即使官費減爲720美元，仍然值將近兩千大洋，足夠十年的生活費。怪不得胡適的母親總覺得胡適應該有能力接濟家用。她在1911年8月10日終於問胡適說：「汝在外面學中公家所入旅學之款，究竟每月除去房食一切當需之項，果有存餘，望約爲匯寄若干來家應用。」[107]幾經要求以後，胡適終於在家信裡說他就會寄回家美金30元，約八十大洋。胡適的母親在收到這封信以後，終於在中秋節寫的信決定作正式的要求：「今與吾男約定，嗣後每年須籌寄貳百元⋯⋯爾在外公家所入之款，當要用者固不能省，但不可再如前之散漫。當撙節處務爲緊乎爲要。蓋爾二兄亦同意此散漫之病，所以吃虧不少。爾須痛改之，是所至囑。」[108]

　　當然，中國的收入和生活水平比美國再低，也不能改變胡適本人是在美國留學、生活的事實。換句話說，他拿的美金是要在美國生活，而不是拿回中國換成銀元來生活。也許一個月60美元，一年720美元，就是不夠他用。根據梅光迪1912年9月給他的信，我們知道胡適告訴張慰慈，說他一個月只有40美元可

104　胡適致章希呂，[1912年]2月6日，《胡適全集》，23：37。
105　胡母致胡適，1912年6月18日，杜春和編，《胡適家書》，頁432。
106　胡母致胡適，辛亥八月中節[1911年10月6日]，《胡適遺稿及秘藏書信》，22：49。
107　胡母致胡適，辛亥閏六月十六日[1911年8月10日]，《胡適遺稿及秘藏書信》，22：42。
108　胡母致胡適，辛亥八月中節[1911年10月6日]，《胡適遺稿及秘藏書信》，22：50。

用[109]。這可能是扣除了學費一百元，以及他母親在1911年中秋節的信規定他必須每年補貼家用的兩百銀元，也就是75美金以後的結餘。關於這一點，胡適在他晚年的《口述自傳》裡作了解釋。根據他的說法，他當時拮据的窘狀，是因為他從農學院轉到文學院必須賠回學費而造成的：

> 當我在大二第二學期決定轉系的時候，我不但必須付文學院第二學期的學費，我還得賠農學院三個學期的學費。為了這件事，我還得跟在華盛頓的留學生容揆商量。容揆後來成為我的好朋友，他是容閎在1871到1872年帶到美國留學的120名幼童生裡的一員。他准我轉系，但必須被罰款。我本來每個月80美金，被調降為45美元。監督處從我的庚款裡先預扣了賠康乃爾的學費，四個學期一次付清，一共美金兩百元。在那個年代，這不是一個小數目〔相當於今天的4,500美元〕。我只好吃苦，別人拿80美金，我只拿45美金。[110]

其實，胡適在《口述自傳》裡說得也不很正確。第一、他轉學的時候，容揆剛退休。接替容揆的留學生監督是黃鼎，1911年上任。實際處理胡適轉學手續的，應該是黃鼎。其次，胡適說「罰款」也是不正確的，因為留學生監督處並沒有罰胡適的款。留學生監督處只不過是先一次墊還胡適必須賠還給康乃爾的學費，然後再逐月從胡適的庚款裡分期扣回。第三、我們在前文已經說過，庚款在辛亥革命以前，就已經從每個月80美元調降為60美元。第四、胡適需要賠農學院的學費只是第一學年的兩個學期，因為我們在上文也已經指出，農學院從1911學年度開始，所有非紐約州居民，包括外國學生，都必須付學費。因此，胡適在1912年2月轉系的時候，他早就已經付了他前一學期的學費了。值得省思的是，如果像前引胡適告訴張慰慈的話，說他一個月只有40美金可用，而他那時一個月的庚款只剩45美金。那可能就意味著說，那五美金的差額，就是他寄回家孝敬母

---

109 梅光迪致胡適，[1912年9月15日]，《胡適遺稿及秘藏書信》，33：382。
110 Hu Shih, "The Reminiscences of Dr. Hu Shih," pp. 50.

親的錢。五美金一個月，一年有60美元，值當時大約一百五十銀元。雖然不到他母親要他一年寄兩百銀元回家貼補家用的約定，但已經是他所能負擔的極限了。

　　無怪乎胡適會叫窮。他天生就不是一個省吃儉用的人。他的慷慨，他的不在乎金錢的積攢，是一輩子有名的。他明知家裡經濟困難，母親一再寫信告急。然而，他母親有所不知，胡適自顧且不暇，他自己在美國也負了債。到了1914年，眼看著他母親已經支撐不下了，已經拮据到了必須以典首飾過年的地步。胡適只好向他的美國朋友羅賓孫(Fred Robinson)求援。羅賓孫是綺色佳一個照相館的老闆，一向急公好義，對外國留學生更是特別照顧，是下文會提到的「世界學生會」的一個熱心支持者。胡適在3月14日的日記裡交代了這件事：「此間商人Fred Robinson君慷慨以二百金相借，今日急入市，以百金寄家，以九十金還債。」[111]胡適在家信裡也說明了這百金換得了多少大洋，以及他要償還的方法：「兒前得節公來書，知所寄之款，除爲兒買茶葉寄美外，共得英洋一百八十三元三角，已如數寄家矣。此款並非由文字上得來，乃向友人處暫時挪移。此間友人相待甚優，兒許以每月還以十元。」[112]胡適自己的窘狀，於此可見一斑。

　　胡適現存第一封1911年1月30日家信唯一交代得不很清楚的地方是膳宿的問題。他在講到飲食的一項的時候，先是說綺色佳地區膳與宿是分開的。由於房東不爲房客安排膳食的問題，他們必須在餐館就食。然而，後來又說他的房東是個老孀，原來的先生是南美洲人，房東在十一月中，雇了一個南美洲女廚。由於南美洲也吃米，烹肉燒飯之法有類似於中餐，胡適說他們同居的七個中國同學，久吃不到中餐，現在又得以大快朵頤，不亦樂乎。有可能是，他住的房東在開學之初並不提供膳食，十一月中以後，由於房東雇了一個女廚，於是開始爲房客提供膳食的服務。只可惜房東不久病死，女廚被辭退，他們大快朵頤的日子也就不再復返了。

　　有關胡適在康乃爾大學的起居問題，在第一年，我們所知有限。從他替國內的朋友所寫好的信封來看，他初抵綺色佳的時候，是住在大學街(College

---

111　《胡適日記全集》，1：305。
112　胡適稟母親，1914年5月20日，《胡適全集》，23：55。

Avenue)319號[113]。我們不知道他在房東太太過世以後是否搬過家。當然，也有可能房主換人，胡適等人繼續住在原處。膳食的問題，顯然在房東病死以後，是另外解決。他在1911年2月4日第一學期大考結束以後，當晚在住處「與同居諸君烹雞煮麵食之。」[114]這應該只是偶一為之的特殊情況。4月2日的日記裡說：「自今日起，就餐於A. C. C.〔Association for Cosmopolitan Clubs，即「世界學生會」會所。〕」[115]然後，就一直要到該年的9月6日，第二學年就要開學以前，他在當天的日記裡說他搬了家：「主婦大可惡，幾致與之口角。此婦亦殊有才幹，惟視此屋為一營業，故視一錢如命，為可嗤耳。今日遷居世界學生會所。初次離群索居，殊覺淒冷。」[116]胡適在世界學生會一住就住了三年，一直到1914年9月19日才搬到橡樹街(Oak Street)120號。他在9月25日的日記裡，是這樣地形容了他的新居：「新居長十三〔英〕尺，廣九〔英〕尺。室中一榻、二椅、一桌、一幾、一鏡台、二書架。二窗皆臨高士客狄那溪，水聲日夜不絕……溪兩岸多大樹，窗上所見：清癯之柏、溫柔之柳、蒼古之橡。」[117]胡適在橡樹街120號住了一年，直到他離開綺色佳轉學到紐約的哥倫比亞大學為止。

　　胡適在《留學日記》裡所提到的「世界學生會」，是一些美國和外國留學生在美國大學裡組成的[118]。最早成立「世界學生會」的，是威斯康辛大學，是由十六個外國學生和兩名美國學生組成的。他們分別代表了十一個不同國家來的學生，其成立的時間在1903年3月12日。康乃爾大學的「世界學生會」則是在1904年11月30日成立的，參與成立的人有91名之多，代表了來自十九個不同國家的學生。一直要到1907年，這些散布在各大學裡的「世界學生會」，方才成立了一個

113 胡適致胡紹庭、章希呂、胡暮僑、程士範，無日期，附件，《胡適全集》，23：24。
114 《胡適日記全集》，1：117。
115 《胡適日記全集》，1：131。
116 《胡適日記全集》，1：177。
117 《胡適日記全集》，1：507。
118 以下討論「世界學生會」，是根據Louis Lochner, "Internationalism among Universities," *World Peace Foundation Pamphlet Series*, VIII.7, Part II (Boston, World Peace Foundation, 1913), pp. 7-10; Fred Barnes, "The Cosmopolitan Club," *Cornell Alumni News*, XIII.16 (January 25, 1911), p. 182-183; 以及 "Cosmopolitan Clubhouse," *Cornell Alumni News*, XIII.6 (November 2, 1910), p. 66.

全國性的組織。在威斯康辛大學「世界學生會」的主導之下，第一屆「世界學生會」的年會在該年12月底在麥笛生(Madison)召開，一共有八個學校參加。這第一次年會議決成立「世界學生聯合會」(Association of Cosmopolitan Clubs)。第二屆的年會在密西根州的安娜堡召開，第三屆的年會在康乃爾大學召開。參加這1909年第三屆年會的代表，來自十六個不同的學校，他們議決要跟歐洲的「國際學生聯合會」(Fédération Internationale des Étudiants, F.I.d.E.)聯合。這個聯合的決議終於在1911年「國際學生聯合會」第七屆在羅馬召開的國際大會實現。因此，等「國際學生聯合會」第八屆國際大會1913年在康乃爾大學召開的時候，美國的「世界學生聯合會」是第一次以會員及東道國的身分參加。而當時胡適又剛好是康乃爾「世界學生會」會長，因此，他是以地主的身分歡迎各國與會的來賓。這個「國際學生聯合會」的座右銘是「情同手足」(Corda Fratres, Brothers in Heart)。美國的「世界學生聯合會」的會長訥司密斯(George Nasmyth)、秘書羅可納(Louis Lochner)，都很快地就都成為胡適的好朋友。這些，我們都會在第六章再詳細分析。

康乃爾大學的「世界學生會」(Cosmopolitan Club)在1910學年度的時候，有大約兩百個會員，代表了二十二個不同的國家。美國人最多，有一百二十人。其中，超過四十個人是教授以及綺色佳的居民。中國學生次之，有二十人。「世界學生會」最早是在艾迪(Eddy)街上。由於該棟建築太小，不敷使用，康乃爾大學的「世界學生會」於是從1907年開始為建新樓而募款。這棟新的建築位在布萊恩街(Bryant Avenue)，是在1910年7月底開始興建的。雖然康乃爾大學的「世界學生會」在1954年結束，但這棟建築今天仍然存在。它是一棟四層樓的建築，有會議室、餐廳和宿舍。地下室與街面等高，有餐廳、廚房和遊戲間，餐廳可容六十人。第一層是會議室，可容四百人。平時不用的時候，則有隔間的設施，可以把它區分成小單元，以供會員作談論或休閒的場所。二樓有十二間寢室跟一間大浴室。三樓有十三間寢室和幾個淋浴間。二、三層的寢室加起來，可以住二十五個人。但其中有四間寢室比較大，可住兩個人，因此，可以實際住宿的人數，可以達到將近三十個人。

　　胡適在1910年秋天進康乃爾大學的時候，這棟新的「世界學生會」還沒蓋好。雖然「世界學生會」在艾迪街的舊建築裡，固定舉辦了活動，由於胡適第一學期的《留學日記》已經遺失了，我們不知道他是否去參加過。他第一次在現存的日記裡提到「世界學生會」是在1911年2月25日：「是夜赴世界學生(Cosmopolitan Club)。」[119]當天是星期六，是「世界學生會」舉辦活動的日子。當晚的活動，是「世界學生會」在艾迪街舊建築裡所舉辦的最後一次的活動。參加當晚活動的人超過了一百人。在簡短的會議之後，所有在場的人都一起唱了「驪歌」(Auld Lang Syne)，跟艾迪街這棟舊建築珍重再見。「世界學生會」在布萊恩街上的新居，當時還沒有完工，但是已經有二十個會員搬進去住了[120]。

　　胡適在這個時候還不是會員，但是，他很快地就會跟「世界學生會」建立關係。「世界學生會」的人數眾多，但不是所有的會員都住在裡邊。就像我們在前文所指出的，即使在布萊恩街上的新居落成以後，最多也只能為三十個會員提供宿舍。但是，新居落成以後，由於餐廳的空間很大，可以容納六十個人，他們就決定把餐廳開放。換句話說，即使非「世界學生會」的會員也可以參加「世界學生餐飲俱樂部」(Cosmopolitan Boarding Club)，而在該餐廳就食。我們在前面提到胡適在日記裡說，他從4月2日開始在「世界學生會」就餐，那就表示他參加了這個餐飲俱樂部。雖然胡適顯然不久以後就變成會員，但他是一直要到該年的9月6日才搬進「世界學生會」去住的。

119　《胡適日記全集》，1：123。
120　"Twenty Members Now Live in New Cosmopolitan Home," *Cornell Daily Sun*, XXXI.110, March 1, 1911, p. 5.

圖6　康乃爾大學時期的胡適。時間地點不詳(胡適紀念館授權使用)。

　　為了慶祝新居的落成，「世界學生會」在3月25日舉辦了一個非正式的喬遷典禮。胡適在日記裡並沒有提到他是否去參加了這個典禮。當晚去參加這個非正式的喬遷大典的人總共有四百人。有幾個學生代表不同的國家發了言。其中，1912級的蔡光勩代表中國。他說中國人對美國有好感，但美國太好於干涉中國的內政。烏拉圭來的一位留學生也表示了同樣的意見，他說門羅主義南美洲人已經聽厭了。演講結束以後，就是參觀活動。大家先參觀二、三樓的宿舍，然後是第

一層的會議室，最後則是位在地下室的餐廳，這也就是當晚茶點招待的所在[121]。

　　「世界學生會」還在艾迪街舊居的時候，就已經開始舉辦一年一度的國際大宴(international banquet)。我們不知道胡適是否去參加了1910年的國際大宴。該年的大宴是在11月26日舉辦的，由會員準備了各種代表其所來國家的名菜[122]。當時美國學生的世界觀可以從學生報的報導略見其一斑。1912年的國際大宴是在該年的12月7日晚舉辦的，當時胡適已經是「世界學生會」一個很活躍的會員。他當天的日記只簡短地說：「夜有世界會萬國大宴，甚歡。」[123]《康乃爾太陽日報》10月31日有一篇文章，報導了籌備委員會的成立。有意味的是它接著畫蛇添足的「幽默」總結：「國際大宴是世界學生會一年一度的大事。每一道菜都是由代表該國的會員所烹製的，等於是該國的國菜，需要有『國際肚』(international stomach)才吃得下。所幸的是，每次大宴以後，醫務室的病人並沒有大量增加的跡象。」[124]中國學生為1912年國際大宴所烹製的「國菜」，以他們所創的拼音來判斷，可能是「薑絲蘿蔔湯」(Gian Tsu-Lor-Boo-Tan)[125]。

　　「世界學生會」的正式喬遷大典，一直要到1911年11月11日才舉行。他們所敦請的特別來賓，是康乃爾大學人人都敬愛的首任校長白博士。然而，在舉行過非正式喬遷典禮以後的「世界學生會」，就打鐵趁熱地開始舉辦了活動。其中，最引人注目的，就是他們在例行的星期六晚的活動裡，所舉辦的一系列的各國之夜，也就是專門介紹各國風俗民情的晚會。第一個就是「中國之夜」(Chinese Night)。這各國之夜的節目，並不是新創的。「世界學生會」在舊居的時候，就已經經常舉行具有主題性的活動。各國之夜曾經舉辦過，自不待言。但像這樣一系列的按週舉行算是首創。由於「中國之夜」是第一炮，中國學生又是外國學生

---

121 "New Cosmopolitan Club Informally Inaugurated," *Cornell Daily Sun*, XXXI.131, March 27, 1911, p. 2.

122 *Cornell Alumni News*, XIII.10 (November 30, 1910), p. 109.

123 《胡適日記全集》，1：227。

124 "Committee Appointed to Arrange for Banquet," *Cornell Daily Sun*, XXXIII.34, October 31, 1912, p. 6.

125 "'Gian Tsu-Lor-Boo-Tan,' Meaning Soup," *Cornell Daily Sun*, XXXIII.64, December 7, 1912, p. 1.

會員中人數最多的，他們自然不敢掉以輕心。《康乃爾太陽日報》報導說，康乃爾大學的六十九名中國學生，從耶誕節就開努力排練，一心要推出一個耀眼的「中國之夜」[126]。

　　「世界學生會」新居落成後的這個「中國之夜」胡適去參加了。他在日記裡說：「今夜世界學生會有『中國之夜』，由中國學生作主人，招待會員及來賓。成績大好。」[127]根據《康乃爾校友通訊》的報導，當晚的場地擠滿了會員和來賓[128]。我們知道「世界學生會」一樓的會議室可以容納四百人，這應該就是當晚出席的人數。當晚的「中國之夜」是由李瑞霖(R. J. Lee)主持的。他是燕京大學的前身匯文大學的畢業生。他在印第安納州的德堡(DePauw)大學和印第安那大學唸過兩年的書以後，才轉學到康乃爾大學。李瑞霖在致歡迎詞的時候，呼籲大家不要以為中國人都是洗衣工。《康乃爾校友通訊》的記者說，李瑞霖說到「唐人街」(Chinatown)那三個字的時候，其口氣之鄙夷，恐怕是沒有人能出其右的。李瑞霖對華工以及「唐人街」的鄙夷與不屑，是當時許多中國留學生所共有的偏見。李瑞霖致辭結束以後，表演的節目就開始了。第一個節目是由H. C. Liu主持的，他用了示範的方法介紹了中國的樂器。他還用鋼琴彈了幾段中國的音樂和旋律。第二個節目是Z. D. Liu的獨角戲。他這齣戲所演的，是他在摸索美國的禮儀(customs)過程中所出的洋相。第三個節目是蔡光勛(Kwang Yi Char)的英譯中國詩歌朗誦。蔡光勛是上海聖約翰大學畢業的。在康乃爾他學的是土木工程，1912級。他英文非常好，是康乃爾世界學生會1911學年度的第一副會長，也是康乃爾的足球校隊隊員。胡適在英文的《口述自傳》裡說蔡光勛的中文名字是Ts'ai Chi-ching，他指的其實是蔡光勛的字。可能因為胡適用的拼音不是很正確，唐德剛把它翻成蔡吉慶，是不對的，應該是蔡劼卿。胡適說蔡光勛英文說得道地，是當時康乃爾中國學生中英文演講的第一把交椅。胡適說蔡光勛到處有人

---

126 "Novel Entertainment at Cosmopolitan Club," *Cornell Daily Sun*, XXXI.136, April 1, 1911, p. 7.

127 《胡適日記全集》，1：131。

128 本段的敘述，除非另有註明，是根據*Cornell Alumni News*, XIII.26 (April 5, 1911), p. 301.

請他演講，他在應接不暇之餘，就物色到胡適作為他的副手和接班人[129]。當晚「中國之夜」的最後一個節目是魔術，表演者是程義藻，機械工程系，1914級，也是上海聖約翰大學畢業的。

　　胡適去參加了康乃爾「世界學生會」的「中國之夜」，覺得「成績大好」。次日，4月2日，他就參加了「世界學生餐飲俱樂部」，開始在那兒用餐。從那以後開始，胡適就成為「世界學生會」的常客。我們不知道他是從什麼時候開始成為會員，但就像我們在上文所說的，他是一直要到該年的9月6日才搬進「世界學生會」去住的。胡適自從搬進「世界學生會」以後，馬上就成為一個極其活躍的會員。他在1912年5月就被選為1912學年度的記錄。一年以後，他就當選為1913學年度「世界學生會」的會長。有關這些故事，請待第六章的描述。

圖7　可能是1913年9月「世界學生會」代表訪問華盛頓時所攝(胡適紀念館授權使用)。

身在異鄉，心繫祖國

　　胡適在康乃爾大學的五年，是他一生思想成熟的關鍵期。在這個過程當中，他原來就已經有的想法，當然有被他精煉、推敲得更爲圓熟的，但也有被他揚棄的；更重要的，則是他因爲有留美的機會所接觸到的新觀點和新理論。以往的學者都只注意到胡適思想的連續性，而忽略了其斷裂性。比如說，我們在第二章就引了賈祖麟的結論，他說：「胡適在美國作學生的時候，他所以會不假思索、傾心地去接受的觀念，都是他先前的教育已經爲他準備好了的，而且他所吸收的當代西方思潮，都是跟他踏上新大陸以前就已經浮現了的——即使還不是很堅定地接受的——想法最契合的。」他認爲，除了胡適從悲觀的心態脫胎換骨成爲一個不可救藥的樂觀主義者以外，他找不到任何證據可以顯示胡適在信念上有什麼突兀或驚人的轉變，或者在世界觀上有什麼根本的修正[130]。胡適在美國留學時候所接受的新的觀念和理論，是以下四章的主題。我們在本章所餘下的幾節裡，主要要分析他所揚棄的一些想法和心態。

　　由於胡適在美國最初幾個月的日記與家信都已不存，我們不知道他初抵美國的觀感和印象爲何。很幸運地，我們有他初抵達綺色佳的時候寫給國內四個朋友的一封信。這封信顯示出他對綺色佳的觀感非常好：「此大學依山傍湖，風景絕佳……美國風俗極佳。此間夜不閉戶，道不拾遺，民無游蕩，即一切遊戲之事，亦莫不泱泱然有大國之風。對此，眞令人羨煞。」[131]

　　胡適在1915年寫的一篇殘稿裡說：「當我離開中國的時候，我是一個徹頭徹尾的民族主義者。然而，由於我跟一些最可愛的南非、南美、菲律賓、日本以及猶太人等等有了親密的往來，我終於逐漸地摒棄了我早期的偏見。」[132]初抵美國

---

130 Jerome Grieder, *Hu Shih and the Chinese Renaissance: Liberalism in the Chinese Revolution, 1917-1937*, pp. 43-44.

131 胡適致胡紹庭、章希呂、胡暮僑、程士範，無日期，美國綺色佳郵戳日期是1910年9月25日，《胡適全集》，23：22-23。

132 《胡適外文檔案》，E005-022-066。

的胡適，他所帶來的是一顆中國的心；他在上海求學的時候所養成的一顆愛國之心，到了他在美國的初期，依舊怦怦然，跟著中國的節拍而跳動著。美國再美，終究不是自己的國家。他在1911年5月19日所寫的一首詩〈孟夏〉，就是一個典型的寫照。這時，胡適已經在綺色佳住了八個月的時間了。綺色佳的初夏固然美，但胡適用中國的曆法來算，五月中旬，正是農曆四月，都已經是孟夏了，也就是夏天的第一個月，而美國卻還在晚春的天氣；不但該到的季節都遲到了，連大自然的景觀也不對頭：

> 孟夏草木長，異國方深春。
> 平蕪自怡悅，一綠眞無垠。
> 柳眼復何有？長條千絲綸。
> 青楓亦怒茁，葉葉相鋪陳。
> 小草不知名，含葩吐奇芬。
> 昨日此經過，但見櫻花繁。

應已孟夏卻仍處深春的綺色佳誠然美，青楓怒茁、小草吐芬、櫻花盛放，又有美女碎步徜徉於花徑。這樣子的天下人間，豈非人間仙境乎？

> 西方之美人，蹀躞行花間；
> 飄搖白練裙，顫顫薔薇冠。
> 人言此地好，景物佳無倫。

然而，胡適的筆鋒一轉，就用了王粲在〈登樓賦〉裡說異鄉再好也比不上家鄉的詩句，說：「信美非吾土，我思王仲宣。」接著，胡適就一五一十地解釋了為什麼他不喜歡綺色佳的天氣，而老是心思故鄉的原因：

> 況復氣候惡，旦夕殊寒溫。

四月還雨雪，溪壑冰嶙峋。

明朝日杲杲，大暑眞如焚。

還顧念舊鄉，桑麻遍郊原。

桃李想已謝，雜花滿籬樊。

舊燕早歸來，喃喃語清晨。

念茲亦何爲？令我心煩冤。

安得雙仙鳧，飛飛返故園。[133]

　　胡適是江南人，綺色佳的緯度比瀋陽還高了將近一度。無怪乎他大概花了一年的時間，才開始適應了美國的天候，而且也不再動輒翻農曆、神往中國的節慶了。他在他「新鮮人」的日記裡，抱怨天氣不好，想念家園的則數不勝枚舉。人在異鄉，每逢佳節倍思親、倍思鄉，是可想而見的。比如說，1911年2月13日的日記：「今日爲吾國元夜(辛亥正月十五日)，吾人適於此時上第二學期第一日之課，回想祖國燈市之樂，頗爲神往。」[134]天冷是他抱怨的一大理由，比如說，2月24日的日記說：「晨入學時，大風雪撲面欲僵，幾不可呼吸，入冬以來，此日最難堪矣。」[135]天冷抱怨是非常可理解的，然而，意味深遠的是，他總要把祖國也扯進來。3月16日的日記云：「天大風，道行幾不能呼吸，又寒甚；是日生物學教員爲之罷課，可見其寒矣。回首故國新柳纖桃之景，令人益念祖國不已也。」[136]又，4月17日：「今日已爲吾國三月十九日，春莫矣。此間猶有雪，天寒至冰點以下。Browning〔布朗寧〕詩曰：Oh, to be in England / Now that April's there〔喔，這時如果在英國該有多好，正是陽春四月天〕。讀之令人思吾故國不已。」[137]

---

133 《胡適日記全集》，1：144。
134 《胡適日記全集》，1：119。
135 《胡適日記全集》，1：122。
136 《胡適日記全集》，1：127。
137 《胡適日記全集》，1：135-136。

天冷胡適受不了，天熱他也受不了。5月8日的日記：「連日春來矣。百卉怒長，嫩柳新榆中。天氣驟暖，如在吾國五六月間；蓋此間無春無秋，非大寒即大熱耳。」[138]又，5月22日：「大熱至華氏表百零三度〔攝氏39.4度〕。夜中猶熱，窗戶盡開，亦無風來，即有亦皆熱風，尤難堪也。而百蟲穿窗來集，几案口鼻間皆蟲也。此眞作客之苦況矣。」[139]胡適在大二以後，日記裡就不再出現有關天候的記載。我們有理由相信這是因爲他已經比較習慣了綺色佳的天氣，但更重要的，是因爲他整個心境的改變，從動不動就傷春悲秋，無病呻吟，轉變成爲一個樂觀主義者。有關這點，我們會在下一節分析。

胡適不只思鄉，他根本就是心繫祖國。比如說，他在1911年3月24日的日記裡說：「連日日所思維，夜所夢囈，無非亡國慘狀，夜中時失眠，知『藜不恤其緯，而憂宗周之隕』，是人情天理中事也。」[140]1912年的10月10日的日記：「今日爲我國大革命週年之紀念。天雨濛籠，秋風蕭瑟，客子眷顧，永懷故國，百感都集。欲作一詩寫吾悠悠之思，而苦不得暇。」[141]當時胡適愛國的程度，已經是到了開口閉口不離祖國的地步。我們從梅光迪給他的信，可以知道在胡適留美的第一學期，康乃爾大學的中國學生之間就有一個「薪膽會」的組織。梅光迪在這封信裡說：「去國時竟未得一握手，實爲憾事。兩讀手織，益念故人。『薪膽會』之設可謂復仇雪恥之先聲。誠望足下等人人能爲句踐，則祖國尚可爲也。」[142]可惜我們不知道這個「薪膽會」是誰組織的。由於胡適在《留學日記》完全沒提起過，我們完全不知道其來龍去脈。可以確定的是，這個「薪膽會」不是胡適1911年8月在《留學日記》裡所提到的「愛國會」。這個「愛國會」(Ai-Kwoh-Hwei, the National Union)是當時在威斯康辛大學留學的韓安所組織的，隸屬於「全美中國學生聯合會」。胡適當時被選爲這個「愛國會」的主筆

---

138 《胡適日記全集》，1：141。
139 《胡適日記全集》，1：145。
140 《胡適日記全集》，1：129。
141 《胡適日記全集》，1：204。
142 梅光迪致胡適，中十一月半[1910年12月]，《胡適遺稿及秘藏書信》，33：307。

之一[143]。只是，「愛國會」的壽命也不長，到了1913年就壽終正寢了[144]。同時，胡適在1911年7月發起組織一個中文演說會，他在8月6日第三次的演說會裡，講的題目是「祖國」[145]。

　　一直到1913年初，胡適寫〈非留學篇〉的時候，他的心緒、筆調仍然是憤激的民族主義。他開宗明義就說：「留學者，吾國之大恥也。」他緬懷那中國文明全盛、人人爭相來朝拜的歷史：「當吾國文明全盛之時，泱泱國風，爲東洋諸國所表則。稽之遠古，則有重譯之來朝。洎乎唐代，百濟、新羅、日本、交趾，爭遣子弟來學於太學。中華經籍，都爲異國之典謨；紙貴雞林，以覘詩人之聲價。猗歟盛哉！」由於唐宋以來「吾國文化濡滯不進」乃至於近百年來，「國威日替，國疆日蹙，一挫再挫，幾於不可復振。」胡適深知這不只是船堅炮利的問題，不是中體西用的井蛙心態可以解決的。他知道這是一個文明的對決：「當吾沉酣好夢之時，彼西方諸國，已探賾索隱，登峰造極，爲世界造一新文明，開一新天地。此新文明之勢力，方挾風鼓浪，蔽天而來，叩吾關而窺吾室，以吾數千年之舊文明當之，乃如敗葉之遇疾風，無往而不敗？」爲了急起直追，憂時之士於是「忍辱蒙恥」，派遣學子留學異邦，以爲百年樹人之計。「於是神州俊秀，紛紛渡海，西達歐洲，東游新陸。康橋、牛津、哈佛、耶爾、伯林、巴黎，都爲吾國儲才之館，育秀之堂。」最可恥的是，「下至東瀛三島，向之遣子弟來學於吾國者，今亦爲吾國學子問學論道之區。」天下之恥，莫過於是：「以數千年之古國，東亞文明之領袖，曾幾何時，乃一變而北面受學，稱弟子國，天下之大恥，孰有過於此者乎！吾故曰：留學者我國之大恥也。」[146]

　　更有意味的是，胡適在大一上英文課、寫報告的時候，也動輒喜歡用中國人的觀點去品評。比如說，他在第二學期的「英文一」的課上讀了好幾篇莎士比亞的戲劇。我們從他《留學日記》裡，可以知道他至少寫了一篇〈羅密歐與茱麗葉

---

143 《胡適日記全集》，1：171、172、176。
144 "Ex-Treasurer of the Alliance, S. D. Lee's Full Report for the Fiscal Year, 1912-1913," *The Chinese Students' Monthly*, IX.2 (December 10, 1913), p. 161.
145 《胡適日記全集》，1：170。
146 胡適，〈非留學篇〉，《胡適全集》，20：6-7。

一劇之時間的分析〉[147]。同時，他也寫了幾篇有關《哈姆雷特》的報告。其中一篇分析的是劇中的女主角娥蜚(Ophelia)的〈娥蜚論〉；另外一篇討論的是哈姆雷特。〈娥蜚論〉可惜今已不存。胡適在日記裡說：「余前作〈娥蜚論〉，爲之表彰甚力，蓋彼中評家於此女都作貶詞。余以中國人眼光爲之辯護。此文頗得教師稱許。」[148]胡適在1912年9月25日的日記裡，進一步說明了爲什麼西方學者都對娥蜚作貶詞。當晚，他去「蘭息院」看了《哈姆雷特》這齣戲。他在這則長篇評論《哈姆雷特》的日記裡說：「莎氏之女子如Portia〔白霞，《威尼斯商人》女主角〕，Juliet〔茱麗葉《羅密歐與茱麗葉》女主角〕，Beatrice〔芘兒翠絲，《無事生非》女主角〕之類，皆有鬚眉巾幗氣象，獨Ophelia始則婉轉將順老父，中則猶豫不斷，不忍背其父之亂命，終則一哀失心，絕命井底。跡其一生所行，頗似東方女子，西人多不喜之。」[149]

胡適在日記裡所說的〈哈姆雷特論〉，可能就是現存的〈哈姆雷特：一齣沒有英雄的悲劇〉(Hamlet: A Tragedy without A Hero)。他這篇報告的主旨，他在9月25日看《哈姆雷特》劇觀後感的日記裡作了摘述：

> 王子之大病在於寡斷。當其荒郊寒夜，驟聞鬼語，熱血都沸，其意氣直可剚刃其仇而碎礫之。及明日而理勝其氣：一則曰鬼語果可信耶？再則曰此人果吾仇耶？三則曰吾乃忍殺人耶？至於三思，則意氣都盡矣。[150]

除了寡斷以外，胡適認爲哈姆雷特對女性的態度不夠忠恕。他父親的幽魂雖然憤恨他的皇后在他屍骨未寒，在他死還不到兩個月，就跟毒死他的弟弟結婚；雖然他忿忿然地說：「切不可讓丹麥的御寢，變成荒淫亂倫之榻」，他還是叮囑哈姆雷特不要對他母親採取任何行動。他要哈姆雷特把他母親交給上天去處理，

---

147 《胡適日記全集》，1：128。
148 《胡適日記全集》，1：137。
149 《胡適日記全集》，1：198。
150 《胡適日記全集》，1：197。

讓那梗在她心窩的荊棘去軋她、刺她。然而，哈姆雷特卻用銳如「利刃」的話語去傷他母親，去「撕絞」她的心。他居然忍心用最下流的話去說他的母親「躺在沾滿汗臭的床上」、「在污穢的豬圈裡調情作愛」、「讓那肥豬一樣的國王把妳引上床」、「淫捏妳的臉頰」、「幾個臭吻」、「用他的髒手去撩撥妳的頸項」。

　　哈姆雷特對娥蜚更是惡劣。胡適說，哈姆雷特是一個讀書人，是一個王子。而他居然可以借著裝瘋作傻對娥蜚說：「妳要結婚，我就送天譴給妳作嫁妝」、「去尼姑庵當尼姑吧」、「要嫁人，就嫁個傻瓜，因為智者知道妳會讓他們變成妖魔」。胡適說這種惡言惡語對娥蜚不公平。她除了太過柔弱以外，一點過錯都沒有。批評她的人可以說她不了解哈姆雷特，配不上他。然而，胡適套用莎士比亞在《亨利四世》裡的話說：「雖然她只是個女子，她能從一而終（constant）。」胡適認為大家太苛求娥蜚了。娥蜚在精神失常以後唱著：「我的情郎，是這個還是那個？我就認他的海貝帽、手杖和涼鞋。」胡適說他認為娥蜚在這兒所說的「那個」，指的是因為裝瘋作傻而淹沒了他那「高貴至上的理性」的哈姆雷特。他說，我們怎能苛求，要她從哈姆雷特的哀吁長嘆中，看出他有「一個被謀害的父親，和一個被玷污的母親」呢？胡適說，也許娥蜚在看哈姆雷特所設計要引蛇出洞的那一齣戲時，她終於領悟出哈姆雷特為父報仇的計畫。他說，我們可以想像娥蜚在領悟了哈姆雷特為什麼要裝瘋作傻以後，是多麼的懊悔她誤解了她的情郎。如果這時哈姆雷特再來找她，胡適認為娥蜚一定會跟他有情人成為眷屬，終生須臾不離。可惜，天不從人願。因為娥蜚以為哈姆雷特已經死了，她唱著：「不，不，他已經死了；安眠吧！他再也不會回來了。」胡適的結論是：所有能仔細地去閱讀並詮釋娥蜚所吟唱的這些凄美的歌詞的人，都一定可以體會出她之所以會死，與其說是因為她哀悼她已亡的父親，不如說是因為她悔恨她沒有了解哈姆雷特，以及哀痛因為哈姆雷特殺了她的父親，而致使他們永遠不能結合的命運[151]。

---

151 Suh Hu [Hu Shi], "Hamlet: A Tragedy without A Hero." 現藏於中國社會科學院近代史研究所，「胡適檔案」編號：E-59-2。

同樣地，胡適也用中國人的觀點來分析他在「英文一」課堂上所讀的培根的散文。雖然培根〈論結婚與單身〉的散文，使他能進一步地去引申他的「無後」、「社會不朽論」，但是，他就是不喜歡培根的爲人。他在1911年4月25日的日記裡說：「夜讀培根文。培根有學而無行，小人也。其文如吾國戰國縱橫家流，挾權任數而已。」[152]又，5月4日日記：「讀培根之〈建築〉與〈花園〉兩文，皆述工作之事。惟此君爲英王進土木之策，其逢迎之態，殊可嗤鄙。」[153]再，5月7日的日記：「作一文論培根，以中人眼光東方思想評培根一生行跡。頗有苛詞。不知西方之人其謂之何？」[154]

胡適不只喜歡用中國人的眼光來分析他在課堂上的所讀所學，他還喜歡爲自己的文化傳統作辯護。這種想爲自己的國家文化作辯護之心是可以理解的。當時的中國留學生最引以爲恥的，是美國人總以爲中國人都是苦力，都是洗衣工。這也是爲什麼一直到1915年，胡適都還會在家書裡，忿忿然地抱怨說美國人總以爲全中國人「皆苦力、洗衣工，不知何者爲中國之眞文明也」[155]。就因爲他希望美國人知道中國是一個文明古國，所以他一到美國，就一直鼓吹美國大學應該教中文，同時也鼓吹美國大學的圖書館應該收藏中國的圖書。他在大一下學期的英文課上，有一天老師要他們在課堂上作辯論，他訂的題目就是：「美國大學宜立中國文字一科。」[156]1911年10月18日，他大二上學期的時候，他寫了一封信給康乃爾大學的圖書館館長哈里司(Harris)先生，跟他討論圖書館「添設漢籍事」[157]。胡適顯然把這件事情告訴了梅光迪，梅光迪回信極力贊成：「我輩莫大責任在傳播祖國學術於海外，能使白人直接讀我之書，知我有如此偉大燦爛之學術，其輕我之心當一變而爲重我之心，而我數千年來之聖哲亦當與彼皙種名人並著於世，祖國之大光榮莫過於是。」他唯一有顧慮的是，這難免有本末倒置之虞，因爲如

---

152 《胡適日記全集》，1：138。
153 《胡適日記全集》，1：140。
154 《胡適日記全集》，1：141。
155 胡適稟母親，1915年3月22日，《胡適全集》，23：78。
156 《胡適日記全集》，1：123。
157 《胡適日記全集》，1：188。

果大學不教中文，美國學生看不懂中文書，則圖書館所添設的中文書，豈不等於只是供蠹魚飽餐而已嗎：「足下等欲即在彼藏書樓中添一中文部，是猶與瞽者辨五色，聾者審五音耳。吾恐徒資蠹魚之腹，不辜負此書乎？」[158]

儘管梅光迪的蠹魚受惠論言之成理，胡適這些中國留學生顯然覺得凡事總須要有一個開始，因此他們仍然繼續他們的贈書計畫。《康乃爾太陽日報》在1912年1月5日有一則新聞，報導中國學生贈書給康乃爾大學的圖書館：

> 中國學生贈送給大學圖書館三百冊書，以作為本校中文藏書的開始。這些書是向個人徵集來的，幾乎什麼範圍都有，從文學、經籍到期刊雜誌；從儒家、道家哲學；從公元前2400年到公元200年的歷史；從公元前400年到現在的文學；以及當代的期刊雜誌，這三百冊裡都有。他們把所有的書名都作了英文翻譯，著名的作者，還附有簡短的英文介紹。線裝書和新式印刷的書都有，而且還有用平版印刷，超過四十名中國最著名的作家的手跡。[159]

鼓吹美國大學教授中文、圖書館買中文書，這些都是百年樹人的想法。胡適更心急如焚的，是如何去矯正美國人對中國的誤解與無知。他在1912年10月14日的日記裡說：「忽思著一書，曰《中國社會風俗眞詮》(*In Defense of the Chinese Social Institutions*)，取外人所著論中國風俗制度之書一一評論其言之得失，此亦爲祖國辯護之事。」[160]胡適在這裡用「忽」這個字似乎頗爲突兀。這是胡適在《留學日記》裡常用的字。那並不表示他確實是「忽然」想到或動念，而實際上只不過是他當時行文的一個習慣，類似於起個頭宣布他要談新主題的用語。這則日記裡的關鍵，在於前一句話：「夜與印度盤地亞君閑談。」盤地亞

158 梅光迪致胡適，西感謝節後二日[1911年11月25日]，《胡適遺稿及秘藏書信》，33：325-326。
159 "Chinese Students Donate Books to Library," *Cornell Daily Sun*, XXXII.76, January 5, 1912, p. 5.
160 《胡適日記全集》，1：205-206。

(H. H. Pandya)是康乃爾大學的一個研究生，也是「世界學生會」的會員。胡適沒有在日記裡說明他跟盤地亞閒談了什麼。但是，他當時跟盤地亞可能在「爲祖國辯護」這方面，有英雄所見略同的惺惺相惜之感。兩個月以後，他會跟盤地亞同台作報告。這就是胡適在12月3日在日記裡所提到的演講：

> 「理學會」囑予預備一短篇演說，述吾國子女與父母之關係，諾焉。是夜予演說十五分鐘，有Prof. G. L. Burr and Prof. N. Schmidt二君稍質問一二事。Prof. Burr以予頗訾議美國子女不養父母，故辨其誣。亦有人謂吾言實不誣者。此種討論甚有趣，又可增益見聞不少。[161]

　　這個Burr〔布爾〕教授，就是胡適晚年說他說「容忍比自由重要」的那個「老教授」。這個「理學會」(Ethics Club)是在1911年底在康乃爾大學成立的，是一個全國性的組織，總部在紐約。胡適後來轉學到哥倫比亞大學去以後所常接觸的艾德勒(Felix Adler)教授，就是這個「理學總會」的創始者。康乃爾「理學會」的活動通常是在「世界學生會」舉行。12月3日「理學會」的演講者有三人：胡適、盤地亞以及菲律賓來的研究生洛克辛(C. L. Locsin)。他們三個人都是「世界學生會」的會員。胡適的題目是「中美親子關係的比較」；盤地亞的題目是「印度的婚姻制度」；洛克辛的題目是「菲律賓的婚姻制度」。根據《康乃爾太陽日報》的報導，這三位演講者的論旨如下：

> 　　1914級的胡適給了一個非常有意思的報告，他比較了中美的孝道觀。他堅稱中國的孝道觀念是自然的，美國的則人爲的(artificial)，是後天培養出來的。印度來的研究生盤地亞報告的是「印度的婚姻制度」。他說他雖然才來美國四個月，但他注意到印度的婚姻制度常常受到美國人嚴厲的批評。盤地亞解釋了印度的制度，並說明爲什麼他認爲那是一個

---

161 《胡適日記全集》，1：226。

理想的制度。他說原來印度的結婚年齡，男子是25歲，女子則在15到20歲之間。這個制度有許多弊病。其中之一，就是美麗的未婚女子常被皇室擄去作國王的女奴。為了避免這個以及其他的弊病，印度人就立下了早婚的制度。今天的印度人早婚，但這個制度讓他們在結婚以前就互相熟稔了。這樣的婚姻的結果常是美滿的，我覺得這是一個理想的制度。從菲律賓來留學的研究生洛克辛說美國和菲律賓的婚姻制度相當類似，但是菲律賓人要比美國人重孝道。[162]

不管胡適、盤地亞在他們個別所做的演講是否言之成理，這是胡適當時的想法。他這樣子的想法，持續了一段時間。比如說，他在1914年1月4日的日記裡說：

忽念吾國女子所處地位，實高於西方女子。吾國顧全女子之廉恥名節，不令以婚姻之事自累，皆由父母主之。男子生而為之室，女子生而為之家。女子無須以婚姻之故自獻其身於社會交際之中，僕僕焉自求其耦，所以重女子之人格也。西方則不然，女子長成即以求耦為事，父母乃令習音樂、嫻蹈舞，然後令出而與男子週旋。其能取悅於男子，或能以術驅男子入其彀中者乃先得耦。其木強樸訥，或不甘自辱以媚人者，乃終其身不字為老女。是故，墮女子之人格，驅之使自獻其身以釣取男子之歡心者，西方婚姻自由之罪也。此論或過激，然自信不為無據，覘國於其精微者，當不斥為頑固守舊也。[163]

事實上，胡適這一次也不是「忽然」有感而發。當時，胡適正擔任康乃爾「世界學生會」的會長。他那時正在籌畫「世界學生會」1月18日晚的「各國婚俗」（marriage rites）的演講會。別人講婚俗，胡適自己講的則是「中國的婚

---

162 "Hindoo Marriage System the Ideal," *Cornell Daily Sun*, XXXIII.61, December 4 1912, p. 8.
163 《胡適日記全集》，1：253-254。

制」。可惜《康乃爾太陽日報》雖然報導了這晚的活動，特別是提到胡適以及他要演講的題目，但並沒有事後的報導，我們因此不知道其他演講者如何演說他們自己國家的婚俗。胡適自己則在日記裡作了他演講的節要：

數日前余演說吾國婚制之得失，余爲吾國舊俗辯護，略云：吾國舊婚制實能尊重女子之人格。女子不必自己向擇耦市場求炫賣，亦不必求工媚人、悅人之術。其有天然缺陷不能取悅於人，或不甘媚人者，皆可有相當配耦。人或疑此種婚姻必無愛情可言，此殊不然。西方婚姻之愛情是自造的(self-made)；中國婚姻之愛情是名分所造的(duty-made)。訂婚之後，女子對未婚夫自有特殊柔情。故偶聞人提及其人姓名，伊必面赤害羞；聞人道其行事，伊必傾耳竊聽；聞其有不幸事，則伊必爲之悲傷；聞其得意，則必爲之稱喜。男子對其未婚妻亦然。及結婚時，夫妻皆知其有相愛之義務，故往往能互相體恤、互相體貼，以求相愛。向之基於想像、根於名分者，今爲實際之需要，亦往往能長成爲眞實之愛情。[164]

胡適這一篇「中國的婚制」的演講，後來就以〈中國的婚制〉(Marriage Customs in China)爲名發表在1914年6月出版的《康乃爾世紀》(*The Cornell Era*)。這是康乃爾大學的學生文藝刊物。這篇文章的主旨就是他在日記裡所作的摘述。最有意味的是胡適的論述策略；他擺出的姿態是不辯護、不說教、純說理[165]。他說：

不久前才在日本作交換教授的梅比(Hamilton Mabie)博士說過一句話。他說：有一句箴言，是所有想要詮釋外國人的想法或外國現狀的人

164 《胡適日記全集》，1：263-264。
165 以下分析胡適對中國傳統婚制的辯護，是根據胡適，"Marriage Customs in China,"《胡適全集》，35：55-59。

都應該牢記在心的。那就是：「不訕笑、不致哀、但求了解。」一個不
了解外國習俗的人，連去作讚許的資格都沒有，更何況是去竊笑或訕笑
它呢！我是以奉這句箴言爲圭臬，來討論中國的婚制。我的目的在指出
中國婚制的合理性（rationality）；不是要爲它作辯護或找開脫，而是要讓
讀者了解。

　　胡適了解美國人最不能接受的是早婚和父母之命，最會懷疑的是這種婚姻有
沒有愛的問題。因此，他這篇文章主要就在回答這三個問題。他說早婚有兩個優
點：第一、爲青少年男女找到他們終身的伴侶，他們就無須像西方世界的青少年
一樣，時時爲之困擾著；第二、灌輸年輕人專一、忠貞與貞節的責任。至於父母
之命，胡適說它的合理性有四：第一、由於中國人早婚，如果把終身大事交給十
三歲大的少女和十五歲大的少年自己去自由選擇，那是會出大亂的。他說：「我
們相信父母比較有人生經驗，因此也比較有資格作決定。更重要的是，我們相信
所有父母都愛他們的子女，都會爲他們著想，因此一定會用最好的判斷來安排子
女的終身大事；第二、這種制度使年輕人免於求婚的折磨，我想像那一定是非常
尷尬的一件事；第三、父母之命維繫了女子的尊嚴、貞節和嫻淑。年輕女子也就
不須要在婚姻的市場裡去拋頭露面。她就不須要去面對男性的魯莽。不像西方的
女子，必須與之週旋，而且還要從中選一個來作她未來的丈夫。中國女子不須要
去討好、賣俏、獵取丈夫；第四、最重要的是，中國的夫妻並不是自己去組織新
家庭，而是兒子把新婦娶進父母的家來同住。妻子並不只是丈夫的終身伴侶，她
還是公婆的幫手和娛親者（comforter）。因此，中國家庭必須確定新娶的媳婦不只
是丈夫的所愛，她還必須能跟公婆和睦相處。
　　胡適知道這第四點是他的中國傳統婚制合理論的立論點，他必須要能引經據
典，使它言之成理。他所引的「經」是當時甚囂塵上的優生學，以及優生立法。
就在胡適演講的前十天，《康乃爾太陽日報》就刊載了一篇報導，引述了剛從紐
約州衛生署退休的畢格司（Hermann Biggs）醫生的優生學理論。畢格司醫生說：
「現時社會對優生學原理的研究與應用的興趣給了我們希望。可惜美國人當中，

即使是最有知識的人，也不懂得優生學跟婚姻的關係。在這方面，美國的情況比
歐洲糟。歐洲的婚姻常是由父母安排決定的，這本身就合乎優生學的原理。反觀
在我們的社會制度之下，年輕人與父母的監護似乎是漸行漸遠。這對我們國家的
婚姻來說是非常不利的。」[166]胡適的論點跟畢格司醫生的完全合轍，只是他把它
倒過來用，顛覆了它，用來證明中國用父母之命的傳統婚制比優生學還來得優
越：

> 今天西方世界已經開始體認到婚姻不是個人的事情，而是跟社會息息
> 相關的。因此，優生學的運動風起雲湧，提倡要由國家來干預婚姻，要
> 立法來規定想要結婚的人必須要有健康的證明書以及家庭的健康記錄。
> 這種作法遠比父母之命還來得專制，只有在為社會著想這樣的理由之下
> 才說得過去。就像你們的優生立法要讓人能接受，必須是因為婚姻跟社
> 會息息相關，中國婚制的合理性，也就建立在婚姻不只是年輕夫婦的
> 事，而是牽涉到整個家庭的這個事實之上。

胡適是非常了解美國的一個人。他知道即使他能在理論上證明中國傳統婚制
的優越性，他仍然必須面對美國人對婚姻所抱持的不可救藥的羅曼蒂克的幻想。
這樣子的婚姻能有愛情嗎？胡適回答說：「當然，肯定的當然。」他說：「我所
見過的能彼此完全奉獻的夫妻多矣，多到我一定要駁斥只有羅曼蒂克的方法才能
產生愛情的說法。我所得到的結論是：西方婚姻裡的愛是自造的，而我們的制度
下的愛是名分所造的。且讓我舉例說明：

> 哈莉司（Corra Harris, 1869-1935）在1914年2月16日的《獨立週刊》
> （*Independent*）的一篇文章裡說：婚姻是一種奇跡，是自然界裡那種一男
> 一女靈肉結合為一的神奇的愛的表現。那是一種人生關係，只有可能是

---

166 "Society May Take Over Practice of Medicine," *Cornell Daily Sun*, XXXIV.79, January 7,
1914, p. 3.

天意(divine faith)的安排，使兩個人能二化爲一。那是一對男女的内心
深處的聖殿(inner sanctuary)，是絕不能讓那喧鬧的世界去干擾的。

胡適說：「這或許可以說是用詩意的語言來表達我所謂的自造的愛。然而，我認
爲還有另外一種類型的愛，那就是名分造成的愛。」

胡適接著解釋什麼是名分造成的愛：「當一個中國女子被媒聘給一個男子以
後，她知道他就是她未來的丈夫。作爲夫妻，他們在名分上就理應去愛彼此，她
因此很自然地就對他別有柔情。這種柔情，在一開始的時候是想像的，會逐漸地
滋生成爲眞正的體恤與愛情。」當然，胡適承認在這種制度之下，「眞正的愛，
是結婚以後才開始的。」他說：「作爲夫妻，男女雙方都了解不管是從名分的立
場，還是爲自己著想，他們都必須要去愛彼此。他們的性情、品味和人生觀可以
不相同，但除非他們能磨合，他們就不可能一起生活下去。他們必須妥協。套用
一位在這個國家受過教育〔中國〕的女士的話來說，『要彼此能各讓五十步。』
如此，眞正的愛——一點都不會是不自然的愛——會逐漸地生成。」

我在第二章提到了周質平對胡適這篇〈中國的婚制〉的分析。他從胡適是媒
妁之言的犧牲者這個角度，用心理學上的補償自衛機制來揣測胡適的動機，說：
「與其說他爲中國婚制辯護，不如說他爲自己在辯護，爲他自己極不合理的婚姻
找出一個理由。」這個問題我們在第二章已經處理過，可以表過不提。他又說：
像「早婚」這種胡適在出國以前認爲是「最大惡極」的中國風俗，「到了他的英
文文章中，竟成了良風美俗了。倒是西洋人的自由戀愛、自主結婚成了頗不堪的
社會習俗了。從這一轉變中，我們可以確切地體會到，什麼是胡適所說的『不忍
不愛』和『爲宗國諱』了。」事實上，留學生人在異國，會不自覺地扮演起爲祖
國「辯護」或「辯誣」的角色，這種心理是很可理解的。胡適、印度留學生盤地
亞、菲律賓留學生洛克辛，在這裡都是典型的例子。胡適在康乃爾大學演講〈中
國的婚制〉的時候，他在美國已經生活了三年半了。當時他對美國習俗已經有相
當程度的了解。他了解美國人對戀愛結婚的要求幾近於一種宗教式的信仰，這就
是爲什麼他在介紹中國的婚制時，一定要面對傳統婚制能否產生愛情的這個詰

難。他深知如果中國的婚制產生不了愛，那個婚制再好，也不會得到美國人的青睞。

周質平說，在胡適的立論之下，「倒是西洋人的自由戀愛、自主結婚成了頗不堪的社會習俗。」事實上，胡適並沒有這樣說。而且，這也是胡適論述策略高明的所在。他一方面強調在中國的婚制之下可以產生愛情，另一方面則用回馬槍暗諷西方的所謂戀愛結婚，對個人而言是盲目、對社會而言是不負責任、對結果而言是反科學。最高明的所在，是胡適甚至暗示那甚囂塵上的優生學論調不但可以拿來證明中國婚制的「合理性」，它甚至可以拿來證明中國婚制的優越性。畢格司醫生的父母主婚合乎優生學原理的理論，我們已經在上文指出了。就在胡適演講中國婚制的前四天，康乃爾大學經濟系的艾學(A. P. Usher)教授在該校「優生學會」所主辦的一個演講裡，宣布羅曼蒂克的愛不是最極致的愛。他說羅曼蒂克的愛是近代才有的，是對中古時代契約婚姻、政治婚姻的反動。他認為羅曼蒂克的愛的最大的缺點，是忽略個人的主體性。愛應該是強者與強者之間的愛；在那蔓藤一樣依附著的羅曼蒂克的愛之下，那蔓藤般的個人就失去了她的主體性。他呼籲愛是人生的一部分，不能獨立存在。愛應該與人類的文明與日並進[167]。匹茲堡大學生物系的詹森(Roswell Johnson)教授3月30日在「優生學會」所做的演講，更切近胡適的主旨。詹森教授鼓勵優秀人才早婚，二十出頭就該結婚。他說即使因為早婚而犧牲專業，也要在所不惜。詹森所提議的結婚三階段論跟胡適的理論頗為合轍：「第一個階段在決定要什麼樣的伴侶；第二個階段在篩選出我們特別傾慕而且會願意與之為友的人；第三個階段才是談戀愛。」他呼籲大家不要本末倒置，一頭就栽進第三個「愛是盲目」的階段。他說第一、第二階段的重要性，是幫助我們在選擇終身伴侶的時候不致於毫無章法[168]。

總而言之，胡適演講傳統中國的婚制，與其說是辯護，不如說是辯誣。這「辯護」與「辯誣」之間有其微妙的不同。「辯護」可以有護短的意思，「辯

---

[167] "Romantic Love Is Not Highest Type," *Cornell Daily Sun*, XXXIII.84, January 15, 1913, p. 1.
[168] "Eugenics Society on Co-Education and Early Marriage Aid Eugenics," *Cornell Daily Sun*, XXXIV.138, March 31, 1914, p. 1.

誣」則有解釋、澄清的意思。這就是爲什麼胡適在演講的開頭，就聲明他講中國的婚制，其目的「不是要爲它作辯護或找開脫，而是要讓讀者了解。」就像我在第二章所指出的，胡適並不是到了美國以後，因爲周質平所說的「中國情懷」的作祟，才開始爲傳統中國的婚制作辯護。他早在上海的時候，就已經在婚姻問題上作出了折衷論。他在《競業旬報》上所寫的〈婚姻篇〉，可以說是他在婚姻問題上持中西調和觀的雛形。從這個角度來說，胡適的這篇〈中國的婚制〉，是繼續衍伸了他在上海的時候就已經形成的折衷論。我在第三章分析了胡適的維多利亞時期，討論了他的愛國的心懷、他的「公民共和主義」時期。如果「作新民」是爲了「愛國」，如果興女學的目的是爲了「救國」，如果婚姻是「一家一族」、是中國的「大問題」，則優生學的論點爲他提供了一個新的學理基礎、一個新的論述語言。

胡適身在異鄉、心繫祖國；動輒以中國人的觀點去對待、詮釋他的所讀所學；以及爲「祖國作辯護」。這是胡適從上海階段所形成的愛國心懷的最後階段。就像胡適1936年在爲他的《留學日記》所寫的序裡所說的：「我後來很攻擊中國舊家庭社會的制度了，但我不刪削我當年曾發憤要著一部《中國社會風俗眞詮》，『取外人所著論中國風俗制度之書——評論其得失。』他說：「這樣赤裸裸的記載，至少可以寫出一個不受成見拘縛而肯隨時長進的青年人的內心生活的歷史。」[169] 青年胡適確實是一個「不受成見拘縛而肯隨時長進」的人。他在1912年10月14日的日記，說他要著一本《中國社會風俗眞詮》書來爲祖國的風俗制度作辯護；12月3日又在「理學會」做演講，講中國的親子關係，批評美國子女不撫養父母。然而，一年半以後，1914年6月7日，他已經在日記裡作了反省：

> 吾常語美洲人士，以爲吾國家族制度，子婦有養親之責，父母衰老，有所倚依，此法遠勝此邦個人主義之但以養成自助之能力，而對於家庭不負養贍之責也；至今思之，吾國之家族制，實亦有大害，以其養成一

---

169 胡適，〈[《留學日記》]自序〉《胡適日記全集》，1：110-111。

種依賴性也。吾國家庭，父母視子婦如一種養老存款(old age pension)，以爲子婦必須養親，此一種依賴性也。子婦視父母遺產爲固有，此又一依賴性也。甚至兄弟相倚依，以爲兄弟有相助之責。再甚至一族一黨，三親六戚，無不相倚依。一人成佛，一族飛昇，一子成名，六親聚啖之，如蟻之附骨，不以爲恥而以爲當然，此何等奴性！眞亡國之根也！

　　他說孝道是一種美德。然而，如果濫用，適足以養成依賴的心理。更重要的是，西方人昆仲、姐弟也有恩愛，並不寡恩，只是他們著重自食其力：

　　夫子婦之養親，孝也，父母責子婦以必養，則依賴之習成矣；西方人之稍有獨立思想者，不屑爲也。吾見有此邦人，年五、六十歲，猶自食其力，雖有子婦能贍養之，亦不欲受也，恥受養於人也。父母尚爾，而況親族乎？雜誌記教皇Pious第十世(今之教皇)之二妹居於教皇宮之側，居室甚卑隘，出門皆不戴帽，與貧女無別，皆不識字。夫身爲教皇之尊，而其妹猶食貧如此。今教皇有老姊，嘗病，教皇躬侍其病。報記其姊弟恩愛，殊令人興起，則其人非寡恩者也。蓋西方人自立之心，故不欲因人熱耳。讀之有感，記之。

　　任何制度都有它的優點和缺點。胡適從前說西方的制度太過個人主義。現在他體認到中國的家族制其實也是一種個人主義。所不同的是，西方的個人主義以個人爲單位，而中國的則是以家族爲單位。問題的癥結是：西方的個人主義即使再自私，它至少能養成獨立、自助的人格，中國的家族個人主義則除了自私缺乏公德心以外，適足以養成依賴的惡品。胡適雖然含蓄地說：誰能說中國的制度優於西方？然而，他的目的是在讓聰明的讀者自己去判斷孰優孰劣：

　　吾國陋俗，一子得官，追封數世，此與世襲爵位同一無理也。吾頃與

許怡蓀書，亦申此意。又言吾國之家族制，實亦一種個人主義。西方之個人主義以個人爲單位，吾國之個人主義則以家族爲單位，其實一也。吾國之家庭對於社會，儼若一敵國然，曰揚名也，曰顯親也，曰光前裕後也，皆自私自利之說也；顧其所私利者，爲一家而非一己耳。西方之個人主義，猶養成一種獨立之人格，自助之能力，若吾國「家族的個人主義」，則私利於外，依賴於內，吾未見其善於彼也。[170]

他在1914年11月13日的日記裡，更進一步地用報紙上的新聞，以及他自己親歷的故事，來糾正、反省他一向所愛說的西方人沒有東方人的骨肉之愛的偏見：

孰謂西人家庭骨肉間之相愛不如東方耶？吾一日之間而得可記者數事焉：

一、有名氏子(Dietz)者，其妻爲人所殺。氏子蹤跡得殺者，手斃之，以故得監禁終身之罪……其子……竭力營救，不獲請。乃於前年起徒步週行全國，遍謁各省之官吏、議員、報館記者，乞其聯名爲其父請總統恩赦……昨日行至紐約城，其請赦書已得十萬餘人之簽名，皆其二年來徒步請求而得者也。今聞其人將由紐約步行至華盛頓呈遞此請赦之書。此人之孝行何讓緹縈？何讓《儒林外史》之郭孝子乎？

二、昨夜有男女學生數人在此間比比湖南岸石崖上爲辟克匿克(picnic)〔野餐〕之會。有女學生失足墮崖下入湖。其弟Paul L. Schwarzbach〔許瓦茲巴赫〕急踴入湖中救之。用力過猛，頭觸水底之崖石，遂沉死。其姐爲同行者所救，得生。

三、今晨電報局以電話遞一電報致同居之傅內曳君，余代爲收之。其電報云：「二星期不得汝信，母大焦急。汝無恙耶？速以電復！」發信者，傅之弟也。余手錄此電，心中乃思吾母不已。慈母愛子之心，東海西海，其揆一也。[171]

---

170 《胡適日記全集》，1：327-328。
171 《胡適日記全集》，1：544-545。

胡適會如此不厭其詳地記下他的家庭親子關係，「東海西海」，此心同、此
理同的新發現，這就告訴了我們這種東方道德、西方物質；東方尚情、西方崇
智；東方溫和、西方現實的二分法，即使在天才、廣讀、深思、善解的青年胡適
都不能免，更何況其他凡人了！能反躬自省，能「不受成見拘縛而肯隨時長進」
的胡適，很快地就會認同並服膺和平至上、世界主義的觀點(詳見第六章)。伴隨
著他的世界主義觀點的，是人類進化一元論的思想，是世界人類雖然在歷史上走
的路徑不同、遲速不一，但目的地是相同的的觀點。在這種思想觀點之下，中西
之分，就好像他日後最鄙夷的精神物質之分、東方精神西方物質之談，都是錯
誤、虛幻的二分法；世界上沒有以中西或東西之分的真理，只有好壞、對錯、有
用無用之分。而且，這好壞、對錯、有用無用之分，是普世皆準的。

從傷春悲秋、無病呻吟到樂觀主義

　　胡適的愛國心懷和他老成悲觀的心緒是糾結在一起的。如果胡適終於會超越
了他在上海時期所養成的狹隘的愛國心，他也同時擺脫了他悲觀的陰霾。他在
《當代名人哲理》(*Living Philosophies*)〈胡適篇〉裡有一段自述：

> 我到美國的時候是一個完全悲觀的人。但是，我很快地就交了許多朋
> 友，而且很快地就愛上了這個國家及其人民。我最愛美國人樂天達觀的
> 天性。在這個國家，似乎沒有什麼事情不是可以透過人的智慧與努力去
> 達成的。我沒有辦法不被這種樂天的人生觀所感染，經過幾年的接觸以
> 後，它逐漸醫好了我的未老先衰症(premature senility)。[172]

　　胡適在《留學日記》裡對自己思想變化的軌跡交代得最清楚的，莫過於他從
悲觀轉為樂觀的過程。他在上海的時候，是一個傷春悲秋、為賦新詞強說愁的詩

---

172 胡適，"Essay in Living Philosophies,"《胡適全集》，36：512。

人。這一點，他到了美國初期仍然如此。比如說，年輕時候的他，一年四季，他最喜歡的是秋天。他在1912年11月4日因爲「秋暮矣，感而有賦，塡一詞記之。」這就是他在兩天後完成的〈水龍吟：送秋〉：

> 無邊楓赭榆黃，更青青迎松無數。
> 平生每道，一年佳景，最憐秋暮。
> 傾倒天工，染渲秋色，清新如許。
> 使詞人憨絕，殷殷私祝：秋無恙，秋常住。
> 凄愴都成虛願，有西風任情相妒。
> 蕭颸木末，亂楓爭墜，紛紛如雨。
> 風卷平蕪，嫩黃新紫，一時飛舞。
> 且徘徊，陌上溪頭，黯黯看秋歸去。[173]

這時候，胡適已經是大三的學生了。有趣的是，一直要到1914年春天，以時間來算，是他大四的下學期。其實胡適那時已經畢業了，因爲他連續幾年在暑期班修課，已經修夠了學分。一直要到該年春天，胡適才開始覺得春天的可愛。他猜想可能是他這幾年來新有的樂觀主義把他「枯寂冷淡」的心腸給炙熱了：

> 春色撩人，何可伏案不窺園也！邇來頗悟天地之間，何一非學，何必讀書然後爲學耶？古人樂天任天之旨，盡可玩味。吾向不知春之可愛，吾愛秋甚於春也。今年忽愛春日甚篤，覺春亦甚厚我，一景一物，無不怡悅神性，豈吾前此枯寂冷淡之心腸，遂爲吾樂觀主義所熱耶？

上面這段話是他的詩序，序的是他當天早上作的〈春朝〉：

---

173 《胡適日記全集》，1：218。

葉香清不厭(人但知花香，而不知新葉之香尤可愛也)，鳥語韻無斁。

柳絮隨風舞，榆錢作雨飄(校地遍栽榆樹，風來榆實紛紛下，日中望之，真如雨也)。

何須乞糟粕，即此是醇醪。

天地真有趣，會心殊未遙。

　　顯然胡適覺得這個「愛春日篤」的心境值得紀念，他還特別把這首詩譯成英文：

> Amidst the fragrance of the leaves comes Spring,
>
> When tunefully the sweet birds sing.
>
> And on the winds oft fly the willow-flowers,
>
> And fast the elm-seeds fall in showers.
>
> Oh! Leave the "ancients' dregs" however fine,
>
> And learn that here is Nature's wine!
>
> Drink deeply, and her beauty contemplate,
>
> Now that Spring's here and will not wait.[174]

　　要為胡適從悲觀到樂觀的轉折過程尋跡，其最便捷的方法莫過於去看他對「殉國」態度的轉變。1911年7月，當時人在英國的楊篤生聽說革命黨廣州之役失敗。憂憤的他，在利物浦的海岸投海自殺。胡適在聽到這則消息以後，在9月7日的日記裡說：「得君武書，知楊篤生投海殉國之耗，為之嗟嘆不已。其致君五告別書云：『哀哀國祖，徇以不弔之魂；莽莽橫流，淘此無名之骨。』讀之如聞行吟澤畔之歌。」[175]這時，胡適還以屈原的榜樣來紀念以身殉國的楊篤生。兩年以後，胡適的好友任鴻雋的弟弟季彭在宋教仁被刺、「二次革命」發生以後，憂

---

174 《胡適日記全集》，1：319-320。
175 《胡適日記全集》，1：177。

憤國事之不堪，投井而死。任鴻雋的一個朋友寫信安慰他，說：「吾輩生此可憐
之時，處此可憐之國，安知死之不樂於生耶！」胡適看到這句話以後說這是「亡
國之哀音也。」胡適舉楊篤生、任季彭為例，說：「此二君者，皆有志之士，足
以有為者也。以悲憤不能自釋，遂以一死自解。其志可哀，其愚可憫也。」他認
為要矯往這種「哀」、「愚」之行最好的方法，就是樂觀主義的哲學：

> 　　余年來以為今日急務為一種樂觀之哲學，以希望為主腦。以為但有一
> 息之尚存，則終有一毫希望在。若一暝不視，則真無望矣。使楊、任二
> 君不死，則終有可為之時、可為之事。乃效自經於溝瀆者所為，徒令國
> 家社會失兩個有用之才耳，於實事曾有何裨補耶？此邦有一諧報，自名
> 為《生命》，其宣言曰：「生命所在，希望存焉。」(Where is Life,
> there is Hope.)此言是也。然諸自殺者決不作此想也。故吾為下一轉語
> 曰，『希望所在，生命存焉。』蓋人惟未絕望，乃知生之可貴；若作絕
> 望想，則雖生亦復何樂？夫人至於不樂生，則天下事真不可為矣。[176]

　　有趣的是，等胡適變成了一個樂觀主義者以後，由於心境不同，天寒地凍的
下雪天，也就不再像是我們在前一節所描述的，讓他「撲面欲僵」、「難堪」；
也不再讓他會嘆「作客之苦」、「益念祖國不已也」了。1914年1月的綺色佳，
接連有好幾個罕見的天寒地凍的日子。他不但不以為苦，而且還賦詩稱樂。23日
的〈大雪放歌〉的尾句說：

> 昨夜零下二十度〔攝氏零下28.88度〕，湖面凍合堅可滑。
> 客子踏雪來復去，朔風嚙膚手皴裂。
> 歸來烹茶還賦詩，短歌大笑忘日昳。
> 開窗相看兩不厭，清寒已足消內熱。

---

176 《胡適日記全集》，1：241-242。

百憂一時且棄置，吾輩不可負此日。[177]

29日的日記，胡適又再度爲了紀念那罕見的天寒地凍的日子，作了一首〈久雪後大風寒甚作歌〉。在詩前的序裡，胡適說：

十餘日前，此間忽大風，寒不可當。風捲積雪，撲面如割，寒暑表降至零下十度(華氏表)〔攝氏零下23.33度〕。是日以耳鼻凍傷就校醫診治者，蓋數十起。前所記之俄人Gahnkin未著手套，兩手受凍，幾成殘廢。居人云：「是日之寒，爲十餘年來所僅見。」

胡適這首〈久雪後大風寒甚作歌〉，是三句轉韻體的詩，來紀念這個。最有意味的，是最後的六句：

入門得暖百體蘇，隔窗看雪如畫圖，背爐安坐還看書。
明朝日出寒雲開，風雪於我何有哉！待看冬盡春歸來！[178]

胡適在同一天的日記裡，從他所寫的這首詩，談到他這幾年之間樂觀主義的形成，認爲這是他到美國來留學以後最大的斬獲：

前詩以樂觀主義作結，蓋近來之心理如是。吾與友朋書，每以「樂觀」相勉。自信去國數年所得，惟此一大觀念足齒數耳。在上海時，悲觀之念正盛，偶見日出，霜猶未消，有句云：「日淡霜濃可奈何！」後改爲「霜濃欺日薄，」足成一律。今決不能復作此念矣。前作《雪詩》亦復如是，蓋自然如此，初非有意作吉祥語也。一日偶吟云：
三年之前嘗悲歌：「日淡霜濃可奈何！」

---

177 《胡適日記全集》，1：255-256。
178 《胡適日記全集》，1：267-268。

年來漸知此念非，「海枯石爛終有時！」

一哀一樂非偶爾，三年進德只此耳。

他在這則日記的最後，引了英國詩人布朗寧的一首詩：

英國19世紀大詩人卜郎吟(Robert Browning)終身持樂觀主義，有詩句云：

One who never turned his back but marched breast forward,

Never doubted clouds would break,

Never dreamed, though right were worsted, wrong would triumph,

Held we fall to rise, are baffled to fight better,

Sleep to wake.

余最愛之，因信筆譯之曰：

吾生惟知猛進兮，未嘗卻顧而狐疑。

見沉霾之蔽日兮，信雲開終有時。

知行善或不見報兮，未聞惡而可爲。

雖三北其何傷兮，待一戰之雪恥。

吾寐以復醒兮，亦再蹶以再起。

此詩以騷體譯說理之詩，殊不費氣力而辭旨都暢達，他日當再試爲
之。今日之譯稿，可謂爲我闢一譯界新殖民地也。[179]

胡適從悲觀蛻變成樂觀最佳的證言莫過於他1914年春天的得獎徵文：〈布朗
寧樂觀主義頌〉（A Defense of Browning's Optimism）。他在1914年5月7日的日記
裡記他得獎的經過與反響：

---

179 《胡適日記全集》，1：268-270。

　　余前作一文，〈論英詩人卜朗吟之樂觀主義〉（A Defense of Browning's Optimism）。前月偶以此文爲大學中「卜朗吟獎徵文」（此賞爲此校已故教師 Hiram Corson〔海榮・寇生〕所捐設，故名 "Corson Browning Prize"〔寇生布朗寧獎〕）。前日揭曉，余竟得此賞，值美金五十元。余久處貧鄉，得此五十金，誠不無小補。惟余以異國人得此，校中人詫爲創見，報章至著爲評論，報館訪事至電傳各大城報章，吾於 New York Herald〔紐約先鋒報〕見之。昨日至 Syracuse〔西臘寇思〕，則其地報紙亦載此事。其知我者，爭來申賀，此則非吾意料所及矣。（去年余與胡達、趙元任三人同被舉爲 Phi Beta Kappa〔費・倍塔・卡帕榮譽學生會〕會員時，此邦報章亦傳載之，以爲異舉。）此區區五十金，固不足齒數，然此等榮譽，果足爲吾國學生界爭一毫面子，則亦「執筆報國」之一端也。[180]

　　《康乃爾校友通訊》也特地以〈一位中國學生作了一篇最佳的布朗寧論文〉爲題報導了胡適徵得獎。根據該報的報導，這個徵文獎是海榮・寇生教授爲紀念他的妻子所捐款設立的獎。徵文的對象是大三、大四和研究生[181]。

　　〈布朗寧樂觀主義頌〉是胡適透過分析布朗寧，來宣布他掙脫了悲觀、擁抱樂觀的宣言。胡適在論文的啓始，先指出布朗寧對樂觀主義的頌讚不是人人都欣賞的。有些人批判布朗寧淺薄，另外有些人則批判布朗寧所訴諸的是人類原始的感情。比如說，有名的哲學家桑塔耶納(George Santayana)，就直稱布朗寧的詩是原始主義的詩。他說布朗寧只是一個會煽動人類的原始感情的詩人，他對事物的根本缺乏認知，一無哲學的內涵。胡適說他完全同意布朗寧的詩，歸根究柢來說是建立在原始的感情之上。然而，他認爲如果把布朗寧的樂觀主義只歸因他的樂天的性情，則又失之於偏頗。他寫這篇論文的目的，就在指出布朗寧樂觀主義

180 《胡適日記全集》，1：308。
181 "Awards of Prizes: Best Essay on Browning Written by a Chinese Student," *Cornell Alumni News*, XVI.31, May 7, 1914, p. 383.

的哲學基礎。

　　胡適說布朗寧的樂觀主義能用來針砭悲觀主義。他說悲觀主義者認為人生無趣，因為人類永遠不可能臻於真善美。這真善美所指為何？從哲學的角度來說有三：知識、德性、幸福。這就是悲觀主義的哲學來源。胡適說：認為知識之不可得的，他稱之為智性上的悲觀主義；認為德性之不可得者，他稱之為德性上的悲觀主義；認為幸福之不可得者，他稱之為享樂派(Hedonistic)的悲觀主義。胡適的〈布朗寧樂觀主義頌〉分成三個部分，分別針砭這三派的悲觀主義。

　　胡適說布朗寧同意智性上的悲觀主義者的觀點，認為終極的知識是不可得的。然而，布朗寧認為我們的責任是：「去奮鬥、去追求、去尋覓，而不是放棄。」即使人生真的像莊子所說的：「吾生也有涯，而知也無涯。以有涯隨無涯，殆已」，布朗寧的哲學仍然是鍥而不捨。胡適舉布朗寧〈一個文學家的葬禮〉(A Grammarian's Funeral)一詩裡的文學家為例。這個「立志可以不活，但要求知」的人，把他葬在山巔是適得其所，因為其所在有：

　　　　流星奔馳、風起雲湧；
　　　　光電交加；
　　　　繁星出沒！讓喜悅與暴風雨齊鳴，
　　　　讓和平由露珠送出！

　　同時，對布朗寧而言，人生的目的並不只是求知而已。除了知識以外，人還有情感——愛與恨——的一面。知識與愛是人生一體的兩面，是不可分割的。布朗寧對悲觀主義者的忠告是：「讓我們說——不是『因為我們知道，所以我們愛，』而毋寧是『因為我們愛，所以我們所知已足。』」

　　對德性上的悲觀主義者來說，這個世界充滿了腐敗與罪惡。布朗寧承認這是事實。布朗寧知道這個世界是不完美的。然而，他所要努力的，就是甚至是從邪惡裡去尋找善的存在。布朗寧說愛是世界上的真道理；愛是宰制人與人之間、人與上帝之間的關係的原理。有了這個原理，這個世界終究不會是混亂的。不！這

個世界是一個有條不紊的宇宙，是計畫好的，是設計好的。悲觀主義者當然可以反詰：如果這個世界是用理性設計好的，為什麼上帝會讓邪惡存在著呢？對這個問題，布朗寧有兩個答案：第一、沒有邪惡存在的人生是單調的人生，就像一個畫家的畫布上總是有著多重的色彩一樣。如果人生如飲水，邪惡是使這飲水出味兒的要素；第二、邪惡是品格的試煉，是用來把一個人磨練成男子漢的方法。一個天生的德者有什麼意思呢？為什麼我們說「浪子回頭金不換」，難道不就是因為他接受了誘惑的試探而獲得最後的勝利嗎？

享樂派的悲觀主義者說人生是痛苦的，快樂總是短暫的。布朗寧直搗黃龍，根本就拒絕承認人生最高的目的是幸福或快樂。胡適引卡萊爾的話說：「人類有一個比追求幸福更高的希求；他可以不要幸福，他要的是上帝的恩寵。」享樂派的悲觀主義者說人生總是有著太多的欲求和奮鬥，而這些都是痛苦之源。布朗寧反詰說：如果沒有奮鬥，人生還有什麼意義呢？布朗寧跟享樂派的悲觀主義者的看法剛好相反，他認為所有的痛苦都是短暫的，快樂才是永恆的。胡適說，君不見那收穫者的喜悅嗎？雖然收穫前必須付出血與汗，但收穫的快樂會使人忘卻所有的痛苦。「喔！痛苦！你的勝利在哪裡？你的螫刺在哪裡？」布朗寧要大家：「奮起！衝破極限！我說！／立志要作好，作得更好，／作得最好！成功算什麼呢，奮鬥才是一切。」

胡適說他要以布朗寧最重要的觀點來作總結，那就是愛的精神作用。他說，愛——無私的愛——是醫治悲觀主義的最佳良藥。愛是希望哲學的基礎。這個愛指的不是男女之間的愛，而是那最博大精深的愛。他說，無私的愛會使人忘卻世間所有的痛苦與邪惡。無保留的愛會讓人覺得世間到處充滿著德性與希望。最後，他用他最喜歡的那首布朗寧「吾生惟知猛進兮，未嘗卻顧而狐疑」的詩來作總結[182]。

胡適這篇得獎的論文寫得鏗鏘有力，文字優美。二十三歲不到、學英文還不到十年的他，能夠在美國的頂尖大學得徵文的首獎，這是他天才加努力的結果。

---

182 胡適，"A Defense of Browning's Optimism,"《胡適全集》，35：24-54。

當然，這篇論文裡還流露出他先前受到基督教殘餘的影響，特別是他所闡揚的「這個世界是一個有條不紊的宇宙，是計畫好的，是設計好的」以及「沒有邪惡存在的人生是單調的人生」的觀點。這些不但跟他後來所服膺的演化論相衝突，而且完全跟他後來宣揚人定勝天、認定「天道」不仁，必須以「人道」彌補之的信念是相牴觸的(詳見第七章)。事實上，胡適後來最喜歡詰問基督徒的就是：如果上帝真的愛人，他為什麼讓邪惡存在著呢？就正是他在這篇得獎徵文裡用來闡釋正義最終可以經由試煉而戰勝邪惡的論點。

總之，揮別了陰霾、甩脫了傷春悲秋的心緒，胡適脫胎換骨成了一個樂觀主義者。胡適不只是一個樂觀主義者，他自命他是一個「無可救藥的樂觀主義者」(an incurable optimist)。也正因為他是一個「無可救藥的樂觀主義者」，他才會那麼愛丁文江。這是因為他跟丁文江一樣，都是「無可救藥的樂觀主義者」。只有無可救藥的樂觀主義者才能了解丁文江所說的「活潑潑地生活的樂趣」這句話的真諦；而且，也只有無可救藥的樂觀主義者才能真正體會到丁文江所喜愛的箴言："Be ready to die tomorrow; but work as if you would live forever."這句話胡適把它翻成：「明天就死又何妨：只拼命做工，就像你永遠不會死一樣。」[183]丁文江的朋友說，這句話是丁文江不知道從哪一本書裡看來的。類似這樣的句子，有不少人說過，比如說，印度的甘地也說過，意思都大同小異。丁文江所讀到的，可能是英國的大主教聖愛德門(St. Edmund Rich; Archbishop of Canterbury, 1180-1240)說的："Study as if you were to live forever. Live as if you were to die tomorrow."這句話，胡適的翻譯同樣適用。無論如何，只有像丁文江、胡適這樣無可救藥的樂觀主義者，才能真正體會到讀書、作事要像「人可以長生不老」、品嘗人生要彷彿「人沒有明天」的真諦；才能真正領會到布朗寧所說的「再蹶能再起、憩息以復甦」的精神。

---

183 胡適，〈丁文江的傳記〉，《胡適全集》，19：455。

第五章
哲學政治，文學歷史

　　康乃爾大學1912學年度第二學期在2月12日開學。註冊組在2月19日批准胡適從農學院轉到文學院。可惜的是，就在這個關鍵點上，胡適的留美日記又再次從缺。胡適的《留學日記》在兩個關鍵點上都剛好缺漏。第一個關鍵點是他初抵美國的時候，第二個就是他從農學院轉到文學院的時候。這第二次缺漏，足足缺了將近一年。從1911年10月30日，也就是辛亥革命開始，一直到1912年9月25日新學期的註冊日。這個文獻上的缺漏沒有補救之道。更可惜的是，胡適再重拾起日記以後，他記載的內容也產生了變化。在這以前，胡適的日記是逐日記載，流水帳式的日記。雖然只是提綱挈領，但為我們提供了可以按日索跡的素材。從這以後，胡適的留學日記變成了他的「思想劄記」，用他在《留學日記》的〈自序〉裡的話來說，是他「自言自語的思想草稿」（thinking aloud）[1]。優點是比較深入，留下了他思想變化的軌跡；缺點則是失去了日記特有的日程記錄。我們只能從別的資料來補足、重建胡適在這一段時期的留學生活。

人文素養的基礎教育

　　胡適在決定轉系以後，給他在國內的朋友章希呂寫了一封信。這封信又再次地證明了胡適聰穎、觀察力過人的所在。他說：「適已棄農政習哲學文學，旁及政治，今所學都是普通學識，畢業之後，再當習專門工夫。」[2]短短幾句話，就道

1　《胡適日記全集》，1：107-108。
2　　胡適致章希呂，1912年2月6日，《胡適全集》，23：32。

出了美國大學教育的傳統。美國大學的教育，特別是那些以人文的素養為重的學校，是通才教育，其目的在為學生奠立基礎的知識，以及養成理性思考的習慣。所以美國大學的主修科通常只占畢業總學分的三分之一，剛好跟承襲了歐陸系統的亞洲、中國、台灣主修科學分占畢業總學分三分之二以上的學制相反。因此，所有在大學時代就留美的中國學生，如果他們選修許多主修以外的課程，這並不表示他們的興趣特別比其他人廣，而只不過是遵從了美國大學學制的規定，反映了美國大學通才教育培養人文素養的理念而已。至於專門之學，就像胡適所說的，是大學畢業以後進研究所的追求。美國所謂的人文教育是承襲了西方從希臘羅馬時代以來的人文教育的傳統，主要包括文學、語言、哲學、歷史、數學和科學。胡適在康乃爾大學的成績優異。他跟趙元任在1913年同時被選為美國「費‧倍塔‧卡帕榮譽學生會」(Phi Beta Kappa)的會員 [3]，獲得象徵該會的希臘字母ΦBK的金鑰一把。ΦBK的意思是：求知慾是人生的嚮導。

圖8　康乃爾大學時期的胡適(胡適紀念館授權使用)。

3　"Phi Beta Kappa Elects 21 Members," *Cornell Daily Sun*, XXXIII.135, March 23, 1913, p. 1.

　　關於胡適在康乃爾大學的大學通才教育，胡適在《口述自傳》裡有一段非常有意味的話，這是他晚年的夫子自道，有事實，但也有選擇的記憶，更有他替將來要爲他立傳的人預先設定好的自我標籤：

　　　　我轉到文學院的時候，我已經選了足夠的學分來滿足英國文學的「學程」（sequence）——即在一系選滿了二十個學分。在文學院，一個學生要選滿一個「學程」才可以畢業。我畢業的時候選滿了三個「學程」——哲學心理、英國文學、政治經濟——所以，我從來就不知道我的專業是什麼……我從文學院畢業的時候有三個「學程」的事實，就在在地預指了我日後思想的發展。我有時稱我自己爲歷史家，有時稱我自己是一個中國思想史家，但從來就沒有自稱爲哲學家，或任何其他專業的從事者。今年是1958年，我已經六十六歲半了，但我到今天爲止，還不知道我的專業是什麼。

　　胡適在這段《口述自傳》裡所說的「事實」是他修滿的「學程」。就像唐德剛在翻譯胡適的《口述自傳》的時候就已經指出的，「學程」用今天的話來說，就是「主修」（major）。胡適在康乃爾大學修滿了三個「學程」，用今天的話來說，就是他有三個「主修」。他說：「我轉到文學院的時候，我已經選了足夠的學分來滿足英國文學的『學程』。」這句話也幾近「事實」，因爲他說一個「學程」要二十個學分，他當時已經修滿了十九個學分：「英文一」上、下學期各四學分、「德文一」六學分、「德文二」五學分，共十九學分。這段《口述自傳》裡的「選擇的記憶」就是他有意淡化他的主修哲學，凸顯出「心理學」與「經濟學」的「主修」，而最有意思的，是完全不提他所選的歷史課。事實上，胡適一生中幾乎沒有在其他地方提起過他心理學的教育背景，而且，他從來就不喜歡經濟學。他在1939年8月24日給韋蓮司的信裡甚至說：「我一直覺得經濟學的理論很難懂。我的經濟學是跟艾爾文・詹森(Alvin Johnson, 1874-1971，紐約有名的「社會研究新學院」[New School for Social Research]；2005年改名爲「新學院大

學」[New School University]的創辦人之一)學的。他是一個好老師，可是他就是從來沒有教懂我經濟思想的各個學派。經濟理論對我來說太過抽象，而我又最討厭抽象的思考方式。」[4]胡適後來在《口述自傳》裡也說過類似的話。他說：

> 艾爾文・詹森是一個非常有學問的經濟理論教授。我很驚訝我聽了他兩年的經濟理論的演講，卻一點收穫也沒有。所以，我的結論是：不是經濟理論出了問題，就是我有問題……很顯然地，一定是我的腦袋的問題，才使我在研究所學了兩年的經濟理論，卻居然一無所獲。[5]

胡適不喜歡、或者弄不懂經濟理論，是一件有意味的事。因為一生動不動就喜歡祭出科學這面大旗的他，卻對社會科學裡最亟亟於擠進「科學」的行列的經濟學進不了門。無論如何，胡適對韋蓮司說他「最討厭抽象的思考方式」。這是一句非常重要的夫子自道，這跟他終於離開唯心論大本營的康乃爾，以及他一生鄙夷唯心論、形上學有很大的關係。

胡適為什麼會作這樣子的「選擇的記憶」，或者，更確切地說，「選擇的陳述」？他的目的就是在淡化他哲學的背景，在擋將、謝絕世人給他的「哲學家」的稱號。要達成這個目的，還有什麼會比他自己親自出面，用夫子自道的方法來掃清所有一切的誤解跟瞎說呢？於是他就搬出了他大學畢業的時候有三個主修的「事實」；故意漏掉了他選的歷史課，卻又說自己一生常稱自己是一個「歷史家」；然後再故弄玄虛地說：「我已經六十六歲半了，但我到今天為止，還不知道我的專業是什麼。」這個「選擇的陳述」的最終目的就是要撇清他跟哲學的關係，這是跟他要預先為後世定好他自我的標籤是相連的。胡適說他從來沒有自稱為「哲學家」，這句話是不符事實的。他說過，而且甚至到1940年代還說過。重點是，胡適從1920年代初期開始，有過一段對哲學極端排斥的階段，甚至在1929、1930年，他在諸多場合還說過「哲學破產」、「哲學取消」等語驚四座的

4　Hu to Clifford Williams, August 24, 1939，《胡適全集》，40：460。
5　Hu Shih, "The Reminiscences of Dr. Hu Shih," p. 90.

名言。他的「哲學破產」論是他從實證主義哲學，以及他對杜威的哲學重建論裡尋思演繹出來的。杜威如果知道他所演繹出來的結論，一定會叱為荒腔走板。但這是後話。

　　胡適轉到文學院以後，他所選的課，就是依循著這個人文教育的傳統，而且完全符合了他寫給章希呂信上所說的三個大方向：哲學、文學、旁及政治。文學方面，他繼續了他從大一就開始就喜歡的英文系的課。他在1912年第二學期選了「英文二：19世紀散文(Nineteenth Century Prose)」。這門課他得86分。「英文38b：18世紀英詩(Eighteen Century Poetry)」，主要讀的詩人包括亞歷山大‧蒲柏(Alexander Pope, 1688-1744)、詹姆斯‧唐森(James Thomson, 1700-1748)、湯姆斯‧格雷(Thomas Gray, 1716-1771)、奧立佛‧高德史密斯(Oliver Goldsmith, 1730-1774)、羅伯特‧彭斯(Robert Burns, 1759-1796)。英詩這門課，胡適得83分。

　　「演講術A」(Public Speaking A)是胡適在1912年的暑期班所選的一門課。它雖然不能算是英文系的課，但它是胡適英文教育裡非常重要的一個環節。胡適為什麼會選「演講術A」這門課呢？這跟他在綺色佳及其附近城鎮的演講活動是有關的。我們在第四章描述胡適為什麼轉系的時候，提到胡適說辛亥革命以後，由於美國人好奇，想要多了解中國的事物，他被中國留學生當中的演講大師蔡光勯物色為他的接班人。胡適是一個好強、作事認真的人。為了要作好演講，他因此去選了演講術的課。有關他選「演講術A」以及他初上這門課時所犯的怯場驚風症(stage fright)，胡適在《口述自傳》裡有一段非常精彩的回憶：

　　　　我還沒學如何做公開演講以前，就開始演講中國的事物了。所以，我在1912年夏天決定選一門演講術的課。我的教授，艾佛瑞特(G. A. Everett)教授，是一個很好的老師。暑期班七月開始。我第一次被叫上台去作演講的時候，我居然渾身發抖。我在那以前雖然做過幾次演講，但這是我第一次在演講課上對大家做演講。雖然那是一個燥熱的七月天，我覺得其寒無比。我的腳抖得我必須用手抓住一個小桌子，才有辦

法去想我所準備好的稿子。艾佛瑞特教授注意到我的手緊抓著桌子。所以，等下一次又輪到我演講的時候，他就把那個桌子給搬走，強迫我在沒有任何東西可以倚靠的情況下來想我的稿子。我想著我的稿子，就忘了我冰冷的腳，也就不再發抖了。這是我受過訓練以後的公開演講生涯的開始。[6]

結果，「演講術A」是胡適在所有暑期班所選的課裡成績最好的一科，得87分。

1912學年度的第一學期，是胡適第一次沒選他一向最喜愛的英文系課程的一個學期。事實上，胡適在註冊的時候是選了一門英文寫作課。只是他在9月27日去上第一節課的時候，失望地發現這門課所教的，並不是他想學的論說文習作。他在《留學日記》裡說：「英文課。予初意在學作高等之文。今日上課，始知此科所授多重在寫景記事之文，於吾求作論辯之文之旨不合，遂棄去。」[7]一直要到1913年的春季班，胡適才又選了英文系的課：「法文一」他得80分；「英文41：到1642年的英國戲劇」，他得96的高分；「英文52：維多利亞文學」，他得88分。

1913年的夏天，胡適又選了三門暑期班的課，這三門課的成績都很好。第一門是「教育學B：教育史」。這是一門教育通史的課，從古希臘、歐洲，一直到當代美國教育的思潮和制度的演變，包括福祿貝爾、蒙特梭利等新教學法。這門課胡適得85分。第二門課是「演說與寫作C：即席演說」。這門課胡適得94分。第三門課是「英文K：莎士比亞悲劇」。在這門課堂上，學生精讀莎士比亞的《哈姆雷特》、《奧塞羅》、《李爾王》以及《馬克白》。胡適這門課得94分[8]。

6　Hu Shih, "The Reminiscences of Dr. Hu Shih," p. 51.
7　《胡適日記全集》，1：200。
8　*Announcement of the Twenty-Second Summer Session, July 7-August 15, 1913*，在此特向康乃爾大學圖書館檔案特藏室的Elaine Engst小姐致謝，她在2010年4月16日的電郵裡提供了這三門課的課程說明；胡適這三門課的成績，是根據周質平，《胡適與韋蓮司》，胡適康乃爾大學總成績單，頁12-13。

胡適最後一次選英文系的課是在1913年秋天。他在那學期選的是：「英文
52：維多利亞文學」，這門課主要是給高年級以及研究生上的課。由於當時胡適
已經是研究生了(詳下文)，而且由於這門課主要是給研究生上的課，所以不打成
績，而只是註記：「通過」(OK)。

胡適在康乃爾大學的第二個主修是政治經濟。他第一次選政治經濟方面的課
是在1912年的春天：「政治學51：經濟學入門」，其實是經濟學。這門課是康乃
爾大學那位後來活到103歲的經濟學教授威爾恪思(Walter Wilcox)教的。胡適這門
課得75分 [9]。該年夏天的暑期班，胡適選了他的第二門政治經濟方面的課：「財
政學F」。這門課，他得77分。看來，胡適經濟學學不好不能全怪艾爾文‧詹森
教授。他跟其他教授選的經濟學的課，成績也不算好。

胡適在1912年秋天選了兩門政治系的課。這兩門政治學的課原來是預定由精
琪(Jeremiah Jenks)教授開的。精琪教授是貨幣專家，他在1904年曾經作為美國政
府的幣制改革專使，到中國和清政府談判，要中國從銀本位改為金本位制。因為
精琪教授在1912年轉到紐約大學任教，康乃爾大學就在該年秋天新聘了山姆‧奧
茲(Samuel Orth)教授來教精琪教授的課。由於課程表早在六月的時候就已經印
就，奧茲教授又是臨時上陣，我不能確定胡適那學期成績單上所列出來的「政治
學53a」以及「政治學62」，是不是就是該年6月印的課程表裡所列出來的精琪
教授的課：「政治學53a：政治制度」以及「政治學62：企業管理原理」。胡適
在《口述自傳》裡說他選了奧茲教授的「美國政黨」(American Political Parties)的
課。美國政黨這門課，在1915學年度以後所印的課程表都是列為「政治學60：美
國的政黨制度(The American Party System)」，教授者就是奧茲教授。1915學年度
的「政治學53a：政治制度」也是奧茲教授教的。因此，我假定胡適在1912年秋
天所選的兩門政治學的課都是奧茲教授教的，而且，我進一步地假設他成績單上
所列的「政治學62」，應該就是後來的「政治學60：美國的政黨制度」。

胡適在《口述自傳》裡提到了奧茲教授，他說：「我記得我是在那個令人難

9　北京近代史研究所藏胡適外文檔案，E-489: Miscellanies (6)。

忘的1912年的夏天，選了他的『美國政黨』那門課。」[10]必須指出的是，胡適選這門課的時間，《口述自傳》的原稿上是正確的，也就是1912學年度。但胡適後來把他用筆劃掉，改成「令人難忘的1912年的夏天」，變成了是暑期班的課。胡適之所以會稱那是一個「令人難忘的1912年的夏天」，可能因為美國的大選一般說來都是在民主、共和兩黨之間決勝負。但那年六月下旬共和黨在芝加哥舉行的總統候選人提名大會，卻造成了共和黨的分裂，致使1912年美國的總統大選戲劇性地變成了一個三雄角逐的局面。共和黨分裂的原因，是因為當時的現任總統塔伏特取得了共和黨的提名。失敗的老羅斯福另組進步黨(Progressive Party)作為第三黨候選人。民主黨的候選人則是威爾遜。胡適把他選奧茲教授的課的時間改成是該年的夏天，也許是一時的筆誤，手中提的筆應該寫的是選課的時間，心中想的卻是共和黨提名大會的戲劇性結果。這一改就把時間給改錯了。胡適是在該年秋天，也就是奧茲教授開始在康乃爾大學教書那一學期才選這門課的。無論如何，胡適回憶奧茲教授第一堂課的開場白倒是鮮明有趣的：

今年是大選年。我要每個人都訂三份報紙(三份紐約的報紙，不是綺色佳的地方報)：《紐約時報》支持威爾遜；《紐約論壇報》(*The New York Tribune*)是支持塔伏特(Taft)；《紐約晚報》(*The New York Evening Journal*)(我不能確定是否屬於「赫斯特」(Hearst)系統的新聞系統〔註：確屬「赫斯特」系統〕，該報不是一個主要的報紙，支持老羅斯福(Theodore Roosevelt)。我要大家訂這三份報紙三個月，會打折的。在這三個月內，讀所有跟選舉、競選有關的新聞。每個禮拜作一個摘要交上來。這是第一個規定。第二個規定，是在期末交一個報告，比較四十八州的「競選經費透明法案」(Corrupt Practices Act)〔1911年制定，是現行「選舉競選法案」的前身〕。)[11]

10　Hu Shih, "The Reminiscences of Dr. Hu Shih," p. 36.
11　Hu Shih, "The Reminiscences of Dr. Hu Shih," p. 36.

更有意思的，是奧茲教授規定每一個學生都要選一個他們自己會支持的總統候選人。他說：「讀這三份報紙，同時選定一個候選人作爲你支持的對象。這是唯一能使你自己忘我地全神貫注在這個選舉的方法。」此外，奧茲教授還規定他班上的學生必須去參加綺色佳地區的每一場政治活動。胡適說他乖乖地聽話，選了進步黨的老羅斯福爲他支持的總統候選人，每天出入都佩戴著代表進步黨的「野鹿」(Bull Moose)的徽章。同時：

> 我1912年去參加了許多政治活動，包括老羅斯福跟進步黨紐約州長候選人奧斯卡‧斯特勞斯(Oscar Straus)聯袂出席的演講會。我在綺色佳所參加的活動裡，最令人難忘的一次，是老羅斯福被刺的次日所舉行的一場活動。那顆子彈不能取出，留在他的胸腔裡。我去參加了這次的活動。許多教授也參加了。我很驚訝大會的主席居然是史密斯樓(Goldwin Smith Hall)的清潔工人。文學院大部分的系所都在這座大樓裡。我真佩服了這種民主的精神，工友可以當大會的主席。這次大會，爲本黨的領袖的康復而祈禱，並通過了一些議案。這是我所參加過的政治活動裡，最畢生難忘的一次。[12]

這段回憶，又證明了回憶的不可靠。第一、老羅斯福該年並沒有到綺色佳去作政見發表會。奧斯卡‧斯特勞斯到綺色佳作政見發表會，就只有一次，是在該年10月9日。胡適在當天的《留學日記》記說：「山下有美國進步黨(羅斯福之黨)政談會，黨中候選紐約省長Oscar Straus過此演說，因往聽之。」[13]如果老羅斯福也去了，胡適的日記不會不記，康乃爾大學的學生報也不會沒有報導。胡適在《留學日記》裡記他第一次聽到老羅斯福演講是在1914年10月22日[14]，是1912年大選過後兩年的事。總之，奧斯卡‧斯特勞斯到綺色佳作政見發表會五天以

12　Hu Shih, "The Reminiscences of Dr. Hu Shih," pp. 37-38.
13　《胡適日記全集》，1：203。
14　《胡適日記全集》，1：518。

後，也就是10月14日，老羅斯福就遇刺受傷了。老羅斯福遇刺以後第一次復出的演講，是在紐約的麥迪遜廣場花園(Madison Square Garden)，時間是在10月30日。當天晚上，奧斯卡‧斯特勞斯跟進步黨的副總統候選人當然聯袂出席了。但胡適當天不可能去紐約參加這個盛會，因為他在日記裡記他當天去上課。同時，那場盛會的一張票可以賣到一百美元，相當於今天的2千3百美元[15]。其次、綺色佳為老羅斯福祈福的活動也不是像胡適所回憶的，在他被刺的第二天舉行的。他在14日遇刺，綺色佳的祈福活動是在17日舉行的，而且地點也不是在史密斯樓，而是在綺色佳鎮上的溜冰場。胡適在當晚的《留學日記》裡有一段話：「夜往聽此間進步黨演說大會，有Judge Hundley of Alabama〔阿拉巴馬州的大法官亨得利〕演說，極佳。」[16]第三、當晚的活動也不是由史密斯樓的工友主持的。根據《康乃爾太陽日報》的報導，主席是康乃爾大學土木工程系的李藍(O. M. Leland)教授[17]。胡適接著說那年另外一個令他難忘的政治活動，是一場辯論，哲學系的克雷登教授代表民主黨，法律學院的海斯(Alfred Hayes, Jr.)教授代表進步黨[18]。其實，這個回憶也不是很正確的，胡適漏掉了代表共和黨的物理系的許勒(J. S. Shearer)教授[19]。

如果胡適在1912年秋天這學期所選的「政治學62」確實就是「美國的政黨制度」，他所得的成績很好，是88分。他「政治學53a：政治制度」的成績也很好，是82分[20]。1913年春天，胡適繼續選了「政治學53b：比較政治學」，得85分[21]。胡適在1913年秋天選的是「政治學87：經濟理論史」。這門課是艾爾文‧詹森教授教的。根據課程大綱的說明，這門課：「追溯的是從重商主義到當代的

15　"Great Rush for Seats to Hear T. R. in New York," *Cornell Daily Sun*, XXXIII.33, October 30, 1912, p. 1.

16　《胡適日記全集》，1：207。

17　"'Constitution Must Be Amended'—Hundley," *Cornell Daily Sun*, XXXIII.23, October 18, 1912, p. 1.

18　Hu Shih, "The Reminiscences of Dr. Hu Shih," p. 38.

19　"Types of Men Make Party Differences," *Cornell Daily Sun*, XXXIII.34, October 31, 1912, p. 1.

20　有關胡適1912年秋季班的成績，都是根據：周質平，《胡適與韋蓮司》，胡適康乃爾大學總成績單，頁12-13。

21　北京近代史研究所藏胡適外文檔案，E-486: Miscellanies(3)。

經濟理論。著重點在18世紀法國英國個人主義經濟理論的發展；其經濟社會的基礎；古典經濟理論的鞏固；以及其受到歷史、社會、政治批判以後所作的修正。」[22]我們在上文引胡適在《口述自傳》裡自謙的話，說他聽了艾爾文·詹森教授「兩年的經濟理論的演講，卻一點收穫也沒有。」事實上，他「政治學87：經濟理論史」這門課得了85的高分。胡適在1914年春天繼續選了「政治學87：經濟理論史」下學期的課。由於當時他已經是研究生了，他這學期所得的分數是：「通過」。胡適在康乃爾大學所修的最後兩門政治經濟的課也是艾爾文·詹森教授教的：「政治學88：價值與分配」。根據課程大綱的說明，這門課：「所專注的是當前經濟理論的主要問題，包括其發生發展的性質、價值與定律；資本與資本形成；利息、薪資、利潤、競爭與壟斷。本課會批判地討論當代權威的著作，指出其觀點歧異的基點。選修的學生最好要有德文、法文的閱讀能力。」[23]

胡適在康乃爾大學的第三個主修是哲學。胡適第一次選哲學方面的課是在1911年的春天，也就是他從農學院轉到文學院的時候。那學期他選了兩門哲學的課：一門是「哲學三：邏輯」，是克雷登教授教的課，用的教科書，就是克雷登所著的《邏輯導論》(*An Introductory Logic*)。這門課胡適得的成績是85分；另一門課是「哲學六：道德觀念及其實踐(Moral Ideas and Practice)」，是狄理(Frank Thilly)教授和炯司(Jones)先生合開的。課程的說明非常簡短，就一句話：「從原始時代到當代道德觀念與實踐的發展，檢視的是根本的德行與責任。」[24]這門課，胡適得78分。

1912年秋天，也就是胡適大三的上學期，他在哲學方面所選的課有四門：「心理學一」、「哲學四」、「哲學五」以及「哲學七」。「心理學一」是提區納(Edward Tichener)教授跟其他幾位教授合教的。這位提區納教授，就是陳衡哲

22　*Official Publications of Cornell University*, IV.11, *Announcement of the College of Arts and Sciences*, 1913-14, p. 34.

23　*Official Publications of Cornell University*, IV.11, *Announcement of the College of Arts and Sciences, 1913-14*, p. 36.

24　*Official Publications of Cornell University*, II.12, *College of Arts and Sciences Courses of Instruction, 1911-12*, p. 23。在此特別感謝康乃爾大學註冊組副主任Meg John-Testa的協助，提供這份資料。

的〈洛綺思的問題〉那篇小說所根據的男主角。女主角洛綺思就是瓦莎學院
(Vassar College)的娃須本教授(Margaret Washburn)。娃須本在康乃爾讀研究所的
時候，是提區納教授的學生[25]。胡適在10月1日的日記裡說：「上課：心理學。第
一課講師Prof. Tichener〔提區納〕為心理學鉅子之一，所著書各國爭譯之。」
[26]又，10月4日的日記：「讀心理學，此書文筆暢而潔，佳作也。」[27]此後，胡適
在日記裡有好幾則提到他讀心理學書的地方。「心理學一」是他這學期成績最好
的一門課，得92分。

「哲學四」這門課程的名稱是「美術：哲學與歷史的概論」(The Fine Arts:
Their Philosophy and History in Outline)，是哈蒙教授教的。胡適在《留學日記》
有幾處的記載。1912年9月26日，也就是第一天上課，他記他去上「美術哲學」
的課[28]。10月2日的日記又說：「美術哲學科所用書*Apollo*，〔英譯本*The Story of
Art throughout the Ages; An Illustrated Record*(藝術的故事：圖片記錄)〕為法人S.
Reinach〔法國考古學家，1858–1932〕所著，記泰西美術史甚詳，全書附圖六百
幅，皆古今名畫名像之影片，真可寶玩之書也。」[29]10月7日是最後一次提到這門
課：「讀*Apollo*，論希臘造像。」[30]胡適這門課得76分。

「哲學五」這門課是克雷登教授教的「哲學史」。根據克雷登的課程說明，
這門課的對象：「主要是想了解思想史(history of thought)以及哲學觀念對文明發
展的影響的學生。主題包括：從希臘到當代的哲學思辨；各個哲學系統及其所屬
時代的科學與文明之間的關係，以及其對於社會、政治、教育問題的應用；本世
紀的思辨問題，特別是進化觀念的哲學意義及其重要性。」[31]這短短的幾句話，
簡潔卻又透徹地說明了克雷登對哲學史研究法的見解，而且也為我們指出了胡適

25　請參閱拙作《星星‧月亮‧太陽——胡適的情感世界》(台北：聯經出版公司，2006)，頁93-94。
26　《胡適日記全集》，1：201。
27　《胡適日記全集》，1：202。
28　《胡適日記全集》，1：199。
29　《胡適日記全集》，1：201。
30　《胡適日記全集》，1：203。
31　*Official Publications of Cornell University*, III.12, *Announcement of the College of Arts and Sciences, 1912-13*, p. 21.

治中國哲學史的方法論的來源。同樣重要的，是克雷登對「思想史」的了解以及他強調我們必須把思想放在其所屬時代的思想脈絡下來分析的看法。胡適在宣言「哲學破產」以後，一直以思想史家自視。他在晚年的時候，更諄諄地改正別人，說他想完成的藏住名山之作不是「中國哲學史」，而是「中國思想史」。這些看法的靈感，都可以追溯到克雷登。有關這些，請待後文的分析。這門哲學史的課，胡適得90分。

「哲學七：倫理」，跟他在前一學期選「哲學六：道德觀念及其實踐」一樣，是狄理教授和炯司先生合開的。「哲學六」，狄理教授只用一句話來交代他的課程說明。「哲學七」的課程說明，至少稍微詳細一點：「倫理的性質及其方法；良心(conscience)的理論；良心的分析；道德區分的究極依據；目的論；享樂主義；自我實現論(energism)；享樂主義批判；至善；樂觀主義與悲觀主義；自由意志與命定論。」這門課的教科書，就是狄理所著的《倫理學導論》(*Introduction to Ethics*)[32]。這門倫理課，胡適得76分。

胡適在1912年秋天選的課有七門之多：一門心理學、兩門政治學、三門哲學、外加「建築30：美術史」。也許那學期胡適選的課太重了，還必須學校特准。那學期是9月26日開學，註冊組在10月1日批准他加選「建築30：美術史」[33]。這門課是布勞納(Olaf Brauner)教授教的，胡適喜歡。他在9月27日的《留學日記》裡說：「美術史一科甚有趣。教師Brauner先生工油畫，講授時以投影燈照古代名畫以證之。今日所講乃最古時代之美術，自冰鹿時代(約耶紀元前八、九千年)以至埃及、巴比倫，增長見聞不少。」[34]他11月14日的日記說：「夜作一短文論建築五式。」[35]應該就是為「建築30」這門課作的報告。可惜，他這門課的成績大概是他在康乃爾大學所得最低的一科：65分。唯一能跟這個低分同病相憐

---

32 *Official Publications of Cornell University*, III.12, *Announcement of the College of Arts and Sciences, 1912-13*, p. 21.
33 周質平，《胡適與韋蓮司》，胡適康乃爾大學總成績單，頁13。
34 《胡適日記全集》，1：200。
35 《胡適日記全集》，1：221。

的，是他在1913年春天的一門體育課，也是65分[36]。

　　這時候，胡適已經在哲學系選了六門課了：五門哲學、一門心理學。當時康乃爾，哲學與心理併為一系。他已經在哲學系選了十八個學分了。所以，胡適在1913年的春季班，只選了一門哲學課：「哲學五」。這門課是克雷登教的哲學史，是一整年的課，延續上學期的課。加上這門課的三學分，用胡適在《口述自傳》裡的話來說，他就已經修滿了哲學主修所必須要有的學分。胡適這門課得85分[37]。

圖9　1914年胡適與友人著畢業服照片。胡適(中)與友人陸元昌(左)、王彥祖(右)著康乃爾大學學士服的合影(楊孝述攝)(胡適紀念館授權使用)。

　　胡適在康乃爾大學的身分，在1913學年度產生了轉變；他既是一個大四的學生，也是第一年的研究生。這個緣由頗為複雜，只有了解了美國的學制才能澄清。由於胡適接連三個夏天都選了暑期班的課，他到1913年夏天，實際上已經修足了大學畢業的學分。康乃爾大學在該年的5月16日，就已經正式批准，說他已

36　周質平，《胡適與韋蓮司》，胡適康乃爾大學總成績單，頁13。
37　北京近代史研究所藏胡適外文檔案，E-486: Miscellanies (3)。

經修完了畢業所需的學分。只是，康乃爾大學規定每一個學生必須在學註冊滿八個學期才能畢業。等他修完了1913年秋季班第七學期的課以後，校方把這七個學期，加上他三個暑期班的折算，認爲他已經符合規定可以畢業，所以在2月4日批准他畢業。但他一直要到1914年6月17日，才參加了畢業典禮。有關這點，胡適自己在畢業典禮當天的《留學日記》裡作了解釋：「余雖於去年夏季作完所需之功課，惟以大學定例，須八學期之居留，故至今年二月始得學位，今年夏季始與六月卒業者同行畢業式。」[38]胡適既然在1913年5月就已經得到學校的批准，說他已經修夠了畢業的學分，他於是申請研究所。該年9月25日，學校正式批准他被作爲哲學研究所的研究生。

由於胡適在1913年秋天成爲哲學研究所的研究生，雖然他在那學期還選了我們在上文提到的「政治學87：經濟理論史」以及「英文52：維多利亞文學」，哲學課程是他那學期的重點，一共四門：「哲學19：近代哲學問題的發展」(The Development of Modern Philosophical Problems)是克雷登教授教的；「哲學20：倫理學史：從古代、中世紀到文藝復興」是哈孟(William Hammond)教授教的；「哲學26：倫理學進階」以及「哲學37：倫理學討論課」，後面這兩門都課是狄理教授教的。「哲學19：近代哲學問題的發展」，根據克雷登教授的課程說明，這門課的主旨：「在評論並詮釋近代哲學派別與系統的主導概念，其目的在追溯哲學觀念的演化，特別是去審視它們與19世紀的的科學、社會、宗教問題之間的糾結關係。」[39]胡適在《口述自傳》裡，提到康乃爾哲學系的老師老愛在課堂上批判實用主義和杜威，他指的大概就是克雷登的這門課。

胡適在1914年春天選了兩門哲學課：哈孟教授教的「哲學16：德國哲學選讀」，以及艾爾比(Ernest Albee)教授教的「哲學21：近代倫理學史」。艾爾比的「近代倫理學史」著重的是英國的倫理學發展史，重點在闡明倫理學如何發展成哲學系統裡一個獨立的科學[40]。哈孟教授的「哲學16：德國哲學選讀」，用的教

38　《胡適日記全集》，1：334。

39　*Official Publications of Cornell University,* IV.11, *Announcement of the College of Arts and Sciences, 1913-14,* p. 21.

40　*Official Publications of Cornell University,* IV.11, *Announcement of the College of Arts and*

科書是德國新康德派哲學家溫德爾班(Wilhelm Windelband)所著的德文作品
《柏拉圖》(*Platon*)。值得指出的是，哈孟教授自己為溫德爾班這本《柏拉
圖》寫了一篇書評。他稱許：「溫德爾班在所有他的著作裡，都展現出他的長
才，用求因溯源(genetically)的方法去彰顯他所分析的人物、思辨的運動或問
題。」他說溫德爾班之所以能有這樣的成就，就在於他能夠充分地引用語言學
與歷史學研究的成果，能夠批判地運用文獻以及用證據來判定其真偽。他在總
結裡稱讚溫德爾班的這本《柏拉圖》「是第一流德國學術論文的代表作，反映
了當代研究的精華。它行文的對象是大眾，但完全沒有犧牲其科學的內涵。作
者對如何說他想說的話，有他神來之筆的領會。他得到了柏拉圖之靈的感召，
在這本著作的優美的架構裡展現了他的魔力，以及他這位雅典師祖的影響。」
[41]我在下文會提到「求因溯源」這個當時許多哲學派別都共同使用的字眼，胡
適後來翻成「歷史的方法」、「祖孫的方法」，把它拿來解釋杜威的實驗主
義。我也會再進一步地分析康乃爾大學這個唯心論的哲學背景，如何地影響了
胡適研究中國哲學史的方法。

　　胡適在1914年秋天選了一門哲學課，是「哲學30：經驗論與唯理論」。這門
課是艾爾比教授教的。有關經驗論，他們所讀的代表哲學家是洛克、伯克萊、休
姆；唯理論的代表，他們所讀的則是笛卡兒、斯賓諾沙以及萊布尼茲。胡適在康
乃爾哲學研究所所選的最後一門哲學課是他在康乃爾的最後一個學期，也就是
1915年春季。他選的是「哲學31：康德的批判哲學」。這門課也是艾爾比教授教
的。這門課讀的是康德的《純粹理性批判》，用的是繆勒(Max Müller)的英文翻
譯本。他們除了讀各家的箋注以及當代的研究論著以外，還研討了康德三大批判
之間的關係[42]。

　　胡適在康乃爾大學主修哲學三年，扣除了當時算在哲學學分裡的心理學那一

(續)────────────
　　　Sciences, 1913-14, pp. 21-22.
41　William Hammond, "Review of Platon by Wilhelm Windelband," *The Philosophical Review*,
　　10.4 (July, 1901), pp. 430-436.
42　*Official Publications of Cornell University*, V.10, *Announcement of the College of Arts and
　　Sciences, 1914-15*, pp. 21-22.

門課不計，一共選了六門哲學的課。他在哲學研究所兩年，又選了八門哲學的課。總之，胡適在康乃爾大學五年，總計選修了十四門哲學的課。與之相比，胡適在哥倫比亞大學兩年，總共只選了四門哲學的課(詳下文)。我們要比較康乃爾大學與哥倫比亞大學的哲學系對胡適的影響或潛移默化之功，孰重孰輕，似不待言。

邵建認定胡適「對古典自由主義生疏」。他說：「在他的日記中，我尚未發現胡適讀過洛克。」他又說：「胡適在美國讀過洛克嗎？看不出來。」他認為「沒有古典主義基礎的自由主義，在來路上不明，就可能導致去向上的偏差。」他說他「相信胡適如果讀過《政府論》」，就不會「走到了自由主義的反面」[43]。事實上，胡適在《留學日記》裡提過洛克。他在1916年4月13日記完的〈評梁任公〈中國法理學發達史論〉那一則日記裡，在「法之起因」條下，就把墨家的說法比擬成：「此近於霍布士之說」；而把法家的的管子說法比擬成：「此近於洛克之說。」[44]邵建看到這句話就打從心裡不高興，認為胡適是在牽強附會，於是指斥胡適說：「管子會和洛克的思想一致嗎？那麼中國自由主義的時間表應該是先秦了。」[45]殊不知胡適在這裡所比擬的跟自由主義一點都不相干，而是有關人類社會的起源論。我在這裡指出胡適在《留學日記》裡提到過洛克，重點在於指出胡適讀過洛克。

邵建不是不知道胡適在《留學日記》裡是不記哲學的。胡適解釋了他在日記裡為什麼不記他所讀的哲學的原因：

> 或問吾專治哲學，而簡記中記哲學極少，何也？則答之曰：正以哲學為吾所專治，故不以入吾簡記耳。吾日日讀哲學，若一一以實吾簡記，則篇篇時日皆有所不給。且吾之哲學功課，皆隨時作記(notes)；其有有統系的思想，則皆著為長篇論文，如前論墨子、康德(Kant)、胡母

43　邵建，《瞧，這人——日記、書信、年譜中的胡適》，(桂林：廣西師範大學出版社，2007)，頁88-89、131-132、135。

44　《胡適日記全集》，2：299。

45　邵建，《瞧，這人——日記、書信、年譜中的胡適》，頁169。

(Hume)〔休姆〕諸文，皆不合於箚記之體例也。且吾箚記所記者，皆
一般足以引起普通讀者之興味者也。哲學之不見錄於此也，不亦宜乎？
46

　　唸西方哲學的胡適，在選課的時候一定會讀到洛克，這是毋庸置疑的。現
在，我們知道胡適在「哲學30：經驗論與唯理論」這門課讀了洛克。此外，北京
的中國社會科學院近代史研究所所藏的「胡適檔案」裡，就有一篇胡適的讀書報
告，寫的就是邵建所謂的要了解自由主義的眞諦所必讀的〈洛克《政府二論》的
研究〉（A Study of Locke's *Two Treatises on Government*）[47]。我們不能確定這篇洛
克的讀書報告是爲「哲學30：經驗論與唯理論」所寫的，還是他到了哥倫比亞大
學以後上杜威的「社會政治哲學」那門課所寫的。重點是，胡適是好好地讀了洛
克的《政府二論》。如果胡適作出了與古典自由主義不合的論點，那絕不是像邵
建所說的，是因爲胡適「對古典自由主義生疏」，而是他站在了解的基礎上來批
判古典自由主義。所有研究胡適的人都必須先抱持著一個態度跟一個假定。那個
態度就是虛心：我們所面對、所分析的，是一個天才，他的天分跟努力是我們望
塵莫及的；那個假定就是：如果胡適敢談任何問題，我們必須假定他知道他在說
什麼。我們必須假定該看的書，他都已經看過了。

　　胡適在康乃爾大學五年，其中三年是大學部的學生，最後兩年是哲學研究所
的學生。這是胡適一生思想形成的關鍵時期。他在《口述自傳》裡強調他在康乃
爾大學有三個主修：哲學心理、英國文學以及政治經濟。他沒有特別提起他兩年
的研究所生涯是可以理解的，因爲無論是從他自己的角度來看，還是從世人對他
的了解來看，他的哲學家的名聲與依傍，都是跟哥倫比亞大學的杜威連結在一起
的。我在下文會分析康乃爾大學哲學系對他的影響要遠大於杜威對他的影響。我
們在本節討論胡適在康乃爾大學的教育，還有另一個環節是必須處理的。而那一
個環節也是胡適在《口述自傳》裡所刻意忽略的，那就是他在康乃爾所受到的史

46　《胡適日記全集》，2：183。
47　Suh Hu, "A Study of Locke's *Two Treatises on Government*," 胡適外文檔案，E060-012。

學訓練。

　　胡適第一次選歷史課是在1912年的夏天，也就是他轉到文學院，上過一個學期的課以後。他在該年的暑期班選了兩門歷史課：「歷史C」、「歷史D」。這兩門課都是達確(George Dutcher)教授教的。達確是衛思理言(Wesleyan)大學的教授，那年的暑期班在康乃爾任教。「歷史C」這門課所教的是「大英帝國的發展」(Growth of the British Empire)，從都鐸(Tudor)時期到維多利亞女王時代。討論的主題包括英國的印度、北美殖民政策的比較，以及殖民帝國重建期在非洲、澳大利亞、印度的政策。達確教授強調這門課所討論的不只是大英帝國在北美、澳大利亞、南非、印度及其他地區擴張的歷史，而更是要去分析英國如何處理移民、代議政府、殖民地聯邦、帝國統治、統治落後民族以及帝國主義觀念興起等等問題。「歷史D」的主題是「拿破崙時代」(Napoleonic Era)，從拿破崙的身世與法國大革命時代的特徵入手，再進一步地分析拿破崙的事蹟、法國的歷史以及歐洲從1796年到維也納會議之間的歷史。維也納會議是奧、普、俄、英等國打敗拿破崙被以後，在1814到1815年召開的。達確教授在課程大要裡說，雖然這門課非處理軍事問題不可，但其分析的重點在於朝代、疆域與政制的變遷；法國大革命的完成及其建設性工作建立；法國大革命的成果在歐洲的傳布；特別是民族主義的興起[48]。「歷史C：大英帝國的發展」，胡適得70分；「歷史D：拿破崙時代」，得80分[49]。

　　胡適雖然在1912年的秋季班沒有選歷史的課，但是他去旁聽了布爾(George Burr)教授教的西洋中古史。他在9月26日的日記說：「下午往旁聽Prof. Burr之中古史，甚喜之。」[50]這門課是「歷史11：中古史」。根據課程說明是：「基督教世界從中世紀的前夕到文藝復興初露曙光的通史，時間是從西元300到1300年。著重點在社會生活以及文明的進步。」這個布爾教授，就是胡適晚年說他說「容忍比自由重要」的那個「老教授」。而且更值得指出的是，布爾教授在康乃爾也

48　*Official Publications of Cornell University*, III.7, *Announcement of the Twenty-First Summer Session, July 6-August 16, 1912*, pp. 22-23.
49　周質平，《胡適與韋蓮司》，胡適康乃爾大學總成績單，頁12-13。
50　《胡適日記全集》，1：199。

教一門「容忍史」的課。這門課是「歷史13：容忍觀念的發軔(The Rise of Tolerance)」。課程說明說這門課講授的是：「基督教世界思想與宗教自由史的研究。」[51]

胡適再一次選歷史課是在1914年的春天，當時他已經是哲學研究所的學生了。他選的課是：「歷史71：歷史的輔助科學」。這門課也是布爾教授教的。課程說明說這門課所探討的是：「對歷史有重要的輔助功用的諸學科，其目標、方法、文獻與功用：人類學、民俗學、考古學、語言學、碑銘學、古文書學、官文書學、印章學、古錢學、紋章學、譜系學、編年、地理。」[52]胡適在康乃爾大學最後一次選歷史的課是在1914年的秋天：「歷史75：史學方法」。這門課也是布爾教授教的。換句話說，胡適在康乃爾大學選了四門歷史課，旁聽了一門，幾乎已經可以說是到了歷史也是他的主修的地步。有關布爾教授所教的「歷史的輔助科學」，胡適在《口述自傳》裡作了一段回憶：

> 我在康乃爾唸研究所的時候，我選了布爾教授所開的「歷史的輔助學科」。這門課對我的裨益極大。他每週都要學生去閱讀一門歷史的輔助學科，諸如：語言學、校勘學、考古學、考訂學等等。這是我第一次涉獵到他認為對歷史有益的輔助科學。[53]

胡適一生的思想，是奠基在他在康乃爾大學所得到的人文素養的基礎教育。他在文學、哲學、政治方面的基礎知識都是在這個階段奠定的。我們甚至可以說，要了解胡適一生的思想，唯一的途徑，就是去發掘他在康乃爾大學的所學、所讀、所思。這是解開胡適一生思想的唯一鎖鑰。胡適回到中國以後，自然繼續讀書、繼續從事思考。中國在政治、社會、思想、經濟、外交方面的鉅變自然對

51　*Official Publications of Cornell University*, III.12, *Announcement of the College of Arts and Sciences, 1912-13*, p. 29.

52　*Official Publications of Cornell University*, IV.11, *Announcement of the College of Arts and Sciences, 1913-14*, p. 29.

53　Hu Shih, "The Reminiscences of Dr. Hu Shih," p. 125.

他造成了衝擊，刺激他去作思考、迫使他去作選擇。然而，他思想的基調已經形成。這個基調固然會有些許修正、轉折甚至背離，但其大方向已經奠立。有關這些，我們會在以下的三章詳細分析。

從康乃爾轉哥倫比亞大學的玄機

胡適一生中在日記、寫作、回憶裡，掩飾或淡化他人生經歷的地方所在多有。他在康乃爾大學爲什麼沒有完成他的哲學博士學位，就是一個典型的例子。胡適在唸了兩年的哲學研究所以後，轉學到哥倫比亞大學去，這一個巨大的轉變，他完全沒有在《留學日記》裡交代。他雖然在日記裡提到了他申請到了他所說的「畢業助學金」（graduate scholarship），用今天通行的話來說，就是研究生獎學金。這份獎學金，我們在上一章提起過，是一年三百美元。但他矜於留下任何他已經是康乃爾大學哲學研究生的痕跡。我在寫《星星・月亮・太陽——胡適的情感世界》的時候，只專注他在《留學日記》裡所留下來的資料，完全沒有意識到他所作的掩飾，而錯把他正式從大學畢業以後留在康乃爾的一年，視爲他畢業後留校作研究，就好像今天美國有些學校設有的「五年級獎學金」一樣[54]。

根據當時康乃爾大學的規定，一個研究生只要在康乃爾註冊選修了三個學年的課程，交出一篇合格的論文，並通過考試，就可以取得博士學位。此外，康乃爾大學規定每一個博士候選人，必須繳交五十份印刷好的論文給大學的圖書館館長。如果繳交的論文已經出版，則必須注明出版的時間和地點。如果論文來不及印刷，而必須等到畢業典禮之後才作的話，就必須最遲在畢業典禮的前一個禮拜五，把一份打字本，裝訂成書，繳交給院長。在這種情況之下，畢業證書就必須扣在學校，一直到五十份印刷好的論文繳交以後才能取得[55]。

胡適在康乃爾唸了兩年的哲學研究所。換句話說，他只要再多唸一年，寫完

54　請參閱拙著《星星・月亮・太陽——胡適的情感世界》，頁23。
55　*Official Publications of Cornell University*, IV.3, *Announcement of the Graduate Scholol, 1913-14*, pp. 5-6.

論文、通過考試，就可以取得康乃爾的博士學位。那麼，他爲什麼像孟子所說
的，「掘井九仞而不及泉」，就棄康乃爾這口井，而轉戰哥倫比亞大學呢？胡適
一生中從來沒有在公開的場合提起他在康乃爾哲學研究所的研究生生涯。就我所
知，他第一次提起他爲什麼離開康乃爾大學，是他1927年1月14日給韋蓮司的一
封信。他在這封信裡說：「我的哲學老師給我的最大的幫助，是在1915年拒絕給
我賽姬哲學獎學金。那個打擊就彷彿像是把我從睡夢中驚醒一樣。我於是決定藏
身於紐約這樣一個大都市裡，專心致志於己務。我在1915到1917年之間，發憤圖
強。那激勵我的力量，完全是來自於我康乃爾的教授，因爲我不要讓他們失望，
他們顯然覺得我的表現沒有達到他們的要求。」[56]

　　胡適申請到康乃爾大學哲學系的獎學金是在1914年4月。他在該月沒注明日
期的一則日記裡，簡短地說：「所請畢業助學金(graduate scholarship)已得之。」
[57]《康乃爾太陽日報》在該年的5月5日報導了幾個系所公布的下學年度的獎學
金。其中，拿到哲學研究所獎學金的有五名，趙元任跟胡適是其中的兩名[58]。
申請到獎學金這件事，胡適也在5月20日的家信裡向他母親報告了。這筆1914學
年哲學研究所三百美元的獎學金，可能對胡適來說，是一筆額外的收入，因爲他
另外還有一個月60美元的庚款可拿。怪不得胡適會在家信裡請他母親放心，說他
跟綺色佳的朋友羅賓孫調度借來寄回家幫母親渡過難關的兩百美金，不會是一個
難題，因爲「明年可得三百元，此款甚易償還也」[59]。可惜，他這個獎學金只拿
了一年。他在1915年申請下學年度的獎學金時，就慘遭滑鐵盧了。原因何在？胡
適在給韋蓮司的那封信裡作了詳細的解釋：

　　　　我在康乃爾太有名了。而我的名氣讓我荒廢了我的課業。對我眈於外
　　騖的行爲，狄理教授從來就不假辭色。其他教授，特別是克雷登教授，
　　也很不高興。我記得有一次我真是讓克雷登教授生氣了。當時，有一個

56　Hu Shih to Clifford Williams, January 14, 1927，《胡適全集》，40：247-248。
57　《胡適日記全集》，1：307。
58　"More Scholarships Awarded by Faculty," *Cornell Daily Sun*, XXXIV.162, May 5 1914, p. 2.
59　胡適稟母親，1914年5月20日，《胡適全集》，23：55。

研究佛教的日本教授要來康乃爾演講。克雷登教授要我去火車站接他。
我沒有接受這個差使，因為我當天必須要去波士頓演講〔胡適1915年1
月18日坐火車到波士頓去，次日為波士頓的「布朗寧知音會」
(Browning Society)演講〈儒家與布朗寧〉〕。我看得出來克雷登教授
很不高興。我很難過，因為他是我最希望要討他歡心的一個人。

　　胡適對韋蓮司說：「這是我第一次用英文提起這件事情。但我常對我在北京
的學生提起這件事情。我告訴我的中國朋友『勝易驕、敗能勵』的道理。」[60]事
實上，如果胡適真的常對他的學生提起他這個滑鐵盧事件，我到現在還沒找到出
處。如果他跟朋友提起過這件事，他們似乎也並沒有把它筆之於書。胡適晚年在
他的《口述自傳》裡是提起了這件事。他回憶他在康乃爾大學作巡迴演講的光榮
史，但那個光榮史是有代價的。他說他從來就不會後悔他用了那麼多的時間去演
講。演講的好處，是它迫使一個人去作邏輯和系統的思考，然後再有組織地用邏
輯、系統、明瞭的方式去表達出來。但是，到處演講給他帶來了滑鐵盧：

　　公開演講給我帶來的一個報應，發生在1915年我在研究所的第二年。
那時，我向哲學系申請賽姬研究獎學金(fellowship)。我在前一年拿的
是賽姬獎學金(scholarship)。康乃爾大學的哲學系的名稱是賽姬哲學研
究院，是羅素‧賽姬家族捐款設立的。研究生的獎學金有兩種：賽姬獎
學金和賽姬研究獎學金〔註：賽姬研究獎學金的全名是Susan Lynn Sage
Fellowship，金額是五百美元，還是比清華庚款的七百二十美元少；獎
學金則是三百美元〕。我在1915年申請的是賽姬研究獎學金。但是我沒
申請到。我研究所的指導教授委員會的主席是狄理教授，他直率地告訴
我說系裡決定不給我研究獎學金，是因為我到處演講過了頭以至於荒廢
了我的哲學課業。[61]

60　Hu Shih to Clifford Williams, January 14, 1927,《胡適全集》，40：247。
61　Hu Shih, "The Reminiscences of Dr. Hu Shih," pp. 52-53.

　　如此說來，這個滑鐵盧還眞是雙重的。胡適第二年所申請的不是「賽姬獎學金」，而是多了兩百美元的「賽姬研究獎學金」。自視極高的他，一定萬萬沒想到他把眼界放得高一點，結果卻使自己摔得更重。我們在上文提起胡適在1927年1月14日寫給韋蓮司的信。當天他已經先寫了一封信給狄理教授。他告訴韋蓮司說，他說得很保留，因爲他不希望狄理教授誤會，「以爲我還對哲學系記恨著。」[62]事實上，他給狄理教授的信，完全沒提起他在康乃爾哲學系的滑鐵盧事件。胡適14日寫信給狄理和韋蓮司的時候，他人在紐約。1926年胡適到英國去開英國退還庚款事宜的會，在歐洲勾留了五個月以後，他在1927年1月11日從英國坐船抵達紐約。胡適給狄理教授的信，是向他報告他希望能在兩個星期內能去綺色佳探望老朋友和老師。結果，由於胡適當時日正當中赫赫的名聲，他是美國東岸新英格蘭區的名校爭相邀攬去演講的對象。他一直要到3月4日才從紐約坐火車到綺色佳[63]。無論如何，胡適在給狄理教授的信裡說：「一想到我就要回到我的哲學老師身邊，卻讓我有了近鄉情怯之情。這是因爲我這些年來雖然並沒有完全放棄哲學，我是越來越隨波逐流(drifting)地漂向了工具主義的思考方式。我害怕我康乃爾的教授會覺得我是一個逃兵。」[64]康乃爾大學的哲學系是美國唯心論的重鎮，尊師重道的胡適，雖然老早已經自居爲杜威的信徒，在寫信給康乃爾的老師的時候，還是覺得有自貶同時也貶抑實驗主義的必要。

　　對我們想去重建胡適思想成長的軌跡的人來說，胡適給狄理教授的這封信非常重要。胡適的這封信還有其他要點，我們在下節還會提起。前段的引文，就有兩點值得一提。一個是他說：「我這些年來雖然並沒有完全放棄哲學」的說法；另外一個則是唯心論的逃兵的自況。這兩句話不難解構，但需要細細說明，是本章以下分析的主旨。首先，我們必須澄清胡適在康乃爾大學哲學系的滑鐵盧事

62　Hu Shih to Clifford Williams, January 14, 1927,《胡適全集》，40：248。
63　有關胡適1927年的美國以及綺色佳之行，請參閱拙著《星星·月亮·太陽——胡適的情感世界》，頁242-255。
64　Hu Shih to Frank Thilly, January 14, 1927, 美國康乃爾大學特藏室(Division of Rare and Manuscript Collections)所藏The Frank Thilly Papers, 14-21-623, Box 2: "Correspondences 1926, 1927, 1928, 1929."

件。有關這點，韋蓮司給胡適的一封信提供了一個關鍵性的輔證。由於胡適請韋
蓮司把他在1927年1月14日信上的話轉告給狄理教授，或者就乾脆把那封信交給
狄理教授看，韋蓮司在收到了信以後，一定是把胡適的信交給狄理教授看了。他
們還幾次談起了胡適那件滑鐵盧的事件。韋蓮司特別為此寫信替狄理教授作了解
釋。她說：狄理教授

> 認為你對賽姬研究獎學金那件事的記憶是錯的。他顯然不認為你申請
> 了。他說你如果申請了，系裡是一定會非常樂意給你研究獎學金的，因
> 為系裡一直認為你是一個非常傑出的學者。他說他當初確實是要你在演
> 說——他完全沒有看不起演說，也完全不是不相信你在那方面的才華—
> —和哲學之間作一個選擇。他又說：他告訴你如果你選擇了哲學，為什
> 麼不就去開發那幾乎還沒有人去碰過的中國哲學呢？[65]

　　從韋蓮司給胡適的這封信看來，胡適的滑鐵盧確實跟他因為外務太多而沒有
專注於課業有關。問題是，我們是否可以更進一步地說，胡適的孜孜於外務並不
是因為他本末倒置，而毋寧是反映哲學其實並不是他之所最愛的事實。我們在上
文提到胡適說他在康乃爾大學有三個主修，在《口述自傳》裡說，他到六十六歲
了還不知道他的專業是什麼。事實上，這是胡適晚年的口頭禪。胡適在康乃爾的
三個主修，文學一直是他的最愛。我們在第一章就已經引了他1908年12月30日在
上海的時候寫給程春度的信。他在那封信裡就提起了他有留學研究西洋文學的夢
想。胡適對政治的興趣也不下於文學，我在第四章也引了他1912年2月6日給章希
呂的信，說他從康乃爾大學畢業以後要轉學，因為康乃爾「不長於政治文學
也。」甚至在他在1914年4月申請到下學年度的賽姬哲學獎學金以後，他仍然有
轉學的念頭。他在5月11日的家信裡說：「兒在此甚平安，秋間即可畢業。惟仍
須留此一年，可得碩士學位，然後遷至他校(尚未定何校)，再留二年，可得博士

65　Clifford Williams to Hu Shih, February 10, 1927.

學位。」[66]更驚人的是，他居然在日記裡強調說他申請這個賽姬獎學金根本是他所不樂爲的一件事。他在1914年3月12日的日記裡，說他之所以出此下策，完全是爲了養家：

> 余前爲《大共和日報》作文，以爲養家之計，今久不作矣。此亦有二故：一則太忙，二則吾與《大共和日報》宗旨大相背馳，不樂爲作文也。惟吾久不得錢寄家，每得家書，未嘗不焦灼萬狀，然實無可爲計。今圖二策，一面借一款寄家而按月分還此款，一面向大學請一畢業生助學金(Scholarship)。二者皆非所樂爲也，而以吾家之故不能不爲之。[67]

胡適一直就想轉學離開康乃爾大學。怎奈何學不但沒轉成，卻每下愈況，爲了養家，而到了不得已必須向康乃爾大學的哲學研究所申請賽姬獎學金的地步。無怪乎他在申請到獎學金以後，只在日記裡簡短地說獎學金「已得之」。也無怪乎他在次年沒有申請到研究獎學金，就乾脆「此地不留人，自有留人處」，申請轉學到哥倫比亞大學去了。胡適在《留學日記》裡完全沒有留下任何有關他籌畫轉學的痕跡。他唯一不著痕跡留下來的一個伏筆，是1915年7月5日的一則日記：

> 此間不可以久居矣。即如今日下午，方思閉戶讀書，甫盡二十頁，而呂君來訪。呂君去而Mr. Coughram來訪。未去而Mr. Theodore來訪。而半日之光陰去矣。吾居此五年，大有買藥女子皆識韓康伯之概。酬應往來，費日力不少，頗思捨此他適，擇一大城如紐約，如芝加哥，居民數百萬，可以藏吾身矣。[68]

胡適在這則日記裡所說的「買藥女子皆識韓康伯」，是一個典故。東漢的韓

66　胡適稟母親，1914年5月11日，《胡適全集》，23：53。
67　《胡適日記全集》，1：304。
68　《胡適日記全集》，2：145。

康，字伯休，隱身於長安的藥肆之中，以不二價聞名。有一天有一個女子去藥肆買藥，跟韓康講價，韓康堅持不二價。該女子氣著說：「你難道就是那個不二價的韓康？」這一句話使韓康體認到如果連不識其廬山眞面目的女子，都聽過他不二價的名聲，那他隱身藥肆，實際上等於沒隱。他於是隱遁到霸陵山中去。另一說，則說他逃之夭夭，不知所終。事實上，所有了解美國入學申請流程的人，都知道到了七月的時候，申請者應該老早就已經知道申請的結果了。除非胡適轉學哥倫比亞大學確實是在申請截止日期以後才進行，而且哥大也特別通融，否則胡適這則日記就是特地爲日後寫他的傳記、又不懂美國學制的人所編造，以便讓他們順理成章地把它當成胡適所以轉學的原因。我們必須記得，在胡適的《口述自傳》中譯本出版以前，沒有人知道他在康乃爾大學的滑鐵盧事件。我們可以想像如果沒有他後來的《口述自傳》，歷史如果用章回小說的體例寫，會如何記載他轉學的故事：「友朋交際太費時，胡適賣藥大紐約。」

胡適既然已經在1915年7月5日埋下了他「忽思」轉學的伏筆以後，他在8月21日的日記裡說：「余已決計往哥倫比亞大學留學一年。」[69]兩者連貫起來，就一點也不突兀了。有關轉學的事，胡適在寫這第二則日記前的一個月就在家信裡報告了。他給他母親的解釋，跟他在《留學日記》裡的說法是一致的。只是，他在這封家信裡作了更多的發揮：

兒近思離去綺色佳，來年改入哥倫比亞大學。此學在紐約城中，學生九千人，爲此邦最大之大學。兒之所以欲遷居者蓋有故焉。一、兒居此已五年，此地乃是小城，居民僅萬六千人，所見所聞皆村市小景。今兒尚有一年之留，宜改適大城，以觀是邦大城市之生活狀態，蓋亦覘國採風者所當有事也；二、兒居此校已久，宜他去，庶可得新見聞。此間教師雖佳，然能得新教師，得其同異之點，得失之處，皆不可少。德國學生半年易一校，今兒五年始遷一校，不爲過也；三、兒所擬博士論文之

69　《胡適日記全集》，2：202。

題，需用書籍甚多。此間地小，書籍不敷用。紐約爲世界大城，書籍便
利無比，此實一大原因也；四、兒居此已久，友朋甚多，往來交際頗費
時日。今去大城，則茫茫大海之中可容兒藏身之地矣；五、兒在此所習
學科，雖易校亦都有用，不致廢時；六、在一校得兩學位，不如在兩校
各得一學位之更佳也；七、哥倫比亞大學哲學教師杜威先生，乃此邦哲
學泰斗，故兒欲往游其門下也。兒居此五年，不但承此間人士厚愛，即
一溪一壑都有深情，一旦去此，豈不懷思？然此實爲一生學業起見，不
得不出此耳。[70]

　　胡適在這封家信裡，說出了他轉學的七大理由。這七大理由個個言之成理，
但都沒有眞正觸及到癥結的問題。當然，家信有家信的特質，胡適沒有必要在家
信裡談到家人不可能了解的哲學或者獎學金的問題。我們知道入學或轉學都有一
定的申請手續，必須要提前準備申請，不可能是說換就換的。可惜胡適沒有留下
任何有關他轉學的原因以及他申請轉學的經過。從胡適跟韋蓮司的來往信件，我
們可以知道他第二年沒申請到獎學金是他轉學的促因。然而，我們有理由相信還
有更深層的原因讓他作這麼一個破釜沉舟的決定。這更深層的原因，有他對哲
學，特別是唯心論哲學的排斥，也有他對歷史，特別是考證史學的興趣。先談康
乃爾的唯心論。

「黑格爾的沉澱」

　　胡適在他晚年在紐約所作的《口述自傳》裡說：「我到哥倫比亞大學的理由
之一，是因爲當時康乃爾的哲學系基本上是被新唯心主義所宰制的。新唯心主義
又稱客觀唯心論，是黑格爾唯心論的一派，是經由葛令(T. H. Green)所引領的19
世紀末葉英國思潮影響之下形成的。這個康乃爾的賽姬哲學院(Sage School of

70　胡適稟母親，1915年7月11日，《胡適全集》，23：85-86。

Philosophy）〔註：其實就是「系」，只不過是依捐款的亨利‧賽姬（Henry Sage）的心願而稱之為「院」〕的成員，在上課的時候經常批判實用主義運動，我康乃爾的教授最常揪出來批判的對象就是杜威。我康乃爾那些老師，不把詹姆士和其他實用主義者看在眼裡。然而，對於杜威，儘管他們不能苟同他的觀點，他們則不敢以等閒之輩視之。」[71]胡適作《口述自傳》的時候，他康乃爾的哲學老師都早已作古，唯心論在美國的哲學界也早已式微。同時，胡適作為一個實驗主義者、杜威的信徒的名聲已經深入人心，他已經沒有什麼顧忌，或者我們甚至更確切地說，他大可以順水推舟，合情合理地解釋他為什麼轉學的原因。最絕妙的是，這樣子的回憶不但可以把他之所以會轉學到哥倫比亞大學去的原因，歸結於一個深思熟慮的決定，而且可以圓滿地解釋成他棄唯心論而成為實驗主義信徒的先聲。

　　然而，胡適的這段回憶也同時指出了一個人們一向忽略的事實，那就是胡適在康乃爾大學哲學系所學的是唯心論。換句話說，胡適一生思想形成的軌跡裡，跟杜威一樣，是經過了黑格爾唯心論的一個階段。杜威在轉向實用主義以前，他的思想也就是胡適在口述訪問裡所說的葛令這一支的黑格爾唯心論。我在〈胡適史學方法論的形成〉裡說：胡適跟杜威不一樣，不像杜威的思想裡留存了他自己所說的「永遠的黑格爾的沉澱」（permanent Hegelian deposit）[72]。胡適則後來徹底地揮別了唯心論[73]。我現在要作一點修正，說胡適也有他的「黑格爾的沉澱」，表現在他的哲學史的研究法上。有關這點，請詳下文。如果杜威一生用他的實驗主義來批判唯心論與唯實論（realism），卻又不否認他的思想裡存在著「黑格爾的沉澱」，胡適則是以一種反動的心裡，渾然不自覺他有任何「黑格爾的沉澱」，終其一生，以驅除「玄學鬼」——任何的形上哲學——為職志。比如說，他1930年2月15日的日記說：「哲學會聚餐，朱光謹先生讀一篇論文，題為〈超越的唯

71　Hu Shih, "The Reminiscences of Dr. Hu Shih," p. 95.
72　John Dewey, "From Absolutism to Experimentalism," *The Later Works, 1925-1953* [LW], ed. Jo Ann Boydston (Carbondale: University of Southern Illinois Press, 1981-91), 5.154.
73　請參閱拙著，〈胡適史學方法論的形成〉，李金強編，《世變中的史學》（桂林：廣西師範大學出版社，2010），頁25。

心論〉，引用Nelson〔Leonard Nelson, 1882-1927，訥爾生，德國數學、哲學家〕證明Kant〔康德〕的哲學的新方法。這班所謂哲學家真是昏天黑地！」[74]胡適憎恨形上學這一點，跟他一生反對基督教有異曲同工的地方。胡適在留美初期，也就是1911年，參加「中國基督徒學生聯合會」夏令營的時候，幾乎成為基督徒，後來覺得被他們在作見證時，用「『感情的』手段來捉人」，「深恨其玩這種『把戲』，故起一種反動」[75]，於是胡適終身反對基督教。

　　康乃爾大學的哲學系，是20世紀初年美國黑格爾派唯心主義的一個重鎮之一。事實上，20世紀初年，執美國哲學界牛耳的，就是唯心主義派的幾個大將。換句話說，儘管大家都說胡適是一個實驗主義者，胡適自己更是以此自命。事實是，胡適在康乃爾大學所接受的哲學教育是唯心派的。目前藏在在北京中國社會科學院近代史研究所的胡適檔案裡，有胡適作的哲學筆記，其中一部分，以內容來判斷，是他在這個時期所記的[76]。康乃爾大學哲學系的唯心派大將是克雷登(James Creighton, 1861-1924)，他是「美國哲學學會」的創始人之一，也是該學會第一任會長。在康乃爾大學，他是哲學系第二任的系主任，他在1914到1923年之間擔任研究院院長。胡適說他在康乃爾的老師「儘管他們不能苟同杜威的觀點，他們則不敢以等閒之輩視之」的話，是完全正確的。1903年底，「美國哲學學會」在普林斯頓大學開的年會，是美國唯心派對實用主義展開凌厲攻擊的開始。除了當年的會長、哈佛大學的若義司(Josiah Royce)以外，另外一個批判大將就是康乃爾的克雷登[77]。胡適在回憶裡另一段話也完全是正確的，他說他康乃爾的教授「在上課的時候經常批判實用主義」，「最常揪出來批判的對象就是杜威。」克雷登在哲學雜誌上所發表的文章，特別是在康乃爾大學所編輯出版的《哲學評論》(The Philosophical Review)，就有許多篇是批判實用主義和杜威

74　《胡適日記全集》，6：108。
75　《胡適日記全集》，1：157。
76　北京中國社會科學院近代史研究所藏胡適外文檔案，E62-9—Incomplete Manuscripts。
77　"Proceedings of the Third Meeting of the American Philosophical Association, Princeton University, Princeton, N. J., December 29, 30, and 31, 1903," The Philosophical Review, 13.2 (Mar., 1904), pp. 176-202.

的。我們可以很合理地相信胡適早期對實用主義的了解，是透過他康乃爾大學唯心派的老師的批判眼光。

　　胡適在康乃爾的另外一個哲學老師是我們已經提過好幾次的狄理教授。他在1912年擔任「美國哲學學會」會長，1915到1921年之間擔任康乃爾大學文學院長。狄理原來的領域是語言學，他到德國柏林、海德堡大學留學以後才轉向哲學。他是柏林大學新康德學派包爾生(Friedrich Paulsen)的弟子。狄理既屬於文藝復興型的飽學之士，又是一個有百科全書式博聞強記的長才。他勤於著作、翻譯，是一個著作等身的學者。與本文切題的重點是，他不但自己撰寫了《哲學史》(*A History of Philosophy*)以外，還翻譯了阿爾斐德·威伯(Alfred Weber)用法文寫的《哲學史》(*History of Philosophy*)。狄理跟克雷登一樣，強調哲學史在哲學研究上的重要性。這點，我們可以徵引狄理的老師包爾生說的話。包爾生在狄理所翻譯的《哲學概論》(*Introduction to Philosophy*)裡說：整個19世紀的哲學轉向歷史，從歷史的角度來詮釋心與物的演化。雖然包爾生跟克雷登屬於唯心陣營裡不同的派別，他和克雷登一樣，認為哲學思想的發展，是朝向真理的發現[78]。

　　從胡適一生思想形成的軌跡而言，作為美國唯心論重鎮之一的康乃爾大學的哲學系是他一生思想發展的中途站。胡適在康乃爾大學的五年，是他一生思想的轉捩點，是研究胡適一生思想形成最重要的關鍵。其實，胡適對自己思想形成的軌跡交代得很清楚，即使不是斑斑俱在，他所留下來的線索，已經足夠讓後人按跡尋蹤；至於那些後來想為他立傳的人能不能按圖索驥，則端賴其自己的功力。他在《留學日記》的〈自序〉裡說：「我在1915年的暑假中，發憤盡讀杜威先生的著作……從此以後，實驗主義成了我的生活和思想的一個嚮導。」[79]這句話是一個關鍵性的線索。胡適等於在暗示我們：說1915年的暑假是他哲學思想的一個轉捩點。換句話說，他從1910年秋天抵美，到1915年夏天，也就是他轉學到紐約的哥倫比亞大學為止，他總共浸淫在美國唯心派哲學重鎮五年的時間。1915年夏

78　Friedrich Paulsen, "Preface to the First Edition," *Introduction to Philosophy*, second American edition, tr., Frank Thilly (New York: Henry Holt and Company, 1922), xv, xi.

79　《胡適日記全集》，1：110。

天，「發憤盡讀杜威先生的著作」的他，開始自學杜威的實驗主義。

　　也許也就因為胡適故意要留下線索，讓後人能夠按跡尋蹤去找他留美時期思想發展的軌跡，他刻意在《留學日記》裡保留了一個獨一無二的胡適唯心論哲學教育下的陳跡。他在1914年7月7日的日記裡，記他讀《老子》「三十輻共一轂」的箚記。他引了兩家的注說，認為都不清楚。他說「輻湊於轂而成車」，就像「埏埴以為器」一樣，都是意指器物製成以後，大家都只會注意其整體，而不會去措意其零件。於是乎，「當其無有車之用」，以及「當其無有器之用」，都是意指車子造好以後，就不用去在意其輻輳；器皿烘焙成以後，就不用再去管其所用的黏土。他接著引申：「譬之積民而成國，國立之日，其民都成某國之民，已非復前此自由獨立無所統轄之個人矣。故國有外患，其民不惜捐生命財產以捍御之，知有國不復知有己身也。故多民之無身，乃始有國。(此為近世黑格爾一派之社會說、國家說，所以救18世紀之極端個人主義也。)此說似較明顯，故記之。」到了1917年3月，那時胡適已經揚棄了唯心論，服膺實驗主義，他於是在這條日記之後加了一個自記：「此說穿鑿可笑，此『無』即空處也。吾當時在校中受黑格爾派影響甚大，故有此謬說。」[80]

　　胡適一向就討厭抽象的理論。就像他在回憶裡提到他在康乃爾大學學經濟學理論的經驗。他說儘管他有像艾爾文・詹森這樣一位出了高徒的名師為老師，他從來就沒有把經濟學理論學好。他的結論是：「經濟理論對我來說太過抽象，而我又最討厭抽象的思考方式。」不幸的是，他在康乃爾大學所讀的哲學也是抽象的。這可以解釋為什麼他在康乃爾大學的時候一直有轉學的念頭。更諷刺的是，他不但讀了康乃爾大學部的哲學系，他還在康乃爾唸了兩年的哲學研究所。從某個意義來說，康乃爾大學拒絕給胡適第二年的獎學金，對胡適來說，反而是一個解放。塞翁失馬焉知非福。它讓胡適終於不得不壯士斷腕地離開那反正與他性向根本不符的黑格爾派唯心論的大本營。

　　離開了康乃爾大學的胡適，也許覺得他已經徹底地揚棄了「黑格爾派的影

80　《胡適日記全集》，1：358-359。

響」。然而，胡適有所不知。他以爲他揚棄了黑格爾派的唯心論，卻不自知他也
有他的「黑格爾的沉澱」。他的「黑格爾的沉澱」裡的第一個成分，就是他在康
乃爾大學哲學系所學的哲學史。而這哲學史的老師，就是克雷登教授。胡適在
《口述自傳》裡說：「克雷登教授並不是一個有口才的老師。但是，他嚴肅、懇
切地展現各個學派，那種客觀地對待歷史上各個階段的思想史的態度，給我留下
了一個極深的印象，也重新喚起了我對哲學，特別是中國哲學的興趣。」[81] 胡適
不只是在晚年的時候肯定他康乃爾唯心論老師對他的影響。事實上，他在1927年
1月14日寫給狄理教授的信也是這麼說的。他在那封信裡說：「克雷登教授的哲
學史課，讓我決定主修哲學。而我教歐洲哲學史用的是您寫的《哲學史》。」[82]

胡適在美國讀書的時候，一共選了兩次「哲學史」的課：一次是克雷登的哲
學史的課，另一次則是他轉學到紐約的哥倫比亞大學研究所以後，也就是烏德布
瑞基(Frederick Woodbridge)所開的「哲學史」。胡適只在他的口述訪問裡說這兩
門課很不一樣。有關烏德布瑞基的那門課，我們以下還會談到。胡適在他晚年的
回憶裡仍然會津津樂道地提到他康乃爾唯心論老師對他的影響，這是一個我們絕
對不能忽略的事實。因爲那意味著他不像杜威，完全沒有意識到他自己的「黑格
爾的沉澱」。這也就是說，他完全沒有意識到克雷登的哲學史觀與他所自奉的實
驗主義是不相容的。如果胡適到他的晚年都還沒有意識到這一點，1916到1917年
在哥倫比亞大學用所謂實驗主義的方法來寫《先秦名學史》的他，就更不可能意
識到了。有關這點，詳見下文。

胡適在1914年1月25日的日記裡記了一段話：「今日吾國之急需，不在新奇
之學說，高深之哲理，而在所以求學論事觀物經國之術。以吾所見言之，有三
術焉，皆起死之神丹也：一曰歸納的理論，二曰歷史的眼光，三曰進化的觀
念。」[83] 余英時引胡適這則日記來證明：「這時他還沒有研究杜威的思想，但在
精神上已十分接近杜威的實驗主義了。」[84] 事實上，這個時候的胡適還在康乃爾

81　Hu Shih, "The Reminiscences of Dr. Hu Shih," p. 46.
82　Hu Shih to Frank Thilly, January 14, 1927.
83　《胡適日記全集》，1：262-263。
84　余英時，《重尋胡適歷程：胡適生平與思想再認識》(桂林：廣西師範大學出版社，

唯心論的籠罩之下，他在這則日記裡所說的「三術」，沒有一樣是「接近杜威的實驗主義」的。「歸納的理論」當然就不是杜威所專有的，任何討論邏輯或科學方法的人，包括克雷登的《邏輯導論》，都會討論到歸納的理論。胡適在此處所謂「歸納的理論」也者，不過是融合他上了克雷登教授的邏輯課，以及他自己從事考據所悟出來的道理。「歸納的理論」是胡適早在1911年5月11日撰寫〈《詩》三百篇言字解〉就已經悟出來的心得[85]。他在1916年12月26日的日記裡回憶說：他在寫那篇考據文章的時候，「已倡『以經解經』之說，以爲當廣求同例，觀其會通，然後定其古義。吾自名之日『歸納的讀書法』。」[86]換句話說，胡適在1911年5月用「歸納的讀書法」寫〈《詩》三百篇言字解〉的時候，他到美國還不滿一年，他人還在農學院。他當時不但還不知道杜威實驗主義，他甚且還沒有上克雷登的邏輯課呢！

　　胡適在此處所說的救國三神丹之一的「進化的觀念」當然也不是來自杜威的。一方面，1914年1月的時候，他還是反杜威的康乃爾大四兼第一年哲學研究所的研究生；另一方面，他當時還沒有開始接觸到杜威的作品，他要在一年半以後才會「發憤盡讀杜威先生的著作」；更重要的是，進化論在當時已經是廣爲人接受的觀念。舉個例來說，克雷登教授就說演化論是對科學最有貢獻的一個概念。他說演化論讓我們了解所有事物並不是一成不變的，而是歷經不同的蛻變階段而持續演化的。透過對事物的起源及其成長過程的了解，我們對其本質以及各事物之間的關係，就能獲得更眞確的理解，這不是其他方法所能望其項背的。克雷登的結論是：「任何現象的歷史，其演變的故事，就是最能幫助我們了解其本質的方法。」[87]

　　胡適所謂的「歷史的眼光」——那能讓中國起死的第三神丹——也不是後來他從杜威那裡學來的歷史的眼光，而是他從他康乃爾唯心派的哲學老師那裡學來

（續）─────────────

　　　　2004），頁195。

85　胡適，〈《詩》三百篇言字解〉，《胡適全集》，1：229-232。

86　《胡適日記全集》，2：447。

87　James Creighton, *An Introductory Logic* (New York: The MacMillan Company, 1909), pp. 316-317.

的歷史的眼光。克雷登的客觀唯心論，其重點即在檢視「客觀的心」（objective mind）如何在歷史以及制度上呈現出來；其研究取向揉合了康德與黑格爾，既從事批判的範疇分析，也強調人類精神在歷史上的進程[88]。對客觀唯心派而言，哲學史是哲學研究不可或缺的一環。克雷登認為一個哲學家要想真正對哲學做出貢獻，就必須先要學習哲學史，去了解過去的哲學家討論、解決了哪些問題[89]。一個人想要成為哲學家，就必須要把歷史上的種種哲學問題和答案吸收、複製到自己的思想裡。對克雷登來說，哲學史不僅僅是歷代哲學家想法的匯編，而是一個發展的過程，是那在歷史上不同階段的哲學思想中彰顯出來的普世皆準的原則發展的過程。要了解這個哲學思想發展的進程，就必須要透過自己的思考，去詮釋、重建、評判這些思想系統[90]。

　　胡適可以不必服膺克雷登所謂的「客觀的心」，他也更不必要相信克雷登把哲學史視為「客觀的心」的展現史的看法。然而，克雷登對史學方法的重視，對胡適而言，絕對是一拍即合的。從認識論的角度來說，克雷登雖然不能同意德國新康德派的溫德爾班以及李凱爾特（Heinrich Rickert）的看法。然而，溫德爾班和李凱爾特對自然科學與精神（即人文）科學在方法學上的分殊的堅持，以及他們對史學方法的重視，都在在地影響了克雷登[91]。我在下文提到胡適的《中國哲學史大綱》上卷的時候，會提到他徵引了溫德爾班的書。事實上，不只是史學方法的運用，克雷登的「歷史的眼光」，對胡適絕對有其深遠的影響力的。我們可以徵引克雷登所說的一段話來作說明。這是克雷登過世以後才發表的一篇文章的結論，固然這是克雷登晚年的作品，然而代表了他哲學觀點成形以後所一貫秉持的態度：「哲學的真精神是一種具有積極與消極兩層意義的批判精神。它敬謹地綜

88　John Randall, *Philosophy After Darwin: Chapters for the Career of Philosophy, Volume III, and Other Essays* (New York: Columbia University Press, 1977), p. 156.

89　J. E. Creighton, "The Nature and Criterion of Truth," *The Philosophical Review*, 17.6 (November, 1908), p. 595.

90　J. E. Creighton, "The Idea of a Philosophical Platform," *The Journal of Philosophy, Psychology and Scientific Methods*, 6.6 (March 18, 1909), pp. 141-145.

91　George Sabine, "The Philosophy of James Edwin Creighton," *The Philosophical Review*, 34.3 (May, 1925), p. 253.

和、珍惜歷史的傳承，但並不把它們當成天經地義的教條或定論來接受。它所唯一信守的，是要不斷地去修正和重審它的結論。它所追求的，既是一個可以安心立命之所，也是一個新的起跑點——是一種心靈的享受和增潤，其目的不在爲了棲息，而是爲了要經營一個批判與建設的人生。」[92]這樣孜孜不倦的「歷史的眼光」，即使是後來成爲杜威弟子的胡適都可以讀之而動容，更何況是還沒有接觸到實驗主義的他。我們甚至可以大膽地說，胡適寫作《中國哲學史大綱》的靈感與論述主軸的來源，並不是杜威，也不是他後來津津樂道的實驗主義，而是他在康乃爾唯心派老師的哲學史的觀點，以及他在康乃爾所受的西方考證學的啓蒙。

胡適的「黑格爾的沉澱」的第二個成分就是他的方法論哲學，也就是他的「大膽的假設，小心的求證」的哲學。克雷登在他的《邏輯導論》裡說：「邏輯可以被定義爲思想的科學，或者是研究思想過程的科學。」[93]克雷登的客觀唯心論主張「實在」(reality)是客觀存在的，是可知的。這是他不同於康德或新康德學派的地方。這也是爲什麼他康乃爾的同事狄理教授會說克雷登其實是一個道道地地的唯實論者(realist)的原因[94]。也正由於克雷登相信「實在」是客觀存在的，所以他認爲心的功能就在發現、綜合、詮釋「事實」。他說：「思考不是一個封閉的、由一以貫之的抽象原則去找眞理的過程，而主要是一個尋找事實、實驗與證明的過程。」然而，「事實」並不是素樸地存在的。「事實」是經由理論去發現的。理論的形成是透過歸納法與演繹法的交相並用：「歸納與演繹並不是不同的思考方式，而毋寧是不同的方法，是必須交相並用的……這兩個程序是並進而且互補的。」[95]

克雷登強調事實與理論是不可二分的：「哲學跟所有的科學一樣，是從二者同時下手的，在開始的時候，事實的不正確、不完整，就跟理論之粗糙與不圓熟

92　J. E. Creighton, "Eighteenth and Nineteenth Century Modes of Thought," *The Philosophical Review*, 35.1 (January, 1926), p. 21.

93　James Creighton, *An Introductory Logic*, p. 1.

94　Frank Thilly, "The Philosophy of James Edwin Creighton," *The Philosophical Review*, 34.3 (May, 1925), p. 217.

95　James Creighton, *An Introductory Logic*, pp. 205-206.

是一樣的。科學的進步，就是從這個起點開始，精益求精。其過程既在於用理論來檢視事實，同時也用事實來發揮並發展出新的理論。」[96]事實與理論有相輔相成的關係，這是因為：「事實並不是現成的就進入我們的心裡。光是盯著事物看，並不能給我們帶來知識；除非我們的心去作反應、判斷與思考，光是凝視並不會使我們聰明一點。我們想要作好觀察，就必須要多多少少知道我們究竟在找些什麼，然後把我們的注意力放在某些場域或事物；而要能這樣作，就意指在我們必須在我們所意識到的眾生相裡作選擇。而且，科學的觀察必須要分析與辨別。」[97]由於科學的觀察須要分析與辨別，所以作為思想的科學的邏輯就提供了各種幫忙思想作分析、辨別、詮釋與綜合的工作。其中，最重要的工具就是假設。如果我們覺得克雷登所說的這些話非常熟悉，那是因為那些都是胡適後來會常說的話。

假設的建構與形成可以有諸多的來源。其中的一種就是「類推」（analogy）。克雷登所舉的一個例子，就是達爾文從馬爾薩斯的《人口論》所類推得來的靈感。這個胡適在康乃爾大學留學時候所讀到的故事，顯然讓他終身難忘。一直到他在1935年講〈治學的方法〉的時候，仍然記憶猶新到可以全盤拿來借用的程度。克雷登所舉的這個例子，我們可以借用胡適的話來描述。他說：達爾文

> 費了二十多年的光陰，並且曾經親自乘船遊歷全世界，採集各種植物的標本和研究其分布的狀況，積了許多材料，但是總想不出一個原則來統括他的學說。有一天偶然讀起馬爾薩斯(Thomas Robert Malthus, 1766-1834)的《人口論》，說糧食的增加是照數學級數，即是一、二、三以上升。人口的增加卻是照幾何級數，既是依二、四、八以上升，所以人口的增加快於糧食。達爾文看到這裡，豁然開朗地覺悟起來了，因此確定了「生存競爭，優勝劣敗」的原理。[98]

96　J. E. Creighton, "The Nature and Criterion of Truth," *The Philosophical Review*, 17.6 (November, 1908), pp. 594-595, 602.

97　James Creighton, *An Introductory Logic*, pp. 210-211.

98　James Creighton, *An Introductory Logic*, pp. 272-274；胡適，〈治學的方法〉，《胡適全

　　克雷登說達爾文的例子在在說明了一個事實：「一個腦子裡裝滿了事實，又有得天獨厚的想像力的科學天才，能透視表相而看出眞正或根本的相似點。他的想像力讓他能夠超越殊相所呈現出來的混沌，而識破那可以讓他把這些事實聯結、統合的根本原則。」[99]想像力不只用在類推或類比的時候有用，它是所有的假設之母。克雷登說用最寬泛的定義來說，假設是一種臆測(guess)與假定(supposition)。他說假設是我們無時無刻都在運用的工具，不管是日常生活，或者是從事科學研究。假設是一個起點，一經證明，就成爲一個事實或者進一步研究的起點。當然，我們在日常生活中所用的假設，與科學研究所用的假設，其嚴謹度的不同，不是可以以道里計的。

　　要作好的假設，就必須要有好的想像力。克雷登相信：「好的理論家像詩人一樣，是天生的，而不是訓練出來的。」他說：「科學天才發現驚天動地的科學理論，常是那一線的靈光，是那種我們幾乎可以稱之爲靈感的想像悟力(imaginative insight)。」他引赫胥黎的好友、物理學家廷斗(John Tyndall)在〈想像力在科學上的運用〉(Scientific Use of the Imagination)一文裡所說的一句話：「以精確的實驗與觀察作爲基礎，想像力可以成爲物理學理論之母(architect)。」廷斗舉了好幾個科學家作爲例子，包括牛頓、提出原子論的道爾頓(John Dalton)、化學家戴維(Humphry Davy)以及法拉第(Michael Faraday)。他說他們之所以成爲偉大的發明家，其主要的動因都是來自他們所賦有的想像力。廷斗說：「科學工作者對想像力這個字，都避之猶恐不及，因爲它有溢出科學範圍之外的言外之義。事實上，如果沒有想像力的使用，我們今天對大自然界的知識，就只會停留在把大自然的事件按照發生的先後次序排列出來的階段而已。」[100]

　　強調想像力的重要性，並不表示事實不重要。克雷登說：「當我們把假設比

(續)
　　　　集》，20：709。請注意，胡適這篇演講是在1935年，《胡適全集》誤植爲1953年。
　　99　James Creighton, *An Introductory Logic*, p. 276.
　　100　James Creighton, *An Introductory Logic*, p. 276; John Tyndall, "Scientific Use of the Imagination," *Fragments of Science: A Series of Detached Essays, Addresses, and Reviews* (New York: D. Appleton and Company, 1899), p. 104.

喻成『臆測』或『想像的成果』的時候，我們不能忘了它們是建立在事實的基礎上。只有當我們仔細地觀察我們想要解釋的現象以後，我們對其解釋所作的臆測才會有價值。我們都知道一個人沒有相當的知識，是提不出好問題的。同樣地，我們的腦子裡必須已經先有了大量的事實，才可能讓我們的假設有它考慮的價值。」他又說：「要制定一個科學理論，我們既須要有信手拈來的想像力，也須要有耐心與毅力去小心地演繹出理論的結果，並將其結果與事實來作對比。」克雷登的結論是：「作假設容易，找證明難。」[101]這是克雷登對假設與證明的演繹，胡適回國以後在〈清代學者的治學方法〉一文裡說：「他們用的方法，總括起來，只是兩點。(一)大膽的假設，(二)小心的求證。假設不大膽，不能有新發明；證據不充足，不能使人信仰。」[102]胡適與克雷登的說法，是何其相似啊！

胡適的「大膽的假設，小心的求證」的方法論箴言，並不像是林毓生所譏諷的膚淺。林毓生說胡適犯了形式主義的謬誤、膚淺、含混與庸俗。他說：「任何問題經過胡適的膚淺的心靈接觸以後，都會變得很膚淺。」[103]事實上，胡適這句話是從他的老師克雷登那兒所悟出來，然後用他自己最精煉、最膾炙人口的口訣所一語道破的方法論哲學。從上文的分析，我們可以知道這個方法論哲學也不是克雷登憑空想出來的。不但赫胥黎的朋友廷斗謳歌想像力在構思假設時的用處，而且達爾文在劍橋大學的兩位老師赫歇爾(John Herschel)和惠維爾(William Whewell)也有類似的看法。赫歇爾說建構假設有三個方法，其中之一是：「先立下一個大膽的假設，把它定成一個特殊的定律，然後透過檢視其結果與對比事實來求證。」[104]

惠維爾不贊成赫歇爾「先大膽的假設」，然後再「小心的求證」的說法，因為他堅持所有的假設都必須由歸納法去產生。然而，惠維爾自己的說法其實也有

101 James Creighton, *An Introductory Logic*, pp. 233-288.
102 胡適，〈清代學者的治學方法〉，《胡適全集》，1：387-388。
103 林毓生，〈中國人文的重建：評胡適所謂「大膽的假設，小心的求證」——形式主義的謬誤的進一步說明〉，《思想與人物》（台北：聯經出版公司，1983），頁18-25。
104 John Herschel, *Preliminary Discourse on the Study of Natural Philosophy* (London, 1851), pp. 198-199.

異曲同工的意味。克雷登在他的《邏輯導論》裡引了惠維爾的格言：「歸納法這個名詞，意指用一種精確而適切的概念來把事實眞正地綜合概括起來(colligation)的過程。」另一個格言：「事實與理論的區分是相對的。那些可以被歸納法所綜合概括起來的事件與現象，各個單獨來看，就是事實；在把它們與其他事實綜合概括以後，它們就變成理論。」[105]雖然惠維爾徹頭徹尾堅持歸納法，但他在給一個學生的一封信裡，就用「發明家的歸納法」(Discoverers' Induction)來稱呼他眼中的「歸納法」[106]。這是因爲「綜合概括」並不是只是單純地臚列案例，而是把事實和案例統合起來的一種「發明」(invention)、一種「思考的動作」(act of thought)[107]。換句話說，即使惠維爾所謂的「綜合概括」必須是從歸納法出發，然而那「綜合概括」的「思考的動作」還是有賴於那「發明家」的慧根。

　　我們可以振振有詞地說赫歇爾、惠維爾、廷斗、徵引他們的克雷登，以及祖述克雷登的胡適所說的科學方法是過時的19世紀的科學方法。更有意思的是，這個19世紀的科學方法論的演申者當中，有唯心論的，也有實證主義的；有哲學家，也有科學家。更重要的是，我們不能用一家之言，就來全盤式地推翻赫歇爾、惠維爾、廷斗、克雷登、胡適的說法。即使在今天，或者說，特別是在後現代主義橫掃所有學術領域的今天，科學哲學不但沒有定論，而且只有指向一個百家爭鳴局面的濫觴。赫歇爾那句胡適式的名言，或者，更正確來說，胡適那句赫歇爾式的名言：「先大膽的假設，再小心的求證」，仍然方興未艾；仍然能成一家之言，屬於「假設——演繹論」(hypothetico-Deductivism)或「待證假設暫用論」(Retroductivism)。20世紀有名的兩位科學哲學家——卡爾・波普爾(Karl Popper)以及韓培爾(C. G. Hempel)——都屬於這個陣營。韓培爾說：「科學的假

105 William Whewell, *Novum Organon Renovatum* (London, 1858), pp. 70, 98; James Creighton, *An Introductory Logic*, p. 207.

106 I. Todhunter, *William Whewell, D.D., An Account of His Writings, with Selections from His Literary and Scientific Correspondence*, II, pp. 416-417。轉引自Laura Snyder, "Discoverers' Induction," *Philosophy of Science*, 64.4 (December, 1997), p. 585.

107 William Whewell, *Novum Organon Renovatum*, p. 76.

設……就是我們對我們所研究的現象之間的關聯所作的臆測。」當然，韓培爾也同時堅持這種臆測必須經由事後的實驗來證明的。1965年獲得諾貝爾物理學獎的費恩曼（Richard Feynman）說得更乾脆：「一般說來，我們尋求新定律的作法如下：第一、我們先作臆測。接下來，我們把這個臆測的結果拿來計算，看如果我們所臆測出來的定律是正確的話，其結果會如何。然後，我們把我們計算的結果拿來跟自然作比較……看它是否合用。」[108]總而言之，即使胡適的「大膽的假設，小心的求證」對某些人而言，是膚淺、庸俗和誤解，如果諾貝爾獎得主費恩曼說這就是他研究物理的方法，我們這些凡人還有什麼置喙的餘地呢？

　　胡適，或者，更正確地說，這個19世紀以來某些哲學家、科學家所服膺的「大膽的假設，小心的求證」的說法，符合不符合杜威的實驗主義呢？答案當然是否定的。這種「大膽的假設，小心的求證」的說法，從杜威的角度來說，犯的是一種認識論二分法的謬誤，是唯心、唯實論者所共同犯的謬誤。杜威的《實驗邏輯論文集》（*Essays in Experimental Logic*）這本書是1916年出版的。胡適當時已經在哥倫比亞大學跟杜威上課了。北京大學圖書館藏有一本胡適的這本藏書，他在扉頁上簽名註明是該年7月在紐約買的。杜威在這本書裡批評這種認識論上的二分法的謬誤。他說：

　　　　從培根以降，大家所作的呼籲都是去作觀察、去留心事實、去關注外在的世界。大家都說真理唯一顛撲不破的保證在於舉出事實。而思考則不然。思考如果不是被視為一種常變的狀態，至少是被視為一種無休無止地思索問題的狀態。內在的意識迸不出真理，因為那只是內省、論理、只是思辨。

　　杜威說這種全盤貶抑思考的作法，完全忽略了思考的價值。他說思考跟問題或事實是相生相成的。問題解決、事實確定以後，思考就暫時終止。但是，當新

108　轉引自Laura Snyder, "Discoverers' Induction," p. 582.

問題出現的時候，也就是「事實」不清的時候。杜威說：

　　當我們真正須要作思考的時候，我們沒有辦法直接去求助於「事實」。這理由很簡單。就正因為「事實」已經離我們而去，才會刺激我們去作思考。這種謬誤的想法在在地表現在穆勒身上。惠維爾說我們須要用理念或假設去綜合概括「事實」。穆勒堅持說這所謂的理念是從「原來就已經存在」於「事實」裡的理念裡去「汲取」來的，是「從外界印記到我們心裡」的，而且也是因為事實的「晦暗與混淆」，才讓我們想要用理念在其中找出「光明與秩序」。

　　穆勒這種謬誤的想法就在於誤解了思考的性質。杜威說思考是把各種觀念拿來作選擇、比較、實驗，以至於提出新的建議，然後，再作臆測、聯想、選擇、淘汰的工作。用近代科學的研究方法來說，思考是用實驗室的方法來進行的。思考並不是無止境的冥思和玄想，而是以特定的經驗來作為疏導的對象[109]。換句話說，思考與「事實」不是對立的，而是相生相成的。

　　胡適的「大膽的假設，小心的求證」的基礎就正是杜威所批判的把思考與「事實」劃為二元對立的謬論。其次，胡適用來「小心的求證」的客觀存在的「證據」、「事實」，從杜威的角度來看也是謬誤。所有「事實」都是「發現的事實」，都是經由人工處理，把它們從其所在的環境裡分離出來以後所發現的事實。沒有人會去否認世界上有所謂的「粗獷的素材」(brute data)存在，就像我們說山上有花、有草、有樹、有岩石的存在一樣。但是，除非我們把它們拿來使用，這些「粗獷的素材」或「事實」並不具有任何特殊的意義。這些「粗獷的素材」必須在我們所加諸的脈絡之下才會產生其作為「素材」的意義。有趣的是，杜威說的這些話，胡適都在課堂上聽過。但顯然當時的他，這也就是說，在對實驗主義開竅之前的他，是聽而不聞。胡適在一篇英文的課堂筆記裡記著：「意義

109　John Dewey, "Some Stages of Logical Thought," *The Middle Works, 1899-1924*, ed. Jo Ann Boydston (Carbondale: University of Southern Illinois Press, 1981-91), 1.159-160.

或理解是建立在事物之間的關聯上，就好像益智拼圖一樣。事物的本身——『粗獷的素材』——不具有任何意義。」[110]杜威用鐵礦石來作比方。那些在山上岩石裡的鐵礦石，毫無疑問地，是「粗獷的素材」。但在人類發展出技術把它們提煉成鐵以及後來的鋼以前，它們的存在對人類並不具有任何意義。在那個時候，鐵礦石跟其他石並沒有什麼不同，都只是岩石而已。換句話說，只有在人類發展出煉鐵技術的脈絡之下，鐵礦石才被人類賦予了新的意義[111]。

我相信任何作過研究工作的人，任何有過蒐集、選用研究資料的經驗的人，讀到了杜威的這個鐵礦石的比方，都能心領神會、頷首稱是。我們蒐集的資料永遠是少於圖書館或檔案室裡所藏的資料，而我們所蒐集的資料總是多過於我們所會利用的。這其間所牽涉到的是選擇；而選擇就意味著主題的先導；而主題的先導就意味著脈絡的存在；而就在這個脈絡之下，我們所運用的資料才被賦予了意義。反之，那些被我們棄置在檔案室或者我們書房裡的資料櫃裡的資料。雖然作為「粗獷的素材」而言，它們是真實的存在著。但因為它們對我們眼前研究的主題而言是無用、不相干的，它們的存在相對於目前的我們而言，等於是沒有任何意義的。換句話說，它們即使存在，就等於跟不存在沒有不同的意義。然而，當我們有了新的題目或者新的觀點的時候，那些原來被打入冷宮的資料，大可以活蹦蹦地躍然於我們的眼前，讓我們不禁浩嘆從前的有眼無珠。試想現在被研究性別、身體、邊緣人、被壓迫階級的學者蒐集選用的資料，就是被重新挖掘、賦予意義的資料。這就在在證明了杜威的洞見：「所有可知的對象，都不是獨立於認知的過程以外，而都是屬於我們所作的判斷的內容。」[112]他又說：「如果觀念、理論是待證的，是可塑的，是必須能曲能伸以便與事實吻合的，我們同時也不能忘記：『事實』並不是僵固的（rigid），而是可以有彈性（elastic）來跟理論作接應

---

110 北京近代史研究所藏胡適外文檔案，E062-002。
111 John Dewey, "Introduction to Essays in Experimental Logic," *The Middle Works, 1899-1924*, 10.344-346.
112 John Dewey, "The Superstition of Necessity," *The Early Works of John Dewey, 1882-1898* (Carbondale and Edwardsville, Il.: University of Southern Illinois Press, 1971), 4.21.

的。」[113]

　　杜威還有另外一句說得更為明白的話：「事實可以是事實，但並不是我們手頭所要作的研究的事實。然而，在所有的科學研究裡，當我們把它們當成事實、素材或事實的真相的時候，那就意味著說它已經成為我們所要作的推論研究的相干事實。而這也意指著說，如果這些事實在我們作研究規劃的時候就已經在列（不管是多麼的間接），他們本身就具有邏輯上的理論意義。」[114]前一句話，一語道破並非所有事實都是相干的事實的道理。後一句話更重要，他一言以蔽之，打破了事實與理論的二分法。他說明了不只是理論和事實是相生相成的，而且事實本身也涵蘊著理論。換句話說，在胡適的「大膽的假設，小心的求證」的方法論之下，「事實」是被動的、靜態的，是坐在那兒等著人去發現，然後拿來證明假設或理論的。杜威的看法則不若是。「事實」不是「僵固」的，是「可以有彈性來跟理論作接應的」，是我們在作假設的時候，就已經判定為「事實」，就已經混凝於待證的假設裡，成為進一步研究的工具。

　　杜威的這些觀點，當然是當時的胡適所不能理解的。我們甚至可以大膽地說，也是後來自認為是杜威實驗主義的信徒的胡適所不能理解的。原因很簡單，他思想裡的「黑格爾的沉澱」當然是一個重要的因素。然而，更重要的，是我們在下節所要分析的他思想裡的實證主義的精神。胡適思想裡的實證主義，會隨著歲月而日益深固，以至於到他筆之於書、言之於口儼然是實驗主義，而實際是實證主義，卻渾然不自覺的地步。

實證主義考證史學的濫觴

　　我說胡適的思想裡，有他在康乃爾大學唯心論哲學教育所遺留下來的「黑格爾的沉澱」，這並不表示胡適的中國哲學史研究法，以及他的方法論是唯心論

113 John Dewey, "The Logic of Verification," *The Early Works of John Dewey, 1889-1898*, 3.87.
114 John Dewey, "Logic of Judgments of Practice," *The Middle Works, 1899-1924*, 8.23.

的。「沉澱」所意指的是靈感、來源與歷史；其存在、其運作，常是下意識的。它並不會規約或局限主人翁在思想上的發展、蛻變與演申。胡適思想裡的「黑格爾的沉澱」並不足以妨礙他後來轉而接受實驗主義。同樣地，這個「黑格爾的沉澱」也不影響胡適終其一生服膺實證主義。自從胡適在哥倫比亞大學完成他的博士學業回國以後，終其一生，他都一直以杜威的實驗主義者自居。事實上，胡適思想的精神與其說是實驗主義，不如更正確地說是實證主義。胡適是實驗主義其表，實證主義其實；實驗主義是他的語言，實證主義是他的內涵。而反映胡適實證主義精神的，莫過於他的考證史學。

有趣的是，胡適的實證主義考證史學的濫觴也是在康乃爾大學。更值得注意的是，他在康乃爾的史學教授也是傾向於唯心論的。「黑格爾的沉澱」並不足以妨礙胡適走向實證主義，他的考證史學，就是一個最好的明證。我們在上文提到胡適在康乃爾的時候所選的歷史課。在史學方面，對他影響最大的，就是布爾教授。他除了旁聽過他的西洋中古史以外，還選修了他的「歷史的輔助科學」以及「史學方法」。我們在上文引了胡適的《口述自傳》，胡適說他是在這門課上第一次接觸了歷史的輔助科學，諸如：語言學、校勘學、考古學、考訂學等等。

布爾教授(1857-1938)，根據胡適1938年4月24日日記的描述：「此老為最博學之人，而終身不著書，President White〔白校長——康乃爾大學第一任校長〕比他為美國之Lord Acton〔艾克頓爵士〕，學問太博，故不易下筆著書了。」[115]胡適對布爾教授的描述，是所有布爾教授的學生都心有同感的。他不但博學，而且是一個典型的誨人不倦的老師。他對學生的奉獻，據說在康乃爾是一個傳奇。他個性之奇，也是一個傳奇。比如說，到他年老的時候，他還常用四天的時間步行到87英里(140公里)以外的羅徹斯特(Rochester)，目的在一面走路，一面沉思。同時，他也決定把床給扔掉，改為睡在椅子上，以便讓他在任何醒著的時候都可以工作著[116]。他1881年從康乃爾大學畢業以後，擔任白校長的秘書兼其私人

---

115 《胡適日記全集》，7：532。
116 "President Rawlings addresses newly tenured faculty," *The Cornell Chronicle*, June 4, 1998, http://www.news.cornell.edu/Chronicle/98/6.4.98/tenure.html，2010年1月21上網。

書齋的管理員。布爾一輩子就只有大學的學位。他沒拿到博士學位的故事，是每一個寫論文或寫書的人都最害怕的夢魘。白校長在1884年送他到歐洲去留學。他的計畫是要用十六世紀末德國一宗巫師審判案作爲題目，在萊比錫大學取得博士學位。誰知，天不從人願。1886年的那一天，布爾在巴塞爾(Basel)火車站等車要往蘇黎世去。他在候車室的餐廳吃飯。火車來了，他就逕自上了車，把他放論文資料的手提箱給忘在餐廳裡。布爾知道誰拾到那個手提箱都等於是拿到天書一樣，一點用處都沒有。但是這些天書還是要等到七個禮拜以後才物歸原主。等布爾重獲他的論文資料的時候，離他原定的論文答辯日期已經太近了，於是他只好放棄了他的博士之夢[117]。他一輩子就留在康乃爾大學，一直到他1922年退休爲止。史丹福大學在1891、1892年曾經兩度挖角，但都沒有成功[118]。布爾教授是「美國歷史學會」1916年的會長。

　　博學的布爾教授研究的主題是基督教會，特別是基督教會對異端的迫害與摧殘。因此，容忍是他研究的一個重要的主題。他不但在康乃爾大學開了一門專門研究「容忍史」的課，他也常在大學裡專就這個題目作公開的演講。布爾教授的史學理論相當保守和傳統，在他早年更是素樸。比如說，1889年秋天開學的第一天，他對他西洋中古史班上的學生講解歷史的意義。他說歷史就是「人類的傳記」，而人類歷史所彰顯的意義，一言以蔽之，就是「進步」[119]。等他思想成熟以後，他的歷史哲學傾向於唯心論。1904年3月底，康乃爾大學拉丁文教授顧德曼(Alfred Gudeman)在歷史系演講。他的題目是從古代和近代的史學的比較，來分析羅馬史家塔西佗(Plubius Tacitus)。他說史學在古代是藝術，現在是科學，將來在跟科學爭戰以後會回到藝術。他這個論點引起了辯論。布爾教授反對史學在當前是科學而不是藝術的說法。他強調說史學既是科學也是藝術，而且他認爲史學進步的方向是返回從前的藝術方法。眞理當然不能爲了辭藻和文體而犧牲，但是，科學也不能喧賓奪主，而必須用幫助、強化史學藝術的方法，來使之相得益

117 Lois Gibbons, ed., *George Lincoln Burr: His Life* (Ithaca, New York: Cornell University Press, 1943), pp. 28-29.

118 "Gone to Leland Stanford," *Cornell Daily Sun*, XII.113, May 2, 1892, p. 1.

119 "The Aims of History," *Cornell Daily Sun*, X.6, October 3, 1889, p. 1.

彰[120]。科學與藝術可以讓史學相得益彰這個觀念是胡適所能接受的。他在1926年
的一篇書評裡說：「史學有兩方面，一方面是科學的，重在史料的搜集與整理；
一方面是藝術的，重在史實的敘述與解釋。」[121]

　　然而，布爾教授的唯心論史學觀就不是後來的胡適所能苟同的了。1913年10
月12日，布爾教授在「世界文明講座系列」裡演講史學的特性。這個「世界文明
演講系列」（The History of Civilization）是康乃爾大學每年都舉辦的公開演講系
列，任何人都可以去聽，包括市民。只是去聽的學生並沒有學分可拿。布爾教授
一直是其中一個重要的講者。胡適在1912年10月4日的《留學日記》裡提到了這
個演講系列：「今年大學文藝院特請校中有名之教師四人每星期演講一次，總目
爲『文明之史』，自草昧之初以迄近世，最足增人見聞，當每次往聽之。」[122]我
們不知道胡適是否去聽了布爾教授在1913年10月12日的演講。他在前一學年去旁
聽了布爾教授的西洋中古史，而且他會在下一個學期選布爾教授的「歷史的輔助
科學」的課，但那一學期他沒選任何歷史課。布爾教授在這個演講裡，追溯了史
學的起源及其發展。他在談到近代史學方法的興起的時候，就抨擊了新興科學對
史學的衝擊。所幸的是，布爾教授說，近代史學方法的興起，不但是得益於其輔
助的科學，而且也充分地證明了歷史是一門科學，但有其特有的方法與目標。他
說：「歷史的目的不僅止於知識建構，而在於旅行、增長見識(acquaintance)、經
驗與人生。」[123]

　　這句「旅行、增長見識、經驗與人生」的話，布爾教授在他1916年「美國歷
史學會」年會的會長演講裡，說是一個英國歷史家兼一代宗師所說的話，可能是
艾克頓爵士，有待查核。他這篇會長演講的題目是「史學的自由」（The Freedom
of History）。顧名思義，他的主旨就在捍衛史學要有走它自己的道路的自由。他
說史學在歷史上一直飽受外來的干涉：在古代，要它成爲藝術；在中世紀，要它
變成哲學；現在，則要它成爲「科學」。他說這種干涉不是自由的討論，而根本

120　"Interesting Lecture," *Cornell Daily Sun*, XXIV.134, March 29, 1904, p. 1.
121　胡適，〈介紹幾部新出的史學書〉，《胡適全集》，13：66。
122　《胡適日記全集》，1：202。
123　"History; What It Is, And What It Is For?" *Cornell Daily Sun*, XXXIV.18, October 11, 1913, p. 4.

就是一種匕首暗藏的強權(veiled authority)。布爾最討厭的是當時新興的社會科學。它們不但好作其科學夢，還帝國主義式地孜孜想干涉歷史科學的目標和研究法。最有意味的是，布爾教授用女性的性別來指涉史學，說她應該有免於被社會科學強暴的自由：「她今天所要婉拒(demurs)的，並不是任何要考驗她，看她夠不夠科學的試煉，而是那些沒有耐心去了解她就想強上她，強要她接受那種爲了別的需要、別的目的而產生的方法。」他認爲歷史不同於自然科學，是一門處理殊相的科學。他服膺狄爾泰(Wilhelm Dilthey)、齊美爾(Georg Simmel)、李凱爾特等德國唯心論哲學家的看法。他說：

> 　　最讓史學感到振奮的，是在英倫海峽以及大西洋兩岸所新起的不同形式的新唯心論。那是當代思潮裡最重要的運動。這個運動的代言人不但覺得史學對各種「心靈科學」(sciences of mind)——其目標與方法迥異於「自然科學」——有根本的重要性，而且他們認爲它是一門科學，有其自己特有的方法。不但如此，他們還正戮力地爲史學的方法建構出其邏輯的理論。

　　接著，布爾又再度引了我認爲是艾克頓爵士所說的話，說歷史的目的在於：「旅行、增長見識、經驗與人生。」然而，他在這篇「美國歷史學會」會長演講辭裡引這句話的時候，他的口氣已經不再是一種懇求與希冀，而是一種另闢蹊徑(defiance)的自信與豪情。如果史學主要的目的在於「旅行、增長見識、經驗與人生」，知識的追求已經成爲其次。人類追求自由的歷史與史學追求自由的歷史是一體的兩面。更有甚者，「所有人類其他的自由，都是建立在歷史上的自由——而且必然地，史學的自由——的基礎上。」史學的「方法是浸淫在藝術裡。這並不是因爲她對科學不忠，而是因爲這個自由的人生本身就是一種藝術，而且只有透過藝術，才可能被詮釋與共享」。早在「科學」這個後知後覺者懵然地開始摸索人生的奧秘以前，宗教就已經在蒼穹中爲人生、爲自由立下了戒律；接著，詩歌用馳騁優美的詩句爲之謳歌。「當自由漸臻成熟，那一天終於到來

了，那位好學深思的放逐者〔註：史學之父希羅多德(Herodotus)〕，留心觀察自由的公民如何從事實裡去汲取經驗，審視那位高尚的政治家如何領導他們去作大事業，他有了一個新的洞見。於是，就在伯理克利(Pericles)的雅典，出現了史學之父。」[124]

布爾教授的史學觀雖然是唯心論的，但是他對史學方法的講求是非常謹嚴的。他所服膺的狄爾泰、齊美爾、李凱爾特都是注重史學方法的唯心論哲學家。事實上，唯心論的史學觀並不妨礙他也同時接受實證主義的史學方法。比如說，1903年12月底，布爾去參加美國經濟學年會的一個討論會。這個討論會主要是討論哥倫比亞大學社會學家吉丁司(Franklin Giddings)的一篇文章：「社會因果論」(A Theory of Social Causation)。吉丁司在這篇文章裡批評史學只作到編年排比的工作。他說除非史學能超越事實的排比，而提出解釋、預測的定律，史學就不是科學。社會學最後恐怕不得不越俎代庖，在史學裡成立一個社會學的科學分支。參加這個討論會的有四位：兩名社會學家：芝加哥大學的史摩爾(Albion Small)以及密西根大學的庫利(Charles Cooley)；兩名歷史家：布爾教授以及明尼蘇達大學的魏斯特(Willis West)教授。布爾教授除了徵引德國唯心論哲學家的說法，說史學是一門殊相的科學以外，他也徵引了該年「美國經濟學會」的會長、吉丁司在哥倫比亞大學社會系的同事塞利格曼(Edwin Seligman)的說法。他說連塞利格曼都承認史學有其「方法」。他反問說，難道「方法」不可以是作為科學的標準嗎？布爾說他承認「歷史研究的主題是人的生活和行為。這所謂的人，可以是單獨的個人，到民族、國家甚至文明。歷史的研究法不是生物式的，而是傳記式的。即使歷史家的先入為主的觀念，不管是宗教的還是社會的，偶爾會影響到他們，但是其主要的目標，用蘭克那句言簡意賅的話來說，就是『如實陳述』」[125]。

124 George Burr, "The Freedom of History," *The American Historical Review*, 22.2 (January, 1917), pp. 253-271.

125 "A Theory of Social Causation Discussion," Publications of the American Economic Association, 3rd Series, 5.2, *Papers and Proceedings of the Sixteenth Annual Meeting*. Part II. New Orleans, LA., December 29-31, 1903 (May, 1904), pp. 175-199.

　　布爾教授所教的「歷史的輔助科學」所注重的，就是如何運用各種不同的科學來輔助史學「如實陳述」的「科學」工作。胡適除了上課以外，顯然常從布爾教授遊，聆聽他的教益。1916年6月中，胡適因為到俄亥俄州的克里夫蘭開會，他在開會前先去了綺色佳八天，住在韋蓮司家。當時她的父母都還健在。在綺色佳的時候，胡適特別去拜訪了布爾教授。當時，胡適已經就要開始著手寫他在哥倫比亞大學的博士論文。他在7月5日追記的《留學日記》裡，記下了他跟布爾教授的對話：

　　　　在綺〔綺色佳〕時往見勃爾〔布爾〕先生(George Lincoln Burr)，與談歷史考據之學。余告以近治先秦諸子學，苦無善本。所用皆刻本，其古代抄本已無覓處，至竹書則尤不可得矣。是以今日學者至多不過能作許多獨出心裁之讀法(reading)，及許多獨出心裁之講解(interpretation)而已矣。推其至極，不能出「猜測」之外。其猜之當否，亦無從知之。諸家之得失正如此猜與彼猜，相去一間耳。彼善於此則有之，究不知孰為正猜也。先生亦以為不幸，謂「當著力訪求古本。古本若在人間，或在地下，則今人之窮年注校，豈非枉費時力？西方新史學初興之時，學者亦枉費幾許有用之精神時力為箋校之工夫。至今世始以全力貫注於尋求古本原本耳。」先生因命余讀Farrar, *History of Interpretation*; Issac Taylor, *History of the Transmission of Ancient Books to Modern Times* (1827), F. G. Kenyon, *Transmission of Knowledge* 〔前兩本都是研究《聖經》的專書。第三本書的作者是古希臘文專家，但書名可能有誤，不在《全球聯合圖書目錄》裡〕。[126]

　　然而，就像胡適在為他1934年作總結的日記裡所說的，他當時其實並沒有真正了解到布爾教授諄言的真意：

---

126 《胡適日記全集》，2：349-351。

十八年前，我回到綺色佳去看我的先生白爾〔布爾〕(George Lincoln
Burr)教授，談起中國校勘學的成績，他靜靜的聽，聽完了，他說，
「胡先生，你不要忘了我們歐洲的文藝復興時代有一個最重要的運動，
就是古寫本的搜求(the search for manuscripts)。沒有古本，一切校勘考
訂都談不到。」我當時少年不更事，不能充分了解他老人家的意思。我
在這二十年中，也做校勘的工夫，但都是「活校」居多，夠不上科學的
校勘。近六七年中，我才漸漸明白校勘學的真方法被王念孫、段玉裁諸
大師的絕世聰明迷誤了，才漸漸明白校勘學必須建築在古善本的基礎之
上。陳垣先生用元刻本來校補《元典章》董康刻本，校出訛誤一萬二千
條，缺文一百餘頁。這是最明顯的例子，所以我發憤為他寫這篇長序，
重新指出校勘學的方法真意。這也是我自己糾謬之作，用志吾過而已。
127

　　事實上，胡適對考據的興趣以及他對考據的從事，有他自己獨立的歷史。他
在康乃爾師從布爾，只不過是他涉獵西方考據學的開始。他早期最膾炙人口的故
事，就是他在〈四十自述〉裡所說的庚款留美考試的中文作文了。中文的作文考
題是：〈不以規矩不能成方圓說〉。他說，「我想這個題目不容易發揮，又因我
平日喜歡看雜書，就做了一篇亂談考據的短文。開卷就說：『矩之作也，不可考
矣。規之作也，其在周之末世乎？』」然後，他就左舉《周髀算經》，右引孔
子、墨子、孟子。他說那完全是「一時異想天開的考據，不料那時看卷子的先生
也有考據癖，大賞識這篇短文，批了一百分」128。胡適第一次在日記裡提到西方
的考證學是上文已經徵引過的那則1914年1月25日的日記：「近來所關心之問
題，如下所列：（一）泰西之考據學，（二）致用哲學，（三）天賦人權說之沿
革。」129胡適寫這則日記的時候，是第一學期正式授課時間結束，讓學生準備期

127 《胡適日記全集》，7：156-157。
128 胡適，〈四十自述〉，《胡適全集》，18：97。
129 《胡適日記全集》，2：263。

末考的溫書週(Block Week)。這也就是說，胡適在這則日記裡說他關心「泰西之考據學」的時候，他還沒選布爾教授的「歷史的輔助科學」。那門課是他在考過了期末考以後該年的春季班選的。而布爾教授的「史學方法」，他則是在1914年的秋季班才選的。換句話說，胡適在正式選修歷史的輔助科學以及史學方法以前，他已經開始注意泰西的考據學了。

胡適會在日記裡說他「近來」關心泰西之考據學，這就表示他對考據學的注意已經有一段時間了。事實上，他才到美國留學，就已經有心考據的事業了。比如說，他對《詩經》的一些新看法，就是在農學院的時候，自己課餘讀書時所悟出來的道理。他在1911年4月13日的《留學日記》裡說：

> 讀〈召南〉、〈邶風〉。漢儒解經之謬，未有如《詩》箋之甚者矣。蓋詩之為物，本乎天性，發乎情之不容已。詩者，天趣也。漢儒尋章摘句，天趣盡湮，安可言詩？而數千年來，率因其說，坐令千古至文，盡成糟粕，可不通哉？故余讀《詩》，推翻毛傳，唾棄鄭箋，土苴孔疏，一以己意為造《今箋新注》。自信此箋果成，當令《三百篇》放大光明，永永不朽，非自誇也。[130]

他的考證文章〈詩經言字解〉，就是在這一個月以後寫出來的：

> 夜讀〈小雅〉至〈彤弓〉。「受言藏之」、「受言橐之」等句，忽大有所悟。余前讀詩中「言」字，漢儒以為「我」也，心竊疑之。因摘「言」字句凡數十條，以相考證，今日始大悟，因作《言字解》一篇。[131]

胡適在1916年12月26日的一則日記裡回顧了他這篇雖然「閉門造車」，但卻

---

130 《胡適日記全集》，1：134。
131 《胡適日記全集》，1：142。

能小有所成的考據成績。他說：「吾治古籍，盲行十年，去國以後，始悟前此不得途徑。辛亥年作〈詩經言字解〉，已倡『以經說經』之說，以爲當廣求同例，觀其會通，然後定其古義。吾自名之曰『歸納的讀書法』。」[132] 最有意味的是，雖然大家都說胡適到哥倫比亞大學去師從杜威，從此成爲實驗主義者。然而，事實是，胡適從康乃爾轉學到哥倫比亞，他在學業上最大的成就，而這也是他一生學術研究的發射台(launching pad)，不是實驗主義，而是中西考證學融合的結晶。

哥倫比亞大學時期：中西考證學的匯通

胡適爲什麼轉學？現在終於可以真相大白了。如果當時的他，不願意讓人家知道有「博士」雅稱的他，居然也會有慘遭滑鐵盧的命運。這一點也不奇怪，是人之常情。幸而他的守口如瓶不可能作到絕對，我們從他給韋蓮司的一封信，可以判斷他選擇了哥倫比亞，並不是因爲杜威或實驗主義。有關這點，詳見下文。胡適對他自己思想形成的軌跡，一向不會吝於留下至少是片語隻字的痕跡。唯一例外的是有關他一生思想關鍵的轉捩點。我們可以說這是他不老實的地方，但我更寧願相信這是他給後世想爲他立傳的歷史家所下的一個挑戰。比方說，胡適爲什麼要在1936年爲他的《留學日記》寫的〈自序〉裡說：「我在1915年的暑假中，發憤盡讀杜威先生的著作。」[133] 這句余英時稱之爲胡適對他自己的思想「有明白的交代」的話，其實對我們一點用處也沒有。這句話不但對我們一點幫助都沒有，它還有誤導我們的作用，因爲它讓我們誤以爲這是他「明白的交代」他自己思想的一句話。現在我們清楚他爲什麼轉學，我們在下節會再進一步分析他爲什麼轉去哥倫比亞。現在我們終於真正了解他爲什麼在1915年夏天，會「發憤盡讀杜威先生的著作」了。原因很簡單，他當時已經知道他要轉學到哥倫比亞大學去師從杜威了。在此之前，杜威是康乃爾大學唯心派哲學的論敵，他根本就沒有

132 《胡適日記全集》，2：447。
133 《胡適日記全集》，1：110。

好好讀過杜威的著作。現在，他就要轉學到哥倫比亞去跟杜威寫論文了，焉有不臨陣磨槍的道理！換句話說，胡適並不是因為「盡讀」了杜威的著作以後，發現他是杜威的私淑艾者，於是「發憤」申請轉學到哥倫比亞大學去作杜威的入室弟子。他之所以選了杜威，實在有點像喬太守點鴛鴦譜，點到了哥倫比亞大學。詳下節。

　　無論如何，胡適在1915年9月20日坐夜車離開康乃爾大學所在的綺色佳，21日晨抵達紐約，住進哥大的宿舍。歷來的學者都把胡適、杜威與哥倫比亞大學連結在一起，這種聯想的始作俑者無他，就是胡適本人。胡適在《留學日記》的〈自序〉裡說他「發憤盡讀杜威先生的著作」以後，接著說：「從此以後，實驗主義成了我的生活和思想的一個嚮導，成了我自己的哲學基礎……我寫《先秦名學史》、《中國哲學史》，都是受那一派思想的指導。我的文學革命主張也是實驗主義的一種表現；《嘗試集》的題名就是一個證據。」[134]事實上，不但是胡適後來一生的哲學思想，即便是他的文學革命的主張，也不是在哥倫比亞大學才形成的。其開花結果的地點是在哥倫比亞大學，可是其孕育發芽的地點是在康乃爾大學。所謂的實驗主義也者，所謂《嘗試集》的題名也者，只不過是他在日後倒回頭去冠給它的名稱與語言。有關這些，請待第八章的分析。我們在本節所要處理的，是胡適在哥倫比亞大學的研究生生涯，我們要檢證的，是他說：「我寫《先秦名學史》、《中國哲學史》，都是受那一派思想的指導」的那一句話。我們可以開門見山地說：胡適在哥大最大的成就，既不在於他成為杜威的入室弟子，也不在於他把實驗主義納入他取經的行囊裡，而是在於他成功地匯通了中國和西方的考證學。

　　胡適在哥倫比亞大學只有兩年的時間，從1915年到1917年。我在〈胡適史學方法論的形成〉裡反對余英時的一個說法。他判斷哥大接受了胡適在康乃爾研究所的學分，他說：「今據《口述自傳》，則知他在康乃爾最後兩年已修了足夠的哲學史和哲學課程，所以他讀博士學位的時間一共是四學年。」[135]我當時的理由

---

134 《胡適日記全集》，1：110。
135 余英時，《重尋胡適歷程：胡適生平與思想再認識》，頁5-6。

是：美國研究所的學分是不可能跨校承認的。我現在必須作一點修正。根據康乃爾大學1913學年度研究所的學制規定：「研究生在其他大學註冊在學的資格，如果本校教授認可，可以視同為在康乃爾大學註冊在學的資格。准予這個許可的條件為何，沒有通例，必須視個案處理。學生必須向其教授委員會提出申請，要求康乃爾大學承認他在其它大學註冊在學的學分。無論個別情況如何，該學生必須至少在康乃爾大學註冊在學一年。」[136]雖然這是康乃爾大學的規定，但我們可以推測哥倫比亞大學也可能作同樣通融的規定。康乃爾大學規定博士研究生必須至少註冊在學三年。所以，我現在要回過頭來接受余英時的判斷，認為胡適在哥大只唸了兩年的研究所是符合在學規定的。

　　胡適在哥倫比亞大學所選的課，根據他晚年在紐約所作的《口述自傳》，分為三個領域：哲學為主自不待言。其他兩個輔領域(minor fields)，一個是「政治理論史」；另外一個是「漢學」[137]。哲學的領域，他一共選了四門課。其中，他選了杜威的兩門課：「邏輯理論諸派」("Types of Logical Theory")以及「社會政治哲學」("Social and Political Philosophy")。胡適說他是因為上了杜威開的邏輯這一門課，幫他決定了他的博士論文的主旨，亦即，先秦名學史[138]。另外兩門哲學課，一門是烏德布瑞基教授(Frederick Woodbridge)開的「哲學史」[139]，另一門是艾德勒(Felix Adler)教授的課，胡適沒有說這門課的名稱。政治理論史的領域，胡適只提到了丹寧教授(William Dunning)，說他教的是政治理論史，沒有說課的名稱[140]。有關他在哥大所學的漢學，胡適只提到他的老師夏德(Friedrich Hirth)及其逸事，也沒有提到他上的課的名稱[141]。

　　我們從胡適在哥大所選的哲學課程來看，就可以知道即使到了哥大，即使投

136 *Official Publications of Cornell University*, IV.3, *Announcement of the Graduate Scholol, 1913-14*, p. 5.
137 "The Reminiscences of Dr. Hu Shih," p. 91。請注意：唐德剛把「政治理論史」誤譯為「政治理論」。見其譯〈胡適口述自傳〉，《胡適全集》，18：244。
138 "The Reminiscences of Dr. Hu Shih," pp. 96-97.
139 "The Reminiscences of Dr. Hu Shih," p. 125。請注意：唐德剛把「哲學史」誤譯為「歷史哲學」。見其譯〈胡適口述自傳〉，《胡適全集》，18：286。
140 "The Reminiscences of Dr. Hu Shih," p. 89.
141 "The Reminiscences of Dr. Hu Shih," pp. 91-93.

身到杜威的門下，胡適並不是五體投地式地擁抱實驗主義。他在哥大的三個哲學老師，除了杜威以外，還有艾德勒和烏德布瑞基。其中，烏德布瑞基教授是唯實論者。艾德勒教授是康德派的。我在此處提出這個問題，並不意味著說胡適在哥大就應該狹隘地只選杜威的課，重點在於勾勒出胡適在哲學思想與方法上的不自覺或者糅雜性。就以艾德勒教授為例。胡適在《口述自傳》裡描述了他跟艾德勒教授的關係：

> 我的哲學老師裡，我要特別談到杜威和艾德勒教授……我到哥倫比亞大學以前就已經知道艾德勒教授了。我在前邊已經提到艾德勒是倫理文化運動的創始人。這個運動的目標在建立一個宗教。它沒有神祇的理論，而完全是建立在人類行為、品格、作人的虔敬(holiness)的基礎上。我在綺色佳的時候，我一些猶太同學和朋友在康乃爾成立了一個「理學會」(Ethics Club)……我第一次見到艾德勒教授，是他來康乃爾的「理學會」演講的時候。我十分激賞他以道德作為基礎所建立的無神宗教。那與中國的傳統吻合，很自然地對中國學生具有吸引力。我在哥大選了艾德勒教授一門課，得以親炙他以及他的家人。
>
> 我在《留學日記》裡錄下了幾句艾德勒教授的箴言：「道德的責任並不是外爍的戒律；而是能讓他人——例如所愛的人——把最完美的自我(best)展現出來的一種不得不為的行為(necessity to act)」[142]；「我們只有透過關切他人或外界，才可能常保活力和正直」[143]；「人生的要義在生趣盎然地(vitally)影響他人」[144]；「影響他人之道在讓他們不妄自菲薄」[145]。我們從這幾句話可以很容易看出來自於康德及其絕對定律的哲

---

142 胡適譯文：道德的責任並不是外來的命令；只是必須要怎樣做才可以引出別人——例如所愛的人——的最好部分。
143 胡適譯文：只有對別人發生興趣才可使自己常是活活潑潑地，常是堂堂正正地。
144 胡適譯文：要生活在深刻地影響別人！
145 胡適譯文：要這樣影響別人，要使他們不再菲薄自己。

學的影響。艾德勒是對我一生影響很大的一個人。[146]

　　如果杜威的思想裡有他自己所承認的「黑格爾的沉澱」，杜威對康德則是採取批判的態度。他所批判的，不只是康德認識的二元論，而且是他的先驗、訴諸普世皆準的定律的先驗哲學。杜威說思考的意義，不是在於我該如何去作絕對或普世的（überhaupt）思考，而是我怎樣為當下的問題（here and now）去作思考[147]。胡適自己也引申杜威的說法，說研究問題要從「具體問題下手；有什麼病，下什麼藥」[148]。胡適會在晚年的《口述自傳》裡會把杜威和艾德勒並提，而完全不覺得有必要澄清他們在哲學思想上的異同，其所反映的，當然有可能是他在哲學方法論上的不自覺。然而，我更相信它反映了胡適在哲學思想上有糅雜、調和、挪用的傾向。

　　胡適在哥大只上了一年的課，第二年專心寫論文。根據他給韋蓮司的信，他在第一學期末就考過了口試，雖然考得並不夠理想：「我的口試結束了。不理想，但對我而言，是一個有趣的經驗。」[149]在《口述自傳》裡，他則說他在哥大第一年就通過的博士資格考有口試也有筆試，考的範圍有兩個：哲學史和一般哲學[150]。總之，胡適在哥大一年所選的課程，就是四門哲學的課，一門政治理論史，再加上他在《口述自傳》裡沒有說明的漢學方面的課。換句話說，胡適正式師從杜威學習實驗主義，就只有他在哥大所上的兩門課，此外，就是他轉學到哥大以前，「發憤盡讀杜威先生的著作」的1915年的暑假。這就是作為杜威信徒的胡適所受的實驗主義教育。其半路出家之實昭然若揭，其自學居多、缺乏系統之質恐怕也是不言而喻的。

　　從胡適學西方哲學的歷程來說，他接觸到杜威實驗主義的「史前史」其實是

<hr/>

146 "The Reminiscences of Dr. Hu Shih," p. 94.
147 John Dewey, "The Relationship of Thought and Its Subject-Matter," *The Middle Works, 1899-1924*, 2.300.
148 胡適，〈三論問題與主義〉，《胡適全集》，1：352。
149 Hu to Edith Williams, December 2, 1915,《胡適全集》，1：139。
150 "The Reminiscences of Dr. Hu Shih," p. 85.

相當漫長的。我們在上文提到他在1914年1月25日的《留學日記》裡說他「近來所關心之問題」：「(一)泰西之考據學，(二)致用哲學，(三)天賦人權說之沿革。」[151] 余英時說，胡適「此處的『致用哲學』不知是不是實驗主義的譯名。」[152] 這個謹慎的態度是值得效法的。我們幾乎可以確定說，胡適此處所說的「致用哲學」應當不會是實驗主義，因為他這個時候根本就還身在反實驗主義大本營的康乃爾大學。佐證之一是胡適1914年8月26日的日記。他在當天的日記裡縷列了「哲學系統」，其中就沒有實用主義[153]。

　　佐證之二是胡適1915年1月4日補記的日記。胡適那年的聖誕節是在卜郎(Mortimer Brown)夫婦家過的。卜郎家在紐約州的尼加拉瀑布市，他曾經在中國教過兩年書。胡適在日記裡說：「卜君習化學，今為此間一工廠中司試驗事。然其人思想頗隘，談吐純是一種實利主義。吾昔聞人言實利主義之弊將趨於見小利而忘遠慮，安目前而忘未來，能保守而不利進取。初不信之，今聞卜君言其廠中主者某君之言曰：『更好的乃是好的之仇也』(The better is the enemy of the good)，乃不禁爽然若失。此真實利主義之極端矣。」[154] 「實利主義」以今天的理解來看，可能會是Utilitarianism，亦即「功利主義」的譯名。幸好胡適自己替我們提供了他這個譯名的原文。他在1931年所發表的一篇英文文章裡提起這件事情，他說卜郎是用「名符其實的實驗主義者」(a real pragmatist)來形容「廠中主者某君」。胡適在1931年寫這篇文章的時候，早已自稱為實驗主義者了，所以他可以大言不慚地說：他當時聽到實驗主義被如此詮釋，簡直讓他目瞪口呆。他說，這句話應該倒過來說才是正確的，亦即，「這已經夠好的了是我們可以作得更好的想法最大的敵人」(The good enough is the greatest enemy of the better)[155]。1931年時候的胡適當然已經知道杜威在《我們如何思想》(How We Think)裡說了

151 《胡適日記全集》，1：263。
152 余英時，《重尋胡適歷程：胡適生平與思想再認識》，頁195。
153 《胡適日記全集》，1：465-466。
154 《胡適日記全集》，2：6。
155 胡適，"Conflict of Cultures,"《胡適全集》，36：480-481。

這句話[156]。然而，胡適在此處等於是改寫了他自己的心路歷程，他在《留學日記》裡引這個工廠主人的話，是用來證明他終於見識到「見小利而忘遠慮」的實驗主義「極端」的一面。即使如此，胡適並沒有刪改這條留學時期所寫的日記，或者乾脆把它刪掉。這就在在證明了我所說的，胡適對自己思想形成的軌跡交代得很清楚，他有意為後人留下立傳的線索，找不找得到，就完全憑本事了。

胡適接受實驗主義姍姍來遲的另外一個佐證是他1915年5月9日的日記。這個佐證特別值得注意，因為這已經到了他說：「我在1915年的暑假中，發憤盡讀杜威先生的著作」的前夕。在這條日記裡，他提到「實效主義」（pragmatism）。必須注意的是，他當時對「實用主義」的了解，還沒有到他會用「實驗主義」來作譯名的程度。他用「實效主義」來解釋為什麼他可以食言，已經昭告周遭朋友不再演說的他，卻又接受了一個演說的邀請。他用「實效主義」來為自己作辯護，說：「思想所以處境，隨境地而易，不能預懸一通常泛論，而求在在適用也。吾之不再演說是一泛論。上月水牛城之招與此次藹城之招，皆特別境地，不能一概而論也。」他的按語是：「此事可證今世『實效主義』之持論未嘗無可取者。」[157]且不論他在這裡是否引用失當，更不用論他這時對實用主義的了解，恰恰正是反對者最常用來詬病實用主義的論點，他對它的評價只是吝吝然地承認其「持論未嘗無可取者」，還沒有到接受的地步[158]。

等到胡適轉學到哥倫比亞大學以後，他對實驗主義哲學的涉獵其實還是浮光掠影的。無論是從胡適主、輔修的領域，或者是他自己在《口述自傳》裡所回憶的，他在哥大選課的重點與其說是哲學，不如說是歷史。就以他特別提出來強調的烏德布瑞基的「哲學史」課為例，烏德布瑞基的專長雖然是希臘哲學，但他也是我們在上文所說的美國唯實論大家。然而，當胡適回憶他在這門哲學史的課所

---

156 John Dewey, "How We Think: Concrete and Abstract Thinking," *The Middle Works, 1899-1924*, 6.290.

157 《胡適日記全集》，2：102-103。

158 請注意筆者的看法與Sor-hoon Tan(陳素芬)不同，她認為這是胡適接受實驗主義的最早證據。請參閱Sor-hoon Tan, "China's Pragmatist Experiment in Democracy: Hu Shih's Pragmatism and Dewey's Influence in China," *Metaphilosophy*, 35.1/2 (January 2004), p. 46.

學到的東西，他完全沒有提到唯實論是否有其特殊的研究哲學史的觀點。胡適所談的仍然還是歷史，或者更確切地說，考證學。例如：烏德布瑞基告誡學生不能輕信柏拉圖的對話錄，和亞里斯多德的作品，因為其中有偽託的部分；他為學生講解有關柏拉圖、亞里斯多德作品的考訂史；他也為學生講解西方古典學術最新發展出來的鑑別作偽與增損改篡的文句的方法。更值得注意的是，胡適在那門課所寫的一篇報告，是清代的校勘、訓詁之學[159]。

　　胡適在哥大這兩年，是他開竅領悟到考據學三昧的開始。他從自己摸索、從事考據開始，曾經經過了一個對自己的傳統失望與蔑視的階段。從某個角度來說，他在康乃爾和哥倫比亞大學選習歷史以及哲學史課程的經驗，曾經讓他一度震懾於西方考證學的精闢，從而宣稱中國沒有批判性的考證學傳統。我們在上文提起他1916年2月26日回憶自己在1911年撰寫〈《詩》三百篇言字解〉的時候，已經摸索到了用歸納法來求證的原則。他感嘆：「吾治古籍，盲行十年，去國以後，始悟前此不得途徑。」[160]這個感嘆既是自我批判，也是對傳統的批判。他在1916年3月29日的日記裡還說：「吾國人讀書無歷史觀念，無批評指摘之眼光。千古以來，其真足稱『高等考據家』者(西方考據之學約有二端：其尋章摘句，校訛補闕者，曰校勘家(textual criticism)，其發奸摘伏，定作者姓氏，及著書年月；論書之真偽，文中之竄易者，謂之高等考據家(higher criticism)〔胡適在別處譯作考訂學〕，唯柳子厚〔柳宗元〕一人耳。如《王制》一書，漢人盧植明言『漢文帝令博士諸生作此篇』(見注疏)，而後人猶復以為周制(如馬氏〔馬驌(1621-1673)《繹史》〕，抑何愚也！」[161]相對地，胡適推崇西方的校勘學，他在1916年12月26日寫的日記說：「校勘古籍……西方學者治此學最精，其學名textual criticism〔校勘學〕。」[162]

　　胡適於是以引進西方校勘學為己任，他在1916年6月與9月，相繼寫了兩篇考

159　"The Reminiscences of Dr. Hu Shih," pp. 125-126.
160　《胡適日記全集》，2：447。
161　《胡適日記全集》，2：290。
162　《胡適日記全集》，2：448。

據的文章。一篇是〈爾汝篇〉，另外一篇是〈吾我篇〉[163]。胡適很清楚意識到這種研究有兩層極為深遠的意義：第一，它有示範的作用，亦即如何把西方的校勘學運用在中國的材料上；第二，它有在考訂學上用來辨定偽書的價值，用胡適自己的話來說：「研究此種用法有何用乎？曰：可以為考據之用。戰國以來，爾汝兩字之用法已無人研究，故漢人偽作之書，其用對稱代詞，如爾字、汝字、乃字，皆無條理可尋，皆不合古人用法。其為偽託之書，於此可見一斑。凡後人偽託古書，往往用後世之字及後世之文法，非有語學的（philological）考據，不足以揭破之。」[164]

接著，由於胡適寫先秦名學史的博士論文，需要廣泛地參考歷代學者的考據和注疏，他很快地就發現其實中國也有相當精密的考證學傳統。他於是領悟到他先前頗有厚誣古人的不當批評。他在1916年12月26日的一條日記裡說：「考據之學，其能卓然有成者，皆其能用歸納之法，以小學為之根據者也。王氏父子〔念孫、引之〕之《經傳釋詞》、《讀書雜記》，今人如章太炎，皆得力於此。」他也於是才領悟他先前所引以為傲的〈《詩》三百篇言字解〉，其實只得考據學的其一。雖然他當時已懂得了「以經說經」、運用歸納法的道理，但由於「其時尚未見《經傳釋詞》也。後稍稍讀王氏父子及段（玉裁）、孫（仲容）〔詒讓〕、章〔太炎〕諸人之書，始知『以經說經』之法，雖已得途徑，而不得小學之助，猶為無用也。」[165]當然，就像我們在上文所指出的，他在1934年又作了一點修正：「近六、七年中，我才漸漸明白校勘學的真方法被王念孫、段玉裁諸大師的絕世聰明迷誤了，才漸漸明白校勘學必須建築在古善本的基礎之上。」

換句話說，胡適體認到中西考證學有其殊途同歸之處。他在同一天的另外一條日記裡，也就是上文所引的他推崇西方校勘學的一條，摘述了西方校勘學的大要。胡適後來在口述訪問裡，告訴我們他這個摘述，其實是從1911年第11版的《大英百科全書》裡〈校勘學〉一條節譯出來的，是校勘學權威浦斯格（John

163 胡適，〈爾汝篇〉，《胡適全集》，1：233-237。〈吾我篇〉，《胡適全集》，1：238-243。
164 《胡適日記全集》，2：344-345。
165 《胡適日記全集》，2：447。

Postgate)所寫的。胡適當時並沒有註明出處，如果不是他後來在《口述自傳》裡點明了，不知要枉費後來學者多少的精力去追尋。胡適晚年會諄諄告誡後學，要他們寫文章一定要記明撰寫的年月日，以免後日考據家要費力作考訂的工作，可惜青年時期的胡適常常連出處都不記。無論如何，胡適說他之所以喜歡浦斯格的這一篇文章，是因為「它凸顯出中西校勘學的相似之處。這是為什麼我可以用我所研究的先秦諸子的例子，來取代浦斯格所用的例子。這篇文章遠勝於中文任何一篇討論校勘學的科學與藝術的文章」。然而，中西相比，胡適仍然認為近代西方更勝一籌：「我相當驚訝中西校勘學有其相通之處。然而，我認為浦斯格這篇文章裡所代表的西方校勘學，要比中國的方法更為徹底、更為科學。」[166]

　　1916年4月，就在胡適趕寫博士論文的最後一程，他又用寫博士論文現成的材料寫了一篇考據的文章，即〈諸子不出王官論〉[167]。十天以後，也就是4月27日，他把論文寫成。5月3日，他把經過自己校好的論文呈交哥大。胡適寫這篇論文，從1916年8月初開始，到1917年4月27日，總共用了九個月的時間。這本《先秦名學史》（The Development of the Logic Method in Ancient China），是胡適匯通中西考證學的結晶。胡適在橫渡太平洋回國的郵輪上所寫的〈自序〉，開宗明義，就說由於這是一個歷史的研究，它所面對的第一個問題就是材料。他說西方的讀者無法想像他在寫這篇論文的時候，必須先推翻那有千鈞之重的傳統。首先，他的原則是：不經證明為真，任何書或任何章句，都不在採用之列。其次，是校勘和詮釋的問題。有幸的是，他有兩百多年來中國考證學家在訓詁上所得的成果，可以作為他的借助。至於詮釋，他則幸而學過了歐洲哲學史。他說「只有跟我背景相似的人，這也就是說，只有具有比較研究的經驗，例如，從事比較語言學研究的人，才可能真正了解西方哲學，對我在詮釋古代中國哲學系統的這個工作上，其幫助有多大」[168]。

---

166 "The Reminiscences of Dr. Hu Shih," pp. 121-122.
167 胡適，〈諸子不出王官論〉，《胡適全集》，1：244-251。
168 胡適，"The Development of the Logic Method in Ancient China,"《胡適全集》，35：298-300。

《先秦名學史》與實驗主義

余英時說胡適思想中有一種非常明顯的化約論的傾向，他說胡適不但把一切學術思想以至整個文化都化約為方法，而且也把杜威的實驗主義化約為方法。這個說法的問題，在於它已經先假定胡適的方法論確實是來自杜威的，只不過胡適把它化約罷了。雖然余英時也強調胡適的思想有多重的來源，然而他仍然認為「胡適對杜威的實驗主義只求把握它的基本精神、態度和方法，而不墨守其枝節」[169]。余英時之所以會作出這樣的結論，是因為被胡適牽者鼻子走的結果。他說胡適在1936年為他的《留學日記》〈自序〉中，對他自己的思想「有明白的交代」，他說胡適在1915年的暑假發憤盡讀杜威先生的著作以後說：「實驗主義成了我的生活和思想的一個嚮導……我寫《先秦名學史》、《中國哲學史》，都是受那一派思想的指導。」[170]我們不能忘記，這是一個舉國稱之為杜威實驗主義的信徒，在二十年以後去作回顧、重建自己思想成長軌跡時對讀者所說的話，除了人的記憶有選擇性的特質以外，他有他在學派、師承、威信(credibility)等等方面的考量。

事實上，就像我在上節所說的，胡適的《先秦名學史》是他匯通中西考證學的結晶。他寫《先秦名學史》是否真如他所說的，是受實驗主義的指導？我的判斷是否定的。首先，讓我們討論胡適寫《先秦名學史》的靈感來源。在上節的討論裡，我引了胡適在《口述自傳》裡說的話，胡適說杜威在哥大所開的「邏輯理論諸派」那門課，幫他決定了他的博士論文的主旨，亦即，先秦名學史。就嚴格的字義的角度來說，這也就是說，從「先秦名學史」這個主旨的角度來說，這句話是正確的。然而，如果我們從廣義的角度來說，也就是從「先秦哲學史」的角度來說，這句話是扭曲事實的。胡適在康乃爾大學唸哲學研究所的時候，他所計畫寫的論文題目就是「先秦哲學史」。

---

169 余英時，《重尋胡適歷程：胡適生平與思想再認識》，頁197-198。
170 余英時，《重尋胡適歷程：胡適生平與思想再認識》，頁192。

我們在上文提起韋蓮司轉述狄理教授的回憶，狄理說胡適還在康乃爾唸書的時候，他對胡適說：「你如果你選擇了哲學，爲什麼不就去開發那幾乎還沒有人去碰過的中國哲學呢？」胡適當時確實是聽了狄理的建議。我們之所以能知道胡適當時確實是決定以中國哲學作爲論文題目，這還得感謝韋蓮司保存了胡適寫給她的信。胡適在1915年3月14日給韋蓮司的信裡說：「我上星期作了一個很重要的決定。我告訴過妳我博士論文要寫的是某一個階段的中國哲學。最近我得了一個結論，那是一個愚蠢的想法。」他說他已經決定改作的題目是：「國際倫理原則的研究」（A Study of the Principles of International Ethics）。他告訴韋蓮司，說他之所以作這樣的決定，是因爲他體認到如果以中國哲學作爲題目，他不但不會有老師能指導他，而且美國的圖書館的圖書也不夠用。反之，如果他改作國際倫理的題目，他就會有一舉三得的好處：時代的需要、自己的興趣、得以充分地利用圖書館以及哲學系老師的資源[171]。我們知道這個階段胡適正處在他和平、不爭主義的巓峰[172]。康德哲學也正是他康乃爾哲學系老師之所長。這封信的日期值得注意，3月14日，是胡適「發憤盡讀杜威先生的著作」前的幾個月。

然而，等到那年初夏，他準備轉學離開康乃爾的時候，他不但已經又回到了他原先所擬的題目，而且更明確地界定爲先秦諸子。胡適爲什麼選哥倫比亞？他7月14日寫給韋蓮司的這封信提供了最重要的線索：

> 我決定明年離開綺色佳。哥倫比亞我已經考慮了很久了。我去信要求哥倫比亞圖書館給我一個有關中國哲學藏書的概要，他們回了信。我也跟芝加哥大學通了信。目前看來，哥倫比亞會是一個比較好的選擇。我現在只在等最後的信就可以作去哥大的最後決定。學校既已決定，我論文的題目也已經選好：「先秦諸子」。當然，這還是可以改變的。[173]

171　Hu to Clifford Williams, March 14, 1915，《胡適全集》，40：76-77。

172　請參閱拙作《星星・月亮・太陽——胡適的情感世界》，頁53-62；"Performing Masculinity and the Self: Love, Body, and Privacy in Hu Shi" *The Journal of Asian Studies* (May, 2004), pp. 319-320.

173　Hu to Clifford Williams, July 14, 1915，《胡適全集》，40：114。

　　我們在上文提到胡適7月5日的一則日記，說他「頗思舍此他適」。現在真相終於水落石出了；其實，「哥倫比亞我已經考慮了很久了。」他給韋蓮司這封信的寶貴，在於它告訴我們哥倫比亞大學不是他唯一申請的學校。胡適在日記裡會隱、但他不會誆。他在《留學日記》裡提到了芝加哥大學，但從來沒說他申請了。現在，我們知道他確實申請了，而且是作為考慮的對象。芝加哥與哥倫比亞相比，他對韋蓮司說：「哥倫比亞會是一個比較好的選擇。」這句話是關鍵。他選擇了哥倫比亞是有其學理的考量，但這個考量不是杜威，也不是實驗主義，而是它漢學的藏書。毫無疑問地，他既然決定要寫先秦哲學，圖書館的漢學藏書當然是一個重要的考慮因素。然而，重點是，他在哲學思想上的堅持並沒有到死心塌地非去師從杜威不可的地步。

　　無論如何，哲學史是胡適在康乃爾上克雷登的課的時候就已經產生的興趣。現在，他把訂好的博士論文題目帶到了哥倫比亞大學。當然，他說杜威的「邏輯理論諸派」，幫他決定了論文的主題。這句話也不算太離譜。雖然他在康乃爾大學的時候，就已經決定了他論文的大題與範圍，杜威的課則幫他決定了他的題旨。他在1915年10月所寫的一篇文章，〈用歷史研究法來撰寫古代中國哲學史〉，不管這篇文章是一篇學期報告，還是他博士論文計畫的提案書，他最後用來歸結他所謂的「歷史研究法」的例子，就是墨子的邏輯[174]。

　　胡適在留美期間一直對墨子有興趣，但一向不在墨子的邏輯，而是在他「兼愛」與「非攻」的思想。這點，又是跟他當時所信奉的和平、不爭主義有關。他到1915年12月為止，一共三次用專文討論了墨子的思想[175]。第一次是1912年；第二次是在1914年11月下旬。這次的題目，我們知道，是〈墨子的哲學〉，這是胡適在康乃爾的「哲學俱樂部」作的一個報告[176]。第三次是在1915年12月21日，題目也是〈墨子的哲學〉，這很可能就是他發表在1916年4月號的《留美學生月報》（*The Chinese Students' Monthly*）上的文章，題目是〈一個中國哲學家的戰爭

---

[174] 胡適，"The Application of the Methods of Historical Research to the Writing of a History of Ancient Chinese Philosophy,"《胡適全集》，35：164-175。
[175] Hu to Clifford Williams, December 21, 1915，《胡適全集》，40：145。
[176] Hu to Clifford Williams, November 26, 1914，《胡適全集》，40：11。

觀：墨翟倫理、宗教觀淺釋〉（A Chinese Philosopher on War: A Popular Presentation of the Ethical and Religious Views of Mo-Ti）。顧名思義，胡適在這篇文章裡討論的還是墨子「兼愛」與「非攻」的思想。唯一不同的是，由於杜威的影響，他在這篇文章裡，特別提到了墨子的邏輯思想，但他表示必須割愛，因為這個論題「超乎了通俗講演的範圍」[177]。

　　胡適的博士論文《先秦名學史》在1922年由上海的亞東圖書公司出版。但是，他用中文改寫、擴充版《中國哲學史大綱》（上卷）則是在1919年2月就出版了。蔡元培在他爲胡適寫的〈序〉裡，稱讚胡適這本書是前無古人之作，有四大「特長」：證明的方法、扼要的手段、平等的眼光、與系統的研究[178]。胡適在1927年的一封信裡，也很大方地對自己這本著作開山奠基的貢獻作了肯定：「我自信，中國治哲學史，我是開山的人，這一件事要算是中國一件大幸事。這一部書的功用能使中國哲學史變色。以後無論國內國外研究這一門學問的人都躲不了這一部書的影響。凡不能用這種方法和態度的，我可以斷言，休想站得住。」[179]余英時在1980年代初，借用科學哲學家庫恩（Thomas Kuhn）的「典範」（paradigm）的概念，來形容胡適這本著作在近代中國學術史上的「典範」作用[180]。

　　用典範來形容胡適的《先秦名學史》或《中國哲學史大綱》（上卷）是再貼切也不過的了。如果一個世紀以後的我們能夠用批判的眼光來看胡適的博士論文，那也是典範轉移的反映。唯一驚人的是，一個世紀以來，沒有人去檢證胡適說「我寫《先秦名學史》、《中國哲學史》，都是受〔實驗主義〕那一派思想的指導」那句話。事實上，留學時期的胡適，在哲學上根本就是一個調和、糅雜主義者。當然，我們也可以認定胡適根本不自知，或者，更進一步大膽地說，他當時

---

177 Suh Hu, "A Chinese Philosopher on War: A Popular Presentation of the Ethical and Religious Views of Mo-Ti," *The Chinese Students' Monthly*, XI.6 (April, 1916), pp. 408-412.
178 蔡元培，〈中國古代哲學史大綱序〉，《胡適全集》，5：192-193。
179 胡適，〈整理國故與「打鬼」──給浩徐先生信〉，《胡適全集》，3：147。
180 余英時，〈《中國哲學史大綱》與史學革命〉，《重尋胡適歷程：胡適生平與思想再認識》，頁221-232。

還不是一個實驗主義者。無論如何，由於《先秦名學史》是胡適在杜威具名指導之下的博士論文，他還不敢太過造次，不敢太過明目張膽地去調和、糅雜不同的哲學觀點。他的《中國哲學史大綱》則不然。他在1922年出版的《先秦名學史》裡寫了一篇〈注語〉，說明《中國哲學史大綱》是《先秦名學史》的擴充版。事實上，即使《中國哲學史大綱》確實是英文版的《先秦名學史》的擴充版，在方法論的說明上，兩者的意味絕然不同；在他的博士論文裡，胡適或者還心存顧忌，或者在方法論上還不是很自覺，在《中國哲學史大綱》裡，他就彷彿像是在向那些對西方哲學系統稍有認知的讀者眨眼示意，用胡適自己後來用過的話來說，「偷關漏稅」地宣告了他在方法論上的調和、糅雜性。我們可以用來作為佐證的，就是他在〈導言〉後所附的〈參考書舉要〉。這些參考書，除了校勘、訓詁以外，最引人注目的，是德國溫德爾班（Wilhelm Windelband）所著的《哲學史》（*A History of Philosophy*）以及法國郎格盧瓦（Charles-Victor Langlois）、塞諾博（Charles Seignobos）所合寫的《史學導論》（*Introduction to Historical Studies*）[181]。前者是新康德主義派，後者是實證主義派。

北京大學圖書館所藏的胡適英文藏書裡，有一本胡適親手簽名的溫德爾班所著的《哲學史》。胡適在扉頁上寫道：「Suh Hu, New York City, May 2, 1917, ——the day I completed my dissertation〔1917年5月2日——寫完論文之日，購於紐約市，胡適〕。德國文代斑著，泰西哲學史，適。」胡適在寫完論文當天才買了溫德爾班的《哲學史》。但這不能表示他在寫論文以前或其過程中，不知道這本書的存在。我們甚至可以說這本書胡適在康乃爾跟他唯心論的老師上課的時候就已經知道的書。克雷登教授的「哲學史」課，以及自己撰寫又翻譯《哲學史》的狄理教授，都可能提過或用過溫德爾班的書。胡適在寫完論文當天去買了這本書來，因為他知道他回國以後，寫中文版的時候須要引用。無論如何，胡適在寫論文的時候，至少懂得門戶規矩，不敢造次。《先秦名學史》裡不但沒有《中國哲學史大綱》裡的這個〈參考書舉要〉，當然也更沒有溫德爾班、郎格盧瓦和塞諾

181 胡適，〈中國哲學史大綱〉，《胡適全集》，5：220。

博等人的名字。

　　雖然同樣是唯心論的，新康德派的溫德爾班不同於胡適康乃爾的新黑格爾派
的哲學老師。雖然他們都認為哲學史的任務，在於明白地梳理出人類心靈固有的
結構如何在歷史上彰顯在思想的範疇上，溫德爾班不認為這些範疇在哲學史上發
展的軌跡，是像黑格爾所說的，是某種精神或真理的進程[182]。溫德爾班的《哲學
史》的寫法很獨特，他反對依年代先後順序的寫法，他說那是政治史的寫法。哲
學史的重點在求其演變的軌跡。他所用的，是「論題史」(Problemgeschichte)的
寫法，是以論題為主軸。他這本《哲學史》的副標題是：「論題與概念的形成與
發展」。值得一提的是，我們在上文提到了胡適在康乃爾的哲學老師狄理，他不
但自己撰寫了一本《哲學史》，他還翻譯了威伯所寫的《哲學史》。狄理自己屬
於新康德派，然而，他反對溫德爾班的寫法。他說：「溫德爾班那本卷秩浩瀚的
《哲學史》，其專斷的分期法，把哲學系統支離分割，放在不同的標題下來分開
討論，這種壞方法只會把學生弄得昏頭轉向。」[183]從這點看來，胡適不只把實驗
主義和唯心論糅雜在一起，他還把唯心論裡的新黑格爾派和新康德派送作堆。

　　胡適用《先秦名學史》為底本，來寫《中國哲學史大綱》的時候，他人已經
在北大教書。等到《中國哲學史大綱》在1919年2月出版的時候，已經是到了他
寫〈實驗主義〉、〈問題與主義〉等文章的前夕。然而，這即將以杜威的弟子、
實驗主義的信徒自命的他，卻在《中國哲學史大綱》裡徵引唯心論以及實證主義
的觀點。我認為胡適並不是完全不在乎哲學觀點的一致性。這也就是說，他並不
是完全不管不同的觀點之間是否有其根本上的哲學差異，只要合用就好。我認為
這一方面表示他在當時可能還沒有完全擺脫他在康乃爾大學所吸收的唯心論；然
而，在另一方面，他在方法論上挪用、糅雜、調和的傾向也已經逐漸形成。

　　胡適《中國哲學史大綱》的〈導言〉，是了解胡適的方法論的鎖鑰。這篇
〈導言〉是他挪用、糅雜、調和西方唯心論與實證主義，同時更融合中西考證學

傳統的「不宣之言」。如果一個世紀以來的學者都懵懂於此，這不能怪胡適，只能怪學者自己的不敏與不察；情願被胡適說他寫《先秦名學史》是受實驗主義思想的指導的那句話牽著鼻子走，而不願意自己張開眼睛去看。胡適自己固然也有難辭曲筆之咎，因為他公然改寫自己的心路歷程。然而，他在寫《中國哲學史大綱》之際，可真的還是白紙黑字，交代得一清二楚。至於讀者、學者會不會去注意他在〈導言〉篇末附的〈參考書舉要〉，至於他們能看不看得出他的糅雜與調和，能不能識破溫德爾班是新康德派的，郎格盧瓦、塞諾博是實證主義派的，則就看他們自己的本事了：

一、〈論哲學史〉，看Windelband's *A History of Philosophy*〔溫德爾班所著的《哲學史》〕（頁8至18）。

二、〈論哲學史料〉，參看同書（頁10至17注語）。

三、〈論史料審定及整理之法〉，看 C. V. Langlois and Charles Seignobos's *Introduction to Historical Studies*〔郎格盧瓦、塞諾博合寫的《史學導論》〕。

四、〈論校勘學〉，看王念孫〈讀淮南子雜誌敘〉（《讀書雜誌》9之22）及俞樾《古書疑義舉例》。

五、〈論西洋校勘學〉，看Encyclopaedia Britannica〔《大英百科全書》〕中論Textual Criticism〔〈論校勘學〉〕一篇。

六、〈論訓詁學〉，看王引之《經義述聞》卷三十一及三十二。

註腳既然即已在篇末植好，胡適在《中國哲學史大綱》的〈導言〉裡自可以坦然地左引溫德爾班的《哲學史》，右據郎格盧瓦、塞諾博合寫的《史學導論》，然後，再佐以中西考據學的成果。在這篇〈導言〉裡缺席的，偏偏就是胡適說「指導」他寫《先秦名學史》、《中國哲學史大綱》的杜威。就像胡適在註腳裡所聲明的，他對哲學的起源、哲學史的目的以及方法論的部分論述，全部都是根據溫德爾班。先說哲學的起源。溫德爾班在《哲學史》的〈導言〉裡說：

「希臘哲學的發展，是發生在幼稚的宗教與倫理瓦解的過程中。這不但使人類的天職和任務究竟爲何這些問題，越發變成科學研究的重要課題，而且也使生活準則的教導變成了要務，以至於成爲哲學或科學的主要內容。」他又說：「哲學的問題和材料、以及其解決問題的方法，是來自於其所屬時代的思想潮流以及社會的需要。」[184]胡適在《中國哲學史大綱》的〈導言〉裡則舉例作了演申。他駁斥「有些人〔亞里斯多德〕說，哲學起於人類驚疑之念」的說法。他說：「人類的驚疑心可以產生迷信與宗教，但未必能產生哲學。」他認爲：「在中國的一方面，最初的哲學思想，全是當時社會政治的現狀所喚起的反動。社會的階級秩序已破壞混亂了，政治的組織不但不能救補維持，並且呈現同樣的腐敗紛亂。當時的有心人，目睹這種現狀，要想尋一個補救的方法。」他又說：「大凡一種學說，決不是劈空從天上掉下來的……我們如果能仔細研究，定可尋出那種學說有許多前因，有許多後果……這個前因，所含不止一事。第一是那時代政治社會的狀態。第二是那時代的思想潮流。」[185]他在《先秦名學史》裡分析老子的哲學的時候也說：「簡言之，那時的哲學就是在尋找一個能平天下，能夠了解並改善它的方法。對這個我稱之爲『道』的尋求，就是所有中國哲學家——我相信就是所有西方的大哲學家也一樣——的核心問題。」[186]

值得指出的是，杜威對哲學的成因的解釋，跟胡適完全相反。當然，我們也許不能怪胡適，因爲杜威是在他1920年出版的《哲學的重建》裡演申他的哲學起源論，那是在胡適寫《先秦名學史》與《中國哲學史大綱》（上卷）之後。但這些，杜威有可能在課堂上都提過。無論如何，杜威認爲哲學的來源是宗教、傳說與詩歌，其特質是保守的，它要維護的是社會的權威和傳統，它與下層社會的工匠因爲從事日常技藝而產生的實事求是的知識是相對立的。他說希臘的「哲人」(Sophists)爲什麼會被柏拉圖、亞里斯多德扣上黑帽子，就充分地顯示了那個時代兩種思想對立尖銳的情況。杜威認爲蘇格拉底是眞心想要調和這兩種思想。然

184　Wilhelm Windelband, A History *of Philosophy*, pp. 2, 13.
185　胡適，〈中國哲學史大綱〉，《胡適全集》，5：221、228。
186　胡適，"The Development of the Logic Method in Ancient China,"《胡適全集》，35：345。

而，他實事求是問難的作法，就讓他被按上了蔑視神祇、帶壞青年的罪名而被處死。一直要到柏拉圖，希臘的哲學才終於走上把道統與理性求知的兩種思想調和的道路。然而，其結果只是使哲學如虎添翼，並不改其保守、維護威權和傳統的特質[187]。

有趣的是，胡適對哲學的起源的解釋不但跟杜威的相反，他甚至用孔子在魯作司寇的時候所斬的少正卯來比喻希臘的「哲人」。他說孔子的時代是一個「邪說橫行，處士橫議」的「無道」的時代。孔子為了救天下之無道，斬了那散布「邪說」的少正卯。他被斬的罪名是「聚眾結社，鼓吹邪說，淆亂是非」。胡適在《先秦名學史》裡說到這個故事的時候，加了一個按語：「這些罪名，柏拉圖也許會真希望他也能拿來套在他那個時代的哲人身上。」[188]矛盾的是，胡適在描述孔子那個「邪說橫行，處士橫議」的時代的時候，舉了三個散布「邪說」的處士，其中兩個都被斬了：少正卯與鄧析。第三個就是他稱讚為中國哲學的始祖的老子。換句話說，老子在胡適的〈老子篇〉是一個苦心尋求根本平天下之「道」的哲學家，可是到了〈孔子篇〉卻被降格成了一個孔子、蘇格拉底、柏拉圖這些「東海有聖人，西海有聖人，此心同，此理同」的「守舊派」所共同痛恨的「邪說黨」[189]。

胡適說哲學史的目的有三：明變、求因、評判。他用的例子都是中國哲學上的，但他的立論根據完全是溫德爾班的《哲學史》〈導言〉。溫德爾班說：

　　哲學史研究的任務如下：一、從現有的資料裡，精確地梳理出各別哲學家的生平、思想發展及其理論；二、追溯每一個哲學家思想的起源（genetic），以便讓我們理解他的思想有多少是祖述的，有多少是其所處時代的思潮，有多少是他透過其個人特質及其教育所自創的；三、把我

187　John Dewey, "Reconstruction in Philosophy: Changing Conceptions of Philosophy," *The Middle Works*, 1899-1924, 12.84-89.

188　胡適，"The Development of the Logic Method in Ancient China,"《胡適全集》，35：337。

189　胡適，〈中國哲學史大綱〉，《胡適全集》，5：254-259。

們經由梳理、溯因所整理出來的理論放在整部哲學史的脈絡裡，來評斷
其價值。[190]

胡適在《中國哲學史大綱》裡則說：

　　哲學史有三個目的：一、明變。哲學史的第一要務，在於使學者知道
古今思想沿革變遷的線索；⋯⋯二、求因。哲學史的目的，不但要指出
哲學思想沿革變遷的線索，還須要尋出這些沿革變遷的原因；⋯⋯三、
評判。既知思想的變遷和所以變遷的原因了，哲學史的責任還沒有完，
還須要使學者知道各家學說的價值：這便叫做評判。[191]

　　我們可以很清楚地看出胡適的所謂「明變、求因、評判」，就是從溫德爾班
的《哲學史》的〈導言〉裡所倘來的。只是他高明的所在，在不拘泥原文的句法
架構，而用最精練的中文翻譯過來的。其中，最值得注意的是胡適用「求因」來
翻譯溫德爾班這本英譯本所用的"genetic"。同樣這個字，後來胡適在介紹杜威的
思想的時候，是翻譯成「歷史的方法」或「祖孫的方法」。換句話說，胡適所謂
的「歷史的方法」並不是實驗主義的專屬，而是當時許多哲學派別所共同使用的
字眼。
　　哲學史的這三個目的裡，「明變」與「求因」，溫德爾班說必須用「語言
與歷史學的方法」(philologic-historical)去求得；「評判」用的方法則屬於「批
判與哲學科學」的範疇。胡適的論述完全相同。先說「求因」。胡適說「求
因」的目的在了解程、朱何以不同於孔、孟？陸象山、王陽明又何以不同於
程、朱？這些原因，胡適說約有三種：個人才性不同；所處的時勢不同；所受
的思想學術不同[192]。這也是從溫德爾班《哲學史》的〈導言〉改寫來的。溫德

190　Wilhelm Windelband, *A History of Philosophy*, p. 11.
191　胡適，〈中國哲學史大綱〉，《胡適全集》，5：196-197。
192　胡適，〈中國哲學史大綱〉，《胡適全集》，5：197。

爾班說：「個別的英才（personalities），雖然他本身受到哲學思想的內在邏輯及其所處時代思潮的影響，總是會因其個性及其操持而對哲學有所增益」；「這作為哲學史真諦的果實是隨著哲學著作在歷史上消長的命運相連的。影響其命運的，不只是一般或特殊科學的重大發現，而且還有歐洲文明在其他方面的發展」；「沒有任何一個哲學系統可以免於其創始者的影響……每一個哲學家的世界觀……都受到其所屬的民族與時代觀念與理想的影響。然而，其形式、安排以及他如何去作關聯與評價的工作，則是受到他個人的出身、教育、舉措、運命、個性與經驗的制約。」[193]

哲學史的第二個目的「明變」，是胡適所說的哲學史的「根本功夫」，最能用來說明「語言與歷史學的方法」的必要性。這就是胡適在〈導言〉裡用了相當多的篇幅來談的「述學」。這述學的工作分成好幾個步驟。一、哲學史的史料：有原料還有副料；二、史料的審定；三、審定史料之法；四、整理史料之法：校勘、訓詁與貫通[194]。從胡適在篇末所加的註腳來看，第一個步驟，是根據溫德爾班。「原料」、「副料」，溫德爾班英譯原文用的是"main sources"、"secondary sources"；其他步驟的立論胡適則是他在註腳所列出來的中西考據權威，亦即：郎格盧瓦、塞諾博、寫《大英百科全書》〈論校勘學〉一篇的浦斯格，以及王念孫、王引之。

胡適說到哲學史的第三個目的「評判」，他的立論又回到了溫德爾班。胡適說：「我說的評判，並不是把作哲學史的人自己的眼光，來批評古人的是非得失。那種『主觀的』評判，沒有什麼大用處。如今所說，乃是『客觀的』評判。」[195]溫德爾班的原文是：「評判的標準，毋庸贅論，當然必須不能是史家的私論，即使是他自己在哲學上的定論也不可以。如果我們使用上述這種標準，其所下的評判就失去了其科學普世的價值。」[196]值得注意的是，溫德爾班說這句話的用意是在判黑格爾，亦即黑格爾以自己的哲學觀點為依歸來審視哲學史的作

193　Wilhelm Windelband, *A History of Philosophy*, pp. 9, 14.
194　胡適，〈中國哲學史大綱〉，《胡適全集》，5：201-219。
195　胡適，〈中國哲學史大綱〉，《胡適全集》，5：197。
196　Windelband, *A History of Philosophy*, p. 17.

法。事實上，就正因爲溫德爾班要矯黑格爾派之枉，他強調哲學史在作「評判」的工作之前，先要考信、求眞，因此他強調歷史考證的重要性。在這裡，我們就可以看出胡適對溫德爾班所謂的「科學的」哲學史是作了他自己的選擇性的使用。所謂「客觀」、「主觀」之別，並不是溫德爾班會用的名詞。事實上，如果溫德爾班對黑格爾是褒貶參半，他所全力批判的對象還是實證主義。雖然他用「科學」這個名詞來指涉歷史、哲學等等學科，他認爲這些學科屬於殊相科學(ideographic science)或精神科學(Geisteswissenschaften)，在方法學上，與自然科學截然不同。

胡適在他方法論上的挪用、糅雜與調和，其實有相當程度的自覺性。他自己知道他在作什麼，而且也很清楚他爲什麼要那樣作。我已經在前一段說他對溫德爾班的挪用是有選擇性的。溫德爾班對哲學的起源、對哲學史的目的與方法論，他都喜歡，所以就老實不客氣地倘來挪用之。然而，溫德爾班的新康德派的唯心論，他則敬謝不敏。比如說，溫德爾班在〈導言〉裡說：「哲學史是歐洲人以科學的概念展現其世界觀、人生觀的歷程」以及「哲學史的進程，在某些階段裡，必須完全用實用(pragmatic)的角度，也就是說從思想的內在必要性以及從『事物的邏輯』的角度來理解」[197]。這種新康德派的語言和概念，會讓他渾身哆嗦。用我們在上文引胡適1930年2月15日的日記裡的話來說：「這班所謂哲學家眞是昏天黑地！」

《先秦名學史》的〈導言：邏輯與哲學〉是研究胡適早年思想一篇重要的文獻，是他對儒家、先秦諸子的定位，他對中國傳統的科學精神的初詮，以及他對中西文明交會的第一篇論述。胡適說他寫《先秦名學史》的目的，是要從先秦諸子的方法學裡，去找那可以與近代西方哲學契合的沃壤，以便讓近代西方哲學的思辨、研究方法和工具得以在中國生根。爲什麼胡適要從先秦諸子的方法學裡去尋找那可以與近代西方哲學契合的沃壤呢？這是因爲接受新文化的方式，最好是「有機的吸收，而不是斷然的取代」。這最好的方法，是「去尋找可以用來有機

197　Windelband, *A History of Philosophy*, pp. 9, 12.

地與近代歐美的思想系統聯結起來的傳統思想」。如果能這樣作，「我們就可以在新、舊內在融合的新基礎上去建立我們的新科學與新哲學。」問題是，儒家思想沒有這個能與近代西方思想作互相輝映的資格呢？

　　儒家早已雖生猶死了……儒家早已僵死了。我深信中國哲學的未來在於掙脫儒家道德、唯理主義的枷鎖。這個解放不是用全盤去接受西方哲學就可以作得到的，而必須是把儒家擺回到它應有的地位才能達成。這就是說，把它放回到它原來在歷史上的位置。儒家本來就只是中國古代百家爭鳴裡的一家而已。因此，等那一天到來，等我們不再把儒家視爲獨一無二的精神、道德、哲學權威的來源，而只不過是哲學星河裡的一顆星的時候，就是儒家被摘冠（dethronement）大功告成的一天。

儒家不行，幸好中國還有其他先秦的諸子可用：

　　我相信非儒家諸子學說的再興是絕對必要的，因爲只有在這些學派裡，我們才能找得到適合的土壤來移植西方哲學與科學的精華，特別是方法學。他們所強調的是經驗，而不是教條、不是唯理主義；他們所面面顧到的圓熟的方法學；他們用歷史與演化的眼光來檢視眞理與道德的作法，所有這些我認爲是近代西方哲學最重要的貢獻，都可以在公元前第五到第三世紀那些偉大的非儒家諸子當中找到遙遠但圓熟的先聲。因此，我認爲新中國有責任借助近代西方哲學，來研究那些久被遺忘了的傳統學說。等那一天到來，等我們能用近代哲學的方法來重新詮釋古代的中國哲學，等我們能用中國本土的傳統來詮釋近代哲學的時候，中國的哲學家、哲學工作者，才可能眞正地優遊於那些用來從事思辨與研究的新方法與新工具。[198]

198　胡適，"The Development of the Logic Method in Ancient China,"《胡適全集》，35：314。

　　林毓生說胡適這個全盤西化論者爲什麼也居然會有「有機吸收」的論調呢？他認爲胡適是一個具有內在矛盾的一個人。他說胡適在思想上是一個全盤西化論者，可是在情感上是一個文化民族主義者。有趣的是，林毓生雖然一向不喜歡列文生(Joseph Levenson)把近代中國許多重要的知識分子說成是：「在思想上與傳統疏離，但感情上還眷戀著。」但他在此處其實是落入了列文生的窠臼。他說由於胡適經常動不動就訴說中國傳統的弊病，他總讓人覺得他是一個能「冷眼面對事實」(tough-mindedness)，沒有必要找心理的補償來撫慰他的文化自卑感的人。然而，他說：「雖然胡適對中國傳統沒有什麼眷戀，但是他從中國找到的科學傳統，是他的補償方式，是讓他可以說中國也有跟美國的重要發展旗鼓相當(或者幾近旗鼓相當)的東西，這是一種心理平衡的因素，至少是可以在一定的程度上支撐他，讓他能有冷眼面對事實的能力。」[199]

　　其實不然，胡適在《先秦名學史》的〈導言〉裡所強調的「有機吸收」並不是一種心理的補償。胡適留美的時候，在他反民族主義的巔峰期，他甚至贊成一個「因老朽而衰敗，被成見而蒙蔽」的國家，去讓一個「有效率、開明」的外來政府去統治[200]。換句話說，套用林毓生的話來說，胡適「冷眼面對事實」的能力，是達到了只要外來政權可以「有效率、開明」，「國都可以不國」的程度，他還有什麼需要去找「一種心理平衡的因素」來作補償呢！但這是第六章的主題。胡適所謂的「有機吸收」，所謂的中西互詮、互證也者，其實是在呼應杜威的觀點。杜威對哲學或任何思想的起源，就像是胡適在《先秦名學史》、《中國哲學史大綱》的〈導言〉裡所說的：「決不是劈空從天上掉下來的。」哲學思想與一個社會的文化歷史是息息相關的。杜威以美國爲例，說美國的哲學「必須脫胎於民主，必須面對民主所滋生的問題」。用同樣的邏輯去思考，美國的哲學既然是從歐洲傳承過來的，它自然也與歐洲的哲學有其臍帶的關係。然而，它也會爲了要因應其社會文化的發展，而作出其獨立的發展：「美國的哲學並不是就這

199　Lin Yusheng, *The Crisis of Chinese Consciousness: Radical Antitraditionalism in the May Fourth Era* (Madison, Wisconsin: The University of Wisconsin Press, 1979), pp. 93-94n.

200　Hu Shih to Clifford Williams, January, 22, 1915.

麼的與過去的哲學一刀兩斷，而獨自去闖一個偏安的天下；也不是選一個傳統哲學的宗派來湊數一樣地解決問題；而毋寧是不可避免地用涵蘊在我們自己的國家生活精神裡的需要與理想，來重新構思、重新孕育。」[201]

值得注意的是，胡適的《先秦名學史》、《中國哲學史大綱》既然在目的、方法論上都沒有受到杜威實驗主義的「指導」，他在枝節上呼應、徵引、甚至套用杜威，則反而只有捉襟見肘、自曝其短的效果。事實上，胡適在立論上有很多根本就跟杜威的基本觀點相牴觸。比如說，胡適在《先秦名學史》的〈導言〉裡，把近代歐洲的哲學和科學方法追溯到亞里斯多德。[202]胡適殊不知杜威對傳統西方哲學的態度根本是負面的。杜威認為哲學如果故步自封、不願從它陳腐過時的問題裡跳出來，哲學將會與社會脫節。這點即使胡適在當時還沒有覺察到，等他在1919年寫〈實驗主義〉的時候已經意識到了。所以他那時就懂得引述杜威的話說：「哲學如果不弄那些『哲學家的問題』了，如果變成對付『人的問題』的哲學方法了，那時候便是哲學光復的日子到了。」[203]換句話說，如果哲學須要先被光復，方才不至於與現代社會脫節，則傳統哲學，不管是中國的還是西方的，如何能成為中國現代化的沃壤？

其次，這個與近代西方哲學契合的沃壤，胡適說是先秦諸子的邏輯。問題是，早在胡適還沒有到美國留學以前，杜威已經開始對傳統邏輯展開了批判。他認為傳統各派邏輯——亞里斯多德、經驗、先驗各派——的根本錯誤，在於它們把思考、素材與研究視為各自獨立的範疇。他強調這種看法根本已經被近代的實驗科學所推翻了。他說，如果我們以近代科學的方法作為依歸，我們是否應該說：「所有我們在思想過程中所作的區分和名詞——判斷、概念、推論、主詞、述詞、判斷的連系詞等等、等等——都應該被視為整個疑難求解過程中所扮演的不同職責或分工？」[204]

201 John Dewey, "Philosophy and American National Life," *The Middle Works*, 1899-1924, 3.74, 76.
202 胡適，"The Development of the Logic Method in Ancient China,"《胡適全集》，35：313。
203 胡適，〈實驗主義〉，《胡適全集》，1：304。
204 John Dewey, "Some Stages of Logical Thought," *The Middle Works*, 1899-1924, 1.174.

　　更重要的是，杜威認爲近代科學的方法已經證明了傳統形式邏輯是空洞的，無意義的。亞里斯多德以來的三段論式，屬於西方邏輯思想演進的第三個階段。三段論式所著重的，與其說是尋求解決疑難和爭論的標準，不如說是辯難的技術。從大前提、小前提到結論的推論，所講究的就是論證的規則與證據的使用。問題是，論證即使再正確，它並不能保證前提的眞實性。杜威說亞里斯多德的邏輯必須假定某些最高或根本的眞理是不成問題或不能被質疑的，是自明、自證，不是用思想去證明或修正，而是天經地義的存在的。這是杜威的實驗主義所絕對不能接受的。

　　杜威說，等邏輯思想演進到第四個階段，這也就是說，拜近代科學之賜所發展出來的邏輯思想，就截然不同了。以歸納、經驗科學爲代表的第四個階段的邏輯思想所要作的是推論，而不是證明。杜威說三段論式要證明的是命題，推論則並不止於命題，而是要去追問更多、不同的事實。第四個階段的思維模式「其目標是要去拓展知識的新領域，而不是在舊疆域裡立路標。其技術不是爲已有的信念定高低的系統，而是去與陌生的事實與觀念爲友的方法。推論向外擴展，塡補漏縫。我們要評估其成敗，不是在於它頒發了多少獎狀，而是在於其知識的產量。發明(inventio)重於判斷(judicium)；發現勝於『證明』。」[205]

　　換句話說，胡適所津津樂道的先秦諸子的方法論，不管其再圓熟也好，也只不過是杜威眼中的西方邏輯思想演進的第三個階段。而這個西方亞里斯多德以來的邏輯論證，從杜威的角度來看，已經是被近代的科學方法所淘汰了。然則，胡適所亟亟想要找來與西方近代科學的方法接枝、交流的先秦諸子方法論，豈不等於是要中國人盲人騎瞎馬，掉下懸崖還不自知了嗎？

　　第三、胡適在〈導言〉說近代中國儒家的方法論，是宋朝的程灝、程頤從《禮記》裡所抽出來的《大學》。他借用了培根的《新工具》(*Novum Organum*)，來稱呼作爲近代中國儒家方法論的《大學》。他引了以下這一段：「物格而後知致，知致而後意誠，意誠而後心正，心正而後身修；修而後家齊，

205　John Dewey, "Some Stages of Logical Thought," *The Middle Works, 1899-1924*, 1.162-168.

家齊而後國治，國治而後天下平。」他說這就是近代中國儒家的方法論。程朱一派對這個方法論的詮釋是「格物窮理」。可是到了明朝的王陽明，這個詮釋卻引起了反動。原因出在王陽明格竹七天而窮不到理的故事。胡適引了王陽明在《傳習錄》裡的話：

> 眾人只說「格物」要依晦翁，何曾把他的說去用！我著實曾用來。初年與錢友同論做聖賢，要格天下之物，如今安得這等大的力量：因指亭前竹子，令去看。錢子早夜去窮格竹子的道理，竭其心思至於三日，便致勞神成疾。當初說他這是精力不足，某因自去格，早夜不得其理，到七日，亦以勞思致疾，遂相與嘆聖賢是做不得的，無他大力量去格物了。

王陽明格竹失敗以後，他所悟得的結論是：格物的意思其實是格心，其最終的目的在致良知。雖然胡適認為程朱對格物的詮釋近於西方歸納法的原則，他說這個方法論的致命傷在於光有歸納的理念，但是沒有執行的方法。他說王陽明格竹失敗的例子，在在說明了一個沒有歸納步驟可循的歸納法是空的。不但如此，胡適認為不管程朱也好，王陽明也好，他們的共同錯誤是把格物的「物」，詮釋為「事」，亦即人事。其結果是，連程朱這一派懂得格物窮理的道理的儒家，也只埋頭去「誠意正心」。胡適感嘆著說：

> 由於他們沒有研究大自然事物的科學方法，他們也把自己局限在道德政治哲學的問題上。因此，近代中國哲學的兩大階段〔宋與明〕，對科學的發展都一無貢獻。中國沒有科學，原因可能不只一個，但其致命傷是出在其哲學方法上，這恐怕不是一個誇張的說法。[206]

---

[206] 胡適，"The Development of the Logic Method in Ancient China,"《胡適全集》，35：303-311。

　　胡適在此處所提出來的中國沒有科學，程朱、王陽明都有責任的論點，他回國以後作了修正。原因爲何，我會在本傳的第二部裡再作分析。我在這裡要問的是，他這個說法與杜威的觀念合不合轍？我的答案也是否定的。胡適責備宋明以來的儒家，他說他們的方法論的致命傷在於光有歸納的理念，但是沒有執行的方法。這個說法其實是克雷登的。克雷登在《邏輯導論》裡說：

　　　事實不會現成地進入我們的腦子裡。光是去盯著東西看，不會給我們帶來知識：除非我們的腦子去作反應、去作判斷、去思考，我們不會因爲盯著東西看就聰明一點。要能作觀察，我們就必須多多少少能確定的意識到我們究竟在找什麼，然後把我們的注意力集中在某些場域或事物上。而要能這樣作，就必須在我們所意識到的萬千印象與事物裡去作選擇。[207]

　　胡適的觀點契合於克雷登的觀點，但卻違反了杜威最基本的哲學觀念。王陽明格竹失敗，用克雷登的話來說，是因爲：「光是去盯著東西看，不會給我們帶來知識。」換句話說，王陽明失敗的原因，就是因爲沒有方法。用胡適在〈多研究些問題，少談些『主義』〉的話來說就是：「學理是我們研究問題的一種工具。沒有學理做工具，就如同王陽明對著竹子痴坐，妄想『格物』，那是做不到的事……有了許多學理做材料，見了具體的問題，方才能尋出一個解決的方法。」[208]杜威的看法則不然。他會說王陽明格竹是無事忙。我們都記得胡適後來最喜歡說的杜威的五步思維術。他在1919年寫的〈實驗主義〉裡說：第一個階段是疑難的境地。所以胡適把程頤的話改成：「學原於思，思起於疑」；第二個階段在找出疑難之點究竟何在；然後再演進到提出假設、選擇最可能解決問題的假設，以至於第五步的求證[209]。換句話說，對杜威而言，思考的發生是因爲我們有

207　James Creighton, *An Introductory Logic*, pp. 210-211.
208　胡適，〈多研究些問題，少談些「主義」〉，《胡適全集》，1：328。
209　胡適，〈實驗主義〉，《胡適全集》，1：307。

了困惑或疑慮。反之，沒有疑難，就沒有思考的必要。杜威在《實驗邏輯論文集》裡說：「如果沒有任何問題或困難來刺激我們去作思考的話，科學調查根本就不會發生。」[210]

有趣的是，胡適自己在杜威課堂上所作的英文筆記，就記下了類似的話語：「人是思想的動物，因爲他先有了困擾，然後設法去控制它。〔思想的起因〕永遠是一個具體的問題，而絕對不會是根本或普世(überhaupt)的問題。」又：「知識永遠不會是一個從不完整認知到完整認知的歷程。它所處理的永遠是具體的事物。我們的出發點並不是要去了解宇宙，而是要去了解具體的問題。」[211]關於王陽明格竹失敗的問題，胡適其實用不著靠讀杜威的《實驗邏輯論文集》來找解答。這本書，我們知道他讀了，因爲北大圖書館藏的那本書，他劃線劃得滿滿的。他只要瀏覽他自己的筆記，就可以知道他應該如何詮釋王陽明格竹失敗的故事。這就在在地證明了所謂人若不開竅，言者諄諄、聽者藐藐的道理。這也就是說，在人還沒有開竅以前，說什麼都是聽不進去的。胡適還沒走進實驗主義之前，他就是在課堂上記了實驗主義的筆記，還是等於視而不見。王陽明格竹失敗，用杜威實驗主義的角度來看，就是因爲他想要去窮那宇宙蘊藏在竹子裡的「理」，而不是具體的竹子的問題。套用胡適所說的杜威的思維術的話來說，王陽明的格竹，根本連第一步都不符合。他對竹子根本就沒有困惑、沒有疑難，他的思考當然也就根本沒有啓動了。

此外，胡適說宋明理學家把「物」詮釋爲「事」，結果只知研究人事現象，而忽略了自然界，造成了中國沒有發展出科學的悲劇。從杜威的實驗主義的角度來看，這也犯了一個最基本的二分法的謬誤。杜威一生孜孜不倦、不厭其煩地到處呼籲的，就正是要大家不要忘了科學的方法沒有自然、人文科學之分。科學方法只有一種，那就是已經成功地運用在自然科學上的方法，而那也就是我們應該拿來研究人類社會、文化、政治、經濟的方法。任何人都可以不同意杜威的這個

[210] John Dewey, "The Relationship of Thought and Its Subject-Matter," *The Middle Works, 1899-1924*, 2.307.
[211] 北京社科院近代史研究所藏胡適英文檔案，E062-002。

說法，但是一個自居為杜威實驗主義的信徒偏離了這種看法，就沒有任何能逃避質疑的藉口。杜威在《實驗邏輯論文集》裡說：「一個事物，拉丁文說：*"res"*，就是一個事件、一件工作、一個『主張』；那跟得了流行性感冒、或是參加競選、或是把作了太多的西紅柿罐頭分送給別人、或是到學校去、或是想追一個年輕的女性等等事情是沒有兩樣的。」[212]換句話說，如果我們把杜威的實驗主義的觀點運用到中國宋明理學的脈絡下，「格物」不分「事」或「物」，其旨同，其法同；只要方法正確，不管是用在人間的「事」或用在自然界的「物」，都是科學。從杜威的角度來看，我們沒有道理去說，因為宋明理學家只知格「事」而不知格「物」，所以中國沒有產生科學。如果中國沒有產生科學，那是因為方法錯了，而不是因為他們只知格「事」。等胡適後來終於弄懂了杜威的實驗主義以後，他也會開始強調科學方法沒有自然、人文社會科學之分。然而，在美國留學時候寫《先秦名學史》時候的他，對這一點仍然懵懂。

　　胡適在《先秦名學史》裡對孔子「正名主義」的分析，也是與杜威的觀點相牴觸的。杜威說：我們嘲笑頭腦簡單的人以為有「名」就一定有「實」，他甚至會正經八百地到字典裡去找名詞的定義，來裁決道德、政治甚或科學上的爭論。但是，從另外一個意義下來看，杜威認為「名」可以有其「實」，這是因為一旦約定俗成，「名」就有其社會的實際。只是，也正由於如此，「名」有其保守的性質，一旦變成天經地義，「名」就有僵化到被視為有其金科玉律之「實」的危險[213]。胡適說孔子要正名，是因為他認為「名」必須符其「實」；孔子的「正名」，就是要把「君君臣臣父父子子的關係、職守、制度，盡可能地與其原有的真義符合。這些真義即使久已失傳、偏廢，我們可以透過切當的研究，亦即精確的正名工作，使其重現、重建」[214]。令人驚訝的是，口口聲聲說他寫《先秦名學史》、《中國哲學史大綱》是受實驗主義思想指導的胡適，居然會非常不實驗主義地相信我們可以從「名」去找「實」。不但如此，他甚至在他論文的一個注釋

212　John Dewey, "Introduction to Essays in Experimental Logic," *The Middle Works, 1899-1924*, 10.322.

213　John Dewey, "Some Stages of Logical Thought," *The Middle Works, 1899-1924,* 1.152-156.

214　胡適，"The Development of the Logic Method in Ancient China,"《胡適全集》，35：359。

裡徵引了孔德的實證主義觀點，來與孔子的「正名主義」相輝映。其中一句引文是說孔子和孔德一樣，都試圖要「用理性的方法來建立一個可以讓我們可以理解人類、社會與世界的普世皆準的眞理系統」[215]。如果有什麼句子可以讓杜威，以及後來的胡適嗤之以鼻的，「普世皆準的眞理系統」這句話，應該是非此莫屬。

事實上，胡適在《先秦名學史》裡立論最爲薄弱、矛盾層出、妄自套用杜威的部分，就是他對孔子、墨子的分析。胡適在分析孔子的學說的時候，他行文的口氣完全是正面的。比如說，他說孔子的「正名」哲學絕不只是在文義上咬文嚼字，而是思想的重建。「正名」的方法，在於「謹於用辭定論，謹嚴到每用一字、每下一判斷，都是在作一個道德的判斷，都是在褒或貶，都是像政府的法規必須作褒或貶一樣。西方讀者一定會覺得這未免太異想天開了。但是孔子的這個概念對中國的思想有深遠的影響，特別是中國的史學」[216]。

然而，到了《先秦名學史》的〈墨子篇〉，胡適對孔子的批評卻作了一百八十度的轉變：

儒家的邏輯的問題，出在於他們妄想用「名」來正名，這也就是說，用重建「名」原有的、理想的定義，來「正」那已經錯謬了的「名」。任何現代語言學者一眼就可以看出這注定會是徒勞無功的。我們暫且就不論字義溯源的工作可以是無止境的，就是我們眞能追溯到字義的本源，除了語義學上的餖飣意味以外，那又有什麼用處呢？我們就是最後能把〔《易經》裡〕的『象』字成功地溯源到『大象』，那對邏輯或社會道德又有什麼益處呢？

反之，如果我們放棄了字義追求法，我們就等於是被迫武斷地去賦予定義，用哲學家心目中的理想去下定義。這種武斷或主觀的作法，儒家是採行了，特別是《春秋》。在《春秋》裡，爲了表達歷史家〔孔子〕

215 胡適引的是萊維・布律爾(Lucien Lévy-Brühl)分析孔德的實證主義的觀點。參見胡適，"The Development of the Logic Method in Ancient China,"《胡適全集》，35：361註。
216 胡適，"The Development of the Logic Method in Ancient China,"《胡適全集》，35：391-392。

武斷的價值判斷，他甚至把歷史事實也給扭曲了。[217]

　　胡適在《中國哲學史大綱》裡也批評了《春秋》所引生的流弊：「《春秋》那部書……不可當作一部模範的史書看……爲什麼呢：因爲歷史的宗旨在於『說眞話，記實事』……《春秋》的餘毒就使中國只有主觀的歷史，沒有物觀〔即客觀〕的歷史。」[218]

　　更嚴重的是，胡適批判說，孔子「正名」哲學的目的、孔門的邏輯目標，是在追求先驗的、普世皆準的道理，而一點都不去考慮其「結果」(consequences)：

　　　　孔子心目中的論斷講求的是：什麼是該作的，什麼是不該作的。但是，當他以及他的弟子賦予這些論斷絕對以及先驗的本質以後，它們就變成了普世應然的準則，而完全不計其結果。就像後來的一個儒家〔董仲舒〕所說的：「正其誼不謀其利，明其道不計其功。」其結果是：普世皆準的命題就成了目的。至於這些命題正確與否，他們不但沒有測試方法，他們連想也不想。他們同時也沒有任何能夠指導他們如何把那些命題運用在具體的情況裡的準則。這是因爲一旦不去計其實用的效果，這些普世皆準的命題只不過是空洞和抽象的辭藻，可以任由人一時的興起(caprice)與偏見盲目地拿來使用或束之高閣。[219]

　　任何對杜威的實驗主義有若干了解的人，都可以一眼就看出胡適爲什麼會在此處祭出「實用」、「結果」、「具體的情況」的令牌，以及爲什麼要抨擊「普世皆準」的論斷與命題空洞、抽象。胡適在《先秦名學史》裡套用杜威實驗主義的基本名詞和概念，已經到了誤用與濫用的地步。就以「實用主義」這個概念爲

217 胡適，"The Development of the Logic Method in Ancient China,"《胡適全集》，35：422。
218 胡適，〈中國哲學史大綱〉，《胡適全集》，5：281-282。
219 胡適，"The Development of the Logic Method in Ancient China,"《胡適全集》，35：422-424。

例。胡適在〈墨子篇〉裡有一節，其節目是墨子的「實用主義的方法論」（Pragmatic Method）。他說墨子批判儒家只知追尋普世皆準的道理，完全不顧其實用的結果。相對地，墨子在衡量一切信念與理論的時候，則一定是以其所產生的結果來作為準則。胡適說墨子的實用主義的立場可以總括如下：

　　每一個制度的意義，在於其所能產生的結果，每一個概念、信念或政策的意義，在於其所能培養出來的行為或品格。以下這句話可以言簡意賅地說明他的實用主義的方法：「任何可以提昇人的行為的準則，就該讓它永垂不朽；任何無法提昇人的行為的，則反之。去為那些無法提昇人的行為的準則饒舌，只是在浪費口舌而已〔言足以遷行者，常之；不足以遷行者，勿常。不足以遷行而常之，是蕩口也〕。」[220]

　　《先秦名學史》裡誤用杜威的實用主義的例子，莫此為甚。杜威在胡適曾經認真讀過的《實驗邏輯論文集》裡，有一篇短文，特別強調了實用主義的「實用」，並非那些好譏詆實用主義者口中的「實用」。杜威開門見山，就慨嘆著說：

　　傳言，一經說開，要阻止其傳布就沒有那麼容易。對工具主義的種種誤解裡，最讓人擺脫不了的，就是說知識不過是達成實用目的的方法而已；或者說，知識是滿足實用需要的方法……我要在此再作一次強調：「實用」一詞所指的，只不過是一個規則，那就是：所有的思想、所有的反思，都必須用結果來定其意義或測其效果。這個結果的性質為何，實用主義並不置喙：它可以是在美學或道德方面，可以是政治上的，也可以是在宗教上的。

220 胡適，"The Development of the Logic Method in Ancient China,"《胡適全集》，35：415-420。

他用工具主義的眞諦來進一步說明「實用」或「實踐」的意義：

> 在以邏輯的形式展現出來的實用主義——工具主義——之下，行爲或實踐確實扮演了一個重要的角色。但實用所意指的並不是結果，而是認知的過程……認知幫我們達到一個控制得宜、更佳的情況，至於其結果如何，或者其工具性如何，則不是它的問題。

杜威說，對一般人而言，科學理論之所以可貴，是因爲它在應用或「實用」上的效果。但從科學和邏輯的角度來看，這應用或「實用」所意味的就是實驗；實驗的成功，證明了理論的正確。爲了澄清這種對實用主義最常見的誤解，杜威一生在不同的場合裡不厭其煩地作了解釋。他在晚年所寫的《邏輯：研究的方法論》(*Logic: The Theory of Inquiry*)裡有一段說得最清楚：

> 從一般人的角度來看，自然科學通則的應用——例如電力、化學工程師的技術以及醫療科學(如果我們可以用這個名詞的話)的方法——之所以讓人刮目相看，主要就是因爲其實用的效果。把瘧蚊孳生的沼澤的積水抽掉，大家都會舉手贊成，因爲這樣作可以袪除瘧疾。然而，從科學的角度來看，這是爲了驗證理論所作的實驗。[221]

換句話說，胡適對實用主義的「實用」的誤解，不只在於像一般人一樣，只看效果；他最根本的謬誤在於把這「實用」的效果詮釋成實用主義的眞諦，而渾然不知從杜威的角度來看，「實用」是涵蘊在認知以及檢證的過程裡。由於誤用，胡適套用「實用主義」的名詞來描述墨子的哲學方法，這個作法本身已經是名詞的濫用。然而，匪夷所思的是，胡適才稱讚墨子「實用主義」的方法，在接下去的一節分析墨子的邏輯「三表法」的時候，卻又轉過來揭穿其實墨子只是一

221　John Dewey, "Logic: The Logic of Inquiry," *The Later Works, 1899-1924*, 12.434.

個半吊子的「實用主義者」：

> 　　墨子雖然總是強調實際的結果，雖然他總是批判儒家好談抽象的名與
> 理而不顧其在實際人生所產生的效果，然而，他自己所想建立的，也是
> 一個普世皆準的系統，一個經由實用主義的方法去測試、建立起來的眞
> 理系統，來作爲個人生活，以及社會國家規範的指導……所以，雖然墨
> 子的方法強調實際的結果，它的目標是在建立一個普世皆準的行爲法則
> 的系統。[222]

　　我們還記得胡適在《先秦名學史》的〈導言〉裡振振有詞地說爲什麼先秦非
儒家諸子的哲學是中國未來的希望，是可以用來接枝近代西方哲學與科學的沃
壤。他的理由是因爲：「他們所強調的是經驗，而不是教條、不是唯理主義。」
然而，等到他進一步分析墨子的邏輯的時候，卻得出了孔子、墨子原來都是一丘
之貉，都是妄想去建立一個普世皆準的行爲法則的系統。在哥大寫論文的時候的
胡適有所不知，如果墨子哲學方法的目標「是在建立一個普世皆準的行爲法則的
系統」，他就不是一個實用主義者；沒有一個實用主義者，會只是在方法上是實
用主義者，而在目標上是康德或黑格爾主義者。這就在證明了胡適當時完全不
懂實用主義，完全是用誤解實用主義的人的觀點來看實用主義，望文生義，把
「實用」詮釋成「實際的結果」。我們可以不需要再徵引杜威，我們用胡適回到
中國好好讀了杜威的書以後所寫的〈三論問題與主義〉裡的話，就可以以明日的
胡適的矛來攻昨日的胡適的盾：「一切主義，一切學理，都該研究，但是只可認
作一些假設的見解，不可認作天經地義的信條；只可認作參考印證的材料，不可
奉爲金科玉律的宗教；只可用作啓發心思的工具，切不可用作蒙蔽聰明、停止思
想的絕對眞理。如此方才可以漸漸養成人類的創造的思想力，方才可以漸漸使人

222 胡適，"The Development of the Logic Method in Ancient China,"《胡適全集》，35：
　　442-443。

類有解決具體問題的能力，方才可以漸漸解放人類對於抽象名詞的迷信。」[223]

最最匪夷所思的，是胡適一定要在《先秦名學史》裡套用杜威的概念，即使恐怕連他自己都覺得牽強附會，還是硬要削足適履地拿來運用。比如說，胡適用《易經》來分析孔子的邏輯的時候，他說《易經》有三個基本觀念：易、象、辭。「辭」的作用，胡適在《中國哲學史大綱》解釋說：「在於指出卦象或爻象的吉凶。」他接著引申說：

> 象所表示的，是「天下之賾」的形容物宜。辭所表示的，是「天下之動」的會通吉凶。象是靜的，辭是動的；……動而「得」，便是吉；動而「失」，便是凶；動而有「小疵」，便是悔吝。「動」有這樣重要，所以須有那些「辭」來表示各種「意象」動作時的種種趨向，使人可以趨吉避凶，趨善去惡。能這樣指導，便可鼓舞人生的行為……辭的作用，積極一方面，可以「鼓天下之動」；消極一方面，可以「禁民為非」。[224]

胡適在此處對「辭」的解釋是點到為止，恰到好處。他在《先秦名學史》裡也作了類似的詮釋。他說，「辭」的定義就是：某事的趨向會帶來某種結果的判斷，也就是說，是吉是凶的判斷。例如：「謙，亨，君子有終」，就是「謙沖會帶來成功」的判斷。孔子又說：「吉凶悔吝者，生乎動者也。」再：「吉凶者，言乎其失得也。」於是胡適說：

> 正因為吉凶基於行為的好壞，這種依因果來預測人事趨向的判斷，就成為有用的工具，可以幫助人們去作正確、成功的行為……所以孔子說：「極天下之賾者存乎卦，鼓天下之動者存乎辭。」

---

223 胡適，〈三論問題與主義〉，《胡適全集》，1：353-354。
224 胡適，〈中國哲學史大綱〉，《胡適全集》，5：260、269-270。

然而，在《先秦名學史》裡，他就偏偏要再更上一層樓：

> 因此，這些判斷的價值就在於它們基本上是實用的……孔子說：「是
> 以君子將有爲也，將有行也，問焉而以言，其受命也如響，無有遠近幽
> 深，遂知來物。」這就是《易經》裡的辭。它們是行爲的準則。它們極
> 類似於有人所說的「實踐的判斷」（judgments of practice）。[225]

胡適在這裡所說的「有人」，其實就是杜威；而其出處，也就是他所精讀的
《實驗邏輯論文集》。問題是，杜威說得非常清楚，他所謂的「實踐的判斷」是
去對一個尚未完成的情境作了解，然後再決定舉措的判斷。杜威提出「實踐的判
斷」的用意還是在打破傳統哲學裡把「理論」與「實踐」弄得涇渭分明的二分
法。因此，杜威所謂的「實踐的判斷」其實包含的範圍極廣，價值的判斷、科學
的判斷，都屬於他所說的「實踐的判斷」。如此說來，「實踐的判斷」必須遵循
所有杜威所強調的思考方式或步驟。「實踐的判斷」所面對的問題是：在一個尚
未完成，一個不明確的情境之下，一個人在思索他該怎麼作、如何作的過程中所
下的判斷。這個作判斷的過程，毋庸置疑的，必須要經由假設、評斷與證明的過
程[226]。

胡適自己一定也很明白他在此處套用杜威的「實踐的判斷」，有附會、濫用
的嫌疑。因此，他特別作了強詞奪理的解釋：

> 有人也許會提醒我們說，孔子在此處所說的判斷屬於占卜的範疇；那
> 是一本教人如何趨吉避凶的占卜書。然而，我們必須了解，對於一個雖
> 然古老但並不迷信的民族來說，作爲占卜用的《易經》，跟我們這個時
> 代說明科學定律的書相比，其作用其實是完全相同的。一本現代討論醫

---

225 胡適，"The Development of the Logic Method in Ancient China,"《胡適全集》，35：
384-387。
226 John Dewey, "The Logic of Judgments of Practice," *The Middle Works*, 1899-1924, 8.14-49.

學的書，跟《易經》裡所說的判斷，性質是完全相同的。前者告訴讀者如何去觀察各種疾病的症狀，如何去避免，如何去治療等等。同樣地，《易經》也**根據其時代的知識**，告訴讀者從他行爲的趨向去判斷他可能得到的後果，以便幫助他趨善去惡。孔子所處時代和歐斯特瓦德(Wilhelm Ostwald)〔1853-1932，德國化學家，1909年諾貝爾化學獎得主〕以及皮爾生(Karl Pearson)〔1857-1936，英國科學家〕所處時代的不同點，並不在於後者可以不須要行爲準則的書；而是在於其行爲的準則，是建立在由科學實驗所得以及證明的精確的知識之上。相對的，古人的知識則只是民俗和先驗的哲理。因此，孔子在《易經》裡對判斷〔按：即「辭」〕的來源作了這樣的說明：「聖人以此洗心，退藏於密，吉凶與民同患。神以知來，知以藏往，……是以明於天之道，而察於民之故，是興神物以前民用。」因此，從判斷本身而言，《易經》的判斷跟現代科學定律書裡的判斷並沒有什麼不同，其不同點，就在它是用唯理主義、先驗的哲理去追溯這些判斷的起源。[227]

　　當時的胡適所還沒了解的地方，就正是他這最後一句對實驗主義來說，是形同異端的話：「它是用唯理主義、先驗的哲理去追溯這些判斷的起源。」這先驗的理論就是杜威，以及回國以後終於開了竅的胡適一輩子所撻伐的對象。杜威對先驗理論的批判，我們已經說過多次，不須要再辭費。杜威並不反對從過去的經驗裡汲取教訓。他說我們不這樣作，才是愚蠢。然而，使用過去的經驗是有條件的。那過往的經驗必須是在當時已經是經過批判的程序而得到的。還有，社會是日新月異的，人類是一直在進步的，今日的情境，泰半不會同於昨日的情境。每一個情境都是具體的，不但是未完成的，而且其未完成的性質與程度也是因情境而不同的，不能籠統言之。更重要的是，非批判性地使用過往的經驗，沒有任何

---

227 胡適，"The Development of the Logic Method in Ancient China,"《胡適全集》，35：387-388。

思想的意義，那只是依樣畫葫蘆，不是學習，不是檢證[228]。

《先秦名學史》以及《中國哲學史大綱》裡，牽強附會的地方不勝枚舉。胡適晚年的時候，終於公開承認他在寫《中國哲學史大綱》的時候有一個牽強附會的地方。他在1958年在紐約寫的〈《中國古代哲學史》台北版自記〉裡說：

> 此書第九篇第一章論〈莊子時代的生物進化論〉〔《先秦名學史》第四篇第一章〕，是全書裡最脆弱的一章。其中有一節述〈《列子》書中的生物進化論〉，也曾引用《列子》偽書，更是違背了我自己在第一篇裡提倡的「『史料若不可靠，歷史便無信史的價值』的原則。」我在那一章裡書述〈莊子書中的生物進化論〉，用的材料、下的結論，現在看來，都大有問題。例如，《莊子·寓言篇》裡說：
> 萬物皆種也，以不同形相禪。始卒若環，莫知其倫。是謂天均。
> 這一段本不好懂。但看「始卒若環，莫知其倫」八個字，這裡說的不過是一種循環的變化論罷了。我在當時竟說：
> 「萬物皆種也，以不同形相禪」，此十一個字竟是一篇《物種由來》。
> 這真是一個年輕人的謬妄議論，真是侮辱了《物種由來》那部不朽的大著作了！[229]

胡適說：「『始卒若環，莫知其倫』八個字，這裡說的不過是一種循環的變化論罷了。我在當時竟說：『萬物皆種也，以不同形相禪』，此十一個字竟是一篇《物種由來》。」這個領悟是章炳麟給他的。他的書在1919年2月出版，章炳麟在3月27日的來信中就指出他對莊子那句話的理解是斷章取義。章太炎要胡適注意，他說莊子：「不說萬物『同』種，卻說萬物『皆』種。明是彼此更互為種。所以下邊說『始卒若環，莫知其倫』。這就是華嚴『無盡緣起』的道

---

228 John Dewey, "The Logic of Judgments of Practice," *The Middle Works*, 1899-1924, 8.43-47.
229 胡適，〈《中國古代哲學史》台北版自記〉，《胡適全集》，5：534-535。

理。」[230]

《先秦名學史》是胡適在哥倫比亞大學的博士論文，他再想牽強附會，當然也知道必須要有分寸。所以，他還不敢把莊子在〈寓言篇〉那十一字「眞言」比擬成達爾文的《物種由來》的理論。他只敢用「變異」、「適應」。他唯一用暗渡陳倉的方法使用「物種由來」的字眼的地方，是他描述荀子反對莊子進化論的立場的時候。他說：「荀子同時也攻擊物種由來的進化論，亦即物種以不同形相禪的理論。」[231]胡適在《中國哲學史大綱》裡敢夸言：「『萬物皆種也，以不同形相禪，』此十一個字竟是一篇《物種由來》。」在《先秦名學史》裡，他就收斂得多了。他只敢說：「然而，〔莊子〕的這個大膽的假設，到底有多少是建立在那個時代所擁有的科學數據上，是值得置疑的。無論如何，我認爲我們可以把這段話拿來作爲物種經由變異而演化的理論的佐證。」[232]

我說胡適在《先秦名學史》這篇博士論文裡收斂、不敢放肆，這句話不是無的放矢的。他的《先秦名學史》是在1917年5月2日完稿的。他在論文裡只敢很保留地說：莊子的「物種由來論」到底有多少科學數據的根據，「是值得置疑的。」然而，他在撰寫這篇英文論文的同時，已經一再發表地他對先秦諸子的進化論的現代詮釋。他的〈先秦諸子之進化論〉先是在1916年「中國科學會」的年會上發表過。後來還發表在《科學》的第三卷第一號上。他在1916年初秋改寫該文，全盤改寫了篇中的「荀卿的進化論」。他在寫完論文的三個禮拜以後，也就是1917年5月23日，把這篇修正後的〈先秦諸子之進化論〉交給《留美學生季報》發表。雖然他在「前記」裡說他已「覺其多誤」，但仍然發稿。他在分析莊子的時候，仍然夸夸而言：

> 「萬物皆種也，以不同形相禪。」這一句話，總括一部達爾文的《物種由來》(*Origin of Species*)。那時代的學者，似乎很有人研究生物學。

---

230 章炳麟致胡適，1919年3月27日，《胡適遺稿及秘藏書信》，33：223。

231 胡適，"The Development of the Logic Method in Ancient China," 《胡適全集》，35：55。

232 胡適，"The Development of the Logic Method in Ancient China," 《胡適全集》，35：528。

所以莊子能發出這種絕世驚人的議論來。依我看來，莊子這話，並非全
是心中想像的結果，卻實有科學的根據。[233]

換句話說，即使胡適在寫完《先秦名學史》這篇論文，然後，再寄〈先秦諸
子之進化論〉的修訂稿給《留美學生季報》發表的時候，說他當時已經發覺這篇
修訂稿已「覺其多誤」。這所謂「覺其多誤」也者，並不包括他說達爾文「物種
由來」的理論中國早在莊子的時代就已有之的說法。所以，他才會在《中國哲學
史大綱》裡侃侃而言，說：「『萬物皆種也，以不同形相禪』，此十一個字竟是
一篇《物種由來》。」[234]

「年輕的」胡適的「謬妄議論」，何只是牽強附會地引用實驗主義和達爾文
的進化論來分析先秦哲學。就舉兩個比較明顯的例子。第一、不相干的附會：把
《墨經》比《聖經》。他說《墨子》的〈尚賢〉、〈尚同〉、〈兼愛〉、〈非
攻〉、〈天志〉、〈非命〉諸篇的文體用的「都是三部曲〔按：即上、中、
下〕，有著諸多的在字句上的歧異、重疊與重複的地方——跟《新約聖經》的
〈對觀福音書〉（Synoptic Gospels）〔按：即〈馬太〉、〈馬可〉、〈路加〉三福
音〕的問題很相像」[235]。即使《墨子》的這幾篇跟〈對觀福音書〉一樣有重疊、
重複的地方，這個比擬根本是牛頭不對馬嘴，因為〈對觀福音書〉的重疊與重複
的問題是牽涉到這三篇福音的來源，亦即究竟它們是獨立成書的？還是其中一福
音書是其他兩福音書的來源？或者，三福音書都來自同一個來源？或者是來自多
重的來源？這牽涉到的不只是這三福音的史實的問題，而且還牽涉到《聖經》作
為不可懷疑、不可更改一字的「聖書」的問題。

第二、牽強的附會：把墨子拿來比擬威廉‧詹姆士（William James）。他徵引
《墨子‧明鬼篇下》的一段話：

---

233 胡適，〈先秦諸子之進化論〉，《留美學生季報》，第六年秋季第二號，頁14。
234 胡適，〈中國古代哲學史〉，《胡適全集》，5：413。
235 胡適，"The Development of the Logic Method in Ancient China," 《胡適全集》，35：
402。

　　若使鬼神請有，是得其父母姒兄而飲食之也，豈非厚利哉！若使鬼神請亡，是乃費其所爲酒醴粢盛之財耳且夫費之，非特註之污壑而棄之也，內者宗族，外者鄉里，皆得如具飲食之。雖使鬼神請亡，此猶可以合歡聚眾，取親於鄉里。

　　胡適在註釋裡，又加引了《墨子‧公孟篇》的另一段話來作佐證：「古者聖王皆以鬼神爲神明，而爲禍福，執有祥不祥，是以政治而國安也。」[236]

　　胡適徵引這兩段話是在說明墨子的「三表法」，亦即墨子邏輯的應用。這「三表」就是：第一表：有本之者——上本之於古者聖王之事；第二表：有原之者——下原察百姓耳目之實；第三表：有用之者——發以爲刑政、觀其中國家百姓人民之利。所以，胡適說第三表是墨子邏輯的「實際上的應用」，是「最終的檢證」——依然是實用主義觀點的誤用與濫用。胡適在此處所徵引的〈明鬼篇〉與〈公孟篇〉的兩段話，就是墨子用第三表來證明鬼神的存在。胡適說墨子用「實際上的應用」來證明鬼神存在的作法，使他很難不去聯想到「信仰的意志」(the will to believe)。胡適雖然沒有指名道姓，知情的讀者當然知道說「信仰的意志」這句話的就是威廉‧詹姆士。對心有靈犀一點通的讀者，胡適說：

　　在兩千多年以後回頭來看〔墨子的〕這些話，很多人一定覺得很淺薄。我在此處徵引這些話的目的，完全是要指出一個思想家的宗教性情有很大的影響力，可以影響到他會想用實驗主義的方法去證明鬼神的存在的地步。〔諷刺的是〕，他用同樣的〔實驗主義的〕方法去粉碎了〔儒家的〕命定論！難不成這種沒有嚴格地經過實驗主義的檢證，就試圖去爲信念辯護的作法，就是造成墨家後來不被物質主義以及無神論者所採信的原因之一？

236　胡適，"The Development of the Logic Method in Ancient China,"《胡適全集》，35：434、434n。

胡適更進一步地加了一個註釋，徵引了杜威在《實驗邏輯論文集》批評威廉‧詹姆士的一段話：

> 詹姆士先生是想要用實驗主義的方法，來處理一個邏輯內涵已經定型了的準則，根據其在人生所可能會產生的影響，來發現其價值呢？還是他想要用實驗主義的方法來批判、修正、以至於訂定該準則的意義呢？如果是前者，其危險是：實驗主義的方法是被拿來粉飾——而不是用來證明——論點。而這些論點本身是理性主義的形上學的，而不屬於實驗主義的範疇。[237]

詹姆士的「信仰的意志」跟墨子的第三表「發以為刑政、觀其中國家百姓人民之利」的觀點當然是有如天壤之別的。前者是個人意志的選擇；後者是「治人者」的治術，至於「被治者」如何想則完全不在考慮之列。對詹姆士而言，這個「信仰的意志」有兩重的意義：作為信仰而言，那信仰必須是「活」的，就好像我們說這條電線是「活」的還是「死」的的意思。換句話說，那信仰必須有能夠使人能為之起舞的力量；其次、作為意志而言，那作選擇的意志必須符合三個條件：第一、那必須是一個活生生的抉擇，是一個與個人生命的寄託相關的抉擇；第二、那必須是一個無可逃避、只能二中選一的抉擇；第三、那抉擇必須是決定性的(momentous)，作與不作的結果是迥異的[238]。

當然，歸根究柢，胡適在《先秦名學史》所犯的最嚴重的附會、濫用的謬誤還是實驗主義。由於他謬誤地把實驗主義詮釋成「功用主義」，所以他把這個名詞濫用的程度，已經是到了先秦的諸子各個看起來都像是實驗主義者的程度。不但孔子在《易經‧系辭》裡有杜威實驗主義的「實踐的判斷」的意味，墨子也是實驗主義者，而且連法家的韓非也是一個實驗主義者。我們不知道胡適1917年5

---

237 胡適，"The Development of the Logic Method in Ancient China,"《胡適全集》，35：433-435、435n。

238 William James, *The Will to Believe and Other Essays in Popular Philosophy* (New York: Longmans Green and Co., 1907), pp. 2-4.

月22日在哥倫比亞大學歷時兩個半小時的博士論文口試經過如何。值得令人玩味的是，他在《先秦名學史》動輒套用"pragmatism"（實驗主義）這個名詞，到了他1919年出版的《中國哲學史大綱》的時候，「實驗主義」只出現了一次。亦即在第八篇〈別墨〉第二章〈《墨辯》論知識〉的時候。然而，即使如此，他還在「實驗主義」後加了括弧，注明他所說的「實驗主義」是「應用主義」的意思[239]。事實上，凡是他在《先秦名學史》裡用「實驗主義」的字句，到了《中國哲學史大綱》都換成了「應用主義」。胡適在回國以後，在用中文寫成他的《中國哲學史大綱》的時候，不再侈言「實驗主義」，而改用「應用主義」來描述先秦諸子的哲學。雖然一直到1919年春天，在胡適寫的〈實驗主義〉的時候，他仍然還說：「古代的哲學家如中國的墨翟、韓非(看我的《中國哲學史大綱》頁153至165，又197，又379至384)，如希臘的勃洛太哥拉〔今譯：普羅泰戈拉〕(Protagoras)，都可以說是實驗主義的遠祖。」但是他也接著馬上承認說：「今世的實驗主義乃是近世科學的自然產兒，根據格外堅牢、方法格外精密，並不是古代實驗主義的嫡派子孫。」[240]如果胡適在博士論文口試時真的是受到了挫折，這個不再牽強附會的謹慎，或許就是他從挫折中所得到的一個「收穫」。

　　我們無須再多徵引開了竅以後的胡適所說的話，來批評他在此處所犯的謬誤。開了竅以後的胡適，每一回首看他自己所寫的《先秦名學史》，看到自己當時牽強附會、胡亂套用杜威的基本概念，乃至於使用一般人想當然耳、望文生義、以訛傳訛、常使杜威為之掩卷太息的誤解來界定實用主義，他一定會羞赧地覺得無地自容。我們在上文徵引了他在〈三論問題與主義〉裡所說的一段話。其滔滔雄辯的氣概、其義正詞嚴的凜然，與其說是在諄諄善誘蒙蒙蒼生，不如說是在悔過，不如說像是在用口訣真經，驅魔除邪式地去滌蕩(exorcise)那依附其身的「異端邪說」：「一切主義，一切學理，都該研究，但是只可認作一些假設的見解，不可認作天經地義的信條；只可認作參考印證的材料，不可奉為金科玉律的宗教；只可用作啓發心思的工具，切不可用作蒙蔽聰明、停止思想的絕對真理。

239 胡適，〈中國古代哲學史〉，《胡適全集》，5：360。
240 胡適，〈實驗主義〉，《胡適全集》，1：283。

如此方才可以漸漸養成人類的創造的思想力，方才可以漸漸使人類有解決具體問題的能力，方才可以漸漸解放人類對於抽象名詞的迷信。」

十年遲得博士學位

　　胡適的博士學位為什麼拖了十年才拿到呢？事實上，對於一個對中國近代思想史貢獻那麼大，影響那麼深，著作等身，榮譽博士學位數目破記錄的人來說，晚了十年才拿到他的第一個博士學位，這絲毫都減不了他的光芒。怎奈這爭議，就像波濤一樣，一浪終過，彼浪又起。值得慶幸的是，我們已經不太可能再聽到那反胡的一方，抓到一丁點雞毛，就不能掩其施施然之色，像唐德剛所形容的：「為壓低胡適，自抬身價。」[241]這個已經歷經一個世紀的爭議，說得白一點，真是干卿底事？我們可以想像那在天上與諸仙眾神同遊唱和的「胡博」，在這喧囂塵上的曉嚷的噪音裡，乍聽到自己的名字以及博士學位云云。他回首一瞥環繞著書房四牆所掛滿的博士學位證書。屈指一算，三十五個榮譽博士學位，外加自己掙來的那一個，一共是三十六個博士學位。他有點不解，到底是誰才有問題呢？於是垂首向凡塵裡無事忙的一群反問道：「為什麼你只有一個博士學位呢？」

　　然而，當胡適的博士學位已經變成一個問題以後，那本來不應該成為問題的問題，就變成了所有研究胡適的人所必須面對的問題。到了這個時候，胡適的博士學位的問題，已經不只是胡適的問題，而且也是研究胡適博士問題的人的問題。換句話說，我們必須去檢證的不只是胡適的博士學位為什麼姍姍來遲，我們也必須去檢證那些說胡適為什麼遲了十年才拿到博士學位的人。歷來談論胡適博士學位問題的人，著眼的都是形式上的問題。這也就是說，胡適的口試是否通過？學位拖了十年才拿到，是否只是因為遲遲沒有呈交論文？我在此處不再辭費去複述早期一些充滿情緒性的爭議，而只是要從余英時在2004年重提胡適博士學位問題的那篇文章談起。但是，在談到余英時那篇文章以前，必須先更正一個小

錯誤。耿雲志的《胡適研究論稿》，在2007年出了新版。由於他本著「不可以改變歷史」的態度，決定不在內容上作更動。這個態度當然是值得稱許的。問題是，原版的錯誤，可能被不察者援用。其中，有一個錯誤跟胡適的博士學位有關。耿雲志說胡適在1922年出版他的《先秦名學史》的時候，在出版說明裡說他這篇論文是「作爲博士考試的一部分而被接受的。」耿雲志說這句話耐人尋味，懷疑其是否有隱情[242]。事實上，胡適那句話正確的翻譯應該是：「作爲獲取博士學位資格規定中的一項。」美國各大學取得博士學位資格的規定，大同小異。論文只是其中的一項，其他項目包括選課、在學年限、外國語文、博士資格考。有些學校的博士資格考除了口試以外，還有筆試。因此，所有美國大學的博士在呈交論文的時候，其標題頁上都一定會注明：「本論文是作爲獲取博士學位資格規定中的一項。」

　　余英時2004年在爲《胡適日記全集》寫序文時，再度提出了胡適博士學位的問題。余英時的推論，仍然是我所說的，是從形式上，也就是從哥大的規定上來作推論的。他的結論是：「胡適的『博士學位問題』，除了因『論文緩繳』延遲了十年以外，別無其他可疑之處。」[243]這個結論的基礎是：「哥大過去有一項規定，頒授博士學位必須在論文出版並繳呈一百本之後。」[244]這種說法的始作俑者很可能是1940到1950年代的留學生，他們根據自己留學時期對哥大的規定的了解，而把它想當然耳地回溯到胡適留學的階段。這個規定究竟是什麼時候開始的，目前還沒人能說得清楚。哥大出版社的網站上說，哥大到1950年代爲止，規定研究生必須在論文出版以後才可以拿到博士學位，但沒說明要繳交多少本[245]。哥大檔案館到目前爲止所能提供給我的，只有政治、哲學、理論科學三系1942學年度的課程規定，確實有論文出版的規定，但繳交的數目是七十五本[246]。莫騰‧

---

242 耿雲志，〈胡適博士學位問題及其他〉，《胡適研究論稿》(北京：社會科學文獻出版社，2007)，頁218。

243 余英時，《重尋胡適歷程：胡適生平與思想再認識》，頁12。

244 余英時，《重尋胡適歷程：胡適生平與思想再認識》，頁7。

245 www.columbiagazetteer.org/c3/main.pl?module=info&section=aboutcup，2008年5月2日上網。

246 根據哥大檔案館研究員Lea Osborne在2008年5月1日給筆者的電子信。

懷特(Morton White)的回憶也可以作爲旁證，他在回憶錄裡說他在哥倫比亞大學的博士論文，《杜威工具主義的起源》(*The Origin of Dewey's Instrumentalism*)，只寫到1903年。原因很簡單，因爲如果要自己掏腰包出版，越長負擔就越重。他說，反正他已經寫得夠長的了，已經夠一本書的長度，於是就決定在1903年打住。懷特是1942年拿到博士學位的，他的書是次年出版的。由於他的論文得了哲學系紀念烏德布瑞基教授的「烏德布瑞基論文獎」，他出書的出版費，也就意外地有了著落了[247]。

哥倫比亞大學的這個規定顯然不是哥大所特有的。我在上文提到胡適在康乃爾大學哲學研究所，眼看著都已經唸了三分之二規定的年限了，卻轉學到哥大去。我在該處就說明了康乃爾大學也有類似的規定，那就是每一個博士候選人，必須繳交五十份印刷好的論文。所謂印刷好的，可以是由出版社出版的，也可以是自費出版的。如果康乃爾大學的這個規定在胡適唸書的時代已經就有了，哥大也有可能在當時就已經有了這個規定。然而，即使這個規定在胡適留學時代就已經有了，它仍然不能解釋爲什麼胡適會拖了十年才繳呈他的論文。余英時說胡適1920年對哥大中國文學教授的缺有興趣，1922年又接到哥大的聘書(雖然最後決定不就)，然後1923年又有赴美開會的機會，這些都是事實。但是，胡適延緩出版或繳呈他的論文，跟他可能有美國之行又有什麼關係呢？胡適1926年12月26日從英國打電報要上海的亞東圖書館寄一百冊《先秦名學史》給哥大[248]，就是一個最好的反證。他當時人已經在英國，五天以後，就要啓程赴美。胡適是該年7月17日從北京啓程，經由西伯利亞到英國去的。其實，早在那年年初，胡適就知道他要去英國開會，會後會繞道赴美。然而，他當時並沒有作任何舉措，而是等到他人都已經要從英國啓程赴美的前夕，才要出版社寄書。

胡適自己在1960年10月11日給袁同禮的信裡，也持哥大當時有繳交一百本論文的規定的說法來爲自己辯護：

---

247 Morton White, *A Philosopher's Story* (University Park: The University of Pennsylvania Press, 1999), p. 32.
248 《胡適日記全集》，4：603-604。

又我的Ph.D. 論文考試是1917年完畢的，故我列在1917；但當時規矩
需要一百本論文，故我在1917年回國時沒有拿Ph.D.文憑。我的論文是
1922年在上海印行的。我沒有工夫送一百本給哥大。直到五年後，1927
年我在哥大講學，他們催繳論文印本百冊，我才電告亞東圖書館寄百冊
去。我的文憑是1927年發的。[249]

我們當然可以相信這是實話。換句話說，這哥大呈繳一百本論文的規定，胡
適的時代已有之。然而，胡適說他是在1927年到哥大講學的時候，因為哥大催
繳，才電告亞東寄去百冊。這個說法，或者說，記憶，是不正確的。我們在前一
段已經提到，胡適是在1926年12月26日從英國打電報要亞東圖書館寄一百冊《先
秦名學史》給哥大的。他到哥大講學是1927年1月到2月的事。我們從歐陽哲生在
哥大檔案館所找到的資料，知道哥大註冊組是在1927年3月21日注明胡適取得了
畢業資格，該年6月的畢業名錄上要以"Hu Shih"而非他留學時代所用的拼音
"Suh Hu"列名[250]。這表示哥大已經收到了亞東寄去的書。更重要的是，歐陽哲生
所找到的這個新的資料，可以幫我們明確地證明了哥大當時確實有一百冊出版的
論文的規定。因此，胡適就非得呈繳一百冊的論文，否則就是拿不到他的博士學
位。胡適在4月12日離開美國的時候，應該已經知道他博士學位的問題終於為
解決。總之，如果胡適可以在1926年底，他人都已經在英國的時候，才臨時打電
報要亞東圖書館寄書給哥大。這表示胡適繳呈不繳呈他的論文，跟他本人是不是
要到美國去顯然截然無關，則余英時所說的，胡適因為幾次有美國之行的計畫，
所以論文遲遲沒有付印的說法，就不攻自破了。事實上，我們可以很合理的推
測，是不是胡適在倫敦的時候收到了通知，說哥大方面已經談妥，就等他的一百
冊出版的論文，以完成他取得博士學位的手續？
如果余英時的解釋不能成立，我們是否回到唐德剛的原點呢？唐德剛的推斷

---

249 胡適致袁同禮，1960年10月11日，《胡適全集》，26：507。
250 歐陽哲生，〈胡適與哥倫比亞大學〉，《胡適研究叢論》(哈爾濱：黑龍江教育出版
　　社，2009)，頁53。

如下：胡適博士論文口試的結果是「大修通過」。兩年以後，杜威到中國，親眼見到胡適「在學術界的聲勢」，於是回國以後，就把「大修」改成了「小修」，甚至連「大修通過」應有的「補考」也給免了，但這一蹉跎就是十年。這個說法最大的缺點是毫無證據，雖然言之鑿鑿，基本上屬於臆測。而且，他的議論雖然詼諧，實在近於不恭。他戲謔地說：留學時期的Suh Hu，可不比杜威到了中國以後「才自愧有眼不識泰山」的Hu Shih；彼時的Suh Hu，「和當時其他的『支那曼』(Chinaman)並無兩樣」，在考口試的時候，如上「法場」、「面如死灰」，等於是在「對牛談琴」；因為六位考官中，除了教漢學的夏德以外，無一懂中文。唐德剛甚至懷疑主考者杜威因為「中文一字不識；胡氏論文他可能根本未翻過」[251]。胡適的論文杜威當然看了。胡適在1917年4月13日寫給韋蓮司的信說：「我還在寫我論文的結論。我把寫完的部分給杜威教授看了。他看了以後似乎很滿意，給了我一些很有用的評語。我估計在一個星期左右可以把整個論文完成。」[252]當然，杜威看過，跟說了「一些很有用的評語」，並不表示他是真用心看了。無論如何，唐德剛這一長段雖曰不恭、不敬、卻入木三分的推斷，卻可能最接近事實。換句話說，胡適的論文，可能還是要拜他後來「在中國學術界的聲勢」之賜，終於得以從敗部復活。

　　胡適的博士學位為什麼拖了十年才拿到呢？本章的分析等於是提供了另外一個解釋。我重溯了胡適留學時期思想成長的軌跡，從他在康乃爾大學所接受的唯心派哲學開始，到他轉學到紐約的哥大，最後以《先秦名學史》完成他在美國的學業。胡適寫《先秦名學史》，其靈感與論述的主軸，是來自於他在康乃爾唯心派老師的哲學史的觀點；其方法學的啟蒙，也是他在康乃爾所開始接受到的西方考證學。我更進一步地認定《先秦名學史》是他匯通中西考證學的結晶，也是他挪用、糅雜新黑格爾、新康德唯心論、實驗主義以及實證主義的成果。他在《先秦名學史》裡，賦予先秦的邏輯與亞里斯多德三段論式的新意，稱許那是可以用來把近代西洋科學方法在中國接枝繁衍的沃壤。然而，亞里斯多德以來的三段論

251 唐德剛，〈胡適口述自傳〉，《胡適全集》，18：255-259。
252 Hu Shih to Clifford Williams，《胡適全集》，40：181。

式，杜威認為已經被近代科學的方法淘汰，是杜威從他壯年開始，所戮力要推翻改造的。更重要的是，他的《先秦名學史》對杜威實驗主義的誤解與濫用比比皆是，甚至到了用實用主義的論敵譏詆實用主義的觀點來談實用主義的地步！如果《先秦名學史》根本就不符合杜威實驗主義的精神，這本論文怎麼能通得過杜威那一關呢！

　　胡適在留美的時候還不了解杜威、還不了解實驗主義，這是很可以理解的。「我在1915年的暑假中，發憤盡讀杜威先生的著作。」這句話不可信。杜威跟後來的胡適一樣，也是一個著作等身的作家；而且，跟胡適一樣，是一個淵博的大家。杜威是1859年10月20日生的。胡適1915年暑假，「發憤盡讀杜威先生的著作」，然後在秋天轉學到哥倫比亞大學去的時候，杜威已經快要五十六歲了。以美國杜威中心所編撰的三十七冊的《杜威全集》的分期法為準，這已經是杜威的中期。早期是1892年到1898，有五冊；中期是1899年到1924年，有十五冊；晚期是1925年到1953年，有十七冊。我們現在有《杜威全集》可讀，甚至有光碟版可用，可以鍵入關鍵字來檢索，大大方便了我們的精讀、選讀或檢索。胡適當年則不然。杜威的著作還沒收集成冊，他必須廣為搜求。就以《杜威全集》為準，到1915年，杜威的著作已經有早期的五冊，中期則是到第八冊。加起來已經有十三冊。「發憤盡讀杜威先生的著作」是一回事，能不能「盡讀杜威先生的著作」則是另一回事。加以胡適那年夏天並沒閒著；他不但照常博覽群書，而且六月中旬開始，他還在綺色佳開了兩個星期的「國際關係討論會」(Conference on International Relations)。他不但是致歡迎詞的要角，還「每日延二三人至吾寓為茶會」[253]。到了哥大以後，胡適只選了一年的課，其中兩門是杜威的。第二年，他就開始寫他的論文了。

　　胡適在轉學到哥倫比亞大學以前對杜威以及杜威的實驗主義了解有限，我們可以在鄒新明先生所作的一個研究裡得到佐證。鄒新明根據目前北京大學圖書館所藏的胡適的英文藏書作了詳細的分析。他發現胡適在說他「在1915年的暑假

---

253 《胡適日記全集》，2：135。

中，發憤盡讀杜威先生的著作」前後一年間所購買、簽上自己的名字、並劃線批
注的杜威著作只有一本，那就是杜威跟塔伏茨(James Tufts)合著、在1908年出版
的《倫理學》(*Ethics*)[254]。鄒新明描述說：

> 本書題名頁鈐有「適盒藏書」朱文圓印，扉頁有胡適題記：Suh Hu,
> 1914〔胡適購於1914年〕。書內〔多達〕221頁有胡適批注圈劃……表
> 明胡適曾用心閱讀。批注以英文爲主，間有中文，有「此亦未必盡
> 然」，「吾國之倫理學說大半注意此點」，「此意吾向所未思及」，
> 「此說甚是，平允之言」，「此言是也」等評語。[255]

　　鄒新明在目前北京大學圖書館所藏的胡適英文藏書裡所看到的胡適所購買的
第二本杜威的著作是杜威和其長女艾佛琳(Evelyn Dewey)所合著、在1915年出版
的《明日的學校》(*Schools of To-Morrow*)。鄒新明判斷說：「本書扉頁有胡適鋼
筆簽名：Suh Hu, Dec. 1, 1915, New York〔1915年12月1日胡適購於紐約〕。書內
數頁有胡適朱筆圈劃。本書1915年出版，胡適的簽名爲同年12月，因此大致閱讀
時間應爲1915年底，或者之後。」等到胡適購買並簽名的杜威的第三本書《實驗
邏輯論文集》的時候，一如我在上文所述，這本書是1916年出版的。鄒新明說：
「本書扉頁有胡適題記：Suh Hu, New York, July, 1916〔1916年7月胡適購於紐約
〕，杜威著《實驗的名學》。書內多處有胡適批注圈劃。」換句話說，鄒新明就
目前所存胡適的英文藏書來看，胡適在轉學到哥倫比亞大學以前，這也就是說，
在他說他「發憤盡讀杜威先生的著作」以前所購買、簽上自己的名字、並劃線批
注的杜威著作就只有杜威跟塔伏茨合著的《倫理學》這一本。一直要到1915年12
月1日，也就是胡適轉學到哥倫比亞大學的第一個學期末，他才又買了杜威跟其
長女合著的《明日的學校》。而胡適所買的第三本他所精讀的杜威的《實驗邏輯

254　John Dewey and James Tufts, *Ethics* (New York: Henry Holt and Company, 1908).
255　以下兩段所述，請參見鄒新明，〈從胡適藏書看杜威對胡適的影響〉，《胡適研究
　　通訊》，2010年第三期，頁1-2。

論文集》，亦即胡適譯爲《實驗的名學》的著作，既然是1916年才出版的，則他一直要到該年7月，也就是他轉學到了哥倫比亞大學一年以後才買，這就毫不足奇了。

當然，胡適在1915年夏天「發憤盡讀杜威先生的著作」，並不表示他必須自己買杜威的書來讀。他大可以利用康乃爾大學圖書館所藏的杜威的著作。然而，胡適在1915年夏天以前所購買、劃線、批注的杜威的著作只有一本，也難免讓人不能不起疑竇。當然，今天北京大學圖書館所藏的胡適的英文藏書已經被打散過，現在重新收集起來的可能有遺漏。然而，無論如何，胡適「在1915年的暑假中，發憤盡讀杜威先生的著作」前後一年間所購買、簽上自己的名字、並劃線批注的杜威著作只有一本。這個事實，單獨引用，可能沒有作爲鐵證的效力。但是，可以當作輔助的證據，作爲我說明胡適在轉學到哥倫比亞大學以前對杜威以及杜威的實驗主義了解有限的佐證。

鄒新明從胡適的英文藏書所得的這個發現，其實可以讓我們作至少兩個完全相反的推論。這兩個推論都牽涉到胡適說他是「在1915年的暑假中，發憤盡讀杜威先生的著作」的說法。其意義不只在於胡適的說法正確或精準與否，而直擊於他與杜威師承溯源的問題。第一個推論可以用來支持胡適的說法。這也就是說，胡適在1914年所購買的那唯一一本杜威跟塔伏茨合著的《倫理學》，不能用來證明是他早在1914年就開始心儀杜威的證據。換句話說，這不能證明胡適開始心儀杜威應該推早到1914年。這是因爲一個人買了一本書，並不一定當時就拾起來讀。說不定胡適真的是「在1915年的暑假中」，才因爲「發憤盡讀杜威先生的著作」，而開始讀杜威那本倫理學的書的。我們也可以很合理的相信胡適買杜威的那本書，可能是受到他選修倫理學課的啓發的結果，跟他開始心儀胡適沒有直接的關係。我們知道胡適在康乃爾大學哲學系跟哲學研究所讀書的時候，總共選修了十四門哲學的課。其中，倫理學的課就占了五門：第一次是1911年春季班狄理教授和炯司先生所合開開的「哲學六：道德觀念及其實踐」；第二次是1912年的秋季班，也是狄理教授和炯司先生所合開開的「哲學七：倫理」；第三次是1913年的秋季班。那學期他一口氣選了三門跟倫理學有關的課：哈孟教授開的「哲學

20：倫理學史：從古代、中世紀、到文藝復興」；以及狄理教授開的「哲學26：倫理學進階」以及「哲學37：倫理學討論課」。

　　第二個推論則挑戰了胡適說他是「在1915年的暑假中，發憤盡讀杜威先生的著作」的說法，而把胡適開始心儀杜威推前到1914年。這個推論是假設胡適是在1914年買了杜威的《倫理學》以後，當時就拾起來讀了。這個推論認爲胡適在1914年買杜威的《倫理學》跟他之前選修那麼多門倫理學的課是不相干的。我們要記得胡適最後一次選倫理學的課是在1913年的秋季班。這也就是說，是在他買杜威的《倫理學》的前一年。更重要的是，胡適讀杜威這本《倫理學》是有相當的選擇性的。我在前邊已經說過，杜威這本《倫理學》是跟塔伏茨合著的。塔伏茨是杜威在芝加哥大學任教時候的同事。不消說，〈前言〉與〈導論〉是他倆合寫的。此外，杜威負責的寫的是第二部分，以及第三部分的第二十章和二十一章。胡適在這本書的兩百多頁裡所作的批注與圈劃，泰半是在杜威所寫的篇章。更有意思的是，他在第三部分的第二十章和二十一章的啓始還特別註記了「D」，亦即Dewey〔杜威〕的縮寫，然後又在第二十二章的啓始註記了「T」，亦即Tafts〔塔伏茨〕的縮寫。以便提醒自己哪些章是杜威寫的，是他要特別精讀的。換句話說，如果杜威和塔伏茨所合著的《倫理學》是胡適在1914年買的時候，就針對杜威所負責撰著的部分作了精讀，則胡適對杜威的私淑的淵源可以溯源到1914年。

　　無論如何，即使胡適跟杜威的師承可以溯源到1914年，那還是不影響胡適在留美的時候還對杜威不甚了解的事實。然而，話又說回來，我們其實也不應該太苛求胡適。他寫完《先秦名學史》的時候，還是一個不滿二十六歲的青年。試想天下古今，有多少不到二十六歲的青年能寫出一本「開山」、「使中國哲學史變色」的典範之作？胡適雖然自視極高，他有自知之明，知道他的《中國哲學史大綱》的貢獻在「開山」，不在「定論」。然而，這就是孔恩「典範」的意義。典範沒有永遠；它有夙昔，但更指向未來。對胡適個人而言，留學生涯的結束只意味著他人生的開始。他個人生涯裡的日中當中還在未來。就像胡適1911年12月15日給章希呂的一封信裡所說的：「歐美學校謂卒業之日爲 "Commencement

Day"，譯言『肇始之日』也。細尋繹其義，深可玩味，蓋學問無窮，人生有限，終無畢業之期，此校卒業之日，即他種事業肇始之時。」[256]胡適在康乃爾大學五年，跟唯心論的哲學家唸了四年的哲學。與之相比，杜威的實驗主義，他才自修了一個暑假，外加在哥大選了杜威的兩門課。如果他的《先秦名學史》展現了更多的，是他在康乃爾所學的唯心論以及他在實證史學上的斬獲，其次是曝露了他對實驗主義了解的有限，這反映出來的其實就是他在美國所受的哲學教育的實際。胡適有句墨跡：「要怎麼收穫，先那麼栽。」信然。

　　如果胡適在留美的時候還對杜威以及他的實驗主義不甚了了，這個情況在他回國以後就有所改觀。作爲哥倫比亞大學的歸國留學生，作爲杜威門下的學生，胡適不可能不扮演詮釋杜威學說的角色。特別是在1919年3月底以後，因爲杜威接受了邀請，答應在日本的演講結束以後就到中國。杜威以及他的實驗主義，一夕之間，成爲許多學生、知識分子所亟於了解的題目。作爲杜威的入室弟子的胡適，自然責無旁貸，擔任起介紹、解釋的任務。就在這一段時間裡，聰明用功、悟力過人的胡適，好好地啃下了一些書。這就是胡適實驗主義的發軔。欲知詳情，請看本傳的第二部以見分曉。

　　我在〈前言〉裡說胡適是狐狸才、刺蝟心。雖然胡適狐狸才、刺蝟心的矛盾是越老越明顯，其實這個傾向，他在年輕的時候就已經顯現出來了。他的《先秦名學史》就是一個很好的例子。胡適說他寫《先秦名學史》的目的，是要從先秦諸子的方法學裡，去找那可以與近代西方哲學契合的沃壤，以便讓近代西方哲學的思辨、研究方法和工具得以在中國生根。即使他說儒家早已雖生猶死了，他仍然要去爲這個早已僵死的儒家找它的方法論。他借用了培根的《新工具》來稱呼儒家方法論的《大學》。所謂用來接枝西方哲學的「沃壤」也者，所謂科學的「方法論」也者，就是胡適終其一生所亟亟追求的。他的狐狸才會促使他上窮碧落下黃泉，動手動腳找資料。他研究中國古代哲學、白話文學、禪宗、理學、考證學；他談杜威、赫胥黎；他講西方的科學和民主。這林林總總的涉獵，看似一

256　胡適致章希呂，1911年12月15日，《胡適全集》，23：35。

隻精靈好奇、到處領略的狐狸。事實上，他是像一隻刺蝟一樣，執著的是一個單一的理念：如何去深耕本土的沃壤，以便來移植或接枝近代西方的科學。胡適的狐狸才、刺蝟心，是他之所以是一個有多方面成就的人。但那也是一個詛咒，那是他壯志未酬、藏諸名山之作偉業未竟的一大原因。

第六章
民主革命，國際仲裁

　　胡適對政治的興趣是他在美國留學的時候形成的。歷來的學者以為胡適對政治不感興趣，這是對胡適最大的誤解。胡適在〈我的歧路〉裡說：「我是一個注意政治的人。當我在大學時，政治經濟的功課占了我三分之一的時間。當1912至1916年，我一面為中國的民主辯護，一面注意世界的政治。我那時是世界學生會的會員、國際政策會的會員、聯校非兵會的幹事。」[1]他在晚年所作的《口述自傳》裡，更用他美國的教授作為例子，來說明他們對政治積極的參與如何影響了他的一生。他說他康乃爾的老師：「這些大學教授對國家政治積極的參與，給我留下了很深的印象。我可以說，這個興趣對我自己後來的人生有很大的影響。」其次，是哥倫比亞大學的杜威。他提到了杜威夫婦參與了在紐約第五大道上舉行的爭取婦女參政權大遊行：「杜威教授到處發表演講、宣傳、並積極參與了1915以及1916年的示威遊行。大學教授如此積極參與政治，讓我又一次深深地受到了感動。」[2]

　　胡適說得很清楚，他是「一個注意政治的人」。他不但注意，而且身體力行。他回到中國以後，不但出了政論期刊談政治，而且從旁為主政者以及他從政的朋友出點劃策，後來甚至還出任中國的駐美大使。可是，為什麼歷來的學者都誤解他呢？這始作俑者，還是胡適自己。他明明只「等候了兩年零八個月，實在忍不住了」，就「出來談政治」，卻偏偏要強調他回國當初曾經許下了「二十年不談政治」的誓言；他明明都已經當了駐美大使，卻偏偏要人家覺得他是一個「過河

1　胡適，〈我的歧路〉，《胡適全集》，2：466-467。
2　Hu Shih, "The Reminiscences of Dr. Hu Shih," pp. 38-39.

卒子」，不願意、不得已，只是爲了國家而犧牲自己的獨立以及學術的興趣。

先入爲主的觀念之所以驚人，就在於它可以左右、甚至主導我們選取「事實」。胡適自己所散布的「不談政治」、「獨立」、「學術」的迷霧，誘使了幾位學者錯誤的詮釋了胡適的兩個關鍵詞。第一個關鍵詞出現在他的《留學日記》，是他1915年10月30日的日記，也就是他在《口述自傳》裡提到的爭取婦女參政權大遊行。10月23日紐約第五大道上的遊行已經讓他肅然起敬了。他當天站著看了三個鐘頭。他讚嘆著說，遊行的人多達四萬有餘，卻「井然有條」。參加遊行的人，年輕男女居多，但中年以上婦女也不少，還有頭髮全白者，「望之眞令人肅然起敬。」當天大風寒，手執旗子的女子與風搏鬥，無一人中途散去，「其精神可敬也。」[3]更讓他感動的是，有一天他去哥大的圖書館前聽一個爭取婦女參政權的活動。胡適說他忽然在人叢當中看到了杜威。他原先以爲杜威只是剛好路過。沒想到等集會結束以後，居然看見杜威也上了車，跟主持活動的人一起離開。他方才領悟原來杜威也是該活動的主持人之一。他在感動之餘，在日記中寫下：「嗟夫，20世紀之學者不當如是耶！」這句再清楚也不過的讚嘆之辭，照常理來說，應該是不容易被誤解的。然而，由於他們已經有了先入爲主的觀念，賈祖麟(Jerome Grieder)和周明之，這句把這個感嘆句錯讀成批判句，變成了：「20世紀之學者不當如是！」[4]

第二個也是因爲先入爲主的觀念而導致誤讀、或者應該說誤譯的關鍵詞，是在《口述自傳》裡。那是胡適總結他留學時期對美國政治的興趣，以及這個興趣如何影響到他的未來的一段話：

　　我對美國政治的興趣，我上課所學的美國政治制度，我留學時代所積極參與的兩次總統大選，所有這些都讓我對政府以及政治產生了恆久的(lasting)興趣。我在往後的生涯裡，除了在華盛頓擔任中國戰時駐美大

3　《胡適日記全集》，2.245-247。

4　Jerome Grieder, *Hu Shih and the Chinese Renaissance*, p. 54; Min-chih Chou, *Hu Shih and Intellectual Choice in Modern China*, p. 108.

使的四年以外，我極少參與實際政治。然而，在我整個成年以後的生涯裡，我一直對政治保持著一種超然的興趣（disinterested interest）。這是我所喜歡的說法，是我認為知識分子對社會應有的責任。[5]

　　唐德剛把胡適所說的「超然的興趣」譯成「不感興趣的興趣」[6]。這個翻譯無論從字義或脈絡來說，都是不正確的。胡適自己在前一句才說，他在美國留學的經驗，使他「對政府以及政治產生了恆久的興趣」。胡適一輩子一再地強調，說：「我是一個注意政治的人。」然而，這真是所謂「言者諄諄，聽者藐藐」。這個誤譯、拙譯的結果，把一句原本文理不通的話，積非成是地變成了一句彷彿還滿有點哲理的現代洋涇浜。我說這是現代洋涇浜，因為就像其他現代洋涇浜，例如「去中國化」，那濫用的「後續」、「對話」以及"high"等等詞彙一樣，看起來好像是英文或者都是從英文翻譯過來的，但實際上都是現代洋涇浜，泰半都無法直接地翻回英文。

　　這個「不感興趣的興趣」的誤譯與拙譯的成因及其影響是相生相濟的。唐德剛在翻譯這個字的時候，自己已經是受到了胡適對政治不感興趣這個先入為主的觀念所主導。這個翻譯再跟讀者本身也同樣先入為主認為胡適對政治不感興趣的觀念一拍即合。於是，唐德剛的錯譯與讀者的望文生義，相生相濟，誤解以至於牢不可破。

　　胡適所謂「超然的興趣」也者，就是他借穆勒在《自傳》裡的話借花獻佛給韋蓮司的：「我在野反而會比不從政更有影響力。」[7]用他1947年2月6日寫給傅斯年、說給蔣介石聽的話：「我在野——我們在野——是國家的政府的一種力量，替他說公平話，給他做面子。」[8]至於胡適在政治上的興趣是否真正「超然」，則是本傳接下去幾部的故事。

5　Hu Shih, "The Reminiscences of Dr. Hu Shih," pp. 42.
6　唐德剛，〈胡適口述自傳〉，《胡適全集》，18：187。
7　Hu Shih to Clifford Williams, August 25, 1938，《胡適全集》，40：345；穆勒引語的出處，參見John Stuart Mill, *The Autobiography of John Stuart Mill*（E-book），p. 75.
8　胡適致傅斯年，1947年2月6日，《胡適全集》，25：220。

　　胡適對政治的興趣，對政治的作法，以及他的政治的基調，都是在他留美的時候漸次奠定形成的。胡適的人生哲學是積極的，是種瓜得瓜，種豆得豆，二十年不嫌遲的哲學。即使在政治上，他也是如此。當他的政治思想在留美時期漸次成形的時候，他就一直是一個積極分子。因此，在辛亥革命發生以後，他宣揚中國革命的理念以及民主的條件與展望。對袁世凱，他自始至終反對。對中國留學生、美國輿論界之擁戴袁世凱，期待袁世凱用強人、鐵腕的手段治國的幻想，胡適大聲疾呼，撰文批判。在他秉持不爭主義哲學的巔峰時期，他反對中國留學生在日本對中國提出「二十一條」的時候，徒然莽夫言用，除了慷慨激昂以外，無補於國事。在「世界學生會」所舉行的年會上，他力戰主張學生「不應該干預政治」的保守派。他從不爭主義轉變成為一個國際仲裁主義者，又是一個關鍵性的轉變。從此，胡適政治思想裡的保守胚芽於焉形成。

辛亥革命

　　1911年秋天，是胡適在康乃爾大學的第三個學期。不論是對他個人而言或是他所心繫的祖國而言，都是一個多事之秋。當時，他正在為自己的所學徬徨。他是應該繼續學農？還是應該改變他的主修專業？那一年的十月，武昌起義更是中國政治史上一個重要的里程碑。從10月12日胡適聽到武昌起義的消息，到10月30日他的日記中斷為止，胡適幾乎每天都記載了革命情況的發展。由於胡適的《留學日記》從此中斷了一年的時間，我們不知道他在這個對個人或對國家而言煎熬時期的心路歷程。

　　辛亥革命的發生，由於局勢不明，政局飄搖，直接影響了胡適這些官費生的經費來源。康乃爾大學當時有將近五十名的中國留學生，其中除了四名是由其所隸屬的省所支持的官費生以外，其他全都是庚款生。11月下旬的時候，康乃爾大學說庚款生的經費沒有問題，但那四名省官費生，有一名已經向學校申請貸款，

而且校方也已經批准了[9]。然而，一個星期以後，康乃爾大學就報導說庚款生的撥款已經欠了一個月。而且，根據庚款生監督容揆的說法，他手頭所掌握的款項只夠支持三百名學生三個月。由於庚子賠款是由中國政府按月付給美國，然後再由美國把其中的一半退還給中國政府，以資付庚款留美的教育費用，所以康乃爾的中國庚款生不擔心他們會有斷糧之虞。《康乃爾校友通訊》報導說，如果必要，美國國會會通過特別撥款來讓這些中國學生應急[10]。到2月初，春季班開學了，《康乃爾校友通訊》還繼續報導中國學生的問題：「隨著第二學期開學，許多中國學生開始擔心他們從革命初起就沒來的匯款。他們上學期在事變發生之前，大都拿到了充分的款項。」[11]

　　胡適自己也不擔心庚款會有問題。事實上，不管誰當家，是滿清皇帝還是革命政府，都不可能會停付美國的庚款，更何況那作為中國國家收入最大來源的海關，是在洋人掌控之下。其實，就像我們在前一章所指出的，庚款在武昌起義以

圖10　辛亥革命後，康乃爾大學中國留學生持龍旗合影。最後一排正中是胡適（胡適紀念館授權使用）。

9　Cornell Alumni News, XIV.9 (November 29, 1911), p. 97.
10　"Funds from China Stop," *Cornell Alumni News*, XIV.10 (December 6, 1911), pp. 114-115.
11　"The Chinese Students," *Cornell Alumni News*, XIV.18 (February 7, 1911), p. 209.

前已經縮減了，從原來每個月的80元，減爲60元。辛亥革命所帶給胡適的，是希望、是那恨不得能束裝歸國投入建設的心情。他在給胡紹庭的信上說：「祖國風雲，一日千里，世界第一大共和國已呱呱墮地矣！去國遊子翹企西望，雀躍鼓舞，何能自已耶？……現官費學生皆有朝不保夕之勢。然吾何恤哉？吾恨不能飛歸爲新國效力耳！」[12]

　　胡適對辛亥革命、對「世界第一大共和國已呱呱墮地」的振奮，當然是言之過早，而且是一廂情願的。更令人省思的，是辛亥革命以及其後的政治發展，凸顯出胡適所代表的一些留學生跟「全美中國學生聯合會」領袖之間在政治態度上的分野。「全美中國學生聯合會」，或者說，大部分的中國留美學生在政治上是保守的。清朝還在的時候，他們擁護清朝，嗤笑孫中山跟他的革命黨。辛亥革命發生以後，一直到清室確定已經瓦解，他們才轉而支持共和。等南北對峙之局形成，他們立刻支持袁世凱。等袁世凱籌畫洪憲帝制的時候，許多留學生仍然死心地支持他。舉個例子來說，光緒皇帝與慈禧太后在1908年11月雙雙過世以後，哈佛大學與麻省理工學院的中國留學生設了靈堂祭拜。他們發表聯合聲明說：皇上、皇太后在「立下了不世的功業」以後，「離世昇天」；兩校的留學生向全國人民致哀；全中國人都因皇恩而得享太平盛世，會永誌皇恩而不忘[13]。

　　辛亥革命初起的時候，「全美中國學生聯合會」先是騎牆觀望。最有趣的是，該年的「全美中國學生聯合會」會長朱庭祺，連在《留美學生月報》(The Chinese Students' Monthly)上，用字也騎牆：「叛變」(revolt)、「起義」(revolution)；「叛徒」(rebels)、「革命分子」(revolutionists)兩相交叉使用[14]。《留美學生月報》是20世紀初年中國留學生辦的一個英文刊物，名爲月報，其實一年只出八期，每年暑假從7到10月休刊四個月。這份英文刊物從1905年發刊。到了1931年，由於國共鬥爭延伸到美國，中國留學生組織在左右派對峙後崩潰，《留美學生月報》也隨之成爲祭品而停刊。無論如何，一直要等到1912年春，清

12　胡適致胡紹庭，無日期，《胡適全集》，23：38。
13　"News from Harvard," *The Chinese Students' Monthly*, IV.3 (January 1909), p. 161.
14　T. C. Chu, "Current News from China: Revolution in Wuchang," *The Chinese Students' Monthly*, VII.1 (November 10, 1911), pp. 16-17.

廷大勢已去，「全美中國學生聯合會」才開始支持革命。問題是，他們所支持的
是袁世凱。《留美學生月報》1911學年度的主編曹雲祥，後來在1922到1928年間
擔任清華的校長。他在1912年1月號《留美學生月報》的社論裡，就宣稱中國的
問題已經不再是保清或革命，而是憲政還是共和。他說眼前的問題是誰能確保中
國的安全、平安和繁榮。他說，這個人就是袁世凱，他是中國的加富爾——義大
利建國的英雄[15]。曹雲祥的立場是有代表性的。比如說，哥倫比亞大學中國同學
會在1911年12月25日致電袁世凱。這個電報是由三個學生起草的，其中一個就是
後來在外交界鼎鼎有名的顧維鈞。這個電報的主旨是敦請袁世凱支持革命。電報
的結尾說：「國家的安危繫於尊駕的決定。中國或將有其華盛頓。願尊駕垂思
之。」這個電報有它的代表性，因為包括芝加哥、伊利諾、密西根、麻省理工學
院以及耶魯的中國同學會都附議，而且願意分擔打這個電報的費用[16]。

　　曹雲祥在1912年1月號《留美學生月報》的社論引起了胡適和其他康乃爾中
國學生的憤慨。1月17日，二十三名康乃爾大學的中國留學生，包括胡適跟趙元
任，寫了一封公開信向曹雲祥抗議。當時康乃爾中國留學生的總數是四十八名，
這二十三名將近半數。他們說，《留美學生月報》是中國留學生在美國的唯一刊
物，而居然會出現這種把袁世凱媲美為中國的加富爾的言論。他們說袁世凱是
「一個小人，是一個奸臣(traitor)。他背叛了已駕崩的皇上，使戊戌變法失敗。如
果不是因為袁世凱，戊戌變法可能成功，至少也可能使世界上不會發生庚子拳
亂，中國也不至於會承受那巨額賠款的恥辱。」由於美國的輿論不了解袁世凱的
過去，受其蠱惑，中國留學生的刊物有責任去揭發這個「阻遏了中國的進步與救
贖」的奸臣，同時去「粉碎外界對袁世凱的盲信與崇拜。」他們要求《留美學生
月報》在下一期發表聲明，說那篇社論只是個人的觀點，不代表全美中國留學生
的公論[17]。我們在下文會分析，這封康乃爾大學的聯名信很可能是胡適起草的。

15　[Y. S. Tsao], "Editorials: Revolution and the Supreme Cause," *The Chinese Students'
　　Monthly*, VII.3 (January 10, 1912), p. 204.

16　"Club News: Columbia," *The Chinese Students' Monthly*, VII.4 (February 10, 1912), pp.
　　305-309.

17　"Notes and Comments: Yuan Shi-Kai—A Traitor," *The Chinese Students' Monthly*, VII.4

曹雲祥拒絕屈服。他說主編爲他自己所寫的文章全權負責，他不能讓讀者的投書來指令他應該如何下筆。他承認說袁世凱是中國的加富爾也許有點過當。然而，說袁世凱是個奸臣，他覺得也是過甚其詞，是智者所不爲的事，也絕對不是大多數人所能苟同的。最厲害的是他的殺手鐧。他提醒康乃爾大學那二十三名簽名投書的中國留學生。他說：大清皇朝還沒有滅亡，他們還是皇清的臣民。袁世凱是否奸臣可以暫且不論，簽名的學生才眞是「叛徒」：

> 《留美學生月報》是「全美中國學生聯合會」的機關報。而「全美中國學生聯合會」並還沒有宣稱它是一個擁護共和的組織，雖然有些會員或許會同情共和。我們頂多只能從學術的角度來爲共和作辯護。大多數的官費生拿的錢是大清皇庫給的，我們的監督也是大清政府所派任的。只有黨同伐異的人，才會說袁世凱是一個「奸臣」，而另一方大可以說我們犯了叛國罪。在「全美中國學生聯合會」對革命採取立場以前，《留美學生月報》的討論只能是學術性、不具黨派色彩的。[18]

曹雲祥是上海聖約翰大學畢業的。他在擔任《留美學生月報》主編的時候，才剛從耶魯大學畢業，進哈佛商學院讀企管碩士。胡適跟當時許多非教會學校出身的留學生都看不起教會學校畢業的學生。胡適在跟康乃爾大學其他二十二名學生聯名投書的時候，也寫信給了梅光迪。梅光迪在回信裡說：「今晨接手片，知足下對於某報〔註：《留美學生月報》〕與迪有同情。迪於前三日閱該報，即向此間同人聲言，謂該主筆太無恥，太無膽，不足代表留美全體意見。同人等多亦唾棄之，謂該主筆恐開除官費，故不得不作是乞憐之語。」他接著說：「某報本毫無價值，安足爲吾人言論機關。主筆之人實係買辦人材，於祖國學問及現狀毫不之知，日以污蔑祖國名譽、逢迎外人爲事。外人不知中國內情，盲以袁賊爲吾

　　(February 10, 1912), pp. 344-346.
18　"Notes and Comments: Yuan Shi-Kai—A Traitor," *The Chinese Students' Monthly*, VII.4 (February 10, 1912), pp. 347-348.

國偉人，在吾人當力與之辯。今某等反從而推波助瀾，眞非中國人也。」他又說
「此輩出身教會，洋奴之習已深。」[19]

其實，「盲以袁賊爲吾國偉人」的，不只是外國人，也不只是「眞非中國人
也」的教會學校畢業生。比如說，哈佛的朱庭祺是北洋大學畢業的。就在曹雲祥
還在爲自己的立場辯解、暗指康乃爾的投書學生自己才是叛徒時，「全美中國學
生聯合會」已經投向共和的陣營。該年的會長郭秉文在1月26日致信主編曹雲
祥，知會他聯合會要統合協調全美中國留學生的力量去促進共和政體的實現。他
指示曹雲祥，說《留美學生月報》作爲「全美中國學生聯合會」的機關報，必須
自此以後反映聯合會的立場，戮力促進民國的利益[20]。值得注意的是，曹雲祥仍
然我行我素，繼續他反共和、擁袁世凱的編輯政策。他說一個人就是披上道袍，
也不會立地就變成一個和尙。同樣地，改個名字並不會使一個國家搖身一變成爲
一個貨眞價實的民國。他說唯一能保中國不墜的，是一個強有力的中央政府[21]。
哈佛大學畢業的聯合會前任會長朱庭祺也爲他助陣。他批評中國留學生沒有判斷
能力，不了解袁世凱是一個政治的天才，不能體諒袁世凱因爲治大國如烹小鮮而
必須斡旋的苦衷[22]。《留美學生月報》可以繼續發表與「全美中國學生聯合會」
立場相牴觸的言論，這所顯示的是，留美的中國留學生對革命、立憲、共和、袁
世凱並沒有一致的看法，會長可以知會其機關報主編聯合會的立場，主編還是可
以以反映民意爲口實，繼續實行其「上有政策，下有對策」的稽延戰術。

事實上，當時留美的中國學生廣泛是支持袁世凱的。他們從來就看不起孫中
山。等到反袁世凱的「二次革命」失敗以後，孫中山更淪爲留學生的笑柄。唐悅
良，耶魯學士、普林思頓碩士，「全美中國學生聯合會」1914學年度的會長，在
「美東中國學生聯合會」1913年在綺色佳舉辦的夏令會中得到英文演講比賽冠

19　梅光迪致胡適，[1912年正月19日]，《胡適遺稿及秘藏書信》，33：338-339。

20　P. W. Kuo to Y. S. Tsao, January 26. 1912, *The Chinese Students' Monthly*, VII.4 (February 10, 1912), p. 363.

21　[Y. S. Tsao], "Editorials: A Strong Central Government," *The Chinese Students' Monthly*, VII.5 (March 10, 1912), pp. 395-397.

22　T. C. Chu, "Review of Home News: The Revolution: A Survey," *The Chinese Students' Monthly*, VII.5 (March 10, 1912), pp. 404-407.

軍。他演講的題目是〈前進過了頭〉（Over-Progressiveness），其主旨就在批判孫中山以及當時試圖牽制袁世凱的各個政黨。他說，這些政黨都只顧自己的利益、沽名釣譽，執意煽動革命與中央政府作對，罔顧國家的利益[23]。最直接歌頌袁世凱的，是胡適在《留學日記》裡所稱讚的李美步（Mabel Lee）。李美步當時是哥倫比亞大學巴納女子學院（Barnard）的學生。她是1914年「美東中國學生聯合會」在麻省安謀司（Amherst）舉辦的夏令會英文演講比賽的冠軍。李美步演講的題目是〈中國的愛國主義〉（Chinese Patriotism）。她這篇演講的主題是以袁世凱為表率的中國的愛國主義。她演講的策略用的是反問句：「在反革命〔註：即「二次革命」〕的時候，臨時大總統袁世凱該怎麼作才可以表現他的愛國心呢？他是該接受敵人的要求而引退嗎？他如果那樣作的話，中國的命運會何如呢？」李美步

圖11　1916年哥倫比亞大學中國同學會在哥大師範學院合影。中間坐者是孟祿（Paul Monroe）教授，第一排右一：鄭宗海，右二：孫科；左一：胡適；第二排左二：李美步；第三排右四：陶行知，右三：林彬（Lin Bing）；最後排左二：蔣夢麟(胡適紀念館授權使用)。

23　Yoeh Liang Tong [Tang Yueliang], "Over Progressiveness," *The Chinese Students' Monthly*, IX.1 (November 10, 1913), pp. 46-49.

的答案是把袁世凱跟華盛頓拿來相媲美。如果愛國心使華盛頓婉拒接任第三任
總統，愛國心則責成袁世凱繼續當國：

> 喬治‧華盛頓拒絕接受第三任的總統，這充分地證明了他的愛國心；
> 袁世凱的作法，則是繼續當國，恪守激流中的崗位。前者是爲了美國未
> 來的福祉著想；後者則以中國當前的危機爲懸念。他們的作法雖然相
> 反，他們的動機則同樣是盡美與盡善。國家制度的確立決定了華盛頓的
> 作法；國家安全的考慮則引領了袁世凱的作爲。[24]

　　不管歷史的發展證明了李美步對袁世凱的謳歌是多麼的不堪，她的演講據說
是轟動了整個夏令會。《留美學生月報》1915學年度主編、留學哈佛大學的宋子
文在1914年夏令會的報導裡說：李美步的演說，「人人爭頌，與會代表在聽了她
的演說以後，每個人都被李美步化了(Mabelized)。」[25]楊銓的夏令會中文報導也
說：「女士之文辭姿勢，無不中節感人，爲近年學生會中不可多得之演說家
也。」[26]連說袁世凱是「蠢物可鄙」，袁世凱死後又說他一死都「不足以贖其蔽
天之辜」的胡適，在參加這次夏令會的感想裡說：「女子中有數人有倜儻不凡，
如廖、李(美步)、江諸女士，皆其尤者也。」[27]

　　李美步1914年8月底在美東「全美中國學生聯合會」的演講是有它的歷史背
景的。袁世凱在粉碎了「二次革命」以後，解散了國民黨。他在1914年1月解散
國會，5月公布《中華民國約法》，改內閣制爲總統制。然後他又修改了總統選
舉法，規定總統的任期爲十年，可無限期連任，總統繼任人由前總統推薦給總統
選舉會。這就是李美步在演講裡所說的：袁世凱以「中國當前的危機爲懸念」、

24　Mabel Lee, "Chinese Patriotism," *The Chinese Students' Monthly*, X.1 (October 1914), pp. 23-26.

25　T. V. Soong, "Eastern Conference at Amherst, Mass.," *The Chinese Students' Monthly*, X.1 (October 1914), p. 32.

26　楊銓，〈東美中國學生會十齡紀念夏會記事〉，《留美學生季報》，I.4 (December, 1914)，頁72。

27　《胡適日記全集》，1：473。

「愛國心責成袁世凱繼續當國」。其實，就在「二次革命」失敗，國民黨被解散
以後，《留美學生月報》就已經在1914年1月號裡，有一篇慶祝國民黨流亡的諷
刺短文。留學哈佛大學、後來精神失常的徐承宗在〈時事短評〉欄裡，有一篇
〈迎接1914年〉譏諷孫中山及其黨人的文章：

> 　　對那些心嚮革命的流亡人士，我們給他們新年的祝福是：長命百歲、
> 多呼吸些新鮮空氣。我們也敬祝他們可鄙的宣傳徹底失敗。因為：
> 　　無限革命＝革命到荒謬至極之境(Revolution ad absurdum)
> 　　(墨西哥・牛頓爵士的感動[emotion]定律)
> 　　＋革命＝－國土
> (俄國、日本發明的最新定理)
> 　　∴萬歲！「三次革命？」萬歲！
> 　　(孫中山博士閣下妙算的結論，或者是記者一時的臆想)[28]

　　留美學生對袁世凱的擁護、對孫中山的排斥，充分地反映了他們保守的傾
向。當時在紐約州西臘寇思(Syracuse)大學留學的羅運炎認為打擊革命分子絕對
不能手下留情。他說：「不管這些自命為改革派的人的目的是什麼，我們認為任
何破壞性的批評者都是偶像破壞者，社會對他們絕不能通融，一定要迅速地斬草
除根。」[29]在留美學生當中，羅運炎這種要把革命派「斬草除根」的言論也許是
極端的。然而，值得注意的是，對袁世凱在「二次革命」以後厲行高壓政策，打
擊追殺政敵的作為，《留美學生月報》是一點批評也沒有的。

　　當然，向袁世凱呼籲，懇請他對政敵手下留情的輕聲細語也不是完全沒有。
最可堪玩味的，是一篇不具名、夾在毫不起眼的時事短評之間的短文。袁世凱在
1913年11月解散國民黨，取消三百名國民黨的議員資格。這篇短文呼籲袁世凱要

28　[Zuntsoon Zee (Xu Chengzong)], "1914," The *Chinese Students' Monthly*, IX.3 (January 10, 1914), p, 184.

29　Ren Yen Lo [Luo Yunyan], "Conservatism vs. Radicalism," *The Chinese Students' Monthly*, IX.1 (November 10, 1913), p. 40.

用對待婦人與小孩的方式來對待反對黨，以贏得文明國家的好感。「就好像要衡量一個國家的文明，就看它如何對待婦人與小孩一樣，一個國家怎樣對待其反對黨，也就是它的政治智慧(genius)的指標。」幾個月以前在眾院裡還是多數黨的國民黨，現在不但失去了它的黨鞭，宋教仁已經被刺，孫中山也在「二次革命」以後流亡日本。「當那些『不可妥協派』在重整旗鼓的時候，就讓中國人傳統的容忍心態去靜觀待變吧。」這彷彿好像在說：那「不可妥協派」已經被「除牙」(defang)、「去勢」，更確切地說，被「女性化」了。作為男性當家的「我們」——袁世凱、留美的精英、未來國家的棟樑——在把反對黨「女性化」、「家內化」(domesticate)了以後，「需要反對黨批評和溫煦的影響力」[30]，就好像當家的男主人需要一個在壁爐邊旁依偎著他的女性的柔化的影響力一樣。

這種保守的傾向表現在他們對行政權至上的擁護。他們所擔憂的是破壞、是混亂、是列強的干涉、是中國的被瓜分。這是梁啓超跟革命黨從1905年到1907年在日本針對革命與立憲的爭論的核心問題[31]。有關這點，最好的例子是1913年10月公布的「天壇憲法」。由於「天壇憲法」的六十名起草委員裡，是以國民黨占多數。所以，雖然總統的權利擴大，它保有的是內閣制。袁世凱於是發表通電，指斥「天壇憲法」被國民黨操縱把持，其結果是「憲法草案侵犯政府特權，消滅行政獨立，形成國會專制」[32]。《留美學生月報》1913學年度的主編魏文彬，當時是哥倫比亞大學的博士生，在1914年1月號的社論抨擊「天壇憲法」。他說：「這個憲法使行政權臣屬於立法權。關鍵是：有沒有能牽制來自於另外一個角落——立法權——的權力濫用？」他說國會也可以是不負責任和專制的。他認為在民智未開的中國，單靠輿論是無法牽制國會的專制的。他的結論是：「我們相信要有一個強有力的中央政府，我們認為只有把權力與〔該權力的〕自由行使權

---

30 "Does the Minority Have Rights?" *The Chinese Students' Monthly*, IX.1 (November 10, 1913), p. 86.
31 請參閱張朋園，《梁啓超與清季革命》（台北：中央研究院近代史研究所，1964），頁207-252；Hao Chang, *Liang-Ch'i-ch'ao and Intellectual Transition in China, 1890-1907* (Cambridge, Mass.: Harvard University Press, 1971), pp. 220-271.
32 陶菊隱，《北洋軍閥統治時期史話》（北京：三聯，1957），第二冊，頁10。

(liberty)結合在一起，才能有一個自由、人人愛戴(popular)的政府。」[33]

　　袁世凱不但有《留美學生月報》的聲援，而且他還有更加有力的奧援，那就是他的美國法律顧問古德諾(Frank Goodnow)。《留美學生月報》還特別在魏文彬的社論之後，刊載了古德諾一篇意見書的摘要。古德諾抨擊「天壇憲法」的一些牽制總統權的作法，等於是「立法控制行政走火入魔(run wild)」。他說袁世凱有權提交約法會議修改憲法。他說：「毫無疑問地，他〔袁世凱〕能認識到他有權這樣作是非常明智的。我們不要忘記，由於他過去這兩年治國的經驗，全國大概找不到第二個像他那麼有資格去審斷憲法草案的優缺點的人。我無法想像國民會議可以因爲技術上的考量，而去剝奪能向他請益討教的機會。」[34]

　　毫不足奇的，約法會議在1914年5月1日公布的新約法無限擴大了總統的權力。魏文彬在《留美學生月報》6月號的社論裡，徵引了美國的報導，來說明袁世凱的總統權：「總統有權召集、停止、解散國會；宣戰、媾和；全權任命或罷斥所有文武官員；統帥海陸軍；否決所有國會制訂的法案。」作爲「全美中國學生聯合會」機關報《留美學生月報》的主編，魏文彬在這篇社論裡對美國輿論界批判的聲浪表示不解。他反詰說：「我們看不出這部新約法有什麼值得大驚小怪的地方。這些權力，袁總統在解散國會以前早就統統都有了。」他責備美國的報界錯把「這些當成是永久的措施，渾然不知那完全只是一時的權宜之計」[35]。

　　值得注意的是，並不是所有的留美中國學生都爲這個「權宜之計」而喝彩。胡適就是一個最好的例子。我們知道胡適自始至終是反對袁世凱的。他在《留學日記》裡提到武昌起義後，北京政府震駭失措，要起用袁世凱爲陸軍總帥。1911年10月17日的日記說：「相傳袁世凱已受命，此人眞是蠢物可鄙。」[36]根據《康乃爾太陽日報》1911年11月21日的報導，由康乃爾大學的中國留學生帶頭擬具的

33　[Wen Pin Wei], "Editorials: Government and Constitution," *The Chinese Students' Monthly*, IX.3 (January 1914), pp. 173-176.

34　"Dr. Goodnow on the Draft Constitution," *The Chinese Students' Monthly*, IX.3 (January 10, 1914), pp. 181-182.

35　[Wen Pin Wei], "Editorials: The Political Outlook," *The Chinese Students' Monthly*, IX.8 (June 10, 1914), p. 569.

36　《胡適日記全集》，1：187。

電報，已經獲得其他大學中國留學生的贊同，聯名打給伍廷芳。這個電報呼籲召開各省代表會議，制定憲法。《康乃爾太陽日報》的記者說，康乃爾大學的中國留學生相信留英的伍廷芳，他們認為清廷重新啓用的袁世凱不是新政府的適當領導人選，而且也不得人心。這個記者接著說，康乃爾大學的中國留學生對袁世凱的看法，正好跟美國的輿論相反[37]。

雖然美國政府一直要到1913年5月2日國民會議開幕，才正式承認中華民國，康乃爾大學的中國留學生在1912年4月20日，就在「世界學生會」舉行了慶祝民國成立的大會。這個大會的來賓有四百人，由蔡光勛主持，留學生監督黃鼎(Theodore T. Wong)特別從華盛頓來參加致辭。黃鼎自己原來也是一個留學生，聖約翰、維吉尼亞大學畢業。他後來不幸在1919年1月連同兩名秘書被一個留學生殺害。黃鼎在致詞裡，承認中國有很多困難必須去克服。他說中國交通不便、方言歧異，需要一個強有力的中央政府，才不至於導致分崩離析的命運。為了爭取美國的同情與承認，他說有人說：最老的帝國現在變成了一個最年輕的民國。他則要說：這個舊世界裡的老老師，現在變成了新大陸的美國的新學生：「這個新共和國期盼著美國的引導。」在北洋大學任教的畢爾(Frank Beale)接著致辭。他也呼籲美國幫助中國。大會的高潮是贈旗儀式，中國留學生把一幅中國代表五族共和的五色旗致贈給「世界學生會」[38]。

胡適應該一定去參加了這個在「世界學生會」慶祝民國成立的大會。最值得注意的，是胡適在1912年1月號的《康乃爾世紀》所發表的〈中國要共和〉(A Republic for China)。這是胡適思想成熟以後會叱之為「誇大狂」、「迷夢」的青年胡適愛國文章中一篇稀有的標本。其論述主旨是20世紀初年以來許多宣稱中國自有其民主傳統的人所共同愛用的。胡適在這篇文章裡，開門見山，指責西方世界吝於祝賀自由與共和降臨中國。他說不管是從中國歷史的傳統，或者是從時代潮流來說，共和政體都正是中國之所需。他說西方人以為中國人對民主是陌生

37　"Approval of Republic Expressed by Chinese," *Cornell Daily Sun*, XXXII.50, November 21, 1911, p. 1.
38　"Cornell Chinese Hoist Flag of New Republic," *Cornell Daily Sun*, XXXII.154, April 22, 1912, p. 1.

的。其實，即使中國有幾千年的帝制，「在皇權、皇戚的背後宰制中國的，是一種恬淡平和的東方式的民主。」他引《尚書》：「民可近，不可下。民惟邦本，本固邦寧。」又引他媲美為中國的孟德斯鳩的孟子的話：「民為貴，社稷次之，君為輕」；以及「得乎丘民而為天子，得乎天子為諸侯，得乎諸侯為大夫」。他說中國歷朝皇帝的權力是有限的，制衡它的不是憲法，而是先聖先哲的教誨。中國的皇帝了解他們扮演的是「牧民」的角色。再加上他們還有丞相和御史來作進諫，又有官逼民反的戒懼，因此中國的皇帝大多能懂得節制，不像英國、法國的史乘裡充斥著淫逸的暴君。

　　胡適強調說：了解了中國這個歷史的背景，就可以知道中國並不是像美國一份雜誌所擔心的，在全然沒有民主經驗的歷史條件之下，就妄想從帝制作撐竿跳，躍過君主立憲的階段，而直接進入共和。更何況，中國人看到美國這個偉大的國家跟其他西方國家的人民得享自由與平等，早已心嚮往之，絕不可能自甘於次好的君主立憲。胡適說，這就好比是伊甸園裡的亞當夏娃。他們的眼睛一旦張開，就是全能如上帝，也不得不讓他們走出去一樣。胡適要西方國家死心塌地地體認到中國已經永遠跟帝制揮別了。第一、滿清皇室已經一去而不復返；第二、中國已經沒有任何歷朝的皇室存在，可以迎來作君主立憲之用；第三、西方國家所看好的袁世凱，嗚呼！西方國家都被他們派駐在中國的短視的特派員所騙了。胡適說：「袁世凱是一個小人，是一個奸臣。他背叛了已駕崩的皇上，使戊戌變法失敗。如果不是因為袁世凱，戊戌變法可能成功，至少也可能使世界上不會發生庚子拳亂，中國也不至於會承受那巨額賠款的恥辱。」這一段話，跟康乃爾大學23名中國留學生的聯名投書完全相同，可以證明那封聯名信是胡適起草的。

　　如果中國已經沒有碩果僅存的皇室，可以用來濫竽充數作君主立憲之用；袁世凱又有罪於國、為全國人所唾棄；於革命有功的孫中山、伍廷芳、黃興也從來沒有黃袍加身的個人野心。胡適的結論是：「即使中國現在有個人可以勝任為皇帝，就讓他建立一個朝代，等我們支那人(Chinamen)有一天達到了18世紀的美國人所具有的水平〔註：亦即，有了建立共和的能力〕的時候，我們該如何來處理這個皇室呢？」胡適反詰說：難道到了那時，再來一次流血革命，推翻帝制而建

共和嗎？爲什麼不趁著共和局面已成，就作一勞永逸之圖呢！

　　中國既然已經沒有帝制的可能，中國既然已經在滿清苟延殘喘的那幾年，成立了省咨議局以及資政院，這表示中國人已經有了代議政治的經驗。他們現在決定要共和。這是一個睿智的決定，因爲舉世都趨向共和。胡適說：「『青年土耳其黨』把蘇丹王扔進牢裡；葡萄牙把它的國王趕出國；墨西哥建立共和選出了他們的第一任總統。中國只不過是追隨這個世界上澎湃、不可抗拒的潮流。它在亞細亞大陸敲響了自由鐘的第一聲，我們預祝那悅耳的鐘聲響徹大地的每一個角落。『願那自由的聖光，永照我祖國大地！』〔註：取自美國愛國歌曲：〈美國頌〉（My Country, 'Tis of Thee）〕」[39]

　　胡適「願那自由的聖光，永照我祖國大地！」的期願，很快地就被冷酷的事實給粉碎了。我們知道胡適不但同情革命、擁護民國，他而且反對袁世凱。1912年11月21日，康乃爾大學邀請濮蘭德(J. O. P. Bland)作演講。濮蘭德是一個英國人，在中國住了將近三十年的時間，是一個所謂的「中國通」。他在中國海關、上海租界的工部局做過事，後來又擔任英國有名的倫敦《泰晤士報》(The Times)駐中國的特派員。濮蘭德當時在美國作巡迴演說。到康乃爾以前，已經在紐約、波士頓等大城作了演講。根據《紐約時報》的一篇報導，濮蘭德建議美國不要承認中華民國。就是要，也必須慢慢來。一面交涉、一面觀察。他說所謂的「民國」只是新瓶舊酒而已，中國仍然是同樣一幫人在當家。美國人如果真想要幫忙中國，最好的方法就是敞開大門，讓中國人全面移民。這保證可以迎刃解決所有中國的問題。濮蘭德這個所謂的上上之策，其實就是在嚇退美國人。他當然知道在有「排華法案」之下的美國人，對中國人大開移民之門，無疑是天方夜譚。他說，退而求其次，就是要美國在中國的傳教士厲行掃除多妻、早婚的惡習。換句話說，濮蘭德說中國問題的癥結在於人口過剩。在人口過剩這個問題解決以前，其他都是枝節。

　　濮蘭德說美國人的問題是輕信、太容易受騙，而且又太同情弱者。他勸美國

39　Suh Hu [Hu Shi], "A Republic for China,"《胡適全集》，35：1-6。

人不要輕信中國留學生不知道自己只有幾斤幾兩的空言與狂言。濮蘭德用來嘲笑中國年輕人，特別是歸國留學生的一句話，就是「少年中國」(Young China)。他嘲笑他們半吊子，西方沒學成，卻又忘了本，是畫虎不成反類犬的典型。這「少年中國」也是留美時期的胡適所喜歡用的，只是他用的是正面的意義(見下文)。他嘲笑中國人連自家門戶都整不了，還侈言抗日拒俄。他說當前的急務，是去教中國人，讓他們張開眼睛，看清楚面對強敵，他們完全是束手無策的。他要美國人不要被「共和」這兩個字騙了。在民國的招牌之下，還是那群專權、賄賂公行、腐敗、自私的官僚[40]。諷刺的是，儘管濮蘭德恥笑「少年中國」的言論，對胡適而言，是猶如芒刺在背，他對中國官僚的批判，卻與留學時期的胡適的觀點完全合轍。有關這點，詳見本節後文的分析。

胡適在《留學日記》裡說，濮蘭德「今來美到處遊說，詆毀吾民國甚至，讀之甚憤。下午作一書，寄《紐約時報》(N. Y. Times)登之。」[41]可惜，胡適這篇讀者投書，《紐約時報》沒用。濮蘭德1912年11月21日在康乃爾大學的演講，題目是《中國當前動亂的原委》(The Causes of the Present Unrest in China)。為了反駁濮蘭德，胡適特意去聽了這個演講。演講結束開始發問的時候，胡適起立，質問濮蘭德為什麼反對美國承認中華民國。胡適說濮蘭德的回答是：「我們怎麼能去承認一個連他自己的國民都還沒承認的民國呢？」胡適反問濮蘭德，問他說「中國人自己都還沒承認民國」的證據何在？濮蘭德的回答，根據胡適在《留學日記》裡的記錄是：「其人忽改口曰，吾固未嘗作此語也。予告以君適作此語，何忽忘之？彼言實未作此語，吾自誤會其意耳。實則此言人人皆聞之，不惟吾國學生之在座者皆聞之，即美國人在座者，事後告我亦謂皆聞之。其遁詞可笑也。」[42]胡適在次日的日記裡又記：「連日以Bland〔濮蘭德〕在各地演說，吾國學生都憤激不平，波市〔波士頓〕與紐約均有書來議進行之方，抵制之策。今日吾國學生會〔康乃爾大學中國同學會〕開特別會議事，余建議舉一通信部，譯英

40　"Assert China Isn't Really a Republic," *The New York Times, November* 18, 1912, p. 4.
41　《胡適日記全集》，1：223。
42　《胡適日記全集》，1：223-224。

美各報反對吾國之言論，以告國中各報，以警吾國人士，冀可稍除黨見之爭、利
祿之私，而爲國家作救亡之計。」[43]

胡適不但同情革命、支持民國，而且同情後來的反袁革命。梅光迪在1916年
3月14日給胡適的信裡說：「足下近來爲民黨發表意見乃至可佩之事。」又，3月
19日的信：「得悉民軍消息喜極，已以大書轉示叔永，以慰其眷念祖國、日夜默
祝共和再造之願。迪已將孫洪伊書譯就寄黃克強，又另爲文一篇，並盛推足下，
請其慫恿足下多爲民黨多爲文字，以轉移此邦清議。有『如胡君適之者，文兼中
西，爲留學界中絕無僅有之人也』等語，不知足下許我否？」[44]1916年3月的時
候，胡適已經轉學到紐約的哥倫比亞大學唸研究所了。胡適對革命黨的同情，在
他自己的《留學日記》裡也有跡可尋。他還在綺色佳的時候，有一次在1915年1
月去波士頓演講。演講過後去紐約。原本預期在紐約可以見到黃克強，不意黃克
強當時已經去了費城。胡適在日記裡說：「不能一訪之，甚恨。」[45]很巧的是，
他在二月中旬，又因爲美國各大專院校和平組織的活動又回到了紐約。他在日記
裡描述了他如何在紐約唐人街的一家中國餐廳裡巧遇黃克強的情形：「在中西樓
餐時，亦農、敬齋忽起立招呼外來數客，其一人乃黃克強元帥也。亦農紹介余與
相見。克強頗胖，微有髭，面色黧黑，語作湘音。余前次來此，頗思訪之，聞其
南遊而止，今日不意之中遇之，不可謂非幸事。」[46]

也就因爲這是一件「幸事」，胡適當晚在火車上寫給他的美國女友韋蓮司的
信裡，就特別提起了他在紐約巧遇黃興的事。

我這次「最快樂」的紐約之行，還添加一件意想不到的快事，那就是
我在一個餐廳遇見了黃興將軍。黃興是辛亥革命時候革命軍的統帥。
「二次革命」發生的時候，他又擔任了革命軍的統帥。我以前沒見過

43 《胡適日記全集》，1：224。
44 梅光迪致胡適，[1916年]3月14日、3月19日，《胡適遺稿及秘藏書信》，33：434、437。
45 《胡適日記全集》，2：18。
46 《胡適日記全集》，2：47。

他，雖然我們有許多共同的朋友。我上次在紐約的時候，他不在。今晚，我一起吃飯的朋友就把我介紹給他。他並不是一個偉人，但他是辛亥革命的大英雄。他現在是一個「落難的偶像」("fallen idol")。我聽說威爾遜總統甚至拒絕接見他。但我非常高興我有幸能跟他有一面之緣。[47]

　　可惜我們沒有胡適自己寫下來的材料，讓我們來了解他對革命的同情，以及他對「民黨」的支持的理由與程度。我們從他在1916年11月黃興過世以後，所寫的輓詩，可以看得出來他對黃興——他在中英文裡都一直以「將軍」、「元帥」來稱呼他——的敬仰：

　　當年曾見將軍之家書，
　　字跡飛動似大蘇〔蘇軾〕。
　　書中之言竟何如？
　　「一歐吾兒，努力殺賊」
　　八個大字，
　　讀之使人感慨奮發而愛國。
　　嗚呼將軍，何可多得！[48]

　　然而，胡適對革命、對反袁的同情與支持是有他特定的思想脈絡的；他有其國際的視野、宏觀的脈絡。胡適在這幾年之間，花更多的時間去關切、思索的問題是第一次世界大戰、不爭主義，以及日本占領膠州灣、二十一條所引生出來的中日交涉的問題。這是胡適一生國際政治思想形成的發軔期。

47　Hu Shi to Clifford Williams, February 14, 1915，《胡適全集》，40：52-53。
48　《胡適日記全集》，2：440。

洪憲帝制

胡適很早就開始體會到中國的問題必須從根作起，所謂「七年之病，當求三年之艾。」他在1914年11月2日給韋蓮司的第一封信裡，就自稱爲一個激進主義者。他解釋說他所謂的「激進」，完全是就其英文字根的原意而言的：「我是一個激進主義者，或者至少是心嚮往之。我所謂的『激進主義者』的意思，是指一個探本溯源的人；這是『激進』的字根的本意。」[49] 韋蓮司在1915年2月給胡適的一封信裡，雖然並不完全排斥革命的必要，但強調那欲速其成的革命必須與百年樹人的教育雙管齊下，方能奏功[50]。1915年12月11日，中國的參政院受「國民代表大會」的「托付」，上書推戴袁世凱爲皇帝。當天晚上，胡適在紐約看到這則外電報導。第二天，他給韋蓮司的信上加了下述這一段按語：「週六晚從中國來的消息，讓我如釋重負。這一段時間來的種種虛僞、權謀讓我噁心至極，這個令人作嘔但終於打開天窗說亮話的推戴書一出來，倒反而使我平靜了下來。」[51]

袁世凱在12月12日接受擁戴。25日，蔡鍔等在雲南通電宣布獨立，組護國軍討袁。1916年是洪憲元年。當時胡適在哥倫比亞大學唸書，韋蓮司也住在紐約。他們在1月11日見了面，可能討論到了護國軍的討袁行動。胡適回宿舍以後，寫了一封信給韋蓮司，解釋了他對革命的看法：

> 我恐怕我今天對妳說的話，會讓妳誤以爲我**希望**現在就有一個革命來推翻現政府。我的確是**同情**革命黨，但我並不贊成此時此刻去革命。我現在的立場是：要政治清明(decency)、上軌道(efficiency)沒有捷徑可走。但這並不表示帝制是其必經的階段，而不過是說沒有一些必備的先決條件，就不可能有上軌道的政治。那些認爲中國必須用帝制來鞏固求

49　Hu Shi to Clifford Williams, November 2, 1914，《胡適全集》，40：5。
50　Clifford Williams to Hu Shi, February 22, [1915]，胡適外文檔案，E-378。
51　Hu Shi to Clifford Williams, November 2, 1914，《胡適全集》，40：143。

強的人，跟那些認爲共和制度可以創造奇跡的人，同樣愚不可及。沒有我所說的「先決條件」，帝制也好、共和也好，都救不了中國。而我們的任務，就是我先前對妳說過的，去爲培養這些先決條件「造新因」。[52]

胡適對韋蓮司說的這段話的主旨，後來也出現在他在該月底寫給國內好友許怡蓀的信裡：

> ……適近來勸人，不但勿以帝制攖心，即外患亡國亦不足慮。倘祖國有不能亡之資，則祖國決不至亡。倘其無之，則吾輩今日之紛紛，亦不能阻其不亡。不如打定主意，從根本下手，爲祖國造不能亡之因，庶幾猶有雖亡而終存之一日耳。
>
> ……適以爲今日造因之道，首在樹人；樹人之道，端賴教育。故適近來別無奢望，但求歸國後能以一張苦口，一支禿筆，從事於社會教育，以爲百年樹人之計：如是而已。
>
> ……明知樹人乃最迂遠之圖。然近來洞見國事與天下事均非捷徑所能爲功。七年之病當求三年之艾。倘以三年之艾爲迂遠而不爲，則終亦必亡而已矣……[53]

儘管胡適對韋蓮司說他並不贊成此時此刻革命，袁世凱的帝制運動對他來說純粹是一個反動。他在給上引韋蓮司的那封信裡說：「我譴責我那些帝制運動的朋友的地方，就在於他們把這個反動的政府，等同於他們所愛的國家，等同於我們大家共同所希冀的『清明、上軌道的政府』。」等蔡鍔的護國軍起事以後，胡適很可能覺得這個軍事革命行動是一個必要之惡，而表示支持。我們很幸運地有一封他寫給韋蓮司父親的一封信。他在這封信裡，表明了他私心祝福討袁的成功。同時，這也是他在留美時期對革命、以及根本救國之道解釋得最痛快淋漓的

一封信：

　　我要特別感謝您關心我國前途所説的一些鼓勵的話。當失敗擺在眼前
的時候，我一定會好好地記住您所説的這些充滿智慧的話：「舊的事物
不可能在一夕之間就煙消霧散，固有的政治制度也只能一步一步地去改
良，很少能立時翻新的，即使用革命的手段也是如此。」這點我一直就
相信，現在也還是相信。我不譴責革命，因爲我相信革命也是進化裡必
要的過程。死亡與凋謝，跟新生與成長，同樣是有機的演進裡必要的過
程。

　　然而，我並不贊成**時機未成熟的**革命，因爲那種革命通常是一種**浪
費**，是無益的。中國有一句俗諺：「瓜熟蒂落。」瓜還沒熟就去摘，傷
到的是瓜。基於這個理由，我並不看重目前的種種〔討袁的〕革命行
動，雖然我同情這些革命者。我個人寧願從事的，是「從下往上」的建
設工作。我相信要政治清明、上軌道，沒有捷徑可走。帝制運動者所想
要的，並不是清明、上軌道的政治；革命者要清明、上軌道的政治，但
他們想用革命走捷徑。我私心希望他們成功，但我私下質疑他們的智
慧。我個人目前對中國現狀的態度是：「會發生的就是會發生。讓我們
爲未來的世代打好基礎。讓我們去教育民眾。」這就是我所説的「從下
往上」的建設之法。這自然是一個迂緩的作法，而人們是沒有耐性的！
然而，我認爲不管是革命也好，自然演進也好，這迂緩的過程都是必要
的。[54]

　　胡適是一個中英文都辯才無礙的人。他既然心嚮共和，反對袁世凱，就自然
不會放棄任何機會宣陳他的立場和看法。胡適在1914學年度擔任《留美學生月
報》〈國內新聞〉（Home News）欄的編輯。他很技巧地利用其編輯的職權，在該

54　Hu Shi to Henry Willliams, January 31, 1916, 《胡適全集》，40：149-150。請注意，
　　《胡適全集》把這封信誤植爲胡適寫給韋蓮司的。

年10月號的〈國內新聞〉欄裡很含蓄、但又一語中的地指出：「任何細讀了新約
法的人，都會訝異為什麼找不到總統選舉法以及總統任期的規定。」[55]接著，他
又打鐵趁熱，在11月號的〈國內新聞〉欄裡撰寫短文，暗指民主的程序不保。他
說有關選舉法和總統任期的規定，修法機構互相推諉。參政院把它推給約法會
議，而約法會議已經開了兩個多月的會，還是沒有頭緒[56]。等到1915年2月號出版
的時候，木已成舟，他只須照本宣科就可以揭發那「司馬昭之心」了：總統由
「總統選舉會」產生、任期十年、可以連任、或者可以因為政情的需要而無限期
續任[57]。

　　古德諾在1913年接受袁世凱禮聘為法律顧問的時候，「全美中國學生聯合
會」把他捧上了天。古德諾重視行政權，正符合「全美中國學生聯合會」行政權
至上的立場。對袁世凱來說，有個美國名校校長、行政法權威從理論上加持，無
異於如虎添翼。一直要到袁世凱的洪憲帝制已經搬上舞台，「全美中國學生聯合
會」才開始轉而採取批判的立場。然而，即使如此，1916年1月號的《留美學生
月報》仍然刊載了擁護帝制的文章。其中，兩位擁護帝制者後來都成為「全美中
國學生聯合會」的會長：一位是哈佛大學的張福運，他是1916學年度「美東中國
學生聯合會」的會長，1917學年度「全美中國學生聯合會」的會長，1923年還當
過交通大學校長；另一位是威斯康辛大學的黃鳳華，1918學年度「全美中國學生
聯合會」的會長。只有胡適自始至終，一貫地反對袁世凱以及他的帝制運動。他
在1915年11月號的《留美學生月報》所發表的〈中國反動勢力的哲學家〉（A
Philosopher of Chinese Reactionism），很可能就是他在《留學日記》裡所說的〈古
德諾與中國的反動勢力〉（Goodnow and Chinese Reactionism）。他把這一篇文章
投給美國當時最有名的進步期刊《新共和》（*The New Republic*）週刊，但他自己

55　[Suh Hu,] "Home News: Presidential Election and Tenure of Office," *The Chinese Students'
　　Monthly*, X.1 (October 1914), p. 10.
56　[Suh Hu,] "Home News: To Consider System of Presidential Election," *The Chinese
　　Students' Monthly*, X.2 (November 1914), p. 102.
57　[Suh Hu,] "Home News: Procedure of Presidential Election," *The Chinese Students' Monthly*,
　　X.5 (February 1915), pp. 304-305.

知道被刊出的希望不大，所以他在日記裡說：「不知能否登出否？」[58]結果，《新共和》果然沒有採用，於是胡適在稍改篇名以後，轉投給《留美學生月報》。這是一篇論辯精彩的宏文。胡適說，袁世凱的帝制運動是否得到古德諾的支持或背書，根本就不是問題的癥結所在。胡適對古德諾所作的一連串的指控，像連珠炮一樣，各個擊中要害：

> 古德諾儼然已經成為這個中國反動勢力的代言人，古德諾如果要怪任何人，筆者認為他只能怪自己。因為他——以及世界上其他幾個憲法的權威——就是利用其權威地位，為這個中國的反動運動提供了一個政治哲學的人；因為他就是為虎作倀撕毀民國的第一部憲法，把他個人的觀點寫進現行憲法、以至於締造成這般政府的人；因為他就是教導中國「政府的改組要重權力而輕自由、要重服從而輕民權、要重效率而輕民主」的人。

胡適對古德諾的批判，一針見血。他說古德諾有兩個偏見。他的第一個偏見就是行政部門至上。其所造成的結果，是中國總統的權力比俄國的沙皇或德國的凱撒都要大得多。古德諾的偏見，反映了當代美國對18世紀美國建國初期所訂定的三權分立的制衡原則過當的反動。他的補救之道適合美國，用到中國，適足以為虎作倀；古德諾預言：「權力一旦凝聚，自由就會滋生。」用到中國，就是濫權；古德諾說「鞏固中央的權力，目的在防國家的分崩離析」。用到中國，效果則剛好相反。他完全不了解中國要團結只有靠共和。這個反動勢力的結果，造成的就正好是中國的分崩離析，因為它違背了中國有志之士的理想和希冀。

古德諾的第二個偏見，是「歷史觀點」(historical point of view)的誤用。古德諾說當代中國的政治情況類似於近代以前的英國，因此近代以前的英國制度，就適用於當代的中國。胡適說，不管當代的中國像不像近代以前的英國，古德諾

---

58 《胡適日記全集》，2：214-215。

完全忽略了中國「已經受到了英美民主國家的薰陶以及其實際經驗的啓發。」古德諾的「歷史觀點」的謬誤，在於他堅持中國必須走歐洲的老路，那就彷彿是說人類不懂得從歷史上學到任何教訓一樣。古德諾的說法的荒謬，只要舉一個現成的例子，就可以不攻自破了。胡適說：「就好像一百年來人類在電學方面的進步，已經讓現在的學生不須要去重複從前吉爾伯特(William Gilbert)、富蘭克林(Benjamin Franklin)和卡文迪戍(Henry Cavendish)等人所做的不成熟的實驗一樣。透過讀史書以及文明進步的果實，也同樣地可以使得中國不須要再去重複那些過時陳腐的制度。」

古德諾的「歷史觀點」的謬誤，還有另外一個可畏的結果，用現在流行的術語來說，就是東方主義(Orientalism)的論述。而東方主義，不管是西方人去作陳述，還是中國人自我炒作，都是不折不扣的東方主義。古德諾說：「一個國家的根本大法必須植根於其歷史與傳統。」中國的反動分子於是把這個傳統一直追溯到「唐堯虞舜」。這種自我東方主義的架勢是前無古人的。胡適嘲諷地說，因爲「唐堯治世是在公元前二十四世紀，也就是說，在四千兩百年前！」中國的反動分子自我陶醉在自我東方主義裡，已經是孰可忍、孰不可忍了。更讓胡適憂心的是，連他所期期必讀、甚至投稿的進步刊物，《外觀報》(*The Outlook*)，都居然會在它1915年9月1號那一期出現這樣的論調：

> 這種(拋棄傳統的政治理想而就現代的)轉變，完全不像是一個溫吞、百依百順到崇拜祖先、慎終追遠的民族會去作的事。從這個傳統出發，一個父權的君主政體似乎應該是一個邏輯的選擇。

胡適說這種論點的謬誤，在於完全不了解中國在那幾十年之間，在思想上有著巨大的變化。他說，這個鉅變簡直就是一個思想上的革命。沒有這個思想上的革命作基礎，辛亥革命是不可能發生的。胡適認爲古德諾助長了美國人這種謬誤的中國觀。如果東方主義這個名詞當時就有，胡適一定會指斥古德諾的「歷史觀點」是一種東方主義的觀點。胡適那個時代雖然沒有這個術語，但他所揭開的面

目就是不折不扣的東方主義：「一個堅持歷史觀點，卻又不准一個國家有權在新思想、新理想的影響之下去從事改革或革命的人，就是一個不了解歷史的眞意何在的人。」[59]

在表面上，胡適這篇文章所批判的是古德諾。然而，胡適所批判的實際上是所有西方的媒體，包括那些自命爲進步的媒體。胡適在這篇文章裡引《外觀報》的社論：對於像中國這樣一個崇拜祖先的國家來說，「一個父權的君主政體似乎應該是一個邏輯的選擇。」胡適在〈中國反動勢力的哲學家〉的這篇文章裡所沒有告訴我們的事實是：這篇社論所批判的對象就是胡適。胡適在1915年9月1日的《外觀報》發表了〈中國與民主〉（China and Democracy）。這時，袁世凱的帝制運動已經到了緊鑼密鼓的階段。胡適這篇文章的主旨在於強調帝制與否，根本無關於中國政治的現況；袁世凱的權力已經跟皇帝一樣。這個論點，就是他在〈中國反動勢力的哲學家〉裡所複述的。亦即：袁世凱的權力比世界上任何一個皇帝都還大得多，包括俄國的沙皇和德國的凱撒。胡適所用的證據就是新約法裡有關總統任期十年、可以無限期連任、而且可以指定繼承人的權力。胡適的重點在指出：在這種制度下，中國的最高領袖到底叫做「總統」或是「皇帝」又有什麼分別呢？胡適把他的希望放在「少年中國」身上。他說：

「少年中國」相信民主；它相信**通往民主的唯一途徑，就是去實行民主**。政治是一種藝術，需要實習。這就好像我如果從來就不練習說英文，我就永遠不會說英文一樣。如果盎格魯撒克遜人在歷史上從來就沒有實行過民主的話，他們也就永遠不會有他們現在所享有的民主。這種政治哲學，像古德諾教授那樣的人，是永遠不會了解的。古德諾教授和其他心意其實不壞的憲政權威認爲東方人不能勝任民主政治，**因爲他們從來就沒有過民主**。少年中國的想法恰恰相反；他們認爲就正因爲中國從來就沒有民主，所以它現在就需要民主。它相信如果中國的第一共和

59　Suh Hu [Hu Shi], "A philosopher of Chinese Reactionism," *The Chinese Students' Monthly*, XI.1 (November, 1915), pp. 16-19.

〔註：從辛亥到「二次革命」〕能得以延續久一點的時間，到了今天，
民主就會已經在中國有了一點根基了。而且四年的政治經驗，即使再不
能令人滿意，也應該給與了許多中國人對共和政治的了解。

可惜的是，中國的反動分子有外國權威來助他們的威風；有像有賀長雄和古
德諾教授這樣的憲政權威來替他們撐腰。胡適說有賀長雄會反對「少年中國」不
足為奇。來自美利堅民主國度的古德諾教授也說中國人不能勝任民主，這才是最
致命的。胡適在這篇文章的結論下了他的「春秋」史筆：「這些學者把他們的
『權威』論調寫進了中華民國的新憲法裡，而此刻正是他們就要被他們擁立的中
國皇帝授勳的前夕。」[60]

值得注意的是，《外觀報》的主編一點都不同情胡適的論點。他特別寫了一
篇冗長的社論批駁胡適。他說《外觀報》歡迎像胡適這樣的「少年中國」的代表
投稿，因為美國人很少有機會聽到個別的「支那人」的想法。然而，對於胡適這
個「支那人」的想法，他是難掩其鄙夷之氣的。他在列出了一長串的疑問以後，
說：「除了受過西方教育的人以外，中國還有其他能無私奉公的人嗎？」他說宣
布共和不等於就有了共和，這完全是兩碼子的事。他認為中國的社會制度完全不
適合民主政體。他說父權的君主政體適合中國這句話我們已經徵引過了。他說同
情中國的人都一致地認為君主立憲要比民主政治更適於中國，因為那能確保中國
的穩定。而袁世凱就是那最適合從事君主立憲的人。袁世凱就像從前的拿破崙一
樣，有軍人的支持，有外國人的認可，又有民心的擁護。這位主編的結論是：中
國的未來，不只是一個政治的革新，而且是社會的更生。一個國家的政體必須要
適合它的國民；而國民自己也必須能懂得上進到稍微像個樣子(rise to new
standards)才能配合[61]。

胡適是中國留學生裡的一個異數，他不但反對袁世凱的獨裁與帝制，他而且
敢於挺身而出，撰文批判，把他的反袁立論發表在《中國留美學生月報》，以及

60　Suh Hu, "China and Democracy," *The Outlook, September* 1, 1915, pp. 27-28.
61　"China: Republic or Monarchy," *The Outlook, September* 1, 1915, pp. 14-16.

其他美國的刊物上。袁世凱帝制成立以後，他在哥倫比亞大學的學生報，1916年
1月14日的《哥倫比亞每日旁觀報》(*Columbia Daily Spectator*)上發表了〈中國帝
制復辟的分析〉(Analysis of the Monarchical Restoration in China)。這篇文章再度
顯現出胡適的英文文筆以及他的論辯術的一流。他開宗明義就說：

> 　　我首先表示我歡迎把民國改爲帝制。我有一千零一個理由歡迎這個改
> 變，但爲了節省篇幅，就舉出下述幾個。第一、這一變等於沒變，只是
> 用正確的名稱來稱呼中國現有的政府。中華民國在兩年前就已經夭折
> 了。從那以後，中國的政府就一直是一個以共和爲名的專制帝制。現
> 在，把政府的真面目給老實地說開了，這對「共和」美名的凌辱，終於
> 可以不再。用正確的名字來稱呼事物是極其重要的。我們的至聖孔子
> 說：「名不正則言不順，言不順則事不成。」
> 　　我歡迎這個改變的第二個理由是：它向全世界揭露了中國政府的本
> 質；特別是，它向全世界揭露了袁世凱——美國人眼中的中國的「強
> 人」、不久前才對天地立誓絕不背叛共和的人——的本質。這個中國的
> 強人說：「予之愛國，詎在人後？」他的「愛國」也許不在人後，因爲
> 布魯托斯(Brutus)是一個正人君子〔註：胡適在此處是引馬克・安東尼
> 在莎士比亞的《凱撒》裡反諷刺死凱撒的布魯托斯〕。
> 　　第三個理由是前兩者所必然的結果。中國的政治發展打開了美國輿論
> 家的眼睛，因而讓美國對袁世凱及其政府的輿論產生了些微的改變。任
> 何注意美國主要報刊這幾年來的社論的人，都不可能不會不注意到這個
> 改變。這種美國輿論的改變對「少年中國」而言，是具有非常重要的道
> 德的意義的。中國的反動分子精心地污染了美國的輿論；他們甚至成功
> 地把前哥倫比亞大學教授、現任約翰霍布金斯大學校長古德諾都拉了進
> 去，自願作爲中國的反動勢力的代言人。美國那些一知半解的輿論家對
> 袁世凱的禮讚，讀起來眞是令人作嘔。舉個例來說，有一位作家說袁世
> 凱設立了一個御史台來爲他作諫諍。他說這可以證明袁世凱是一個多麼

偉大的人物；他說，世界上還有誰敢任命一批官員，他們的職責就是專
門來批判自己嗎？這位袁迷渾然不知御史台在中國已經有了至少兩千三
百年的歷史！這樣的例子不勝枚舉。簡言之，會作這種禮讚的人，泰半
是有心示好，只是觀察不敏，知識有限。我很高興許多美國的主編現在
願意「收回前言」，以袁世凱的真面目來對待袁世凱。「少年中國」所
要求美國輿論界的，就是根據事實作無私、公允的判斷。而這也就是中
國當前的政治變化所已經開始造成了的。

　　胡適說他歡迎袁世凱宣布帝制，因為那終於使中國的政體名實相符。這當然
是論辯策略上所用的一種反諷手法。他在作了反諷以後，他才說：對中國而言，
袁世凱的帝制所代表的，當然是一個挫敗、一個倒退。胡適說其所帶來的禍害有
四：第一、是皇戚與貴冑階級的再現。他說，在舉世走向民主、平等的潮流之
下，這種開歷史倒車的行徑應該受到全世界的譴責；第二、帝制的再現會造成傳
統腐敗官僚階級的復辟。胡適說這個賣官鬻爵的官僚體制在中國歷史上所造成的
禍害，遠比鴉片和小腳還嚴重。辛亥革命再怎麼不濟，光是把這批賣官鬻爵的腐
敗階級送回老家「去坐冷板凳」，就已經是功德無量了；第三、帝制的復辟會帶
來動亂與革命。蔡鍔的護國軍只是一個開始。古德諾贊成帝制，說那可以「防止
中國的分崩離析。」胡適說古德諾錯了。帝制的結果適得其反，專權的反動政府
所帶來的，必然是分崩離析、必然是革命；第四、也是最不幸的，帝制的復辟所
帶來的，是所有建設性工作與政策的中斷。一方面，政府浪費其所有的資源去作
帝制的宣傳，鎮壓所有的反對聲浪與行動。在另一方面，年輕人在失望之餘，也
浪費了他們的青春與生命去從事革命。舉國上下浪費精力、虛擲良機，就因為一
介獨夫和一些無恥政客的野心[62]！
　　護國軍起以後，各省紛紛響應，袁世凱眼見大勢已去，被迫在1916年3月22
日宣布取消帝制，6月6日因尿毒症而死。胡適在次日的《留學日記》裡寫下了他

62　Suh Hu [Hu Shi], "Analysis of the Monarchical Restoration in China," *Columbia Daily
　　Spectator, January* 14, 1916, p. 7;《胡適全集》，35：176-181。

對袁世凱的蓋棺論定：

> 袁世凱死於昨日。此間華人，真有手舞足蹈之概。此真可謂「千夫所
> 指無病自死」者矣。吾對於袁氏一生，最痛恨者，惟其「坐失機會」一
> 事。機會之來，瞬息即逝，不能待人。人生幾何？能得幾許好機會耶？
> 袁氏之失機多矣：戊戌，一也；庚子，二也；辛亥壬子之間，三也；二
> 次革命以後，四也。使戊戌政變不致推翻，則二十年之新政，或已致中
> 國於富強。即不能至此，亦決無庚子之奇辱，可無疑矣也。袁氏之賣康
> 梁，其罪真不可勝誅矣。二十年來之精神財力人才，都消耗於互相打消
> 之內訌，皆戊戌之失敗有以致之也。辛壬之際，南方領袖傾心助袁，豈
> 有私於一人哉？為國家計，姑與之以有為之機會以觀其成耳。袁氏當是
> 時，內攬大權，外得列強之贊助，儻彼果能善用此千載一時之機會，以
> 致吾國於治安之域，則身榮死哀，固意中事耳。惜乎！袁氏昧於國中人
> 心思想之趨向，力圖私利，排異己，甚至用種種罪惡的手段以行其志，
> 馴致一敗塗地，不可收拾，今日之死晚矣。袁氏之罪，在於阻止中國二
> 十年之進步。今日其一身之身敗名裂，何足以贖其敝天之辜乎！[63]

　　胡適不但在《留學日記》裡寫下他對袁世凱的蓋棺論定，他還用英文發表了
他對袁世凱及其黨羽捏造民意、策動帝制運動的來龍去脈。這就是他在1917年的
《種族發展季刊》(*The Journal of Race Development*)上所發表的〈捏造民意：最
近中國帝制運動的文獻史〉(Manufacturing the Will of the People: A Documentary
History of the Recent Monarchical Movement in China)。他的目的是從電文來分析
「籌安會」設計、安排擁戴袁世凱為皇帝的過程。他一開始就畫龍點睛地抖出了
袁世凱及其黨羽捏造民意的證據。他指出各省「國民代表大會」所上的擁戴電
文，不管是從邊遠的甘肅來的還是從沿海富庶的江蘇來的，都有這四十五個字：

63　《胡適日記全集》，2：339-340。

「謹以國民公意，恭戴今大總統袁世凱爲中華帝國皇帝，並以國家最上完全主權奉之於皇帝，承天建極，傳之萬世。」這在在地顯示了這整個帝制運動是由幕後的黑手在操縱主導的。

其實，胡適寫這篇文章最大的目的，與其說是在爲袁世凱作蓋棺論定，不如說是在教訓美國主持輿論的人，說他們「言者諄諄，聽者藐藐」；更重要的是，他要強調歷史的發展證明他一直是對的。他說：

　　作爲一個中國人的我，把這件事情的來龍去脈說給全世界聽，並不是一件快意的事。雖然我很高興這個易哄善欺的世界自己製造出來的冒牌神(false god)終於化爲塵土，我的目的並不在於重複地去揭露袁世凱的「無德」。袁先生已經用他自己的行爲寫下他自己的墓誌銘。而且，去殺一個已死的人，也不足以言勇。那眞正促使我來寫這一篇文章的，是一個信念：這整個事件帶給全世界的是一個最新的證據，證明了中國對民主的嚮往、證明了中國對建立一個誠實開明政府的努力是絕對眞心的。有一個美國作家說得很好。他說：「我不認爲中國的革命失敗了，因爲我相信它還沒結束。」辛亥革命以後所建立的民國並沒有失敗，因爲它一直還沒有機會一展身手；它雖然夭折了，即使袁世凱及其黨羽的反動勢力一直有計畫、有組織地要消滅它，但它的精神仍在，而且繼續茁壯。中國這幾年來內部的政治搏鬥，是「新中國」所從事的搏鬥，是這四分之一世紀以來與那幾千年來腐蝕、削弱中國的官僚體制從事殊死鬥的思想革命的新生兒。

　　我在本文用文獻來分析的這場帝制復辟的鬧劇，它充分地說明了這個中國舊官僚體制的人員，其習氣及其所用的方法。它登峰造極的傑作，就發生在參政院宣布在2043個國民代表裡，有1993名贊成即刻擁戴袁世凱爲皇帝的那一天。然而，這個舊官僚體制錯估了自己的實力，也誤判了全國民心的向背。它完全沒有了解當它須要裝模作樣地「徵求國民之公意」，以取得支持以及其合法性的時候，它的喪鐘已經響起，它的滅

亡已經可期。它這最後的政治操作及其所彰顯出來的徹底的腐敗，適足以幫忙「新中國」的團結，適足以驅使溫和派、甚至保守派，去走向革命的陣營。這第三次革命並不是孫中山那一派過激分子所鼓動的，而主要是由蔡鍔、梁啓超這些溫和的領袖人物領導、而由激進派從旁協助的。對於這個穩如泰山的「新中國」，舊官僚體制是欲舉無力的。它的敗亡是可喜可賀的。

這個舊官僚體制當然不會就此罷休，中國的革命也尚未成功。但這個帝制運動讓眞正的問題凸顯出來了：這是「新中國」與中國舊官僚體制之間的一場殊死戰。我們祈願本文的陳述會讓全世界相信：「少年中國」是全心全意地爲民主與啓蒙在奮鬥著。[64]

胡適這幾篇在留美時期所寫的批判袁世凱帝制運動的文章有兩點值得注意的地方。第一、通往民主的唯一途徑，就是去實行民主。民主是需要學習、身體力行的。沒有民主經驗的國家想要民主，最好的方法就是去實行民主，然後從民主的實踐，去把民主建立起來。這個觀點是胡適一生所堅持的。他在1930年代所說的名言：「民主政治是幼稚園的政治。」那句話固然有它特別的思想脈絡，也就是他禮讚了二十幾年的專家政治理念。有關這點，我已經在別處分析過[65]。將來，我還會在《舍我其誰：胡適》的後幾部裡再作詳細的分析。然而，實行民主政治沒有什麼訣竅，只有老老實實地從頭作起的信念，胡適在留美的時候就已經形成了。第二、辛亥革命所反映的，與其說是一個政治上的革命，不如說是一個思想上的革命。胡適在留美的時候，把這個思想的革命詮釋爲「新中國」、「少年中國」與舊官僚體制的搏鬥的過程。他當時把這個舊官僚體制形容得比鴉片、

64　Suh Hu [Hu Shi], "Manufacturing the Will of the People: A Documentary History of the Recent Monarchical Movement in China," *The Journal of Race Development*, 7:3 (1917), pp. 319-328; 《胡適全集》，35：204-221。

65　請參閱拙著，〈專家政治的禮讚：胡適挪用杜威的工具主義〉，發表於台灣中央研究院近代史研究所2009年5月4日主辦的「胡適與近代中國的追尋──紀念『五四』九十周年學術研討會」。

小腳還要可怕，說它是中國的致命傷。留學歸國以後的胡適會在這個詮釋與著重點上作修正，但是，他所強調的「思想上的革命」將會成爲他的中國文藝復興論述的基調。

從民族主義者到以愛國爲基礎的世界主義者

胡適在爲辛亥革命作辯護、在力挽美國媒體捧袁世凱的狂瀾的時候，也正是他自己在政治思想上產生急劇而且深遠的變化的階段。這個變化有幾個轉折點，其軌跡在他的《留學日記》裡還斑斑可尋。等胡適的蛻變完成以後，他先是一變，從他在上海求學時期所形成的狹隘的民族主義者，變成一個以愛國爲基礎的世界公民；再一變而成爲一個超越國界的世界公民；從世界公民，他再變成一個絕對的不爭主義者；最後，再變成一個國際仲裁主義者。

胡適從一個狹隘的民族主義者，蛻變成一個以愛國爲基礎的世界公民的過程並不是很平順的；他內心掙扎了相當一段時間。這感情上的包袱，不是單純理智上的認知與覺悟就可以把它棄之如敝履的。特別是在像民族主義與個人認同這些最能讓人血氣沸騰的問題上，感情所扮演的角色總是那抱殘守缺的最後的「衛道者」。他在1912年10月25日的日記裡，還認爲羅馬帝國的衰亡跟羅馬人只知有天下，不知有國家的觀念有關。換句話說，跟中國人犯的是同一個毛病：

> 下午在藏書樓讀Grote, *History of Greece*〔格魯特著《希臘史》〕。此爲世界有名歷史之一，與吉本之《羅馬衰亡史》齊名。忽念及羅馬所以衰亡，亦以統一過久，人有天下思想而無國家觀念，與吾國十年前同一病也。羅馬先哲如 Epictetus〔55-135，伊匹克提特司〕and Marcus Aurelius〔121-180，奧列裡厄斯，著有《沉思錄》〕皆倡世界大同主義，雖其説未可厚非，然其影響所及，乃至見滅於戎狄，可念也。又耶教亦持天下一家之説，尊帝爲父而不尊崇當日之國家，亦羅馬衰亡之一原因也。(註)吾作此言，並非毀耶，實是當日實情。後世之耶教始知有

國家，其在當日，則但知有教宗(Church)耳。[66]

這段日記裡最耐人尋味的是他說：「世界大同主義，雖其說未可厚非，然其影響所及，乃至見滅於戎狄，可念也。」有誰能預料這個說出世界大同主義亡國論的胡適，兩年後會變成一個絕對的不抵抗主義者呢！胡適寫這一則日記的時候，他已經是康乃爾世界學生會一個活躍的會員了。他在1911年9月6日搬進世界學生會。1912年5月就被選為1912學年度的記錄。再過一年以後，他就當選為1913學年度康乃爾「世界學生會」的會長了。世界主義的理想已經在他的內心中滋長著。可是他的情感仍然在抗拒著。到了1913年4月，胡適當時已經在美國留學將近三年了。他還是持兩端，試圖在國家與世界之間找到一個可以讓他安身立命的地方：

> 吾今年正月曾演說吾之世界觀念，以為今日之世界主義，非復如古代 Cynics and Stoics〔犬儒與禁欲派〕哲學家所持之說。彼等不特知有世界而不知有國家，甚至深惡國家之說。其所期望在於為世界之人(a citizen of the world)，而不認為某國之人。今人所持之世界主義則大異於是。今日稍有知識之人莫不知愛其國。故吾之世界觀念之界說曰：「世界主義者，愛國主義而柔之以人道主義者也。」頃讀鄧耐生 (Tennyson)詩至"Hands All Round"篇有句云："That man's the best cosmopolite / Who loves his native country best"(彼愛其祖國最摯者，乃真世界公民也)。深喜其言與吾暗合。故識之。[67]

換句話說，一直到1913年4月為止，胡適仍然認為希臘、羅馬的哲學家囿於其希冀作為世界公民的盲點，反而不如現代稍有知識的人都莫不知愛國的道理。所以，他才會最喜歡但尼生的詩句，說只有真正愛國的人，才可能成為一個真正

---

66 《胡適日記全集》，1：210。
67 《胡適日記全集》，1：238。

的世界公民。

　　胡適才剛剛覺得他已經找到了愛國與世界大同並行不悖的交會點，他這個信念卻很快地受到了挑戰。這個挑戰的起因，是因爲美國出兵干預墨西哥的革命。胡適在1914年5月15日的《留學日記》裡說：

　　自美墨交鬨以來，本城之*Ithaca Journal*〔《綺色佳新聞報》〕揭一名言：「吾國乎，吾願其永永正直而是也，然曲耶，直耶，是耶，非耶，終爲吾國耳。」(My Country——May it ever be right, but right or wrong, my country)意言但論國界，不論是非也。此言揭諸報端已逾旬日，亦無人置辯。一日，同居世界學生會之各國學生談論偶及之，有表同情者，亦有反對者，莫衷一是。余適過之，聆其言論，有所感觸，故以所見作一書寄此報主筆。其人不敢登載，社中訪事某女士堅請登之，乃載入新聞欄。昨日余往見前校長白博士之夫人，夫人盛稱余書，以爲正彼所欲言而未能言者。白博士曾兩任使德大使，戊戌年海牙平和會，博士爲美國代表團長，其功最多。夫婦都主張和平，故深惡此等極端之國家主義也。[68]

　　墨西哥在1910年革命以後，內戰、割據持續了十年之久。美國威爾遜總統上任以後，拒絕承認用兵變上台的衛爾泰(Victoriano Huerta)。威爾遜不但施壓力要衛爾泰下台，而且考慮支持衛爾泰的內戰敵手，試圖把他拖垮。後來，終於給威爾遜找到機會了。1914年4月9日，美國一些水兵在坦匹口(Tampico)上岸買東西的時候，被墨西哥軍隊逮捕。雖然墨西哥守衛司令很快地就把他們釋放並向美方道歉，美國艦隊的少將司令認爲美國的國旗已經受辱，要求墨西哥以放二十四禮炮向美國國旗致敬的方式致歉。墨西哥守衛司令拒絕。這時，美國又收到情報，說德國一批支援衛爾泰的軍火，即將運抵墨西哥的衛勒庫魯司(Veracruz)

68　《胡適日記全集》，1：310。

港。威爾遜於是下令美國海軍在4月21日占領衛勒庫魯司港的海關，沒收那批德國軍火。美國占領了海關以後，墨西哥開始反擊。次日，美國的艦隊駛入衛勒庫魯司港。經過了兩天的激戰，美國占領了衛勒庫魯司。這次戰役，墨西哥陣亡人數在一百七十人之譜，美方陣亡人數十七[69]。

胡適在1914年7月14日的《留學日記》裡說：「墨西哥久爲世界患，美政府持不干涉主義。至辱及國徽，忍無可忍，始令水兵在Vera Cruz〔衛勒庫魯司〕登岸，據其城，以絕衛爾泰(今總統)軍械來路。是役美兵死者數人。」[70]表面上看來，胡適7月4日的這則日記，似乎與他5月15日那則批判「只論國界，不論是非」的日記立場歧異，其實不然。胡適人在美國，讀慣了美國媒體對墨西哥的不屑與譏詆，以及終日喋喋於美國超然、雖爲墨西哥的亂局扼腕、但雅不願干涉云云等論調，不可能不受其影響。事實上，美國出兵干預墨西哥，只是導引出胡適寫5月15日那則日記的論題的促因。他所關切的不是墨西哥，更不是美國出兵的問題，而是國界與是非的問題。

就像胡適說的，由於胡適的投書觸及了太敏感的問題，害怕造成眾怒，《綺色佳新聞報》不敢登，而用新聞報導的方式摘述了胡適的論點：

> 「世界學生會」的會長胡適覺得他找到了問題的核心。他的看法如下：
>
> 「我覺得『不管對錯，總是我的國家』這句話謬誤的所在，就在於它犯了道德上的雙重標準的錯誤。沒有人會否認是非正義是有標準的──至少文明人是這樣認爲的。如果『我的國家』違憲向我徵稅，不法地沒收我的財產，或者不經審判就把我拘禁，即使所有這一切都是以『我的國家』的法律爲名，我一定會抗議。然而，當同樣的問題出現在國際事

69　John Cooper, Jr., *Woodrow Wilson: A Biography* (New York: Alfred A. Knopf, 2009), pp. 242-243; Lloyd Gardner, *Safe for Democracy: The Anglo-American Response to Revolution, 1913-1923* (New York: Oxford University Press, 1984), p. 60。Gardner說美軍陣亡人數爲十九。

70　《胡適日記全集》，1：407。

> 務上的時候，我們立刻就把是非正義的標準拋諸腦後，而且還驕矜自喜
> 地說：『不管對錯，總是我的國家。』我應該沒有說錯吧？這就是雙重
> 標準：一個用在自己的同胞身上；另一個則用在外國人或外夷
> (outlandish people)身上。我認爲除非我們用同一個是非正義的標準，
> 不管是對內或對外，我們就不可能有一個共同的討論基礎。[71]

　　值得注意的是，胡適所關心的雙重標準的問題，完全是一個抽象的原則問題。墨西哥的革命爲何、如何？美國出兵干預如何？都不是他所感興趣的問題。他會用「墨西哥久爲世界患，美政府持不干涉主義。至辱及國徽，忍無可忍」這樣站在美國的立場、已經下了價值判斷的字句來描述這個事件，就在在地表示他認定美國是在「忍無可忍」的情況之下，才被迫出師膺懲墨西哥。美國的作法既然堂堂正正，他所關切的，只是美國人是否在輿論上也應該堂堂正正，而不是因爲「國徽受辱」、群情激動，就可以說出「不管對錯，總是我的國家」這種越了國界就不問是非的話。

　　由於胡適所提出的質疑不在於美國出兵干預墨西哥的革命對錯與否，而是在於「不管對錯，總是我的國家」這句話是否反映了雙重的標準，爭執點自然就環繞在這一句話的眞諦，胡適也就難免於被批評他是誤解了這句話的眞諦的指摘。7月22日，「世界學生會」有活動，來賓四百人。胡適是會長，做了「大同主義」的演說。有一位夫人在會後告訴胡適，說她對那句話的詮釋跟胡適的不同。她說她自己不會認爲那句話是意指：「吾國所行即有非理，吾亦以爲是」，而毋寧是：「無論吾國爲是耶非耶，吾終不忍不愛之耳」。康乃爾大學英語系教授散蒲生(M. W. Sampson)教授當晚也在場。他說那句話其實可以作不同的詮釋，不應該只取一義。他認爲其本義是：「父母之邦，雖有不義，不忍終棄。」他打了一個比方。有一對兄弟出門，弟弟因爲喝醉了酒而得罪了一個路人，對方拔劍而起。作哥哥的是該維護喝醉了的弟弟？還是置之不顧？抑或是幫助受辱者來打他

71 《胡適日記全集》，1：311-312。

自己的弟弟呢？哥哥明知自己的弟弟不對，但他總不能棄骨肉之義於不顧吧？散蒲生教授最後又以18世紀歐洲人移民來美國作為例子，來說明作判斷的不易。他說：「其去國之原因，大率以專制政府壓制為多，然其悻悻然去之者，未必皆是也。」胡適覺得散蒲生教授說得有理，就在日記裡檢討說：「此言是也。吾但攻其狹義而沒其廣義。幸師友匡正之耳。」[72]

胡適捫心自問，發現他自己也不可能自免於骨肉、家國之義的羈絆。他在7月26日的日記裡反省說：

> 孔子曰：「父為子隱，子為父隱，直在其中矣。」仁人之言也。故孔子去魯，遲遲其行，曰：「去父母之國之道也。」其作《春秋》，多為魯諱，則失之私矣。然其心可諒也。吾未嘗無私，吾所謂「執筆報國之說」，何嘗不時時為宗國諱也。是非之心，人皆有之。然是非之心能勝愛國之心否，則另是一問題。吾國與外國開釁以來，大小若干戰矣，吾每讀史至鴉片之役，英法之役之類，恆謂中國直也；至庚子之役，則吾終不謂拳匪直也。[73]

胡適這段話值得注意的地方，是他雖然承認人不可能完全沒有私心，但他仍然堅持歸根究柢，是非的標準還是存在的。因此，他雖然是中國人，但他不會說中國的「拳匪」是對的，八國聯軍是錯的。「吾國乎，吾願其永永正直而是也，然曲耶，直耶，是耶，非耶，終為吾國耳。」說這句話的，是美國19世紀初的海軍將領笛凱特（Stephen Decatur, 1779-1820）。胡適在1914年11月25日的日記裡記下了它的出處。此外，他還引了其他意味相同的兩句話：「不管英國會變得如何，不管她的缺點有多少，她依然是我的國家」、「英國啊，英國！即使妳有缺點，我還是愛妳，我的國家。」[74]

72 《胡適日記全集》，1：416。
73 《胡適日記全集》，1：416-417。
74 《胡適日記全集》，1：553-554。

　　從1914年5月，他第一次讀到「不管對錯，總是我的國家」這一句話開始，胡適顯然就一直在思索著「國界」與「是非」的問題。儘管他說師友的匡正，讓他理解到那句話可以有狹義和廣義的詮釋。學哲學的他，終究還是沒有辦法接受模稜兩可的說法。是非正義是有標準的，這個標準就是「一致」。就像他在10月26日跟韋蓮司所談的：「女士問：『人間倫理繁複難盡，有一言一蔽之者乎？』余答曰：『此不易言。無已，其惟「一致」(consistency)乎？』」。換句話說，他所講求的是：必也一致乎！雙重標準的謬誤，就在於其失於一致。他在跟韋蓮司說一致之道的同一則日記裡，也記下了他與美國「世界學生聯合會」的會長訥司密斯(George Nasmyth)的談話：

　　　今日與納博士談。博士問：「天然科學以歸納理論爲術。今治倫理，小之至於個人，大之至於國際，亦有一以貫之之術乎？」余答曰：「其惟一致乎？一致者，不獨個人之言行一致也。己所不欲，勿施於人。所不欲施諸吾同國同種之人者，亦勿施諸異國異種之人也。此孔子所謂「恕」也，耶氏所謂「金律」也，康德所謂「無條件之命令」也……斯賓塞所謂「公道〔justice〕之律」也，彌爾〔穆勒〕所謂「自由以勿侵他人之自由爲界」也。皆吾所謂一致也。一致之義大矣哉！[75]

　　「其唯一致乎？」、「一致之義大矣哉！」這個《論語》子曰式的對白，說得多麼的肯定、說得多麼的充滿自信。從表面上看來，胡適似乎已經找到了一個普世皆準的標準，可以不因國家與人種的畛域，而用來判定是非正義。其實，他不知道這已經是他以愛國爲基礎的世界主義的最後階段。他仍然在掙扎著，掙扎著要試圖去找出一個解決之道，讓愛國與世界主義可以並行不悖；讓他可以既愛國又不失爲一個世界公民。這時候，第一次世界大戰已經爆發了。他對第一次世界大戰的觀察與了解，終於粉碎了他這個夢想。胡適一度成爲一個試圖超越國家

75　《胡適日記全集》，1：525。

的世界主義者。而這也就是他絕對的不抵抗主義產生的背景。

胡適從一個狹隘的民族主義者，過渡到成爲一個以愛國爲基礎的世界主義者，這個過程在他的心路歷程裡還有一個有趣的註腳，那就是在美國1912年總統大選的時候，他所支持的是希歐多爾‧羅斯福(Theodore Roosevelt)——即老羅斯福——而不是他後來所景仰的威爾遜。他當時爲什麼會支持老羅斯福呢？很可惜，胡適從來就沒有在《留學日記》裡說明他支持老羅斯福的原因。雖然我們沒有足夠的資料來證明，但是我們可以推測他當時爲什麼會支持老羅斯福，而且對於一個沒有投票權的人來說，支持到佩戴著進步黨公鹿的徽章在校園走動的狂熱的地步。其理由無他，那就是1912年的胡適仍然處在民族主義的籠罩之下。

1912年10月30日，康乃爾的學生報《康乃爾太陽日報》在校園裡舉行了一個「模擬投票」(mock election)。這不是今天所說的「非正式投票」(straw polls)，而是眞正在校園裡設了一個投票所，讓大家去投票[76]。胡適當天不但去投了票，他靈機一動，也在他所住的「世界學生會」裡舉行了一個「模擬投票」——胡適在日記裡翻成「遊戲投票」。有53個「世界學生會」的會員參加投票。投票結果，民主黨的威爾遜得壓倒性的最高票，34票；進步黨的老羅斯福次之，13票；共和黨的塔伏特，4票；社會黨的德卜(Eugene Debs)，2票。《康乃爾太陽日報》以全校爲對象的「模擬投票」的結果在次日公布。胡適也在日記裡表列出來：威爾遜得第一，969票；老羅斯福，850票；塔伏特，351票；德卜，37票。胡適在「世界學生會」的「模擬投票」之後，在日記裡寫下了幾段他認爲「甚耐尋味」的幾件事。其中之一是：

> 吾國人所擇Wilson〔威爾遜〕與Roosevelt〔老羅斯福〕勢力略相等，皆急進派也，而無人舉Taft〔塔伏特〕者。又舉社會黨者共二人，皆吾國人也；此則極端之急進派，又可想人心之趨向也。[77]

76　"Mock Election Is for Whole University," *Cornell Daily Sun*, XXXIII.32, October 29, 1912, p. 1.
77　《胡適日記全集》，1：212。

　　邵建讀了胡適這則日記，他看到了胡適用「急進派」的字眼來形容威爾遜跟老羅斯福，於是就自作演申：

　　　很明顯，由威爾遜代表的民主黨是激進的，很能得中國學生的同情。
　　共和黨雖然是保守的，但從這個保守陣營中分化出來的羅斯福也是激進
　　的(他的黨號爲進步黨)，因此也能得著中國學生的同情(這同時也是他
　　們兩人票數相伯仲的原因)。甚至更爲激進亦即具有社會主義傾向的社
　　會黨也能得上兩票，這僅有的兩票都來自中國學生。而唯獨代表保守勢
　　力的塔夫脱，在中國學生中卻一票也沒有。這，說明了什麼？

　　邵建把這個中國留學生「模擬投票」的結果詮釋成近代中國激進主義的濫
觴。殊不知中國留美學生，像我在本章第一節所分析的，絕大多數是保守的。他
憤然地說：「『塔夫脱』〔又〕怎麼了？保守難道不是一種價值，尤其在舉國激
進、一味偏斜時，它難道不是一種至少可以用來平衡的價值？」[78]
　　事實上，保守、自由、激進也者，有其歷史的背景與意義，抽離了其社會、
歷史的脈絡，這些名詞完全沒有意義。別的不說，光是「自由主義者」這個字
眼，在今天早就已經失去了其描述或作爲標籤的功用。18世紀的自由主義者異於
19世紀的自由主義者；18、19世紀的自由主義者又各異於20世紀的自由主義者。
到了20世紀下半葉以後，自由主義者，在美國已經變成是一個左右派都拿來罵人
的字眼。1912年美國大選時，威爾遜、老羅斯福、塔伏特在意識形態的光譜上各
自所站的位置，還必須回到當時美國的社會脈絡下來看。
　　邵建所犯的歷史錯誤，就是一般所說的「時代錯置的謬誤」(anachronism)，
那就像是把古代的中國人穿上西裝一樣。他說：「胡適所支持的威爾遜的民主黨
更是強調用政府力量來干涉一些個人事務用以推行積極自由。」他的錯誤，就在
於把20世紀下半葉美國兩大政黨的政綱，假定是「自古有之，於今爲烈」。就以

78　邵建，《瞧，這人——日記、書信、年譜中的胡適》，頁66。

1912年的大選爲例，當時塔伏特的共和黨所代表的是財團的利益；從共和黨分裂出來老羅斯福所代表的進步黨主張增強政府的權力；威爾遜所代表的民主黨則反對給與政府太多的權力。比如說，邵建批評胡適支持徵遺產稅是違背了洛克「古典自由主義」的眞諦。其實，所得稅、遺產稅、累進稅率等等，都是老羅斯福在總統任內就已經提出來的觀念。1912年大選的時候，因爲所得稅已經由國會制定成法案而開始實施了，遺產稅和累進稅率都是老羅斯福所提出的競選政見。威爾遜還是後來才跟進的。無論如何，政府所應扮演的角色該如何，民主黨和共和黨的立場開始對調，是從富蘭克林‧羅斯福(Franklin Roosevelt)——即小羅斯福——總統實施「新政」的時候開始。但一直要到了20世紀下半葉，共和黨才跟民主黨的立場整個對調換過來。這也就是說，變成共和黨要削弱政府的權力，而民主黨則要以政府的力量來執行社會政策。

美國的兩大政黨，沒有一個是激進的。它們的基本立場都是在保持現狀的基礎上作調整。雖然今天的共和黨比民主黨保守，但兩黨裡都各自有其在意識形態上的左、右、中間分子。他們都可以跨黨選其所支持的候選人的。我們甚至可以說有些名爲民主黨的議員，以其意識形態、以其在議會的投票記錄而言，只是民主黨爲名，共和黨爲實。換句話說，政黨的政綱、意識形態會轉變。所謂保守、自由也者，必須針對具體的政策而言，同時也必須放在其社會、歷史的脈絡之下。不能抽象地把它們當成彷彿是普世皆準的概念。

胡適爲什麼支持老羅斯福呢？歸根究柢，可能就是因爲他是四個候選人裡最知名的人物。老羅斯福是美國第26任總統。事實上，他在1912年參選的時候，實際上等於已經當了兩任的總統了。1901年麥金萊總統被刺身亡，老羅斯福以副總統的身分繼任爲總統。1904年，他競選連任成功。塔伏特是1908年當選的第27任總統。1912年的大選，由於共和黨分裂，大家公認實際上就是老羅斯福跟威爾遜之間的對決。老羅斯福不但是前任總統，美西戰爭的英雄，而且又是一個具有戲劇性、對大眾極有吸引的人物；相較之下，威爾遜當時完全是一個新手。他是一個政治學家。一直到1910年爲止，他是普林斯頓大學的校長。該年，他當選紐澤西州的州長。那是他第一次進入政壇。

　　除了老羅斯福知名以外，唯一能夠用來說明胡適當時爲什麼崇拜他的原因，可能就是胡適當時還沒有擺脫的民族主義的理念。老羅斯福的競選理念是「新民族主義」(New Nationalism)；與之相對的，是威爾遜的「新自由」(New Freedom)[79]。最耐人尋味的是，以後來胡適思想的發展來看，光是以兩人的競選理念來說，他所應該會支持的反而是威爾遜才對。無論如何，當時的他所看到的只是老羅斯福的「新民族主義」，威爾遜的「新民主」，他視而不見。老羅斯福要美國人在強有力的領袖的領導之下，肩負起美國對世界的責任；老羅斯福要大家超越物質的誘惑、個人的利害以及地域的歧見，而爲國家的利益來作奉獻。這些都深深地感動了胡適。此外，老羅斯福雖然聲音尖細，胡適形容「其聲尖銳如女子叫聲」，但他是一個演說大家。在胡適已經轉而崇拜威爾遜、鄙夷老羅斯福以後，他仍然稱讚老羅斯福在演說方面的才華：「然思力明爽，懇切動人。又能莊能諧，能令人喜，能令人怒也。」[80]老羅斯福發表政見演說的時候，其煽動的能力就像是一個宣道師。就像他那獅子吼：「我們就站在世界末日、善與惡的對決場上(Armageddon)。我們是爲上帝而戰。」胡適在留美的初期幾乎受洗。後來他還在相當長一段的時間裡參加查經班，他有過他的宗教震撼的經歷。有關這點，請看第七章。老羅斯福演說有宗教式的感染力，可能也是吸引胡適的一個地方。

　　胡適說老羅斯福「急進」，這是必須放在美國當時的特定的政治脈絡之下來看待的。他的「激進」，完全是相對於塔伏特以及共和黨的大老而言的。老羅斯福有一句名言：「我是一個急進派(radical)。我最熱切希望看見的，是由保守派出面執行急進派的政綱。」這句話說明了一切。老羅斯福在他的政綱裡說他要照顧小老百姓，支持工人的權益，禁止童工，要立法實行累進稅率以及徵遺產稅。但他又要照顧大老闆的權益。所以他說：「我們可不能損害有錢人或公司的總

79　以下有關老羅斯福與威爾遜，以及他們的政見的分析，是根據John Cooper, The Warrior and the Priest: *Woodrow Wilson and Theodore Roosevelt* (Cambridge, Mass.: The Belknap Press of Harvard University Press, 1983), pp. 69-88, 206-221; John Cooper, *Woodrow Wilson: A Biography*, pp. 15-181.

80　《胡適日記全集》，1：518。

裁……如果我們爲了提昇小老百姓的權益卻損害了別人，那就是我們的不幸。」
老羅斯福說他要對付托拉斯大公司集團。但他又說我們不能只一味地想打托拉
斯，結果把大公司的競爭力給削弱了。所以，最好的方法是用政府的力量去管制
它們。老羅斯福的政綱當然有他吸引人的地方。他除了以捍衛小老百姓的權益作
爲競選的口號以外，他的「進步黨」還是當時唯一一個主張給予婦女參政權的政
黨。也正因爲如此，老羅斯福在1912年大選的時候，吸引了許多進步分子的選
票。

　　相對於老羅斯福的「新民族主義」，威爾遜的「新民主」其實在社會政策方
面非常類似老羅斯福的「進步黨」。當時的民主黨是親農民甚過於勞工。但是威
爾遜明白地宣示說，勞工權益的保障是與全民的福祉息息相關的。事實上，除了
婦女參政權以外，威爾遜的社會政策跟老羅斯福是非常接近的。但在政府的角色
以及政府跟企業的關係上，他們的觀點有明顯的不同。相對於老羅斯福所主張的
強有力的政府，威爾遜的回答是：「在民主國家裡，要人民站到一邊去，把政府
交給專家去管理是一個不可思議的想法。如果我們不懂得如何參政，我們就不配
作爲自由的人民。」有關托拉斯，威爾遜說他並不反對大企業，他反對的是壟
斷。大企業的成功，並不表示它的競爭力大，而只不過是它的壟斷杜絕了競爭。
至於老羅斯福所主張的由政府來管制托拉斯的作法。威爾遜反詰說：「一旦政府
開始管制托拉斯，托拉斯會想出辦法倒過來管制政府。」等胡適後來把他敬仰的
對象從老羅斯福轉到威爾遜身上以後，他在《留學日記》有兩則他們兩個人所說
的話，就是最好的寫照。老羅斯福說：「我們必須去監督、指導公眾事務。」威
爾遜說：「我們必須把大環境作好，以便人民能自由地管理其事務。」胡適在日
記裡下評斷說：「寥寥二言，實今日言自由政治者之大樞紐，不可不察……二者
之中，吾從威氏。」[81]

　　老羅斯福跟威爾遜的外交政策也不相同。老羅斯福主張備戰。在他擔任總統
的期間，美國的海軍擴充了兩倍。他認爲文明國家有肩負起國際警察的責任。他

81　《胡適日記全集》，1：404。

在國會所報告的國情咨文裡就說：「干預野蠻或半開化的國家，是國際警察爲了人類的福祉所必須扮演的角色。」在老羅斯福的心目中，中國就是一個野蠻或不文明的國家。老羅斯福在外交政策上有一句名言：「假以辭色、巨棍伺候」(Speak softly and carry a big stick)。威爾遜的外交政策是大家比較熟悉的。我們只需要引胡適在變成一個威爾遜服膺者(Wilsonian)以後的一則日記就可以了。1914年7月4日，威爾遜在費城演說，胡適形容該演說：

> 其言句句精警，語語肝膽照人，其論外交一段，尤痛快明爽。其得力所在，全在一「恕」字。在於「己所不欲勿施於人」八字。其言曰：「獨立者，非爲吾人私囊中物也，將以與天下共之。」又曰：「若吾人以國中所不敢行之事施諸他國，則吾亦不屑對吾美之國旗矣。」〔比較達意的翻譯是：如果我們以這面國旗爲名，在國外作出了我們在國內不會以爲然的行爲，我是會以其爲恥的。〕(此與吾前寄此間報館論"My country, right or wrong"〔不管對錯，總是我的國家〕之說同意，參看卷四第一五則)又曰：「天下之國，有寧吃虧而不欲失信者，乃天下最可尊崇之國也。」……[82]

　　從胡適思想成長的軌跡來看，他在1912年美國的總統大選會支持老羅斯福似乎是一個脫軌的異象。然而，就正因爲我們把它放在他思想成長的軌跡來看，我們才可以了解那不是一個脫軌的異象，而其實是一個自然而適切的選擇。除了老羅斯福的知名度，除了老羅斯福「能令人喜，能令人怒」的演說長才以外，最根本的原因，就是老羅斯福的「新民族主義」跟胡適從中國所帶來的民族主義、國家至上的觀點是若合符節的。等胡適變成了一個絕對的不抵抗主義者以後，老羅斯福的觀點對他而言，就不但味如嚼蠟，而簡直是要讓他反胃了。比如說，他在1915年7月1日追記我們在下節會分析的「國際關係討論會」的經過的日記的結尾

---

82 《胡適日記全集》，1：404-405。

說：「〔老〕羅斯福曰：『今之談和平者，皆"unlovely persons"〔惹人厭者〕，"the most undesirable citizens"〔最令人憎惡的公民〕也。』嗟夫！羅斯福耄矣，休矣。」[83] 等到1917年胡適自己的思想已經又再一變以後，他對老羅斯福更無法忍受。所以，他在該年1月下旬的日記居然直指其爲小人、瘋狗：「羅斯福，小人也；其人可以處得志而不能處失志；失志則如瘋狗不擇人而噬矣。」[84]

絕對的不抵抗主義

　　第一次世界大戰對胡適的衝擊不是立即的。大戰是在1914年7月底爆發的。他在7月24日的日記似乎是視世界爲一家了。他在當天的日記裡引了18世紀英國巴特勒主教(Bishop Joseph Butler)對「吾鄰」所下的定義：「就是我們所看得見、知曉、能去影響、必須與之交會的那個部分的宇宙、人類與國家。」胡適說今天的世界還有什麼地方不在「吾人直接視聽之下乎？一彈轟於奧之一城，全世界皆聞之。一言發於英之議會，全世界亦皆聞之」。所以，他的結論是如果我們把巴特勒主教「吾鄰」的定義「施諸今日，則全世界皆吾鄰耳，世界大同之日不遠矣」[85]。但是，兩個星期以後，他似乎又倒退了幾步。8月9日，胡適在日記裡說他讀到卡萊爾(Thomas Carlyle)的「愛國說，乃與吾平日所持相契合，錄之」：

　　　我們希望有一種愛國心是建立在比偏見更好的基礎上；愛國又不須妥協自己的哲學；我們可以在喜愛、尊重其他國家的同時，更愛自己的祖國，更愛我們的國魂(Mind)所爲我們締造出來的悠久的社會與道德架構。[86]

---

83 《胡適日記全集》，2：144。
84 《胡適日記全集》，2：465。
85 《胡適日記全集》，1：415-416。
86 《胡適日記全集》，1：438。

　　換句話說，一直到這個時候爲止，胡適所秉持的信念仍然是愛國與世界主義
不是矛盾的，是可以並行不悖的。然而，劇情急轉直下。第一次世界大戰爆發的
時候正是暑假期間。當時，他已經上完了哲學研究所第一年的課。那一年的暑
假，是胡適第一次沒選暑期班的課。因此，胡適得以全神貫注地注意戰事的發
展。他在《留學日記》裡，詳盡地分析了大戰的來龍去脈，甚至寫下他對戰後世
界局勢的預測。8月23日，《紐約時報》刊出了英國外交部關於歐戰來往函電159
件，胡適「讀之，一字不肯放過。其興味之濃，遠勝市上新小說也」[87]。

　　如果胡適在8月初讀到卡萊爾的愛國說的時候，還會說它「吾平日所持相契
合」，到了10月底，他的看法丕變。他開始認爲戰爭的禍首不須外求，就是國
家，就是那狹義的民族主義。10月底，美國「世界學生聯合會」的會長訥司密斯
回綺色佳看望父親的病。訥司密斯是康乃爾大學1906級的畢業生。26日下午，他

圖12　1914年8月的照片。"Taken by Marie Brady, August, 1914."(胡適紀念
館授權使用)。

87　《胡適日記全集》，1：461。

到胡適在「世界學生會」的寢室來看胡適。我們在上節提到的胡適的「一致之義大矣哉！」的論點，就是他們當天談話的一部分。他在當天的日記裡，分了兩則來記載。「一致論」是寫在後一則。前一則是記錄他轉持不抵抗主義的第一篇重要的文獻。任何一個想要了解他不抵抗主義的發軔的人，都必須仔細地研讀這則日記。他在10月26日的這第一則日記裡，說訥司密斯到他的寢室，他們：

> 談國家主義及世界主義之沿革甚久。訥氏素推崇英人安吉爾(Norman Angell)。安氏之書《大幻覺》(*The Great Illusion*)，以爲列強之侵略政策毫無實在利益，但有損害耳。不惟損人，實乃損己。蓋今日之世界爲航路電線所聯絡，譬之血脈，一管破而全身皆受其影響。英即敗德，不能無損其本國財政也。德之敗英法亦然。能知斯義，自無戰禍矣。其書頗風行一世，謂之安吉兒主義(Angellism)。余以爲一面之辭耳。公等徒見其金錢生計之一方面，而不知此乃末事，而非根本之計也。今之英人、法人、德人豈爲金錢而戰耶？爲「國家」而戰耳。惟其爲國家而戰也，故男輸生命，婦女輸金錢奩飾以供軍需。生命尚非所恤，何況金錢？故欲以生計之說弭兵者，愚也。[88]

　　胡適說安吉爾「愚」，其實只是凸顯了他自己當時的天眞、稚嫩與無知。安吉爾說戰爭是一種浪費，沒有一個國家可以得利；英國即使打敗了德國，對自己的財政也是不利，其結果是兩敗俱傷。胡適說安吉爾的這個說法是本末倒置。對當時的他來說，歐戰的根源是大家狹隘的民族主義在作祟。他說，當歐洲的人民爲了狹隘的愛國心，視生命和金錢如草芥，兩者皆可拋的時候，誰還會在乎經濟？因此，胡適認爲安吉爾所謂經濟因素也，等於是能明察秋毫，卻不能見輿薪。其實，這個時候胡適自己還沒讀過安吉兒的《大幻覺》。他所犯的錯誤就是他所常批評的「以耳代目」的毛病。當時還在康乃爾唯心論大本營唸哲學的他，

88　《胡適日記全集》，1：520-521。

一聽說安吉爾是用經濟的因素來宣揚其弭兵論，他就把他打入社會主義、物質主義者的陣營，所以會嗤之以「愚」。一年以後，等他後來認識了安吉爾，自己讀了《大幻覺》以後，他會收回前言。比如說，他在1915年7月1日追記的日記裡就說：

> 吾初以安吉爾爲一種唯物的理想家，今始知其不然。此君具大知識，讀書甚富，經驗極深。能思想，每遇人質問，隨口應之，條例井然。其所主張，雖著意於經濟一方面，然其所主以爲思想乃制度之母，其根本主張與社會黨大異。安吉爾志在改良今世關於國際倫理之種種謬說，其人蓋今日第一流人物之一人。[89]

然而，這是胡適後來變成了一個不抵抗主義者以後所說的話。在1914年10月，他原先自以爲他已經找到了歐戰根本的起因。所以他在對安吉爾嗤之以「愚」以後，又接著說：

> 今之大患，在於一種狹義的國家主義，以爲我之國須凌駕他人之國；我之種須凌駕他人之種(德意志國歌有曰：「德意志，德意志，臨御萬方〔über alles〕」)，凡可以達此自私自利之目的者，雖滅人之國，殲人之種，非所恤也。凡國中人與人之間之所謂道德、法律、公理、是非、慈愛、和平者，至國與國交際，則一律置之腦後，以爲國與國之間強權即公理耳，所謂『國際大法』四字，即弱肉強食是也……此眞今日之大患。

胡適的治本之法，是「世界的國家主義」。在六個月以前，他還抨擊希臘羅馬的哲學家，說他們只知有世界，而不知有國家。他當時的想法還是以愛國爲基

---

89 《胡適日記全集》，2：138。

礎的世界主義，或者用他自己的話來說，是「世界主義者，愛國主義而柔之以人
道主義者也」。現在，他把這個國家、世界的順位剛好倒了過來，把國家放在世
界的脈絡之下：

> 吾輩醉心大同主義者，不可不自根本著手。根本者何？一種世界的國
> 家主義是也。愛國是大好事，惟當知國家之上更有一大目的在，更有一
> 更大之團體在，葛得宏・斯密斯（Goldwin Smith）所謂「萬國之上，猶
> 有人類在」（Above all Nations is Humanity）是也。[90]

　　這則1914年10月26日的日記之所以重要，之所以能作為記錄胡適政治思想發
展軌跡的一篇重要文獻，就是因為它記錄了胡適不抵抗主義的發軔。這不抵抗主
義跟胡適新揭櫫的「世界的國家主義」是相輔相成的。胡適在斷定了狹義的民族
主義是戰爭的禍根，在提出了「世界的國家主義」作為正本清源之法以後，他又
發現了不抵抗主義的福音。原來，歐戰初起的時候，訥司密斯正在英國。比利時
被德國攻下以後，訥司密斯冒險到歐洲去訪察戰情。他告訴胡適不抵抗主義在歐
洲戰場上成功地實踐了的一個實例：

> 吾此次在大陸所見，令我益嘆武力之無用。吾向不信托爾斯泰及耶穌
> 教匱克派（Quakers）所持不抵抗主義（Nonresistance）（即老氏所謂「不
> 爭」是也），今始稍信其說之過人也。不觀乎盧森堡以不抵抗而全，比
> 利時以抵抗而殘破乎？比利時之破也，魯問（Louvain）〔今譯：魯汶〕
> 之城以抗拒受屠，而卜路塞爾（Brussels）〔今譯：布魯塞爾〕之城獨
> 全。卜城之美國公使屬匱克派，力勸卜城市長馬克斯（M. Max）勿抗德
> 師。市長從之，與德師約法而後降。今比之名城獨卜魯塞爾巋然獨存
> 耳。不爭不抗之惠蓋如此！博士之言如此。老子聞之，必曰是也。耶

---

90 《胡適日記全集》，1：521。

穌、釋迦聞之，亦必曰是也。[91]

　　魯汶因抗拒而受屠，布魯塞爾求降因而獨存。對胡適來說，這直如醍醐灌頂。他簡直不能相信老子、耶穌那看似不切實際的教誨，居然可以在弱肉強食的國際關係裡實踐。胡適在留美以前就已經喜歡老子「柔弱勝剛強」的哲理。他留美的第一年幾乎受洗成了基督徒，後來他還參加了讀經班，著實地研讀了基督《聖經》。他非常佩服耶穌「人批其右頰，再以左頰就之」的道理。但這都是第七章的主旨。無論如何，魯汶和布魯塞爾的故事，讓胡適在醍醐灌頂之餘，突然好像一下子失去了進退的依據。他在引了老子「柔弱勝剛強」、耶穌「以左頰就之」的教誨以後，說：「此二聖之言也。今之人則不然。其言曰：弱肉強食；曰：強權即公理；曰：競爭者，天演之公理也；曰：世界者，強有力者之世界也。此亦一是非也，彼亦一是非也。古今人之間，果孰是而孰非耶？」[92]

　　訥司密斯是目擊者，而且言之鑿鑿。然而，布魯塞爾居然可以在強權之下而得以瓦全的故事，胡適怎麼想，都覺得好像是天方夜譚一樣，不可思議。他必須要找其他的目擊者，他須要求證。11月13日他終於如願以償：

　　　今夜遇〔康乃爾大學〕休曼校長之子Jacob G. Schurman, Jr.。其人當比利時被侵時適在卜路塞爾，親見魯問之殘破及卜路塞爾之獲全。因詢以訥博士告我之言是否確實。休曼君言卜城之獲全，實出美公使Brand Whitlock〔威洛克〕之力。其時市長M. Max〔馬克斯〕有本市民兵二萬，槍二萬支，已決以兵力拒數倍之德師。賴美使力勸以抗拒之無益，乃降。余詢以美使是否屬匭克派〔Quaker，不抵抗主義者〕，休曼君答云：「此則非所知也。」[93]

91　《胡適日記全集》，1：523。
92　《胡適日記全集》，1：524。
93　《胡適日記全集》，1：524-525。

　　訥司密斯的故事既經證實，布魯塞爾的故事說明了在強敵壓境之下，不以卵擊石的智慧。胡適覺得豁然開悟，他的不抵抗主義於焉肇始。11月17日的日記，他記他跟綺色佳監理會牧師的談話。胡適說：「今日世界物質上已成一家，航路、電線、鐵道、無線電、海底電，皆團結全世界之利器也。而終不能致『大同』之治者，徒以精神上未能統一耳，徒以狹義之國家主義及種族成見之畛畦耳。」[94]11月25日，胡適在日記裡記下了幾則「大同主義之先哲名言」：

　　　亞裡斯梯帕司（Aristippus）〔西元前約435-356，蘇格拉底的學生〕
　　說：「智者的國家就是世界」；
　　　戴歐吉尼斯（Diogenes）〔公元前約404-323，犬儒派哲學家〕：「人問他是哪國人，他回答說：『我是世界公民』」；
　　　「蘇格拉底說他不是雅典人，也不是希臘人，而是世界公民」；
　　　培恩（Thomas Paine）〔1737-1809，《人權》（Rights of Man）作者〕
　　說：「我的國家是世界，我的宗教是行善。」
　　　葛里森（William Lloyd Garrison）說：「世界是我的國家，人類是我的同胞。」[95]

　　值得注意的是，在胡適所引的這些格言裡，國家都已經不再是一個認同因素；所有這些格言都超越了國家，都是仰天長嘯的世界頌。
　　國家既然已經在世界大同主義者的認同裡退位到次於世界、次於人類，則當國家的行為與全世界、全人類的福祉相牴觸的時候，世界大同主義者所該效忠的就不是國家，而是世界。這包括不為不義之國執干戈的權利。胡適在「世界學生會」的朋友，德國人墨茨（John Mez），就是一個典型的例子。1913年「國際學生聯合會」（Fédération Internationale des Étudiants, F.I.d.E.）在綺色佳開會，全美「世界學生會」議決加入「國際學生聯合會」。當年「國際學生聯合會」所選出來的

94　《胡適日記全集》，1：551。
95　《胡適日記全集》，1：553。

會長就是墨茨。胡適在1914年12月6日的日記裡，描寫墨茨凜然從德國遁入荷蘭
轉道赴美拒絕從軍的義舉：

> 歐洲戰事之起，博士在比利時，不欲犧牲其主義而從軍。遂間關走荷
> 蘭，由荷至美。今自紐約來遊，相見甚歡。博士乃理想家(idealist)，能
> 執其所謂「是」者，不爲流俗所移。今天下大患，在於理想家之寥寥。
> 今見博士，如聞鳳鳴，如聞空谷之足音，喜何可言！博士之不從軍，非
> 不愛國也。其愛國之心，不如其愛主義之心之切也；其愛德國也，不如
> 其愛人道之篤也。此其所以爲理想家歟？[96]

到了1916年7月14日，當時胡適已經放棄了不抵抗主義，而轉向仲裁主義
了。當天，他聽說英國的哲學家羅素因爲鼓吹人民有因爲反戰而拒絕服兵役的權
利，而被劍橋大學革職。他在《留學日記》裡說：

> 英國哲學家羅素(Bertrand Russell)參加「反對強迫兵役會」(No-
> Conscription Fellowship)，作文演說，鼓吹良心上的自由。法庭判他有
> 違反「祖國防衛法」之罪，罰金。康橋大學〔劍橋大學〕前日革去他的
> 名字及數學原理教職。「嗚呼！愛國，天下幾許罪惡假汝之名以行！」
> 〔趙〕元任來書〔註：是英文信〕論此事，云：「有什麼蠢事是戰爭不
> 能造成的！我們必須夙夜匪懈，否則布魯諾(Bruno)〔註：Giordano
> Bruno，1548-1600；義大利哲學家，反對太陽繞地球說，被綁在火刑柱
> 上火刑〕的年代會陰魂不散的。才把舊的給拱走了，它又會化身而
> 回。」[97]

無論如何，從以上的分析，我們可以看出胡適不抵抗主義的發軔是在1914年

---

96 《胡適日記全集》，1：555-556。
97 《胡適日記全集》，2：366。

10、11月之間。11月的時候，韋蓮司剛好回綺色佳探望父母。有一天，胡適和她在街頭散步，話題談到了第一次世界大戰。胡適特別提到了老子。他引了他1908年在上海時寫的一首七律《秋柳》：「已見蕭颼萬木摧，尚餘垂柳拂人來。憑君漫說柔條弱，也向西風舞一回。」[98]然而，即使在這個時候，他的不抵抗主義還只是一個雛形。我所以會這樣說的原因，是因為他還沒有放棄中國應該具有能賴以自保的國防力量的想法。他在8月5日那則分析歐洲戰禍的日記的結論裡說：「此役或竟波及亞洲，當其衝者，波斯與吾中國耳。吾國即宣告中立，而無兵力，何足以守之！不觀乎比國乎？」[99]布魯塞爾因為投降而得以瓦全的故事，表面上看來，似乎讓他覺得作為弱國的中國也可以像柳條一樣，在「蕭颼萬木摧」的情況之下，「尚餘垂柳拂人來」。所以，才有他在跟韋蓮司在綺色佳街頭散步談老子時的對話。韋蓮司說：

> 「日本之犯中國之中立也，中國政府不之抗拒。自外人觀之，似失國體。然果令中國政府以兵力拒之，如比利時所為，其得失損益雖不可逆料，然較之不抗拒之所損失，當更大千百倍，則可斷言也。」余因以訥博士之語告之，並告以吾〈秋柳〉之詩，女士亦以為此中大有真理。[100]

然而，事實證明了他不抵抗主義的路才走了一半。他雖然嘴裡重複著訥司密斯的故事，又把自己〈秋柳〉詩的哲理也添將進去。然而，我們與其說他想說服韋蓮司，不如說他想說服的是自己。不抵抗主義，他的嘴巴接受了，但他的心還在抗拒著。韋蓮司在感恩節之前就回紐約去了。胡適在韋蓮司父母家過了感恩節以後，在那個星期六，11月28日，他由朋友開車到紐約州的西臘寇思（Syracuse）。當晚，他對西臘寇思的「國民兵」（National Guard）軍官演講[101]，題

98　《胡適日記全集》，1：547。這首詩後來收入胡適的詩集時，更改了幾字，此處根據他的《留學日記》。

99　《胡適日記全集》，1：437。

100　《胡適日記全集》，1：547。

101　Hu Shih to Clifford Williams, December 3, 1914，《胡適全集》40：14。

目是：「一個東方人對大戰有感」（What An Oriental Sees in the Great War）。他說作爲一個中國人，他從歐戰所得的教訓有兩個。一個是針對中國。他說日本在對德宣戰以後，占領了德國在山東的膠州租借地，以及租借地範圍之外的膠濟鐵路。條約既然已經變成廢紙，中國必須作最壞的打算。「未來會如何，只有上帝才知道！然而，不管結局如何，這一點可以確定：中國必須武裝起來，不是爲了侵略，而是爲了維護她自己的生存和權利。」但是，這只是一個治標的辦法。歐戰的發生，顯示了人類的文明出了問題。這是因爲叢林的法則(law of the jungle)、強權就是公理這種哲學主宰了國際關係。歐戰的第二個教訓就是人類必須去求治本之道。人類的文明如果要有前途，就必須要去推翻叢林的法則、強權就是公理的說法。「把我們的文明建立在人人都能享公道、正義與愛的基礎上。這就是我所說的人道法則(law of Humanity)。」胡適說這不是什麼新的道理，西方的耶穌，中國的墨子都早已說過。其原則就是毋用雙重標準。正義、公道只有一個標準；事物無論大小、人無分國籍，對待之法必須一致[102]。

　　胡適這一篇演講，在在證明了他還是一個半吊子的不抵抗主義者。胡適後來自己也承認，說他在這篇演講裡「猶持兩端」、「猶以爲國防爲不可緩」[103]。然而，聰明、博覽群書、領悟力強的胡適，很快地就領悟到自己的不一致。而那讓他終於茅塞頓開的，是他12月12日在《公眾》(The Public)週刊上所讀到的署名S. D.的作者寫的一篇文章：〈充足的國防〉(Adequate Defense)。S. D.是《公眾》主編丹吉格(Samuel Danziger)的名字的縮寫。這篇〈充足的國防〉是丹吉格爲《公眾》週刊1914年12月11號所寫的一篇社論[104]。他批評某壓力團體要在美國國會提出一個動議調查美國軍備狀況。他說這其實就是要營造危機感，其目的在影響國會，以便增加美國的國防預算。S. D.說，他們強調他們不是要擴充軍備，而只是要有「充足的國防」。他反駁說戰爭如果發生，沒有任何國防是充足的，除

---

102 胡適，"What An Oriental Sees in the Great War,"《胡適全集》35：135-143。
103 《胡適日記全集》，2：18。
104 "Editorial: Adequate Defense," The Public, XVII.871 (December 11, 1914), p. 1177。在此特別向我任教的德堡大學圖書館的同事Kathryn Millis致謝，幫我找到這個週刊跟這篇社論。

非它比敵人的強；而不充足的國防，有等於沒有一樣。問題是惡性循環：

> 要有「充足的國防」，我們就必須具有比任何可能集結起來攻打我們
> 的敵國的軍備都還要強。那還只是一個開始而已。這是因為我們的假想
> 敵可能會懷疑我們準備要打他們，就好像我們懷疑他們準備要打我們一
> 樣。他們一定會想在軍備上超過我們。我們國家那些語不驚人死不休的
> 主戰派一定會抓住這點不放，於是激起疑懼之心，鼓吹增加預算。這種
> 競賽是毀滅性的。要終止這個競賽，不是一方自願退出，表白其和平的
> 意向；就是一方乘最可能致勝的時機打敗對方。歐洲的經驗說明了後者
> 是最可能的選擇。備戰只會導致戰爭。唯一可能充足的國防不在於軍
> 備，而在於公道地對待所有國家的人民。[105]

S. D.這篇文章沒指名的團體，就是該年12月1日在紐約成立的「國家安全聯
盟」（The National Security League）[106]。該聯盟獲得《紐約時報》的支持，其目的
在鼓吹備戰，以免一旦戰爭發生，美國可能會措手不及。胡適讀了S. D.這一篇文
章以後，茅塞頓開，他說：「其言深可玩味。」接著，他作了詳盡的演申。因
此，他1914年12月12日這則日記，就成為記錄胡適留美階段政治思想發展軌跡的
第二篇重要的文獻，因為它記錄了他不抵抗主義的底定。他先用S. D.軍備競賽惡
性循環的論點，來說明所謂充足的國防對中國是緩不濟急：

> 即以吾國言之，今人皆知國防之不可緩。然何謂國防乎？海陸軍與日
> 本並駕，可以謂之國防乎？未可也。以日乃英之同盟國也。海陸軍與日
> 英合力之海陸軍相等，足矣乎？未也。以日英又法俄之與國也。故今日
> 而言國防，真非易事。惟淺人無識之徒始昌言增軍備之為今日惟一之急
> 務耳。

---

105 以下有關「充足的國防」的討論，是根據《胡適日記全集》，1：565-568。
106 "Noted Men Demand We Arm for War," *The New York Times, December* 2, 1914, p. 1.

胡適又說：

> 今之欲以增兵備救中國之亡者，其心未嘗不可嘉也，獨其愚不可及
> 也。試問二十年內，中國能有足以敵日俄英法之海陸軍否？必不能也。
> 即令能矣，而日俄英法之必繼長增高，無有已時。則吾國之步趨其後亦
> 無有已時，而戰禍終不可免也，世界之和平終不可比也。

胡適的結論是：「增軍備，非根本之計也；根本之計，在於增進世界各國之
人道主義。」那麼，中國的前途何在呢？胡適說：

> 根本之計奈何？興吾教育、開吾地藏、進吾文明、治吾內政。此對內
> 之道也。對外則力持人道主義，以個人名義兼以國家名義，力斥西方強
> 權主義之非人道、非耶教之道；一面極力提出和平之說，與美國合力鼓
> 吹國際道德。國際道德進化，則世界始可謂真進化，而吾國始真能享和
> 平之福耳。
> 　難者曰：「此迂遠之談，不切實用也。」則將應之曰：「此七年之
> 病，求三年之艾也。若以三年之期為迂遠，則惟有坐視其死耳。吾誠以
> 三年之艾為獨一無二之起死聖藥也。」
> 　此吾所以提倡大同主義也，此吾所以自附於此邦之「和平派」也，此
> 吾所以不憚煩而日夕為人道主義之研究也。吾豈好為迂遠之談哉？吾不
> 得已也。

這是胡適絕對的不抵抗主義時期的立場。這個絕對的不抵抗主義，用胡適
在《口述自傳》裡的話來說，是「激進的不抵抗主義」或者「極端的和平主
義」[107]。從S. D.那篇文章，胡適領悟到即使對國力、生產力那麼強大的美國而

---

[107]　Hu Shih, "The Reminiscences of Dr. Hu Shih," pp. 61, 76.

言，眞正萬夫莫敵的「充足的國防」都是一個幻想，更遑論當時沒有海軍，陸軍
訓練、裝備兩相落後的中國了！他11月底在西臘寇思對「國民兵」軍官作演講的
時候，他還有治標、治本的雙重主張。現在，他連治標之道都揚棄了。這是因爲
從他現在所服膺的絕對的不抵抗主義的角度來看，他原來認爲是對症下藥的治標
之道──自衛用的國防──本身也是毒藥：「今世界之大患爲何？曰：非人道主
義是已，強權主義是已。弱肉強食，禽獸之道，非人道也。以禽獸之道爲人道，
故成今日之世界。『武裝和平』者，所謂『以暴制暴』之法也。以火治火，火乃
益燃；以暴制暴，暴何能已？救世之道無他，以人道易獸道而已矣，以公理易強
權而已矣。」

　　這一段話裡的關鍵詞是：「武裝和平」和「以暴制暴」。「武裝和平」這個
詞，他顯然是翻譯他的校友大衛‧喬丹(David Starr Jordan)在《紐約時報》上所
用的"Armed Peace"，意思就是用軍備來維持和平。大衛‧喬丹是康乃爾大學1872
級的畢業生，當過史丹福、印第安那大學的校長，是一個反戰的和平主義者。喬
丹譴責用軍備來維持和平的論調，他說那是遁詞。他說第一次世界大戰證明了：
「用槍、用軍艦、用耀武揚威的方式來取得的武裝和平，終於走到它註定的後
果。武器就是用來打戰用的。」[108]胡適現在體認到「武裝和平」的作法就是「以
暴制暴」。其結果就是他所說的：「以火治火，火乃益燃。」在接下來的這一年
當中，由於胡適服膺絕對的不抵抗主義，他完全不能接受任何「以暴制暴」的和
平主張。這包括《獨立》(The Independent)週刊的主編侯爾特(Hamilton Holt)所活
躍於其中的「強制維持和平聯盟」(The League to Enforce Peace)。

　　胡適在他的《口述自傳》裡談到了這個在1915年6月在費城成立的「強制維
持和平聯盟」。這又是胡適晚年改寫歷史的一個例子。胡適在回憶了安吉爾和杜
威對他的影響以後，接著就談「強制維持和平聯盟」。第一次世界大戰期間美國
的和平運動眞是眾聲喧嘩、急流迭起、跌宕衝擊，參與者退出、轉變立場的所在
多有。不了解其間複雜萬象的人，很容易被胡適的回憶誤導，誤把「強制維持和

---

108 "The Meaning of the War," *The New York Times*, September 23, 1914, p. 8.

平聯盟」和安吉爾、杜威、胡適全都混同在一起。比如說，邵建就誤把「強制維持和平聯盟」視爲和安吉爾、杜威「思想同步」的組織[109]。我們先說胡適的回憶。他在說完安吉爾和杜威對他的影響以後，說：

　　就在安吉爾和杜威的這些思想影響我的時候，也正是一個新的具有建設性的世界主義運動產生的時刻。這個運動的發端是「強制維持和平聯盟」，是《獨立》週刊的主編侯爾特先生所倡導組織的……1915年6月，美國的一些公眾領袖在費城獨立廳召開了「強制維持和平聯盟」的成立大會。我們必須謹記「強制維持和平聯盟」，可以說在思想上孕育了未來的「國際聯盟」。侯爾特影響了美國前總統塔伏特，他於是答應出任該聯盟的主席。經由侯爾特和塔伏特的努力，威爾遜總統逐漸接受這個新的觀念，而成爲「國際聯盟」的強力支持者。

　　胡適接著引了「強制維持和平聯盟」的三個主張。其中，第三個主張是後來揚棄了絕對的不抵抗主義的胡適所服膺的：

　　第三(這是最重要的一條)、條約簽署國將集體採用經濟與軍事的力量，來制裁任何不把爭端付諸仲裁，而逕自採取軍事行動、或任何敵對行爲的簽署國。[110]

　　胡適在《口述自傳》裡的這段回憶與他自己的心路歷程不符。「強制維持和平聯盟」的第三個主張，胡適在回憶的時候，還特別強調說是最重要的一條，即，用經濟、軍事的力量制裁侵略者。這是在當時持絕對的不抵抗主義的胡適所不能接受的「以暴制暴」的方法。我們記得在上述胡適演申的引文裡，胡適強調他的根本之計：「對外則力持人道主義……一面極力提出和平之說，與美國合力

---

109 邵建，《瞧，這人——日記、書信、年譜中的胡適》，頁122。
110 Hu Shih, "The Reminiscences of Dr. Hu Shih," pp. 75-76.

鼓吹國際道德。」有趣的是，等胡適在1916年再一次蛻變成爲一個國際仲裁主義
者的時候，他卻又跟「強制維持和平聯盟」英雄所見略同了。更有趣的是，等胡
適終其一生秉持國際仲裁主義，作爲他這個理論靈感來源的杜威，卻早在第一次
世界大戰以後就把它束之高閣了。但這是後話。

　　總之，S. D.在《公眾》上的〈充足的國防〉那一篇文章使胡適頓悟，幡然一
改他到那時爲止仍然心持兩端的立場：既要和平、又要有自衛的武力的矛盾；用
胡適當時最喜歡說的話來說，就是不一致。S. D.的那篇文章，胡適是12月12日讀
到的。兩個禮拜以後，他就有機會演練他這個用「必也一致乎」所推演出來的不
抵抗主義。12月底，他代表康乃爾大學的「世界學生會」，到俄亥俄州的哥倫布
城去開「世界學生聯合會」的年會。26日舉行歡迎晚會。當晚在大會上致辭的有
五位，其中一位是伊利諾大學的俄利物(T. E. Oliver)教授，另一位就是胡適[111]。

　　胡適演講的題目是〈我們站在分岔口上〉(At the Parting of the Way)。胡適在
《留學日記》裡說他那篇講詞，其實是在向俄利物教授提出挑戰，是對他所下的
一份「哀的美敦書」，即最後通牒。原因是這樣的，「世界學生聯合會」的總會
有兩派在角逐著。一派胡適稱之爲前進派，康乃爾的「世界學生會」屬之，主張
所有的和平團體，包括主張和平的學生團體，都屬於「國際學生聯合會」的分
子，「世界學生聯合會」應該與所有主張世界和平的團體合作。另一派，以伊利
諾大學的「世界學生會」爲代表，是保守派，認爲世界和平屬於政治問題，而學
生不應該干預政治。他們認爲訥司密斯、洛克納這些主張和平的人都是被那些和
平團體所利用了。胡適在日記裡記下了他演說的大旨：

　　　今日世界文明之基礎所以不堅宰者，以其礎石非人道也，乃獸道也。
　　今日世界如道行之人至歧路之口，不知向左向右，而又不能不抉擇：將
　　循舊徑而行獸道乎？抑將改途易轍而行人道也？世界如此，吾輩之世界
　　會亦復如是，吾輩將前進耶？抑退縮耶？

---

111 以下有關「世界學生聯合會」年會的敘述，是根據《胡適日記全集》，2：7-9。

胡適在日記裡說，俄亥俄州大學校長湯生(William Thompson)是地主，當晚也致了歡迎詞。在歡迎會的次日，校長夫人告訴胡適說：「昨夜君演說後，本校法律院長內特先生謂余曰：『我完全沒有對妳先生不敬的意思，但今晚的演說，胡適先生的最好。』〔原句是英文〕」[112]胡適除了在歡迎會致辭的時候，向反對支持和平運動的保守派宣戰以外，他同時也在大會的決議案上力戰保守派：

> 　　年會議事會始於廿八日，終於廿九日，二日而已。余爲議案股(Committee on Resolutions)員長〔主席〕，爲最重要之股員。廿八夜手寫議案至三時始就寢，七時即起，睡三小時餘耳。明日召本股股員會集，余竭力將所有議案一一通過。十時許議事會開會，余爲第一人報告，所有議案二十條，除三、四條致謝議案外，皆總會中年來最重要問題之久懸不決者也。余報告自十時許至下午五時半始畢，蓋除食時外凡六小時。每提一案，反對派輒起駁擊。幸進行〔進步〕派居大多數，余所提議案皆一一通過。八年懸案，一朝豁然，俾全會知總會多數意向所在，不致爲一二少數反對黨所把持，此本屆年會之大捷也。

胡適才在俄亥俄州開的「世界學生聯合會」的年會「大捷」而歸，1915年1月中，他又有東岸之遊。這次，他是到波士頓去，爲波士頓的「布朗寧知音會」演講〈儒家與布朗寧〉。演講過後，他去了紐約。23日，他在紐約跟韋蓮司見面的時候，當面向韋蓮司表示自己已經徹底大悟，「決心投身世界和平諸團體，作求三年之艾之計」，從此奉行不抵抗主義。我們記得這是在他讀了S. D.那篇文章以後的事。胡適過後在日記上說，韋蓮司聽了非常高興，認爲這是胡適「晚近第一大捷」，希望胡適能「力持此志勿懈。」[113]

胡適與韋蓮司告別後，從紐約搭火車回綺色佳。在車上，他讀了該期的《新共和》(New Republic)週刊，發現其中有一篇哥倫比亞大學學生的投書。這篇投

---

112 《胡適全集》裡的日記的英文部分，凡編者所附中譯都須愼用，因爲錯誤累累。
113 安徽教育出版社出版的《胡適日記全集》，2：18。

書的名稱是〈不抵抗的道德〉(Ethics of Non-Resistance)，作者叫普耳(Frederick Pohl)。胡適讀了覺得深獲其心，立刻設法找到普耳的地址，寫信給他。他對普耳說：

> 當今的世界所需要的，是把那過度強調自我至上的觀念徹底地推翻。當代的道德太自我中心了。自保的觀念幾乎從來就沒有被挑戰過。因為如此，許多權宜之策、許多罪惡，都假自保之名而得行之！為了要矯正這個積重難返的惡習，我們必須把我們現有的自我的觀念推展致其極限。我們必須推翻那認為自保是我們最高的責任的迷信。我們採取不抵抗的態度，必須因為那是正確的，而只不是權宜之計；必須是出於自己的意志，而不是因為那是必要的。

普耳回信說他不相信不抵抗主義，因為它聽起來太軟弱無力了。他說他寧願稱之為「有效的抵抗」(effective resistance)。他說武力的抵抗是最沒有效率的抵抗方式。人們總誤以為只要不用武力，就是不抵抗；世人一想到抵抗，就只能想到物質、武力層面的抵抗。他說，事實上，精神上的抵抗，也就是說，寬恕敵人、「左臉被打，再賠上右臉」等等，才是最正面、最有效的抵抗[114]。

胡適才回到綺色佳，卻又有了再遊紐約的機會。這是因為「美國限制軍備聯盟」(American League to Limit Armaments)，邀請美國東岸的一些大學，派代表到紐約開會，希望能在大學裡組織限制軍備的團體。胡適是康乃爾大學的代表，所以他在2月13日早上，又坐火車到了紐約。參加這個會議的代表在當晚議決成立一個組織，名為：「廢除軍國主義大學聯盟」(Collegiate League to Abolish Militarism)。胡適說這個名字是他所取的。就在這第二次的紐約之行，胡適跟普耳約見了面。兩人相談甚歡。只是，普耳不喜歡用「不抵抗主義」，而胡適則不喜歡普耳用的「有效的抵抗」。胡適想到他康乃爾閃族語言系須密(N. Schmidt)

---

114 《胡適日記全集》，2：35-38。

教授所用的「消極的抵抗」(passive resistance)，但還是覺得不理想。最後胡適建議用「道義的抵抗」(ethical resistance)這個字眼。普耳同意胡適的說法。跟普耳見了面以後，胡適接著見到韋蓮司，談起他對普耳說的話，連韋蓮司也覺得胡適說得很有道理[115]。

　　所謂「道義的抵抗」，其實就是絕對的不抵抗，因爲那是「左臉被打，再賠上右臉」那種寬恕敵人的抵抗主義。其立論的基礎是：這種「左臉被打，再賠上右臉」的抵抗方式，終於會讓敵人羞慚、痛悔、然後幡然改悟，所以才會稱之爲「道義的抵抗」，因爲那是用「道義」來作「不抵抗」的抵抗。胡適既然已經成爲一個絕對的不抵抗主義者，中國有沒有國防，對他來說根本就只是末節。沒有國立大學，沒有文化機構，才眞正是恥辱。他在1915年2月20日跟英語系的教授亞丹(J. Q. Adams)談到大學：「先生問：『中國有大學乎？』余無以對也。又問：『京師大學何如？』余以所聞對。先生曰：『如中國欲保固有之文明而創造新文明，非有國家的大學不可。一國之大學，乃一國文學思想之中心，無之則所謂新文學新知識皆無所附麗。國之先務，莫大於是。』」胡適在次日的日記裡，更進一步地發揮：「國無海軍，不足恥也；國無陸軍，不足恥也！國無大學，無公共藏書樓，無博物院，無美術館，乃可恥耳。我國人其洗此恥哉！」[116]

　　胡適的不抵抗主義，很快就受到了現實的考驗。1915年1月，日本對中國提出了「二十一條」的要求。消息傳到美國，引起留美學界大嘩。各地同學會紛紛召開緊急會議，大家慷慨陳詞。比較激烈的，還號召大家集體回國，投筆從戎。胡適寫信給韋蓮司，說大家都在譏笑他的不抵抗主義，諷刺他是親日主義者，他說韋蓮司一定可以想像他的心情。他引韋蓮司在她前一封信裡所說的一句話：「我們眞要竭盡自己的所能，全力以赴。」他對韋蓮司說，這是眞知灼見。韋蓮司的這句話，使他想起幼年時候看宗族裡作祭祀，贊禮者會唱「執事者各司其事」。他感嘆道，這七個字，用他當時給另一友人信裡的話來說，是「救國金丹

---

115 《胡適日記全集》，2：44。
116 《胡適日記全集》，2：50-51。

也」[117]。韋蓮司收到此信，很擔心胡適的心情，立刻寫了一封長信，用快遞寄給胡適。她說她很能夠想像在國難當頭之際，要堅持那一定會被誤解的理想，是一件多麼困難的事情。她真希望中日兩國，能派出高瞻遠矚的外交家來解決這個危機。她擔心的是，中國政府可能已經被激昂的民氣逼到牆角，而無餘地先用外交方式來解決，然後再臥薪嘗膽，用教育與睿智，來避免歷史的重演[118]。胡適回信告訴韋蓮司，說他能體會留學生的心情。但是他批評他們平時不作研究，事情發生後，才手足無措[119]。胡適遭到留美學生圍剿的處境並沒有好轉。2月25日，在康乃爾大學中國同學會所開的特別會上，他雖然因事不克出席，還是發表了書面的意見，要大家鎮靜下來，以作長遠的謀慮。會長代唸他的意見時，全場一片噓聲。連他的好友任鴻雋，都私下搖頭，說：「胡適之的不爭主義又來了！」[120]

3月19日晚上，胡適看了三月份的《留美學生月報》裡面一些慷慨激昂的言論以後，上床歇息，然而卻輾轉未能成眠。於是又起床，一氣呵成地寫了一篇〈莫讓愛國沖昏頭：告留美同學書〉（A Plea for Patriotic Sanity: An Open Letter to All Chinese Students）。胡適在這篇投給《留美學生月報》的公開信裡指責留學生已經失去了理智。例如，哥倫比亞大學的中國同學會致電袁世凱，要求他誓死抵抗[121]。不但留學生如此，甚至連年長穩健的鍾榮光，即「二次革命」以後流亡紐約的廣東前教育廳長，也在他的文章裡，呼籲中國要以比利時抵抗德國為榜樣，寧可國破家亡，也不要像朝鮮一樣亡於日本[122]。胡適反問留學生：如果我們除了毀滅以外，沒有任何一得，則所有拚命一搏的說法，都只是莽夫言勇！

---

117 Hu to Williams, February 25, 1915;《胡適日記全集》，2：52；以下有關胡適因「二十一條」與中國留學生的辯論，請參閱拙作，《星星‧月亮‧太陽——胡適的情感世界》，頁56-61。
118 Williams to Hu, February 26, 1915.
119 Hu to Williams, February 28, 1915.
120 《胡適日記全集》，2：56。
121 "Japanese Demands Arouse Indignation," *The Chinese Students' Monthly*, X.6 (March, 1915), p. 400.
122 W. K. Chung, "Korea or Belgium," *The Chinese Students' Monthly*, X.6 (March, 1915), p. 334.

CORNELL CLUB
First Row—C. Y. Leung, M. T. Hou, N. Shen T. Wang, Y. T. Chen, C. Ping, Y. R. Chao.
Second Row—Y. C. Loh, D. Y. Key, H. C. Zen, C. F. Hou, B. H. Chin, W. Y. Chin, T. S. Kuo, C. K. Cheung.
Third Row—S. Z. Yang, K. C. Tsen, D. K. Wei, K. Z. Lin, K. S. Lee.
Fourth Row—C. S. Chen, W. W. Lau, J. Chow, I. T. Wang, T. T. Wang, W. S. Tong.
Fifth Row—M. K. Tsen, P. C. King, F. S. Chun, T. M. Yu, Y. C. Lo, K. L. Yen.
Sixth Row—C. Yang, P. W. Tsou, S. Hu.

圖13　1913年春康乃爾大學中國同學會合照。以最後一排作為第一排：
第一排：C. Y. Leung, M. T. Hou, N. Shen, T. Wang, Y. T. Chen, 秉志、趙元任
第二排：Y. C. Loh, D. Y. Key, 任鴻雋, C. F. Hou, B. H. Chin, W. Y. Chin, T. S. Kuo, C. K. Cheung
第三排：S. Z. Yang, K. C. Tsen, 韋頌冠、K. Z. Lin, 李觀森
第四排：C. S. Chen, W. W. Lau, 周仁、I. T. Wang, T. T. Wang, W. S. Tong
第五排：陳茂康、金邦正、F. S. Chun, T. M. Yu, Y. C. Lo, K. L. Yen
第六排：楊銓、P. W. Tsou, 胡適
此照片亦刊登於：*The Chinese Students' Monthly*, VIII.8 (June 10, 1913), p. 549.(胡適紀念館授權使用)。

　　胡適反問其他中國留學生：我們要用什麼去跟日本打？他說：「我以至誠和至愛中國之心告訴大家：說要打，但打的結果除了毀滅、毀滅、還是毀滅以外，什麼都得不到的話，那就是純然的瞎說和愚蠢。」既然留學生都愛以比利時為榜樣，胡適就老實不客氣地以比利時作為負面的教材回敬大家：

大家都在說比利時——喔，那勇敢的比利時！親愛的弟兄們，我要披肝瀝膽地向大家說：隻手挽狂瀾，算不得勇敢；以卵擊石，也不算英雄。而且，比利時完全沒想到他們會被徹底擊敗。大家只要讀了比利時的查理・沙羅利(Charles Sarolea)博士所著的《比利時如何救了歐洲》(*How Belgium Saved Europe*)，就可以知道比利時以為會得到英國和法國援助與支持。同時，他們對號稱是世界上最堅固的堡壘的列日(Liege)和安特衛普(Antwerp)充滿了自信。所以，比利時用整個國家的命運，去換那英勇國家的「榮耀」！那算是真正的勇氣嗎？那算是真正的英雄氣概嗎？弟兄們，且看比利時，且看今天的比利時！為這種英勇的「榮耀」而犧牲，值得嗎？我並不是在責難比利時人。我只是要指出比利時不值得我們仿效。任何要中國去蹈比利時覆轍的人，都是中華民族的罪人。

他對留學生的忠告很簡單，那就是：大家應該力求鎮靜。用他自己的話來說：「讓我們先克盡己責，那就是求學。我們不要被新聞所報導的鼎鼎沸沸沖沖昏了頭，而忘卻了我們嚴肅的使命。我們必須要嚴肅、心如止水、堅定不移地求學。我們必須要臥薪嘗膽，以求振興祖國——如果它能安然渡過這個危機的話。當然，我深信它一定能夠；而即令祖國這次不幸而覆亡，我們也要讓它從死裡復活！」[123]

留美學生對胡適這封〈告留美同學書〉的激烈反應，是不言而喻的。根據他自己在日記裡所作的綜述，《留美學生月報》的總編輯鄺煦坤，批評胡適「木石心腸，不愛國」。《戰報》的主筆諶立則譏諷胡適在日本東亞大帝國成立後，可以等著封侯。還有一封託任鴻雋轉交的信，由於文字說得太不堪，還被任鴻雋給撕了[124]。胡適把他的〈告留美同學書〉寄給韋蓮司，請她批評。韋蓮司在回信

---

123 Suh Hu, "A Plea for Patriotic Sanity: An Open Letter to All Chinese Students," *The Chinese Students' Monthly*, X.7 (April, 1915), pp. 425-426;《胡適日記全集》，2：73-76。
124 《胡適日記全集》，2：89-90。

裡，說她覺得那封信確實是該寫的，特別是有關學生的責任那一段話，確實說得
鞭辟入理。但是，她也認為縱然一般留學生的態度不夠明智，其所反映的卻是股
很寶貴的動力，因為它展現出來的是元氣、生命力以及團結的傾向，這些徵兆都
很讓人感到振奮。她建議胡適應該因勢利導去引領這股動力，而不是去澆它的冷
水。不要只是告訴留學生要冷靜；她說，當那澎湃之氣被激起的時候，我們只有
透過行動——高標的的行動——才可能健全地進入冷靜的境界；在還沒有達到這
個境界之前，一般人是聽不進冷靜這句話的。她覺得胡適提倡「克盡己責」是一
個積極的方案，但應該發揮得更透徹，才可以把它用來引導留學生心中被激起的
能量[125]。

　　胡適回信謝謝韋蓮司，說她的信字字珠璣。冷靜確實是只有透過行動才能進
入的境界；他回想起來，連他自己在寫那一封公開信的時候，都不夠冷靜呢！胡
適承認他只顧要求大家冷靜，卻完全沒有去表揚這種群情憤慨所反映出來的正面
精神。他說他會按照韋蓮司的建議，去寫第二封公開信[126]。根據胡適的說法，
《留美學生月報》會在五月號上發表他的第二封公開信。但不知道什麼原因，這
封信並沒有被刊出。我們根據他寄給韋蓮司的副本，可以清楚地看出他把韋蓮司
的建議都寫進去了。這第二封沒有被發表的公開信標題為：〈何謂愛國理性？：
再致留美同學〉(What is Patriotic Sanity?: Second Open Letter to All Chinese
Students)。胡適開宗明義地就強調批評他的人完全誤解了他的立場，那就是：克
盡己責，以振興邦國，即使我們是必須讓它從死裡復生。他解釋自己跟大家的目
的是一致的，只是方法不同而已。日本的「二十一條要求」所激起的民氣，是坦
蕩(noble)、健康的，但必須運用智慧，把這股民氣導向有用、具有建設性的方
向。總而言之，胡適呼籲大家不要徒然於涕泗橫流，而應該化悲憤為力量，各個
期許作為中國的費希特(Fichte)、馬志尼(Mazzini)、加富爾(Cavour)、格拉司東
(Gladstone)、珍‧亞當絲(Jane Addams)、布克‧華盛頓(Booker T. Washington)

125　Williams to Hu, March 25, 1915.
126　Hu to Williams, March 28, 1915.

或愛迪生(Thomas Edison)[127]。

　　胡適抱持絕對的不抵抗主義的巔峰是在1915年的夏天，也就是他轉學到哥倫比亞大學之前的暑假。諷刺的是，他絕對的不抵抗主義的巔峰，也正是他又轉向的開始。這一切，都發生在該年6月在綺色佳召開的第一屆「國際關係討論會」(Conference on International Relations)。胡適在《留學日記》裡作了很詳盡的記錄。這個會議是由「卡內基基金會」(Carnegie Endowment for International Peace)以及「世界和平基金會」(World Peace Foundation)所共同召開的。會期從6月15日到30日。我們很幸運地，除了胡適在《留學日記》裡的記載以外，還有「世界和平基金會」所出版的會議記錄：《國際關係討論會記錄》(*Proceedings of the Conference on International Relations*)[128]。兩相比較，就凸顯出胡適之所重與所輕。對我們所要作的分析而言，最重要的不是胡適所著重的，而是他所略過不提的。

　　胡適在日記裡說這個會議所集結的是各大學「國際關係討論會」(International Polity Club)的成員，同時也是用來訓練這些未來的世界和平運動的領袖。他列出了會中一些著名的和平運動的領袖：如安吉爾、訥司密斯、墨茨、洛克納、麥克東納(James McDonald)。他形容這些人：「皆今日此邦和平主義之鉅子也。」胡適此處的「此邦」之說是概而言之，他當然知道安吉爾是英國人。這個會議固然如胡適所說的，是由和平主義者所主辦的，目的也正是在訓練未來的和平運動的領袖[129]。但是，胡適這則日記所可能誤導讀者的，是他漏掉了大會所特意邀請來的非和平主義者，目的在激盪與會學生的腦力，以便訓練他們成為未來的和平運動的領袖。訥司密斯在為《國際關係討論會記錄》寫的〈前言〉裡說：

127　Hu to Williams, April 26, 1915, Enclosure.
128　World Peace Foundation, *Proceedings of the Conference on International Relations* (Boston: World Peace Foundation, 1916).
129　以下有關胡適對「國際關係討論會」的記載，請參閱《胡適日記全集》，2：134-144。

圖14　1915年攝於綺色佳。照片背面有胡適題記:"Suh Hu at Ithaca 1915"
(胡適紀念館授權使用)。

　　這個會議的中心思想是:要解決戰爭的問題,最急需的是要有一個開
通的(enlightened)輿論;而未來輿論的主導者,必須在大學生裡去找。
秉持著這個目標,本會議的規劃是約集來自二十所大學的代表,在專家
的領導之下,就最重要的國際關係原則從事密集的訓練。在會議期間,
我們堅守最自由的討論。某些議題,比如說有關軍備,我們特意請來了

力主急劇增強軍備的極端的強硬派，目的在給與與會代表機會去面對最嚴峻的思想修行(discipline)。[130]

胡適在日記裡描述了與會的學生代表。他說：

　　赴討論會之會員，皆自此邦各大學之「國際政策研究會」選送而來，其人皆英年，留意時事。吾每謂此邦學子不曉事，其所經意，獨競球之勝負，運動會之輸贏而已耳；此次赴會諸人，皆足代表各校之第一流學子，他日政治界之領袖也。此次會員七十人，其中為ΦBK〔Phi Beta Kappa，「費・塔・帕榮譽學生會」，胡適也是會員〕會員者乃居半數，即此一端，可見其人皆經一番淘汰選擇而來者也……會員中乃有持「不爭主義」者二十餘人……

　　會議在6月15日晚開歡迎會。胡適致歡迎詞，安吉爾作主題演講。16日開始會議的議程。胡適在日記裡記下了大會的議題：

　　國際法大綱(子題有四：國際法之成效、國際法之執行、海上戰時公法、國際法院)；心理與戰爭；黃禍之真否；強權之哲學；海牙平和會；民權與兵禍；美國國防；耶穌教旨能否實行於國際政策；維持和平協會；戰爭與商務；門羅主義；兵力與萬國公法；國際絕交與萬國公法；殖民政策；國際債負；海之中立；美國國防；賠款。

　　胡適在這一長列的議題裡所漏列的，最明顯的有兩項。第一項是社會主義的觀點。發表社會主義觀點的是倭令(William Walling)。倭令說，從馬克思主義的角度來看，金融已經國際化了，特別是英國與法國。他說歐戰的結果雖然還不明

130 George Nasmyth, "Preface," *Proceedings of the Conference on International Relations*, v.

454 ◎ 舍我其誰：胡適　第一部　璞玉成璧(1891-1917)

朗，但德國如果戰敗，其原因是因為德國的金融在國家的控制之下不夠國際化。由於英法金融國際化的程度超過德國，它們有能力在向美國買軍火的時候，比德國出更好的價碼。德國如果戰敗，就是敗在軍火的不濟。倭令說現代戰爭是軍火的戰爭，換句話說，就是技術的戰爭。這個技術的戰爭的背後就是金融。因此，所有從政治的角度著眼的和平主義都注定會失敗。這是因為他們只看到表面，而看不見背後的經濟力量。所有和平主義的努力都注定會失敗，如果它不了解政治和平之道，就像經濟一樣，必須先走上國際化的道路。他說：「不國際化的民主，就不是真正的民主。任何一個把自己國家的需求放在別的國家之上的，都不配稱自己為一個民主國家。」[131]

胡適在留美時期就已經不喜歡社會主義。我在上文已經引了一段胡適對安吉爾的描述。他起初以為安吉爾是一個唯物論者。一直到1915年6月開這個「國際關係討論會」才發現他雖然著眼於經濟的因素，但他的根本主張跟社會主義大相徑庭。有趣的是，倭令在他的演說裡，說雖然安吉爾對戰爭所作的經濟分析跟社會主義者的分析有不謀而合的地方，但安吉爾是「布爾喬亞的和平主義者」。

如果胡適在日記裡漏列了倭令，那是因為他對社會主義完全沒有興趣，甚至可以說是敵視；那是意識形態作祟。他在「民權與兵禍」這個議題下只列了他康乃爾政治學教授山姆・奧茲(Samuel Orth)。他不但略掉了倭令，甚至也略掉了安吉爾反駁說歐戰是資本家的陰謀的演說，還略掉了海斯(Alfred Hayes)教授關於歐戰與社會問題的演說。

胡適在《留學日記》裡所漏列的第二個不是議題，而是一個與會演講來賓。漏列的原因跟意識形態完全沒有關係，而可能是下意識地，想把他個人盛氣所得的報應，從記憶裡剪除。這個盛氣跟他的脾氣中有人所不知的「衝」的成分多少有點關係，但主要還是跟他當時所服膺的絕對不抵抗主義有關。只是，那絕對不抵抗主義的盛氣讓他在會場上「逾了矩」。胡適所漏列的與會來賓，就是他在會上得罪了的哈德遜・馬克辛爵士(Sir Hudson Maxim, 1853-1927)。馬克辛是美國

---

131 William Walling, "The Socialist Interpretation of the War," *Proceedings of the Conference on International Relations*, pp. 209-233，此處的引句在第216頁。

人，後來得到英國的爵士頭銜。馬克辛機關槍是他的哥哥海榮·馬克辛(Sir Hiram Maxim, 1840-1916)爵士所發明的。哈德遜·馬克辛也是一個軍火發明家。1912年，他在一個實驗中，因爲雷汞爆炸，失去了左手。馬克辛在1915年出版了一本書：《不設防的美國》(Defenseless America)。顧名思義，馬克辛的主旨是美國必須增加軍備以免爲敵所乘。

馬克辛在「國際關係討論會」上的第一個演說的題目就是〈不設防的美國〉。他一開口就跟和平主義者挑釁。他說他把一萬本《不設防的美國》，免費贈送給1915年大學應屆畢業生，目的無他，就是要激怒和平主義者。他這篇演說，幾乎完全沒有任何立論，只是一個故事、笑話或無稽之談接著一個。就舉幾個例子：

> 我在我的書裡說，速射炮是人類史上最救人命(life-saving)的大發明。這句話是眞的。隨著武器的射程和殺傷力的增加，敵對的雙方就把他們的軍隊的對峙點拉得更遠、分散得越廣、向地下挖戰壕。在古代就不一樣了。當人們用刀、矛、戰斧來對打的時候，他們就像餓狼一樣撲向對手。[132]

又：

> 今天在戰場上受傷而死的人數要比從前少。這是因爲傷兵馬上就可以得到現代醫學的照料。今天的士兵可以被打得滿身是彈痕，卻傷得一點都不嚴重。許多從戰壕被送到醫院裡去的年輕人，得到的是能治百病的貼心的照應。等他回到戰壕裡去的時候，他心裡所想的，是照顧他的護士那溫婉焦灼的眼神。他如果又需要被送回醫院裡去的話，他其實是不怎麼在乎的。

---

132 以下有關馬克辛的演說及發問，請參閱 Hudson Maxim, "Defenseless America," *Proceedings of the Conference on International Relations*, pp. 129-146.

再：

　　高效炸藥的性能太不爲人所了解了。當一顆炸彈在地上、或任何堅固
有抗力的物體上爆炸的時候，那白熱的瓦斯是以一種倒圓錐形的方式反
彈出去的。所以，在水平線上所受到的影響並不大〔亦即：沒有什麼殺
傷力〕。

　　等馬克辛的第一場演講結束，開始發問的時候，他還是沒有立論，還是只有
故事、笑話和無稽之談，甚至用嚇唬的伎倆來說明備戰的必要。他說：

　　你們一定聽說了〔德軍〕在比利時的暴行。那些將來都會發生在我們
身上。在座的一些年輕人，將會有機會因爲抗拒外敵欺凌你們的妻子或
甜心，而被殺死。我說的是實話。這些事情就會在我們身邊發生。我們
的家園將會被侵犯，我們的妻女將會在我們的眼前被蹂躪。那是一種更
上一層樓的酷刑，敵人會強迫我們再不情願也得眼睜睜地看著他們的淫
行。

　　當一個與會代表說人類是越來越趨向合作，我們應該避免戰爭的時候，他反
問說：「你能不能舉一個例子，來告訴我有哪一個戰爭的結果沒有帶來好處？」
他說歐戰不是因爲備戰而發生的。他說事實剛好相反。在開戰以後，德國才發現
它低估了三倍其所需的軍備；協約國方面則短少了十倍。換句話說，歐戰的起因
是因爲軍備不夠。他說如果英國能投下50億金元的國防經費，德國膽敢開戰嗎？
安吉爾反詰說，德國就是有四倍大的海軍，和平還是無望的。馬克辛於是又反
詰：

　　我幾分鐘前才問你們能不能舉出任何一個大戰，其結果沒有帶來好
處。我們不能不承認我們的內戰打得好，它讓黑奴獲得自由。北方也許

可以用買的，但並沒有這樣作。獨立戰爭是不是一件好事？其結果當然
是好的。回顧歷史，你會發現很多戰爭都帶來了好處。我並不是在爲戰
爭辯護。戰爭有兩種，一種是好的，另一種是不好的。老戰神有雙重人
格。侵略和掠奪的戰爭是不好的；反侵略、反掠奪的戰爭，這也就是
說，自衛的戰爭是好的。

馬克辛的嬉皮笑臉顯然是故意的。他的目的就是要激怒聽眾裡的和平主義
者。訥司密斯雖然說大會特意請來一些極端的強硬派，目的在給與學生有機會去
面對最嚴峻的思想修行。但是，說比作容易。可以想見的，聽眾真的讓馬克辛給
激怒了。連安吉爾都忍不住了，好幾次詰問馬克辛：「你到底支持的是什麼？是
戰爭還是和平？」結果，最忍不住衝動的是胡適。他站起來發言：

　　我的印象是：這整個晚上，我們的演講者在演講裡一個立論也沒有。
　而我是非常認真地在聽著。既然我們的演講者沒有任何值得去反駁的論
　點，既然他保證他明天上午的演講會給我們一些事實，而不只是笑話和
　俏皮話，我提議現在就散會。

胡適的動議，得到附議。但表決的結果沒有通過。接著，有人提動議向馬克
辛致歉。這個動議得到附議，表決的結果通過。這個在會場上由胡適所惹出來的
風波，雖然在會場上以致歉的方式平息了，沒想到卻居然繼續延燒到《紐約時
報》上。馬克辛投書到《紐約時報》，抗議報紙的報導歪曲了他的意思。他說他
並沒有說戰爭是好的，他是說戰爭有好的跟不好的。他接著在這封讀者投書裡批
評大會對他是不懷好意的。他說大會：「給我五十分鐘演講的時間，但卻故意安
排一個鐘頭的時間給鬧場子的人（hecklers）問問題。他們以為這就可以給我難
堪。他們低估了我，因為我一向就喜歡跟找渣子的和平主義者抬槓。在這封信的
尾端，他沒指名，但說的就是胡適所引起的風波：

　　有一個過激的和平主義的支那人也說了一些魯莽的話……有理性的聽
眾於是提動議向我道歉。過激的和平主義者試圖用提動議散會的方式來
打斷會議。他們輸了，因此就投票表決是否要道歉。大約有三分之二的
聽眾起立喝彩表示贊成。過激的和平主義者憤怒地站起來準備離席。然
而，因為他們跟那些起立贊成向我道歉的人剛好都是站著，於是向我道
歉的動議，就等於是得到聽眾全體一致的贊成。這以後會議又進行了半
個鐘頭。會後，那個犯了錯的支那人過來向我道歉。[133]

　　馬克辛的讀者投書引來了葛內特(Lewis Gannett)的反駁。葛內特就是當晚提
動議道歉的人。他是胡適的好朋友，也是一個和平主義者，後來是《國家》(*The
Nation*)雜誌的記者，北伐時候去過中國採訪。葛內特的讀者投書主要在指出馬克
辛顛倒黑白。馬克辛辯白說他沒說過戰爭都是好的那句話。葛內特說：就話論
話，馬克辛是沒那麼說。但是，他是要聽眾舉個例子來證明世界上有不曾帶來好
處的戰爭。結果，當聽眾舉出了克里米亞戰爭、巴爾幹戰爭的時候，他就馬上轉
移了話題。至於馬克辛所描述的過激和平主義者行為的問題，葛內特說他根本就
把提動議散會跟提動議道歉的順序都弄顛倒了：

　　馬克辛先生說過激的和平主義者試圖阻止道歉的動議通過，用提動議
散會來打斷會議。投票贊成散會的是我，但提動議道歉的也是我。我了
解提這些動議時的氣氛如何。道歉的動議是在散會的動議之後，不是在
前。我覺得有些年輕人在表達他們真誠的意見——那些意見我完全贊
同——的時候，他們對馬克辛的銀髮有點不敬，而馬克辛先生當時也激
動異常。在那種氣氛之下，繼續討論是徒勞無益的。致謙的動議是在那
種氣氛之下提出而且通過的。
　　聽眾裡有三分之二不能苟同馬克辛先生的想法。聽眾幾乎百分之百對

---

133 "Unbloodthirsty Mr. Maxim," *The New York Times*, July 2, 1915, p. 10.

演講者抱有敵意，那是我生平僅見的一次。他演講後的討論就是最好的
證明。沒有一個人支持馬克辛先生；但三分之二以上的聽眾都能一哂馬克
辛先生的機智、反唇相譏、以及他那些引人發噱的牛頭不對馬嘴的故
事。馬克辛先生沒辦法立論，但他知道怎麼說故事。眾所周知，馬克辛
先生主張立時大幅度地增加我們的海陸軍，來作為一種「和平的保
險」。當他歌頌戰爭到一半，被人打斷，問說：「你到底是贊成和平還
是為戰爭？」馬克辛先生的回答是：「讓我告訴你一隻小母雞的故
事。」[134]

這是1915年6月間的故事。胡適在這次的風波學到了教訓。怪不得他會在
1916年4月，也就是我們在下文會提到的他寫給韋蓮司的信裡說：「我也一樣覺
得想要把自己的想法強加諸別人身上是愚蠢的作法。」然而，即使胡適在這個馬
克辛事件上是學到了教訓，這跟他在會後對馬克辛道歉是兩碼子事。他的道歉顯
然僅只是禮貌上作個樣子而已，完全沒有任何實質上的意義。馬克辛會後四處在
報上投書，包括給綺色佳地方報寫了兩封，胡適的反應除了不屑以外，還是不
屑。他把那兩封馬克辛的信剪下來，附在1915年7月15日寫給葛內特的信。他
說：

「對這種垃圾、雞毛蒜皮事兒，我是不會再浪費我的時間和精力了的。」[135]
事實上，這個「國際關係討論會」是胡適政治思想再一次的轉捩點。一直到開這
個會議的時候，胡適還是一個絕對的不抵抗主義者。這也就是為什麼他會在馬克
辛那一場演說的發問時段裡鬧出了那一場風波的理由。不只如此，胡適在會場上
的幾次發言以及他後來做的一次演說，都在在說明了他當時還是一個徹頭徹尾的
絕對不抵抗主義者。比如說，出版家帕特南(George Putnam)代表主張備戰的
「國家安全聯盟」出席該會。他在演說裡說「國家安全聯盟」主張成立一個國際

---

134 Lewis Gannett, "Mr. Maxim's Audience," *The New York Times*, July 4, 1915, p. 10.
135 Hu Shih to Lewis Gannett, July 15, 1915, Lewis Gannett Papers, 1681-1966 (inclusive), 1900-1965(bulk), MS Am1888(586), depositef at Houghton Library, Harvard University.

的聯盟組織，由一個國際的最高法庭來仲裁國際糾紛。然而，不像當時就已經成
立的海牙國際法院，這個國際的最高法院將有一個國際警衛隊——陸海軍都有—
—來作它的後盾。每一個會員國都必須根據其人口和財富的多寡，按比例分配派
兵參加這個國際警衛隊。這個國際仲裁的觀念，包括以國際的警衛隊作為後盾，
都是胡適後來轉變成為一個國際仲裁主義者的時候所服膺的。然而，在「國際關
係討論會」的會期間，胡適還是一個絕對的不抵抗主義者。所以，帕特南演說所
提到的國際仲裁這一點，胡適完全聽而不見。在發問時段裡，胡適所用的語言尖
銳，他所著眼的問題仍然是「以暴制暴，暴何能已？」的立論：

> 　　帕特南少校〔帕特南參加過美國內戰，大家都叫他少校〕一直在迴避
> 安吉爾先生所提出的問題：如果美國有一個更強大的海軍，就可以保障
> 「露西塔尼亞號」被擊沉的事件不會發生嗎？
> 　　什麼叫做充足的國防？除了美國以外，每一個列強都覬覦中國；它們
> 都是我們的敵人。我們的國防應如何呢？有一個跟日本一樣強的陸軍和
> 海軍？或者跟德國一樣強？或者跟所有的加起來一樣強，因為日本是
> 英、法、俄的同盟國？假設中國決定要有充足的國防，要多強大才足以
> 確保公道與正義？[136]

　　無論是從語言或立論來看，胡適這個發問完全是他在1914年12月12日「充足
的國防」那則日記所演繹出來的立場的延續。更有意味的是，胡適在晚年的《口
述自傳》裡提到侯爾特所倡導組織的「強制維持和平聯盟」。侯爾特後來當然成
為胡適之的朋友，然而胡適在記1915年6月開的「國際關係討論會」的日記裡，
完全沒提到侯爾特的名字。事實上，「強制維持和平聯盟」成立的時間是6月17
日，也就是「國際關係討論會」召開的時候。侯爾特在「國際關係討論會」上的
演說，沒有會議記錄。「國際關係討論會」的會議記錄出版的時候，用的是侯爾

---

136 Major G. H. Putnam, "The Question of Increasing the Armaments of the United States,"
　　Proceedings of the Conference on International Relations, pp. 120, 129.

特在另一個會議所作的演說。兩者據說內容雷同。胡適在《口述自傳》裡所列出來的「強制維持和平聯盟」的三個主張，特別是第三條：經濟和軍事的制裁，都印在這篇文章的附註裡。由於胡適當時對「強制維持和平聯盟」沒有興趣，所以他在日記裡只記錄了它的成立以及主旨，沒有任何評論：「此邦名士如前總統塔虎脫〔塔伏特〕氏等，召一討論會於費城之獨立廳，決議建一維持和平協會，其大旨以列國組織協會以維持世界之和平。悖盟者各國協力懲之。」[137]我們可以說，從胡適用「充足的國防」那一則日記的立論來詰問帕特南少校的話來看，胡適當時還是反對「強制維持和平聯盟」用武力、「以暴制暴」來維持和平的主張的。

胡適自己在會議最後一晚的演說，是他最後一篇絕對的不抵抗主義的宣言。胡適演說的題目，他在《留學日記》裡是翻成：〈倫理與國際政策之關係〉，原文是：〈強權就是公理嗎？國際關係與倫理〉（Does Might Make Right? International Relations and Ethics）。胡適會只翻譯他演說的副標題是有道理的，因為他在演說裡，開宗明義，說他所想說的主旨就在副標題。胡適這篇演說的主旨有二：第一、輿論是最好的制裁工具。這是他在「充分的國防」那一則日記的話的演申：「救世之道無他，以人道易獸道而已矣，以公理易強權而已矣」：

> 大家聽了幾天前麥克東納教授關於國際法制裁的演說，都會記得他指出了幾種制裁的方式：一、用軍事力量；二、用經濟的壓力；三、用輿論。第三種方式是最重要的。我們遵守國家的法律，難道是因為法律的背後有警察嗎？當然不是。我們每天遵守法律，完全沒想到警察。
>
> 英國的大法官侯定(Lord Haldane)……指出法律最後的制裁力是黑格爾所說的「人倫」(Sittlichkeit)；中國人叫它作「禮」；盧梭稱之為「公意」(general will)。由公議(public sentiment)、至上的道德、文學、社會制度等等所構成的「人倫」，是法律背後的力量，沒有這個力

---

137 《胡適日記全集》，2：138。

量，法律就不可能存在。如果法律必須要時時靠警察才能執行，那我們還能和平地生活著嗎？國際法最終所賴以維持的是輿論，是迪肯森(Lowes Dickinson)稱之爲「和平的意志」的公議的形成。這種公意、「和平的意志」會讓我們下意識地就會去遵守國家或國際的法律。這是最終、最有效的制裁方法。

胡適這篇演說的第二個主旨，是哲學家或者道德哲學家應該如何善盡他們的角色，來幫忙建立這個「最終、最有效的制裁方法」。胡適說可行之道有二。第一、是用功利主義的方法：

法律在以往一直是被認爲是絕對的。然而在18、19世紀的時候，很多思想家開始懷疑法律哲學的絕對論。他們開始問：法律的目的究竟是什麼？英國的邊沁與德國的耶令(Jhering)試圖去找出法律的「目的」(Zweck)。法律因此失去了其絕對性，而變成了達成目的的方法。這個目的是什麼呢？功利主義者說，那就是功利、公益、就是最大多數人的最大幸福。他們試圖用它作爲衡量任何法律或制度的標準，看它們究竟是促進還是妨礙最大多數人的最大幸福，然後再決定究竟是支持還是反對那個法律或制度。

能適用於國家的，也可以適用於國際。在國際關係上，我們痛切地需要一個理性的標準來衡量政府的政策。就以軍備爲例，軍備是否能促進一個國家最大的幸福呢？如果答案是肯定的，則就讓我們捨所有其他建設事業，而把全國所有的精力和資源都投入軍備。如果我們坐下來想一想，過去和現在的國際關係最大的問題，就在於有太多的非理性的因素存在。如果我們能有一個標準來衡量一個國家眞正利益的所在，我們就可以把它運用在每一個政策上，並且有理智地去評斷它。這是道德哲學家可以作的第一個貢獻。

　　道德哲學家可以作的第二個貢獻，是去發展出一個超越國家之上的世界大同
主義：

　　　如果人類的歷史教了我們什麼，那就是人類的「吾鄰」的概念一直在擴
　　大中。18世紀初年英國巴特勒主教有一篇「孰爲吾鄰？」的講道。他對
　　「吾鄰」定義：「就是我們所看得見、知曉、能去影響、必須與之交會
　　的那個部分的宇宙、人類與國家。」如果我們把這個定義用在今天，這
　　整個世界就是吾鄰。這是歷史所告訴我們的趨向。我們這些對人類的進
　　步具有信心的人，不能相信國家是人類最高的理想。道德哲學家的任
　　務，就是要去指出並教導一種新的哲學，讓整個世界知道愛國並不是人
　　類最高的理念，人類是可以奮力地向侯定爵士很適當地稱之爲「更高的
　　國家」(higher nationality)的理想邁進。道德哲學家的責任，在教導人
　　類不要以犧牲別的國家的權利與土地的方式，來尊崇自己的國家，而毋
　　寧是以這個「更高的國家」的福祉爲目的來發展自己的國家。道德哲學
　　家的責任在鼓勵人類爲那理想的世界國的境界來奮鬥。用康德的話來
　　說：「每一個國家，即使是最小的國家的安全和權利，不是建立在其國
　　力或自己所認爲的權利之上，而是建立在一個國際聯盟(foedus
　　amphictionum)之上、建立在一個集合起來的力量、建立在一個遵循法
　　律的共同的意志的決定之上。」[138]

　　胡適的這篇演說有三點值得注意的地方。第一，我們記得胡適開這個「國際
關係討論會」的夏天，就是他1936年在《留學日記》的〈自序〉裡說他「發憤盡
讀杜威先生的著作」的那個暑假。然而，他這篇演說中最明顯缺席的就是杜威的
實驗主義的觀點。第二，他在哲學觀點上糅雜、挪用、調和的傾向在這裡已經非
常明顯了。這時，他還沒離開唯心論大本營的康乃爾大學。但是，他的演說裡，

---

138 Suh Hu [Hu Shih], "Does Might Make Right? International Relations and Ethics,"
　　Proceedings of the Conference on International Relations, pp. 347-351.

已經挪用了功利主義跟康德的觀點，交叉互補爲用。第三，這是胡適絕對的不抵抗主義的最後一篇宣言。他這時還是不相信軍事和經濟的制裁，所以他才會說：「如果法律必須要時時靠警察才能執行，那我們還能和平地生活著嗎？」無怪乎他相信輿論，相信靠輿論去凝聚起來的「和平的意志」，才是「最終、最有效的制裁方法」。

根據他在《留學日記》所記，訥司密斯在討論會的最後一夜，「囑余講『倫理與國際政策之關係』。余略書所見，約十五分鐘而畢。」[139]信然！他這篇演說急就章的痕跡斑斑俱在，迥異於他一向行文與論述的洗練與周密。安吉爾對胡適徵引功利主義的理論顯然不能苟同。胡適演說完了以後，安吉爾作了一點短評。他說他只想點出然後就可以作罷。他說功利主義者的錯誤，在於假定道德就是自身利益(self-interest)的擴充。他說並不是所有的行爲都是出於自身的利益。一個人決定要好好地教育他的孩子，可以完全是因爲那攸關著他自身的利益，但也可以只是因爲他就是想這樣作而已。當然，安吉爾說，這兩者並不必然衝突，道德與自身利益可以並行不悖。只是，什麼是自身利益呢？我們在考慮到我們的利益的時候，我們已經把同儕心、伙伴們對我們的好評等等不可捉摸的東西都剔除掉了。但這些都是很眞實的人類的利益。如果你把這些也加進去，你會發現利益與道德的調和其實是一碼子事。但是，即使你證明了那一點，這並不等於你證明了功利主義的觀點，亦即，我們行爲的動機是自身的利益。安吉爾說：「這形上學的話說夠久了。」他於是就此打住[140]。

最耐人尋味的是，胡適是帶著絕對的不抵抗主義來參加這個「國際關係討論會」的。然而，他所敬仰的安吉爾，以及他所佩服的訥司密斯，都已經走向了以不同方式來制裁之道了。歐戰的發生，使原來投身於和平運動的訥司密斯徹底地洩氣。他於是參加了「強制維持和平聯盟」，後來還是該聯盟麻省分會的秘書。安吉爾在這個「國際關係討論會」已經開始主張用國際聯盟的方式來維持和平。

---

139 《胡適日記全集》，2：140。
140 Norman Angell, "Discussion Following Address by Mr. Hu," *Proceedings of the Conference on International Relations*, pp. 351-352.

以往的軍事聯盟帶來的是更多的戰爭，非軍事聯盟的組織，像海牙會議，又因爲沒有制裁力，而等於虛設。他主張成立一個國際組織，所有會員國承諾一致行動。如果有任何一個國家拒絕把爭端付諸公決，所有會員國就拒絕與它往來。從前的杯葛、拒絕往來不成功，是因爲那不是全面的。只有全球性的、全方位的杯葛、拒絕往來才能奏效。試想，有哪一個現代國家能夠自外於全世界的其他國家，而能得以生存？他認爲這種非軍事的制裁方式，遠要比軍事的制裁方式要有效多了[141]。

更更耐人尋味，恐怕當時也讓胡適震動莫名的，是大會最後所作的幾項決議。那是一組主張國際仲裁的決議：

鑑於：最近所發生的事件在在顯示了美國就是參戰，也不可能確保美國及其他中立國家人民的生命，以及美國及其他中立國家在海上行使商業的權利。這是因爲交戰的雙方都在不同的程度上曲解、違反了法律，而且它們對法律的詮釋所造成的後果是，這些權利在未來無法得到適當的保障。

我們敬謹地認爲要保護美國的權利，就必須開發並改訂現行的國際法，以便：

一、一個制訂法律的國際立法機構；

二、一個公正詮釋法律的國際法庭；

三、一個能視情況所需，使用最有效的經濟或軍事力量來執行法庭的決定的國際組織。

我們更進一步地謹促美國政府——因爲這是立時可行，而且可以作爲達成這四〔三？〕項結果的第一步——邀請其他西半球的民主國家進行咨商，以探詢它們是否願意立約支持在戰後的和平會議裡，以協同一致的方式，去爭取保障中立國的權益。

---

141 Norman Angell, "Non-Military Sanctions for International Law," *Proceedings of the Conference on International Relations*, pp. 177-194.

　　這幾項決議將呈遞給威爾遜總統、國會議員、以及泛美聯盟(Pan American Union)的董事會。[142]

國際仲裁主義

　　胡適在《口述自傳》裡說：「所以你〔註：唐德剛〕現在可以了解我是『強制維持和平聯盟』一個早期的皈依者。」[143]從字面來說，這句話當然是不能算是錯的，因為「早期」是一個相對的名詞。多早才算是早期呢？「強制維持和平聯盟」是在1915年6月17日成立的，而當時的胡適其實還是一個絕對的不抵抗主義者。然而，胡適是不是一個早期的皈依者並不是一個重要的問題。他所作的這個回憶，適足以掩蓋了另外一個更重要的問題，那就是，他原來是反對「強制維持和平聯盟」的一個人。

　　但是，就像我們在前一節的分析裡所指出的，「國際關係討論會」是一個轉捩點。「國際關係討論會」所凝固起來的思維，最後是體現在大會結束時所作的決議，那就是國際仲裁的主張。這對胡適而言，一定是震動莫名的。然而，這對胡適來說並不是完全陌生的。畢竟，在他走到絕對不爭主義的心路歷程中，他的起點是狹隘的愛國主義。在他的思想漸次蛻變的歷程中，他從一個狹隘的愛國主義者，先是轉變成一個以愛國為基礎的世界公民；再一變而成為一個超越國界的世界公民；從世界公民，他再變成一個絕對的不抵抗主義者。現在，是胡適再一次蛻變，成為一個國際仲裁主義者的肇端。這就是胡適仲裁主義思想的形成，是他此後一生所服膺奉行的。〔我們唯一不能確定的，是他究竟從什麼時候開始轉變成為一個國際仲裁主義者。我相信這個轉變的過程不是突然的，而是漸進的。可以確定的是，最遲到了1916年春天，他已經成為一個徹頭徹尾的國際仲裁主義者。從這個時程來說，胡適當然可以說他是「強制維持和平聯盟」一個早期的皈依者。然而，胡適是不是一個早期的皈依者並不是一個重要的問題。他所作的這

---

142 "Resolutions," Proceedings of the Conference on International Relations, pp. 384-385.
143 Hu Shih, "The Reminiscences of Dr. Hu Shih," p. 79.

個回憶，適足以掩蓋了另外一個更重要的問題，那就是，他原來是反「強制維持和平聯盟」的一個人。〕

在我們開始追尋胡適轉向國際仲裁主義以前，我必須改正三個我自己先前所犯的錯誤。我在英文版的〈男性與自我的扮相：胡適的愛情、軀體與隱私觀〉一文裡說：胡適從一個「狂熱的和平主義者」轉變成為一個國際仲裁主義者，這與其說是一個轉變，不如說是他世界主義在邏輯上更進一步發展的自然結果。其次，我在那篇文章裡，還認為胡適從絕對的不抵抗主義者轉向成為一個國際仲裁主義者，主要的影響只有杜威。第三、我在那篇文章裡完全沒有提到安吉爾對胡適的影響[144]。現在，這三點我都須要作修正。按照我在本部書裡的分析，胡適轉變成一個國際仲裁主義者，就意味著他揚棄了他之前所服膺的絕對的不抵抗主義。那不是他前一個階段的立場的邏輯延伸，而是轉向。因此，胡適在《口述自傳》裡說的是正確的；他說他「放棄了不抵抗主義，而開始接受這個比較新的、具有建設性的對力量的看法，這個用法律的條件來更有效、更經濟地使用力量的哲學」[145]。其次，從上節的討論裡，我們也可以看出胡適轉向的契機是在他開「國際關係討論會」的時候。安吉爾提出仲裁的主張很顯然對胡適有極大的影響。這是發生在他轉學到哥倫比亞大學以前。杜威對胡適的影響，主要是在於為他提供了分析的觀念與語言。

我們在什麼意義之下可以說「國際關係討論會」是胡適從絕對的不抵抗主義轉變為國際仲裁主義的轉捩點呢？我們有足夠的證據，來說明胡適在會期當中就已經意識到地層的移動。他在會期當中，6月21日，給韋蓮司的信上說：「我在與會代表當中找到了幾個不抵抗主義的支持者：一個匱克派的女性、一個天主教徒、還有妳離開綺色佳那個晚上所認識的洛克納先生〔「世界學生聯合會」秘書，始終是不抵抗主義者〕、訥司密斯先生〔後來變成「強制維持和平聯盟」麻省分會秘書〕、甚至安吉爾(或許有所修正)以及我自己。」[146]他7月1日在會後追

144 請參閱拙著"Performing Masculinity and the Self: Love, Body, and Privacy in Hu Shi" *The Journal of Asian Studies* (May, 2004), p. 320.
145 Hu Shih, "The Reminiscences of Dr. Hu Shih," p. 74.
146 Hu Shih to Clifford Williams, June 21, 1915，《胡適全集》40：108。

記的日記裡還只用「不爭主義者」來稱呼自己及其同志：「會員當中乃有持『不爭主義』者二十餘人。」但是，他在當天寫給韋蓮司的信就已經把「道義的抵抗」加進去了：「另外一個令人欣喜的特色，是有一大批不抵抗主義或道義的抵抗的支持者。七十多個與會代表裡，至少有二十個是。」[147]胡適在這封信裡附了一些簡報，可能也包括了「國際關係討論會」在會後所作的幾項決議。

韋蓮司在7月13日的回信，在在地說明了她跟胡適「智者」所見的略同：

> 這自然讓我在腦海裡刻畫出了一個世界舞台的形象。在其中，國際法與法庭已經成為事實，反映了國際警衛隊是實際的需要的信念。這至少在教育能作得更深、更廣以前必須如此。在群眾暴動等等危急的情況之下，道義的抵抗，如果沒有一個顯著的標誌來作後盾，是不會有立竿見影的效果的。我想這或許就是「強制維持和平聯盟」的態度。我起初很不喜歡那個聯盟的名稱。你的看法如何呢？[148]

胡適在次日給韋蓮司的信，石破天驚，完全一反他絕對的不抵抗主義：

> 妳說國際關係在不久的將來(也許甚至在遙遠的未來)都必須使用武力，這句話是對的。綺色佳的討論會有很多支持道義的抵抗的代表。但是，當討論會作決議的時候，**全體**都一致地宣告說他們支持用軍事或經濟的力量來做國際法的後盾。諾曼‧安吉爾主義者(Norman Angellists)〔胡適意指所有與會代表都是安吉爾的主張的支持者〕從來就不主張裁軍。[149]

曾幾何時，胡適居然從一個反對「以暴制暴」的絕對的不抵抗主義者，變成

147　Hu Shih to Clifford Williams, July 1, 1915，《胡適全集》40：110。
148　Clifford Williams to Hu Shih, July 13, 1915，胡適外文檔案，E378。
149　Hu Shih to Clifford Williams, July 14, 1915，《胡適全集》40：115。

了一個「從來就不曾主張裁軍」的人？我們記得在五個月前，也就是二月中，他還去了「美國限制軍備聯盟」在紐約召開的會議。當時所成立的「廢除軍國主義大學聯盟」的名字還是他取的呢！他的「必也一致乎！」到哪兒去了？胡適在兩個星期以前，也就是7月1日追記「國際關係討論會」的日記裡，還在歌頌「和平非攻」呢！他當時還說：

> 　　今之持和平之說者類多少年。一日余與克雷登先生談，先生感嘆世風之日下，以為古諺：「老人謀國，少年主戰」（Old men for counsel, young men for war），今乃反是。少年人乃爭言和平非攻矣。余以為不然。今之少年人之主和平，初非以其框怯畏死也；獨其思想進步，知戰爭之不可恃，而和平之重要，故不屑為守舊派之主戰說所指揮耳……孟子言勇至矣：「撫劍疾視，曰：『彼惡敢當我哉！』」此匹夫之勇也。孔子困於匡，厄於陳蔡而不拒；耶穌釘死於十字架而不怨；老氏不報怨：此大勇也。其勇在骨，其勇在神。[150]

　　我們有理由相信這時候的胡適已經亂了方寸。在他所景仰的安吉爾提出制裁的觀念，在他的和平運動的同志訥司密斯轉向「強制維持和平聯盟」，在「國際關係討論會」立下軍事或經濟的制裁的決議案以後，他的絕對不抵抗主義頓然進退失據。這是在不久以前才成為絕對的不抵抗主義者的他，再一次的轉向、蛻變成一個國際仲裁主義者的開始。然而，這個轉變並不是困難的。從某個角度來說，這是倒退五十步的作法。制裁之道，從他之前所服膺的絕對的不抵抗主義的角度來看，是「以暴制暴」，或者說是「以霸道來制暴」的方法。倒退了五十步以後，他大可以把它合理化，說成是「以王道之力來制暴」的方法。當然，即使只是倒退了五十步，其所代表的是從「激進」倒退，在意識形態的光譜上向右移動了一大步。

---

150 《胡適日記全集》，2：143。

　　胡適從絕對不抵抗主義轉向國際仲裁主義的思想，不只反映在他給韋蓮司的信上。我在前一節徵引了他在「國際關係討論會」結束半個月以後，也就是1915年7月15日給葛內特的一封信。那封長達11頁的信，就更具體地宣告了他已經從絕對不抵抗主義的立場轉向，從而服膺以「王道之力來制暴」的理念的開始。我在上節的分析裡，提到他在大會期間，曾經尖銳地質問了代表主張備戰的「國家安全聯盟」的帕特南少校。胡適以中國為例，說：「什麼叫做充足的國防？除了美國以外，每一個列強都覬覦中國；它們都是我們的敵人。我們的國防應如何呢？有一個跟日本一樣強的陸軍和海軍？或者跟德國一樣強？或者跟所有的加起來一樣強，因為日本是英、法、俄的同盟國？假設中國決定要有充足的國防，要多強大才足以確保公道與正義？」

　　胡適當時的立論仍然是站在絕對不抵抗主義的倫理基礎之上，亦即：「以暴制暴，暴何能已？」然而，在「國際關係討論會」開完以後，胡適轉過來批判「以暴制暴，暴何能已？」、以及他從前所說的「救世之道無他，以人道易獸道而已矣，以公理易強權而已矣」，都只不過是空中樓閣式的世界觀而已。他對葛內特說：

　　　　要希冀中國能有充足的國防來抵禦她所有的敵人，就跟希冀這個世界能用更理性、更人道、更文明的方法來處理國際事務和關係是**同樣——我們甚至可以說是更——沒有指望**的。我也可以說，這兩個願望實現的**希望和可能性**，在概率上是一樣的渺茫。去為中國的國防而奮鬥，或者去為世界的改進而奮鬥，可以說是愚昧的，也可以說是睿智的。然而，為後者(世界的改進)而奮鬥是正面的、建設性的，而且是正義的，所以我決定投身於和平主義者的陣營。我祈願和平主義者能夠把當前低落的國際道德提升到一個較高的水平。和平主義者的鵠的(cause)如果能夠實現，就意味著給與弱小國家一些保障。我在這裡所說的「和平主義者的鵠的」，當然不意指戰爭的消弭。我所意指的，是用一種比較理想的國際關係體系來取代戰爭。

換句話說，在開完「國際關係討論會」以後的胡適，已經不再作孟子式的「以暴制暴，暴何能已？」的道義之吼；他對「以人道易獸道」、「以公理易強權」，也不再心存幻想。他不再侈言王道。他的新理念是我在前文所稱的「王道之力」——當然，「王道」與「力」，對絕對不抵抗主義時期的胡適而言是「不一致」、是兩相矛盾、水火不容、是有如矛與盾互相牴觸的兩個名詞和概念。他對葛內特說：

> 我不贊成裁軍。如果備戰是失之於偏頗，裁軍之說也同樣是失之於偏頗。這對中國來說，特別是如此。只要這世界上的強國把私利與己得擺在公理正義之上，只要中國所受的冤屈不得矯正，只要我們還沒把列強予取予求、強權就是公理的滔天罪證從亞洲的地圖上泯除，只要和平主義者沒有權利、沒有發言權去爭取裁軍，只要所有這些存在一天，我就絕對不會用我的話和筆去贊助增強軍備的擁護者。但是，我也不會去阻止他們。其實，我也沒有能力去阻止他們。就像我有一個晚上在會場上所說的，唯一能防止東方的軍國主義興起的方法，是去遏止西方的軍國主義。我相信只有把我自己投身於國際組織以及國際正義與和平的旗幟之下，我才能直搗問題的核心。

投身於國際組織、國際正義與和平的旗幟之下，就意味著「力」的使用，只是這是「王道之力」，而非暴力：

> 你從我上面的陳述，就可以了解我為什麼反對「不抵抗」這個字眼。為什麼不要抵抗邪惡？我們豈不是每天都在跟邪惡奮鬥著嗎？我們是一直在抵抗著，只是我們所用的方法不是暴力。道義的抵抗有兩面。在消極的一面，它所教導的是：使用赤裸的力量來反抗是無益的（這就是安吉兒所說的力與力互相抵消的道理）。在積極的一面，它所意指的是用智慧、預防、「勸誡」（〔美國威爾遜總統當政時的國務卿〕布萊恩

〔Bryan〕之語)、組織、謙卑(左頰被摑，再奉上右頰)、仁慈，等等方法去抵抗。

然而，胡適所要強調的是，道義的抵抗絕對不是消極被動的，而毋寧是要積極地採取行動。不但要防患未然、未雨綢繆，而且還要力主正義、膺懲罪凶：

道義的抵抗，就理論本身來說，並不反對採取仲裁的步驟，如警察、國際警察等等。非武力論，可以是一個二十世紀烏托邦主義者的理想。然而，要達到那個理想，仲裁是必經之道。零犯罪率、以及法庭、監獄、與刑罰的廢止，這些都可以是我們的理想。然而，我們不可以不承認從私刑、血債血還的私了辦法進展到法律制度和警力，是人類的一大進步。事實上，那些批判不抵抗主義者贊同使用警力是不一致的人，他們自己其實並不是真正相信「必也一致乎」的，他們只是好辯(argue for argument's sake)而已。[151]

胡適在晚年所作的《口述自傳》裡，形容他在變成一個國際仲裁主義者以前的和平主義或不抵抗主義是「極端」或「激進」型的。這確實是正確的夫子自道。當時的胡適所批判的不只是那些慷慨激昂，侈言寧為玉碎、不為瓦全的中國留學生。他所批判的還包括美國那些風聲鶴唳，把歐戰的戰雲說得彷彿就要席捲美國之勢的人。美國在歐戰以前，就已經產生了一個未雨綢繆的備戰運動(preparedness movement)。在歐戰爆發以後，在軍、政、經、輿論界領袖的鼓噪之下，這個運動倏然勃興。1915年5月7日「露西塔尼亞號」(Lusitania)郵輪在愛爾蘭海岸被德國的潛艇擊沉，1,198個乘客死亡，其中有139個美國人。美國政府在5、6、7月三度對德國提出了警告。美國的主戰派磨刀霍霍。到了秋天，備戰運動已經如火如荼。各種民間的備戰團體如雨後春筍一般地出現。已經下台了的

151 Hu Shih to Lewis Gannett, July 15, 1915, Lewis Gannett Papers, 1681-1966 (inclusive), 1900-1965 (bulk), MS Am 1888(586), deposited at Houghton Library, Harvard University.

老羅斯福總統不但自告奮勇，願意御駕親征，率一師的自願軍上前線，他還主張
全民練兵。已經退休的陸軍參謀長伍德(Leonard Wood)將軍，更組織了夏令練兵
營，專門訓練大學生。其中，最有名的是在紐約州北部普烈茲堡(Plattsburg)的夏
令營。從1915年夏天開始，伍德將軍在普烈茲堡的夏令營，順應企業界的要求，
在大學生的營期結束以後，增加了一期專門訓練企業界人士[152]。

　　從他先前絕對不抵抗主義者的立場來看，胡適對美國這個備戰運動應該是會
很不以爲然才對。然而，他現在的反應卻顯得曖昧。他非常注意批判這個運動的
文章。他在1915年11月7日給韋蓮司的信裡，附了一張《紐約時報》的剪報。這
張剪報是他在康乃爾大學的老師康福(W. W. Comfort)寫給《紐約時報》編者的
一封讀者投書。康福教授是胡適在康乃爾時候的法文老師，也是他查經班的老
師，後來當了費城黑沃佛學院(Haverford College)的校長。那是胡適的次子胡思
度唸過的學校。康福教授是反戰的匱克派的基督徒，黑沃佛學院是匱克派所辦的
一所大學。康福教授在這封長信裡說：

　　　　基督教所服膺的，是精神的力量優於物質的力量。這不但是一個抽象
　　的眞理，也是一個實用的眞理，在人類的歷史和進步上是有案可稽的。
　　去違背這個基督教以及我國所代表的原則，非同小可，其前景將是令人
　　不寒而慄的……一個武裝的國家對外所顯示的是一個永不失效的挑戰。
　　備戰作得越好，和平的機會就越低……國人是否體認到備戰的結果就是
　　戰爭？我們的國家正面臨著一個轉捩點，我們就正要賣掉我們與生俱有
　　的權利〔註：即和平安康〕，去換取備戰將會帶給我們的混水。太多人
　　想作好事，但是他們所走的路子是錯的。我們就要開始長征了，因爲那
　　些專家硬是不告訴我們要備戰到什麼地步才能確保和平。他們不能告訴
　　我們，因爲以備戰來迎接和平，違背了那萬古彌新的律法。[153]

---

152 John Finnegan, *Against the Specter of a Dragon* (Westport, Conn.: Greenwood Press, 1974).
153 W. W. Comfort, "Results of Preparedness," *The New York Times*, November 7, 1915, p. 20.

　　我們記得胡適是在1915年9月下旬轉學到哥倫比亞大學去的。他讀到康福教授這封讀者投書的時候，他人已經在紐約了。值得注意的是，康福教授的這篇投書，從前的胡適可能會有很多贊成的話可說。可是，他在附寄了這張簡報的時候，只不置可否簡短地說：「在經歷了戰爭的實際以後，這是康福教授現在的立場。」[154]很顯然地，胡適先前所服膺的絕對不抵抗主義已經開始鬆動了。

　　美國的備戰運動所鼓起的，是反德以及反和平運動的情緒。就像2003年的時候，由於法國反對美國侵略伊拉克，美國一些保守的國會議員把「法國炸薯條」(French fries)改名爲「自由炸薯條」(Liberty fries)。有異曲同工之妙的是，歐戰的時候，美國人把德國的「德國泡菜」(sauerkraut)改名爲「自由泡菜」(Liberty cabbage)。這種非理性的情緒也席捲了各大學，包括許多學生和教授，康乃爾大學也不例外。我們在前文提到康乃爾大學1872級的大衛‧喬丹。因爲他反戰，後來又同情蘇聯的革命，康乃爾1872級的畢業生印製了一份傳單，要求校董註銷大衛‧喬丹在康乃爾大學所得到的學位。康乃爾的教授也愛國不落學生之後，有一百名教授自己組成了一連，胡適的史學教授布爾就是其中的一名。康乃爾大學這一教授連，在美國參戰以後被編入紐約的民兵團。布爾教授是第四兵團，D連的下士。布爾教授從1915年夏天開始，就去參加伍德將軍在普烈茲堡給企業界人士所辦的第一期訓練夏令營。在康乃爾的校園裡，學生還可以看到他裹著綁腿在校園裡穿梭著[155]。1915年，布爾教授58歲。

　　胡適的絕對不抵抗主義雖然已經開始鬆動，然而，人的情緒與理性並不一定是同步的。他冷眼看著他那些康乃爾的老師，不齒他們的行徑。他寫信給大學時低他一班的同學舒母(Paul Schumm)。這位舒母就是胡適在1916年11月9日的日記裡所說的：「其人沉默好學能文，專治『風景工程』〔景觀設計〕(landscape architecture)，而以其餘力拾取大學中徵文懸賞，如詩歌獎金、文學獎金之類，以資助其日用。其人能思想不隨人爲是非……去年以君之紹介，得見其父母。其父持無政府主義，以蒲魯東(Proudhon)、斯賓塞(Herbert Spencer)諸人之哲學自

154 Hu Shih to Clifford Williams, November 7, 1915，《胡適全集》40：130。
155 Lois Gibbons, ed., *George Lincoln Burr: His Life*, p. 110.

娛；而其人忠厚慈祥，望之不知其爲持無政府主義者也。」[156]這則日記的最後一
句話頗耐人尋味，難不成揚棄了絕對不抵抗主義以後的胡適，居然視無政府主義
者爲青筋暴露、眼冒金星者乎？

　　胡適在這封信裡，一定是大肆批評了他從前那些在康乃爾大學的老師。舒母
在回信裡說：

　　　你對康乃爾練兵熱的感慨，我完全能共鳴。事情發展到這個地步，比
　　你所描述的還要過頭。這很不幸，但是事實。「教授軍事研究社」
　　(Faculty Society for Military Study)已經成立，設有戰略、操練、射擊等
　　小組。〔英語系的〕散蒲生(Sampson)教授是社長。我們這些老成持
　　重、飽學的老師朋友們已經定了制服。我等不及看他們穿起來是什麼個
　　樣子。那一定會是一個慘不忍睹的洋相；在制服之下，他們作爲誠實的
　　個人的個性、價值將會幾近不存，而只不過是充爲炮灰之用而已。對，
　　布爾也是其中一個。他肩著槍、踢著正步。據說，他不絕如泉的精力，
　　以及他把「史學方法」用在這個最不可思議的實驗上所帶給他的精準，
　　是所有其他人的榜樣⋯⋯

　　　你問我要不要當面質問布爾教授，這我眞的是作不下〔舒母當時是布
　　爾教授的研究助理〕。我相信如果他願意說，聽他的想法一定會是很有
　　意思的，說不定還能有所啓發呢。我不相信他會願意說。而且，我一想
　　到跟他談話，我的心就往下一沉。每當我的想法和感覺讓我激烈地反對
　　大多數人的時候，我就自我與世隔絕，那就彷彿好像我突然間到了一個
　　陌生之地，我無論說什麼，路上來往的行人都聽不懂我說的話一樣。我
　　一張口，布爾教授就會滔滔不絕地把我壓得啞口無言。但是，我知道不
　　管他或者任何其他人說什麼，我都不會覺得他們是對的，而我是錯的。
　　[157]

---

156 《胡適日記全集》，2：440-441。
157 Paul Schumm to Hu Shih, January 20, 1916，胡適外文檔案，E-337-2。

胡適顯然也跟韋蓮司談到了布爾。韋蓮司在一封信裡，詳細地告訴胡適布爾教授的想法：

> 布爾教授有一個晚上來我們家，他跟我們談了很久他對軍訓的看法。他說他一向就主張瑞士式的〔註：全民皆兵的〕軍訓；一向就主張大學生應該接受軍訓。他最後承認美國被侵略的可能性是微乎其微。然而，因為他現在單身，而且也已經不再年輕，同時又沒有家累。他現在既然有這個機會，他希望能在軍訓方面能對國家作點貢獻。他說如果人家對他現在的行為感到詫異，那是因為他們自己從來就沒有想去了解他對這個問題一向的看法。我不認為我所說的話，對他能提供什麼新的觀點。事實上，或許是因為懶，我越來越覺得我想知道別人在想什麼，而不是去為他們提供另一種看法。
>
> 他說的一句話倒激起了我的好奇。他說如果德國(大概是用侵略的方式吧！)能拿下紐約，他會感到欣慰的。他認為他們也許可以有所作為，而他一點都不會以為忤。當然，他說整個美國都會揭竿而起，一定會亂成一團。因此，他必須挺身而出，說不定他還可以救一些「有家室的年輕人」。至於他的影響力，他說他仍然全心戮力於人類的友愛與理解。他不覺得他現在的所作所為跟那有什麼衝突。[158]

胡適在回信裡說：「我也一樣覺得想要把自己的想法強加諸別人身上是愚蠢的作法，而且，此後要努力去了解別人的想法。妳跟散蒲生教授談過了嗎？」然而，話鋒一轉，他又把箭頭轉向布爾：「如果一個人覺得德國拿下紐約來統治，會是一件讓他欣慰的事，我認為他就有責任告訴公眾為什麼他會感到欣慰。當公眾了解了為什麼以後，他們就不會再饒舌談什麼備戰了。如果他覺得公眾是難與言也，那就更是他的責任要試著去作。」[159]

158　Clifford Williams to Hu Shih, April 18th, 1916.
159　Hu Shih to Clifford Williams, April 20, 1916，《胡適全集》40：158。

　　事實上，胡適可能錯怪了布爾。雖然布爾積極支持備戰運動，但是他也堅決反對任何鎮壓反對意見的舉動。在這點上，布爾的言行是一致的；畢竟，他在康乃爾教的一門課是「容忍之歷史」。據說，當那位康乃爾大學1872級畢業生聯名要註銷其學位的大衛‧喬丹，起草了一封要求美國出面調停歐戰的聯名信的時候，布爾找了他的一個學生幫忙找人聯名。他在康乃爾大學戰時的一個「世界文明講座系列」裡，公開譴責鎮壓自由言論。他說一個人要求有說良心話的自由，不能被視爲叛國。他說：「當威爾遜總統說這個戰爭的目的是要使民主得以生存在這個世界上的時候，我認爲他所說的不是那些用來削弱戰時的民主的自由，而是民主賴以生存的自由。如果我對這次戰爭的意義及其在歷史上的地位的了解是正確的，那就是我們的抗議——抗議那種認爲國家或一組國家，可以高於人類，可以比一個誠實的人跟自己、跟上帝的關係還要神聖的愛國主義。」[160]

　　其實，就在胡適跟舒母和韋蓮司談到布爾以及其他康乃爾大學的教授的時候，他自己已經又轉向了。他已經不再是一個不抵抗主義者，而是一個國際仲裁主義者了。最諷刺的是，從他先前所服膺的絕對的不抵抗主義的角度來看，國際仲裁主義者批判備戰主義者，其實是五十步笑百步。胡適給韋蓮司的信，也記錄了他國際仲裁主義的觀點。他在1916年6月底到俄亥俄州的克里夫蘭開第二次的「國際關係討論會」。這次的會議其實是6月21日就開始的。胡適16日從紐約啓程，先去了綺色佳，在韋蓮司家住了八天，一直到25日才到會場。也許是在綺色佳開的第一次「國際關係討論會」的教訓，胡適告訴韋蓮司說：「這次，我給自己立了一個規定，那就是不把自己的意見強加諸別人身上，連一個都不可以。而只是去觀察、研究其他與會代表的意見和態度。」與會應邀來賓的演講，他說泰半令人失望。最令胡適失望的，是俄亥俄州立大學校長湯生的演說。這位湯生校長就是六個月以前跟胡適一起在「國際學生聯合會」的歡迎會上演說，他夫人說法律學院院長說校長的演說不及胡適的那位校長。湯生校長是「強制維持和平聯盟」俄亥俄州分會的主席。胡適說：「他演說了一個鐘頭。結果，在滔滔

160　Lois Gibbons, ed., *George Lincoln Burr: His Life*, pp. 110-115.

雄辯之餘，他聲明該聯盟所有的主張，除了第三項以外，他全都支持。一如妳
所知的，第三項是唯一規定條約簽署國用經濟和軍事的力量制裁違法國家的一
條。」[161]這則日記是胡適在1916年6月已經揚棄了他先前所服膺的絕對不抵抗主
義，而已經轉向到國際仲裁主義的明證。

　　胡適去綺色佳看韋蓮司、她的父母，以及去克里夫蘭開「國際關係討論會」
的時候，他已經又贏得了他在留美期間第二篇徵文比賽的頭獎。我們記得他第一
篇徵文得獎，〈布朗寧的樂觀主義贊〉，是在1914年。這第二篇徵文是在1916年
6月得獎的。這篇論文名為：〈國際關係有取代武力之道否？〉(Is There a
Substitute for Force in International Relations?)。這是他參加「美國國際調解會」
(American Association for International Conciliation)在1916年的徵文比賽所寫的。
這篇文章確實的寫作時間，我們不知道。胡適在《口述自傳》裡說該年的徵文題
目是在年初公布的。他說：「我著實花了心思去寫那篇應徵的文章。幾個月以
後，我很喜出望外地得到了一百美元的獎金。」[162]胡適在得獎以後，告訴比他低
一班的康乃爾同學艾傑頓(William Edgerton)說他花了五個晚上的時間寫了那篇文
章。所以艾傑頓在回信裡說：「五個晚上的功夫換來一百塊美元，這個收入可真
不賴！」[163]

　　胡適在得獎以後，也著實花了功夫去潤飾這篇文章。韋蓮司、艾傑頓等人，
都是給他許多意見的好朋友。韋蓮司給胡適的幫助主要是在觀念上的。胡適在得
獎後致信韋蓮司，說這篇文章裡的許多觀點，「是妳我所共同持有的。坦白講，
我根本說不清有多少是因妳而得的。」[164]艾傑頓則在文字的潤飾上幫助了胡適。
他用胡適的校稿，逐句給了胡適他的意見[165]。

　　胡適在《口述自傳》裡說，他寫〈國際關係有取代武力之道否？〉這篇文章
受到啟發最大的就是安吉爾和杜威。我們記得胡適1915年在綺色佳開「國際關係

161　Hu Shih to Clifford Williams, June 28, 1916，《胡適全集》40：160-161。
162　Hu Shih, "The Reminiscences of Dr. Hu Shih," p. 77.
163　Bill [Edgerton] to Hu Shih, July 24, 1916，胡適外文檔案，E-130-2。
164　Hu Shih to Clifford Williams, July 9, 1916，《胡適全集》40：163。
165　Bill [Edgerton] to Suh Hu, July 30, 1916，胡適外文檔案，E-130-2。

討論會」以後，在他給韋蓮司的信裡，用諾曼‧安吉爾主義者來描述他自己以及
與會的其他代表。他在日記裡、在給韋蓮司的信裡，都附了一段安吉爾的話。這
一段話後來就變成了胡適國際仲裁主義的核心觀念。安吉爾說：

> 一個人用力量把他的意志強加諸別人身上，其結果就是反抗；於是，
> 這兩個能量就互相抵消，結果就是無用或浪費。即使其中一方勝利，其
> 所造成的是兩個奴隸；敗者成為勝者之奴，勝者則成為維持其霸權以及
> 為了防範敗者的需要之奴。這種關係在經濟上是浪費，在道德上是戕
> 賊。這解釋了為什麼所有威逼、侵略的政策——不管是在一國之內的特
> 權與壓迫，或者是國與國之間的征服與競爭——都是失敗的。如果雙方
> 同意聯合起來，為生命、為食物去跟自然界奮鬥，雙方就都會得到解
> 放，就都會在這種合作的關係裡找到最經濟的作法。不僅如此而已，他
> 們在這種關係裡找到了人類社會及其精神希望的真正的基礎。人世間如
> 果對約章、對權利沒有基本的信心，所有的關係就都不可能存在。真正
> 正確的國家或國際政策，就是大家同意聯合起來對付共同的敵人——不
> 管是來自於大自然還是來自於人類的野心和謬誤的敵人。[166]

　　如果上述安吉爾的那一段話是胡適國際仲裁主義的核心觀念，杜威則提供了
胡適他在立論上所須要的分析的概念和語言。胡適在《口述自傳》裡引了杜威在
1916年發表的兩篇文章。一篇是〈力量、暴力與法律〉（Force, Violence and
Law）[167]；另一篇是〈力量與制裁〉（Force and Coercion）[168]。胡適用了相當長的
篇幅來摘述杜威在這兩篇文章的大旨。我們可以簡約地說，杜威這兩篇文章的主
旨在說明力量「所意味的，不外乎是讓我們達成目的的諸條件的總和。任何政治
或法律的理論，如果因為力量是殘暴的、不道德的，就拒絕去處理它，就會落入

---

166 《胡適日記全集》，2：138-139。
167 John Dewey, "Force, Violence and Law" *The Middle Works, 1899-1924*, 10.211-215.
168 John Dewey, "Force and Coercion" *The Middle Works, 1899-1924*, 10.244-251.

了感情用事、冥想的窠臼」。他說，由於天下沒有一件事情可以不用力量來完成，因此，我們沒有理由去反對任何在政治、國際、法律、經濟上借助力量來達成目的的政策或行動。杜威說衡量這些政策或行動的標準，「在於這些工具在達成目的的效率及其所用的力量的多寡。」

換句話說，力量的本身是中性的。凡事都須要運用力量，問題在於其運用。用來造橋、築路、論辯、寫書，是能量；用來殺人、破壞，是暴力；介於前兩者之間，排解仲裁糾紛，是制裁。我們可以看出杜威所用的比喻是來自法律的範疇。杜威說：「法律是能量組織狀況的表現。能量沒有被組織起來，就會互相產生衝突。結果就是暴力，這也就是說，破壞或浪費。」他又說：「法律可以被視為是用經濟有效、浪費最少的方式來使用力量的方法。」杜威的這種想法，是試圖要用法律來訂定如何使用力量，以及用制裁的方法來把混亂、浪費之力轉化為社會所用。

胡適把他從安吉爾所得來的中心思想，用杜威的分析概念和語言，寫出了一篇立論嚴謹、文字洗練的論文。胡適這篇文章用的是出奇制勝的寫作策略。他在《口述自傳》裡說，他認為出「國際關係有取代武力之道否？」這個徵文題目的人，一定先假定答案是肯定的。他頗得意地回憶說，他故意反其道而行，申論杜威「無力不成事」的觀點[169]：

　　「國際關係有取代武力之道否？」這個問題有非常嚴重的含混性。如果我們不在一開始就把它釐清，就會大大地阻礙我們了解真正的問題的所在。提出這個問題的人，他所指的一定不是力量本身，而是那習以為常、無限制地使用武力來解決國際爭端的作法。然而，這個問題的問法，不但從邏輯的角度來看，已經先預設了答案，而且也嚴重地混淆了發問者的真意。這是因為「取代武力之道」，從措辭來看，它所想尋求的似乎是與武力——不用任何力量——相反的東西。這種取代之道世間

---

169 以下分析的根據，請參見Suh Hu, "Is There a Substitute for Force in International Relations?"《胡適全集》35：189-203。

沒有。

　　我們只須要舉一個例子，就可以說明杜威對胡適的影響有多大。如果我們把以上胡適的這一段話拿來跟杜威在〈力量、暴力與法律〉的一段話相對照，我們就可以發現無論是在字句或論述上，胡適所說的都是杜威的。杜威說：

　　　　除非是我錯了，再不然就是那些嚷嚷著要「用法律來取代武力」的人把他們的語言弄混淆了。語言混淆很可能造成觀念的混淆。人世間唯一能成就任何事物的，就是力量。嚴格來說，想要用法律來取代武力，其不通之處，就好比是想要用把效率都已經計算好了的數學方程式來運轉引擎一樣。毫無疑問地，說那句話的人，心地善良。他們是想要用某種方法來規約武力，才不會像目前的作法一樣造成浪費。然而，字句上的混淆跟思想上的混淆常是息息相關的。許多人對武力這個字，打從心裡就有反感。他們一提到「力的哲學」，就是鄙夷跟憤慨。這有點像如果有一個人，他是工程師，卻又鄙視能量科學一樣的矛盾。[170]

　　無論如何，胡適在用杜威的話語以及思考方式來說明人世間無力不成事的大道理以後，他就在他論文第一節的結論裡說：

　　　　以上所述在於指出下列幾點：一、想要找到一個不用武力的國際政策，無異於緣木求魚；二、即使是所謂的不抵抗主義，其所真正譴責的也不是力量的本身；三、「取代武力之道」只可能意味著取代那最粗惡、最浪費的使用武力之道。

　　等胡適把問題從「取代武力之道」轉變成為「取代最粗惡、最浪費的武力之

---

170 John Dewey, "Force, Violence and Law" *The Middle Works, 1899-1924*, 10.213.

道」以後，他就進入主題了。他的立論還是基於杜威；他的寫作策略，還是出奇制勝，把眾口皆曰是的常理著實給顛覆了：

> 國際關係的問題不在於力之泛濫，而在於力之不行。在這次的大戰裡，我們目睹了人類史上最驚天動地的力的展現。然而，這些驚人的武力的展現有什麼成果？……這些國家還沒有學到如何用武力在國際關係上有所作為。他們只是用浪費最大、收益最低的方式在揮霍他們的力量。

這種浪費、揮霍的原因何在？一言以蔽之，就是蔽於不懂得統合各國的力量：

> 這是因為力量沒有被有效的運用，這是因為力量被浪費掉了。力之所以不行，是因為它是無組織、無紀律、無目標的。在現有的國際關係之下，力量是用來抵抗力量。或者，更確切地說，力量的使用給自己所帶來的，是一大堆反對的力量。其結果是力量的相互抵消；主動與被動雙方都在相互的抵抗與抵消中浪費掉了。

如果在現行的國際關係裡，武力的使用所造成的是衝突、是浪費，解決之道何在呢？胡適說：

> 因此，我們的問題不是一味地去譴責武力，也不是去尋找一個不用武力的取代之道，而是去尋找一個方法，讓力可以行諸國際關係之上，而避免因為濫用而造成自我的力窮與毀滅。解決之道，在於用最經濟、最有效的方法，來把阻力或衝突減到最低。

胡適徵引杜威對法律的詮釋：「法律是能量組織狀況的表現，能量沒有被組織起來，就會互相產生衝突，結果就是暴力，這也就是說，破壞或浪費。」胡適

說杜威所提出來的這個觀念，人類已經懂得把它用來在處理一國的事務上。這同一個理念，胡適說，人類必須懂得也拿來處理國際事務。他說：「我們一定要把每一個國家目前這種獨立、互相衝突的能量，轉化成爲一種有組織的能量，一種訂立了相互的責任與權利的國際組織。」這個國際組織必須要有能仲裁國際紛爭的機制。這也就是說，所有簽署國集體一致用經濟與軍事的方法去制裁違法的國家。這個制裁的機制，胡適說有三個好處：

> 第一、這防止了不必要的重複與浪費。這是讓全世界裁軍不可或缺的條件，因爲這樣就沒有一個國家可以有理由說它必須要有比其他國家更強的軍備。第二、這會把武力的運用減到最低。當大家都了解使用武力的目的，套用一位作家的話來說：當「一切都和盤托出」的時候〔註：這是杜威在〈力量、暴力與法律〉一文裡說的話〕，當違法會受到公共制裁的時候，我們就可以建立一個可靠的架構，來確保人類的文明不會再有突發、週期性的崩盤(breakdown)。第三、把全世界國家的武力結合起來以維持公法與和平的作法，或許還會有促進國際團結與親善的教育功能。至少，這可以使每個國家從目前人爲的障礙和偏見之中解放出來。

在這篇論文的篇末，胡適闡述了他的政治哲學。首先，是他的世界主義的哲學：

> 我們也必須在這種國際思考的演進過程中逐漸地修正我們的民族主義，不再接受「不管對錯，總是我的國家」的思想。我們必須把國家視爲不過是一個人所隸屬的諸多團體裡的一個。同時，用拉斯基(Harold Laski)教授的話來說，國家必須「像教會、種族、或工會一樣，必須要努力地爭取我們對它的忠誠。而且，當衝突出現的時候，個人的抉擇必須是在道德的基礎上。」不再是我的國家要「駕馭萬邦」的思想，我們

必須把國家視爲只是促進其所組成的個人的福祉與自由發展的工具而已。如果這個國際組織能增進國家的安全，不受外侮與征服，則它應該得到每一個愛國的公民的愛戴與擁護。

最後，是胡適的「專家政治」哲學的濫觴：

傳統的政治手腕(statesmanship)──那種應時、循事而隨波逐流的政治手腕──從來就沒有像今天一樣，對這個世界帶來那麼大的破壞與苦痛。人類可以用智慧與機智來策劃、管制國際關係的可能性，也從來就沒有像今天一樣的大。我們要繼續允許我們的政客得過且過(muddle through)，讓自己被「事態的自然發展」(the march of events)拽著走，然後一邊安慰自己說：「到了我們的下一代，就會是太平盛世了」嗎？〔註：這是韋蓮司推薦給胡適讀的約翰・墨理(John Morley)在《論妥協》(*On Compromise*)裡說的一句話，詳第七章〕

胡適的〈國際關係有取代武力之道否？〉是篇傑作。這篇論文得獎的時候，他才二十四歲半！如果有有心人願意把他這篇論文跟杜威的〈力量、暴力與法律〉以及〈力量與制裁〉拿來作細緻的比對，他們就可以很清楚地顯示出胡適是如何技巧、成功地把杜威的論點用到他自己的文章裡。胡適在1940年3月2日寫給杜威的信裡，就指出了他那篇文章特別受到杜威影響的地方：「您會注意到第三、第四部分幾乎完全是根據您在1916年所寫的兩篇文章：〈力量、暴力與法律〉以及〈力量與制裁〉……這兩篇文章出版的時候對我的影響極大。我那篇得獎的文章〈國際關係有取代武力之道否？〉(Is There a Substitute for Force in International Relations? 1916年6月，「國際調解會」特刊)，就是試圖要進一步發展您的論旨。我隨信寄上這篇文章的抽印本，上面印著的是我以前用的名字Suh Hu。我一直不了解您爲什麼擱置了您在1916年寫的這兩篇文章的論點。您不會反對我現在把它們重新提出來吧？(從我這篇得獎的文章，您可以看出來您這兩篇

文章是我的舊愛！）。」[171]

　　胡適說杜威那兩篇1916年的文章是他的「舊愛」。其實，胡適真正要說的，是他自己得獎的那篇〈國際關係有取代武力之道否？〉是他的「舊愛」。一直到1940年代，胡適還常把他這篇二十四歲時候寫的傑作送給人看。他在晚年所作的《口述自傳》裡，還用了很大的篇幅，津津樂道地談了這一段光榮史。

　　也正由於〈國際關係有取代武力之道否？〉是胡適的「舊愛」，這篇文章奠定了胡適一生的政治哲學。它也奠定了胡適一生的國際關係的理念，更是固不待言。從這以後，胡適在國際關係上所秉持的是國際仲裁主義，至死不渝。同樣地，杜威對效率、經濟、規約、管制、人類的智慧的強調，也促使胡適去強調規劃與控制。這也就是胡適「專家政治」哲學的濫觴。當然，這只是濫觴而已。胡適還需要一段醞釀期，才會經由「好人政治」發展出「專家政治」的理論。但這是後話，在此暫表不提。

　　胡適這篇〈國際關係有取代武力之道否？〉其實有他的中文版，那就是他回國以後所作的一篇演講。1918年11月16日，北京大學師生在天安門外舉行慶祝第一次世界大戰協約國勝利的演講大會。胡適在會上作了〈武力解決與解決武力〉的演說。胡適在這篇演講裡說：

　　　　許多愚人還說這一次歐戰的結果，完全是「武力解決」的功效，這是大錯的。我說這一次協商國所以能完全大勝，不是「武力解決」的功效，乃是「解決武力」的功效。「武力解決」是說武力強權，可以解決一切爭端。德國就是打這個主意的。我們中國也有許多人，是打這個主意的。「解決武力」是說武力是極危險的東西，是一切戰爭兵禍的根苗，不可不想出一個怎樣對付武力的辦法。這一次協商國所以能大勝，全靠美國的幫助。美國所以加入戰團，全是因為要尋一個「解決武力」的辦法。協商國因為要得美國的助力，故也同心合意的贊成美大總統

---

[171]　Hu Shih to John Dewey, 1940.03.02 (09620), *The Correspondence of John Dewey, Volume 3: 1940-1953*(光碟版)。

「解決武力」的政策。要不是這個「解決武力」的主意,美國決不加入。美國若不曾加入,協商國決不能得如此之大勝利。

歷史的發展證明了胡適把美國的參戰以及協約國的戰勝說得太簡單化了,也太天眞了。但在這一點上,胡適並不是特例,當時連他的老師杜威都不免。等他開始眞正了解到實驗主義的眞諦以後,也許等他聽到了杜威對威爾遜的批評以後(當時杜威人在中國訪問),他會開始批判威爾遜。比如說,他在〈三論問題與主義〉裡說:

> 威〔爾遜〕總統提出了許多好聽的抽象名詞——人道、民族自決、永久和平、公道正誼等等——受了全世界人的崇拜。他的信徒,比釋迦、耶穌在日多了無數倍,總算「效力非常之大」了。但是他一到了巴黎,遇著了克里蒙梭、魯意喬治、牧野、奧蘭多等等一班大奸雄,他們袖子裡抽出無數現成的具體的方法,貼上「人道」、「民族自決」、「永久和平」的簽條——於是威總統大失敗了,連口都開不得。這就證明主義絕不可不含具體的主張,沒有具體主張的「主義」,必致鬧到擾亂失敗的地位。[172]

回到〈武力解決與解決武力〉這篇文章。胡適說從前也有人想過「解決武力」的方法。一個是增加軍備的方法;胡適在這篇文章裡稱爲:「以毒攻毒的法子。」另一個是不抵抗主義的方法;胡適在這篇文章裡名之爲:「用不回手的法子。」毫無疑問地,胡適還是不贊成「以毒攻毒的法子」。最耐人尋味的是,他現在反對「不回手的法子」的理由:

> 不回手的法子,也是不行的。爲什麼呢?因爲國家對國家,所關係的

---

172 胡適,〈三論問題與主義〉,《胡適全集》1:351。

很大。不但關係自己國內幾千萬人或幾萬萬人的生命財產，還要帶累旁
的國家。如這一次大戰開始時，德國要通過比國去攻法國。比國是極小
的國。若是不回手，就讓德國通過。那時德國立刻就打到巴黎，英國法
國多來不及防備，德國早就完全大勝了。幸而比國抵住一陣子，英法的
兵隊，方才有預備的工夫。只此一件事就可見不回手的法子，不但自己
吃虧，還要連累別人。所以也是不行的。

胡適在這裡的立場，正好跟他在1915年主張不抵抗主義的時候的立場相反。
我們記得他當時認為布魯塞爾決定不以卵擊石，不抵抗德軍是一個智慧的決定。
他當時認為比利時為了英勇的虛名，螳臂當車去擋德軍而殘破，是愚昧的行為。
他甚至在〈莫讓愛國沖昏頭：告留美同學書〉那篇文章裡宣稱：「任何要中國去
蹈比利時覆轍的人，都是中華民族的罪人。」

他在寫〈莫讓愛國沖昏頭〉的時候，特別徵引了查理‧沙羅利所著的《比利
時如何救了歐洲》。他當時的目的是要證明比利時「救了」歐洲，卻無謂地犧牲
了自己。不只是無謂的犧牲，胡適甚至暗指比利時被英、法背叛了，因為比利時
一直以為它會得到英、法及時的支援。三年以後，胡適在〈武力解決與解決武
力〉的立場作了一百八十度的轉彎。比利時還是「救了」歐洲。只是，胡適現在
認為那不是犧牲，而是必須的。因為只有讓「極小國」的比利時犧牲，「英法的
兵隊，方才有預備的工夫。」如果當時比利時「不回手，就讓德國通過」，那比
利時就「不但自己吃虧，還要連累別人」了。

無論如何，胡適在批判了「以毒攻毒」、「不回手」的方法以後，他說第一
次世界大戰給了大家教訓。各國要在巴黎和會的時候，把全世界的國家聯合起
來，組織一個和平大同盟。這個和平大同盟，全世界國家，無論大小強弱，都可
加入；大家公舉一個國際法庭來仲裁爭端；如有不聽國際法庭判決的國家，同盟
國就聯合起來去懲罰它；不通過法庭的仲裁就私自出兵的國家，也有同盟國聯合
用武力去懲罰；武力之外，還有拒絕通商往來的方法。胡適說：「這個辦法，把
各國私有的武力變成了世界公有的武力，就是變成了世界公有的國際警察隊了。

這便是解決武力的辦法。」[173]

　　胡適在服膺絕對的不抵抗主義的時候，大概就是他一生最為激進的時候。他揚棄了絕對的不抵抗主義而轉向到國際仲裁主義，也就意味著他也同時揚棄了他激進的一面，從而在他的思想裡種下了保守的胚芽。我在上文提到了幫他潤飾他得獎論文的艾傑頓。艾傑頓是康乃爾1915級的畢業生，比胡適低一班。胡適在1914年2月9日的《留學日記》裡說：「有友人Wm. F. Edgerton思習漢文，余因授之讀。」[174]那個人就是艾傑頓。艾傑頓一家三兄弟，各個傑出。胡適在1939年5月19日的日記裡稱讚他們一家三兄弟：「長兄Franklin〔富蘭克林〕是Yale〔耶魯〕的梵文教授；次Henry〔亨利〕，是華盛頓特區美國最高法院的副大法官；最幼即Will〔William，威廉〕是〔芝加哥〕的埃及學教授。」[175]幫胡適潤飾論文的就是最小的威廉·艾傑頓。艾傑頓也是一個和平主義者。胡適轉向了，但艾傑頓沒有。胡適在把他得獎的論文寄去給艾傑頓潤飾以前，他寄了杜威的〈力量、暴力與法律〉給艾傑頓看。艾傑頓在回信裡的評語雖然對杜威來說是不正確的，然而對胡適的國際仲裁主義裡的保守成分卻是一語中的。他說：

　　用投資的贏利來養尊處優的人，以及靠勞力或心力來過活的人，這兩個階級之間的鴻溝，只要資本階級存在一天，我認為是不可能彌平的。在今天這種情況之下，用法律來取代勞工鬥爭(industrial warfare)，無異於是把工業界拱手讓給資本家。這是因為資本家控制著國家的機器。例外存在，而且我相信例外的案例會逐漸增加。但是，你聽說過罷工的時候，政府所派去的兵保護的是罷工的工人，讓他們不會被資方所雇的流氓打嗎？這樣的事，我不能鐵定地說我不曾聽說過。即使我聽說過，我也忘了。兩、三年前，科羅拉多州的國民兵把拉德羅(Ludlow)和平罷工者的帳篷聚落摧毀〔1914年4月20日，國民兵用機關槍與縱火的方式攻

173　胡適，〈武力解決與解決武力〉，《胡適全集》21：155-158。
174　《胡適日記全集》，1：283。
175　《胡適日記全集》，7：654。

擊罷工者。有二十個人喪生，包括兩名婦女跟十一名孩童。該礦區是洛克斐勒家族擁有的〕。那是一個極端的例子。然而，再極端，那跟一般派國民兵去罷工區的作法只有程度上的不同，而不是性質上的不同。如果所謂的法律是這樣的法律，我寧可選擇戰爭。

罷工當然是浪費的。但同樣地，資本家的法律也是浪費。我所指的，不是在法庭那種浪費的程序。那當然已經夠糟了，但那只是枝節。我所指的，是資本階級浪費的習性。他們浪費他們的金錢，浪費他們的生命。同時，資本階級控制的國家保護他們浪費的權利。當然，有些資本家是在工作著，他們作到過勞死。但從我的角度看來，他們所作的工作不如不作。因為他們的目的就在積累更多的資本。而且，其結果是劫貧濟富。

那種浪費，我要它結束。結束它的方法，我想不出還有什麼方法會比勞工鬥爭更不浪費的作法。要用法律來終止它，我們就必須先控制法律。我希望而且相信總有一天勞工會控制法律。我衷心贊成所有能讓那天早一點到來的努力。在那個願望實現以前，我同情的是罷工的工人。

你在杜威那篇文章裡劃了線的那句話，我認為就是我們之間的歧見的根源：「一般的和平主義者的作法，就好比像是為了避免在使用街道的時候發生衝突，就叫大家愛大家，而不是去設定使用道路的規則一樣。」你想「設定使用道路的規則。」我但願那是可行的。如果在路上衝突的兩個人都各有一輛篷車，我想那是可行的。問題是，目前只有一輛篷車，而有兩個人爭著要駕駛。一個說要往東；另外一個說要往西。道路使用的規則不可能讓雙方都滿意。這個規則必須由雙方來解決。不管這輛篷車最後是向東還是向西，輸的一方一定會戰。如果政府站在他的敵方，他就會與政府宣戰……

要達成我所期望的目的，我不認為罷工是一個很有效的武器。一方面，罷工必須與政治行動配合；另一方面，罷工要有效，必須要用暴力、產業的破壞、以及流血的方式。我不認為勞工使用暴力是聰明的作

法。這是因為單純的罷工，他們都贏不了資方了，更何況是要動用槍
支。然而，如果罷工發生，暴力永遠是不可能避免的。我不會逃避責
任。暴力是罪孽。然而，那是打擊更大的罪孽的一個有效的武器，是必
然是與罷工如影隨形的。[176]

　　艾傑頓在信上提到拉德羅罷工者的帳篷聚落，那是美國史書上所說的「拉德
羅屠殺案」(Ludlow Massacre)。他用的語言誠然激烈，然而其所反映的，是20世
紀初年美國許多知識分子對勞資糾紛層出不窮的擔憂與憤慨。杜威就是一個最好
的例子。他並不像是艾傑頓所批評的，忽視了錢與權的結合。杜威深知社會上的
不平等是必須用社會的力量去矯正的。他在1916年對「全國教育協會」(National
Education Association)的演講裡說：「我們的學校現在是必須補償社會裡被剝奪
了權益(disinherited)的大眾的時候了。我們要用有自覺的教育，要發揮他們個人
的力量、技藝、能力以及主動權；去補償由於地廣人稀的開國時代已經一去而
不復返、生機日蹙對他們所造成的打擊。如果我們不如此作，權利就很可能會
越來越集中在有錢階級的手上，而且我們也又會回到那知識、藝術文化與經濟
權力之間的近親繁殖。這是財富給人類歷史上每一個文明的詛咒。而這也是我
們開國的元老囿於他們的民主的理想主義，以為我們的國家已經把它斬草除根
了的。」[177]杜威在1917年對「公眾教育協會」(Public Education Association)所做
的演講裡就直接地觸及到勞資鬥爭的問題。他抨擊美國工業界對勞工的控制和教
育是封建式的。他心目中理想的職業教育，是「讓未來的工人知道他們作為民主
社會的公民應有的權利，讓他們了解眼前的經濟鬥爭，只不過是人類爭自由史上
最新的一章。」[178]
　　艾傑頓誠然用辭激烈，然而他所指出來的問題是癥結的所在。社會要勞工守
法，但如果法律是站在資方，勞工要守法，就永遠沒有翻身的一天。這點，胡適

176　Bill [Edgerton] to Suh Hu, July 24, 1916，胡適外文檔案，E-130-2。
177　John Dewey, "Nationalizing Education," *The Middle Works, 1899-1924*, 10.208.
178　John Dewey, "Learning to Earn: The Place of Vocational Education in a Comprehensive
　　　Scheme of Public Education," *The Middle Works, 1899-1924*, 10.148.

不是不知道。他在〈洛克《政府二論》的研究〉那篇學期報告裡就引了洛克的話說：「如果以法律之名而行不義，那還是暴力，還是傷害。受害者就只剩一條路可走，那就是『訴諸於天』，那對洛克來說，就是起義的同義詞。」胡適又說：

> 反對「訴諸於天」論的人說，其流弊是種下了起義頻繁的酵母菌。洛克對這個詰難有三個答案。第一、這個假設跟其他的說法並沒有什麼不同。即使沒有這個可以作爲酵母菌的理論，人們在被戕賊的時候，總會找機會讓自己從那重壓下脫身。其次、人們不會因爲管理一稍微不善就革命。人們總是很有耐性的，他們會一直忍到忍無可忍爲止。第三、人民有權爲了自己的安全而成立一個新政府的理論，其實是革命最好的阻礙，是最能夠阻止其發生的工具。這是因爲如果主政者了解只要他們不負人民的付托，他們就可以安穩於其位，這世界上就很少會有那麼愚蠢的主政者，會去踐踏人民而自取滅亡。[179]

艾傑頓所說的：「用法律來取代勞工鬥爭，無異於是把工業界拱手讓給資本家。」杜威所說的：「眼前的經濟鬥爭，只不過是人類爭自由史上最新的一章。」以及洛克的「訴諸於天」的起義論，都在在地影響了胡適。一直到1940年代初期爲止，胡適一直認爲20世紀的潮流是自由主義與社會主義的匯流。胡適在1926年說：

> 19世紀以來，個人主義的趨勢的流弊漸漸暴白於世了，資本主義之下的苦痛也漸漸明瞭了。遠識的人知道自由競爭的經濟制度不能達到眞正「自由，平等，博愛」的目的。向資本家手裡要求公道的待遇，等於「與虎謀皮」。

---

179 Suh Hu, "A Study of Locke's *Two Treatises on Government*," pp. 9-10, 24-25，胡適外文檔案，E060-012。

　　胡適說：「救濟的方法只有兩條大路：一是國家利用其權力，實行裁制資本家，保障被壓迫的階級；一是被壓迫的階級團結起來，直接抵抗資本階級的壓迫與掠奪。」後者就是俄國走的路：「俄國的勞農階級竟做了全國的專政階級。」前者所走的路，就是洛克所說的，主政者知道人民可以「訴諸於天」。他們於是反其道而行，借勢使力地把「訴諸於天」的理論因勢利導，把它變成了洛克所說的「革命最好的阻礙，最能夠阻止其發生的工具」。於是乎：「各國的『社會立法』」(social legislation)的發達，工廠的視察，工廠衛生的改良，兒童工作與婦女工作的救濟，紅利分配制度的推行，縮短工作時間的實行，工人的保險，合作制之推行，最低工資(minimum wage)的運動，失業的救濟，級進制的(progressive)所得稅與遺產稅的實行。」[180]

　　胡適在讀了杜威1916年那兩篇他的「舊愛」以後，寫了他自己那篇得獎徵文的「舊愛」。此後的二十五年之間，這三篇雙重的「舊愛」就變成了胡適政治思想的基石。他的仲裁主義是建立在杜威所強調的規劃、管理和控制的觀念之上的。就在胡適在增訂、潤飾他那篇得獎的「舊愛」的最後階段，他在《留學日記》寫了一段話。現在，我們可以很肯定地說：他這段話的靈感來源就是杜威那兩篇他的「舊愛」。他在7月20日的日記裡說：

　　　吾國幾十年來的政府，全無主意，全無方針，全無政策，大似船在海洋中，無有羅盤，不知方向，但能隨風漂泊。這種漂泊(drift)，最是大患。一人犯之，終身無成；一國犯之，終歸滅亡……欲免漂泊，須定方針。吾嘗以英文語人云："A bad decision is better than no decision at all." 此話不知可有人說過；譯言：「打個壞主意，勝於沒主意。」今日西方人常提「功效主義」(efficiency)。其實功效主義之第一著手處便是「籌畫打算」……[181]

---

180 胡適，〈我們對於西洋近代文明的態度〉，《胡適全集》3：10-11。
181 《胡適日記全集》，2：368。

　　胡適這個從杜威新悟出來的「主意」、「方針」、「政策」也就是他後來「專家政治」思想的來源。最耐人尋味的是，胡適停留在他1916年的雙重的「舊愛」，杜威自己卻早已經離開了他的原點。我在上文提到胡適1940年3月2日給杜威的信。他問杜威：「我一直不了解您爲什麼擱置了您在1916年寫的這兩篇文章的論點。」胡適會問這個問題的原因，是因爲他在幾個月前寫了一篇慶祝杜威八十壽辰的論文。他的基本立論用的還是杜威1916年的那兩篇文章。杜威回答得很模稜兩可，也很含蓄：

> 你對我從前那兩篇文章的評論，我也很有興趣。只是我必須細加思考，才能回答你我爲什麼沒有繼續發展我當時的觀點的問題。毫無疑問地，那一定又跟「相對」是有關的！1916年（是1916年吧？）的情況〔指大戰當中〕當然會把力量的問題凸顯到最顯著的地位。然而，我可以確定那也不是全部的原因。[182]

　　杜威說得很含蓄。但是在含蓄中，他也透露了眞話。換句話說，他把他1916年那兩篇文章的論點，「束之高閣」，並不純粹只是因爲戰爭已經結束了。第一次世界大戰的經驗對杜威來說是一個不堪回首的失敗的實驗。要詳細分析這個問題，當然是逾越了我們的主題。簡言之，杜威在戰後徹底地修正了他在戰時的立場。他原來是支持美國參戰的，而且也是支持成立國際聯盟的。現在，他覺得美國參戰的作法是不正確、不徹底的。其結果是，所有希望用參戰來達成的理想全部都沒有實現。由於他認爲在當時的政治結構之下，任何民主、和平的理想都不可能實現。他不但反對美國參加國際聯盟，他而且進一步地反對任何戰爭。他要禁絕（outlaw）戰爭。在這種非戰的理念之下，即使武力的制裁也是非法的[183]。換句話說，杜威從1920年代開始秉持著非戰的理念，胡適卻終其一生停留在1916年

182　John Dewey to Hu Shih, 1940.03.06 (09621), *The Correspondence of John Dewey, Volume 3: 1940-1953*（光碟版）。

183　Robert Westbrook, *John Dewey and American Democracy* (Ithaca: Cornell University Press, 1991), pp. 195-274.

時候的的國際仲裁主義，主張在必要的時候用軍事與經濟的力量來作爲制裁的武
器。

　　其實，胡適在1916年的時候就沒有完全地了解杜威的立場，更何況是後來的
杜威呢！他以爲杜威既然主張用最經濟、最有效率的方法來組織、統合力量，他
的國際聯盟的理想，應當像他在晚年所作的《口述自傳》裡所說的一樣，是跟
「強制維持和平聯盟」主張組成國際警衛隊來維持和平的想法是一致的。事實
上，杜威在〈力量、暴力與法律〉裡，已經很清楚地批判了強制維持和平聯盟的
謬誤與盲點：

　　　　組織一個國際的強制維持和平聯盟、成立一個國際警衛隊的想法，是
　　觸及到了實際。然而，力量在社會上要眞正有效，就必須是來自於內在
　　力量的組合，而不是外鑠的。我們國家的人民之所以能利害共享、和平
　　往來，並不是因爲我們開國的元老締造了美利堅聯邦，給予了它一個政
　　府。美國之所以能成立，是因爲利害共享、和平往來的事實已經存在
　　了。毫無疑問地，聯邦的成立更促進了這些所有的向心力。但政府的力
　　量再大，都不可能用外在的力量把商業、往來、統一的傳統和視野強加
　　在那開國的十三州身上。所有這些，都靠它們原來已經存在的聯合與組
　　織。沒有任何一個強制維持和平的聯盟會成功，除非它是建立在已經存
　　在的具體的興趣的基礎上，然後再與之作建設性的調整與配合。[184]

　　胡適與杜威之間思想的異同點，本傳會在接下去的幾部裡隨著胡適思想的成
長、演變而逐次分析。我在此處就只點出胡適和杜威在1916年的分歧點。胡適認
爲透過強制維持和平聯盟或國際聯盟制裁的綱領，「把各國私有的武力變成了世
界公有的武力」以後，世界和平就指日可待了。杜威則認爲凡是沒有透過民主凝
聚起來的民意作爲基礎的「強制」的和平都是緣木求魚的妄想。只有當由下而

184　John Dewey, "Force, Violence and Law," *The Middle Works, 1899-1924*, 10.215.

上、由民主的民意作基礎的和平理念已然成形，世界和平的運動才可能水到渠成。胡適的仲裁主義可以用在國際，也可以施之於國內。他所要制裁的是那些不按牌理出牌的分子。他假定的是「牌理」已經存在，已經得到公認。同時他也假定如果有人不服那「牌理」，大家可以坐下來和平地討論「牌理」的修正。殊不知那「牌理」是誰定的、是誰想維持的、是不是坐下來談的每一個人的談判的籌碼是均等的？就像胡適康乃爾的同學艾傑頓所打的比方，是誰可以駕那輛篷車？當胡適堅持大家按牌理出牌的時候，他下意識地傾向於維持現狀。這也就是胡適思想裡的保守的胚芽。杜威則反是。終其一生，杜威堅持民主是一個倫理、道德的理念。對杜威來說，形式上的民主、自由與平等是毫無意義的。民主必須由下而上，「牌理」是爭來的，必須是由下而上來訂定的，而且必須是與時並進、隨時修正的。

揚棄了絕對不抵抗主義、走入國際仲裁主義的胡適，在民族主義的問題上其實又經歷了一個戲劇性的、拋物線式的轉折。這個轉折先是激進，激進到可以完全揚棄民族主義，激進到胡適願意說：「去無道而就有道」未嘗不可以被詮釋為「去本國之無道」而「迎外國之有道的王師」的地步。然而，這個激進顯然只是在邏輯、論理的層面。很快地，胡適就回到現實主義的(realist)立場，承認當今的世界還是在民族主義思潮的宰制之下，任何政治措施都必須因應這個現實方才可能有效。從某個角度來說，我們可以說揚棄了絕對的不抵抗主義、走入國際仲裁主義的胡適，又退回到了他服膺絕對的不抵抗主義以前的原點，也就是說，以愛國為基礎的世界主義者。

事實上，即使在胡適服膺絕對不抵抗主義的時候，他仍然堅持著自治的原則。比如說，他在1915年2月12日的日記裡，記他讀了2月6日《新共和》雜誌上一篇署名為「支那一友」的作者所寫的文章。這篇文章論遠東的時局，認為「日本之在中國占優勢，未始非中國之福」。他的理由是因為「中國的共和已完全失敗，中國人不適於自治。日本之干涉，可使中國有好的政府。那會是中國之福，

也是列強之福」。胡適說他「讀之大不滿意，作一書駁之」[185]。

胡適在這篇投書裡說：

> 「支那一友」忽略了一個重要事實，那就是我們是生活在一個民族自
> 覺的時代。他忘了即使菲律賓〔當時是美國的殖民地〕，即使美國的統
> 治的確像是「仁政」，都不可能會永遠自甘於此。在20世紀的今天，沒
> 有一個國家可以希望它能和平地統治或干涉它國的內政，不管這種統治
> 或干涉是如何地對後者有利。中國的民族自覺已經終結了滿族的統治，
> 而且也會使他們永遠反對外來的統治或「指導」。[186]

胡適在5月4日的日記，又記錄了他給《綺色佳日報》(*Ithaca Daily News*)主編
的投書。這次投書的誘因是因為綺色佳一位久居日本的傳教士格瑞菲司(W. E.
Griffis)對日本的「二十一條」的看法。格瑞菲司是綺色佳的人，是一個親日派。
根據胡適的投書，格瑞菲司認為美國應該「放手讓日本去引領中國的未來」，他
認為「那是解決兩國爭端最為睿智的一條路」。胡適反對的原因無他，還是民族
自覺。他不否認格瑞菲司對日本有很深的了解，但是他認為格瑞菲司：

> 忽略了一個非常重要的因素。他看不出今天的東方已經不同於他在
> 一、二十年前所看到的東方。在這個民族自覺、種族團結的時代，沒有
> 一個國家能用「引領其未來」的方法去解決它與另一個國家之間的爭
> 端。

胡適在日記裡說他後來收到格瑞菲司的來信，說他只是轉述日本政府的觀
點。他說：「你在報上所讀到的，既不正確，也不是我個人的看法。」胡適加了

---

185 《胡適日記全集》，2：43。
186 《胡適日記全集》，2：57。

一個按語：「似是遁詞。」[187]

　　到了1916年1月，當時胡適已經揚棄了不抵抗主義，而服膺了國際仲裁主義。從韋蓮司給胡適的信看來，他們(可能還包括鄭萊)在那一段時間裡顯然討論了自治與外來統治的問題。或者，用韋蓮司的話來說，尋求一個能超越國家或民族(non national idea)的檢驗標準。韋蓮司說他們還沒有解決這個難題。她在1月14日的信裡說：「當我們要斷定對一個民族來說，什麼樣的發展政策是最好的選擇的時候，如果我們能找出一個對任何民族都適用的共同標準，則這似乎是唯一能使這個超越民族主義(non nationalism)(或者說，世界主義)異於自由開放、真誠的民族主義的地方。」[188]

　　胡適在1月21日從波士頓回紐約以後，他跟韋蓮司當晚見了面。他在22日寫的信裡回答了韋蓮司的問題。這是胡適第一次推翻他到那時為止一直強調的「民族自覺」、「反對外來統治、干涉、指導」的理論。這是他第一次提出他自己所說的異端邪說：

　　　　如果我對妳的觀點的了解是正確的，妳的意思是說：外來統治的問題是在於統治者可能不知道什麼樣的發展政策對被治者是最好的；征服者有可能鑄成的錯誤，是強加諸被征服者他們並不真正需要的，而其結果正適足以斲喪真正能對他們「有益的發展」。這是妳的意思嗎？

　　　　我的推斷如果正確，則我要說那也就是為什麼我在不久以前說民族主義**唯一能成立的理由**，只是因為**從長遠的觀點來看**，屬於一個民族自己的政府最有可能找到最好的發展政策。請注意，我在這裡是說：「從長遠的觀點來看。」然而，我們還有待證明每一個民族**確實**是能知道什麼是對自己最好的。即使我們承認每一個民族**確實**能知道這點，我們還有待證明每一個民族有能力去作到、而且能把這個理想付諸實施、**實現其潛力**。〔然而，〕我們有太多的證據可以來證明每一個民族都有其僵死

---

187 《胡適日記全集》，2：97-99。
188 Clifford Williams to Hu Shih, January 14, 1916, 胡適檔案，E379。

的傳統，那可以阻礙其醒覺、改革的**進取心**、以及發揮其潛力。妳同不同意？

反之，這是非常可能的：一個外國觀察家可能(至少在短期內是如此)**更了解**一個民族所需要、而且迫切所需的是什麼。一個有效率、開明的外來的政府，反而非常有可能替一個衰老、被成見所圍的民族提供它自己不幸所欠缺的進取心和原動力。妳同不同意？

我在這裡所說的真是異端邪說！然而，妳促使我去誠實、不畏縮地去作思考，而這就是其結果！「直搗其邏輯的盡頭」常是很痛苦的一件事。大部分的人寧願走到半途就找個退路。[189]

胡適後來在他的《留學日記》裡，又再次地引申了這個異端邪說。那就是他1917年3月7日的日記：

> 王壬丘〔王闓運，1833-1916〕死矣。十年前曾讀其《湘綺樓箋啓》，中有與子婦書云：
> 「彼〔八國聯軍〕入京師而不能滅我，更何有瓜分之可言？即令瓜分，去無道而就有道，有何不可？」(今不能記其原文，其大旨如此耳。)
> 其時讀之甚憤，以為此老不知愛國，乃作無恥語如此。十年以來，吾之思想亦已變更。今思「去無道而就有道，有何不可？」一語，惟不合今世紀之國家主義耳。平心論之，「去無道而就有道」，本吾國古代賢哲相傳舊旨，吾輩豈可以19世紀歐洲之異論責八十歲之舊學家乎？

換句話說，王闓運「去無道而就有道，有何不可？」是19世紀民族主義興起以前的觀念。我們用19、20世紀民族主義的觀點去批判他，所犯的是時代錯誤的

---

189 Hu Shih to Clifford Williams, January 22, 1916，《胡適全集》28：28-29。請注意，《胡適全集》把這封信誤植為1915年1月22日。

謬誤。事實上，胡適要說的不只如此，他甚至認爲王闓運的這句話其實有走在時代之前的睿智所在；是消解20世紀猖獗的民族主義的一劑消炎良藥。他於是開始申論他半年前給韋蓮司信裡的「異端邪說」：

　　吾嘗謂國家主義(民族的國家主義)但有一個可立之根據，其他皆不足辯也。此惟一之根據爲何？曰：「一民族之自治，終可勝於他民族之治之」一前提而已。譬如我國之排滿主義之所以能成立者，正以滿族二百七十年來之歷史已足證其不能治漢族耳。若去一滿洲，得一袁世凱，未爲彼善於此也。未爲彼善於此，則不以其爲同種而姑容之，此二、三次革命之所以起也。

　　若以袁世凱與威爾遜令人擇之，則人必擇威爾遜。其以威爾遜爲異族而擇袁世凱者，必中民族主義之毒之愚人也。此即「去無道而就有道之意」。

　　所以，胡適覺得他必須向有睿智的王闓運致敬。他說：「吾嘗冤枉王壬秋。今此老已死，故記此則以自贖」。

　　胡適接著解構他自己從前爲民族主義所設的前提，說那只是遁詞：

　　若「一民族之自治，終可勝於他民族之治之」一前提不能成立，則民族主義、國家主義亦不能成立。此問題未可一概而論也。此前提之要點在一「終」字。終也者，今雖未必然，終久必然也。如此立論，駁無可駁，此無窮之遁詞也。

　　民族主義的前提既然只是「遁詞」，則我們必須去尋找另一個前提。胡適於是在威爾遜總統連任的就職演說裡找到了另外一個前提：

　　威爾遜連任演說辭中有云：「政府所享的合理的權力是來自於被治者

的同意；任何其他來源的權力無論在思想、目的或權力上，都不應該得到世界各國的承認。」

此言：「政府之權力生於被治者之承認。」此共和政治之說也，而亦可爲民族主義之前提。如英國之在印度，若印度人不承認之，則革命可也。又如美國多歐人入籍者，今以二百萬之德國人處於美國政府之下。若此二百萬德人承認美國政府，則不革命也。

然被治者將何所據而「承認」與「不承認」乎？若云異族則不認之，同族則認之，是以民族主義爲前提，而又以其斷詞爲民族主義之前提也。此「環中」〔註：循環論證〕之邏輯也。若云當視政治良否，則仍回上文之前提，而終不能決耳。

換句話說，「去無道而就有道」的觀念，如果以民族主義爲前提，則是不相容的。胡適可能自知這個「異端邪說」的顛覆之力，他在《留學日記》裡只點破，不像他在給韋蓮司的信裡，「直搗其邏輯的盡頭。」然而，他還是在日記的結論裡用比擬法來作啓發：

今之挾狹義的國家主義者，往往高談愛國，而不知國之何以當愛；高談民族主義，而不知民族主義究作何解。(甚至有以仇日本之故，而遂愛袁世凱且贊成其帝制運動者。)故記吾所見於此。欲人知民族主義不能單獨成立。若非種皆必當鋤去，則中國今日當爲滿族立國，又當爲蒙藏立國矣。[190]

然而，「直搗其邏輯的盡頭」，說起來容易作起來難。其實早在寫「去無道而就有道，有何不可？」這一則日記的一年以前，胡適早就已經從這個激進的論點撤退。1916年6月底，胡適到俄亥俄州的克里夫蘭開第二次的「國際關係討論

---

[190] 《胡適日記全集》，2：483-485。

會」。胡適和當時在哈佛大學商學院讀工商管理的夏威夷華僑鄭萊一起發表了一篇〈門戶開放〉政策的論文。我們今天可以在《胡適全集》裡看到一篇題名為〈門戶開放政策的戀物癖〉(The Fetish of the Open Door)的英文論文。這篇論文是由「美國聯合基督公會」(Federal Council of the Christ in America)在1916年5月21日發稿的。稿件上只有胡適具名。我不能確定這跟胡適在第二次「國際關係討論會」所發表的論文是不是同一篇，也不能確定這篇是不是胡適跟鄭萊所合寫的。

　　〈門戶開放政策的戀物癖〉是胡適一生中唯一一篇冷眼橫眉批判美國的文章。如果胡適一生當中對美國的中國政策作過徹底的批判，這是唯一的一次。如果我們以這篇文章作為基點，胡適面對美國的中國政策，這是他最激進的高點，也是他的絕響；之後，就是每況愈下。等他在擔任中國駐美大使的時候，他對美國「門戶開放」政策的詮釋，已經是走到了〈門戶開放政策的戀物癖〉這篇文章的反對面。

　　在〈門戶開放政策的戀物癖〉這篇論文裡，胡適開宗明義就作了批判：

　　　　任何一個歷史上政策，一旦把它從其歷史脈絡抽離，就會很快地退化成一個無意義的標語，而失去其真正的價值。〔美國在〕中國的「門戶開放」政策，由於了解的人很少，美國人給於它過高的評價，其結果適足以混淆了遠東真正問題的所在，從而蒙蔽了美國人和中國人的想法，以至於使他們無法從比較有益、比較有建設性的方向去尋求解決的方法。我們應該好好地評估這個〔美國的〕傳統政策，以便讓我們來判定它是否仍然可以作為處理遠東急劇變化的情勢的指導原則。

　　胡適說他要坦誠地指出「門戶開放」政策已經不足以作為一個建設性的中國政策。理由有三：第一、「門戶開放」政策只有經濟的考量；第二、它對中國的獨立與主權的維持只有象徵、消極性的幫助；第三、它完全忽略了中國自身的權益。胡適接著一一分析這三個問題。第一、純粹經濟的考量。胡適說這個經濟的

考量完全是著眼於列強。「門戶開放」政策所顧全的是列強在中國的利益機會均等。胡適引後來出任美國駐華公使的芮恩施(Paul Reinsch)在1900年出版的《國際政治》一書裡所作的觀察:「只要在這些〔勢力〕範圍內,〔列強〕有機會〔均等〕的自由;只要通商口岸開放,而且其數目持續增加,這基本上是符合『門戶開放』政策的條件,即使在事實上中華帝國的管控根本是讓列強所瓜分的。」[191]換句話說,如果「門戶開放」政策的目的只在維持列強在華利益的均等,則中國究竟是在英國或日本的控制之下,根本就只是一個枝節的問題。

其次,「門戶開放」政策對中國主權和獨立的保障只有象徵和消極性的意義。這是因為它只維持現狀。同時,這個現狀的維持端賴於列強在華的均勢。這個均勢之局只要一旦不保,所謂「中國領土與主權」的保障云云,也就成為一張廢紙。胡適舉1902年「英日同盟」的條約為例。該條約中有保障「中華帝國與朝鮮帝國領土完整」〔其實該條約第一條只說「中國與朝鮮的獨立」〕的字句。然而,等到日本在日俄戰爭取得朝鮮的控制權以後,這句「朝鮮的獨立」就在1905年的續約裡給剔除了。

第三、「門戶開放」政策完全忽略了中國自身的權益。胡適說在「門戶開放」政策之下,列強如果尊重中國的獨立與主權以及所有其他國家在商業與工業上利益均等的原則,那完全只是因為那是對列強有利,而不是因為它們考慮到中國的權益。胡適憤慨地說:

　　所有到現在為止的「中國政策」——「門戶開放」政策包括在內——的根本缺陷,就在其完全無視於中國自己的利益與期望。中國問題的解決最終還是要靠中國自己。如果這個世界無法擺脫民族主義的情操,則有心成為強國的中國也應該有權要民族主義。任何拒絕正視這個崛起的民族意識所提出的合理要求的政策,都註定是要失敗的,而這個世界也將為之而付出沉重的代價。

---

191 Paul Reinsch, *World Politics at the End of the Nineteenth Century as Influenced by the Oriental Situation* (New York: The McMillan Company, 1902), p. 184.

　　美國對中國的新政策該如何呢？雖然胡適表面上說這要看美國政治家的智慧，但是他有兩點建議。第一、這個新的中國政策必須以幫助中國建立一個良好、開明的民族主義的政府為方法，來解除所有國際的競爭與爭端；第二、美國的新中國政策必須是一個國際的政策。這也就是說，它必須不只是去關注一個或幾個國家的「特殊利益」，而是要以包括中國在內的整個世界的根本永恆利益為鵠的。這樣的一個政策必須先讓中國強起來。而要達到這個目標，列強就必須作一點犧牲，修正不平等條約，特別是關稅自主權的問題。胡適在這篇論文的結論裡說：「簡言之，不管什麼樣的新的『中國政策』都不足道也，除非它能有助於建立一個中國人有、中國人治、人類的共進所享的新中國。」[192]

　　這個把新的中國政策放在新的國際政策的架構裡的論點，胡適還有一次公開演練的機會。那就是他在1917年1月27日在費城黑沃佛學院校友會晚餐上的演說。胡適在1917年第30則的《留學日記》裡記了這個演說的由來：

　　斐城〔費城〕之演說乃Haverford College Alumni Association〔黑沃佛學院校友會〕年宴所招。此校新校長為前在康南耳之康福先生(William W. Comfort)。此次年宴席後演說者本為美國前總統塔虎脫氏，及康乃爾大學校長休曼氏。休曼校長辭不能來，康福先生薦適代之。適以其為異常優寵，卻之不恭，故往赴之。此次所說為〈美國能如何協助中國之發達〉。稿另有刊本。塔總統所說為〈維持和平同盟會〉〔強制維持和平聯盟〕。[193]

　　胡適這篇〈美國能如何協助中國之發達〉的演說，基本上就是發揮他在〈門戶開放政策的戀物癖〉裡的主旨。由於塔虎脫前總統的演說講的是「強制維持和平聯盟」。那個組織所倡導的不但是胡適已經服膺的國際仲裁主義，而且用的方法又是國際制裁的方法。於是胡適就借勢用力，把它轉借過來發揮他的國際架構

192　Suh Hu, "The Fetish of the Open Door,"《胡適全集》，35：182-188。
193　《胡適日記全集》，2：469。

下的新中國政策的理念。他說，雖然中國的民族主義者認爲中國的自強之道，在於建立一個沒有任何國家或同盟所能擊敗的武力。他個人認爲那是不可能的。他說，即使強大如英國或德國，都不可能單獨對付整個世界。他強調中國問題已經成爲世界的問題，必須用國際的政策來解決。他建議由美國總統出面來召開一個世界性的「中國會議」(China Congress)。他警告說，如果美國不未雨綢繆，等那麼一天到來，等日本在第一次世界大戰結束以後，成爲世界上唯一沒有被大戰削弱的強國，它就會稱雄東亞。他舉日本的二十一條爲例，說明日本在中國的野心終究會造成日本與西方列強的衝突。除了日本在中國的野心以外，他說中國的民族主義日益高漲也會造成問題。他說那一天終於會到來，中國人會再也不能忍受喪權與失地的外侮。他反問說，難道列強希望看到那麼一天到來，等中國跟土耳其一樣，鋌而走險(desperate)，用強力的手段收回利權嗎？還是列強願意用和平的方式自動歸還中國利權？

要未雨綢繆，要避免日本稱雄東亞而導致與西方列強的決裂，要避免中國鋌而走險，胡適認爲最好的方法莫過於他所倡議的「中國會議」。他說：「爲了整個世界的利益、爲了中國的福祉著想，我們應該在不久的將來召開一個國際會議，來坦誠地討論問題，議定出可以被國際認可和接受的解決方法，來讓所有與國去遵守。我衷心希望貴國的政府會爲首促成這個會議。」

胡適說由美國來召開一個「中國會議」不是一個不切實際的想法。實際上美國已經開始在朝這個方向作努力。他說：

　　各位都聽到了今晚的貴賓，「強制維持和平聯盟」的會長，所作的激勵人心的演說。這個正氣凜然的運動，有塔虎脫先生的領導，有貴國偉大的威爾遜總統的支持，這種集結國際的力量來維持和平與公道的作法，會讓中國以及世界上所有其他弱小的國家深受其惠。我深信像中國這樣的國家，不可能生存在一個無政府狀態、各個國家武裝過頭、隨時有可能被侵略羞辱的世界。作爲一個弱國的公民，我由衷恭祝塔虎脫與威爾遜先生所代表的這個運動日益壯大，我更由衷地歡迎威爾遜總統上

星期一〔在參院〕所作的史無前例的宣言：「權力不是各個國家之所獨
享，而必須是建立在世界上所有國家共有的基礎上。」同樣地，我也由
衷地歡迎塔虎脫先生在上星期以及今晚所宣揚的崇高的理想，亦即「強
制維持和平聯盟」有一天會成爲一個國際性的組織，含括世界上所有的
國家。那一天不到，它就不算成功。[194]

　　我在分析胡適與杜威政治思想的異同點的時候，說胡適在政治思想上，終其
一生停留在他1916年的三個「舊愛」——杜威那兩篇文章以及他自己得獎的徵
文。我說仲裁的理論假設「牌理」已經存在。如果有人有異義，大家可以坐下來
討論修改，但不能把「牌理」推翻。仲裁所要制裁的，就是不按牌理出牌者，不
管那「牌理」有多不合理。我說這是胡適政治思想裡的一個保守的胚芽。在胡適
倡議把中國的問題國際化，由美國召開一個「中國會議」來解決的想法之下，這
個保守的胚芽就開始孳萌了。我們記得胡適在1914年9月13日第30則〈波士頓遊
記〉裡說：「是日〔11日〕突厥〔土耳其〕政府宣言：凡自第十世紀以來至今
日，突厥與外國所訂條約，讓與列強在突厥境內的有領事裁判權(extraterritorial
rights)，自十月一日爲始，皆作爲無效。嗟夫！吾讀之，吾不禁面紅耳熱，爲吾
國愧也！嗟夫！孰謂突厥無人！」[195]兩年半以後，土耳其這個當時令他「面紅耳
赤」、「爲吾國愧」的「霹靂手段」，卻已經變成了他所謂的「鋌而走險」、列
強應該未雨綢繆來防患的行徑。等胡適回國多年以後，等他政治思想裡的保守胚
芽更加茁壯以後，這個「鋌而走險」的行徑會又進一步地變成了他日後筆下所叱
責的破壞「國際信用」、智者所不恥的搗亂行爲。胡適的保守面於焉現形。但這
是後話。

194 "Proceedings of the Haverford Alumni Dinner," *Haverford College Bulletin*, XV.5 (March,
　　1917), pp. 36-43.
195 《胡適日記全集》，1：501。

第七章
勵志進德，宗教人類

美國對胡適的影響是全方位的，而且是深遠的。他在上海求學的時候就已經形成的思想、觀念，有些他固然繼續秉持；然而，更多的是揚棄、更新與重組，更不用說是新思想、新觀念的吸收與發揮了。留學美國對胡適的影響不只是在思想的層面。同樣深邃與全面的影響也及於他的為人、處世、眼界與心態。等胡適在美國完成他的學業回國的時候，他彷彿就好像是脫胎換骨了一樣，成為一個不可救藥的樂觀主義者(incurable optimist)。

胡適離開上海的時候，用他自己的話來形容，是一個未老先衰、悲觀的少年郎。胡適說醫好他的未老先衰症的，是美國人樂天達觀的天性。有意味的是，他形容這種樂天的人生觀就像一種良性「菌」一樣。而他那未老先衰症，就是在這種良性菌的「感染」之下自然地痊癒的。胡適的回憶當然有他的真實性。畢竟，他的人生是他自己感受與承受的。然而，胡適從未老先衰到轉變成為一個不可救藥的樂觀主義者，其過程並不真的只是一個彷彿像呼吸一樣自然、不知不覺的「感染」過程。其間有他的掙扎與矛盾，是有跡可尋的。胡適在上海求學時期的修身的焦慮，跟他一起到了美國。然而，基督教的介入使得一切改觀。修身的焦慮，驅使胡適從基督教去尋求心靈的出路。基督教的魔力，加上胡適本身的宗教、聖人情懷，幾乎使他成為一個基督徒。胡適這條基督徒之路雖然中途而廢，它對胡適的影響是深遠的。它不但提供了胡適另外一個更寬廣的視野去處理修身的問題，它而且讓胡適認真地去思索了宗教哲學的問題，包括孔教。我在第五章的分析裡說，胡適在康乃爾大學哲學系跟哲學研究所讀書的時候，總共選修了十四門哲學的課。其中，倫理學的課就占了五門。胡適對倫理學的興趣絕對不是偶

然的，是跟他的修身焦慮與宗教情懷是息息相關的。

　　同樣重要地，留學美國七年的生涯拓展了胡適的視野。美國的種族問題、女性性別意識的覺醒，以及各種政治社會思潮的激盪，都在觸角敏銳、思緒細膩的胡適身上留下了不可磨滅的印記。胡適自詡他能以異鄉人之身全心投入美國的政治社會運動，以至於視綺色佳、甚至美國為第二家鄉。在中國留學生裡，能在政治、社會、文化、思想上以「人或嗤之，以為稚氣，其實我頗以此自豪」[1]的心態融入美國的，胡適是屬於鳳毛麟角的例子。也正由於如此，胡適才能深入美國社會。他所服膺的世界大同主義不是一個抽象的概念。他把它落實在實際的「世界學生會」、以及和平不爭的運動上，也更把它身體力行在種族不分軒輊、和諧相處的日常生活當中。他在性別問題上也能超越當時充斥在美國社會以及中國留學生圈中的男性中心觀。在社會政治思潮上，他能以未雨綢繆、以推己及人之心，去細心思索如何彌補傳統自由主義之缺失的方法。留學的精髓不只在於求得學位，而更在於知識的取得、視野的拓寬、以及氣質的變化。在這方面，胡適堪稱留學生的典範。

勵志修身

　　我在第三章分析胡適在上海求學時期對反躬自省的執著，那是已經到了幾近於宗教式的狂熱的地步。他圈點格言、讀勵志進德的書、在日記裡「三省其身」。這麼一個對修身進德充滿著焦慮感的年輕人，卻又很戲劇性有他那麼一段頹唐的生活。胡適能在1910年考上庚款留美，是一個戲劇性的故事。試想在他考上庚款留美的半年多之前，他還在過著今朝有酒今朝醉的頹唐的生活。他終於在3月下旬，在妓坊裡喝得爛醉，以至於在回家的路上跟巡捕打了架。一直要到他在巡捕房裡睡到天明以後，才知道他闖了什麼禍。那個打擊對他的震撼絕對是無可名狀的。這可以說明為什麼胡適在美國留學七年，居然可以作到滴酒不沾的地

---

1 《胡適日記全集》，2：439。

步。當然，胡適留美期間美國禁酒運動方興未艾，對他戒酒的自律是極有幫助的。美國這個禁酒運動終於導致1919年通過憲法第十八款禁酒的修正案。

從表面上看來，喝酒以及其他日常生活上的嗜好，似乎跟一個人的德行是沒有什麼直接的關係的。然而，人類的宗教以及道德體系，總是傾向於把肉體與靈魂對立起來。肉體與靈魂雖然有著不可分割的關係。然而，也正由於前者爲後者之器，肉體所以常被貶抑成爲靈魂的牢籠、負擔和障礙。肉體上的享樂與嗜好的滿足，常被視爲是與德行的成長成反比的關係。因此，所有的宗教與道德體系都強調「克己」。而克己的第一步，就是視肉體上的享樂以及嗜好的滿足爲個人進德之敵。

胡適留美時期對酒敬謝不敏。他贊成美國的禁酒運動。美國的「婦人戒酒會」〔註：即「基督教婦女禁酒聯合會」（Woman's Christian Temperance Union）〕，他在家信裡形容是：「婦人本不飲酒，此會以提倡禁絕酒業、禁沽、禁釀爲宗旨，其風可敬也。」[2]他在《留學日記》裡還附了兩則他從報紙上摘譯下來的「奇文共賞」，都是跟禁酒有關：

賣酒者與禁酒者的廣告：
Newark〔紐瓦克〕報上登有賣酒業的廣告一則，其文云：「亞歷山大愛喝啤酒。他征服世界時，還不滿三十二歲。他若不喝啤酒，也許成功更早一點。可是誰知道呢？您還是別錯過機會罷。」
隔了一兩天，本地戒酒會把那條廣告重印出來，旁邊加上了一條廣告：
「亞歷山大醉後胡鬧而死，死時只有三十三歲。您還是別冒險罷。」
離婚案：「從一九一二年四月三日，到一九一三年四月三日，芝加哥的家庭關係法庭（Court of Domestic Relations）判決之因遺棄妻子或不能贍養而離婚之案，凡二千四百三十二件。其中百分之四十六是由於丈夫

2　胡適稟母親，1914年7月23日，《胡適全集》，23：64。

飲酒過度。」

　　此一條是本地日報上所登戒酒運動的廣告[3]。

　　胡適留美時期戒酒的成功，已經是到了眾人皆飲我獨不沾的地步。他在1911年10月28日的日記裡說：「夜赴『學生會』，歸赴『世界學生會』Smoker("Smoker"者，無女賓，可以飲酒吸菸，故名。)是夜有諸人演說，侑以酒餅，至夜半始散。余助之行酒，以余不飲酒故也。」[4]他在美國所讀的書，特別是他所喜愛的「社會劇」或「問題劇」(problem plays)，更加深了他戒酒的決心。比如說，他在1914年7月18日的日記裡記：

　　　　上所舉第二書〔《東方未明》(Before Dawn)〕乃現世德國文學泰斗赫僕特滿(Gerhart Hauptmann, 1862-1946)最初所著社會劇。赫氏前年得諾貝爾獎金，推為世界文學鉅子。此劇《東方未明》，意在戒飲酒也。德國人嗜飲，流毒極烈，赫氏故諷之。全書極動人，寫田野富人家庭之齷齪，栩栩欲活，劇中主人Loth and Helen尤有生氣。此書可與伊卜生〔易卜生〕社會劇相伯仲，較白理而(Eugène Brieux, 1858-1932)所作殆勝之。[5]

　　戒酒只是胡適整個勵志修身的功課裡的一環。延續他在上海讀書的時候對修身的執著，他在1911年8月13日的日記裡說：「演說會第四次會，余演說『克己』」[6]這個演說會是該年暑假期間他在康乃爾中國留學生當中所發起組織的。9月29日，他還去聽了康乃爾大學病理學教授的生理衛生的演講：「下午往聽Dr. [V. A.] Moore〔穆爾〕演說『青年衛生』，注重花柳病，甚動人。」[7]1915年5月

3　《胡適日記全集》，1：302-303。
4　《胡適日記全集》，1：190。
5　《胡適日記全集》，1：409-410。
6　《胡適日記全集》，1：171。
7　《胡適日記全集》，1：200。

29日他還去買了艾克斯納(M. J. Exner)所著的《男人理性的性生活》(*The Rational Sex Life for Men*)。這本書現藏於北京大學圖書館，有胡適在扉頁上的簽名與購買日期。

　　胡適在美國，而且終其一生，一直沒能成功戒掉的，就是抽菸的習慣。當然，我們都知道吸菸草是會上癮的，不是說戒就能戒的。更何況當時美國不但吸菸普遍，而且吸菸與男子氣(masculinity)之間的關係儼然像是紅花襯綠葉一樣。他在1911年2月5日的《留學日記》裡說：「今日起戒吸紙菸。劉千里以電話邀打牌。」[8]有趣的是，他在立志戒菸的同時，卻接受邀約打牌。8月6日：「自今日起不吸菸矣。余初吸最賤之菸捲，繼復吸最貴之菸捲，後又吸菸草，今日始立誓絕之。」[9]然而，即使打牌也是他不能接受的。因此，他在9月6日的日記裡說：「昨日與金濤君相戒不復打牌。」[10]

　　胡適很在意自己戒菸屢戒屢敗。對他而言，戒菸的失敗，反映了他意志的不堅。他在1912年10月24日的日記裡說：

> 　　自警曰：胡適！汝在北田對胡君宣明作何語？汝忘之耶？汝許胡君此後決不吸紙菸。今幾何時，而狙負約耶？故人雖不在汝側，然汝將何以對故人？故人信汝為男子，守信誓，汝乃自欺耶？汝自信為志為學者且能高談性理道德之學，而言不顧行如是，汝尚有何面目見天下士耶？自今以往，誓不再吸菸。又恐日久力懈也，誌之以自警。

　　他還特別錄下了兩句英文的警句來勉勵自己：「唯一能避免不再後悔當初，就是不讓它有發生的機會。」(吉卜林)；「對人或對國家，有那抉擇的片刻。真理與謬誤的對決，善與惡之間你會選何者？」(婁沃，James Lowell, 1819–1891)。他反問自己要作一個大丈夫，還是一個懦夫：

8　《胡適日記全集》，1：117。
9　《胡適日記全集》，1：170。
10　《胡適日記全集》，1：177。

　　不知其過而不改，猶可言也。知而不改，此懦夫之行，丈夫之大恥。
　　人即不知，汝獨不内愧於心乎？汝乃自認爲懦夫耶？知過而不能改者，
　　天下最可恥之懦夫也。虧體辱親，莫大於是矣。[11]

　　一直到1914年，當時他已經留美四年了，他仍然還在爲戒菸而奮鬥著。他在
1月24日的日記裡，錄下了一段「世界學生聯合會」秘書洛克納勸戒他不要再吸
菸的信：

　　我非常爲你擔心，因爲愛奧華城(Iowa)的弟兄們告訴我說你健康的情
　　形很糟。老兄，你抽菸還是抽得那麼凶嗎？去年夏天我很嚴肅地對你
　　說，你那樣一根接一根地抽菸是不好的。不抽菸的我認爲你還是不抽菸
　　的好。請不要以爲我是在跟你説教或是想指使你。事實上，我很少跟一
　　個外國朋友有像跟你一樣那麼親密的關係。我是眞心，一點都不是在哄
　　你，相信你是一個少有的天才。我認爲你要爲社會好好地保全你的才
　　智。爲了這個理由，你一定要留心保持健康。如果你身體不好不是因爲
　　抽菸，那就去找出原因把它醫好。[12]

　　在當年的7月18日的日記裡，他仍然痛心疾首地反求諸己爲什麼他就是戒不
了菸。他甚至引了赫僕特滿劇作裡的一句話來作格言以自勉：

　　吾年來志力之薄弱極矣，即戒紙菸一事，屢戒屢復爲之，眞是懦夫無
　　志之爲！吾去國以來，雖滴酒不入，然紙菸之惡影響仍不少。赫氏之書
　　曰："I am absolutely determined to transmit undiminished to my posterity
　　this heritage which is mine." (Before Dawn, Act I, p. 52)
　　記此爲座右之銘。自今日始，決不再吸紙菸或菸斗之類。今日之言，

11　《胡適日記全集》，1：209-210。
12　《胡適日記全集》，1：261。

墨在紙上，不可漫滅，吾不得自欺。

　　他在同一天的日記裡又加了幾句話，一方面把他引的赫僕特滿那句話翻成中文，另一方面，再加上自己的註解：「上所引赫氏之言，可譯爲：『吾今誓欲將吾所受於先人者，絲毫無虧損，留與吾之子孫。』此說今人謂之『種性遺傳』，其實即中國古哲人『全受全歸』之說加之以科學的根據而已耳。」[13]
　　胡適本人已經有這個「全受全歸」的觀念，要把自己受之於父母的身體的全部，毫無虧損地傳給子孫。然而，等他看了白理而的《梅毒》一劇以後，他才完全了然花柳病的影響可以擴及整個社會，以至於亡國滅種。這對他震撼極大。他1914年2月3日的日記裡，記錄了他去看這齣戲的感想：

　　　此間戲園〔Lyceum Theatre〕演法國名劇家白理而的《梅毒》（Damaged Goods）……余與叔永、仲藩同往觀之。此爲近日社會名劇之一，以花柳病爲題，寫此病之遺毒及於社會家庭之影響，爲一最不易措手之題。而著者以極委婉之筆，曲折達之。全劇無一淫褻語，而於此病之大害一一寫出，令人觀之，驚心動魄，眞佳作也……伊卜生〔易卜生〕（Ibsen）之《鬼》劇（Ghosts）亦論此事，惟不如此劇之明白。伊氏作《鬼》劇時（一八八一），花柳病學尚未大明，其攻之者，猶以爲花柳之病，流毒僅及其身及其子孫而已。三十年來，醫學大進，始知花柳之毒傳染之烈而易，不獨爲一家絕嗣滅宗之源，乃足爲滅國弱種之毒。白理而氏（Brieux）此劇，蓋得法國花柳病學鉅子之助力，其言不獨根據學理，又切中時勢，宜其更動人也。[14]

　　無怪乎胡適會想要奮起而提倡禁嫖的觀念。一方面，他用這個禁嫖的觀念來自懺，懺悔他從前在上海的時候有過叫局吃酒的日子；另一方面，他要喚醒中國

13　《胡適日記全集》，1：412-413。
14　《胡適日記全集》，1：279-281。

人，不要再像傳統的文人雅士，把嫖妓視爲風流雅事，而必須要學習美國人，把嫖妓視爲社會之惡，要鏟而快之。他在1914年6月30日的日記裡說：

> 又念及狎邪(嫖)一事，此邦上流人士視爲大惡，方競思善策禁遏之。
> 雖不能絕，而中上社會皆知以此爲大惡(vice)。其犯此者，社會爭不之
> 齒，亦無敢公然爲之者。余謂即此一端，此邦道德，高出吾國遠矣。吾
> 國人士從不知以狎邪爲大惡。其上焉者，視之爲風流雅事，著之詩歌小
> 說。輕薄文士，至發行報章(小報)，專爲妓女作記室〔事？〕登告白。
> 其下者，視之爲應酬不可免之事，以爲逢場作戲，無傷道德。妓院女
> 閭，遂成宴客之場，議政之所。夫知此爲大惡，知犯此爲大恥，則他日
> 終有絕跡之一日也；若上下爭爲之，而毫不以爲惡，不以爲恥，則眞不
> 可爲矣。何也？以此種道德之觀念已斲喪淨盡，羞惡之心無由發生故
> 也。今日急務，在於一種新道德，須先造成一種新興論，令人人皆知皮
> 肉生涯爲人類大恥，令人人皆知女子墮落爲天下最可憐之事，令人人皆
> 知賣良爲娼爲人道大罪，令人人皆知狎妓爲人道大惡，爲社會大罪，則
> 吾數千年文教之國，猶有自贖之一日也。吾在上海時，亦嘗叫局吃酒，
> 彼時亦不知恥也。今誓不復爲，並誓提倡禁嫖之論，以自懺悔，以自贖
> 罪，記此以記吾悔。[15]

胡適在留美時期給自己所立下的許多戒律，他回到中國以後都破了戒。他立誓「提倡禁嫖之論」，當然沒有執行。1922年6月25日，他去北京新建的大森里堂子區去拜訪當時住在一家妓院裡的哈佛大學畢業的唐鉞[16]。10月13日，他在濟南開第八屆全國教育會聯合會。當晚，他人都已經睏到理髮的時候睡著了，連洗頭的時候，都還要理髮師用冷水澆頭弄醒自己的地步。過後，他還「到濟源里去

15 《胡適日記全集》，1：344-345。
16 《胡適日記全集》，3：647。

看看濟南的窯子是個什麼樣子。」[17]1925年9月底10月初他到武漢去作演講的時候，又跟朋友去逛了兩家窯子，還發表了奇論，說：「娼妓中人閱歷較深刻，從痛苦憂患中出來，往往more capable of real romance〔比較能動真情〕，過於那些生長地安樂之中的女子。」[18]1926年2月初，他在留美時候認得的和平主義的戰友葛內特(Lewis Gannett)被《國家》雜誌派到中國觀察採訪。當時住在上海的胡適帶他去楊蘭春、桂姮兩妓家。胡適以為他是讓葛內特開開眼界，「看看中國情形」。驚異莫名的葛內特過後從北京寫了一封長信來勸戒胡適。葛內特說上海是一個「蛇鼠之窟」(pest-hole)。胡適在那裡是在虛擲生命，必須馬上離開。他說上天給中國的一個懲罰，是年輕人上巔峰快，然後就一路往下滑。他說胡適是已經到了一個峰頭，但還不是他的巔峰。他勸胡適「要嚴肅地作個人，認真地作番事業。」覺得愧對舊友的胡適，特別把葛內特的信附在日記裡，「以記吾過，並記吾悔。」[19]

　　胡適在回到中國以後誠然破了許多他在留美時期所立下的戒律。這與其說是反映了他在修身進德方面的倒退，不如說更是反映了文化規範個人行為的力量。從這個角度來說，胡適在美國留學的時候，能不只推崇而且身體力行美國社會文化的行為規範；回到中國以後，又能優遊自得地回歸依循中國社會文化的行為規範。這就是胡適處世圓通高明的所在。就以喝酒為例，像胡適這樣一位知名的思想界領袖，一定是所有飯局、集會所爭相邀請的對象。在這種場合裡，喝酒一定是不可免的。江冬秀當然是不喜歡胡適喝太多的酒。江冬秀的機智與堅毅，最痛快淋漓地展現在她與胡適一群愛喝酒的朋友的一場鬥智角力賽之上。那個場合是發生在胡適四十歲的壽辰。胡適一群愛喝酒的朋友，包括錢玄同、魏建功等人用優質的高麗紙寫了一篇由魏建功作文、錢玄同書寫的〈胡適之壽酒米糧庫〉壽辭（當時胡適住米糧庫4號）。他們知道江冬秀不要胡適喝酒，所以特別在壽辭裡寫進這幾句話：「好比鄉下老太婆唸佛持齋，逢了喜慶，親友來給他開了齋，好飽

17　《胡適日記全集》，3：864。
18　《胡適日記全集》，4：314-315。
19　《胡適日記全集》，4：351-353。

餐肉味一樣。」沒想到道高一尺，魔高一丈。江冬秀料事如神，早就有備而來。錢玄同在日記裡說：「胡夫人贈以戒指與適之，刻『止酒』二字。吃得半中晦時，他受戒了。我過去看看，被胡夫人推爲『證戒人』。」[20]把那將胡適比爲唸佛持齋的老太婆，要他開戒，讓他跟哥兒們好好喝幾杯壽酒的起鬨人，在酒都還沒開封，就被抓去當「止酒戒」的「證戒人」，江冬秀眞可謂「魔高一尺，道高一丈」！

這枚「止酒」的戒指當然沒能阻止胡適繼續喝酒。然而，每當他不想喝的時候，就可以把它祭出來作爲擋箭牌。比如說，1931年1月27日他人在青島大學訪問。作主人的一群因爲鬱悶，大喝大醉，胡適於是祭出了他的「止酒」戒指，居然可以滴口不沾：「到順興樓吃飯。青大諸友多感寂寞，無事可消遣，便多喝酒。連日在順興樓，他們都喝很多的酒。今午吃酒尤不宜，故醉倒了李錦璋、鄧仲純、陳季超三人，錦璋甚至跪在地上不起來。我的戒酒戒指到了青島才有大用處，居然可以一點不喝。」[21]

胡適在回到中國以後雖然是回歸到一個在自律上比較不那麼嚴苛的社會文化規範模式，但是他對他品格上的修行(discipline of the character)卻絲毫沒有放鬆。那種流露於他早年日記裡在修身進德上的焦慮，從他留學晚期開始，已經蛻變成爲品格鍛鍊的追求。他1915年2月18日的《留學日記》，就是一個最典型的例子：

> 曾子曰：「士不可以不弘毅：任重而道遠。仁以爲己任，不亦重乎？死而後已，不亦遠乎？」此何等氣象，何等之魄力！任重道遠，不可不早爲之計：第一、須有健全之身體；第二、須有不撓不屈之精神；第三、須有博大高深之學問。日月逝矣，三者一無所成，何以對日月？何以對吾身？

20　楊天石，〈錢玄同與胡適〉，李又寧編，《胡適與他的朋友》(紐約：天外出版社，1990)，頁188-189。
21　《胡適日記全集》，6：474。

　　吾近來省察工夫全在消極一方面，未有積極工夫。今爲積極之進行次

序曰：

　　第一、衛生：每日七時起；每夜十一時必就寢；晨起作操半時。

　　第二、進德：表裡一致──不自欺；言行一致──不欺人；對己與接

　　　　物一致──恕；今昔一致──恆。

　　第三、勤學：每日至少讀六時之書。讀書以哲學爲中堅，而以政治、

　　　　宗教、文學、科學輔焉。主客既明，輕重自別。毋反客爲主，

　　　　須擒賊擒王。讀書隨手作記。[22]

　　品格的鍛煉自然包括了對肉體的享樂和嗜好的滿足的自律。然而，品格的鍛鍊是一種更寬廣的進德功夫。用胡適的話來說，是一種「積極」的功夫。這種積極的進德的功夫，就是我在英文版的〈男性與自我的扮相：胡適的愛情、軀體與隱私觀〉一文裡所說的：代表了胡適在進德觀念上一個根本的改變。從此以後，「修身進德不再像是先前的作法一樣，只是等嗜欲的恣縱（self-indulgence）發生以後，才被動地去律己，而是要積極地砥礪自己的品格以爲社會所用。」[23]換句話說，從胡適這個積極、寬廣的砥礪品格爲主軸的進德觀念看去，「私」領域與「公」領域之間的界域並不是涇渭分明的，而其實是有交集的存在的。而這也就是他在這則日記裡所說的「表裡一致」、「言行一致」與「對己與接物一致」的意思。胡適在這裡所謂的一致，就是指私領域與公領域的行爲，是息息相關、有其共同的模式可循的。私領域裡的行爲，包括婚姻與愛情，與公領域裡的行爲，從待人接物、政治參與到國際關係，都必須遵循同樣一個行爲的準則，那就是：理性、法治、井然有序。胡適這個對自我的品格「表裡」、「言行」一致的期許，又和他所私自期許的男性觀是不可分割的。

　　胡適的男性觀以及他對婚姻與愛情的處理方式，我已經在別處分析過了，在

22　《胡適日記全集》，2：49-50。

23　請參閱拙著"Performing Masculinity and the Self: Love, Body, and Privacy in Hu Shi" *The Journal of Asian Studies* (May, 2004), p. 319.

此不再贅述[24]。有關胡適所領首的公領域的行為，請看本傳的第二部。在結束本節的分析以前，且讓我舉兩個我在《星星‧月亮‧太陽——胡適的情感世界》所用的例子來說明胡適公、私兩領域互滲、相映的觀念。1916年，美國總統威爾遜競選連任的時候，很多美國人不願意投他的票。他們的理由是，威爾遜總統在原配過世不到一年以後就再婚。胡適批評這種思想是狹陋的清教徒主義。他在11月18日的日記裡說：

> 余非謂政治公僕不當重私德也。私德亦自有別。如貪贓是私德上亦是公德上之罪惡，國人所當疾視者也。又如休棄貧賤之妻，而娶富貴之女以求幸進，此關於私德亦關於公德者也，國人鄙之可也。至於妻死再娶之遲早，則非他人所當問也。[25]

這段引文最值得注意的地方，是胡適認為「休棄貧賤之妻，而娶富貴之女以求幸進，此關於私德亦關於公德者也」。換句話說，胡適把他對婚約的信守當成公德的一部分。他1915年10月3日的家信，澄清他已經在美國另行娶妻的謠言，他說：「兒若別娶，於法律上為罪人，於社會上為敗類，兒將來之事業、名譽，豈不掃地以盡乎？此雖下愚所不為，而謂兒為之乎？」[26]對胡適而言，如果他不信守他與江冬秀的婚姻，就如同「休棄貧賤之妻，而娶富貴之女以求幸進」一樣，其私德之劣，已害及公德，「國人鄙之可也」。

24 請參閱拙著"Performing Masculinity and the Self: Love, Body, and Privacy in Hu Shi" *The Journal of Asian Studies* (May, 2004), pp. 322-329；以及《星星‧月亮‧太陽——胡適的情感世界》，頁71-87。
25 《胡適日記全集》，2：445；請參閱拙著，《星星‧月亮‧太陽——胡適的情感世界》，頁81-82。
26 胡適稟母親，1915年10月3日，《胡適全集》，23：91-92。

宗教情懷與基督教

初抵美國的胡適，是一個未老先衰、悲觀、充滿修身進德的焦慮的年輕人。不只如此，我們甚至可以說，胡適的修身焦慮是具有宗教的色彩的。就是在這種心境之下，胡適在1911年的夏天幾乎成為基督徒。換句話說，沒有他這個宗教色彩的修身的焦慮，就不會有胡適在留美初期幾乎成為基督教的故事。用胡適自己在1931年出版的英文自傳《當代名人哲理》(*Living Philosophies*)〈胡適篇〉裡的話來說：「在我意氣消沉的那些時日裡，我對基督教產生了很大的興趣，幾乎看完了整本《聖經》。」[27]我們更可以進一步大膽地作一個假設，那就是說，胡適因為有著修身的焦慮，因為悲觀而幾乎成為基督徒。他雖然最終沒有成為一個基督徒，然而，這個宗教的經驗不但使他擺脫了修身的焦慮，而且使他產生了「作聖」的抱負。我們記得胡適初入塾讀書，讀他父親所編的〈學為人詩〉。其中有一句是：「以學為人，以期作聖。」如果胡適一生曾經有過「以期作聖」的抱負，也就是在他差一點變成基督徒以後的幾年之間。

總之，1911年康乃爾大學春季班的期末考在6月10日結束。13日，胡適第一次離開綺色佳去參加「北美中國基督徒留學生協會」(the Chinese Students' Christian Association of North America)所舉辦的夏令營：「出門旅行第一次，遊Pocono Pines〔賓州的字可諾松林城〕。十二時廿五分車行，下午五時半到。自lthaca〔綺色佳〕至此，計百四十七英里。『中國基督教學生會』在此開夏令會，明日起至十九日止。今日華人到者十三人(到會者不全是基督徒)。」[28]

「北美中國基督徒留學生協會」是在1909年成立的。在組織的隸屬關係以及經費的來源方面，「北美中國基督徒留學生協會」是依附於「北美基督教青年會」之下。作為留美中國學生的組織而言，其組織架構可以媲美「全美中國學生聯合會」。它不但也有美東、中西部、美西三個地區的部門，它而且也定期出版

27　胡適，"Essay in Living Philosophies,"《胡適全集》，36：515。
28　《胡適日記全集》，1：152。

刊物,早期稱之爲《留美青年》一年出四期。1918年以後,改名爲《留美中國基督教月刊》(*The Chinese Students' Christian Journal*),在學期當中以月刊的形式出版。兩年以後再改名爲《基督中國》(*Christian China*)。同時,像「全美中國學生聯合會」一樣,「北美中國基督徒留學生協會」也舉辦夏令營。賓州的字可諾松林城、麻省的北田(Northfield),都經常是「北美中國基督徒留學生協會」在美東所選擇的夏令營營地。其實,「北美中國基督徒留學生協會」爲中國留學生所舉辦的夏令營,其所用的營地就是「北美基督教青年會」的營地。而且,舉辦的時間也多半是在「北美基督教青年會」的夏令營之前。因此,中國留學生可以在參加完了「北美中國基督徒留學生協會」的夏令營以後,再由「北美基督教青年會」招待,參加幾天後者所舉辦的夏令營。事實上,胡適在1911年6月到賓州的字可諾松林城,就是先參加「北美中國基督徒留學生協會」的夏令營,然後再留下來參加「北美基督教青年會」頭幾天的夏令營。

「北美中國基督徒留學生協會」所舉辦的夏令營,會去參加的大多數是基督徒。然而,每年都會吸引一些非基督徒去參加。一方面,因爲有「北美基督教青年會」的補貼,參加這個夏令營的費用並不高。另一方面,夏令營所在地都是風景優美的地方,留學生可以乘此機會消暑又攬勝,一舉兩得,何樂不爲呢!胡適不是基督徒,他爲什麼在1911年去賓州的字可諾松林城參加這個夏令營呢?他在6月17日寫給章希呂的信上作了說明:「〔程〕樂亭之噩耗,已於〔許〕怡蓀書中知之。自是以後,日益無聊。又兼課畢,終日無事。每一靜坐,輒念人生如是,亦復何樂?此次出門,大半爲此,蓋欲借彼中宗教之力,稍殺吾悲耳。」

胡適寫給章希呂這封信是17日晚上寫的。當時美國的郵政服務好得驚人。當天,他在夏令營所在地收到了從綺色佳轉來的章希呂給他的信。夏令營已經進行到第四天了。胡適的變化已經開始。他在回信上說:「適連日聆諸名人演說,又觀舊日友人受耶教感化,其變化氣質之功,眞令人可驚。適亦有奉行耶氏之意,現尚未能眞心奉行,惟日讀Bible〔《聖經》〕,冀有所得耳。」[29]

29 胡適致章希呂,1911年6月17日,《胡適全集》,23:31。

　　夏令營的第五天，6月18日，是關鍵。當晚，胡適在聚會的時候起立表白他
願意成爲基督徒。他在當天的日記裡記其經過：

　　第五日：討論會，題爲「祖先崇拜」（ancestral worship）。經課。
Father Hutchington〔哈慶頓牧師〕說教，講〈馬太福音〉第二十章一至
十六節，極明白動人。下午〔陳〕紹唐爲余陳說耶穌大義約三時之久，
余大爲所動。自今日爲始，余爲耶穌信徒矣。是夜Mr. Mercer〔墨舍先
生〕演說其一身所歷，甚動人，余爲墮淚。聽眾亦皆墮淚。會終有七人
起立自願爲耶穌信徒，其一人即我也。[30]

　　陳紹唐是胡適幾乎成爲基督徒的原因之一。胡適在三天以後給許怡蓀的信上
作了解釋：

　　方弟入中國公學時，有同學陳紹唐君(廣西人)與弟同班。一年之後，
此君忽然入守眞堂專讀英文，後遂受洗爲耶教徒。他於前年來美。今於
此相見。其人之言行，眞如程、朱學者，令人望而敬愛。其人信道之
篤，眞令人可驚。然其人之學問見識非不如吾輩也。此可見宗教之能變
化氣質矣。

　　基督教有如此驚人的變化氣質的功效，使他從前的同學陳紹唐能「如程、朱
學者，令人望而敬愛」。這是從修身進德、從智性上感動了胡適。當晚，墨舍所
作的見證，則是從情感上征服了胡適：

　　昨日之夜，有Mercer〔墨舍〕者，爲Mott〔John Mott, 1865-1955，穆
德，基督教青年會領袖，1946年諾貝爾和平獎得主〕之副。其人自言在

30　《胡適日記全集》，1：153。

大學時染有種種惡習(美國大學學生之風俗有時眞如地獄)，無所不爲。其父遂摒棄之，逐之於外。後此人流落四方，貧不能自活，遂自投於河。適爲水上巡警所救，得不死，而送之於一善堂。堂中人勸令奉耶教。從此此人大悔前行，遂力行善以自贖。數年之後，一日有會集，此君偶自述其一生所歷，有一報紙爲揭登其詞。其父於千里之外偶閱是報，知爲其子，遂自往覓之。既至，知其果能改行，遂爲父子如初。此君現卒成善士，知名於時。此君之父爲甚富之律師，其戚即美國前任總統也。此君幼時育於白宮(總統之宮)，則所受教育不言可知。而卒至於此，一旦以宗教之力，乃舉一切教育所不能助，財產所不能助，家世所不能助，友朋所不能助，貧窮所不能助之惡德而一掃空之，此其功力豈可言喻！方此君述其父再見其子時，抱之於懷而呼曰："My boy, My boy..."〔我的孩子，我的孩子……〕予爲墮淚，聽眾亦無不墮淚。會終有七人(此是中國學生會會員，大抵皆教中人，惟八九人未爲教徒耳)起立，自言願爲耶教信徒，其一人即我也。[31]

值得指出的是，穆德是美國19世紀末基督教復興(revivalist)運動，以及「學生志願宣教運動」(Student Volunteer Movement)一個主要的領導人物。其宣教方式是狂熱的，其目標是「在這一世代內將福音傳遍全世界」。胡適後來把他當時給章希呂和許怡蓀的這兩封信都附在他的《留學日記》裡。1919年10月他還附了一個「追記」：「此書所云『遂爲耶氏之徒』一層，後竟不成事實。然此書所記他們用『感情的』手段來捉人，實是眞情。後來我細想此事，深恨其玩這種『把戲』，故起一種反動。」[32]可惜的是，胡適在這段「追記」裡只說：「後竟不成事實。」我們不知道他所說的「後」是後到什麼時候。然而，可以確定的是，胡適所謂他「起一種反動」，是相當一段時間以後的事，因爲他不但在1912年又再次去參加了「北美中國基督徒留學生協會」在麻省的北田所辦的夏令營，而且從

31　胡適致許怡蓀，1911年6月21日，《胡適全集》，23：33。
32　《胡適日記全集》，1：157。

他的《留學日記》裡，我們知道他至少在往後一年半的時間裡，固定參加查經班、讀《聖經》、而且去聽禮拜。

很多人都不知道，胡適是一個具有宗教情懷的人。他在賓州孛可諾松林城這個夏令營的宗教經驗，用他在四年以後形容給韋蓮司的話來說，是「我第一次的宗教的感應(religious emotions)」[33]。胡適在6月23日離開賓州的孛可諾松林城的夏令營。途中在水牛城(Buffalo)過夜。第二天，遊尼加拉大瀑布。最後在24日夜十點回到綺色佳。休息幾天以後，胡適就自己開始每天讀《新約聖經》，從〈馬太福音〉開始。那天是6月30日，他讀了〈馬太福音〉的第一到第五章。7月2日當天，他又有了一次「宗教的感應」。當天，他讀了〈馬太福音〉的第八章跟第九章。當他讀到第九章36到38節的經文時，他感動到淚流滿面：

> 袖〔耶穌〕看見許多的人，就憐憫他們；因為他們困苦流離，如同羊沒有牧人一般。於是對門徒說：要收的莊稼多，作工的人少。所以，你們當求莊稼的主打發工人出去收他的莊稼。

胡適這一次「宗教的感應」，他在1936年1月9日給周作人的信上作了描述：「少年時初次讀《新約》，見耶穌在山上看見人多，嘆息道：『收成是很多的，可惜工作的人太少了！』我讀此語，不覺淚流滿面。至今時時不能忘此一段經驗。」[34]這個回憶，胡適在1957年10月15日也跟陳之藩在信上提起，並把它跟孔子的精神聯繫起來：「我二十歲時初次讀《新約》，到耶穌在山上〔註：其實當時耶穌已經下山了〕，看見大眾前來，他大感動，說：『收成是豐盛的，可惜作工的人太少了。』我不覺掉下淚來。那時我想起《論語》裡：『士不可不弘毅，任重而道遠』那一段話，和〈馬太福音〉此段的精神相似。」[35]同樣的回憶，他後來也跟胡頌平說過：「《聖經》上有句話：『收成是好的，收成是很多的，可

33　Hu Shih to Clifford Williams, December 21, 1915，《胡適全集》，40：145。
34　胡適致周作人，1936年1月9日，《胡適全集》，24：285。
35　胡適致陳之藩，1957年10月15日，《胡適全集》，26：120-121。

惜做工的人太少了。』我二十多歲初讀到這幾句話的時候，感動得落淚；明年就是七十歲了，還是感覺『可惜做工的人太少了。』」[36]

胡適在二十歲不到初讀〈馬太福音〉這一段經文的時候，是否聯想到《論語》裡「士不可不弘毅，任重而道遠」這句話，當然是值得存疑的。我們可以祭出胡適、顧頡剛的「層累地造成的古史」觀，以其人之道來還治其人。〈馬太福音〉這一段經文是胡適終其一生所常常徵引的。他徵引最為頻繁的時候，是在1920年代。比如說，他在1924年9月9日寫給《晨報副刊》記者的一封信裡說：「〔《努力週報》停刊以後〕聽說有一位蕭先生提出三個疑問：畏威？灰心？畏難？我是不畏威，也不容易灰心的人。至於畏難，確有一點。耶穌說的好：『收成是好的，只是工作的人怎樣少啊！』……同工者向那裡去找呀！」[37]

1926年5月24日，胡適為了幫魯迅、周作人、陳源(陳西瀅)三人調停，勸他們停止三個月來的筆戰。他說：「我覺得我們現在應該做的事業多著咧！耶穌說的好：『收成是很豐足的，可惜作工的人太少了！』國內只有這些些可以作工的人，大家努力『有一分熱，發一分光』，還怕幹不了千萬分之一的工作，——我們豈可自己相猜疑，相殘害，減損我們自己的光和熱嗎？」[38]1932年6月27日，胡適在〈贈與今年的大學畢業生〉一文裡說：「我們要深信：今日的失敗，都由於過去的不努力。我們要深信：今日的努力，必定有將來的大收成。佛典裡有一句話：『福不唐捐。』唐捐就是白白地丟了。我們也應該說：『功不唐捐！』沒有一點努力是會白白地丟了的。在我們看不見想不到的時候，在我們看不見想不到的方向，你瞧！你下的種子早已生根發葉開花結果了！」[39]換句話說，一直到1930年代為止，胡適每次在提起〈馬太福音〉這一段經文的時候，都從來沒有連帶地提起《論語》，而只是執著於它宗教情懷——亦即奉獻——的一面。

這是「層累地造成的胡適之讀〈馬太福音〉淚流滿面的故事」。胡適到了晚年的時候會把「收成是很多的，可惜工作的人太少了！」這一段〈馬太福音〉的

36　胡頌平編著，《胡適之先生年譜長編初稿》(台北：聯經出版公司，1990)，8：3033。
37　胡適，〈致《晨報副刊》〉，《胡適全集》，23：440-441。
38　胡適致魯迅、周作人、陳源，1926年5月24日，《胡適全集》，23：487。
39　胡適，〈贈與今年的大學畢業生〉，《胡適全集》，4：550-551。

經文跟《論語》「士不可不弘毅，任重而道遠」聯在一起，當然是可以言之成理的。這是因為耶道與儒道之間當然可以在修身進德上找到相通的地方。然而，這個「層累地造成的」故事卻巧妙地改寫了胡適「宗教感應」的歷史。等胡適晚年把宗教感應的因素給神不知、鬼不覺地抽離了以後，這個「胡適之讀〈馬太福音〉淚流滿面的故事」就完全變成了一個「入世」、「了無宗教色彩」(secularized)的故事了。

事實上，「胡適之讀〈馬太福音〉淚流滿面的故事」，根本就是具有宗教情懷的胡適所經歷的一個「宗教感應」的經驗。〈馬太福音〉第九章的經文是在〈聖山寶訓〉之後。當時，耶穌下了山。祂在第八章裡，驅鬼治病；斥責狂風暴浪，使海面回歸平靜；並在加大拉(Gadarenes)，把附著在兩個人身上的鬼，趕到一群豬裡，再讓這群豬衝向山崖下，淹死在海裡。值得一提的是，這個加大拉趕豬驅鬼的故事，是後來胡適崇拜的赫胥黎所作的《聖經》批判的一個範例。當時的胡適還沒讀過赫胥黎的文章，所以不會知道赫胥黎批判這個故事的無稽。總之，在〈馬太福音〉的第九章裡，耶穌還是繼續一路治病，一路藉著批判法利賽人(Pharisees)的偽善，來教導他的門徒。這一章的經文裡有許多故事會讓胡適感動、淚流滿面：耶穌的悲憫之心；祂為窮苦無依、瞎眼、癱瘓、麻瘋、被鬼附身的人治病，還告訴他們不要張揚。像耶穌所說的：「健康的人不需要醫生，生病的才需要」；「我來找的不是義人，而是悔改的罪人」；祂摩頂放踵，「走遍各城各鄉，在會堂裡教訓人，宣講天國的福音，又醫治各樣的病症。」

胡適的宗教情懷，南開大學的校長張伯苓一語道破。1922年8月6日胡適在天津。他在當天的日記裡描寫他與基督徒張伯苓的談話：「我說：『我不相信有白丟了的工作。如果一種工作——努力——是思想考慮的結果，他總不會不發生效果的；不過有遲早罷了：遲的也許在十年、二十年之後，也許在百年之後；但早的往往超過我們的意料之外。我平生的經驗使我深信，我們努力的結果往往比我們預料的多的得多。』伯苓說；『這是你的宗教！你竟比我更宗教的了！……信

仰將來，信仰現在看不見或將來仍看不見的東西，是宗教的要素。』」[40]

　　讓我們把故事拉回到1911年的夏天，胡適從夏令營回來以後開始讀《新約聖經》的故事。等胡適開始上暑期班的課以後，他還持續著讀《聖經》。他在他所倡議設立的「演說會」裡演講「克己」就是在這個時候。九月底開學以後，他日記裡記有一次他去康乃爾大學教堂聽禮拜。在十月份裡，他幾乎每次都去參加了康福教授在禮拜天所帶領的查經班。可惜，他此後的日記缺了一年。

　　然而，我們可以從梅光迪寫給他的信，推斷胡適是繼續上查經班的。從胡適在圖15背面的題記，我們知道他至少到1913年為止，還是繼續參加康福教授所主持的查經班。不但如此，他還搜尋各種修身進德的書。梅光迪在1910年胡適所參

圖15　1913年康乃爾大學文學院中國留學生讀經班師生合照。自左至右：秉志、韋頌冠、金邦正、康福教授(W. W. Comfort)、李觀森、周仁、陳茂康、胡適。照片背後有胡適題記：「讀經班民國二年(1913)。康福先生主講此班三年於茲矣，本年所研究者為保羅傳及其所著述。適」(胡適紀念館授權使用)。

---

40 《胡適日記全集》，3：701。

加的那一屆的庚款考試考到備取，所以後來先進了清華學堂，一直到1911年才放洋。胡適與梅光迪認識，是在1910年夏天。他們剛好都搭了「新銘」輪到北京去考庚款留美考試。那就是他們訂交的開始。胡適留美以後，他們開始互相通信。梅光迪在1911年放洋以後，先是進了威斯康辛大學。他們從9月底到11月之間，爲了程朱與顏元、宋儒與明儒的高下，往來作了論辯。1912年1月17日梅光迪給胡適的信上說：

> 足下有志於立言，弟當以昌黎之說進：「無望其速成，無誘於勢利。養其根而俟其實，加其膏而希其光。」所評省克法當即奉命。富蘭克林之《自傳》，今年在都門曾見過，迪此次即略師其意；惟*Imitation of Christ*〔《效法基督》〕未見，當求一讀之。其實吾國言修己之書，汗牛充棟，遠過西人。獨吾人多知之而不能行，反令西人以道德教我(此間亦有Bible Class〔查經班〕)，似若吾國哲人許多道德之書，不如一神鬼荒誕腐爛鄙俚之《聖書》，殊可恥也。[41]

這封信值得我們注意的地方，在於它透露出那個時候的胡適，仍然未能掙脫他對修身進德的焦慮。胡適一定是在信上跟梅光迪談到了修身進德的方法與勵志的書籍。這封信透露了三點極爲重要的事實。第一、他顯然也跟梅光迪要了他修身自省的方法，所以梅光迪才會說：「所評省克法當即奉命。」梅光迪在下一封未註明日期的信裡說：「茲將其日課寄上，以求有道君子之提誨。則區區將來之或能有成，以無負其初志，是皆有道君子之所賜也。省克法十八條如下」：起居有時、飲食有節、處世有序、立志、勤學、敦品、主敬、樂天、寡欲、堅苦、習勞、謹細、謙讓、愼言、擇交、愛人、惜陰、節用。梅光迪說：「以上十八條，

41　梅光迪致胡適，[1912年]正月17日，《胡適遺稿及秘藏書信》，33：336-337。

圖16　胡適與康乃爾師生合照。中排左一：胡適；最後一排左一：陳茂康，左二：周仁；第一排左一：金邦正；中排坐者右一：康福(W. W. Comfort)教授 (胡適紀念館授權使用)。

於每夜作日記前考查一日之事。如有違犯某條者，即以『×』號書於日記中，以期改悔。不知足下以爲何如？迪擬今後彼此日記互相觀看。迪甚願良友多多益我。」[42]

　　第二、梅光迪在這封信裡回應胡適所提到的修身必讀的書。其中一本是富蘭克林的《自傳》。梅光迪說：「富蘭克林之《自傳》，今年在都門曾見過，迪此次即略師其意。」梅光迪說他自己的「省克法十八條」「即略師其意」。這是因爲富蘭克林在他的《自傳》裡列下了他的「日省十三條」：節制、沉默、有序、堅毅、節儉、勤勉、眞誠、公正、中庸、整潔、沉穩、節欲、謙遜。富蘭克林特別爲自己作了一本小冊子來記錄他的「日省十三條」，以作爲格過之用。這很類似中國傳統也有的「功過格」。唯一不同的地方，是富蘭克林的格子裡沒有「功格」而只有「過格」。請參閱表7.1所附的一頁例子。這可能也就是梅光迪「略師其意」所模仿製訂的。富蘭克林說：「我用紅墨水在每頁上劃出七欄，每週的一天一欄，每欄頂端都有週日的字母縮寫。每欄又分成十三格，每格都有一個德

---

　　[42]　梅光迪致胡適，[1912年一月下旬]，《胡適遺稿及秘藏書信》，33：396-397。

行的第一個字母的縮寫。我每天在反省的時候，凡違反了每一個德行的過錯，其次數都會在該德行的格內用黑點作作記號。」[43]

表7.1　富蘭克林《自傳》「日省十三條」格過表

Form of the pages

TEMPERANCE.						
EAT NOT TO DULLNESS; DRINK NOT TO ELEVATION.						
S.	M.	T.	W.	T.	F.	S.
T.						
S. *	*		*		*	
O. **	*	*		*	*	*
R.		*			*	
F.	*			*		
I.		*				
S.						
J.						
M.						
C.						
T.						
C.						
H.						

引自 Albert Smyth, ed., *The Autobiography of Benjamin Franklin* (New York: American Book Co., 1907), p. 156.

第三、梅光迪在這封信裡提到了胡適所力薦的《效法基督》(*The Imitation of Christ*)。《效法基督》是肯匹司的湯姆斯(Thomas à Kempis, 1379/80-1471)所寫

43　Albert Smyth, ed., *The Autobiography of Benjamin Franklin* (New York: American Book Co., 1907), pp. 155-156.

的。肯匹司的湯姆斯的原名是湯姆斯‧黑末肯(Thomas Haemerken)，出生於現在德國靠近杜塞多夫(Düsseldorf)的肯盆(Kempen)。肯匹司的湯姆斯是一個修士。《效法基督》原文是用拉丁文寫的，1418年首次印刷出版。據說這本書在世界上流傳閱讀的數量僅次於《聖經》。《效法基督》，也可以翻成《追隨基督》。顧名思義，是以耶穌基督作為典範，教導基督徒如何作靈修的功夫。湯姆斯博覽群書，說理細膩又深入淺出。加以文字簡潔雋永，可以讓人吟詠朗誦。書中可以作為格言來身體力行的文句俯拾皆是。

　　《效法基督》這本書，當時飽受修身的焦慮煎熬的胡適會喜歡，是不難想像的。這本書裡有許多教誨對胡適來說，其實是相當熟悉的。然而，可能也正由於「東海有聖人焉，西海有聖人焉，此心同，此理同」。這本書更讓胡適愛不釋手。比如說：

　　　　「克己」——《效法基督》說：「有誰的奮鬥會比克己難？」[44]

　　　　「擇善固執」——《效法基督》說：「聽從智者、善者的話語；訪求賢於己者的指引，而不是但執己見。」[45]

　　　　「君子不以言舉人，不以人廢言」——《效法基督》說：「不要讓說話的人的身分和地位來影響你，不管其學問的高下，唯求真是問；不要去問：『這是誰說的？』只問說的是什麼。」[46]

　　　　「防微杜漸」——《效法基督》說：「杜邪念於初心，斬惡習，以防後患。」[47]

　　　　「嚴於責人，寬以律己」——《效法基督》說：「我們意欲別人受到嚴譴，卻不願自己受到糾正。」[48]

44　Thomas à Kempis, *The Imitation of Christ*, tr., Leo Sherley-Price (Penguin Books, 1952), p. 31.
45　Thomas à Kempis, *The Imitation of Christ*, p. 32.
46　Thomas à Kempis, *The Imitation of Christ*, p. 33.
47　Thomas à Kempis, *The Imitation of Christ*, p. 38.
48　Thomas à Kempis, *The Imitation of Christ*, p. 44.

「一日三省吾身」——《效法基督》說：「每天上午立定目標，在夜裡反省一天的行為、所說所作，看有否違逆上帝以及鄰居的所在。」[49]

然而，我們有理由相信《效法基督》吸引胡適的地方，絕對不只是修身進德的格言。如果《效法基督》對胡適的吸引力只在於修身進德，則那就像梅光迪在信中所指出的：「其實吾國言修己之書，汗牛充棟，遠過西人。獨吾人多知之而不能行，反令西人以道德教我。」然而，梅光迪有所不知。胡適不是不知道梅光迪忿忿然所說的話：「此間亦有Bible Class〔查經班〕，似若吾國哲人許多道德之書，不如一神鬼荒誕腐爛鄙俚之《聖書》，殊可恥也。」《效法基督》對胡適的震撼，不在於道德、修身、進德，而正是那宗教式的狂熱以及絕對與徹底的奉獻；是那要求信徒反求諸己，反省自己是否只是以信奉基督為名，避難就易、求福避凶、貪生畏死的假信徒；《效法基督》對胡適的震撼是那當頭棒喝，反問信徒是否能絕對、無條件、匍匐謙卑、無怨無悔地學習基督的受難：

> 耶穌有許多愛祂的天國的信徒，但只有很少背祂的十字架的信徒；有許多人求慰藉，但很少人求勞苦；有許多人要祂的宴席，但很少要祂的齋戒；每一個人都要祂的喜悅，但很少願意為祂受苦；有許多人追隨耶穌擘餅，但很少人願意喝他受難的杯；有許多人讚美祂的神跡，但很少人追隨祂十字架的屈辱；許多人只要不受苦，就能愛耶穌；只要他們能得到祂的慰藉，許多人都會感謝讚美祂；但只要耶穌稍一隱退，他們就只知抱怨和沮喪。
>
> 真正愛耶穌的人愛的是耶穌，而不是因為耶穌給他們的慰藉；他們感謝讚美耶穌。在受到試煉、煎熬的時候如此，在喜悅時也是如此；而且即使耶穌永遠不給他們慰藉，他們還是會永遠感謝讚美祂。[50]

49　Thomas à Kempis, *The Imitation of Christ*, p. 49.
50　Thomas à Kempis, *The Imitation of Christ*, p. 83.

　　問題是，《效法基督》那絕對、無條件、匐匐謙卑、無怨無悔地學習基督的受難的精神的教誨，誠然可以變化氣質，誠然可以造就像聖人一般無私奉獻的人，然而，它有其反智的一面。胡適雖然有他宗教的情懷，但他也有他愛智的心性。對胡適而言，那個反智的代價未免太高了。《效法基督》說：「去饒舌論辯那些高深、隱晦的問題有什麼價值呢！特別是當那審判的日子到來的時候，這些知識並不是審判的標準。天下之至愚，是把有用、緊要之事置之於不顧，而執意去探究那些奇技淫巧(curious)、有害的東西。那真的就是《聖經》裡所說的『有眼無珠』了：真的，那些所謂類別(genera)、物種(species)什麼的〔即，科學知識〕，跟我們有什麼相干呢！」[51]

　　我們不知道胡適對《效法基督》的喜愛持續了多久。但是，我們知道他對基督教的興趣，或者說，對用基督教來修身、救國的興趣持續了相當長的一段時間。1912年5月10日出版的英文《留美中國學生月報》報導說，胡適跟另外一個中國同學在康乃爾大學為美國學生主持了一個「傳道班」(Mission Class)，其討論的主題是「提昇中國」(The Uplift of China)[52]。好奇的梅光迪在信上問胡適：「聞《學生月報》稱足下與某君設一Mission Class〔傳道班〕，不知內情如何及用意所在，尚乞示知。」[53]胡適的回信今已不存，幸好我們有該年10月8日《康乃爾太陽日報》的報導。雖然這可能是秋季新的一期的「傳道班」，因為另外一個主持人跟《留美中國學生月報》所報導的不同，但內容應當類似。根據這篇報導，「康乃爾大學基督教青年會」已經定案成立六個傳道班，專門討論幾個國外傳道區的經濟、社會情況。討論的主題包括國情、居民以及生活方式。討論的地點在芭痕院，一星期一次，從10月13日開始，一共八次，在聖誕節前結束。這六個班所討論的地區有五個：中國、印度、非洲、菲律賓群島、南美洲。第六班所討論的是：「世界之光」，比較世界上幾個主要宗教的優缺點。中國「傳道班」的時間是在星期日下午四點半，討論的是中國的歷史，以及辛亥革命發生以前、

51　Thomas à Kempis, *The Imitation of Christ*, p. 30.
52　"The Student World: Cornell," *The Chinese Students' Monthly*, VII.7 (May 10, 1912), p. 578
53　梅光迪致胡適，〔1912年〕6月5日，《胡適遺稿及秘藏書信》，33：371。

期間以及以後的情況[54]。

　　胡適不但在康乃爾大學為有志出國傳教的美國學生主持「傳道班」，他在1912年的夏天，再度去參加「北美中國基督徒留學生協會」在美東麻省的北田所舉辦的夏令營。「北美中國基督徒留學生協會」在該年所舉辦的夏令營是從6月25日到30日。像往年一樣，「北美中國基督徒留學生協會」所辦的夏令營是有意跟「北美基督教青年會」的夏令營錯開幾天，以便讓中國留學生也有機會去參加幾天後者所開的會。1912年「北美基督教青年會」的夏令營早開始五天，從6月21日到30日。所以，胡適該年夏天，是先去參加「北美基督教青年會」的夏令營的頭幾天，然後才接下去參加「北美中國基督徒留學生協會」所舉辦的夏令營。胡適在該年6月中的一封家信裡說：「兒現大考已畢，已在暑假中矣。今年暑假擬稍事旅行，以增見聞。本月21日擬往遊『北田』，約住十日可歸。七月中當居此，有撰文之事……八月十幾當往遊維廉城，赴吾國學生大會。歸途至紐約一遊……自紐約歸時約在八月之末，九月中當閉戶讀書。」[55]他抵達北田次日，又寫了一封信報平安：「昨日來時，坐火車終日始達，計程三百餘英里，約吾國千一百里。」[56]

　　我在分析胡適去北田參加「北美基督教青年會」，以及「北美中國基督徒留學生協會」所舉辦的夏令營以前，要先說明一下他在6月中那封家信所提起的「八月十幾當往遊維廉城，赴吾國學生大會」一事。這「吾國學生大會」所指的，就是「美東中國學生聯合會」每年夏天所舉辦的夏令營，是中國留學生每年夏天一個重要的聯誼活動。1911年夏天是胡適在美國的第一個暑假，他沒去參加這個夏令營。該年的夏令營是在紐澤西州的普林斯頓大學舉行的。胡適在8月17日的《留學日記》裡說：「此間國人十去其九，皆赴中國東美學生年會者也。」[57]胡適1912年去維廉城所參加的夏令營，是「美東中國學生聯合會」從8月21日到

54　"C. U. C. A. Classes on Foreign Conditions," *Cornell Daily Sun*, XXXIII.14, October 8, 191, p. 3.
55　胡適稟母親，1912年6月，《胡適全集》，23：40。
56　胡適稟母親，1912年6月22日，《胡適全集》，23：41。
57　《胡適日記全集》，1：172。

28日在麻省維廉城(Williamstown)有名的威廉斯學院(Williams College)所舉行的第八屆夏令營。胡適在這屆夏令營參加了中文演講比賽。比賽的日子是8月24日晚。胡適得到了亞軍，冠軍是麻省理工學院學造船的邢契莘[58]。可惜我們不知道胡適參加這個演講比賽的題目是什麼。當時中國留學生所重視的是英文演講比賽。不但參加比賽的人多，觀眾多，而且在過後的大會報告也詳盡，包括所有得獎演講的題目。中文演講比賽則不然，與賽的人少，觀眾也少。會後甚至連比賽的結果都沒有。所以，我們完全不知道胡適當年參加比賽的題目是什麼。

THE WILLIAMSTOWN CONFERENCE

圖17　胡適1912年參加「美東中國學生聯合會」舉辦的第八屆夏令營。時間從8月21日到28日，地點在麻省維廉城(Williamstown)的威廉斯學院(Williams College)。前排坐者左三是胡適(胡適紀念館授權使用)。

58　Chimin Chu Fuh, "The Eighth Annual Conference of the Eastern Section of the Chinese Students' Alliance in U.S.A.," *The Chinese Students' Monthly*, VIII.4 (February 10, 1913), pp. 254-255; and "Cornell Chinese Students Won Laurels for Cornell," *Cornell Daily Sun*, XXXIII.8, October 1, 1912, p. 4.

　　有趣的是，也許是因為好奇，也許是因為受了胡適的影響，當時在威斯康辛大學唸書的梅光迪在該年夏天也去參加了「北美中國基督徒留學生協會」在中西部所舉辦的夏令營。1912年，「北美中國基督徒留學生協會」在中西部所舉辦的夏令營的地點在威斯康辛州的日內瓦湖(Lake Geneva)，舉辦的時間從6月18日到23日。跟該年美東的夏令營一樣，「北美基督教青年會」在中西部所舉辦的夏令營，也比「北美中國基督徒留學生協會」的早幾天開始(14日到23日)，以便讓中國學生得以參與幾天。跟胡適不一樣，梅光迪並沒有全程參與夏令營：「迪以事遷延，至廿一日始赴青年會，廿四日乃歸。此去所得頗足以自慰，其中人物雖未與之細談，其會中組織雖未細究，然耶教之精神已能窺見其一斑，勝讀十年書矣。迪對於此會感觸至深，自此一行頓覺有一千鈞重任置於我肩上，然此重任願與足下共荷之也。蓋今後始知耶教之真可貴，始知耶教與孔教真是一家，於是迪向來崇拜孔教之心，今後更有以自信，於是今後提倡孔教之心更覺不容已，此所謂千鈞重任者也。」[59]

　　梅光迪在這封信裡所提到的孔教的問題，我們必須留待專節處理。在這裡值得指出的，是當時「北美基督教青年會」以及「北美中國基督徒留學生協會」辦理夏令營的成功。其成功的程度，能使胡適當場起立，表達他想成為基督徒的心願。連梅光迪這樣一位對基督教、對《聖經》有先入為主的成見的人，都會去參加了夏令營以後，說出「今後始知耶教之真可貴，始知耶教與孔教真是一家」這樣的話。

　　胡適在北田參加夏令營的時候寫了日記。他在日記裡應當是記下了他對基督教的想法。可惜，他的〈北田日記〉現已不存。胡適把他的〈北田日記〉寄給梅光迪看。梅光迪在回信裡說：「得來片，又得〈北田日記〉，讀之，喜何可言……〈北田日記〉擬留此數日再寄還。迪亦不以示他人，因此間人不好看祖國文字，亦不喜研究此等宗教上之問題也。」[60]梅光迪雖然說他新讀胡適〈北田日記〉的時候，「喜何可言」。然而，等他把該日記奉還的時候，他的看法顯然已

59　梅光迪致胡適，[1912年]6月25日，《胡適遺稿及秘藏書信》，33：373。
60　梅光迪致胡適，[1912年]7月8日，《胡適遺稿及秘藏書信》，33：380。

經有所不同：「大著、日記三冊均奉上。〈北田日記〉有極精到處，其間雖亦有與鄙見不同者，然吾又何忍以細微之點與足下開筆戰致傷彼此之情。」[61]

胡適1912年夏天在北田參加了第二次的基督教的夏令營。秋天開學以後，他仍然偶爾星期天上教堂，而且也繼續固定參加康福教授在每星期日所領導的查經班。他參加查經班是認眞地讀、認眞地思考。比如說，他在10月27日，「晨，赴康福先生經課，講保羅悔過改行一節。其言曰：『保羅改過之勇爲不可及，然Ananias〔亞拿尼亞，耶穌門徒，耶穌顯靈派他去醫好保羅的盲眼，並爲他受洗信耶穌〕知保羅懷叵測之心以來，將得新教之徒而甘心焉，乃敢坦然往見保羅，說以大義，則其人誠獨爲其難，尤不可及也。』此說甚新，予讀此節時，乃未思至此，何也？」[62]

然而，作爲宗教而言，基督教對胡適而言，已經失去了它的吸引力。最重要的證據，是胡適1912年12月11日的日記：「有人來與余言宗教事，甚有趣。余告以吾不信耶教洗禮及聖餐之類，辯論久之，亦不得歸宿。」[63]把洗禮以及聖餐排除，基督教作爲宗教的基礎就已經完全失去了。兩個禮拜以後的聖誕夜，胡適去一個天主教堂看彌撒。他在日記裡所寫下來的感想，已經完全是從一個教外旁觀者的角度去觀察了：

> 有人告訴我今夜天主教堂有彌撒禮(Mass)，因往觀之。入門，座已滿，幸得坐處。坐定審視，堂上有塑像甚多，中列十字架，上刻耶穌裸體釘死之像。像後有四像，似係四使徒也。兩廂各有像，右爲耶穌之母。其左側之像有髭，不知爲何人，疑是耶穌之父也〔胡適的推測正確，是聖若瑟，或譯爲約瑟〕。此等偶像，與吾國神像何異？雖有識之士，初不以偶像禱祀之，然蚩蚩之氓，則固有尊敬頂禮迷信爲具體之神明者矣。教中男女來者，將入座，先屈一膝(如吾國請安之禮)行禮，然

61　梅光迪致胡適，[1912年]9月15日，《胡適遺稿及秘藏書信》，33：382-383。
62　《胡適日記全集》，1：221。
63　《胡適日記全集》，1：228。

後入座。座前有木板，人皆長跪其上，良久然後起坐。有兒童數十人，結隊高歌頌神之歌。壇上牧師合十行禮，儼如佛教僧徒，跪拜起立，沓沓可厭。其所用經文及頌禱之詞，都不可解，久之，始辨爲拉丁文也。吾敢言座中男女十人中無二、三能解其詞義者。此與佛教中之經呪何異乎？（佛經中梵文名詞都直譯其音，即如「南無阿彌陀佛」，今有幾人能言其義耶？）始行禮時，已十一時。禮畢，則已一點半矣。子夜風雪中坐此莊嚴之土，聞肅穆之樂歌，感人特深，宗教之魔力正在此耳，正在此耳。「宗廟之中，不使民以敬而民自敬」，古人知之熟矣。[64]

胡適這段日記，跟他在兩年以後寫給韋蓮司的一封信有異曲同工的地方。在那一封信裡，他寫的也是他去了一個天主教堂以後的感想：

我跟〔塔克(Tuck)〕一家人同去教堂。他們都是天主教徒。當我聽著神父講解創造天地、出伊甸園〔註：即人的墮落(the Fall of Man)〕、耶穌降生(Advent)的時候，我是坐著，其他人則是跪著——其中一位還是大學教授，其他兩位是大學畢業生！我眼看著儀式，我大多不懂，因爲是用拉丁文，我心中有著一種無以名狀的感覺——憐憫、驕傲（眞不該！）、憤慨，整個都交織在一起。[65]

毫無疑問地，胡適對基督教的態度，已經產生了一個根本的改變。基督教作爲一個倫理道德的系統，他能繼續激賞和服膺。就像他在《口述自傳》裡所說的：「我讀完了《聖經》。我非常喜歡〈對觀福音書〉(Synoptic Gospels)〔註：即〈馬太〉、〈馬可〉、〈路加〉三福音〕、〈使徒行傳〉以及保羅書信的一部分。我一直就喜歡《聖經》。」[66]胡適一生最喜歡徵引的，就是耶穌的〈聖山寶

64　《胡適日記全集》，1：230-231。
65　Hu Shih to Clifford Williams, December 3, 1914，《胡適全集》，40：15。
66　Hu Shih, "The Reminiscences of Dr. Hu Shih," p. 33.

訓〉(Sermon on the Mount)。然而，基督教作爲宗教體制，已經變成胡適所批判
的對象。

　　胡適在對基督教失去了宗教上的頂禮心以後，他的批判常集中在其迷信、無
知的一面。比如說，他在1912年10月12日的日記裡說：「夜，金仲藩來語余，有
中國女子李君過此，寓Mrs. Treman〔崔曼夫人〕家，因與同訪之。座間有一人爲
Methodist Church〔衛理公會〕經課講員，爲余略敘講經之法，其言荒謬迷惑，大
似我國村嫗說地獄事，可見此邦自有此一流人，眞不可解也。」[67]1914年9月初，
胡適到麻省的安謀司去參加「美東中國學生聯合會」所舉辦的夏令營。夏令營結
束以後，胡適去波士頓遊覽。他在波士頓所參觀的地方，包括基督教科學教會
(The First Church of Christ, Scientist)。他在日記裡寫下他參觀以後的感想：

　　　　頗怪此宗派爲耶氏各派中之最近迷信者。其以信仰治病，與道家之符
　　籙治病何異？而此派之哲學，乃近極端之唯心派，其理玄妙，非凡愚所
　　能洞曉。吾國道教亦最迷信，乃以老子爲教祖，以《道德經》爲教典，
　　其理玄妙，尤非凡愚所能洞曉。余據此二事觀之，疑迷信之教宗，與玄
　　奧之哲理，二者之間，當有無形之關係。其關係爲何？曰，反比例是
　　也。宗教迷信愈深，則其所傅會之哲學愈玄妙。彼昌明之耶教、孔教，
　　皆無有奧妙難解之哲理爲之根據也。(此僅余一時臆說，不知當否？)[68]

　　胡適不只不能接受他認爲是迷信、無知的宗教理論，他更相信宗教必須是與
時俱進，特別是在科學昌明的今天，更需要接受科學文明的洗禮。就像他在1913
年10月8日寫的〈道德觀念之變遷〉一則日記裡所說的。那學期他正選了一門狄
理教授所開的「哲學26：倫理學進階」的課。他說：

　　　　道德學課論道德觀念之變遷：古代所謂是者，今有爲吾人所不屑道者

67　《胡適日記全集》，1：205。
68　《胡適日記全集》，1：475-476。

> 矣。古人所謂衛道而攻異端，誅殺異己，如歐洲中古教宗(Church)焚戮邪說，以爲衛道所應爲也，今人決不爲此矣。耶教經典〔注意：胡適不是用《聖經》這個字眼〕以爲上帝爲男子而造女子，非爲女子而造男子，故女子宜屈服於男子，此說今人爭嗤笑之矣……即同一宗教之人，亦有支派之異：天主舊教多繁文縟禮，後人苦之而創新教。然新舊教都以耶穌爲帝子，神也，死而復生，沒而永存，於是有三尊之論(Trinity)。三尊者，天帝爲父，耶穌爲子，又有「靈」焉(Holy Spirit)。近人疑之，於是有創爲一尊之教(Unitarianism)，以上帝爲一尊，耶穌則人也。凡此之類，都以示道德是非之變遷。是故道德者，亦循天演公理而演進者也。[69]

基督教給胡適的震撼是發生在1911年6月。基督教的「感化、變化氣質之功」，墨舍在夏令營那一場賺人熱淚的見證，讓他感動到「自言願爲耶教信徒。」然而，一年半以後，他的「宗教震蕩」已經銷蝕殆盡。到了1912年秋天，他還爲「康乃爾大學基督教青年會」主持「傳道班」的課。然而，他1913年2月2日在綺色佳「第一浸禮教堂」(the First Baptist Church)演講的時候，不但認爲「傳道班」是本末倒置，而且反映的根本就是西方中心主義。胡適這篇演講的題目是：〈理想的傳教士〉(The Ideal Missionary)。他開宗明義地說：「今天幾乎所有全國的教會都開設了『傳道班』來教育年輕人，希望他們當中有些人將來會去『替主作收成的人』〔引〈馬太福音〉第九章第36到38節文〕。」

傳教士究竟應該具備什麼樣的資格呢？胡適說《康乃爾太陽日報》登載了「學生志願宣教運動」的徵才啓事。條件是：未婚、大學程度、參與過社團以及運動項目。胡適說，從他自己的角度來看，這些都不是必備的條件。他自己所會開出的條件有三：第一、必須是一個好的基督徒；第二、必須是一個好學生；第三、必須不教條。胡適說第一個條件是不須辭費的。所以他要集中討論後兩個條

69 《胡適日記全集》，1：238-239。

件。他說，好學生的定義並不是指成績要好：「我的意思是指他到了傳教區以後，必須是一個亟於**學習**的人。中國的哲學家孟子說：『人之患在好爲人師。』基督教會送出去了太多的老師，太少的學生。傳教士也許擁有他亟欲於去宣導給人的信仰，但他必須承認他有許多事情需要學習。」他必須學那個國家的語言、文學、歷史、習俗、制度和宗教。最重要的是，他必須學習如何與當地人交往——不只是跟沒受過教育的人交往，還必須跟受過教育的人交往：

> 很不幸地，有些人帶到國外去的，是那種打死也改不了的觀點。那就是，他們是要去提昇——不，是要去**開化**——野蠻人！對待我們，他們的氣焰是高等民族的傲慢與施惠的舉止。他們拒絕學習。他們認爲他們的宗教是唯一的宗教、唯一的救贖之道、唯一的文明。他們的想法也許是對的。但用這樣的態度，他們怎麼有辦法去感化外邦人呢？這種無心學習的態度所造成的結果，就是傳教士幾乎接觸不到上層階級，這也就是說，知識階級。他們只能網羅到那些不經大腦就接受基督教的那種人，就像從前不經大腦去地接受佛教、道教或其他宗教的那種人。

胡適所開出的第三個條件是要不教條：

> 你們傳統的儀式與教義如何，知識階級的中國人覺得完全是無關緊要的。就舉你們那些不同教派之間的異同爲例。我們幾乎無法想像爲什麼在一個共同的信仰之下的人，在教義與儀式上，會有那麼多的歧異。那些對你們可能有歷史上的意義，但對我們而言意義何在呢？而且，連你們自己對這些教義都有著不同、甚至是互相矛盾的詮釋與儀式。贖罪、三位一體(Trinity)、洗禮的儀式，你們有著不同的理論……我們所想了解的，以及你們所想宣道的，並不是這些枝節上的歧異，而是根本的眞理。

　　胡適接著說，中國人有中國人自己的傳統與信念。比如說，基督徒相信原罪；可是中國人相信性善。孰是孰非，不是重點。重點是：傳統與信念可以化爲己用。如果從前的聖奧古斯丁(St. Augustine)、卡爾文(John Calvin)可以創立新的教義，爲什麼現代的傳教士不能把其他國家的大哲的智慧結晶挪爲己用呢？最後，胡適以保羅在〈歌林多前書〉第九章19至22節的一番話作爲這篇演講的總結。他稱讚保羅是世界上最偉大的傳教士：他是最好的學生，而且一點也不教條。胡適說保羅深得傳教的三昧，他知道如何作一個理想的傳教士：

　　雖然我是自由的，不隸屬於任何人，然而我要作眾人之僕，以求取更大的收穫。對猶太人，我就變成猶太人，以便贏得更多的猶太人；對遵守律法的人，我就作遵守律法的人，以便贏得更多遵守律法的人；對不遵守律法的人，我就變成不遵守律法的人——我遵守基督其實就等於是遵守神的律法——以便贏得更多不遵守律法的人；對軟弱的人，我就變成軟弱的人，以便贏得更多軟弱的人。對什麼樣的人，我就變成什麼樣的人，以便我可以救更多的人。[70]

　　其實，胡適的個性裡，有人所不知的極端的一面。這可能是具有宗教情懷、容易有宗教感應、易於衝動的人的通性。所以，他才會在1912年秋天的時候還主持了中國「傳道班」，但到了1913年初卻開始抨擊那想要「提昇」、「開化」外邦「野蠻人」的傳道作風。這種鐘擺式的擺盪，也就是胡適自己所說的「反動」。他在「理想的傳教士」這篇演講裡有他的難言之隱。畢竟他是在對教會的人演講，他實在說不出口，說他反對傳教士到中國傳教。所以，他只好讓有慧根的人來聽出他那篇演講的弦外之音，質言之，「理想的傳教士」就是「不傳教的傳教士」。到了1914年夏天，胡適的態度又轉變了。他在8月10日的日記裡說：

70　Hu Shih, "The Ideal Missionary,"《胡適全集》，35：7-13。

　　有某夫人問余對於耶教徒在中國傳道一舉，意見何若。答曰：「吾前
此頗反對此舉，以為『人之患在好為人師。』英文所謂proselyting〔傳
教〕者是也。年來頗覺傳道之士，正亦未可厚非。彼等自信其所信，又
以為其所信足以濟人淑世也，故必與世人共之，欲令人人皆信其所信，
其用心良可敬也。《新約》之〈馬太書〔福音〕〉有云：『未有燃燭而
以斛覆之者也，皆欲插之檠上，令室中之人畢受其光耳。且令汝之光照
耀人前，俾人人皆知汝之事業而尊榮汝在天之父(上帝也)。』(〈馬
太〉五篇十五、十六節)此傳道之旨也。顧傳道之士，未必人人皆知此
義耳。」某夫人極以為然。[71]

　　隨著胡適走向和平不爭、絕對不抵抗主義的立場，胡適對基督教的批判也跟
著越來越嚴厲。如果早在1912年的秋冬之際，作為宗教的基督教已經對胡適失去
了吸引力，到了1915年，作為倫理道德系統的基督教，也被胡適宣告破產了。2
月8日晚上，胡適在綺色佳的兩個教堂作了演講。第一個是在一尊教會(Unitarian
Church)的晚餐演講；第二個則是在衛理公會教堂的餐後演講。胡適在寫給韋蓮
司的信裡描寫了兩個教會的聽眾不同，反應也迥異。他說一尊教會是年輕人，衛
理公會的聽眾則以白髮居多。兩個演講的主旨相同。胡適說他「非常坦率地告訴
兩處的聽眾，從基督教的真諦，從其最根本的教義來說，基督教已經徹底失敗
了」。他說，一尊教會的聽眾「和顏悅色地接受我的看法——他們是『新生
代』」。衛理公會的聽眾，胡適說：「一定是目瞪口呆了。我沒等他們發問就離
開了。但我已經先對他們聲明過了，我不能接受邀請而不說實話。」胡適告訴韋
蓮司，說他可能把他的那篇演講寫成一篇長文，名為：「基督教正被考驗著」
(Christianity on Trial)[72]。

　　胡適顯然沒把這篇文章寫出來。所以，我們不知道他的論點是什麼。幸好胡
適顯然在21日又在衛理公會的教堂做了一個演講。胡適在2月25日給韋蓮司的信

71　《胡適日記全集》，1：440。
72　Hu Shih to Clifford Williams, February 9, 1915，《胡適全集》，40：47。

上附了一張「報導非常不正確」的剪報[73]。雖然這張剪報很可惜今已不存，但因為這個演講，引來了胡適跟韋蓮司的母親一場辯論。過後，胡適在信上向韋蓮司作了報告。我們因此得以管窺胡適那個演講的大旨。這封信胡適只寫說是3月的一個禮拜天，而沒注明日期。我認為胡適這封信是2月28日星期天過了半夜以後寫的，寫的時候已經是3月1日清晨。理由有三：第一、胡適在信裡說當晚「月當圓」。2月28日是農曆1月15日，下一個月圓的日子是3月15日，不是星期日，是星期一；第二、胡適在信裡說韋蓮司的母親提起他上星期天在衛理公會教堂所做的演講，亦即2月21日。所以他們之間的辯論是在一個星期以後發生的事，亦即2月28日晚。第三、韋蓮司在3月10日的回信裡提到了胡適跟她母親以及以下引文裡會提到的客鷥女士的談話。總之，胡適在信上描述了他跟韋蓮司母親一場辯論的來龍去脈。胡適在演講裡、在與韋蓮司的母親的辯論裡所擺出的姿態，是他比所謂的基督徒更基督徒：

> 我今晚7:45到妳家去。不久以後，哲學系的研究生客鷥（Marian Crane）女士也來了。我們有了一個**非常**激動的談話。妳母親聽說了我上星期天在衛理公會教堂的演講，她非常激動。她上星期天從教堂回來的路上，聽到一個年輕人跟一個朋友在交談。他提到我的名字，說我說「這場〔世界〕大戰是基督教的考驗」。她要那個年輕人告訴她我說了什麼。他就從頭說了一遍。她聽了大為震驚。她急著要我解釋我的立場。
>
> 所以，我就重複了我那天演講所說的話。我說只要基督教這些根本的教義──「不能殺人」、「不要垂涎鄰居的所有物」、「愛你的鄰居」、「愛你的敵人」、「不抵抗惡人」、「左臉被打，再賠上右臉」──只要這些教義沒有被實踐，基督教就算是失敗了。
>
> 接著我們辯論了很久。我很坦率地說，如果《聖經》裡有任何真正能

73　Hu Shih to Clifford Williams, February 25, 1915，《胡適全集》，40：62。

「激勵人心」、「字字珠璣」(literally true)的話，那就是〈聖山寶訓〉。妳母親説不抵抗主義，不能照字面來詮釋。她舉了一個例子，她説有一次跟妳在紐約搭地鐵，碰到了一個女扒手。我對她説，如果她是一個眞正的基督徒，她不但應該把錢包讓那個女扒手給扒走，而且還應該把身上所有的錢都給她。因爲那有可能感化那個扒手，變化她的氣質。

她不能接受這種「極端」的言論。她説那不合常理。我説：耶穌的偉大，就在於他超乎「常理」，祂要把人類帶到比常理更高的道德層次。換句話説，我説她心目中的倫理道德不能算是眞正基督徒的倫理道德。説這些話，我心裡很難過。但是如果我沒對我的好友、妳的母親、我所敬愛的人説眞話，我會更難過。

她這時還不能同意我的看法。但是，坦誠的論辯終究會帶來益處，對這一點我是有著無比的信心。我私自相信總有一天，她會了解我的看法是正確的。我建議她讀雨果的《孤星淚》。她答應我一定會去找來讀。對我的看法，她震驚莫名，但並沒有惱怒。這讓我很感激。

客驚女士也參加了辯論，大部分是站在我這邊。她跟我十點鐘離開妳家。我們一起走了一段路。她也是一個非常坦誠，思想上非常眞誠的人。她有一個康乃爾大學女生的查經班，她希望我能去她的班上談我今晚説的話。[74]

其實，胡適很了解韋蓮司的母親是一個主見很強的人。他們當晚的辯論有沒有惱怒了韋蓮司的母親暫且不論，但要改變她的想法，則難如登天。我在《星星、月亮、太陽——胡適的情感世界》裡，有一段描寫韋蓮司母親的片斷，可以供還沒讀過的讀者參考：「認識她的人，説她無論在長相或行徑上，都酷似英國的維多利亞女王。她以捍衛『禮儀』、『教養』爲己任，最看不慣年輕女士一邊

74　Hu Shih to Clifford Williams, March 1915，《胡適全集》，40：71-73。

上電車，一邊慢條斯理地戴上她們的長手套；只要被她撞見，一定挨罵。還有一件更耐人尋味的軼事。據說，她搭電車的時候，很愛指揮駕駛員。有一個駕駛受不了長期疲勞的轟炸，乾脆作了一個玩具電車，親自送上府，咬牙切齒地告訴她，這樣她就有一輛可以自己全權管理的電車了。」[75]

　　胡適在綺色佳本來就已經有名了，既有徵文得獎的成績，又有演講大家之榮銜。現在又加上了批判第一次世界大戰語驚四座的「極端」言論。一個月後，他又在綺色佳的長老教會做了一個演講。這個演講，當地的報紙刊出了，胡適把它登錄在他的《留學日記》裡。因此，讓我們有機會知道他當時對基督教的批判。根據《康乃爾太陽日報》的報導，胡適的演講是長老教會所舉辦的一系列的演講，名為「人世間職業的精神意義」（The Spiritual Significance of Secular Callings）。這個系列的演講共有七個，胡適所負責的演講是第四個。最後三個演講者，一個是法學教授，一個是前農學院院長，一個是「康乃爾大學基督教青年會」的秘書。演講的對象是大學生，但其他聽眾也歡迎[76]。

　　胡適這篇演講的題名叫〈基督教在中國的機會〉。他開門見山就當頭棒喝：

　　　　在捐獻慈善，在日常的公私生活面上，基督徒可以稱得上是基督徒。可是在國際關係上，他們就不能算是基督徒了。他們「懂得把蚊蚋給挑出來，卻把偌大的駱駝給吞了下去。」〔〈馬太福音〉第二十三章24節〕只要自詡為基督教的國家只認「鐵拳」；只要他們不尊重弱小國家的權益；只要他們把自己國家、商業上的利益以及領土的野心，放在公理與正義之上，基督教就永遠不可能成為一個世界的權力中樞；所有傳教的工作也永遠不可能永續，只要戰神一發號，就馬上土崩瓦解。

　　　　如果基督教想要成為一個世界性的宗教，那就是每一個基督徒、每一個教會的責任，去提昇國際道德的標準。你們大多理所當然地認為你們

75　請參考拙著，《星星、月亮、太陽——胡適的情感世界》，頁21。
76　"Suh Hu, '14, to Speak on Secular Callings," *Cornell Daily Sun*, XXXV.132, March 20, 1915, p. 1.

人人稱頌的爲「文明」〔註：西方文明〕是建立在基督教的磐石之上。可是，我要出以至誠地告訴你們：眼前這個文明不是建立在基督的愛與公理之上，而是建立在叢林──強權就是公理──的法則之上。我們閉上眼想一下，就在當下，有多少基督教的國家正在教堂裡對他們的基督祈禱，祈求祂保佑他們可以成功勝利地摧毀其他基督徒！然後，我們再反思這些基督的戒律：「要彼此相愛」；「愛你的仇敵、不抵抗惡人。」

胡適說傳教士有三條路可走：第一、收信徒；第二、傳播基督教的觀念與理想；第三、從事實際的社會服務：

從前傳教士收入的多寡，是取決於他們收了多少信徒。但那不是中國所需要的，也不應該是教會派傳教士所應注重的。比較重要的，是去傳播基督教的精義；這精義，我指的不是基督乃童貞女所生、原罪、贖罪等等教條，而是指那些基督教的真髓：愛、愛汝鄰居、愛你的敵人、不抵抗、寬恕、犧牲、奉獻等等。傳教士應該用最合適的方法，去對當地人傳播這些基督教的理念。他不應當注重他的教會的會眾是否增加了，而是讓這些理念在人們的心中生根結果。

傳教士所可走的第三條、也是最重要的路，是從事實際的社會服務，包括教育、社會改革、醫療與手術的服務。傳教士在這方面已經有了很大的成就，特別是在醫療方面，我認爲是傳教事業至高無上的光榮與勝利。

外國傳教士最有價值的地方，就在於像一個歸國留學生一樣，他具有一個新的觀點、一個批判的精神，那是當地人由於生於斯、長於斯而習而不察所欠缺，而卻又是任何改革運動所必須的。

胡適在錄下了這張剪報的內容以後，在《留學日記》裡加了一段按語：「昨

日星期，此間十六、十七所教堂之講演無一見諸報章者，獨我之演說詞幾占全欄，不可謂非『闊』也，一笑。首末兩段自謂大有眞理存焉。」[77]

胡適自詡「首末兩段自謂大有眞理存焉」。第一段的論點，其實就是我在第六章已經分析過了的，也就是從他的世界大同主義到絕對的不抵抗主義思想的發揮。最後一段，把傳教士和歸國留學生相比擬的說法是別有意味的。且不論這個比擬是否恰當，且不論這個說法是否太抬舉了歸國留學生，彷彿留了學就一定會有「新觀點和批判精神」一樣。胡適的這段話不但是他的夫子自道，而且是他對所有歸國留學生的期許。他剛回國的那幾年最喜歡說的一句話就是：「吾輩已返，爾等且拭目以待！」（You shall know the difference now that we are back.）。但這是後話。

事實上，胡適在這個演講裡所說的話，眞正奠定了他日後對基督教傳道事業的看法的，既不是第一段也不是最後一段，而是他建議傳教士所走的第三條路，亦即從事實際的社會服務。胡適在回到中國以後，特別是在1920年代，與教會以及教會大學人士有過多次客氣但不留情面的交鋒。他多次預言基督教在中國壽終正寢可期。他給教會人士的建議，就是奉勸他們不要再浪費心神、財力去作救人上天堂那種科學昌明以前所遺留下來的迷信，而專心致志於社會改良的現代事業。

胡適會有這種要基督徒放棄遠在天邊的天國的迷夢、「回頭是岸」、耕耘在地上的「天國」的想法，絕對不是痴人說夢。他留美才剛滿二十三歲的時候，就已經成功地扮演過像天主教神父爲信徒作懺悔一樣的告解（confession），爲一個牧師作了他的懺悔式。這位牧師就是胡適在《留學日記》裡所提到的節克生牧師（Rev. Henry Jackson）。節克生牧師是普林斯頓大學神學院畢業的神職人員，比胡適大22歲。胡適認識節克生是他1914年9月初到麻省的安謀司參加「美東中國學生聯合會」所舉辦的夏令營的時候。胡適在11月7日的日記裡說：「吾在安謀司赴東美學生會時遇美國人節克生君，與談甚相得。」[78]人的記憶不可靠，在這裡

---

77 《胡適日記全集》，2：78-81。
78 《胡適日記全集》，1：537。

又是一個例子。胡適1939年4月22日在報上看到節克生的訃聞。當時，胡適是中國駐美大使。他在當天的日記裡就把他們訂交的地點給弄錯了。他說：「他在1914年到Cornell去講演，我偶然聽了他的講演，寫信去和他討論一個問題，以後，我們通信多次，成了朋友。他請我到他家去住過。去年〔1938年〕他到旅館來看我。他說，我們的通信對他脫離教會的事頗有影響。這也是『無心插柳柳成蔭』的一個例子。」[79]胡適這個二十五年後的回憶是錯誤的。他當年的日記說他們是在「美東中國學生聯合會」的夏令營認識的記錄才是正確的。

總之，胡適與節克生在「美東中國學生聯合會」的夏令營認識以後，他們一見如故。過後，他們就開始通信。節克生送了胡適一本他所著的《十字架的眞諦》(*The Meaning of the Cross*)，請胡適批評。《十字架的眞諦》是1911年出版的，是節克生在新澤西州曼克雷爾(Montclair)的「聯合公理會教堂」(Union Congregational Church)所作的佈道[80]。胡適在1914年11月7日的日記裡節錄了他給節克生的意見：

　　你不只一次比較了蘇格拉底與耶穌之死。坦白說，柏拉圖所描述的蘇格拉底之死，和〈對觀福音書〉裡所描述的耶穌之死，前者讓我所受到的感動要遠超過後者。我認爲一個人必須已經有了基督徒的觀點，才會說耶穌被釘在十字架上要比蘇格拉底之死來得偉大和高尚……我想我可以說你可能自己不自覺，但你還是不公平地貶低了蘇格拉底之死吧？

　　你說：「耶穌的行爲在在地證明了他是上帝之子。而就因爲他是神的兒子，所以他的行爲亦若是。」我覺得你作了循環論證而不自知。你已經先作了基督徒的假設，說耶穌是神的兒子。對心中沒有這種假設的我而言，耶穌被釘在十字架上的種種並不能證明他是神的兒子，就好像蘇格拉底之死以及司提反之死(〈使徒行傳〉第六章)也不能證明蘇格拉底

79　《胡適日記全集》，7：645。
80　Henry Jackson, *The Meaning of the Cross* (New York: Fleming H. Revell Company, 1911).

或司提反是神的兒子一樣。

　　從某個角度而言，我是一個一尊信徒，雖然我從來就沒有爲我的宗教命名過。如果耶穌只是一個凡人而不是神的兒子，我對他的景仰會更大。作爲神的兒子，耶穌的所作所爲並不特別偉大。然而，如果耶穌只是一個凡人，則他就不但在過去，而且在將來會永遠是一個了不起的人。

　　簡言之，用你自己的話來說，你「是成功地把耶穌之死的道理從狹隘的神學理論裡解放出來了。」就差還有一點沒作到，那就是耶穌是神的兒子的理論。這個理論也需要證明。[81]

　　節克生在收到胡適的意見以後，顯然又寄了另一本他的著作給胡適，那就是他在1910年所出版的《用油畫傑作來作德育》（*Great Pictures as Moral Teachers*）[82]。節克生在這本書裡選取了二十幅描寫《聖經》故事的油畫傑作，每一幅傑作，都附有一篇他所寫的詮釋。其中一幅是赫夫曼（Heinrich Hofmann, 1824-1911）的《客西馬尼園裡的耶穌》（Christ in Gethesmane），節克生的詮釋的題名是：〈耶穌的勇氣〉（The Heroism of Jesus）。節克生在這篇詮釋裡，一開始就用蘇格拉底之死來對比耶穌之死：

　　如果我們只看表面，同樣是面對死亡，客西馬尼園裡的耶穌，比不上監牢裡的蘇格拉底。蘇格拉底相當「欣然和悅」地喝下他的毒藥；耶穌則痛苦地懇求解脫。在雅典的死牢裡，蘇格拉底沉穩和悅地面對他最後的試煉；在客西馬尼園裡，耶穌則汗出如血、斷續的祈禱、生氣、無比的沮喪、精神崩潰。福音書的作者所用的形容是「被憂傷纏繞著。」在這樣的對比之下，耶穌如何能被敬仰爲一個至人呢？難道祂不配得享基

81　《胡適日記全集》，1：537-539。
82　Henry Jackson, *Great Pictures as Moral Teachers* (Philadelphia: The John C. Winston Company, 1910).

督徒心中給祂的地位嗎？難道祂不比蘇格拉底勇敢嗎？[83]

　　節克生對他自己的反問句的答案當然是否定的。他說蘇格拉底之死跟耶穌之死，根本就屬於不同的層次。「對蘇格拉底而言，他的死只是他個人的問題。對耶穌而言，則牽涉到罪與寬恕的問題。」他說：「耶穌的痛苦，一部分的原因是因為祂對罪直觀、敏銳的了解。客西馬尼園所象徵的真理就是這一點。耶穌越愛世人，世人的罪——那使被愛的世人墮落的罪——越發撕裂著祂流著血的心。」[84]

　　胡適把他自己的回信摘錄在12月11日的《留學日記》裡。在這一封回信裡，胡適進一步地引申了蘇格拉底之死比耶穌之死偉大、高尚之論：

　　　　你問我：「如果在耶穌的生命裡，沒有比蘇格拉底之死更要有價值的作為，我們如何解釋在世人的心目中，耶穌之死要遠勝於蘇格拉底之死的意義呢？」「在世人的心目中？」在教徒的心目中，也許耶穌之死占有較重要的地位。然而，在哲學世界裡，蘇格拉底之死無疑地跟耶穌之死占有同樣重要、甚或更重要的地位。耶穌之死造成了一個宗教；蘇格拉底之死則造就了哲學。這個哲學對希臘、羅馬世界，以及我們當代這個世界產生了深遠的影響。現代世界的理想已經不再是基督教那種自我的否定(self-abnegation)，而是希臘那種自我實現(self-development)的理想；不再是基督教信仰的理想，而是蘇格拉底追求真理的理想——也就是蘇格拉底為之而死的真理！……〔原文就有的刪節號〕

　　　　我承認對基督徒而言，耶穌之死遠比蘇格拉底之死重要。原因無他，就是因為這麼多世紀以來的傳統使其然也……〔原文就有的刪節號〕其差別就在於傳統加諸於信徒的。那完全是主觀的，沒有一點客觀的價值。

　　　　你(在《用油畫傑作來作德育》裡的〈耶穌的勇氣〉篇)說：「對蘇格

83　Henry Jackson, *Great Pictures as Moral Teachers*, pp. 175-176.
84　Henry Jackson, *Great Pictures as Moral Teachers*, pp. 176, 177.

拉底而言，他的死只是他個人的問題。對耶穌而言，則牽涉到罪與寬恕的問題。」那不正確。蘇格拉底的問題不只是他個人之死。

蘇格拉底為真理而死；他為求真而死。他得罪了〔雅典〕那些德高望重的人士，因為他要探究他們的行為和道德；因為他相信「未經檢視的人生不值得活。」他被迫害的方法和罪名跟耶穌並沒有什麼不同。在他死以前，他的朋友要幫忙他逃走，但他拒絕。他用他的死來作身教，教導我們：「只有真善美的生命——不是所有的生命——才值得去珍惜的；只有不義、不法——而不是死——才是必須避之唯恐不及的。」……〔原文就有的刪節號〕

如果希臘人跟猶太人一樣地富有宗教情懷，如果克里托(Crito)、斐多(Phaedo)跟柏拉圖跟加利利的漁人一樣地頭腦簡單，如果蘇格拉底的學說多注重一點神靈方面，說不定蘇格拉底學說也可能變成一個宗教，蘇格拉底說不定也可能變成一個神……〔原文就有的刪節號〕

我並不否認耶穌的勇氣，但我也不能坐視蘇格拉底被貶低。[85]

　　節克生牧師在跟胡適通信以前，已經對基督教產生了許多的疑問，已經有了離開教會的念頭。胡適的雄辯使他萌生破釜沉舟的決心。根據胡適在1939年4月22日的日記所附的訃聞，節克生牧師確實是在1915年脫離了教會，從事社會服務，特別是教育與社區的服務。他後來出任設立在紐約的「社會工程研究所」(Social Engineering Institute)的所長[86]，積極從事研究、批判與遊說聯邦社會立法的工作。這正應驗了韋蓮司對胡適說的一句至理名言：「你應該理解我們之所以會接納別人意見的訣竅在哪裡。當一個人願意去請教別人的時候，他自己實際上已經有了四分之三的答案。在這種情形出現以前，說得再多，都只是徒然用自己的頭去撞牆壁而已。我常覺得一個人比較願意去向自家以外的人傾吐、聆聽他們

85　《胡適日記全集》，1：562-564。
86　《胡適日記全集》，7：646-647。

的意見，這其實是相當理性的本能。」[87]這句至理名言是韋蓮司從她跟她母親困難的關係裡悟出來的。

　　無論如何，胡適在1915年1月底到紐約去的時候，在節克生牧師的堅邀之下，在22日坐火車到節克生在新澤西州北曼克雷爾(Upper Montclair)的家去住了一個晚上。胡適在《留學日記》裡記說：「夜與此君談宗教問題甚久。此君亦不滿意於此邦之宗教團體(organized Christianity)。以為專事虛文，不求真際。今之所謂宗教家，但知赴教堂作禮拜，而於耶穌所傳真理則視為具文。」[88]他們當晚的談話一定是感動了節克生。胡適才在1月24日傍晚回到綺色佳，節克生在第二天晚上就迢迢地到綺色佳去找了胡適長談。胡適在給韋蓮司的信上作了一個非常賦有宗教意味的描述。胡適把自己描寫成作告解(confession)的神父，接受節克生牧師的懺悔：

　　　　今晚，我跟節克生牧師(就是我最近跟妳提起的那位)在我的房間裡談得很好。我當了聽他告解的神父，聽他訴說所有他內心裡到底要說真話還是妥協——或者用他自己的話來說，是要「〔追隨〕耶穌還是〔要當〕耶穌會辯士」(Jesus vs Jesuitism)——之間的掙扎。他對基督教有很多意見；他對教會體制下的基督教不滿意已經有相當一段時間了。但是他一直沒有勇氣公開說他心中看見的事實；他一直在作妥協。他的教會，或者應該說，他教會裡的一部分人，不願意看到改變。

　　　　他現在已經決定離開教會。不久以後，他就要把他對基督教和教會的看法公諸於世。他想要作一個自由的人，自由地去說和寫他所相信的真理。他要在七月以後搬來綺色佳住。我讀了一段約翰·墨理(John Morley)在《論妥協》(On Compromise)〔韋蓮司在兩個月以前推薦給胡適讀的書〕的話，即「世人的微笑值多少呢？而為了贏得它〔我們得犧

87　Clifford Williams to Hu, April 23, 1915；請參見拙著，《星星·月亮·太陽——胡適的情感世界》，頁62。
88　《胡適日記全集》，2：17。

牲我們的道德勇氣；還有那世人的皺眉又值多少呢？而我們對它的恐懼
居然遠勝於真理的萎縮以及我們內心靈魂之光的漸行漸熄。頁
197。〕」開頭的那句話。他很喜歡這段話。他說他需要像這樣的書來
作他的道德良藥。所以，我就把我「這本我送給我自己的生日禮物」
〔即墨理的《論妥協》〕借給他。我同時也借給他易卜生的《國民公
敵》。[89]

　　這一場由無神論的胡適扮演告解神父，聽節克生牧師的懺悔的真實戲可能是
宗教史上的第一齣。這也是胡適留美時期在宗教上所經歷的心路歷程的高潮。超
越了基督教的宗教感應的胡適在這裡所刻意營造的，是一個挪用；是一個徹底顛
覆的挪用；是由無神論的他去告解一個即將宣告脫離教會的牧師。用教會裡的人
的話來說，胡適的作法是褻瀆神聖的(sacrilege)。然而，胡適會用天主教儀式的
語言來還制基督教，來敘述一個脫教的行為，其所意義不只是我在前邊所說的，
顯示出他比所謂的基督徒更基督徒，不只是顯示出他對耶穌的教義的真髓的服膺
要遠勝於所謂的基督徒，它更意味著胡適「作聖」的抱負。胡適從在上海求學到
美國留學的初期，一直有著修身的焦慮。諷刺的是，經過、然後超越了基督教的
宗教感應的他，一掃他那一直如影隨形的修身的焦慮。不僅如此，由於他有那比
基督徒還基督徒的信心，由於他有那比基督徒還更服膺耶穌教義的真髓的優越
感，如果胡適曾經有過「以期作聖」的抱負，就正是此時也！

　　言歸正傳，回到胡適跟節克生牧師辯論耶穌和蘇格拉底。胡適在留美的時
候，多次讀了柏拉圖所寫的蘇格拉底。他第一次在《留學日記》裡提到柏拉圖和
蘇格拉底是在1911年7月4日：「讀Plato's *Apology of Socrates*〔蘇格拉底的《申
辯》」。」[90]顯然是自修，因為當時暑期班還沒開學。1912年秋天，他有幾次提
到他在讀柏拉圖的《共和國》。最值得注意的，是11月5日的日記：「是日重讀
Plato's *Apology, Crito,* and *Phaedo*〔《申辯》、《克里托》、《斐多》〕三書，益

89　Hu Shih to Clifford Williams, January 25, 1915，《胡適全集》，40：34-35。
90　《胡適日記全集》，1：161。

喜之。」[91]這還是有可能是他課外的自修。當然，也有可能是他在狄理教授的「倫理學」課上的讀物。現在北京大學所藏的胡適藏書裡，有兩本胡適在1915年11月買的三本書。當時胡適已經在哥倫比亞大學了。這三本書在扉頁都有胡適的簽名，都劃得密密麻麻的，而且作箋註的地方所在多有。一本是《蘇格拉底對話：柏拉圖與色諾芬作》(*Socratic Discourses by Plato and Xenophon*)[92]。這本書的最後一頁還有胡適的英文註記：「1915年11月26日，第二次讀完。」第二本是《柏拉圖五大對話：與詩興相關者》(*Five Dialogues of Plato bearing on Poetic Inspiration*)[93]。第三本是《柏拉圖五大對話》(*Five Dialogues of Plato*)，在這本書的〈斐德拉司〉(Phaedrus)篇末有胡適的注記：「吾嘗謂此篇與*Symposium*〔饗宴篇〕相伯仲而難為尹邢。昨張仲述〔彭春〕告我以此在伯氏文中為第一。今夜重讀之，果然。四年〔1915〕十一月廿三夜，適。」

　　我在這裡想要說的重點是，胡適對蘇格拉底、柏拉圖是下過功夫的。他對節克生牧師所說的話不是信口雌黃，而是經過多年精讀蘇格拉底、作過深思以後所說的話。有趣的是，胡適對基督教的反動，或者說，對所有宗教的反感，也在在地反映在他對蘇格拉底的評價——當時的頂禮、對比後來的失望——上。1926年，胡適到英國去開英國退還庚款的會議。11月中，他訪問北愛爾蘭的貝爾法斯特(Belfast)大學的時候，該校的副校長李文思敦(R. W. Livingstone)爵士送給他一本他所編的《希臘的經典選萃》(*The Pageant of Greece*)[94]。胡適在回程的火車上翻閱了這本書。最有意味的，是他12月20日在日記裡所寫下的一段話：

　　　　晚上想起Socrates〔蘇格拉底〕臨死時說：

　　　　Crito, I owe a cock to Asclepius; will you remember to pay the debt?〔克里托！我欠艾司克里匹厄司一隻公雞。你能記得替我還這個債嗎？〕

　　　　我初以為Asclepius〔艾司克里匹厄司〕是一個人。上月在Belfast〔貝

91　《胡適日記全集》，1：217、221、224。
92　*Socratic Discourses by Plato and Xenophon* (London: J. M. Dent & Sons, 1913).
93　*Five Dialogues of Plato bearing on Poetic Inspiration* (London: J. M. Dent & Sons, 1913).
94　R. W. Livingstone, ed., *The Pageant of Greece* (Oxford at the Clarendon Press, 1923).

爾法斯特〕承Dr. R. W. Livingstone〔李文思敦博士〕送我一部*Pageant of Greece*〔《希臘的經典選萃》〕，在火車上看見頁148引此段，注云：

Cocks were sacrificed to Asclepius, in whose temples the sick slept for treatment. 'Socrates hopes to awake cured like these' (Burnet)〔公雞是用來獻祭給艾司克里匹厄司的。病人睡在艾司克里匹厄司的廟裡，在睡夢中接受治療。「蘇格拉底希望醒來以後能夠痊癒」（根據伯內特的詮釋）〕

始知Asclepius〔艾司克里匹厄司〕是一個神。p. 149〔頁〕載有「祭獻Asclepius〔艾司克里匹厄司〕& Hygeia〔海姬婭〕石刻像」。十幾年的一個誤解，方才明白！譯書之難如此！記此以自警。

依Burnet〔伯內特〕的說法，Socrates〔蘇格拉底〕臨死時許願，以一隻雞獻A〔艾司克里匹厄司〕神，希冀甦醒來時無恙。此說似有理。然一個絕代好漢，到頭來這樣露出小家相來，未免煞風景！時代影響之深入人心如此！[95]

　　其實，胡適完全誤解了伯內特那句話的意思。蘇格拉底臨終所說的這句話是什麼意思，到現在為止並沒有定論。伯內特的說法代表了大多數學者的看法，但完全不是胡適所理解的意思。伯內特所謂的蘇格拉底希望醒來以後能夠「痊癒」──不是胡適說的「無恙」──是有它特定的意涵的；是跟蘇格拉底的「靈魂不滅論」是息息相關的。所以，伯內特的那句話，意思剛好跟胡適的理解相反，並不是蘇格拉底想要又活回來的意思，而其實是寓意的說法。伯內特所謂的「痊癒」是意指：活著是病，死才是痊癒；蘇格拉底是要謝謝艾司克里匹厄司用死亡治療法來醫好他的活命病。這個詮釋是最多學者所接受的。

　　這個詮釋讓人信服的地方，是我們可以在〈斐多〉篇裡找到蘇格拉底所說的

95　《胡適日記全集》，4：600。

話來作佐證。蘇格拉底說身體是靈魂的桎梏，身體是靈修的障礙：

> 　　經驗證明了如果我們要有純粹的知識，我們就必須擺脫我們的身體——
> 靈魂必須親自去透視事物的本身。只有如此，我們才能得到我們自詡爲
> 愛智者所希冀的智慧；只有我們死後，而不是我們活著的時候，這才有
> 可能。只要身體亦步亦趨一天，靈魂就不可能會有純粹的知識，其結果
> 就只有兩個：或者知識是永遠不可企及的；或者只有在人死後才可能企
> 及。這是因爲只有在人死了以後，靈魂才可能離開身體而獨立存在。
> 　　蘇格拉底安慰那些在死牢裡陪同他人生最後的時刻的朋友和弟子說：
> 　　我的好朋友！如果我以上所說的話是正確的，則我們有理由相信在我
> 人生旅途的盡頭，我就可以在我要去的地方找到了我一生所追求的東
> 西。因此，我要興高采烈的上路。其實，不只是我，每一個相信他的心
> 已經準備好了，而且相信他已經被滌淨了的人都應該用如此的心情上
> 路。[96]

　　胡適所以會有這樣的誤解是很可理解的。一方面，在1926年的時候，胡適讀
柏拉圖已經是十幾年前的事了。他不一定還記得蘇格拉底的「靈魂不滅論」。另
一方面，李文思敦爵士就引了這句話，而不加任何引申。況且胡適畢竟不是專門
研究柏拉圖或希臘哲學的人，他不見得會知道學者對蘇格拉底臨終那句話的詮釋
與爭論。因此，在乍讀了伯內特那句話，說：「病人睡在艾司克里匹厄司的廟
裡，在睡夢中接受治療」；胡適就把它詮釋爲：「蘇格拉底希望醒來以後能夠痊
癒。」於是，胡適十幾年來心目中的「生命誠可貴，眞理價更高」的英雄，頓然
從天墮地。所以他才會大失所望地說：「一個絕代好漢，到頭來這樣露出小家相
來！」

　　蘇格拉底臨終那句話有另外一個詮釋，雖然沒有多少學者附和，是頗值得一

96　"Phaedo," in B. Jowett tr., Louis Loomis, ed., *Plato* (New York: Classics Club, 1942), pp. 96-97.

提的。根據這個說法，蘇格拉底所要獻祭的公雞，是要用來謝謝艾司克里匹厄司醫好了柏拉圖的病。這個說法雖然沒有證據，但是很值得玩味的。我們記得描寫蘇格拉底之死的〈斐多〉篇是柏拉圖所寫的。蘇格拉底被處死當天，柏拉圖因爲生病沒有在場。柏拉圖很技巧地在〈斐多〉篇開始不久，就由斐多口中提到柏拉圖因爲生病而不在場。柏拉圖的病一定是很嚴重的，否則他不可能不會不去陪蘇格拉底走完他在人間的最後一程。蘇格拉底嚥氣之前突然冒出了要一隻公雞的事，其他什麼都沒說，誠然讓人丈二金剛摸不著頭腦。然而，如果我們把它放在柏拉圖痊癒，放在蘇格拉底相信人死之前有通靈的能力的脈絡下來看，蘇格拉底是已經看見柏拉圖終會痊癒，因此，他要克里托帶一隻公雞去獻祭給艾司克里匹厄司。蘇格拉底在嚥氣之前還會想到柏拉圖，當然會讓柏拉圖感激莫名。更重要的是這在學術傳承上所作的暗示的意義。那就彷彿是蘇格拉底透過了他的遺命宣示：柏拉圖不死，蘇格拉底的哲學就會有其傳承，不會成爲絕學。不管是因爲柏拉圖自謙，還是因爲他自大，還是因爲他是第一流的寫作高手，他把這個傳承的故事的伏筆都安好了，只差沒有點破而已[97]。

孔教運動：從支持到批判

胡適對孔教運動的態度一直是爲人所誤解的。這又再次地說明了爲什麼我們對先入爲主的觀念必須保持戒慎的態度。由於在一般人的印象裡，留學歸國以後的胡適是跟提倡打倒孔家店的《新青年》是站在同一戰線上的，所以以人們總認爲胡適一向就是反對孔教運動的。事實上，就像胡適跟基督教有他先親和、後拒斥的一段合離的心路歷程；而且，即使在他對基督教的宗教情懷冷卻以後，胡適雖然終其一生批判、甚至是憎惡作爲宗教體制的基督教，但這絲毫都沒有減損他的宗教情懷，更不妨礙他敬佩耶穌的倫理道德教訓。同樣地，胡適對孔子和儒家或儒教的態度，也有幾乎完全雷同的心路歷程以及幾乎完全雷同的分殊。換句話

97　Glenn Most, "A Cock for Asclepius," *The Classical Quarterly, New Series*, Vol. 43.1（1993）, pp. 96-111.

說，胡適對儒教也經過了一段宗教上的探索，儘管這個探索是在智性的層面，而完全沒有牽涉到任何宗教感應的情愫。同樣地，等他對儒教作爲一個宗教運動的可取性與可行性作出否定的結論以後，胡適對孔子和個別儒學大家的「知其不可爲而爲之」的宗教情懷、以及「格物致知」的執著，胡適有他的崇敬與頂禮。然而，對儒家體制，特別是與國家政權比附的儒家體制，胡適是睥睨以視之的。

胡適對儒家作爲思想道德的理念與儒家作爲一個權威體制之間所作的分殊，在在地反映在他在1959年春天所接受的一個訪問裡。當時在美國華盛頓州西雅圖華盛頓大學任教的施友忠，到台北南港中央研究院，也就是現在「胡適紀念館」所在的「胡適故居」訪問胡適。這篇用英文發表的訪問稿，在約略介紹了胡適的生平思想以後，摘述了胡適對他一生參與的一些重大事件的回顧，其中之一有關儒家。胡適強調他並沒有參加五四時期「打倒孔家店」的運動。相反地，他說他在《中國哲學史大綱》裡，對孔子的邏輯思想給了相當高的評價。他回想起來，覺得他當時實在太抬舉孔子了。他說在那之前，他才剛研究了孔德。施友忠說「孔德的實證主義和人文主義也是胡適信念的一部分。」胡適解釋說他所以支持吳虞，願意替他的文錄寫序，是因爲他有意要用平等的眼光來評判先秦諸子。「這個意念，再加上他作爲一個人文主義者和實證主義者的態度，使他成爲那些歷來被冷落的諸子，特別是墨子的擁護者，同時也對獨尊孔子的作法予以當頭棒喝。」[98]

胡適在這個訪問裡提到孔德，同時又以實證主義者自居，對習於視胡適爲實驗主義者的人而言，固然可以語驚四座。然而，這完全符合我在第五章所說的，胡適在哲學思想上有糅雜、調和、挪用的傾向。無論如何，這個訪問的重點在於說明了胡適所批判的，不是儒家的本身，而是儒家與國家、社會、知識權力之間互利共生的關係。胡適在留美時期對儒教的合離過程，就是他這個親和宗教情操、憎惡體制權力的分殊歷程最好的寫照。

胡適第一次在《留學日記》裡談到他在康乃爾大學演講「孔教」是在1912年

98　Vincent Y. C. Shih, "A Talk with Hu Shih," *The China Quarterly*, 10 (April-June, 1962), pp. 158-159.

12月1日星期天的日記：「昨夜二時始就寢，今晨七時已起，作一文爲今日演說之用。十二時下山，至車站迎任叔永（鴻雋），同來者楊宏甫（銓），皆中國公學同學也。二君皆爲南京政府秘書。叔永嘗主天津《民意報》。然二君志在求學，故乞政府資遣來此邦……下午四時在Barnes Hall〔芭痕院〕演說『孔教』，一時畢，有質問者，復與談半小時……」[99]這很有可能是胡適給他所主持的「傳道班」的學生所作的演講。我們記得我在本章上一節提到胡適爲「康乃爾大學基督教青年會」主持了一個「傳道班」。這個「中國傳道班」上課的時間就是在星期天下午四點半，上課的地點就是芭痕院。有趣的是，根據《康乃爾太陽日報》的報導，胡適演講的題目是「儒家與道教」（Confucianism and Taoism）[100]。當然，報紙的報導經常是錯誤叢出的。所以我們並不能確定胡適當天的演講究竟是只講儒家還是也講了道家。然而，值得注意的是，胡適是把"Confucianism"翻成「孔教」，而不是儒家。我們很可惜不知道胡適這篇演講的內容。然而，擁護孔教的梅光迪在1913年2月5日在他給胡適寫的信上說：「讀孔教演稿，傾倒之至。」[101]

我們不知道胡適在1912年12月1日這篇「孔教」的演講的主旨爲何。然而，如果他能讓梅光迪「傾倒之至」，則一定不會是梅光迪所不能認可的。梅光迪在此之前已經屢次在信上跟胡適談過孔教的問題。我在本章前一節提到了梅光迪1912年6月下旬，去參加了「北美中國基督徒留學生協會」在威斯康辛州的日內瓦湖所舉辦的夏令營。跟胡適一樣在基督教夏令營受到震蕩的梅光迪，在回學校以後寫給胡適的信上說：「迪對於此會感觸至深，自此一行頓覺有一千鈞重任置於我肩上，然此重任願與足下共荷之也。蓋今後始知耶教之眞可貴，始知耶教與孔教眞是一家，於是迪向來崇拜孔教之心，今後更有以自信，於是今後提倡孔教之心更覺不容已，此所謂千鈞重任者也。」梅光迪又接著說：

迪自來此邦，益信孔教之有用。前與足下已屢言之：欲得眞孔教，非

99 《胡適日記全集》，1：225。
100 "Sunday, December 1," *Cornell Daily Sun*, XXXIII.58, November 30 1912, p. 5.
101 梅光迪致胡適，[1913年]2月5日，《胡適遺稿及秘藏書信》，33：403。

推倒秦漢以來諸儒之腐說不可。此意又足下所素表同情者。然國人知此意者絕少，海外同人更無人提及。此乃最可痛哭者耳。迪謂吾國政治問題已解決，其次急欲待解決者即宗教問題。

梅光迪說：「吾國政治問題已解決。」這不只是他一個人一廂情願的想法。當時的留學生裡有這樣想法的所在多有。在他的理想裡，孔教與基督教的結合與互補，將是解決人類宗教問題的鎖鑰。然而，在達到這個目標以前，中國人自己必須先昌明孔教。在教義與制度上，把孔教提昇到與基督教可以不相伯仲的程度。這也就是為什麼梅光迪在從日內瓦湖的基督教夏令營回來以後，會在信上告訴胡適說他有「千鈞重任」之感的原因：

> 吾輩今日之責在昌明真孔教，在昌明孔耶相同之說。一面為使本國人消除仇視耶教之見，一面使外國人消除仇視孔教之見。兩教合一，而後吾國之宗教問題解決矣。今日偶與韓安君談及此事，韓君極贊吾說，並囑迪發起一「孔教研究會」與同志者討論。將來發行書報，中英文並列。迪思此事為莫大之業，且刻不容緩，晚與許肇南、朱達善兩君談及，兩君亦極贊成。故即函商吾子，不知以為何如？若吾子表同情，東來後當與吾子細談此事及商定章程辦法。吾子通人，又熱心復興古學之士，諒必有以教我。迪極信孔、耶一家。孔教興則耶教自興；且孔、耶亦各有缺點，必互相比較，截長補短而後能美滿無憾。將來孔耶兩教合一，通行世界，非徒吾國之福，亦各國之福也。

梅光迪這封信裡，還有一段非常重要的論點，跟一年半以後，胡適在康乃爾大學的演講有雷同的地方。這個論點是有關中國古代的宗教。梅光迪說：

> 吾國宗教原於古代鬼神卜筮之說。又崇拜偶像起於《傳》〔《禮記：〈祭法〉》〕所謂「以勤死事則祀之」一語。在古人之意不過備其學說

之端及崇德報功之意，並無所謂迷信，無所謂因果禍福。後世教育不
講，民智日卑，而鬼神禍福之說乘勢以張。又自暴秦坑儒專制體成，誦
經之士乃以尊君爲學。西漢諸儒咬文嚼字，牽強附會，務以求合時主心
理，蓋不如是不足以進身取容也。

最後，梅光迪在這封長信裡提到了陳煥章的書。他說：「近者，陳煥章出一
書，名曰*The Economic Principles of Confucius and His School*〔孔子及其學派的經
濟原理〕，乃奇書。迪雖未見之，然觀某報評語，其內容可知。足下曾見此書
否？陳君眞豪傑之士，不愧爲孔教功臣。將來『孔教研究會』成立，陳君必能爲
會中盡力也。」[102]

胡適的回信可惜現已不存。然而，從梅光迪接著所寫的信看來，他認爲胡適
是大體贊成他在那封長信裡的論點的：「足下對於迪前函諒表贊成，尙望將所作
數百言而中心之書寄下，以觀足下高論之一斑也。」[103]從梅光迪過後又寫的另外
一封信，我們可以推測他們之間即使有歧見，至少梅光迪認爲他們已經大致有了
共識：「吾子匡我甚是，然吾二人所見大致已無異矣。」事實上，梅光迪自己了
解他跟胡適之間有一個關鍵性的歧見存在，那就在於孔教是否爲宗教的問題：
「近得見陳煥章之書(藏書樓中有之)，推闡孔教眞理極多，可謂推倒一世。望足
下一讀之也。惟陳君亦以孔教爲宗教，若以吾子之說繩之，亦有缺憾，尙望吾子
有以告我。」[104]這個歧見是一個關鍵，也可能就是胡適後來會轉而批判孔教的一
個重要的原因。這點，請詳見下文。

1913學年度，「康乃爾大學基督教青年會」舉辦了一個「宗教之比較研究」
(Comparative Study of Religions)系列的演講，分一整學年講完。根據胡適在1914
年1月28日《留學日記》的記載，這個系列的演講一共有二十三次。從宗教史、
原始宗教、猶太教、印度教、佛教、基督教、孔教、道教到日本的神道。胡適在

---

102 梅光迪致胡適，[1912年]6月25日，《胡適遺稿及秘藏書信》，33：373-378。
103 梅光迪致胡適，[1912年]7月3日，《胡適遺稿及秘藏書信》，33：379。
104 梅光迪致胡適，[1912年]7月8日，《胡適遺稿及秘藏書信》，33：381。

日記裡說：

> 主講者多校中大師，或其他校名宿。余亦受招主講三題：一、中國古
> 代之國教；二、孔教；三、道教。余之濫芋其間，殊爲榮幸。故頗兢兢
> 自惕，以不稱事爲懼。此三題至需四星期之預備始敢發言。第一題尤
> 難，以材料寥落，無從摭拾也。然預備此諸題時，得益殊不少；於第一
> 題尤有心得。蓋吾人向所謂知者，約略領會而已。即如孔教究竟何謂
> 耶？今欲演説，則非將從前所約略知識者一一條析論列之，一一以明白
> 易解之言疏説之不可。向之所模糊領會者，經此一番爐冶，都成有統系
> 的學識矣。余之得益正坐此耳。此演説之大益，所謂教學相長者是也。
> 105

　　胡適的這三個演講是這一系列演講的第四、五、六次的演講，一口氣在三個
星期內講完，演講的日子在星期四。他的〈中國古代之國教〉是在1913年11月6
日下午4點45分開講的。根據《康乃爾太陽日報》當天的報導，胡適的這篇演講
會從公元前23世紀，也就是胡適所說的中國信史的開始說起。可惜我們不知道胡
適這個中國信史開始的年代的根據是什麼。這篇報導說，胡適會分析中國古代之
國教與儒家的不同，並指出其對後來的道教的影響。演講的第一個部分將著重於
歷史跟宗教的形式；第二部分，則在分析其哲學及其根本的教條，包括古代中國
對來生的看法[106]。

　　胡適演講過後的第二天，《康乃爾太陽日報》又寫了一篇報導。根據這篇報
導，胡適說一般西方人以爲中國的國教不是儒、就是釋、再不然就是道，或者是
這三教的混合。胡適說這個了解是錯誤的。胡適說中國古代的國教早在孔子、老
子出生以前的18、20個世紀以前就已經存在了。不但如此，這個國教到今天還存

---

105 《胡適日記全集》，1：264-265。
106 "Lecture on 'State Religion of China,'" *Cornell Daily Sun*, XXXIV.40, November 6 1913,
　　 p. 6.

在。它跟儒教、道教的關係，很類似猶太教和基督教之間的關係。古代中國人心目中的上帝雖然不是宇宙的造物者，但他也是萬能和公正的。古代的中國人所相信的是現世報。他們認爲一個人有兩個靈魂。其中一個是在人死以後，就跟著一起死了；另外一個則昇天。人死了以後，靈魂的處境如何，並沒有確切的說法。有一派認爲人沒有來世。另外有一派則相信立功的不朽。由於這種哲學的觀點沒有辦法滿足一般人的要求。所以，當佛教傳入中國的時候，中國人是張開雙臂去迎接的。胡適說：據報導，中國國教裡的天壇，可能會變成農業部的農業實驗站。他說如果這個報導正確，那就意味著中國的國教終於將隨著帝制的滅亡而走入歷史[107]。

胡適在這篇〈中國古代之國教〉演講裡說古代中國人相信一個人有兩個靈魂，一個靈魂隨形之死而死，另一個則昇天。這顯然是根據《禮記：〈郊特牲〉》：「魂氣歸於天，形魄歸於地。」隨著形而死的靈魂叫作「魄」，昇天之靈叫作「魂」。孔穎達在《左傳：〈昭公七年〉》的注疏裡說：「人之生也，始變化爲形，形之靈者名之曰魄也。既生魄矣，魄內自有陽氣。氣之神者，名之曰魂也。」這一昇一降的原因，孔穎達說是因爲：「以魂本附氣，氣必上浮，故言『魂氣歸於天』；魄本歸形，形既入土，故言『形魄歸於地』。」

胡適在這篇演講裡又說中國古代沒有來世說，只有現世報，相信立功的不朽。我們記得在上文所引梅光迪1912年6月25日的那一封長信。梅光迪在那封信裡說：《禮記：〈祭法〉》裡有「以勸死事則祀之」一語，其寓意只不過是在崇德報功，無所謂迷信，無所謂因果禍福的說法。這跟胡適在這篇演講的立論雷同。我們不知道這是他們「英雄所見略同」，還是胡適受了梅光迪的啓發。無論如何，胡適在這篇〈中國古代之國教〉演講裡所作的立論，他在日後會繼續發揮。但這是後話。

胡適接著在11月13日講「孔教」。根據《康乃爾太陽日報》在演講當天的預告，胡適在演講裡會說明爲什麼孔子是人類歷史上最偉大的改革家；而且也會用

107　"State Religion of China Now History," *Cornell Daily Sun*, XXXIV.41, November 7 1913, p. 2.

孔子的人格特性，來說明他為什麼能成為一個偉大的領導者，以及他為什麼與其他改革家不同[108]。在胡適演講的次日，《康乃爾太陽日報》又有一篇報導摘述胡適演講的內容。該報導說：胡適在「孔教」的演講裡說孔子不但是一個偉大的哲學家、老師、政治家，最重要的是，他還是一個偉大的改革家。他說孔子生在亂世。那個亂世，他說用孟子在〈滕文公下〉篇的話來形容，是：「世衰道微，邪說暴行有作。臣弒其君者有之，子弒其父者有之。」孔子認為他的使命就在救世新民。終其一生，胡適說孔子不改其救世新民的初衷。他周遊的列國，凡七十之多。其目的在於尋找機會把他的學說付諸實際以裨益人類。胡適說孔子的執著，引來那些保持著出世哲學的人的嘲諷、嗟嘆與訕笑。胡適說有一個隱者說得最好，他形容孔子：「是知其不可為而為之者與？」胡適說孔子常說天下無道。他的志向是要讓這個無道的世界回到有道。胡適說孔子的時代是儒家的黃金時代 (Golden Age)，是人間樂土(Heaven on Earth)，是人間天堂(Paradise of Man)。[109] 這篇報導的最後這幾句話有點不知所云，即使胡適確實說了這幾個句子，也可能是讓記者給斷章取義了。重點是胡適在這篇演講裡的主旨。從胡適說孔子是一個改革家這個論點來看，康有為的《孔子改制考》對他的影響是呼之欲出。

　　胡適演講「道教」是在11月20日。可惜《康乃爾太陽日報》只有當天演講之前的報導，而沒有演講過後的摘述。根據這篇預告，胡適這個演講分成兩個部分。在第一個部分裡，胡適會描述老子的生平，說明老子返璞歸真的道理，然後再詳細地分析他無為、柔弱勝剛強的理論。在演講的第二個部分，胡適將會討論道教作為宗教的發展。胡適說道教其實只是後來的人把老子學說穿鑿附會地拿來利用。他會在演講裡描述道教每況愈下，以至於淪落到當代荒謬不堪的境地[110]。

　　胡適對孔教的問題顯然是用了心神去作思索。他演講孔教是在1913年11月13

---

108 "Chinese Student to Tell of Confucianism," *Cornell Daily Sun*, XXXIV.46, November 13 1913, p. 3.

109 "Confucius A Great Chinese Reformer," *Cornell Daily Sun*, XXXIV.47, November 14 1913, p. 3.

110 "Suh Hu, '13, to Speak on 'Taoism,'" *Cornell Daily Sun*, XXXIV.52, November 20 1913, p. 7.

日。到了1914年1月23日，他仍然還在爲這個問題而困擾著，還是沒找到他的立論的基點。他在當天的《留學日記》裡說：

今人多言宗教問題，有倡以孔教爲國教者，近來余頗以此事縈心。昨覆許怡蓀書，設問題若干，亦不能自行解決也，錄之供後日研思：

一、立國究須宗教否？

二、中國究須宗教否？

三、如須有宗教，則以何教爲宜？

　　1.孔教耶？2.佛教耶？3.耶教耶？

四、如復興孔教，究竟何者是孔教？

　　1.孔教之經典是何書？

　　　(1)《詩》；(2)《書》；(3)《易》；(4)《春秋》；(5)《禮記》；(6)《論語》；(7)《孟子》；(8)《大學》；(9)《中庸》；(10)《周禮》；(11)《儀禮》；(12)《孝經》

　　2.孔教二字所包何物？

　　　(1)專指《五經》、《四書》之精義耶？(2)《三禮》耶？(3)古代之宗教耶(祭祀)？(4)並及宋明理學耶？(5)並及二千五百年來之歷史習慣耶？

五、今日所謂復興孔教者，將爲二千五百年來之孔教歟？抑爲革新之孔教歟？

六、苟欲革新孔教，其道何由？

　　1.學說之革新耶？2.禮制之革新耶？3.並二者爲一耶？4.何以改之？從何入手？以何者爲根據？

七、吾國古代之學說，如管子、墨子、荀子，獨不可與孔、孟並尊耶？

八、如不當有宗教，則將何以易之？

　　1.倫理學說耶？東方之學說耶？西方之學說耶？

2. 法律政治耶？[111]

　　值得注意的是，胡適在這封存錄在他的日記裡的信，都是他所設的問題，而沒有解答。換句話說，胡適在這個時候仍然在掙扎著。立國需不需要有宗教？中國需不需要有國教？這個國教應該是哪一個宗教：孔教、佛教還是耶教？如果是孔教，則孔教指的又是什麼？如果孔教需要革新和復興，則革新、復興之道為何？為什麼只獨尊孔孟？其他先秦諸子呢？相反地，如果立國不應當有宗教，則該取代的又是什麼呢？這則日記重要的地方，就在告訴我們至遲到1914年年初，胡適對所有這些問題，包括孔教的問題，仍然沒有定論。

　　然而，胡適在此處為孔教的問題「縈心」，並不是像邵建所想像的，是因為胡適不懂美國政教分離的立國精神。邵建說胡適提出國教的問題「叫人出冷汗」。胡適會提出國教的問題，他認為是「表明胡適至少不熟悉美國的立國憲法，尤其是它的憲法修正案」。所以他替胡適下了一個蓋棺的論定：「胡適雖然浸泡在以自由為標誌的北美文化中，但這並不等於胡適就吃透了自由。」[112]事實上，美國憲法政教分離的原則是一個常識，這個道理在美國是連小學生都知道的。胡適對美國開國的歷史一直是有著濃厚的興趣。他對美國從邦聯到聯邦的發展歷程有著非常透徹的了解。就舉胡適在《留學日記》裡所記的兩個例子來作說明，他在1915年2月27日致《新共和》雜誌主編的信裡徵引了費思科(John Fiske)的《美國歷史的轉捩點》(*The Critical Period of American History, 1783-1789*)[113]。這本書所處理的重點就是美國立國的關鍵期，以及美國憲法制定的經過。胡適在1916年2月29日的日記：〈美國初期的政府的基礎〉裡引了有名的哥倫比亞大學史學教授畢爾德(Charles Beard)論開國元老漢密爾頓(Alexander Hamilton)的一段話。那一段話的出處是畢爾德所著的《傑佛遜派民主的經濟基礎》(*Economic Origins of Jeffersonian Democracy*)[114]。傑佛遜就是美國的開國元

---

111 《胡適日記全集》，1：256-257。
112 邵建，《瞧，這人——日記、書信、年譜中的胡適》，頁142。
113 《胡適日記全集》，2：57。
114 《胡適日記全集》，2：284；Charles Beard, *Economic Origins of Jeffersonian*

勛之一的湯姆斯‧傑佛遜。而所謂的「傑佛遜派的民主」的核心價值之一就是政教分離。

　　邵建以胡適的日記來讀胡適，是一個非常具有慧眼的方法。可惜他往往忽略了胡適在日記裡有意爲日後替他立傳者所植入的一些關鍵的資料。邵建會以爲胡適不了解美國立國政教分離這一個常識，完全忘卻了胡適不但是一個以覘國者自詡的人，而且是一個會投身浸淫於當地的政治、社會、文化，暫把他鄉作吾鄉以求深入了解的人。就像他在1916年11月9日的《留學日記》裡所說的：

> 余每居一地，輒視其地之政治社會事業如吾鄉吾邑之政治社會事業。以故每逢其地有政治活動，社會改良之事，輒喜與聞之。不獨與聞之也，又將投身其中，研究其利害是非，自附於吾所以爲近是之一派，與之同其得失喜懼……若不自認爲此社會之一分子，決不能知其中人士之觀察點，即有所見及，終是皮毛耳。若自認爲其中之一人，以其人之事業利害，認爲吾之事業利害，則觀察之點既同，觀察之結果自更親切矣。且此種閱歷，可養成一種留心公益事業之習慣，今人身居一地，乃視其地之利害得失若不相關，則其人他日回國，豈遽爾便能熱心於其一鄉一邑之利害得失乎？[115]

　　我們把胡適對孔教「縈心」、反覆深思的審愼態度，跟當時在中國請願立孔教作爲國教的運動相對比，就更有意味了。1913年8月15日，「孔教會」代表陳煥章、嚴復、梁啓超等人向參議院和眾議院請願，請於憲法中明文規定孔教爲國教。他們在〈孔教會請願書〉中說：中國「一切典章制度、政治法律，皆以孔子之經義爲根據。一切義理學術、禮俗習慣，皆以孔子之教化爲依歸。此孔子爲國教教主之由來也。」對於宗教自由跟國教的訂立，他們認爲兩者可以並行不悖：「信教自由者，消極政策也；特立國教者，積極政策也。二者並行不悖，相資爲

（續）————————————————————
　　　　Democracy (New York: The MacMillan Company, 1915), p. 131.
　115　《胡適日記全集》，2：438-439。

用……適當新定憲法之時，則不得不明著條文，定孔教爲國教，然後世道人心方有所維繫，政治法律方有可施行。」[116]

　　有趣的是，當「憲法起草委員會」在1913年10月13日審議時，所有三個贊成孔教運動的提案全都沒有得到法定三分之二的贊成票。「立孔教爲國教的議案」，在出席者40人當中，只有8人贊成；「中華民國以孔教爲人倫風化之大本」，贊成者15人；「中華民國以孔教爲人倫風化之大本，但其他宗教不害公安，人民得自由信仰」，贊成者11人。一直要到10月28日，《天壇憲草》已二讀通過，汪榮寶又提出在十九條第一項之後加上「國民教育以孔子之道爲倫理之大本」，又引起爭議，最後修正爲「國民教育以孔子之道爲修身之大本」，有31人贊成，獲得通過[117]。從這三個提案的表決結果，我們可以看出爭議的關鍵在於孔教究竟是不是宗教，以及中國是否應該在憲法裡訂立國教。

　　同樣的爭議，也出現在中國留美學生之間。「全美中國學生聯合會」所出版的《留美學生月報》的官方立場是反對定孔教爲國教。《留美學生月報》1913學年度主編魏文彬在11月號的〈社論〉裡，以美國憲法政教分離的規定爲例，說定孔教爲國教的運動是一個「反動的運動，違反了我國新共和政體的自由精神」[118]。魏文彬在1914年1月號的〈社論〉又再度聲明：「因爲我們不願意見到我們的民國把宗教變成政治的問題，我們一向就反對任何形式的國教。我們認爲孔教運動的領袖可以對社會作出貢獻的地方不在於把孔教變成國教，因爲那樣不好；而是在於用孔教來對儒家注以新生命，賦予它生氣，這對國家、對儒家本身都會有好處。」[119]徐承宗在1913年12月號的《留美學生月報》他所負責編輯的〈時事短評〉欄裡揶揄陳煥章。他說：「儒家究竟是倫理、習俗、道德還是宗

116 干春松，〈從康有爲到陳煥章——從孔教會看儒教在近代中國的發展之第二部分〉，http://www.reader8.cn/data/2008/0803/article_139957_6.html，2010年3月12日上網。

117 黃克武，〈民國初年孔教問題之爭論〉，《國立台灣師範大學歷史學報》，期12(1984)，頁206-210。

118 [Wen Pin Wei], "Religion and State," *The Chinese Students' Monthly*, IX.1 (November 10, 1913), p. 4.

119 [Wen Pin Wei], "A Typical Example of Ignorance," *The Chinese Students' Monthly*, IX.3 (January 10, 1914), p. 176.

教？諸多博士都還在爭辯著。但陳煥章博士要你相信儒家是一個宗教。」徐承宗
認爲儒家要把自己現代化都已經自顧不暇了，遑論其他：「光是重寫《禮記》或
是把儒家作品裡多妻的紀錄給剔除掉，本身就是一大工程。」他嗤笑陳煥章一方
面要定國教，另一方面有侈言宗教自由：「『確立國教，但准許人民信教自由』
這個矛盾，誰也騙不了。」[120]

　　《留美學生月報》1913學年度負責〈文藝欄〉的副主編的哈佛大學的張福
運，他後來是1916學年度「美東聯合會」的會長、1917學年度「全美中國學生聯
合會」的會長。張福運也特別寫了一篇〈儒家與國教〉（Confucianism and State
Religion）的文章。張福運反對孔教作爲國教的運動。他說他了解憂時之士會希望
透過宗教，來力挽辛亥革命以後中國社會的狂瀾。同時，他也了解儒家面臨了空
前的挑戰，但把孔教作爲國教並不是解決之道。首先，他認爲儒家不是宗教，而
完全是一個理性的思想系統。其次，他擔心把孔教定爲國教在政治上的後遺症。
他說外蒙古都已經利用辛亥革命而獨立了。萬一把孔教定爲國教，那是否會被西
藏、新疆、內蒙古那些不信奉儒家的人找來當藉口而宣布獨立？因此，張福運認
爲把孔教定爲國教是不智之舉。至於儒家的未來，他認爲最好的方法就是從教育
入手。他說可以由政府制定政策，規定儒家經典爲全國學校的必修課[121]。

　　當然，不是所有的留學生都反對孔教作爲國教的運動。當時在哥倫比亞大學
唸書的鄧宗瀛，就在讀了徐承宗揶揄陳煥章的文章以後，寫了一篇長文支持孔教
國教運動。他說雖然其他國家的經驗說明了一個國家有國教可能會帶來弊病，但
中國社會從辛亥革命以後所產生的「心靈亂象」（mental chaos）已經到了無法讓
人忍受的地步。他認爲只有靠國教的訂立，才可能把人民從這個亂象之中帶領出
來。他說只有孔教才可能扮演這個國教的角色，因爲它自古就是士紳與庶民的宗
教。爲了表明他不是一個狹隘的文化民族主義者，他還特別徵引了西方學者的詮
釋來作註腳。他說連美國的畢海瀾（Harlan Beach, 1854-1933）都承認「孔子是占

120　[Zuntsoon Zee], "Dr. Chen's New Confucianism," *The Chinese Students' Monthly*, IX.2
　　（December 10, 1913）, p. 111.
121　F. Chang, "Confucianism and State Religion," *The Chinese Students' Monthly*, IX.3
　　（January 10, 1914）, pp. 224-227.

全人類四分之一的人口，兩千五百年來心目中的『素王』。」當然，他也認爲孔教需要現代化；需要修正、需要重新詮釋；不合當代社會的，應該被淘汰；留下來的，也必須要更新；有不足的地方，還需要從外引進[122]。

作爲《留美學生月報》副主編的徐承宗當然反駁。鄧宗瀛既然挾洋自重，徐承宗也不甘示弱。他徵引了《中國評論》(China Review)〔可能是倫敦出版的傳教士的刊物〕裡「一個飽學的作者」的說法，說「儒家**壓根兒**……就不是一個宗教。儒家的本質不是倫理，而是一種對傳統禮儀酸腐(antiquarian)的執著；不是宗教，而是對人與神之間的關係採取一種存疑的否定；鼓勵人去祭祀人中的英傑，然後再配合上專制的政治理論。」即使是牛津大學的學術權威理雅各(James Legge, 1815-1897)，也只是在特定的意義之下稱儒家爲宗教，這也就是說，儒家是孔聖的學說加上孔子以前的一神教的組合[123]。

《留美學生月報》上的這些爭論引來了胡適的一篇文章，那就是他發表在該雜誌1914年5月號上的：〈中國的孔教運動：其歷史與批判〉(The Confucianist Movement in China: An Historical Account and Criticism)。這篇文章的珍貴，在於它表露了當時的胡適對孔教運動極爲正面的看法。胡適在這篇文章裡先用「歷史的眼光」——注意：胡適這「歷史的眼光」的提出，還是在他發現杜威的「史前史時代」——把孔教運動追溯到1880年代的康有爲。他說康有爲用「變」或進步的眼光，也就是《春秋》〈公羊傳〉「三世」之義——「據亂世」、「昇平世」、「太平世」——以及《禮記》裡的「小康」、「大同」的概念去重新詮釋儒家。胡適說，以康有爲爲代表的這些人：「不但稱孔子爲『素王』，而且說孟子是中國的盧梭。孟子的學說在從前是被用來提倡專制仁政(benevolent despotism)的誡訓(precepts)，現在則搖身一變成爲人民至上論(Supremacy of the People)。在這種新的詮釋之下，孔教就具有了現代和國際的意義。」

胡適說這個孔教運動震動士林，上從內閣大臣，下到舉人、秀才，支持者所

122 T. I. Dunn, "A Reply to 'Dr. Chen's New Confucianism,'" *The Chinese Students' Monthly*, IX.4 (February 10, 1914), pp. 331-337.
123 Zuntsoon Zee, "Dr. Chen's New Confucianism: A Rejoinder," *The Chinese Students' Monthly*, IX.4 (February 10, 1914), pp. 338-341.

在多有。他們對政治、社會改革的理想促成了「百日維新」。雖然「戊戌政變」使這個運動頓挫，但儒教學者一直就沒有停止用這個新的觀點來詮釋孔子的學說。最重要的是，中國思想界變化的速率遠遠超過了政治上的變化。胡適說：

　　戊戌以後的十五年之間，中國經歷了一場巨大的思想革命。在戊戌年間，誰敢談君主立憲，誰就會被迫害或斬首。然而，到了這個階段的尾聲，也就是1913年，沒有人敢再談君主立憲了；因為那太保守、太過時了。人們所談的是婦女參政和〔亨利・喬治的〕土地單一稅！由於篇幅所限，本文不可能分析造成這個鉅變的因素。簡言之，思想的革命既然已經進行了那麼多年，辛亥的政治革命就是不可避免的了。1776年〔的美國革命〕以及1789年〔的法國革命〕所代表的理想徹底地戰勝了東方的保守主義。傳統的迷信破產了，取代的是以新的道德面貌出現的新迷信。這個新道德是什麼呢？那就是：要自由，但不尊重其他人的自由；爭平等，但不計個人的才能與貢獻；說民主，但實際是暴民的統治！以愛國為名，軍人可以我行我素；以自由為口實，而可以作放蕩淫縱之行！暗殺已經成為常見的復仇手段！

　　在這樣的社會情況之下，胡適說憂時之士很自然地認為他們必須力挽狂瀾，以免整個社會的沉淪：

　　上述這些情況使年齡稍長與有心之士感到憂心。他們體會到中國的「全盤」破壞(iconoclasm)之路走過了頭。他們認為這個國家如果沒有一個高遠、穩重的道德，就會不保。就是在這種憂國憂時的心態之下，才會出現為中國找一個國教的想法。這個至重至要的問題的解決之道，有兩個最為人所接受的作法：一個是孔教的復興；另一個則是基督教的引介。但基督教有很多問題。在現階段把基督教拿來作為國教，就意味著另外一個破壞的災難。因此，復興孔教的運動逐漸地獲得了人民的支

持。

以上是胡適對孔教運動的歷史敘述。他說西方人對這個孔教運動存在了太多先入爲主的偏見。他要特別指出兩點來作指正。首先，孔教運動不是一個反動的運動，而是一個進步、具有正面意義的運動：

在西方，特別是在美國，很多人把這個運動看成是中國在進步當中的一個倒退的例子。這是一個帶有偏見的看法。孔教運動不算退步，就好像袁世凱先生請基督教會爲中國祈福不等於進步一樣。後者，衡諸後來〔袁世凱郊天祀孔〕的法案來看，根本就一個不折不扣的外交詐術(hypocrisy)而已。然而，目前的孔教運動是由眞正進步的人士在領導著。舉個例來說，〈孔教公會宣言〉的作者是嚴復，他所翻譯的亞當・斯密、孟德斯鳩、穆勒與史賓塞的書都已經成了中國的經典。孔教公會的創始人當中，還有梁啓超。他是「戊戌政變」的流亡者之一，他用他極其有力清晰的文筆把西方的觀念與理想介紹傳播給中國人。我們只需要指出這兩個人的名字，就可以很清楚地證明這個運動絕對不是一個退步的運動。

其次，孔教運動一點都不會妨礙基督教在中國的傳播。相反地，孔教的復興將會爲基督教在中國作深耕的工作，從而給予基督教一個沃壤，讓基督教更適合於中國的環境，從而得以在中國扎根：

另外一個誤解，是把這個運動視爲是對其他宗教，特別是在中國新興的基督教的威脅。這是無稽之談。我的信念是：如果基督教要在中國有任何的影響力，它必須要把基督的觀念移植到儒家倫理思想的土壤裡。因此，孔教的改造與復興，其實是先在本土的土壤上從事耕犁、施肥的工作，以便準備培植外國的種子。而且，我認爲基督教需要有一個對

手，至少在中國是如此。在西方，基督教已經有了科學這個勁敵；科學
已經強迫基督教修正了它的教義與儀式以適應於當代的思潮。在東方，
基督教還沒有遇到任何有組織的對手。我認爲一個改革了的孔教在不久
的將來可以是基督教一個有用的模仿對象，可以促使基督教去修正它的
一些教義與儀式，讓它能更適合於東方的環境。

當然，在胡適的眼光裡，孔教運動還有很長的一段路要走，才能作到能與基
督教抗衡的地位。從胡適對基督教歷史的了解，從胡適的宗教情懷以及他對宗教
的興趣來說，這意味著說，孔教運動必須經過類似基督教的宗教改革運動方才能
有復興的可能。胡適說：

　　這個運動在目前當然仍然是有很多瑕疵的。它最大的問題是，我們與
其說它是一個「改革」運動，不如說它只是孔教「復興」的運動。那些
眞正能對新儒教從事詮釋的人只占少數，對整個思想體系的全盤改造很
難有多大的影響力。其他的人附和這個運動，只不過是因爲它高舉著孔
教的旗幟。眞正的「孔教改革」還沒有發生。孔教運動者所必須去面臨
的重要、攸關其存亡的問題很多，跟那些問題相比，去獲得政府承認其
爲國教其實只是末節。

　　這些重要、攸關其存亡的問題是什麼問題呢？就是他在1914年1月23日的
《留學日記》裡摘錄下來的，他寫給許怡蓀的信裡所設定的問題。唯一的不同，
而且也是關鍵性的不同，就是他這時對國教的問題已經有了定論。換句話說，孔
教的「宗教改革」才是正題，成爲國教與否只是末節。所以，他原先在日記裡所
問的立國是否須要宗教的問題，也就自然地被他剔除了。因此，在〈中國的孔教
運動：其歷史與批判〉這篇文章裡，胡適所關切的問題，只剩下孔教的性質、定
義、內容、復興之道及其傳播的方法：

一、「孔教」指的是什麼呢？它只包括儒家的經典嗎？還是它也應該包括那在孔子之前就已經存在，而經常被大家與儒家思想裡的宗教成分攏統地混在一起看的中國古代的國教？或者它是否也應該包括宋明的理學？

二、哪些才可以算是孔教真正的經籍呢？我們是接受現有的經典呢？還是我們應該先用現代歷史研究與批判所發展出來的科學方法去整理它們，以便確定哪些是可信的？

三、這新的孔教究竟應該是中國傳統意義之下的宗教——這也就是說，「教」，亦即最寬廣的教育的意義？還是西方宗教的意義？換句話說，我們是止於重新詮釋儒家的倫理政治思想？還是去改造孔子對「天」以及生死的看法，以便使儒家既是一個超自然、超越現世的靈糧，又是一個在日常生活與人倫關係裡的嚮導？

四、我們應該用什麼樣的方法、透過什麼樣的管道去傳播儒家的思想呢？我們應該如何把儒家的思想教育給民眾呢？我們如何能把儒家的思想適合於當代的需要與變遷呢？

胡適說這些問題，每一個都是難題。解決之道也各自不同，有的須要集合學者從事篳路藍縷、皓首窮經的工作，有的則需要有宗教革命的領袖，絕對不是一蹴可幾的，而且也絕對沒有近路可走的：

這些問題，例如，用歷史研究和批判的方法來研究儒家的經典，就需要好幾十年，甚至是幾個世紀的工夫。其他的問題則需要像馬丁‧路德或喬治‧福克斯(George Fox, 1624-1691)〔註‧匱克派的創始人〕那種具有宗教的信念與感應(inspiration)的人。但這些都是真實、關鍵性的問題，是值得每一個中國學生，不管他相信不相信孔教，都必須去仔細嚴肅地探討的。否則，不管是用政府的力量去制定祭祀之法也好，或是用憲法或法規的制定也好，或者是在學校裡重新讀經的方法也好，孔教

都永遠不可能復興。因此，我認為我們沒有必要浪費精力去爭論孔教是否應該成為國教。大家難道不覺得我們好好地坐下來研究，仔細地去推敲我以上所提出來的問題，要遠比去徵引理雅各、畢海瀾、以及《中國評論》裡的「飽學的作者」贊成或反對孔教的文章要更有裨益嗎？[124]

　　胡適的這段結論有四個值得注意的地方。第一、就是他後來所一再強調的歷史的眼光，所以他才會說要「用歷史研究和批判的方法來研究儒家的經典。」從這個角度來看，胡適這篇〈中國的孔教運動：其歷史與批判〉彷彿就是他一生的歷史研究的計畫書。第二、孔教的問題不在復興，而是在改革。除了必須要用歷史的眼光去作研究以外，孔教須要有像馬丁・路德或喬治・福克斯那種具有宗教的信念與感應的領袖來作孔教的「宗教革命」。胡適曾否私心以馬丁・路德或喬治・福克斯自任，「以期作聖」？雖然沒有答案，但這是一個耐人尋味的問題。第三、胡適對孔教運動的看法於焉底定。孔教運動如果要有前途，根本之道就是用科學的、歷史的、批判的方法去作研究整理的工作。不只如此，孔教如果要成就為一個真正的宗教，它就必須要經過它自己的「宗教革命」。所有其他的作法都是末節。孔教運動想用憲法定孔教為國教，固然是捨本逐末。哈佛大學的留學生張福運在〈儒家與國教〉裡主張在學校裡讀經的方法，胡適同樣認為是末節。當然，胡適抨擊得最為嚴厲的還是袁世凱。他說「用政府的力量去制定祭祀之法」指的就是他在1914年2月4日的日記裡所說的：「報載『政治會議』通過大總統郊天祀孔法案。此種政策，可謂捨本逐末，天下本無事，庸人自擾之耳。」[125]

　　胡適在1914年11月16日的日記裡批判〈袁氏尊孔令〉。邵建批評胡適，說他打蛇無方，不知直擊其「七寸」之所在。他批評胡適「視而不見」〈袁氏尊孔令〉的「七寸」就在於袁世凱想借用宗教的力量來擴張他的權力。邵建認為胡適的「不察」，證明了他「當時的眼力」不夠[126]。其實，所謂的袁世凱的這個「七

124　Suh Hu, "The Confucianist Movement in China: An Historical Account and Criticism," *The Chinese Students' Monthly*, IX.7 (May 10, 1914), pp. 533-536.
125　《胡適日記全集》，1：283。
126　邵建，《瞧，這人──日記、書信、年譜中的胡適》，頁146。

寸」，何止是「輿薪」！根本就是「司馬昭之心，路人皆知」。用胡適在另外一
則日記裡的話來形容，是：「不打自招之供狀，不須駁也。」如果明察秋毫如胡
適者，會看不出這個「七寸」，也未免枉費邵建花費心思用胡適的日記來作尼采
式的「瞧，這人」了！邵建自己不察。袁世凱的帝制夢，胡適有專文批判(見第
六章)，胡適在這則日記裡的批判完全是從學理、從歷史的眼光著眼。所以他才
會不憚其煩地指出它的七大謬誤：

> 此令有大誤之處七事。如言吾國政俗「無一非先聖學説發皇流衍」，
> 不知孔子之前之文教、孔子之後之學説(老、佛、楊、墨)，皆有關於吾
> 國政俗者也。其謬一。今日之「綱常淪斁，人欲橫流」，非一朝一夕之
> 故，豈可盡以歸咎於國體變更以後二三年中之自由平等之流禍乎？其謬
> 二。「政體雖取革新，禮俗要當保守」。禮俗獨不當革新耶？(此言大
> 足代表今日之守舊派)其謬三。一面説立國精神，忽作結語曰「故尊崇
> 至聖」云云，不合論理。其謬四。明是提倡宗教，而必爲之辭曰絕非提
> 倡宗教。其謬五。「孔子之道，亘古常新，與天無極。」滿口大言，毫
> 無歷史觀念。「與天無極」尤不通。其謬六。「位天地，育萬物。爲往
> 聖繼絕學，爲萬世開太平，苟有心知血氣之倫，胥在範圍曲成之内。」
> 一片空言，全無意義。口頭讕言，可笑可嘆。其謬七。嗟夫！此國家法
> 令也，執筆一嘆！[127]

　　用胡適1919年所寫的〈新思潮的意義〉的話來説，所謂孔教的問題其實就是
一個用評判的態度來重新爲孔教估價的問題：「我以爲現在所謂『新思潮』，無
論怎樣不一致，根本上同有這公共的一點：評判的態度。孔教的討論只是要重新
估定孔教的價值。」從事孔教運動的人不懂得胡適所説的根本之道，無怪乎孔教
運動終究只成爲一個迷夢：

---

127 《胡適日記全集》，1：550。

例如孔教的問題，向來不成什麼問題；後來東方文化與西方文化接近，孔教的勢力漸漸衰微，於是有一班信仰孔教的人妄想要用政府法令的勢力來恢復孔教的尊嚴；卻不知道這種高壓的手段恰好挑起一種懷疑的反動。因此，民國四五年的時候，孔教會的活動最大，反對孔教的人也最多。孔教成為問題就在這個時候。現在大多數明白事理的人，已打破了孔教的迷夢，這個問題又漸漸的不成問題，故安福部的議員通過孔教為修身大本的議案時，國內竟沒有人睬他們了！[128]

胡適這篇〈中國的孔教運動：其歷史與批判〉的結論第四個值得注意的地方，就在於他奉勸中國留學生自己坐下來作研究、推敲，而不是動輒徵引西方的「飽學的作者」。這就是胡適日後叫大家不要被東西聖人、權威牽著鼻子走的那句名言的先聲。我們記得胡適在〈介紹我自己的思想〉裡說：

少年的朋友們，用這個方法來做學問，可以無大差失；用這種態度來做人處事，可以不至於被人蒙著眼睛牽著鼻子走。從前禪宗和尚曾說：「菩提達摩東來，只要尋一個不受人惑的人。」我這裡千言萬語，也只要教人一個不受人惑的方法。被孔丘、朱熹牽著鼻子走，固然不算高明；被馬克思、列寧、斯大林牽著鼻子走，也算不得好漢。我自己決不想牽著誰的鼻子走。我只希望盡我的微薄的能力，教我的少年朋友們學一點防身的本領，努力做一個不受人惑的人。[129]

胡適這篇〈中國的孔教運動〉的文章，是他對儒家作為一個宗教運動最後的沉思。他在離開美國以前所寫的一篇書評，就充分地顯示出他對儒家作為宗教已經完全不再措意。這篇書評所評的是道森(Miles Dawson)所著的《孔子的倫理：孔子及其弟子論「君子」》(*The Ethics of Confucius: The Sayings of the Master and*

128　胡適，〈新思潮的意義〉，《胡適全集》，1：693-694。
129　胡適，〈介紹我自己的思想〉，《胡適全集》，4：673。

His Disciples upon the Conduct of the "Superior Man")，發表在1917年1月號的《一元論者》(*The Monist*)的雜誌上。胡適稱讚道森的這本書是自理雅各翻譯四書以來，第一本用客觀的態度詮釋儒家思想的著作。他認為道森這本書最成功的地方是第一和第二章：前者討論君子，後者分析修身。胡適說在古典儒家的定義裡，君子「迥異於希臘的智者；他也不希冀佛教的涅槃；他更不像基督教的理想一樣，企盼與上帝結合。」他說：「孔子的理想僅止於如何使人生更善、更美(richer)。而其入手之道是透過個人的弘毅(reticence)，以及身體力行社會上的道德規範，也就是『禮』——或用黑格爾的話來說，『德行』(*Sittlichkeit*)。」[130]當然，道森的這本書所討論的是孔子的倫理。胡適在書評裡所著眼的自然只及於倫理。然而，從我們所引的這段話看來，胡適說得很明白，孔子不同於佛家、基督教或任何宗教，他的學說與理想是入世的。

孔教最終只成為一個迷夢。這不但是因為胡適最終選擇要作一個學者，而不是選擇作為孔教的馬丁‧路德或喬治‧福克斯。孔教運動的不幸，也正因為胡適最終決定不走「以期作聖」的道路，也正因為它最終還是沒有出現像胡適所說的馬丁‧路德或喬治‧福克斯那樣的人物，來從事儒教的「宗教改革」。

種族不分軒輊

對許多20世紀初年的中國留學生來說，美國無異於一個人間天堂。他們在郵輪上的經驗，只不過是一個小小的甜頭。出了海關，一切都是新鮮的。所有旅客的行李，都按照旅客姓氏字母的順序，有條不紊地在大廳擺開。大家無須爭先恐後，只需要走到標示著自己姓氏字母的地區，就可以很快地找到自己的行李。[131]這種秩序井然的作風，很令留學生嘖嘖稱奇。在自助餐廳吃飯，大家按次序排隊，各自拿自己要用的刀叉、紙餐巾，放在餐盤上，隨序前進，直到拿到菜，找

130 Suh Hu, "Classical Confucianism," *The Monist*, XXVII.1 (January, 1917), p. 158.
131 以下的描述是根據Siegan K. Chou[周先庚], "America Through Chinese Eyes," *The Chinese Students' Monthly*, XXIV.1 (November, 1928), pp. 81-84.

到座位為止。用清華1924級的周先庚的話來說：「這種作法叫做排隊的制度，人人遵循……。到戲院買票要遵循，到學校註冊要遵循，到任何公共場合都得遵循。」除了秩序井然以外，留學生還注意到美國是一個自動化的國家。從買口香糖、量體重到搭公共汽車，都可以利用自動投幣機來處理。

對當時的留學生來說，進電影院就像是進「大觀園」一樣。電影院除了提供視覺幻影上的快感以外，也是美國物質生活富裕舒適最好的寫照：

> 我一走進大廳或廊道，就可以看見在那昏暗的燈光下，每一個進戲院的門口都站著一位小姐。她們一動也不動、裸露(nakedness)的程度就像是完美的雕像一樣。如果我沒注意到她用她的一隻手指向戲院的入口，我會以為那是一尊女裝部裡的假人模特兒。我之所以能好端端地坐在我的座位上，是因為有一位既沒套圍裙(apron)、也沒穿長裙(skirt)的帶位小姐帶我到了我的座位。喔！那座位有多舒軟、那地毯多有彈性啊！每一個座位都是軟的，每一寸走道都鋪了地毯。

美國雖然像是天堂，但美國並不是中國人的天堂。在〈排華法案〉之下，華工固然不能進美國，中國人也依法沒有資格入籍美國。20世紀初期到美國去留學的中國學生，入境面對移民局官員可以說是談虎變色的經驗。令他們惱怒的是，通過了移民局那一關，並不表示一切就天下太平了。歧視與羞辱似乎如影隨形地跟隨著他們。要不是房東拒絕把房子租給他們，就是餐廳或理髮廳拒絕為他們服務。用1915年在波士頓大學拿到博士學位的陳維屏的話來說：「其投宿客棧也，非最上等，即最下等。上等者價值過昂；下等者卑污難堪。中等之棧，又多不留華人。理髮所不為華人理髮，中上飯店不應酬華人飲食……美國學校又無宿舍。就學者，必寄食宿於他處。倘寄宿於民家，則中央〔中西部〕及東方〔東岸〕，願留華人者甚少。」[132]由於這些不愉快的例子似乎在加州發生的最多，一個美國

---

132 陳維屏，〈留美中國學生〉，《中華基督教會年鑑》，1917，頁137。

傳教士甚至建議在加州排華的氣氛減低以前，中國學生最好是到美國的中西部或東部留學[133]。

　　這種歧視華人的行為到了1920年代仍然存在，但是大部分的中國留學生似乎養成了對之淡然處之的態度；用當時在史丹佛大學唸書的周先庚的話來說，「所有這些所謂種族歧視的行為已經極為罕見，而且也只有那些極其敏感多心的人才會對之大驚小怪。」[134]從某個角度來說，中國留學生對他們在美國社會所遭受到的屈辱與歧視，會採淡然處之的態度，是一種本能的生存策略；否則，他們在美國的留學生涯就會是一個煉獄。但是，最重要的，是因為屈辱與歧視並不像家常便飯一樣地，天天或處處發生。特別重要的是，他們所上的大學，或者私立中學，至少在體制上並沒有對中國人採取種族隔離或歧視的政策。從這個角度看去，20世紀初年的中國留美學生，基本上是生活在象牙塔裡。

　　從某個角度來說，當時的中國留學生，跟法農(Franz Fanon)筆下的安地列斯群島人(Antilleans)有許多相似的地方。就像從前法屬殖民地的安地列斯群島人，他們「一心一意要到法國去證明自己是個白人，會在那兒發現自己的真面目」。同樣地，中國留學生發現人在美國，「迫使他們去面對一些他們從前連作夢都想不到的問題。」[135]中國學生的問題與其說是他們以為自己是白人，或者說，跟白人一樣的好，不如說是他們發現在白人眼中，他們是屬於猥瑣、劣等的民族。當然，在法農的筆下，安地列斯群島人所象徵的是被殖民的命運，他們的「自卑錯綜是他們的文化被滅絕以後的產物」[136]。反之，中國學生自認為他們有高度的文化，而且他們原來也有自己根深柢固的天朝中心觀。然而，他們跟安地列斯群島人同病相憐的地方，在於他們怎麼樣也想不通為什麼宗主國(metropole)的人會視他們為異類。對中國留學生來說，那是一個當頭棒喝，讓他們知道在美國白人的眼中，他們的名字就是中國人，至於他們個人的才能如何，他們的出身家境如

133　Arthur Rugh, "Chinese Students Abroad," *The Chinese Recorder* (March, 1917), p.151.
134　Siegen K. Chou, "America Through Chinese Eyes," *The Chinese Students' Monthly*, XXIV.1 (November, 1928), p.83.
135　Franz Fanon, *Black Skin, White Masks* (New York: Grove Press, 1967), p. 153 and n. 16.
136　Franz Fanon, *Black Skin, White Masks*, p. 18.

何，都是不相干的。不管安地列斯群島人的法語說得再道地，不管他打從骨子裡都是法國文化的產物，那並不會使法國人就接受他。同樣地，不管中國留學生對自己的傳統文明的自視有多高，不管他對自己的出身有多自傲，他並沒有辦法讓美國人更看得起他。

面對歧視，中國留學生在百思不解之餘，常把問題歸罪於美國人的無知與誤解。這無知與誤解的來源有二：第一、是傳教士為了獲得更多教友的支持，刻意醜化中國；第二、美國人錯把唐人街與華工當作中國人的典型。他們深信美國人的偏見歸根究底是一個階級的問題，而不是種族的問題。許多中國留學生認為歧視的行為是階級的問題，是「下等」、沒有知識的人的偏見；「上等」的美國人是沒有種族歧視的。因此，他們認為解鈴之道，在於直取繫鈴人。換句話說，就是去影響輿論的主導者。而要影響輿論，最有效的方法就是由留學生自己來作最好的宣傳，把自己呈現給美國的「上等」階級，讓他們見識到「真正」的中國人。

胡適沒有留下任何因為種族歧視所帶來的不快的經驗的記錄。說不定胡適留美的經驗是了無被歧視的不快經驗的。無論如何，他跟許多其他的中國留學生一樣，認為他有責任去讓美國人從棒喝中初醒(disabuse)他們的偏見。我在第二章就徵引過胡適1915年3月22日寫給他母親的家信，說明了他為什麼三年來，演講了七十餘次，而卻能樂此不疲的原因：「此邦人士多不深曉吾國國情民風，不可不有人詳告之。蓋恆人心目中之中國，但以為舉國皆苦力、洗衣工，不知何者為中國之真文明也。吾有此機會，可以消除此種惡感，豈可坐失之乎？」[137]

此外，胡適也跟許多其他中國留學生一樣，認為「上等」階級白人對中國人其實是很友善的。他在1913年4月30日所寫的家信裡說：

> 兒居此極平安，惟苦甚忙，大有日不暇給之勢。此外則事事如意，頗不覺苦。且兒居此已久，對於此間幾有遊子第二故鄉之概，友朋亦日

---

137 胡適稟母親，1915年3月22日，《胡適全集》，23：78。

多。此間有上等人家，常招兒至其家坐談，有即飯於其家。其家人以兒去家日久，故深相體恤，視兒如一家之人。中有一老人名白特生，夫婦二人都五十餘歲，相待尤懇摯。前日兒以吾母影片示之，彼等甚喜，並囑兒寫家信時，代問吾母安否。兒去家萬裡，得此亦少可慰吾離愁耳。[138]

　　然而，胡適跟許多中國留學生不同的地方，在於他沒有用「上等」白人的眼光去看其他種族跟膚色的人。當然，有人可能會說這不是一件很困難的事，因為胡適自己就是一個有色人種。事實上，有色人種裡，除了膚色不白，其他都白的人所在多有，也就是俗稱的「黑白夾心餅乾」(Oreo)、「香蕉」——或者用亞裔美人流行的說法，「黃白夾心餅乾」(Twinkie)。關鍵在於一個人能不能推己及人，己所不欲毋施於人，或者用胡適所愛說的話來說，一致。

　　胡適在留美初期，就已經非常注意種族歧視的問題。比如說，他在1911年4月10日的《留學日記》裡就記載了康乃爾大學女生宿舍「賽姬院」排斥黑人女學生的新聞：「前此傳言女生宿舍中女子聯名稟大學校長，請拒絕有色人種女子住校。今悉此稟簽名者共二百六十九人之多。另有一稟反對此舉，簽名者卅二人。幸校長Schurman〔休曼〕君不阿附多數，以書拒絕之。」[139]這是確有其事，連《康乃爾校友通訊》都報導了這件事。胡適唯一記載不確的地方，是簽署反對排斥黑人女學生的人數是36人。休曼校長拒絕排斥黑人女學生的呈情書，他義正詞嚴地說：「康乃爾大學的大門必須對所有學生開放，不論其種族、膚色、宗教信仰、社會地位或經濟條件。」[140]

---

138 胡適稟母親，1913年4月30日，《胡適全集》，23：39。胡適在這封信尾寫4月31日，當是筆誤。《胡適全集》繫為1912年4月21日。胡適在這封信裡提起他拿他母親的照片給白特生夫婦看。胡適母親寄全家福給胡適是在1913年2月7日，參見杜春和編，《胡適家書》，頁434。根據胡適1915年2月28日給韋蓮司的信，那是他到美國以後所收到的唯一一張全家福照片，參見Hu Shih to Clifford Williams, February 28, 1915，《胡適全集》，40：65。所以，我判定胡適這封信是1913年4月30日寫的。

139 《胡適日記全集》，1：133。

140 "The University's Attitude Toward Colored Students," *Cornell Alumni News*, XIII.27 (April 12, 1911), p. 314.

1914年，胡適「康乃爾大學世界學生會」會長的任期結束，他在5月19日作了他的卸職演說。胡適在次日的日記裡說：「余於昨夜『世界會』年終別宴作卸職之演說，題爲〈世界和平及種族界限〉二大問題，聽者頗爲動容。有人謂此爲余演說之最動人者。有本城晚報主筆Funnell〔法內耳〕者亦在座，今日此報記余演說甚詳。」[141]胡適這篇演說的題名是〈永誌不忘〉（Lest We Forget）。就像胡適在日記裡所說明的，第一部分所討論的就是他當時所服膺的和平運動。第二部分就是針對種族歧視的問題。胡適說：

> 常有人對我說「世界學生會」有太多的猶太人。有些人對會務失去興趣，因爲他們說我們會裡有太多猶太人。今年，我邀請了一個黑人學生來參加我們的活動。我聽說有人批評，說這對我們「世界學生會」的社會地位會有負面的影響。我所舉的這些是具體的例子；其他的例子還多著呢。總之，這意味著種族偏見是根深柢固的，即使在我們這個奉「國家之上還有人類」爲金言的會裡。我親愛的「世界會友們」！我們不能再容忍這種惡事存在。一面高舉「四海皆兄弟也」的旗幟，一面卻行種族歧視，而且是以世界主義爲名行歧視之實，這是僞善。

胡適呼籲「世界會」的會員要能有特立獨行的勇氣。他說：「如果人家說你們會裡有太多不好的猶太人，太多不好的中國人，或者太多不好的美國人，則你們是該擔心。但是，如果人家告訴你們說，你們會裡有太多猶太人或黑人，就只是因爲他們是猶太人或黑人，則你們應該以你們的會爲傲，因爲這表示這是唯一一個『屬於世界』的學生團體，接納會員不分膚色、出身、宗教或經濟條件。同時，你們應該告訴那帶有種族偏見的朋友，說他才是我們這個會裡不該有的會員。」[142]

1914年秋季班開學的時候，康乃爾大學的女生宿舍，也就是賽姬院，又發生

---

141 《胡適日記全集》，1：313。
142 胡適，"Lest We Forget,"《胡適全集》，35：17-23。

了種族歧視的事件。根據胡適在10月19日的記載，當時有兩名黑人女學生住在賽姬院。白人女學生鼓動，聯名上書校長，要這兩名黑人女生搬出去。兩年前發生類似的事件的時候，休曼校長還義正詞嚴地說：「康乃爾大學的大門必須對所有學生開放，不論其種族、膚色、宗教信仰、社會地位或經濟條件。」這次的鼓動，校長居然提出了一個折衷的辦法，要她們搬到樓下，而且也不與白人學生同用浴室。胡適說休曼校長的這個辦法，就是美國南方所謂的「畛域政策」(segregation)，也就是今天所說的「種族隔離」政策。胡適說這兩位黑人女學生：

　　一出貧家，力薄，以半工作供膳費，故無力與校中當道抗。其一出自富家(父亦此校畢業生，曾留學牛津及德國海德堡(Heidelberg)兩大學，歸國後爲哈佛大學教師者數年)今遭此不公之取締，大憤，而莫知所爲。有人告以亥叟〔C. W. Heizer，綺色佳一尊教會的牧師，康乃爾「世界學生會」的創始會員〕之慷慨好義，常常爲人打抱不平，遂偕其母造謁求助。時亥叟已臥病，聞之一憤幾絕，適其友喬治(William R. George，「喬治少年共和國」〔George Junior Republic，設立在綺色佳附近的自由村(Freeville)的「少年收容感化院」，命名的用意在以美利堅共和國的雛形自勉〕之創始者——"Daddy" George)在側，扶之歸臥。亥叟乃乞喬治君邀余及金洛伯(Robert King)母子及大學有名教師須密〔康乃爾大學閃族語言文化教授〕先生同至其家。余等至時，二女皆在，因得悉茲事始末。余以亥叟知我最痛惡種族惡感，故招余與聞此事，遂自任爲二女作不平之鳴，即作書與本校日報 *Cornell Daily Sun*〔《康乃爾太陽日報》〕。

胡適所寫的信，內容如下：

　　三年前，有二百多名女學生聯名上書，不准黑人女學生住賽姬院。休

曼校長在回信裡說：康乃爾大學的大門必須對所有學生開放，不論其膚
色、種族、國籍、宗教或經濟條件。〔胡適所引與我從《康乃爾校友通
訊》所引稍有不同〕問題於是解決。

　　許多讀到休曼校長那封信的人，現在都已經離開本校了，可是那根深
蒂固的種族偏見又再度陰魂不散。根據可靠的消息，有一些賽姬院的女
學生向校方抗議，不要和一個黑人女學生同住一層樓。這位黑人女生，
我聽說是曾任哈佛大學歷史系教授數年的一位康乃爾1894級的校友的女
兒。我聽說這位女學生和另外一位黑人女學生已經奉命搬出她們的房
間，住到宿舍一個被隔離的角落。

　　作為一個民主、大同主義的信徒，作為一個忠誠的康乃爾人，我要抗
議任何容許種族偏見在創校者的初衷是讓「人人皆可來讀」的本校復活
的舉措。

　　這件事情的解決還頗曲折的。胡適親自把這封信帶到了《康乃爾太陽日報》
社。結果主編客來鷗(William Kleitz)剛好不在，胡適於是就把他的投書留在報
社。當晚，主編客來鷗打電話給胡適，說這件事情關係大學的名譽，不敢遽然刊
登。他邀胡適第二天晚上一道晚餐面談。胡適在面談的時候，表明他的本意不在
張揚學校的醜事，而只是為了公道。如果不用登報而解決問題，他那麼這封信可
以不登。胡適建議客來鷗去見校長，告訴他有人投書，如果校長願意主持公道，
投書人願意收回投書。第二天，客來鷗打電話告訴胡適，說問題解決了。校長說
即使白人學生集體遷出，也在所不惜。胡適在日記裡說該事件圓滿落幕，那兩名
黑人女學生得以不遷，白人學生也沒有一個就因此罷住[143]。

　　胡適的反種族歧視是一致的。他不僅反對歧視黑人，他也反對歧視猶太人。
因此，胡適常常很自豪地說他的許多好朋友是猶太人。他在1914年11月15日的日
記裡，記他前一天去參加康乃爾大學哲學俱樂部的「辟克匿克」，即野餐。他說

___
[143] 《胡適日記全集》，1：514-516。胡適未刊的投書，請參見Suh Hu, "To the *Cornell Daily Sun*,"《胡適全集》，40：1-2。

圖18　綺色佳郊遊照片，時間地點不詳(胡適紀念館授權使用)。

那個野餐是哲學俱樂部第四次的會。「同行男女各七人，皆猶太人。以余素無種族界限，故見招。」[144]

在反種族歧視這方面，胡適確實是走在眾人之前。試想，在21世紀的今天，亞洲人當中繼續以「香蕉」或「黃白夾心餅乾」自傲的人仍然所在多有。反之，胡適在20世紀初年就已經不但能反對種族之間的畛域，他而且能以推己及人之心，仗義執言，與種族歧視抗衡。胡適最難能可貴的地方，在於他不但能坐而言，他而且還能起而行。這就是胡適最了不起的地方。

唯一令人玩味的是，「必也一致乎」的胡適，在種族歧視指向中國人的時候，他的觸角卻彷彿冬眠了一般。胡適談論種族歧視的時候，提到了黑人、猶太人。值得注意的是，他從來沒有提過當時也被歧視的中國人。事實上，中國人是

144 《胡適日記全集》，1：548。

在美國歷史上唯一被指名道姓地立法禁止入境、入籍的種族。我在本節啓始已經說過，也許胡適留美的時候從來就沒有親身遭遇過被歧視的經驗，或者從來就沒聽說過中國人被歧視的例子。然而，報章雜誌呢？最令人玩味的是，胡適在1914年7月12日的《留學日記》裡附載了四十五幅時事卡通漫畫。他在那則日記裡說：「偶檢舊篋，得年來所藏各報之〈諷刺畫〉（諷刺之名殊不當，以其不專事諷刺也），即〈時事畫〉（cartoon），展玩數四，不忍棄去，擇其佳者附載於是冊。」這四十五幅卡通漫畫裡，有三幅描寫的都是辛亥革命後的中國：

第12幅：〈難不成自由女神變成支那人的新偶像〉（Can It Be That Statue of Liberty Has Become the Chinaman's New Joss!），是當時美國有名的漫畫家漫諾（Robert Minor, 1884-1952)作的。胡適在日記裡對這幅漫畫的說明是：「中國人之新神像：為中國革命作。圖為一中國人手持自由女神，審視把玩。此圖出，各國爭轉載之，漫氏之名遂大著。」

(12)

圖19　第12幅：〈難不成自由女神變成支那人的新偶像〉（胡適紀念館授權使用）。

第25幅：〈中國的自由女神〉（The Chinese Goddess of Liberty），原刊載在《暴撞迸裂》（*Kladderadatsch*）〔德國從19世紀中到第二次世界大戰之間最有名的諷刺刊物〕。胡適在日記裡的說明是：「中國之自由神(參看第12圖)。此圖疑本於漫氏之作，何其相似也！」

圖20　第25幅：〈中國的自由女神〉（胡適紀念館授權使用）。

　　第31幅：〈最新成員：「歡迎！歡迎！小不點兒！」〉（The Latest Arrival: "Welcome, Welcome, Little Man"），原刊載在《阿姆斯特丹人》（*Amsterdammer*）上。胡適在日記裡的說明是：「世界共和國歡迎新中國之圖。此圖亦極有名，世界爭載之。」

圖21　第31幅：〈最新成員：「歡迎！歡迎！小不點兒！」〉（胡適紀念館授權使用）。

　　也許胡適久浸淫於美國微妙的種族歧視的氛圍之下，習而不察；也許胡適陶醉於新共和中國的誕生之餘，能看到西方的輿論家把中國跟共和或跟自由女神聯在一起，感激都還來不及了，怎還會想到用批判的眼光來挑剔呢！我們記得胡適

當時聽到美國人用「支那人」來稱呼中國人，不但不以爲忤，而且還常以「支那人」自稱。這三幅漫畫即使畫得確是維妙維肖，然而，從受過20世紀中葉以來所滋生的種族意識所洗禮過的我們的角度來看，那種族歧視的意味卻是再清楚也不過的。在白人至上觀之下所刻畫出來的「劣等民族」有幾個刻板的特色：女性化、嬰兒化、膚色黝黑、表情貪婪猥瑣、衣著襤褸、行爲乖張[145]。第12幅的「支那人」的膚色黝黑、表情猥瑣；辮子纏繞在頭頂上，左側可見的眼睛圓睜、嘴巴張開，貪婪之色畢現；他左手圈握著白皙的自由女神的底部，蓄者尖長、彎鉤指甲的右手眼看著就快要碰到女神的腰臀。第25幅的〈中國的自由女神〉，那自由女神的性別不明，而且被變臉成爲一個雙眼只有瞇縫大小的中國人，完全是美國人取笑中國人的刻板畫像。火炬、皇冠、寬袍、律書都配備了，只是她是盤腿而坐。最刺眼的，是火炬下垂著的一條辮子！第31幅的背景是「聯合共和國」的客廳，蓄著山羊鬍的美國山姆叔是唯一一個男性。其他瑞士、法國、巴西、葡萄牙都是女性，她們的相貌依其成爲共和的先後，越淺越年輕。葡萄牙的革命是1910年，比辛亥革命早一年。然而，葡萄牙已經是一個女生的模樣，中國的「小不點兒」身高還不到葡萄牙的一半，左手的拇指還插在嘴裡吮吸著[146]。

性別觀點與女性交誼

女性交誼對留美時期的胡適而言是一個很敏感的問題。用他在家信裡形容自己的話來說，他是一個「已聘未婚」的人。可能就因爲如此，每當他觸及到女性交誼的時候，他的作法常顯示出心裡有鬼的過當反應(defensive)。最耐人尋味的，是他在1914年6月8日的《留學日記》裡記他第一次去女生宿舍的記載。他不但要聲明那是他第一次去女生宿舍，他還覺得他必須要從「開天闢地」開始，交代他那偏枯、但無辜又無邪的身世。首先，是他在婦人社會中成長的幼年：

145 John Johnson, *Latin America in Caricature* (Austin: University of Texas Press, 1980).
146 《胡適日記全集》，1：363、365、366、377、387、392。

　　吾之去婦人之社會也，爲日久矣。吾母爲婦人中之豪傑，二十二歲而
寡，爲後母。吾三兄皆長矣，吾母以一人撐拒艱難，其困苦有非筆墨所
能盡者。而吾母治家有法，内外交稱爲賢母。吾母雖愛余，而督責甚
嚴，有過失未嘗寬假。每日黎明，吾母即令起坐，每爲余道吾父行實，
勉以毋忝所生。吾少時稍有所異於群兒，未嘗非吾母所賜也。吾諸姊中
惟大姊最賢而多才，吾母時咨詢以家事。大姊亦愛余。丁未〔1907〕，
余歸省，往見大姊，每談輒至夜分。吾外祖母亦極愛余。吾母兩妹皆敏
而能，視余如子。余少時不與諸兒伍，師友中惟四叔介如公、禹臣兄、
近仁叔切磋指導之功爲最，此外則惟上所述諸婦人（吾母、吾外祖母、
諸姨、大姊）陶冶之功耳。

　　接著，他說他在性別上偏頗的社交圈像鐘擺一樣，從純粹的女性社會擺向了
純粹的男性社會。於是，他逐漸褪去了他靦腆如女子的一面：

　　吾久處婦人社會，故十三歲出門乃怯惼如婦人女子，見人輒面紅耳
赤，一揖而外不敢出一言，有問則答一二言而已。吾入澄衷學堂以後，
始稍稍得朋友之樂。居澄衷之第二年，已敢結會演說，是爲投身社會之
始。及入中國公學，同學多老成人，來自川、陝、粵、桂諸省，其經歷
思想都已成熟，余於世故人情所有經驗皆得於是。前此少時所受婦人之
影響，至是脫除幾盡。

　　然而，由於長年生活在這個只知有男性而不知有女性的社會裡，胡適說，他
結果是付出了一個沉重的代價。從前他離開家鄉到上海求學的時候，乍入男子的
社會，他形容自己靦腆如女子。現在，久習於只有男性的社會，對於女子，他卻
心生畏懼，裹足不前。更嚴重的是，沒有女性的社交生活，使他的人生失衡，失
之於偏頗。他贏得了男性世界所特有的「智性」的生活，而失去了女性所專擅的
「感性」的生活；他贏得了男性特有的「敏銳的思想」，卻失去了女性的「溫和

之氣」所能給於他的「陶冶」：

> 蓋余甲辰〔1904〕去家，至今年甲寅〔1914〕，十年之中，未嘗與賢
> 婦人交際。即在此邦，所識亦多中年以上之婦人，吾但以長者目之耳。
> 於青年女子之社會，乃幾裹足不敢入焉。其結果遂令余成一社會中人，
> 深於世故，思想頗銳，而未嘗不用權術；天真未全灘，而無高尚純潔之
> 思想，亦無靈敏之感情。吾十年之進境，蓋全偏於智識(intellect)一方
> 面，而於感情(emotion)一方面幾全行忘卻。清夜自思，幾成一冷血之
> 世故中人，其不為全用權術之奸雄者，幸也。然而危矣！念懸崖勒馬，
> 猶未為晚。擬今後當注重吾感情一方面之發達。吾在此邦，處男女共同
> 教育之校，宜利用此時機，與有教育之女子交際，得其陶冶之益，減吾
> 孤冷之性，庶吾未全灘之天真，猶有古井作波之一日。吾自顧但有機警
> 之才，而無溫和之氣，更無論溫柔兒女之情矣。此實一大病，不可不
> 藥。吾其求和緩於此邦之青年有教育之女子乎！

胡適說他一向自誇自己來了美國四年，識女無數，卻從來沒去過「賽姬院」
的女子宿舍。他的好幾個好朋友都苦口婆心地勸他，要他善用女性的陶冶之力。
固執的他，不解他們的話中的至理，反而笑他們不要陶冶不成，卻落入情障。現
在，他知道他自己錯了，決定以女性的溫和陶冶之氣為醫治自己智性過頭的藥
石：

> 吾在此四年，所識大學女生無算，而終不往訪之。吾四年未嘗入Sage
> College〔賽姬院〕(女子宿舍)訪女友，時以自誇，至今思之，但足以
> 自悔耳。今夜始往訪一女子，擬來年常為之。記此以敘所懷，初非以自
> 文飾也。
> 吾前和叔永詩云：「何必麻姑〔傳說中仙女〕為搔背，應有洪崖〔傳
> 說中仙人〕笑拍肩。」猶是自誇之意。蓋吾雖不深交女子，而同學中交

遊極廣，故頗沾沾自喜也。附誌於此，亦以自嘲也。

　　朋友中如南非J. C. Faure〔佛爾〕、如鄭萊君，皆以此相勸。梅覲莊
〔光迪〕月前致書，亦言女子陶冶之勢力。余答覲莊書，尚戲之，規以
莫墮情障。覲莊以爲莊語，頗以爲忤。今覲莊將東來，當以此記示之，
不知覲莊其謂之何？[147]

　　胡適在這則日記裡說：「蓋余甲辰〔1904〕去家，至今年甲寅〔1914〕，十
年之中，未嘗與賢婦人交際。」這句話所說的當然不是實情。事實上，胡適這句
不是實情的話，多說了幾次以後，連他自己都會相信是眞的。他在1915年2月1日
給韋蓮司的信也這麼說。他說：「我在上海的六年生活裡，我不認爲我跟任何一
個女人說過十個字以上的話。我當時生活的周遭都是男人，多半都是比我年紀大
的。妳可以想像這種『不正常』的教育所帶來的根深柢固的壞影響。然而，我可
以學習！實際上，妳已經教了我許多了。」[148]胡適寫這封信是因爲他跟韋蓮司獨
處一室惹出了一場風波。他當時剛從紐約回來。他到紐約之前，先去了波士頓，
爲波士頓的「布朗寧知音會」(Browning Society)演講儒家與羅伯‧布朗寧。他在
1月22日到了紐約以後，先是跟韋蓮司去參觀了紐約「大都會美術館」。那個下
午他跟韋蓮司在她紐約的公寓裡單獨相處了一個下午。韋蓮司的母親知道以後，
掀起了一場大風波[149]。

　　胡適對韋蓮司說：「我在上海的六年生活裡，我不認爲我跟任何一個女人說
過十個字以上的話。」這段話當然也不是實情。他在上海的時候，曾經有過一小
段「叫局吃酒」，連他自己在《留學日記》裡都說是「不知恥」的日子[150]。周質
平用同情扼腕的口氣，說這是胡適因爲與韋蓮司獨處的當天下午不敢有「大膽作
風」，讓韋蓮司感到失望，因而編出來的飾詞[151]。其實，胡適有他自己很清楚

147 《胡適日記全集》，1：328-330。
148 Hu Shih to Clifford Williams, February 1, 1915，《胡適全集》，40：40。
149 請參閱拙著，《星星‧月亮‧太陽——胡適的情感世界》，頁10-14。
150 《胡適日記全集》，1：345。
151 周質平，《胡適與韋蓮司：深情五十年》，(北京：北京大學出版社，1998)，頁

的，說這句話時候在性別觀上的立足點。他在我前一段所引的日記裡，說他從上
海到美國的十年間，「未嘗與賢婦人交際。」這裡的重點就是「賢婦人」這三個
字。換句話說，在他的眼光裡，妓女是男人逢場作戲時狎玩的墮落女人，不是
「賢婦人」。因此，他是可以理直氣壯地相信他在中國的時候，確實是從來沒有
跟任何「良家婦女」說過十個字以上的話。有趣的是，即使是如此詮釋，胡適在
此所說的還不是真話。他在認識韋蓮司的同時，已經結識了連續兩年到康乃爾大
學去選暑期班課的瘦琴(Nellie Sergent)，並已經開始相當殷勤地通信。事實上，
瘦琴就是他在日記裡說他去「賽姬院」探訪的女子。瘦琴會在胡適在1927年再訪
美國的時候，成為胡適的第一顆美國星星[152]。

　　胡適在這則日記裡提到女性的溫和之氣，說他要借「此邦之青年有教育之女
子」來「求和緩」、陶冶之益。他還提到梅光迪在信上力贊「女子陶冶之勢
力」。可惜這封信可惜現已不存，我們不知道胡適這些留美的友朋之間所說的
「女子陶冶之勢力」究竟指的是什麼。幸好梅光迪在1917年5月號的《留美學生
月報》上發表了一篇〈新的中國學者：一、紳士學者〉(The New Chinese Scholar:
I. The Scholar As Man)。這一篇沒刊登完整的文章在第一部分的尾端討論的就是
女性陶冶的力量。梅光迪說：

　　　文學史家告訴我們說，17、18世紀法國學者之所以變得雅緻
　　(urbanity)，主要是沙龍客廳裡的女性的功勞。在那以前，學者總是邋
　　遢的，言語也很粗暴。簡言之，他們從前是枯燥、不登大雅之堂的學究
　　(pedants)。然而，沙龍客廳裡那些文雅的女性，把他們調教成個個文質
　　彬彬、穩重練達。我們從近代最偉大的文學批評家聖·博夫(Sainte-
　　Beuve)筆下那些名媛給予學者的優雅的薰陶，就可以知道女性的影響有
　　多大。一直到今天，法國女性在文化圈還是很有勢力，法國學者也是世
　　界上最優雅的。當今美國人文主義巨擘、法國文學權威白璧德(Irving

（續）
　　27。
　152 請參閱拙著，《星星·月亮·太陽——胡適的情感世界》，頁164-173。

Babbitt)教授，在分析人文學者，亦即學者、君子(法文説 "honnête homme")的時候説：「一般説來，我們完全是拜法國的影響之賜，今天的學術才得以與學究分道揚鑣，變得雅緻與優美；人文與處世的標準也得以合而爲一。

歌德説：「與女性同遊(society)，是舉止得體的初步。」我想我們都有目共睹，美國男人的溫和(humane)的行爲完全是靠女性來維持的。沒有女性的薰陶，男人就好凌霸、欺壓、倨傲。傳統中國的學者一向就邋遢、暴躁、古怪、再也沒有人比他們更需要受到優雅的女性雅致的薰陶了。與女性同遊，可以讓我們學得溫和之氣，以及我們所最缺乏的舉止得體之禮(savoir vivre)。而我們跟她們交往絕對不像有些人所想像的，只是一種社交上的樂事，那其實是一種嚴肅的磨練，是一種削去我們的稜角的磨練。[153]

胡適與他的這些友朋，好強調女性的「陶冶之勢力」。胡適自己又在此處所徵引的這則日記裡分智性與感性的領域，然後又把女性的溫和之氣比擬爲醫治其智性過頭的藥石。凡此種種，很容易讓人懷疑他們所宣揚的仍然是美國19世紀所流行的「純美的女性」(true womanhood)的觀點。事實上，在20世紀初期留美的中國學生裡，很多人所心嚮往之的，確實是「純美的女性」觀的現代版。比如說，胡適在《留學日記》裡所提到的胡彬夏，她後來跟哈佛大學畢業的朱庭祺結婚。胡彬夏心目中的現代「純美的女性」的典型是：在美國土生土長、白人、中上階級、婦女俱樂部的成員，既可以把家裡整理得井井有條、一塵不染，又能游刃有餘地熱心公益[154]。

胡適在《留學日記》裡的一則日記，也可以用來作這種觀點的註腳。他在1914年11月22日的日記裡記他跟他橡樹街(Oak Street)120號的室友聊天，談到了

---

153 K. T. May, "The New Chinese Scholar: I. The Scholar As Man," *The Chinese Students' Monthly*, XII.7 (May, 1917), p. 350.

154 請參閱拙著Yung-chen Chiang, "Womanhood, Motherhood and Biology: The Early Phases *of The Ladies' Journal," Gender & History*, 18.3 (November 2006), pp. 527-528.

婚姻的問題。這個室友是康乃爾大學的法學助教，胡適給他的譯名叫卜葛特。他
們的共同結論是：在知識上，要夫妻能互相唱和，簡直比登天還難。可是，對中
國的男留學生來說，他們理想中的妻子卻並不是在知識上能唱和的伴侶。胡適說
他的友朋都不喜歡找學問太多的女性結婚：

> 意中人（the ideal woman）終不可遽得，久之終不得不勉強遷就
> （compromise）而求其次也。先生謂此邦女子智識程度殊不甚高，即以大
> 學女生而論，其真能有高尚智識，談辯時能啓發心思者，真不可多得。
> 若以「智識平等」為求耦之準則，則吾人終身鰥居無疑矣。實則擇婦之
> 道，除智識外，尚有多數問題，如身體之健康，容貌之不陋惡，性行之
> 不乖戾，皆不可不注意，未可獨重智識一方面也。智識上之伴侶，不可
> 得之家庭，猶可得之於友朋。此吾所以不反對吾之婚事也。以吾所見此
> 間人士家庭，其真能夫婦智識相匹者，雖大學名教師中亦不可多得。友
> 輩中擇耦，恆不喜其所謂「博士派」（Ph.D. type）之女子，以其學問太
> 多也。此則為免矯枉過直。其「博士派」之女子，大抵年皆稍長，然亦
> 未嘗不可為良妻賢母耳。[155]

　　胡適的優點是他沒有一個死板的觀點。比如說，他在1914年年底到俄亥俄州
的哥倫布城去開「世界學生會」的年會的時候，他順道去尼加拉瀑布市訪問了曾
經在中國教過書的卜郎夫婦。卜郎夫婦倆的同甘共苦，讓他敬佩得感覺到所謂的
「相敬如賓」、「舉案齊眉」、「為婦畫眉」等等都何足道哉。胡適於是在日記
裡反思他在美國所見過的幾種不同類型的家庭。卜郎夫婦沒有孩子，在綺色佳待
胡適如子的白特生夫婦也沒有孩子。這是一種類型的家庭。他的法文老師康福教
授，則「子女盈膝」，又是另一種類型的家庭。他哲學系的老師克雷登和艾爾比
（Ernest Albee）教授，「諸家夫婦皆博學相敬愛，子女有無，初不關心。則又一種

---

155 《胡適日記全集》，1：552。

家庭也。」[156]

　　等到胡適的幾個美國朋友也開始談論婚嫁或結婚以後，胡適更有機會觀察他同年紀的美國好友的對象。比如說，他在1916年8月21日追記的日記裡提到他在葛內特的父母家見到了葛內特的未婚妻：「根〔葛〕君新識一女子，與同事者。愛之，遂訂婚嫁，家中人不知也。葛君在紐約爲《世界報》作訪員。此次乞假休憩，與余同歸，始告其家人。因以電邀此女來其家一遊。女得電，果來。女姓Ross〔羅絲〕，名Mary〔瑪麗〕，亦藩薩〔瓦薩女子學院，說「亦」的原因，是因爲葛內特的姐姐也是瓦薩畢業的〕畢業生也。其人似甚有才幹，可爲吾友良配。」[157]1916年11月9日的日記，胡適又記了他的康乃爾的好友舒母的妻子：「一日，余得一書，書末署名爲魯本女士(Carmen S. Reuben)。書中自言爲吾友舒母之妻。已結婚矣，以自命爲『新婦人』〔新女性〕(New Woman)，故不從夫姓而用其本姓(通例，婦人當從夫姓，如Carmen Reuben Schumm)。此次以嘗聞其夫及其翁稱道及余，又知余尚在紐約，故以書邀余相見。余往見之，女士端好能思想，好女子也，誠足爲吾友佳偶。嘗與吾友同學，故相識。今年結婚。婚後吾友回綺色佳理舊業；女士則留紐約以打字自給，夜間則專治音樂。自此以後，吾與之相見數次，深敬其爲人，此眞『新婦人』也。」[158]

　　眼看著他美國朋友有在知識上可以相匹配的伴侶，胡適是否有所感觸呢？我在《星星‧月亮‧太陽——胡適的情感世界》裡已經詳細地分析了這個問題。簡言之，胡適對他媒妁之言的婚姻當然有著錯綜複雜的情緒。他在接受與抗拒之間的矛盾一定不是外人所能想像的。我認爲胡適在留美的時候，如果曾經有過反悔他媒妁之言的婚約，那就是在1915年夏秋之間。這一段時間，是他對韋蓮司最爲相思的時候。他在爲韋蓮司所作的三首艷詩〈滿庭芳〉、〈臨江仙〉、〈相思〉都是這個時候的作品。反之，對江冬秀，他則寫了一首令人讀之怵目驚心的英詩〈今別離〉(Absence)，赤裸裸地道出了胡適的心境，說那造成「妳」和「我」

---

156 《胡適日記全集》，2：5-6。
157 《胡適日記全集》，2：398。
158 《胡適日記全集》，2：441。

形同陌路的，不只是「那偌大的半個地球」，而是那心靈的阻隔[159]。到了1916年胡適記葛內特以及舒母的婚姻的時候，他對他自己婚姻已經接受了，心情已經平靜了。

根據胡適自己在1915年10月30日的《留學日記》裡的反省，他對女性的看法在認識韋蓮司以後，產上了極大的轉變：

> 吾自識吾友韋女士以來，生平對於女子之見解爲之大變，對於男女交際之關係，亦爲之大變。女子教育，吾向所深信者也。惟昔所注意，乃在爲國人造良妻賢母以爲家庭教育之預備，今始知女子教育之最上目的乃在造成一種能自由能獨立之女子。國有能自由獨立之女子，然後可以增進其國人之道德，高尚其人格。蓋女子有一種感化力，善用之可以振衰起懦，可以化民成俗，愛國者不可不知所以保存發揚之，不可不知所以因勢利用之。[160]

胡適在這裡說：「女子有一種感化力，善用之可以振衰起懦，可以化民成俗，愛國者不可不知所以保存發揚之。」這句話當然有語病，彷彿女性的價值在於其可爲愛國者的工具——「因勢利用」，來「振衰起懦」、「化民成俗」。留美時期的胡適，在各式各樣的思潮，包括新女性的思潮，的衝擊之下，可以說是眼花撩亂、應接不暇。如果他在思想上有混淆、糅雜，甚至從某些思潮的角度來看是「反動」的地方，也是很可理解的。

如果我們把胡適跟當時的中國男留學生相比，胡適的前進是不可以以道里計的。當時的中國男留學生泰半是反「新女性」的。舉個例來說，《留美學生月報》就是反「新女性」的大本營。留學哈佛大學、後來精神失常的徐承宗就在1914年一篇小品文裡，用一群哈佛大學生在壁爐邊與舍監教授長(Master)的談笑，來訕笑婦女參政主義者(suffragists)。舍監教授長說只要婦女參政主義者繼續

---

159 請參閱拙著，《星星・月亮・太陽——胡適的情感世界》，頁35-43、63-87。
160 《胡適日記全集》，2：245。

用絕食的方法來爭取參政權，他就要繼續他的單身漢罷婚[161]。《留美學生月報》1916學年度的主編莫介福，則以短篇小說的形式描寫了一個美麗的婦女參政主義者「改邪歸正」的故事。莉蒂雅(Lydia)瘋婦女參政運動瘋過了頭，連畢業都顧不得了。她跑到匈牙利的布達佩斯特去參加了世界婦女大會，然後到倫敦去向英國激進的婦女參政者取經。結果證明了那是上帝的安排。莉蒂雅在倫敦遇到了一個少年英俊的男爵，兩人一見鍾情、閃電結婚。在連生了兩個孩子以後，母性使莉蒂雅醒悟了她從前的愚昧，於是反正成為一個反婦女參政主義者(anti-suffragist)。莫介福說他去訪問了在家相夫教子的莉蒂雅。莉蒂雅告訴他說生物界的公律，雌總是小於雄。所以女性天生就是男性的內助與配偶，男性就是女性的保護者。莫介福說他在聽了莉蒂雅作為過來人的省思以後，才終於領悟到為什麼老處女遠比光棍兒更要讓人避之唯恐不及的道理[162]。

老處女，用胡適在日記裡的委婉話來說，就是「『博士派』之女子」。胡適說她們「大抵年皆稍長，然亦未嘗不可為良妻賢母耳」。問題是，中國男留學生所談虎色變的就是老處女。《留美學生月報》1926學年度的主編、清華1923級的周明衡說得再尖酸刻薄也不過了。周明衡沒有再取笑婦女參政運動者，因為當時婦女參政權已經成為事實了。美國憲法第十九條給於婦女參政權的修正案已經於1920年通過了。然而，對中國男留學生來說，問題的癥結是在於女性的不安於其「性別之分」。好不容易才送走了婦女參政主義者，又來了性別平等者。周明衡說，上帝給與女性幾年的美麗與青春，但其代價是醜癟的餘生；男性為了一親她們這幾年的美麗與青春的芳澤，就得負起供養她們一輩子的代價。遺憾的是，周明衡說：

---

161 Z. Z., "Merry Making," *The Chinese Students' Monthly*, IX.3 (January 10, 1914), p. 248。以下有關20世紀初年中國男留學生反「新女性」的言論，是根據筆者中國留美學生未刊書稿，"Educating 'Pillars of State' in the 'Land of the Free': Chinese Students in the United States, 1905-1931," Chapter 6: "'After College in the U.S., What? For Women'."

162 Kai F. Mok, "Lydia and Her Experience," *The Chinese Students' Monthly*, IX.2 (December 10, 1913), pp. 140-143.

　　除了少數幾個例外以外，大多數的中國女留學生既沒有青春也沒有美貌可言，她們所擁有的就是本來就已經讓人不敢恭維的過去的殘餘。然而，這些被所謂的性別平等的觀念——那條頓民族、基督徒至愚之說——沖昏了頭的華夏女士們，也不先照一下鏡子，就厚著臉皮在希臘女神的雕像座上搔首弄姿起來了。

　　對中國女留學生，周明衡嗤之以鼻。他說：女人「在思想上近視，她們只能對近在眼前的東西有本能性的了解。她們的視野很窄，視見短淺。」最可怕的是，她們不忠：「當伙伴嘛，她們太自私；當朋友嘛，她們又太不可信賴。太多的哥兒們栽在她們的手中，慘遭當綠帽烏龜的命運〔原文用cuckoo（杜鵑），當是想用cuckold（戴綠帽）之誤〕。周明衡說花心思在她們身上是不值得的。他說：「她們的心扉是不對愛而開的。說她們是維納斯，她們又不配。」他對男留學生的勸告是：「小伙子！回中國去找個青春貌美的女朋友吧！擔心個什麼教育呢？兩個人在一起生活的時候，用頭腦的不總是只有一個嗎！」[163]

　　中國女留學生當然不會坐視這種輕佻的言論。她們的反擊不但得體、機智、詼諧，而且能借勢使力，四兩撥千斤，輕鬆俐落地就把向她們射過來的毒言棘語反手甩回給發話者，而且鏢鏢中的。最好的例子莫過於清華1921年資送留美的黃倩儀。黃倩儀後來得到芝加哥大學的學士學位、哥倫比亞大學的碩士學位。「全美中國學生聯合會」中西部分會在1923年所舉辦的夏令會，她得最高票當選該屆「夏令會之花」。據說，她還寫了一齣中文歌劇，由她在波士頓「新英格蘭音樂學院」學音樂的姐姐或妹妹Grace譜曲。黃倩儀後來的先生是戲劇家余上沅。據說他們在波士頓排演過一齣《此恨綿綿》，劇中的楊貴妃就是黃倩儀飾演的。莫非該劇其實是黃倩儀寫的？總之，黃倩儀是哥倫比亞大學中國教育學俱樂部的副會長，《留美學生月報》1924學年度的副主編[164]。黃倩儀說周明衡的論點「既不得

163 Thomas Ming-heng Chao, "Cabbages and Onions: On Love, Taxi, Marriage and Other Follies," *The Chinese Students' Monthly*, XXII.6 (April, 1927), pp. 77-78.

164 "Student World: The Mid-West Conference," *The Chinese Students' Monthly*, XIX.1 (November, 1923), p. 61; "Personal News," *The Chinese Students' Monthly*, XIX.5

體，也缺乏品味，更沒有內容」。她說這種文字所透露出來的，就是酸葡萄的心理；作者不是恨女子成性，就一定是永遠的光棍兒。她說中國留學生如果交男女朋友不順遂，該怪的不是女性，也不是男性，而是傳統的習俗，還有那學校的教育。她說：「不管一個女性有多屬害，她不可能讓一個真正的男子漢變成一隻烏龜。他如果是烏龜，那他一定是生來就是一隻烏龜，或者就該怪他的老師。我希望人類社會裡不會有這種動物存在。不過，如果不幸人類社會果真有這種動物存在，我還真不知道除了以烏龜之道對待他們以外，還有什麼更適合的法子。」[165]

說胡適不一樣，他就是不一樣。在性別觀念上，他就是能特立獨行。不像其他中國留學生，人云亦云地拾社會上那流行的男性中心觀的唾餘。1915年7月27日，胡適寫了一封讀者抗議的投書給《康乃爾太陽日報》。胡適在日記裡解釋了他作抗議的原因：「昨日本校日刊作社論，評紐約拳術比賽場中有婦女侵入強作宣傳婦女參政之演說。其論甚刻薄，吾作書駁之。」

> 即使是夏日的艷陽也有它冰霜的一面。「一齣高貴的鬧劇」(A Noble Spectacle)那篇社論所充斥的保守的氣息令人齒冷。
>
> 一群婦女參政主義者侵入拳擊賽場去宣揚閣下很適切地描寫為「理想」(cause)的行為，會引來一些聰明人的憤慨與嘲諷──貴報的社論就是一個例子──我覺得是一件不可思議的事情。我個人的看法是──如果閣下允許我說說個人的看法──比起那些沒有任何「理想」，球賽也好，舞會也好，任人擺布的女性而言，我更欽佩你們所譏詆的這些女性。拳擊這種野蠻的競技場，把它轉借來作為宣揚婦女參政的所在，比起20世紀一所卓越的大學的學生報被拿來宣傳反婦女參政或反女性的言論，我覺得前者要更堂堂正正。
>
> 我想我可以不用辭費。婦女參政主義者之所以需要想盡辦法爭取注意

(續)──────────────
(March, 1924), p. 76; and "Student World: The Chinese Educational Club of Columbia University," *The Chinese Students' Monthly*, XX.4 (February, 1925), p. 63.
165 Dorothy T. Wong [Huang Qianyi], "Cabbages and Onions: Pickles," *The Chinese Students' Monthy*, XXII.8 (June, 1927), pp. 61-62.

　　力，一方面是因爲大眾漠不關心，另一方面是因爲有些「理應較有見
識」的報紙不可饒恕的反動言論，其中之一〔指《紐約時報》？〕，貴
報還曾經比擬成「偶爾會從奧林帕斯山下來與凡人一起犯錯」的神祉。

胡某人("WHO")

　　胡適這封投書寫得詼諧。他說：「吾與此報主者Maurice W. Hows〔郝司〕雅
相友善，故投此書戲之耳。」[166]主編姓"Hows"，胡適就戲簽名爲"WHO"；既
與自己的姓同音，又於主編的姓諧音。

　　胡適留美時期來往通信最勤的女性，第一是跟韋蓮司，第二是瘦琴。瘦琴在
當時完全只是一個異性的朋友。胡適跟她從1914年開始通信以後，一年之間，她
寫給胡適的信，用胡適自己的話來說，厚度「幾盈一寸」[167]。然而，在胡適留美
期間，他們確實只是朋友。韋蓮司就不同了。我在《星星・月亮・太陽——胡適
的情感世界》裡，由於沒有太多的證據，只能說胡適對韋蓮司有單相思的感情；
韋蓮司則是在胡適回到中國跟江冬秀結婚以後，才幡然醒悟她其實已經愛上了胡
適。[168]問題的癥結就在證據。我們目前唯一所能見到的證據就是他們的來往書
信。韋蓮司給胡適的信的原件在北京；胡適給韋蓮司的，則是韋蓮司後來所謄寫
或用打字機所過濾後的副本。毫無疑問地，韋蓮司的信沒經過任何謄寫的處理，
最爲可靠。除了遺失的以外，完全是原貌。

　　我在《星星・月亮・太陽——胡適的情感世界》裡，提到了韋蓮司第一次說
她愛上了胡適是在1927年4月17日的信。這是韋蓮司和胡適分手十年以後再次相
會以後的事。當時，胡適已經在一個月以前去綺色佳看過韋蓮司和她的母親。這
是韋蓮司第一次透露她是在胡適在1917年回國以後，才發現她已經愛上了胡適：

166　《胡適日記全集》，2：166-167。
167　《胡適日記全集》，2：210。
168　請參閱拙著，《星星・月亮・太陽——胡適的情感世界》，頁35-43、210。

圖22　1913年胡適母親馮順弟與家人合影。右二是江冬秀——韋蓮司在1915年的信上說看起來像是「面帶戚容」的胡適口中的「表妹」(見拙著，《星星·月亮·太陽——胡適的情感世界》，頁48)(胡適紀念館授權使用)。

　　我今天重讀舊信，讀到那封宣布你即將結婚的信〔即胡適1917年11月21日的信〕，又再次地讓我體會到，對我來說，那是多麼巨大的一個割捨。我想，我當時完全沒有想跟你結婚的念頭。然而，從許多方面來說，我們〔在精神上〕根本老早就已經結了婚了。因此，你回國離我而去，我就整個崩潰了。〔韋蓮司在信紙空白處加寫了一句話：〕自從接到你1917年11月的那封信以後，我就再也沒有勇氣去重讀你的舊信了。169

169 Clifford Williams to Hu Shih, April 17, 1927.

　　不只韋蓮司和胡適的愛意的表露，我們需要看韋蓮司的信才知道。胡適跟韋蓮司在1933年胡適第三次赴美的時候才變成靈肉合一的戀人，我們知道這個事實，也是因為我們有韋蓮司的信為證，儘管韋蓮司其實寫得還是很含蓄。我們之所以必須從韋蓮司的信來勾畫出胡適跟韋蓮司之間的關係的軌跡，這在在顯示的，就是胡適的矜持，矜持到連在「情書」裡，都吝於表露出他的愛意的程度。當然，我們要知道胡適在給韋蓮司的信上究竟矜持到什麼地步，唯一能找到答案的方式，就是去看胡適給韋蓮司的信的原件。

　　胡適給韋蓮司的信，我們目前所能看到並不是原件，而是韋蓮司整理過的。我在《星星‧月亮‧太陽──胡適的情感世界》裡，說明了這批經過韋蓮司重新打字或手寫謄抄的信其實有兩個版本：第一個版本是韋蓮司在1933年用打字機過濾打好寄到北京給胡適的，目前藏在北京的近代史研究所。第二個版本則是胡適過世以前請韋蓮司整理送到台北的，現藏台北的「胡適紀念館」。原件據說已經由胡祖望帶回華盛頓。我在《星星‧月亮‧太陽──胡適的情感世界》裡說韋蓮司刪節過的地方都作了刪節號的註記[170]。然而，等我現在有機會把兩個謄寫、打字版本作了初步的對比以後，我發現並不盡然。韋蓮司有些地方作了刪節，但並沒作刪節的記號。比如說，胡適跟韋蓮司在發生「獨處一室」那件風波以後，胡適1915年2月1日那封長信，其實還有他在2月2日所加寫的三小段安慰、稱讚韋蓮司「能寬容」、有「愛心」的話。胡適1915年3月28日的信，提到韋蓮司思索經濟獨立的問題。這兩處都被韋蓮司在重新謄打的時候給刪掉了，而且沒加刪節號。

　　「胡適紀念館」版的胡適在1915年12月8日給韋蓮司的信有三處加了刪節號。比對了「北京近代史所」版以後，我發現前兩個刪節處是比較重要的。第一個刪節處，是提到胡適等待韋蓮司就要寄給他她所親手製作的乾燥玫瑰花瓣的雀躍之情。第二個刪節處提到了12月5日晚發生的事情。可惜我們不知道到底發生了什麼事情。韋蓮司在她12月6日寫的信為她自己當晚「不禮貌」的行為道歉，

---

170 請參閱拙著，《星星‧月亮‧太陽──胡適的情感世界》，頁296-298。

說她很後悔。她請胡適不要再提起當晚的事[171]。在被韋蓮司刪掉的那一段信裡，胡適則為自己的行為道歉。他說他一直到第二天才發現他當時已經感冒了。第三個刪節處是胡適說他很高興知道韋蓮司當時在作的畫進展得很順利。

這些韋蓮司所作的刪節告訴了我們什麼呢？韋蓮司所刪節掉的，恐怕遠超出我們所能想像到的。換句話說，如果胡適寫給韋蓮司的信裡，有些確實是情書，除非我們能看到原件，我們將永遠不會知道。我為什麼會猜測胡適寫過情書給韋蓮司呢？韋蓮司不見得比胡適不矜持。韋蓮司自然有她自己的自尊與矜持。就像她在1939年對胡適所說的：「你去年夏天告訴我你是一個害羞的人。其實我也一樣；我遠比你所想象的還更害羞。」[172]韋蓮司告訴胡適這些話，因為當時胡適把一套他的《留學日記》送給韋蓮司，還特別為她勾出了他在這套日記裡提到韋蓮司的地方。如果胡適先前沒寫過情書給韋蓮司，有她作為女性的自尊與矜持的韋蓮司不會在1927年4月17日的信告訴胡適，說她在胡適回國以後，才發現自己已經愛上了胡適。換句話說，在當時的性別關係之下，我們很有理由相信如果胡適沒有先表明過他對韋蓮司的愛慕，韋蓮司是不可能主動示愛的。然而，這一切都必須等我們看到胡適給韋蓮司的信的原件以後才可證明。

人類文明的展望

胡適在留美期間對人類文明的展望也逐漸發展出了他自己的看法。其中，最重要的，影響他一生的政治思想一直到1940年代的，就是他從社會立法的角度來救濟傳統自由主義的不足的想法。最典型的一個敘述，就是胡適在1914年9月9日遊波士頓時跟哈佛大學留學生孫恆的談話。孫恆認為當時中國的問題在於中國人「不知自由平等之益」，他說那是「救國金丹」。胡適的看法則不同。他認為中國「病不在於無自由平等之所說，乃在不知諸字之真諦。」胡適對孫恆解釋說：「今人所持平等自由之說，已非復18世紀學者所持之平等自由。」胡適進一步作

---

171 Clifford Williams to Hu Shih, December 6, 1915.
172 Clifford Williams to Hu Shih, June 4, 1939.

了解釋：

> 向謂「人生而自由」（*L'homme est né libre*──Rousseau〔盧梭〕）。
> 果爾，則初生之嬰孩亦自由矣。又曰：「人生而平等」。此尤大謬。人
> 生有賢愚能否；有生而癲狂者、神經鈍廢者；有生具慧資者；又安得謂
> 爲平等也？今之所謂自由者，一人之自由，以他人之自由爲界。但不侵
> 越此界，則個人得隨所欲爲。然有時並此項自由亦不可得。如飲酒，未
> 爲侵犯他人之自由也，而今人皆知飲酒足以戕身；戕賊之身，對社會爲
> 失才，對子孫爲弱種。故有倡禁酒之說者，不得以自由爲口實也。今所
> 謂平等之說者，非人生而平等也。人雖有智愚能不能，而其爲人則一
> 也。故處法律之下則平等。

胡適接著引申了他的社會政治哲學。這也就是說，胡適把人生而不平等歸咎
於天，亦即老子所說的「天地不仁」。「天地不仁」，可以由人治，亦即由社會
立法來補救：

> 夫云法律之下，則人爲而非天生明矣。天生群動，天生萬民，等差萬
> 千，其強弱相傾相食，天道也。老子曰：「天地不仁」此之謂耳。人治
> 則不然。以平等爲人類進化之鵠，而合群力以赴之。法律之下貧富無
> 別，人治之力也。余又言今日西方政治學說之趨向，乃由放任主義
> （Laissez faire）而趣干涉主義；由個人主義而趣社會主義。不觀乎取締
> 「托拉斯」之政策乎？不觀乎取締婚姻之律令乎(今之所謂傳種改良法
> （eugenic laws），禁癲狂及有遺傳病者相婚娶，又令婚嫁者須得醫士證明
> 其無惡疾）？不觀乎禁酒之令乎(此邦行禁酒令之省甚多)？不觀乎遺產
> 稅乎？蓋西方今日已漸見18世紀學者所持任天而治(放任主義)之弊。今

方力求補救，奈何吾人猶拾人唾餘，而不深思明辨之也。[173]

其實，這並不是胡適第一次引申這個「天生」與「人治」對立，或者，更確切來說，用「人治」來補救「天生」的社會政治哲學。他在1914年7月28日的日記裡，就透過描寫人類能用工程技術鑿徑築橋，讓人人都能得享大自然之美的作法，來宣揚人定勝天、以人工來彌補天地不仁的作法：

廿五日往遊活鏗谷(Watkins Glen, N.Y.)，此地真天地之奇境也⋯⋯此地近由紐約省收爲公園，依山開徑，跨壑通梁，其險處皆護以鐵欄，故自山腳至巓，毫無攀援之艱，亦無顚躓之虞。視前遊英菲兒山探險之奇之樂，迥乎不侔矣。然「佳境每深藏，不與淺人看。勿惜幾兩屐，何畏山神慳？要知尋山樂，不在花鳥妍。」其缺憾所在，在於不均。天下能有幾許人不惜尋山之屐，不畏攀援之艱耶？今國家爲鑿徑築橋，坐令天險化爲坦途，婦孺叟孩皆可享登臨之樂，遊觀之美，不亦均乎！此中亦有至理存焉。英菲兒山任天而治者也，探險者各以其才力之強弱，定所入之淺深及所見之多寡；惟其傑出能堅忍不拔者，乃能登峰造極，盡收其地之奇勝；而其弱不能深入或半途而止者，均王介甫所謂「不得極夫遊之樂」者也。其登峰造極者，所謂英雄偉人也：敵國之富人、百勝之名將、功名蓋世之豪傑、立德立言之聖賢，均此類也。其畏而不敢入者，凡民也。入而不能深者，失敗之英雄也。所謂優勝劣敗，天行之治是也。活鏗之山則不然，蓋人治也、人擇也(rational selection)。以人事奪天行之酷(天地不仁，以萬物爲芻狗，此吾所謂天行之酷也)。人之智慧材力不能均也，天也，而人力可以均之。均之者何也？除其艱險，減其障礙，俾曩之惟聖且智乃可至者，今則匹夫匹婦皆可至焉；曩之所謂殊勳上賞以待不世出之英傑者，今則人人皆可躋及焉。以人事之仁，補

　　天行之不仁，不亦休乎！不亦仁乎！[174]

　　胡適在這兩則日記裡的立論，其理論基礎實際上就是一個歷史的進化論。活
鏗谷和英菲兒山瀑布(Enfield Falls)所代表的是「天行」與「人擇」的兩個模式。
英菲兒山瀑布是「任天而治者也，探險者各以其才力之強弱，定所入之淺深及所
見之多寡」。活鏗谷則不然；紐約省把它「收為公園，依山開徑，跨壑通梁，其
險處皆護以鐵欄」。其結果是連「婦孺叟孩皆可享登臨之樂，遊觀之美，不亦均
乎！」英菲兒山瀑布和活鏗谷誠然都是奇境美景。然而，英菲兒山瀑布只有年輕
力強、富有冒險精神的人方能得以欣賞；反之，活鏗谷因為經過了人工的整治，
人人都得以享之。把這兩個天然的奇景拿來作比喻，「18世紀學者所持的任天而
治(放任主義)」就像是英菲兒山瀑布；活鏗谷就像是胡適所說的20世紀的「干涉
主義」與「社會主義」。前者是天行之治的典型；後者則是人擇的典型。從胡適
的角度來看，去擁抱「18世紀學者所持的任天而治(放任主義)」不啻於是「拾人
唾餘」。莫若20世紀的「干涉主義」與「社會主義」，「以人事之仁，補天行之
不仁，不亦休乎！不亦仁乎！」

　　胡適所持的這種「干涉主義」和「社會主義」是有他思想的來源的。他康乃
爾的老師不只一位就是持這種觀點的。其中，胡適所敬愛的康乃爾大學創校的白
校長就是一個最好的例子。在胡適在日記裡演申他的「天行」與「人擇」的理論
的一年以前，白校長就在1913年5月29日在「費‧倍塔‧卡帕榮譽學生會」(Phi
Beta Kappa)和「理學會」(Ethics Club)所聯合主辦的會裡做了一個演講。我們記
得胡適是在該年3月被選為「費‧倍塔‧卡帕榮譽學生會」的會員。白校長這個
演講的題目是〈演化與革命的對比：從政治上來觀察〉(Evolution vs. Revolution
in Politics)。這個題目是白校長從19世紀末年就常公開演講的一個題目。

　　革命與演化對比，白校長稱前者為「災難帶動的發展模式」(development by
catastrophe)；後者為「有秩序的發展模式」(orderly development)。革命的例子

174 《胡適日記全集》，1：417-427。

不勝枚舉，墨西哥的革命以及所有歷史上的革命都屬於此類。白校長說大家的眼前就正在上演著一齣革命的鬧劇。他的例子就是當時英國的婦女參政運動。他說在婦女參政運動者演出全武打以前，英國的下院其實有大多數的議員願意投票支持。然而，在婦女參政運動者用暴力的手段去宣揚她們的「理想」以後，有一個德高望重的議員就表明說他不再支持了，因爲他如果支持，不就等於說他贊成任何用暴力的手段來達成目的的行爲嗎！

　　白校長保守的態度在在地表現在他對美國獨立革命的評價，以及他對非盎格魯‧撒克遜移民的嫌惡。他說：

　　　美國獨立革命發生以前，如果比較穩健的人得以當道，〔北美十三州〕的殖民地就很有可能可以跟母國維持更久的一段關係。如果歷史的發展是那個樣子，則英格蘭、蘇格蘭的人，就可以繼續以移民的方式來給我們的文明注入新的活力，而不是被導到別的方向去；等〔殖民地與母國〕分家的時候，很可能是和平的方式；而到了分家的時候，這些州裡的人民裡也就會有較高比例的盎格魯‧撒克遜種，那就會有助於同化那些後來蜂擁而來的較劣的人種。我們如果不立法限制這些劣等的種族進來的話，他們很可能就會是一聲不響的蠻人大遷徙，那是會毀掉這個國家的，就好像歷史上前一波的蠻人大遷徙導致羅馬帝國的覆亡一樣。

　　從白校長的角度看來，大學是能把革命杜絕於未萌的最佳堡壘。有一個企業界領袖說美國的大學沒有盡到培養企業人才的責任。白校長說這是誤解。他說美國大學生畢業生只占美國人口的0.5%，可是他們握有將近百分之六十全國最重要的職位。最令人痛心的是，白校長說那些用欺詐之術(scoundrelism)積攢鉅富的人，沒有一個是大學畢業生。他說有錢人要散財，最好的方法莫過於捐錢在大學裡設立或擴展其歷史、政治、社會科學的科系。這是爲演化作鋪路最正確的方

法，因爲演化是最能夠用來杜絕革命於未萌的基礎[175]。

除了白校長以外，康乃爾大學閃族語言教授須密（N. Schmidt）先生也憂心革命的破壞，而主張用開明立法的方式消弭革命於未萌之前。須密教授在1913年10月7日在「理學會」作了一個演講。他的題目是：〈抗爭：以違法來爭取合法權〉（Militancy: Law-Breaking as a Means of Gaining Legal Rights）。須密教授認爲不遵守法律就是不道德的行爲。這是因爲我們都遵從權威：從父母、老師、社會、法律到個人所遵奉的道德或神祉的最高權威。激進者無視習俗或法律，只有兩種解釋：一是他們是罪犯；二是他們的所見超乎現行的法律、他們懷抱著更高的理想。須密教授說，當時在抗爭的婦女參政運動者屬於後者。他說歷史上用違法的方式來爭取權益的例子很多：瑞士、荷蘭、瑞典、希臘和中國史上都有這些例子。

激進者用破壞的手段的用意亦同。那是因爲他們知道他們無法舉兵來爭取他們的權益，社會上的大多數者太有力了，任何武力的抗爭等於是以卵擊石。於是，他們改採糾纏、游擊、騷擾、折磨敵人的方法。這些方法有時候相當有效。用抗爭的方式來爭取婦女參政權的女性所用的方法就是如此。她們並沒有在井裡下毒或者砸爛機器。但她們砸破玻璃、放火燒屋、揪住英國首相的大衣後擺、對準他的耳朵高呼：「給婦女投票權」。

須密教授認爲有兩種更好的方法：第一種是由下而上的，是用不抵抗的方法，或者用胡適引須密教授所說的「消極的抵抗」（passive resistance）（見第六章）的潛移默化的方法。這就是基督、佛祖、宗教改革和匱克派的方法。也就是後來甘地用的方法。那是一種消極的屈服，雖屈服於不公不義、然抗議猶在。須密教授認爲抗爭者也許最好是用這種方式，因爲從歷史上來看，用這種方式的人最終都會在某種程度上達到了他們所爭取的目的。另外一種方式則是由上而下的作法。這也就是說，已經享有特權或權益的人要開明、要有遠見，主動立法讓社會上的其他人也得以分享他們自己已經享有的特權或權益。須密教授說，依他個人

---

175 "Social Study Will Forestall Revolution," *Cornell Daily Sun*, XXXIII.183, May 30 1913, p. 1.

的看法，這是消弭革命於未萌最好、最有效的的方法[176]。

胡適在1913年聽取白校長和須密教授的演講的時候，他在思想上還是一個不成熟的青年，他也還沒進入他的絕對地不抵抗主義的階段。然而，即使他後來在意識形態上要比白校長前進得多了，即使他後來揚棄了絕對地不抵抗主義，這種用社會立法的方式，來補「天地之不仁」、「天行之酷」的想法——不管是出自於博愛、推己及人之心；或者是出自於未雨綢繆、爲人爲世作設想；或者是出自於階級自保之心——一直成爲胡適社會政治哲學的基點。等胡適從杜威1916年那兩篇文章裡悟出「規劃」、「管理」和「控制」的道理以後，那只有更堅定他對社會立法的信念。

胡適這個用社會立法來從事改革以避免革命的信念是非常堅定的。即使1917年俄國的二月革命使他振奮而爲之賦詩，他這個堅定的信念都是不可動搖的。他在1917年3月21日的《留學日記》裡錄下了一段剪報，記載了俄國的學生、起義的士兵以及社會不同階層的人士，不分黨派異見，大家革命與共，在街頭上並肩齊進的氣象：

> 一群群的學生——很容易識別，因爲他們藍色的帽子和深色的制服——
> 加入了衣著襤褸的叛軍的行列；各色各樣的人士也陸續加入。一時之間，
> 〔革命〕的理想超越了黨派的異見，把大家團結在一起。[177]

胡適讀報有感，特別爲之填了一首〈沁園春〉，寫了半闋。一直到了三個禮拜以後，他才有時間把下闋也填好。他先寫了一個序：

> 吾前作〈沁園春〉詞記俄國大革命，僅成半闋。今讀報記俄國臨時政
> 府大赦舊以革命暗殺受罪之囚犯。其自西伯利亞赦歸者蓋十萬人云。夫
> 囚拘十萬志士於西伯利亞，此俄之所以不振，而羅曼那夫皇朝之所以必

---

176 "Wise Legislation Best Avenue to Justice," *Cornell Daily Sun,* XXXIV.15, October 8 1913, p. 1.

177 《胡適日記全集》，2：490-491。

倒也。而愛自由謀革命者乃至十萬人之多，囚拘流徒，摧辱殘殺而無悔，此革命之所以終成，而「新俄」之未來所以正未可量也。

詞曰：

> 客子何思？凍雪層冰，北國名都。看烏衣藍帽，軒昂少年，指揮殺賊，萬眾歡呼。去獨夫「沙」，張自由幟，此意如今果不虛。論代價，有百年文字，多少頭顱。
> 冰天十萬囚徒，一萬里飛來大赦書。本為自由來，今同他去；與民賊戰，畢竟誰輸！拍手高歌，「新俄萬歲」！狂態君休笑老胡。從今後，看這般快事，後起誰歟？[178]

即使胡適在此為「十萬囚徒」慶幸，為之高歌「新俄萬歲」，這並不表示胡適是像邵建所說的，是贊同革命的[179]。他在這首詞裡說得非常痛心而且透徹：「論代價，有百年文字，多少頭顱。」他在〈序〉裡說得非常清楚：「夫囚拘十萬志士於西伯利亞，此俄之所以不振，而羅曼那夫皇朝之所以必倒也。」正由於羅曼那夫皇朝的愚蠢，不懂得未雨綢繆、斷尾求生，用立法改革的方式，來因勢利導那洶湧澎湃的爭自由之心，所以「羅曼那夫皇朝之所以必倒也。」俄國的羅曼諾夫皇朝之倒也，不足惜、不足憫，因為倒的是一家、一朝、一獨夫。然而，論代價，則是整個社會、整個國家的人才、生命、資源的浪費。胡適之所以會頌讚「新俄萬歲」，他所頌讚的不是革命，而毋寧是「沙俄」的終結，「新俄」的開始；他所頌讚的，是社會的浪費的終止，他所希冀的是「規劃」、「管理」和「控制」的開始。胡適對「新俄」的期待即使是一廂情願，那不是重點。沒有人可以預見未來。任何人如果用後見之明來譏詆胡適的不能有先見之明，只是暴露了自己的淺見，沒有領悟出胡適頌讚的重點。

---

178 《胡適日記全集》，2：507-508。
179 邵建，《瞧，這人——日記、書信、年譜中的胡適》，頁177。

第八章
詩國革命，造新文學

　　胡適在中國近代史上最重要、而且最不朽的貢獻，恐怕就是新文學運動了。這個新文學運動的發源地在美國的綺色佳。它的來龍去脈，可以在胡適的《留學日記》裡尋得痕跡。胡適自己後來又用很生動的文筆留下了一個非常重要的歷史文獻。這就是他在1934年寫的〈逼上梁山——文學革命的開始〉，後來收為他的〈四十自述〉的附錄。胡適晚年在紐約的哥倫比亞大學所作的《口述自傳》，很可惜沒有添增任何新的資料或歷史的回顧。根據唐德剛的的回憶，胡適《口述自傳》裡相關的四節，是他跟胡適從〈逼上梁山〉那一章翻譯成英文的[1]。

　　胡適一輩子愛說他是一個「有歷史癖」的人[2]；他又愛說他是一個有「歷史眼光」（historically minded）的人[3]。然而，每當說到他自己的時候，特別是關係到他思想發展上的關鍵問題的時候，胡適卻常又為德不卒，不能貫徹他這個追本溯源的態度。其結果常是驅使旁人去猜謎。如果他願意夫子自道，許多有關他的爭議就都不會成為歷史的公案。可惜，他常在關鍵點上賣關子。人家「上窮碧落下黃泉，動手動腳找文章」，硬是吹皺了一池春水，他胡適本人卻逍遙在一旁，不置可否。胡適對近代中國最不朽的貢獻的白話文學運動的緣起，就是一個典型的例子。從胡適留美的時代開始到今天，胡適的文學革命的靈感來源就一直是一個聚訟紛紜的論題。到現在，還有人錯誤地說胡適文學革命的靈感來源是西方的近代文學潮流，特別是意象派（Imagism）；有的人則同樣錯誤地把它歸為是本土

1　〈胡適口述自傳〉，《胡適全集》，18：316注1。
2　例如胡適，〈《國語月刊漢字改革號》卷頭言〉，《胡適全集》，2：852。
3　例如 Hu Shih, "The Reminiscences of Dr. Hu Shih," p. 128.

的。

　　只有傅雲博(Daniel Fried)最具慧眼。他獨排眾議，說胡適的詩學革命的靈感
來源不是「近代」的而是「傳統」的。他說：「胡適所沒有透露，大多數的讀者
所沒有發現的，就是《嘗試集》裡的新詩之所以看起來是『現代』的，完全是只
是因爲在語言上錯置(dislocation)〔所引起的錯覺〕。事實上相當諷刺的是，胡適
的詩體所用的典範很明顯的是傳統的英詩。胡適在康乃爾上大學以及後來在哥倫
比亞大學，他所唸的詩主要就是當時美國大學生所讀的標準教材：伊莉莎白時
期、浪漫主義、維多利亞時期，特別是布朗寧(Browning)和鄧耐生(Tennyson)所
寫的詩。即使胡適在當時讀了當代的英詩，他所讀的是發表在通俗的雜誌裡一些
文體相當傳統的詩，而不是發表在那些現在已經成爲經典的現代主義的刊物裡的
詩。他所涉獵的都留下了印記：不管是從用字遣詞、意象、主題或音律來看，胡
適所寫的詩都非常接近那些傳統英詩的範例。」[4]

　　傅雲博接著從用字遣詞、意象、主題、音律來分析了幾首胡適體的新詩和胡
適所翻譯的幾首英詩。他同時也注意了胡適在留美時期所寫的英詩。在這兩相對
比之下，其結論是相當令人信服的。傅雲博說我們不需要去尋找胡適新詩的靈感
究竟是從哪一位大師那兒所得來的。胡適在美國留學的時候學會了作英詩。他的
中文新詩就是從他實地的英詩寫作的經驗中所轉借、挪用過來的。最諷刺的是，
胡適所學、所寫的英詩，放在英文的語境裡，也充滿了其所自有的陳腔、對仗和
套語。那跟胡適所立意要推翻的傳統詩詞裡的陳腔、對仗和套語，其實有異曲同
工的意味。「然而，對胡適來說，學習這些章法來寫英詩一定是一個很新鮮的經
驗。同時，把那些章法運用到白話詩上，對讀者來說一定是一個更新鮮的事情。
從這個角度來說，梅光迪跟其他批胡者說胡適的詩學革命嚴格來說不是他的發
明，他們的批評是正確的。只是，革命這個名詞變成了一個路障，使他們都找錯
了門路：影響胡適的不是《詩刊》那一類雜誌裡的激進理論家所寫的詩，而主要
是維多利亞體的詩。不管那對美國的現代派詩人來說是多麼的陳腐，對寫英詩是

4　Daniel Fried, "Beijing's Crypto-Victorian: Traditionalist Influences on Hu Shi's Poetic
　　Practice," *Comparative Critical Studies* 3.3（2006）, p. 372.

新手、而他本人又是身在英詩的體制之外的胡適來說，卻是很具革命性的。」[5]

逼上梁山？

　　〈逼上梁山——文學革命的開始〉。所謂「逼上梁山」者也，就是「予不得已也」的意思。胡適在《口述自傳》裡解釋給英文讀者說：被逼上梁山作「好漢」，是「中國的一句成語，意味著一個人在違反初衷之下，被迫鋌而走險」[6]。我們當然可以說，「逼上梁山」只不過是一個比喻，即使形容過當，似乎也沒有特別去吹毛求疵的必要。然而，從歷史的眼光來看，這個比喻失當的地方，就正在於它適足以抹殺了歷史——胡適自己的心路歷程史——而把他的文學革命，截斷其流，硬是把它產生的緣由給斬斷了。更重要的是，白話文學革命的歷史跟胡適個人的文學教育過程是不可分割的。沒有胡適在康乃爾大學所受的英國文學教育，也就不會有白話文學革命。胡適所提倡的詩國革命絕對不是逼上梁山，而是經由他自己實地實驗——包括英詩的寫作——以後所取得的經驗、心得與信念的發揮。他不但不是被「逼上梁山」；而且即使他是上了「梁山」，那也絕對不是違反初衷，而其實是夢想成真的。胡適為什麼會把他的文學革命的緣起作了這個截流的舉措呢？他為什麼會把他所私心企盼的文學革命說成是他被「逼上梁山」的結果呢？也許，這又是他丟給後日為他立傳的歷史家的挑戰。即使後日為他立傳的人不去找他在康乃爾所選修的英文課，光是他在《留學日記》裡所留下來的資料，就已經足夠歷史家去按圖索驥了。

　　胡適自己說得最好：「大凡一種學說，決不是劈空從天上掉下來的。我們如果能仔細研究，定可尋出那種學說有許多前因，……這個前因，所含不止一事。第一是那時代政治社會的狀態。第二是那時代的思想潮流。」[7]胡適的這段話當然不完全適用在胡適自己身上，因為他畢竟不是美國人；作為一個外國學生，他

5　Daniel Fried, "Beijing's Crypto-Victorian: Traditionalist Influences on Hu Shi's Poetic Practice," p. 388.
6　Hu Shih, "The Reminiscences of Dr. Hu Shih," pp. 129-130.
7　胡適，〈中國哲學史大綱〉，《胡適全集》，5：221。

對美國政治、社會、思想的了解主要是透過美國大學的這面稜鏡，這包括他所選的課以及交友圈。換句話說，留學生其實是生活在象牙塔裡的。然而，胡適在這段話裡所強調的「尋因」，則是完全適用於研究文學革命的緣起的。

胡適在〈逼上梁山〉裡，為文學革命說了一個緣起的故事。他說當時清華駐華盛頓的學生監督處有一個英文秘書，是上海的聖約翰大學畢業的，名叫鍾文鰲。胡適說他是個怪人。他每個月寄支票給庚款生的時候，總要在信封裡夾一些他自己印製的宣傳品。內容大致是：「不滿二十五歲不娶妻」、「廢除漢字，取用字母」、「多種樹，種樹有益」等等。他說庚款生平時收到這些小傳單，總是順手把它向字紙簍裡一丟就算了。可是有一天，胡適說大概是1915年吧，他又收到一張傳單，說中國應該改用字母拼音；他說要教育普及，非得用字母不可。胡適說他一時動了氣，就寫了一封短信去罵他，說不通漢文的人，不配談改良中國文字的問題。那封信寄出以後，胡適就有點懊悔了。他後來覺得：「我既然說鍾先生不夠資格討論此事，我們夠資格的人就應該用點心思才力去研究這個問題。」

胡適雖然沒有明確地說這是他後來所倡導的文學革命的緣起，但他很明顯地是把這件事作為促因。他說：

> 那一年恰好東美的中國學生會新成立了一個「文學科學研究部」(Institute of Arts and Sciences)。我是文學股的委員，負有準備年會時分股討論的責任。我就同趙元任先生商量，「把中國文字的問題」作為本年文學股的論題，由他和我兩個人分做兩篇論文，討論這個問題的兩個方面：趙君專論〈吾國文字能否採用字母制及其進行方法〉；我的題目是〈如何可使吾國文言易於教授〉。[8]

人的記憶不可靠，這裡又提供了一個實例。胡適在這裡所說的「文學科學研

---

8 胡適，〈逼上梁山──文學革命的開始〉，《胡適全集》，18：99-100。

究部」的由來，用當時留學生的翻譯是「中國學會留美支會」。顧名思義，是虛位以待，讓總會將來設在中國。而且它的英文名字不是"Institute of Arts and Sciences"，而是"The Chinese Academy of Arts and Sciences"。這個「中國學會留美支會」設立的時間是在1910年，也就是「美東中國學生聯合會」在該年在康涅的克州哈德佛市(Hartford)的三一學院(Trinity College)所舉辦的第六屆夏令營時成立的[9]。「中國學會留美支會」的第一屆年會，是在1911年「美東中國學生聯合會」在普林斯頓大學所舉辦的第七屆夏令會中舉辦的[10]。由於留美學生所組織的學會團體疊床架屋，美東、美中西以及美西的聯合會在1911年統合成「全美中國留學生聯合會」以後，就出現了合併學會團體的呼聲。1913學年度「全美中國留學生聯合會」會長鄭萊宣布「中國學會留美支會」與「留美工程學會」以及「留美農林學會」已經成功地合併。其合併以後的名稱用胡適的譯名來說是「學生同業會」(Vocational Groups)[11]。

　　從這個合併、改組的意義上來說，胡適在〈逼上梁山〉裡，說這個「文學科學研究部」是新成立的，這並不能算是完全不正確。至於他說他是文學股的委員，就又太過謙遜了。根據胡適在《留學日記》裡的記載：「四日晨，赴習文藝科學生同業會(Vocational Conference of the Arts and Sciences Students)。鄭君萊主席。先議明年本部同業會辦法。眾推舉余爲明年東部總會長，力辭不獲，允之，又添一重擔子矣。」[12]這時間是在1914年9月4日。當時他去參加「美東中國學生聯合會」在安謀司所舉辦的第十屆夏令會。有關他的職稱，胡適在《口述自傳》裡的回憶才是正確的。他說：「我碰巧是該部門〔「文學科學研究部」〕的會長。然而，他說他和趙元任都在留學生的夏令會上宣讀了論文的回憶則又犯了語

9　"The Chinese Academy of Arts and Science," *The Chinese Students' Monthly,* VI.2（December 1910）, pp. 180-193.

10　Pingsa Hu, "Chinese Academy of Arts and Science," *The Chinese Students' Monthly*, VII.2（December 10, 1911）, pp. 185-189.

11　Loy Chang, "The President's Message," *The Chinese Students' Monthly*, IX.2（December, 1913）, p. 159.

12　《胡適日記全集》，1：472。

焉不詳的毛病[13]。1915年「美東留美中國學生聯合會」所舉辦的第十一屆的夏令營是該年的8月底到9月初在康涅的克州中城(Middletown)的衛思理言大學(Wesleyan University)所召開的。當時，胡適由於準備要轉學到紐約的哥倫比亞大學去，他並沒有去參加。他在8月26日的《留學日記》裡所記載的才是正確的：「作一文(英文)論〈如何可使吾國文言易於教授〉，將乞趙君元任於今年東美學生年會時讀之。」[14]

　　胡適在〈逼上梁山〉裡的這一段回憶最大的問題，就在於他誤導讀者，以為鍾文鰲的中文拉丁化的傳單，就是促使胡適倡導白話文學革命的靈感或促因。胡適的〈逼上梁山〉是在1933年12月3日脫稿，次年1月1日初次發表在《東方雜誌》上的。當時白話文學革命早已經是功成圓滿了。胡適在文中摘述他在〈如何可使吾國文言易於教授〉一文裡的要點。其中，舊的漢文教授法四弊，第一句話就是：「漢文乃是半死之文字。」任何讀者讀到這句話，很自然地就會聯想到胡適在倡導文學革命時說文言文是「死的文字」的宣言。讀者很容易地就會作了跳躍式的結論，以為胡適在1915年寫這篇論文的時候已經在倡導白話文。人的注意力是有選擇性的，而且是受到先入為主的觀念所指引著的。〈逼上梁山〉的讀者既然已經有了胡適說文言文是死的文字的先入為主的觀念，他們就很容易忽略了胡適在後來所說的一句話：「而我那時還沒有想到白話可以完全替代文言，所以我那時想要改良文言的教授方法，使漢文容易教授。」[15]

　　當然，我們可以說讀者被誤導是讀者自己的問題，因為胡適已經聲明了他當時還沒有想到白話可以完全替代文言。然而，我認為這個誤導是胡適的寫作策略有意產生的結果。胡適自己在〈逼上梁山〉裡所作的摘述也是選擇性的。他所刻意淡化的是他當時把文言的不普及歸罪於教學方法的不良，而不是文言已死的事實。胡適在《留學日記》裡摘述了他那篇論文的大旨四點：一、在拼音字母還沒製成以前，「今之文言，終不可廢置」，因為那是全國說不同方言的人之間唯一

13　Hu Shih, "The Reminiscences of Dr. Hu Shih," p. 131.
14　《胡適日記全集》，2：207。
15　胡適，〈逼上梁山──文學革命的開始〉，《胡適全集》，18：102。

能藉以交流的媒介，是當時的教育所唯一能使用的教學工具。二、漢文的中心問題，在於它是否可以作為教育的利器。三、「漢文所以不易普及者，其故不在漢文，而在教之之術之不完。同一文字也，甲以講書之故而通文，能讀書作文；乙以徒事誦讀，不求講解之故，而終身不能讀書作文。可知受病之源，在於教法。」這第三點是關鍵，因為他說漢文之不易普及之罪不在漢文，而在其教學法之不當。而其補救之法完全是他後來在〈四十自述〉裡的夫子自道。這也就是說，那就是他小時候由於他母親多付幾倍學費，要塾師逐字講解古文，所以讓他能了解文意的教學法。四、舊教學法之弊，有四點：1，「漢文乃是半死之文字，不當以教活文字之法教之。」2，「漢文乃是視官的文字，非聽官的文字。凡象形會意之文字，乃視官的文字；而字母諧聲之文字，皆聽官的文字也。」視官文字的教學法應該強調字源學。對啟蒙的學童來說，這就意指從簡單的象形、指事字入手，再漸次及於會意，以至於形聲字。胡適說這種教學法除了能幫助學生了解漢字的來源以外，還可增加學童識字的興趣，可謂一舉兩得。3，自古以來，中國人從不講究文法，不知文法乃教授文字語言之捷徑。4，不用標點符號，以至文字不易普及，文法也不講求[16]。

　　胡適請趙元任在「美東留美中國學生聯合會」第十一屆(1915年)夏令營所宣讀的〈如何可使吾國文言易於教授〉一文，發表在1916年4月號《留美中國學生月報》所刊登的一段。這一段文章是附在趙元任所撰的〈中國語言的問題〉(The Problem of the Chinese Language)一文裡。趙元任的這篇文章共分四節，第三節是胡適寫的，子題為：〈現行漢文的教學法〉(The Teaching of Chinese As It Is)[17]。對於想要了解胡適文學革命的心路歷程的人來說，這篇英文論文比胡適在《留學日記》裡所作的摘述要更重要多了。雖然其論點和胡適在日記裡所作的摘述大致吻合，但是其中有一些是後來宣揚文學革命的胡適所絕對不會漏列的要點。這篇英文論文有四個重點。一、開宗明義，矛頭對準了鍾文鰲。胡適說，那些曉曉然

16　《胡適日記全集》，2：207-208。

17　Suh Hu, "The Problem of the Chinese Language (Concluded): III, The Teaching of Chinese As It Is," *The Chinese Students' Monthly*, XI.8 (June 1916), pp. 567-572.

要推動中文拉丁化的人，完全不了解中文的問題無他，就在於我們從來就沒用正確、科學的教學法來教中文。胡適不但「樂意承認拉丁化了以後的中文或許優於中文」，而且他也表示這是一個值得用科學的方法來研究的問題。然而，在用科學的研究證明了它的優越性，然後再推廣普及以前，現行中文應該如何教學，才是更重要的課題。這理由很簡單，因為現行的中國文字「是用來記錄了我國的歷史和文明的語言，是省際之間〔說不同方言的人〕所能藉以交流的唯一媒介，也是全國教育的唯一工具」。

胡適在這篇論文裡的第二個重點是：

文言是一個幾乎已經完全死了的語言。這死了的意思，是指已經沒有人說了。那就像是中古歐洲的拉丁文一樣。事實上，它比拉丁文還要更死(如果死也能分程度的話)。這是因為拉丁文還能說、還能聽懂，而文言則不然。除非是人人耳熟能詳的成語，或者是聽者已經多少知道講者所要表達的意思，文言即使在知識階級當中都已經不是能用聽的方式來理解的語言了。

胡適的第三個重點是：

我們必須把自己從傳統的觀點裡解放出來。那傳統的觀點認為白話的字詞與語法很「俗」。其實中文裡的「俗」字，意指的是「約定俗成」(customary)的意思，其字義本身並沒有「鄙俚」(vulgarity)的意思。事實上，許多我們日常所用的詞彙是非常能表意，因此是非常美麗的。衡量字詞、言辭的標準，應該是在於其是否生氣盎然以及有表意的能力，而不在於其是否合於道統(orthodox)的標準。白話是國人日常的語言：它表達了人們日常的需要，本身就是美麗的，而且具備著創造一個偉大、活蹦的文學的條件。〔歷史上〕那些用俗文字所寫的偉大的小說，

就是最好的明證。

胡適承認他說文言已死、而白話則生氣盎然又美麗，這兩個論點是幾近武斷的概括論斷(sweeping generalizations)。然而，他要讀者了解他自己其實是一個大夢初醒的過來人。他說：

> 我只能要求讀者了解，這個作了這兩個概括論斷的我自己，如果在幾年前聽到有人說文言是一個已死的語言，一定是會要跟他決鬥的。如果我在此處所說的是正確的，那我們就可以用下述的話語來說明我們眼前的問題：我們該用什麼樣的方法來教授現行的漢文，以便使它能履行它的功能？我們應該如何教授這個已死的語言，以便讓它從死裡復活？

胡適這段話的重要性在兩方面。一、才幾年前，胡適自己還曾經是一個聽到文言已死論就會跟人拼命的衛道者。二、胡適到這個時候，還沒有放棄讓文言死而復生的努力。

胡適在這篇英文論文裡的第四個重點，就是開出讓文言能死而復生的妙藥。他的藥方有七：第一劑藥方，是要有一套發音的字母。胡適說，為了要幫助發音，並使其標準化，就必須要用科學的方法去制訂一套發音的字母，在學校裡教授使用。第二劑藥方，是用「活字」。小學讀本必須用「活字」、去「死字」。所謂「活字」也者，就是能上口的字也；所謂「死字」也者，就是說出來人聽不懂的字也。學「活字」的優點有三：有用；上口即懂，不似「死字」需要解釋；白話一旦打進了廟堂以後，白話就可望成為國語。第三劑藥方，是教「死字」的方法。這也就是他在《留學日記》的摘述裡所說的，「漢文乃是視官的文字，非聽官的文字」的論點。其教學法，應從簡單的象形、指事字入手。

第四劑藥方，是要提昇白話文。胡適說：

　　我一方面鼓吹用活文字的新血，去灌注到文言的血脈裡，以期讓它起死回生。另一方面，我也要強調白話文必須更加豐富、更加精練。其作法就是去推廣使用那些現有的白話文裡所沒有，或者比現有的白話文裡的詞彙更美、更能表意的〔新〕文學名詞和術語。

　　胡適認為在引介或鑄造文學名詞的時候，複音詞要優於單音詞。他說單音詞太容易混淆，不適合在口語上運用。反之，複音詞在口語上易聽易懂。他舉例說，像「憲法」、「民國」、「革命」、「國會」這些新造的名詞，都已經成為日常詞彙的一部分了。

　　胡適的第五劑藥方，是要大家去讀俗文學。他說在不久的將來，教科書應該可以選收一些用白話文寫的小說和戲曲。這理由很多。一、對學童來說，白話小說和戲曲要遠比「子曰」和老掉了牙的道德教諭要有趣多多了。二、這些小說、戲曲、歌謠和語錄，是我們僅有的「活文學」。我們的教科書沒有理由棄而不用。三、胡適說他那一代的人，許多人都可以用自己成長的經驗來作見證，證明閱讀這些作品——特別是小說——所帶給他們的在文字上的訓練，要比閱讀正規(orthodox)的書籍更有效得多了。四、由於我們不可能完全禁阻孩子讀小說，我們不妨就因勢利導，挑選最好的、屏除淫穢的、教導他們如何從中得益。

　　第六劑藥方，是要教文法。胡適說漢文文法之不修，是已經到了令人扼腕的地步。他說中國人不講究文法，可能是因為漢文沒有詞類的變化，在文法上比其他世界上進步的語言要簡單多了。然而，他認為就正由於中文的文法和句法簡單，才更應該講究其教學法，以便使人人都能學會語言。講究文法之道無他。第一、所有教科書的文字都應該合於文法。令人嗟嘆的是，這個最基本的要求，當時中國幾大教科書出版社居然一點都不措意。第二、文法書必須配合讀本，並以之為基礎。第三、白話與文言的文法必須同時講究。第四、白話與文言文法之間的差異，在許多方面是相當顯著的，都必須表明出來，為學生講解。因此，白話與文言文法的比較研究是必須的。第五、文法的教學必須從小學到大學都是必修的。

　　第七劑藥方，是要使用標點符號。胡適說與文法的教學同樣不可或缺的，是要有一個統一的標點符號系統。當時的漢文不用標點符號，其弊病有多端。一、文意常被誤解。二、知識的推廣產生窒礙。三、沒有標點符號，文法科學就難以建立。這是因爲如果沒有標點符號的幫助，一個複雜句子的內部結構以及其各個組成要素之間的關係都很難解釋清楚。胡適說他覺得可喜的是，有幾家大的出版社，例如商務印書館，已經開始在它們所印行的小學教科書裡使用了更多的標點符號，而不只是〔在句尾〕加上句號而已。

　　胡適這篇〈現行漢文的教學法〉的重要是不言而喻的。胡適在這篇文章裡，不但沒有反對中文拉丁化，而且更開宗明義地表示他樂意承認拉丁化了以後的中文或許優於中文。事實上，就像我在本章結尾會指出的，中文拉丁化後來會變成青壯年時代的胡適所期許的長程目標。但這是後話。在1915年寫〈現行漢文的教學法〉時候的胡適還沒走到那一程。當時的他還認爲中文拉丁化雖然是必須嚴肅地去研究的問題，但那茲事體大，既不是一個迎刃可解的問題，也不是一個一蹴可幾的目標。他於是把分析的重點放在「現行漢文」的討論上。更重要的是，就像胡適後來在〈逼上梁山〉裡所說的：「而我那時還沒有想到白話可以完全替代文言，所以我那時想要改良文言的教授方法，使漢文容易教授。」胡適在〈現行漢文的教學法〉裡的主旨，是在尋求新的教學法，包括「用活文字的新血，去灌注到文言的血脈裡」的方法，以期讓那已死的文言從死裡復活。換句話說，所謂鍾文鰲的中文拉丁化傳單的事件也者，其實跟胡適後來的文學革命之間的關係是微乎其微的。胡適這篇〈現行漢文的教學法〉的重要性，就在於它是他走向文學革命的心路歷程中的一個里程碑。這時候還在胡適走向文學革命的史前史時代。因此，鍾文鰲的中文拉丁化的傳單促使他討論的，是中國文字的問題，而不是中國文學的問題。

　　如果胡適在〈逼上梁山〉裡從鍾文鰲的中文拉丁化的傳單談起是一個誤導，他在文章的第二節裡把文學革命的發端定在1915年夏天則是相當正確的。胡適說：

　　那個夏天，任叔永(鴻雋)、梅覲莊(光迪)、楊杏佛(銓)、唐擘黃(鉞)都在綺色佳(Ithaca)過夏，我們常常討論中國文學的問題。從中國文字問題轉到中國文學問題。這是一個大轉變。這一班人中，最守舊的是梅覲莊。他絕對不承認中國古文是半死或全死的文字。因爲他的反駁，我不能不細細想過我自己的立場。他越駁越守舊，我倒漸漸變得更激烈了。我那時常常提到中國文學必須經過一場革命；「文學革命」的口號，就是那個夏天我們亂談出來的。

　　梅覲莊新從芝加哥附近的西北大學畢業出來，在綺色佳過了夏，要往哈佛大學去。九月十七日，我做了一首長詩送他。詩中有這兩段很大膽的宣言：

梅生梅生毋自鄙！神州文學久枯餒，百年未有健者起。新潮之來不可止；文學革命其時矣！吾輩勢不容坐視。且復號召二三子，革命軍前杖馬棰，鞭笞驅除一車鬼，再拜迎入新世紀！以此報國未云菲：縮地戡天差可擬。梅生梅生毋自鄙！[18]

　　「以此報國未云菲：縮地戡天差可擬。」把文學革命比作科學「縮地戡天」之術對人類的貢獻！無怪乎胡適說他在這首詩裡作了大膽的宣言。胡適說因爲他在這首長詩裡用了十一個外國字的譯音，其中十個是人名，如牛頓、愛迪生、培根等等，另外一個是一個抽象名詞，「煙士披裡純」，即"inspiration"，是梁啓超用音譯英文「靈感」一字。這引來了任鴻雋一首打油詩，笑他「鞭笞一車鬼〔洋鬼子〕」。9月20日，胡適坐火車離開綺色佳，轉學到哥倫比亞大學去。在火車上他用任鴻雋打油詩的韻腳，寫了一首答詩。就在這首〈和叔永戲贈詩〉裡，胡適第一次用了「詩國革命」的字眼：

　　詩國革命何自始？要須作詩如作文。

18　胡適，〈逼上梁山——文學革命的開始〉，《胡適全集》，18：103-104。

　　琢鑢粉飾喪元氣，貌似未必詩之純。

　　小人行文頗大膽，諸公一一皆人英。

　　願共僇力莫相笑，我輩不作腐儒生。

　　然而，胡適說由於當時「我初到紐約，覲莊初到康橋，各人都很忙，沒有打筆墨官司的餘暇。但這只是暫時的停戰」[19]。

　　從胡適在《留學日記》所留下來的資料，以及他在〈逼上梁山〉裡所作的回憶，我們其實可以重建出一個文學革命萌芽的端倪。如果胡適在1915年8月26日寫完他的〈如何可使吾國文言易於教授〉一文的時候，不但還沒有想到白話可以替代文言，而且還認為文言的問題不在於文言本身，而是在於文言的教授法，則這就意味著說，一直到他轉學到哥倫比亞大學的前夕，胡適並還沒有走到白話文學革命的門檻。胡適在離開綺色佳之前的那個夏天，跟任鴻雋、梅光迪、楊銓、唐鉞等人討論中國文學的問題，如果他提到了文學或詩國革命的想法，這應該會反映在他任鴻雋、楊銓贈別唱和的詩裡。然而，他們的贈別的詩裡，都沒有文學或詩國革命的命意。任鴻雋的贈別詩有句云：

　　今日復贈君，我言將何似？

　　不期君以古，古人不足伍。

　　不期君今人，今人何足倫？

　　丈夫志遠大，豈屑眼前名？

　　一讀盧(騷)馬(志尼)書，千載氣崢嶸。[20]

胡適在8月29日回贈的詩則云：

　　君期我作瑪志尼(Mazzini)，

19　胡適，〈逼上梁山——文學革命的開始〉，《胡適全集》，18：103-106。
20　《胡適日記全集》，2：203。

我祝君爲倭斯襪(Wilhelm Ostwald)〔德國化學家〕。

國事今成遍體瘡，治頭治腳俱所急。

勉之勉之我友任，歸來與君同僇力。

臨別贈言止此耳，更有私意爲君説：

寄此學者可千人，我詩君文兩無敵。

頗似孟德語豫州，語雖似誇而紀實。

「秋雲麗天海如田」，直欲與我爭此席。

我今避君一千里，收拾詩料非關怯。

此邦郵傳疾無比，月月詩筒未應絕。[21]

　　從胡適和任鴻雋唱和的贈別詩來看，在任鴻雋的理解裡，胡適的志向是要作中國的馬志尼。只是，胡適在祝禱任鴻雋成爲中國的倭斯襪的同時，還有「私意」告訴任鴻雋，說在美國上千的中國留學生裡，他和任鴻雋是：「我詩君文兩無敵」。由於任鴻雋的詩也極佳，胡適謙稱他轉學到紐約去是「避君一千里」。然而，胡適允諾說，借著美國「疾無比」的郵政服務，他們的唱和將會是「月月詩筒未應絕」。值得注意的是，胡適說到寫詩唱和，卻一無詩國革命的痕跡。

　　胡適和楊銓的贈別唱和則連詩都不提了。胡適在9月2日的《留學日記》裡說：

　　杏佛贈別詞有「三稔不相見，一笑遇他鄉。暗驚狂奴非故，收束入名場」之句。實則杏佛亦揚州夢醒之杜牧之耳。其詞又有「欲共斯民溫飽，此願幾時償」之語。余既喜吾與杏佛今皆能放棄故我，重修學立身，又壯其志願之宏，故造此詞奉答，即以爲別。

　　朔國秋風，汝遠東來，過存老胡。正相看一笑，使君與我，春申江上，兩個狂奴。萬里相逢，殷勤問字，不似黃壚舊酒徒。還相問：「豈

21 《胡適日記全集》，2：214。

胸中塊壘，今盡消乎？」君言：「是何言歟！祗壯志新來與昔殊。願乘
風役電，戳天縮地(科學之目的在於征服天行以利人事)，顧思瓦特
(James Watt)，不羨公輸。戶有餘糈，人無菜色，此業何嘗屬腐儒。吾
狂甚，欲斯民溫飽，此意何如？」[22]

　　為什麼在胡適所有的贈別詩裡，唯獨他寫給梅光迪的談到文學革命呢？這其
實不難解釋。胡適在〈逼上梁山〉裡說得很明白：他們1915年夏天在綺色佳常相
聚談的「這一班人中，最守舊的是梅覲莊。他絕對不承認中國古文是半死或全死
的文字。因為他的反駁，我不能不細細想過我自己的立場。他越駁越守舊，我倒
漸漸變得更激烈了。」

圖23　康乃爾大學時期的師生合影。從左到右：李觀森(H. S. Lee)、金邦正、
胡適、楊銓、Mason教授、Jacoby教授、任鴻雋、陳茂康(M. K. Tsen)(胡適紀
念館授權使用)。

22 《胡適日記全集》，2：216。

為什麼胡適在跟任鴻雋酬別唱和的時候沒提起文學或詩國革命,反倒在任鴻雋和他送梅光迪往哈佛大學的打油詩以後,他才在〈和叔永戲贈詩〉裡談起詩國革命呢?這也容易解釋。這是因為任鴻雋在他的打油詩裡已經先提起了文學的革命:

> 牛敦、愛迭孫、培根、客爾文、索虜、與霍桑,「煙士披裡純」。鞭笞一車鬼,為君生瓊英。文學今革命,作歌送胡生。[23]

任鴻雋既然已經在打油詩裡,用胡適送給梅光迪的「文學革命」、「鞭笞驅除一車鬼」,還治胡適,戲謔他想「鞭笞一車洋鬼子」來造文學革命。無怪乎胡適乾脆豁了出去,仰天長嘯地宣稱:「詩國革命何自始?要須作詩如作文。」

胡適說,他在9月20日晚從綺色佳到紐約的夜車上寫了這首〈和叔永戲贈詩〉以後,接下來的是暫時的停戰。事實上,連說「暫時的停戰」都算是誇張的說法,因為這時候其實還是在戰爭的前夕。在此之前,胡適即使跟他在綺色佳的朋友討論了中國文字與文學的問題,文學革命的大旗,他當時其實還沒舉起呢!換句話說,這還是在胡適被所謂的「逼上梁山」的史前史時期。胡適在這個時候還不認為白話文可以完全取代文言文,更遑論是詩國革命了!然而,等到文學革命、詩國革命這個旌旗一旦祭出以後,戰爭就無法避免了。更重要的是,胡適連詩國革命的行動綱領都已經講出來了:「詩國革命何自始?要須作詩如作文。」

從作英詩到作白話詩

胡適在《口述自傳》裡說,即使在他寫下了「詩國革命何自始?要須作詩如作文」這一詩句的時候,到底要如何「作詩如作文」,他其實只有一個很模糊的概念[24]。這可真印證了我在第二章徵引的韋蓮司1938年對胡適的批評。她說:

---

23 《胡適日記全集》,2:231。
24 Hu Shih, "The Reminiscences of Dr. Hu Shih," p. 135.

「你在朋友圈裡，會輕率地說出你對公眾或社會事物的看法。你這樣作是因為你腦筋很快，而不是因為你有了理由充分的意見。因此，當你在矛盾之海洄泳的時候，你也許看到了某些字句(相信它們是對的)，就說：『我寧願我是對的。』」[25]這是許多人所不知的胡適年輕氣盛的一面。

如果胡適在寫下「詩國革命何自始？要須作詩如作文」這樣的豪語的時候，他其實對如何進行「詩國革命」，還只有一個很模糊的概念，那麼，他的靈感究竟是從哪裡來的？胡適在他所留下來的資料裡，有幾次觸及了這個問題，但最後都還是吝於吐露真言。比如說，當胡適在1916年跟梅光迪筆戰正酣的時候，梅光迪就譏詆他，說他的文學觀是「偷得」19世紀功利主義以及托爾斯泰的餘緒[26]；其文學技巧、形式，則是「剽竊」當時美國流行的「不值錢的新潮流」[27]。梅光迪所說的這些「新潮流」為何？以文學、美術為例：其「最著者有所謂Futurism〔未來主義〕、Imagism〔意象主義〕、Free Verse〔自由詩〕，及各種decadent movements in literature and arts〔文學藝術的頹廢運動〕；美術界如Symbolism〔象徵主義〕、Cubism〔立體主義〕、Impressionism〔印象主義〕等等」[28]。

對於梅光迪說他是「偷得」19世紀功利主義與托爾斯泰的餘緒的指控，胡適說：「余聞之大笑不已。夫吾之論中國文學，全從中國一方面著想，初不管歐西批評家發何議論。吾言而是也，其為Utilitarian〔功利主義〕，其為Tolstoian〔托爾斯泰式的〕，又何損其為是。吾言而非是也，但當攻其所以非之處，不必問其為Utilitarian，抑為Tolstoian也。」[29]至於梅光迪說他「剽竊」當時美國流行的「新潮流」，胡適反詰：

　　來書云：「所謂『新潮流』、『新潮流』者，耳已聞之熟矣。」此一

25　Williams to Hu, August 31, 1938。轉引自拙著，《星星‧月亮‧太陽——胡適的情感世界》，頁281。
26　《胡適日記全集》，2：365。
27　《胡適日記全集》，2：383。
28　梅光迪致胡適，[1916年7月]廿四日，《胡適遺稿及秘藏書信》33：446。
29　《胡適日記全集》，2：365。

語中含有足下一生大病。蓋足下往往以「耳巳聞之熟」自足，而不求眞
知灼見。即如來書所稱諸「新潮流」，其中大有人在，大有物在，非門
外漢所能肆口詆毀者也……足下痛詆「新潮流」尚可恕。至於謂「今之
美國之通行小說、雜誌、戲曲，乃其最著者」，則未免厚誣「新潮流」
矣……足下豈不知此諸「新潮流」皆未嘗有「通行」之光寵乎？豈不知
其皆爲最「不通行」(unpopular)之物乎？其所以不通行者，正爲天下不
少如足下之人，以「新潮流」爲「人間最不祥之物」而痛絕之故耳。[30]

對我們而言，胡適的反詰一點幫助都沒有。這是因爲對梅光迪的指控，他完
全沒有回答。梅光迪說他「偷得」19世紀功利主義與托爾斯泰的餘緒，他的回答
是他只管中國的需要，不論西方批評家的議論；至於梅光迪說他「剽竊」美國當
時流行的「新潮流」，他不直接回答，而是反過來譏詆梅光迪對「新潮流」的理
解不是去親自領略的，而是用「耳聞」的。我們知道胡適對「新潮流」，特別是
藝術的「新潮流」，即使是不了解，至少是會敬而遠之的。他當時所愛慕的韋蓮
司就是一個前衛藝術家。這不是胡適第一次批評梅光迪習於接受「第二手」的知
識。他在這之前就已經當面說了梅光迪。他在1916年7月13日追記的日記裡說：
「觀莊治文學有一大病：則喜讀文學批評家之言，而未能多讀所批評之文學家原
著是也。此如道聽途說，拾人牙慧，終無大成矣。此次與觀莊談，即以直告之，
甚望其能改也。」[31]

當然，胡適沒有正面回答梅光迪的指控，最終還是不重要的。這是因爲無論
是19世紀的功利主義、托爾斯泰的餘緒，還是美國當時的流行的「新潮流」，都
不是胡適文學與詩國革命的靈感來源。胡適唯一一次透露出他的詩國革命靈感的
來源，是在他爲《嘗試集》所寫的自序裡：「在綺色佳五年，我雖不專治文學，
但也頗讀了一些西方文學書籍，無形之中，總受了不少的影響。」[32]這是胡適相

---

30 《胡適日記全集》，2：383-384。
31 《胡適日記全集》，2：364。
32 胡適，〈《嘗試集》自序〉，《胡適全集》，1：181。

當不老實的地方，他所受到西方文學的影響，絕對不是「無形之中」的，而是他留心思考、揣摩、轉借、挪用、演練出來的結果。

我在第五章分析了胡適在康乃爾大學所接受的人文素養的基礎教育。我們記得胡適在康乃爾有三個主修：哲學、英國文學以及政治經濟。英國文學是他非常喜歡的一個主修。為了敘述的方便，讓我們摘述他選過的英文課程：

大一：「英文一」

大二：「英文二：19世紀散文」；「英文38b：18世紀英詩」

大三：「英文41：到1642年的英國戲劇」；「英文52：維多利亞文學」

大三暑期班：「英文K：莎士比亞悲劇」

大四：「英文52：維多利亞文學」

我們從這個課程表可以看出胡適在康乃爾大學選的英文課以時代來看，主要是從17世紀到19世紀，而以19世紀的維多利亞時期為主軸。這就正印證了我在本章啟始所徵引的傅雲博的論點：胡適「所唸的詩主要就是當時美國大學生所讀的標準教材：伊莉莎白時期、浪漫主義、維多利亞時期，特別是布朗寧和鄧耐生所寫的詩」。這就是傅雲博高明的地方。他雖然沒見過胡適在康乃爾大學的課程表，但他從胡適的《留學日記》還是看出了端倪。以文體來說，胡適在康乃爾所選修的英文課，散文、小說、詩歌、戲劇都兼顧到了。莎士比亞的戲劇，胡適在大一選「英文一」的時候，就已經讀了好幾齣了。他所選修的這些英國文學課程，再加上他在課外所讀的一些作品，就是胡適白話文學革命的靈感來源。

以詩歌來說，胡適所選的這些課對他的影響有多大呢？我們記得胡適在上海中國公學的時候就有「少年詩人」的稱號。他在離開綺色佳以前寫給任鴻雋的贈別詩裡還有「我詩君文兩無敵」的詩句，可以想見他是一個自詡有詩才的人。他在康乃爾選修英國文學的課程，難免技癢，也試作起英詩來。他在1911年5月29日的日記裡說：「夜作一英文小詩(Sonnet)，題為"Farewell to English I"〔〈揮別

「英文一」〉〕，自視較前作之〈歸夢〉稍勝矣。」[33]這兩篇詩現在大概都已不存。但從這則日記，我們知道胡適在大一的時候，就已經開始練習作英詩了。胡適所說的小詩(Sonnet)，他在別的地方譯為「桑納」，20世紀初年有人翻成「商籟」，現在一般翻成「十四行詩」。「十四行詩」源起於義大利，是在16世紀初年傳入英國的，有其相當繁瑣的體例與規則。胡適在1914年12月22日的《留學日記》裡作了說明：「此體名『桑納』(Sonnet)體，英文之『律詩』也。『律』也者，為體裁所限制之謂也。此體之限制有數端：一、共十四行；二、行十音五『尺』(尺者(foot)，詩中音節之單位。吾國之『平平仄仄平平仄』，平平為一尺，仄仄為一尺，此七音凡三尺有半，其第四尺不完也)；三、每『尺』為『平仄』調(Iambic)，……；四、十四行分段法有兩種〔甲、乙〕……；五、用韻法有數〔七〕種……」[34]

　　胡適在12月22日的這則日記裡作這麼詳盡的解釋，是因為他所住的「康乃爾大學世界學生會」將慶祝成立十週年。胡適特地寫了一首十四行詩來慶祝。這時胡適寫英詩的程度已經漸趨成熟，他開了一夜的夜車就寫成了。而且，當他把詩稿請朋友，包括一個英國文學老師刪改時，「皆無大去取。」只有當他請英語系教授兼文學院散蒲生教授刪改的時候，他才給了幾個胡適「極以為是」的建議。這首〈紀念康乃爾世界學生會十週年十四行詩〉的詞如下：

"Let here begin a Brotherhood of Man,
　　Wherein the West shall freely meet the East,
　　And man greet man as man—greatest as least.
To know and love each other is our plan."
So spoke our Founders; so our work began:
　　We made no place for pleasant dance and feast,
　　But each man of us vowed to serve as priest

33 《胡適日記全集》，1：147。
34 《胡適日記全集》，1：572-537。

In Mankind's holy war and lead the van.

What have we done in ten years passed away?

　　Little, perhaps; no *one* grain salts the sea.

But we have faith that come it will—that Day—

　　When these our dreams no longer dreams shall be,

And every nation on the earth shall say:

　　"ABOVE ALL NATIONS IS HUMANITY!"

　　胡適自己覺得他已經得了寫十四行詩的三昧。他說：「吾所用者，爲乙式〔分段法〕寅〔第三種韻法〕調也。吾此詩爲第三次用此體，前二次皆用甲式，以其用韻少稍易爲也。」[35]胡適所指的「乙式寅調」，即該詩十四行的韻腳依序排列爲：*abba|abba|cdc|dcd|*。

　　胡適寫完了〈紀念康乃爾世界學生會十週年十四行詩〉，但他並不是馬上就在慶祝會中朗誦。這是因爲慶祝會要在1915年一月上旬才開。胡適在聖誕節過後，到俄亥俄州的哥倫布城去開「世界學生會」第八屆年會。在回程的火車上，「車中無事，復作一詩，題爲〈告馬斯〉。馬斯(Mars)者，古代神話所謂戰鬥之神也。此詩蓋感歐洲戰禍而作。」[36]這首詩用的也是「乙式寅調」。

　　傅雲博說得很有道理。他說胡適寫白話詩的訓練不只來自於他所讀的英詩，而且更是來自於他自己的英詩寫作。他說爲什麼大家都認爲胡適的白話詩是受到現代詩的影響呢？原因很簡單，就是因爲大家已經有了一個先入爲主的觀念，認爲胡適既然反的是傳統詩，他一定是受到了現代詩的影響。傅雲博說：「胡適研究的問題是：〔五四〕所被賦予的經典式的『革命』性，使大家只知專注研究胡適『文學革命』的性質、特徵、來源與角色，而完全不去問其所謂的斷裂究竟有多顯著。」[37]傅雲博這個對歷來胡適研究的批評，跟我在上文所引的胡適反詰梅

35　《胡適日記全集》，1：573。

36　《胡適日記全集》，2：3。

37　Daniel Fried, "Beijing's Crypto-Victorian: Traditionalist Influences on Hu Shi's Poetic Practice," pp. 374, 386.

光迪的話有異曲同工之處:「吾言而是也,其為Utilitarian〔功利主義〕,其為Tolstoian〔托爾斯泰式的〕,又何損其為是。吾言而非是也,但當攻其所以非之處,不必問其為Utilitarian,抑為Tolstoian也。」

試問十四行詩的體例是否比傳統中國詩詞靈活自由?它在行數、格式、平仄、押韻、起承轉合上都有嚴格的限制。胡適的「八不主義」,至少有四項可以用在十四行詩上:不模仿古人、務去濫調套語、不用典、不講對仗。事實上,連胡適的美國老師都建議他不要用十四行詩的詩體,因為拘束太多了。他把他的〈紀念康乃爾世界學生會十週年十四行詩〉以及〈告馬斯〉兩首詩請以前他在農學院時的院長刪改。他在1915年1月7日追記的日記裡說:「夜往見前農院院長裴立(Liberty Hyde Bailey)先生。先生為此邦農學泰斗,著書真足等身,有暇則為詩歌,亦極可誦。余以所作二詩乞正。先生以第一詩為佳作;第二詩末六句太弱,謂命意甚佳,可改作;用他體較易發揮,『桑納』體太拘,不適用也。」[38]胡適接受了裴立教授的建議,在三月上旬連日修改他的〈告馬斯〉詩。他自己在3月19日的日記裡說:前稿因為「頗限於體制,不能暢達,故改作之」[39]。在這個改稿裡,他放棄了十四行詩的詩體,一共是二十行。然而,韻腳則不脫十四行詩的窠臼。他這篇改稿所用的韻腳是:*abba|cddc|effe|gffg|hiih|*。

「『桑納』體太拘」,無怪乎胡適後來學了19世紀維多利亞時期的英詩以後就不再作十四行詩了。然而,值得令人玩味的是,即使如此,胡適所寫的英詩,一直沒有打破維多利亞時期英詩體例的遺風:套語、對仗與押韻。比如說,我在《星星‧月亮‧太陽——胡適的情感世界》裡所分析的那首"Absence"(〈今別離〉)。這首他錄在1915年7月26日的日記裡的詩,我形容它令人觸目驚心,因為它赤裸裸地道出了胡適的心境。它先敘說他那對江冬秀曾經有過的情絲,連山川都阻隔不了;那妳我心心相繫,是已經到了「月傳妳我心」的地步。然而,這些情絲以及那賴以傳情的月亮都已成過去。胡適所用的時態是過去式,所以他說:「當『彼』月圓時,月傳妳我心;『彼』情只有妳我知。」第二段則急轉直下,

---

38 《胡適日記全集》,2:10。
39 《胡適日記全集》,2:71-73。

用的時態是現在式，說現在造成「妳」和「我」形同陌路的，不只是「那偌大的
半個地球」，而是那心靈的阻隔；「妳」和「我」不但所見的星斗不同，連那當
年還可以傳心的月亮，也因為彼此各自處在晝夜顛倒的世界裡——亦即，思想不
同的世界裡——而傳情不再[40]。"Absence"的詞云：

> Those years of absence I recall,
>
> When mountains parted thee and me,
>
> And rivers, too. But that was all.
>
> The same fair moon which shone on thee
>
> Shone, too, on me, tho' far apart;
>
> And when 'twas full, as it is now,
>
> We read in it each other's heart,
>
> As only thou and I knew how.
>
> And now the moon is full once more!——
>
> But parting thee and me there lies
>
> One half the earth; nor as before
>
> Do these same stars adorn thy skies.
>
> Nor can we now our thoughts impart
>
> Each to the other through the moon,
>
> For o'er the valley where thou art,
>
> There reigns the summer sun at noon.

這首英詩的韻腳是：*abab|cdcd|efef|cgcg|*。
胡適在1915年7月所作的"Crossing the Harbor"（〈港渡〉）也不例外。

40　請參閱拙著，《星星・月亮・太陽——胡適的情感世界》，頁82-85；《胡適日記全
　　集》，2：165-166。

As on the deck half-sheltered from the rain

We hasten to the wintry wind's wild roars,

And hear the slow waves beat

Against the metropolic shores;

And as we search the stars of Earth

Which shine so staringly

Against the vast, dark firmament, –

There –

Pedestalled upon a sphere of radiancy,

One Light stands forth pre-eminent.

And my comrade whispers to me,

'There is "Liberty"!'

　　王潤華把胡適這首〈港渡〉拿來跟美國現代派詩人桑德堡(Carl Sandburg, 1878-1967)的"The Harbor"〈海港〉的第二節來作對比：

Long lake waves breaking under the sun

On a spray-flung curve of shore;

And a fluttering storm of gulls,

Masses of great gray wings

And flying white bellies

Veering and wheeling free in the open.

　　雖然胡適這首詩在押韻上比其他幾首詩要自由多了，然而他受到傳統英詩影響的痕跡依然呼之欲出。傅雲博說得很有道理，他說這兩首詩相似的地方只是篇名。他說他懷疑王潤華會認為這兩首詩有相似的地方，完全是因為他先入為主的觀念。這也就是說，王潤華已經先認定胡適的白話詩是受到美國現代詩派的影

響。傅雲博說這兩首詩正好可以拿來對比胡適與現代派詩的不同：

> 胡適注重押韻，桑德堡則不然；胡適用英詩裡的套語，如「寒風」、「無垠的夜空」，桑德堡則不然；最重要的是，胡適用自然的景觀來襯托這首詩的物質與情感的軸心，他所要營造的氣氛是在「自由女神」出現的那一刹那，同時凸顯出「自由」的偉大(他顯然覺得他必須用驚嘆號來作強調，雖然「那就是自由女神」這句話是在他耳邊低語的)。反之，桑德堡的語氣就內斂多了。而且他所關注的是樸實的、近在眼前的、是那看見湖鷗翺翔的喜悦。他用字素樸，大異於胡適——「鳥肚」比任何其他字眼更引了人注目。[41]

胡適練習寫作英詩，甚至還摸索出其中的三昧。可以想見地，他一定也會技癢，把英詩中譯。胡適在英詩中譯上，也經過了一段摸索、演進的歷程。翻譯可以是一個突破和解放。這是因為譯者自己很清楚完全忠於原文是不可得的的。也就因為如此，譯者比較可能嘗試去尋找比較有彈性的表現方式，以便讓原文的精義呈現在自己的母語裡。胡適最先嘗試的，是用騷體來翻譯英詩。比如說，他在1914年1月29日的日記，記他用騷體翻譯了一段布朗寧的詩句，即我在第四章所徵引的：「吾寐以復醒兮，亦再蹶以再起」那首。他說：「此詩以騷體譯說理之詩，殊不費氣力而辭旨都暢達，他日當再試為之。今日之譯稿，可謂為我闢一譯界新殖民地也。」[42]胡適用騷體翻英詩，得意他為譯界開闢了一個「新殖民地」。幾天以後，2月3日，他用了四個鐘頭的時間，再用騷體翻譯了拜倫(Byron)的〈哀希臘歌〉(The Isles of Greece)。他在7月13日把這首詩的譯稿謄好，作記曰：「寫所譯裴倫〈哀希臘歌〉，不能作序，因作〈譯餘剩墨〉數則弁之。其一則論譯詩擇體之難，略曰：『譯詩者，命意已為原文所限，若更限於體

41 Daniel Fried, "Beijing's Crypto-Victorian: Traditionalist Influences on Hu Shi's Poetic Practice," p. 387.
42 《胡適日記全集》，1：268-270。

裁，則動輒掣肘，決不能得愜心之作也。』此意乃閱歷所得，譯詩者不可不理會。」[43]換句話說，用騷體翻譯英詩，對胡適來說是一種解放。這是因為騷體的句式在長短、節奏、形式上都比較靈活自由。無怪乎胡適在1915年4月12日翻譯柯強(Arthur Ketchum)在《紐約晚郵報》(*New York Evening Post*)上所發表的〈墓門行〉(Roadside Rest)的時候，他用的還是騷體[44]。

　　胡適既然已經用了騷體來翻譯英詩，從用騷體到用散文體來譯詩，則只是再走出一步而已。胡適在1914年9月初遊波士頓的時候，7日當天他去了康可(Concord)。他到了睡鄉叢冢(The Sleepy Hollow)憑吊了霍桑、愛默生的墓。他在當天的日記裡錄了第一、三章愛默生的〈大梵天〉(Brahma)：

> If the red slayer think he slays,
> Or if the slain think he is slain,
> They know not well the subtle ways
> I keep, and pass, and turn again.
> They reckon ill who leave me out;
> When me they fly, I am the wings;
> I am the doubter and the doubt,
> And I the hymn the Brahmin sings.

　　這兩章的韻腳都是*abab*，胡適的翻譯就完全擺脫了韻腳的限制。他用散文體把這兩章翻成：

> 殺人者自謂能死人，
> 見殺者自謂死於人，
> 兩者皆未深知吾所運用周行之大道者也。

43　《胡適日記全集》，1：405。
44　《胡適日記全集》，2：87-88。

（吾，天自謂也。下同。）

老子曰：「常有司殺者殺。夫代司殺者殺，是謂代大匠斲。夫代
大匠斲者，希存不傷其手者災。」

棄我者，其為計拙也。

背我而高飛者，不知我即其高飛之翼也。

疑我者，不知疑亦我也，疑我者亦我也。

其歌頌我者，不知其歌亦我也。[45]

1914年5月31日，胡適作了進一步地嘗試，把自己所作的文言詩翻成英文。
他在當天早上作了一首〈春朝〉：

葉香清不厭，鳥語韻無囂。

柳絮隨風舞，榆錢作雨飄。

何須乞糟粕，即此是醇醪。

天地真有趣，會心殊未遙。

胡適把這首詩譯成英文。序曰：「試以此詩譯為英文。余作英文詩甚少，記
誦亦寡，故不能佳，然亦一時雅事，故記之。」

Amidst the fragrance of the leaves comes spring,

When tunefully the sweet birds sing.

And on the winds oft fly the willow-flowers,

And fast the elm-seeds fall in showers.

Oh! Leave the "ancients' dregs" however fine,

And learn that here is Nature's wine!

---

45 《胡適日記全集》，1：481-482。

Drink deeply, and her beauty contemplate,
Now that Spring's here and will not wait.[46]

胡適這首英詩用的是兩句轉韻體：*aabbccdd*。

除了把自己寫的詩翻譯成英文以外，胡適也嘗試著把別人寫的詩翻成英文。比如說，他在1914年12月3日的日記裡記他翻譯了《詩經》裡〈木瓜〉詩：「偶思及〈木瓜〉之詩，檢英人所譯觀之，殊未愜心，因譯之如下：『投我以木桃，報之以瓊瑤；匪報也，永以為好也。』Peaches were the gifts which to me you made, / And I gave you back a piece of jade— / Not to compensate Your kindness, friend, / But to celebrate Our friendship which shall never end." [47]胡適在這首英譯短詩用的押韻是：*aabb*。

從寫作英詩、翻譯英詩，到轉借、挪用英詩的體例、押韻來寫中文詩，只不過是那順理成章的下一步罷了。胡適在〈《嘗試集》自序〉裡說他在康乃爾大學所選的英文課給了他一些「無形之中」的影響：「所以我那幾年的詩，膽子已大得多。《去國集》裡的〈耶穌誕節歌〉和〈久雪後大風作歌〉都帶有試驗意味。」[48]其實，在這以前胡適就已經注意到英詩在韻腳上，要比文言詩自由一點。他在1913年10月16日的日記裡就說：「西文詩歌多換韻，甚少全篇一韻者。」[49]他寫〈久雪後大風作歌〉就是一個挪用英詩轉韻體的嘗試。他在1914年1月29日的日記裡說：「此詩用三句轉韻體，乃西文詩中常見之格，在吾國詩中，自謂此為創見矣。」胡適後來把這首詩給許先甲看。許先甲回信告訴他「三句轉韻體，古詩中亦有之」，他引岑參〈走馬川行〉為證。胡適找出來讀了以後說：「此詩後五韻三句一轉，惟起數句不然，則亦未為全用此體也。」[50]胡適顯然寫了文字發表在《留美學生年報》上，以自己從英詩裡挪用過來的三句轉韻體

46　《胡適日記全集》，1：319-320。
47　《胡適日記全集》，1：554-555。
48　胡適，〈《嘗試集》自序〉，《胡適全集》，1：181。
49　《胡適日記全集》，1：244。
50　《胡適日記全集》，1：268。

詩爲創見。結果又引來了張准的批評，張准的證據是元稹的〈大唐中興頌〉。胡適雖然一直沒能讀到這首詩。但幾個月以後，他自己讀到黃庭堅的三句轉韻體詩〈觀伯時畫馬〉，他於是在5月31日的日記裡自責：「吾久自悔吾前此之失言(見《年報》第三年)，讀書不多而與妄爲論議，宜其見譏於博雅君子也。」[51]

從胡適的英詩寫作，到他的詩歌翻譯，不管是英翻中還是中翻英，我們發現胡適是非常重視押韻和音節的。1915年上半年，在他和任鴻雋、梅光迪等人在那年的夏天討論中國文學與文字之前，也就是他被「逼上梁山」的前夕，他在日記裡常記錄的是他對詩詞押韻的鑽研。他除了認爲三句轉韻體是一種比較自由的詩體以外，他同時更認爲詞是詩的進化。例如6月6日的日記：「詞乃詩之進化，即如上所引〔秦少游的〕〈八六子〉半闋，萬非詩所能道。吾國詩句之長短、韻之變化不出數途。又每句必頓住，故甚不能達曲折之意，傳婉轉頓挫之神。至詞則不然。」[52]同一天的日記又比較南宋陳亮的詩與詞：「陳同甫，天下奇士，其文爲有宋一代作手。吾讀其《龍川集》，僅得數詩，無一佳者，其詞則無一首不佳。此豈以詩之不自由而詞之自由歟？」[53]

在8月3日的日記裡，胡適更進一步地讚美詞調變化的神奇。他根據自己讀詞、填詞的經驗，給初學者提供了讀詞、填詞的門徑：

> 年來閱歷所得，以爲讀詞須用逐調分讀之法。每調選讀若干首，一調讀畢，然後再讀他調。每讀一調，須以同調各首互校，玩其變化無窮儀態萬方之旨，然後不致爲調所拘，流入死板一路。即如〈水調歌頭〉，稼軒〔辛棄疾〕一人曾作三十五闋，其變化之神奇，足開拓初學者心胸不少。今試舉數例以明之。此調凡八韻。第一韻與第八韻，皆十字兩截，或排或不排⋯⋯第二韻與第六韻⋯⋯
>
> 稼軒有〈賀新郎〉二十二首、〈念奴嬌〉十九首、〈沁園春〉十三

51　《胡適日記全集》，1：321。
52　《胡適日記全集》，2：127。
53　《胡適日記全集》，2：128。

首、〈滿江紅〉三十三首、〈水龍吟〉十三首、〈水調歌頭〉三十五首，最便初學。初學者，宜用吾上所記之法，比較同調諸詞，細心領會其文法變化，看其魄力之雄偉，詞膽之大，詞律之細，然後可讀他家詞。[54]

　　從胡適自詡爲留學生當中他跟任鴻雋是「我詩君文兩無敵」的背景來看，胡適會注重詩詞的押韻與音節其實是相當自然的事。事實上，胡適在留美期間、甚至一直到回到中國的前兩年，都還沒有辦法擺脫押韻與音節的桎梏。我們不妨聽聽胡適的夫子自道：

　　　我做白話詩，比較的可算最早，但是我的詩變化最遲緩……〔《嘗試集》〕第一編的詩，除了〈蝴蝶〉和〈他〉兩首之外，實在不過是一些刷洗過的舊詩。做到後來的〈朋友篇〉、〈文學篇〉，簡直又可以進《去國集》了〔即他的文言詩〕！第二編的詩，雖然打破了五言七言的整齊句法，雖然改成長短不整齊的句子，但是初做的幾首，如〈一念〉、〈鴿子〉、〈新婚雜詩〉、〈四月二十五夜〉，都還脫不了詞曲的氣味與聲調……故這個時期——六年〔1917〕秋天到七年〔1918〕底——還只是一個自由變化的詞調時期。自此以後，我的詩方才漸漸做到「新詩」的地位。〈關不住了〉一首是我的「新詩」成立的紀元……自此以後，〈威權〉、〈樂觀〉、〈上山〉、〈週歲〉、〈一顆遭劫的星〉，都極自由、極自然，可算得我自己的「新詩」進化的最高一步。[55]

　　如果我們把胡適在擺脫了押韻與音節的桎梏以後的觀點，來對比胡適留學時期寫詩、譯詩的作法，就更別有意味了。比如說，他在〈四十自述〉裡激烈地抨

54　《胡適日記全集》，2：172-176。
55　胡適，〈《嘗試集》再版自序〉，《胡適全集》，1：197-198。

擊了律詩。他說他在中國公學時候學會了作律詩以後方才醒悟：「做慣律詩之
後，我才明白這種體裁是似難而實易的把戲；不必有內容，不必有情緒，不必有
意思，只要會變戲法，會搬運典故，會調音節，會對對子，就可以綴成一首律
詩。」[56]胡適當然不會承認，但他從英詩那兒所轉借、挪用過來的調音節、對對
子的把戲，其實跟律詩相比，不過是五十步笑百步而已。在異文化裡習作、從異
文化所轉借過來的翻譯，甚至只是從異文化所轉借過來的新名詞都可以是新鮮、
甚至是很「酷」(cool)的，特別是從所謂「酷」的文化轉借、挪用過來的新名
詞。

　　胡適說：「〈關不住了〉一首是我的『新詩』成立的紀元。」這是胡適翻譯
美國抒情詩人綈絲黛兒(Sara Teasdale, 1884-1933)的〈屋頂上〉(Over the Roofs)
的詩的一部分。綈絲黛兒的第一本詩集是十四行詩集，是1907年出版的。她以寫
情詩聞名。〈關不住了〉是翻譯〈屋頂上〉的第四節：

> I said, "I have shut my heart
>
> As one shuts an open door,
>
> That Love may starve therein
>
> And trouble me no more."
>
> But over the roofs there came
>
> The wet new wind of May,
>
> And a tune blew up from the curb
>
> Where the street-pianos play.
>
> My room was white with the sun
>
> And Love cried out in me,
>
> "I am strong, I will break your heart
>
> Unless you set me free."

56　胡適，〈四十自述〉，《胡適全集》，18：80。

胡適〈關不住了〉的譯文是：

> 我說，「我把心收起，
> 　像人家把門關了，
> 叫愛情生生的餓死，
> 　也許不再和我爲難了。」
> 但是五月的濕風，
> 　時時從屋頂上吹來；
> 還有那街心的琴調，
> 　一陣陣的飛來。
> 一屋裡都是太陽光，
> 　這時候愛情有點醉了，
> 他說，「我是關不住的，
> 　我要把你的心打碎了！」

　　傅雲博說得好，他說胡適這首〈關不住了〉的體例是胡適體形成後的詩的典型：押韻與音節是西方的而不是中國的；措詞白簡；擬人化的類比法甚於象徵的意象；用句讀來調節頓挫與感情。諷刺的是，這些相當傳統的英詩的體例，變成了胡適白話詩革命性的創意。傅雲博的證據是用原詩與胡適的譯文來作比較分析：

> 我們來看原詩與譯文的押韻與音節。很顯然地，胡適採用了綈絲黛兒的abcb韻腳。然而，這跟傳統中國詩的作法並沒有不同到可以說是進口貨的地步。比較有趣的，是胡適用兩個音節來作的押韻：關了/難了；吹來/飛來；醉了/碎了。這點，胡適是從其他英詩，而不是從綈絲黛兒那兒轉借來的。然而，重點是這是從外國進口的押韻法：是西方傳統，而不是本土的創新。

　　然而，這個譯文最有意味的地方是胡適模仿綈絲黛兒的音節。綈絲黛兒這首詩用的是抑揚三音格（iambic trimetre）：每行有三個重音，中間隔著的是一個輕音節。偶爾，用一個額外的輕音，來營造一種急促、席捲的力道的意象。胡適模仿這種音格，模仿得維妙維肖。他用中文的平仄以及中國句法裡自然的抑揚頓挫，來作出與綈絲黛兒類似的三音格。更令人折服的是，胡適甚至有辦法用在重音字前後加進介詞或輕音字的作法，來模仿綈絲黛兒所用的輕/輕/重的三音格（anapests）。在文法上來說，在四韻尾加上「了」字對現在式的詩句來說是不必要的，然而，那給胡適的詩帶來了些許原詩所具有的輕盈、急促的意味。[57]

　　如果作為胡適所自詡的胡適體「『新詩』成立的紀元」的〈關不住了〉的這一首詩，其實其押韻、音節、象徵手法在英詩的體例裡都是很傳統的。這就印證了傅雲博的論點。他說胡適所受的影響不是許多學者所因為先入為主的觀念而想像的現代詩，而其實是維多利亞時期的傳統英詩及其遺風。〈關不住了〉是胡適在1919年2月26日翻譯的。當時胡適已經回到中國一年又零五個月了。如果連作為胡適體新詩成立的紀元的詩都脫不了傳統西方詩詞的窠臼，更遑論還在留學階段、甚至是「逼上梁山」前夕的胡適了。

　　事實上，20世紀新詩在西方的潮流為何？胡適說得很清楚。他在1918年寫的〈論短篇小說〉裡說：「最近世界文學的趨勢，都是由長趨短，由繁多趨簡要。」表現在戲劇上的是「獨幕劇」、在小說上的是「短篇小說」、在詩歌上，則是「抒情短詩」（Lyrical Poetry）[58]。這也就是為什麼他會那麼鍾情於像綈絲黛兒這樣的抒情詩人的原因。

　　我在《星星‧月亮‧太陽——胡適的情感世界》裡強調胡適並不是像周質平所說的，是一個沒有藝術細胞的人。就像我所強調的，只要他肯用心，他有他

57　Daniel Fried, "Beijing's Crypto-Victorian: Traditionalist Influences on Hu Shi's Poetic Practice," pp. 384-385.
58　胡適，〈論短篇小說〉，《胡適全集》，1：135-136。

分析、鑑賞藝術的能力[59]。然而，雖然他同情「新潮流」、前衛藝術；畢竟，他自己所心儀的韋蓮司就是一個前衛藝術家。然而，胡適在藝術上的品味是保守的，是屬於19世紀、是屬於維多利亞時代的。他同情、而且也頗能體會韋蓮司的前衛作品。他對前衛藝術的態度是一種同情和容忍的混合。就像他在第二次去參觀韋蓮司參展的「獨立藝術家協會」(Society of Independent Artists)以後，在1917年5月4日的日記裡所說的：「吾兩次往觀之，雖不能深得其意味，但覺其中『空氣』皆含有『實地試驗』之精神。其所造作或未必多有永久之價值者，然此『試驗』之精神大足令人起舞也。」[60]任鴻雋就舉韋蓮司為例，來說明新文體跟新藝術一樣，不是人人能欣賞的：「今人倡新體的，動以『自然』二字為護身符。殊不知『自然』也要有點研究。不然，我以為自然的，人家不以為自然，又將奈何？足下記得尊友威廉〔韋蓮司〕女士的新畫"Two Rhythms"〔〈雙旋律〉〕，足下看了，也是『莫名其妙』。再差一點，對於此種新美術素乏信仰的，就少不得要皺眉了。但是畫畫的人，豈不以為其畫為自然得很嗎？所以我說『自然』二字也要加以研究，才有一個公共的理解。」[61]

同樣地，胡適對現代詩的態度是敬而遠之的。最值得令人玩味的是胡適1931年3月5日的一則日記：

> 晚上與志摩談。他拿T. S. Eliot〔艾略特，1888-1965〕的一本詩集給我讀，我讀了幾首，如"The Hollow Men"〔空洞的人〕等，絲毫不懂得，並且不覺得是詩。志摩又拿Joyce〔James Joyce, 1882-1941, 喬伊斯，愛爾蘭作家〕等人的東西給我看，我更不懂。又看了E. E. Cummings〔坎冥思，1894-1962〕的"Is 5"，連志摩也承認不很懂了。其中的詩，有這樣的例子：

59　請參閱拙著，《星星・月亮・太陽——胡適的情感世界》，頁55-58。

60　《胡適日記全集》，2：510-511。

61　胡適，〈答任叔永〉，《胡適全集》，1：88。

         Ta

ta

ppin

g

toe

hip

popot

amus Back

gen

teel-ly lugu

bri ous

      eyes

LOOPTHELOOP

as

fathandsbangrag

這〔也算〕是一首詩！

　　志摩說，這些新詩人有些經驗是我們沒有的，所以我們不能用平常標準來評判他們的作品。我想，他們也許有他們的特殊經驗，〔可是，〕到底他們不曾把他們的經驗寫出來。

　　志摩歷舉現代名人之推許 T. S. Eliot，終不能叫我心服。我對他說：「不要忘了，小腳可以受一千年的人們的贊美，八股可以籠罩五百年的士大夫的心思！」

　　孔二先生說：「知之爲知之，不知爲不知，是知也。」這是不可磨滅

的格言，可以防身。[62]

　　坎冥思這首"Ta"詩，據說它所要捕捉的是一個瞬間的意象：一個肥胖的、像一隻碩大的河馬的男人，在彈奏爵士樂鋼琴時的動作和形象[63]。坎冥思這首〈打拍子〉("Ta")詩可以試譯如下：

　　　　打
　　　　拍子
　　　　的
　　　　趾頭兒

　　　　河馬
　　　　背

　　　　溫
　　　　馴的
　　　　愁
　　　　　　眸兒
　　　　溜兒~轉兒~溜兒

　　　　肥肥的大手敲打著鍵兒

　　胡適對這首詩嗤之以鼻，這就印證了任鴻雋所說的話：「殊不知『自然』也

62　《胡適日記全集》，6：516-517。

63　Rushworth M. Kidder, "Cummings and Cubism: The Influence of the Visual Arts on Cummings' Early Poetry," *Journal of Modern Literature*, 7.2（April, 1979), p. 287; Edmund Spenser, "Cummings's Ta," *The Explicato*r, Vol. 31, 1972, http://www.questia.com/googleScholar.qst?docId=96618028，2010年4月13日上網。

要有點研究。不然，我以爲自然的，人家不以爲自然，又將奈何？」諷刺的是，任鴻雋說這句話的用意，是在告訴胡適：白話詩是須要研究和實驗的，才能讓人們了解和接受，不是一蹴可幾的。我們可以借任鴻雋的話，來回敬對坎冥思的這首現代意象詩吹鬍瞪眼，說：「這〔也算〕是一首詩！」的胡適。胡適說：「他們不曾把他們的經驗寫出來。」我們可以回敬胡適說：問題不在於「他們不曾把他們的經驗寫出來」。而是在於「我們」是否試圖去揣摩、理解徐志摩所說的「他們的特殊經驗」？是在於我們是否能像他自己在《留學日記》裡所說的：要對他們「『實地試驗』之精神」肅然起敬；或者像他在1922年替汪靜之寫的〈《蕙的風》序〉裡所說的：這個社會要有「容忍的態度」、要給「我們——即胡適——初做新詩」的人，以及「現在這些少年新詩人」，「一個自由嘗試的權利」[64]？

　　然而，跟許多認爲胡適的詩國革命是受美國現代詩、或者意象派詩影響的學者所想的剛好相反，胡適就是不喜歡現代詩。他對意象派的詩也頗有微詞。他寧可情有獨鍾於他翻譯了她的〈關不住了〉、用傳統格律寫抒情詩的綈絲黛兒。他在翻譯了綈絲黛兒的〈關不住了〉以後，甚至還跟綈絲黛兒通了信，而且特別在1922年3月6日的日記裡，記下了他當天收到了綈絲黛兒從紐約給他的信[65]。可惜，這封信今天已經不存，不在《胡適檔案》裡。一直到1938年他人在紐約，就快要到了他出任中國駐美大使的前夕，他還是不喜歡現代詩。他在4月15日的日記裡說：

　　　在345 E. 77th〔東77街345號〕吃飯，見著Edgar Lee Masters〔馬司特斯〕，二十年前他是新詩人的一個領袖。一九一五年四月間他的*Spoon River Anthology*〔《湯匙河選集》〕出版，開一個新風氣，掃除當日影像主義〔意象派〕(Imagist)的纖細風尚。

　　　Masters也不贊成今日的新詩人T. S. Eliot & E. E. Cummings〔艾略特與

64　胡適，〈《蕙的風》序〉，《胡適全集》，2：824。
65　《胡適日記全集》，3：455。

坎冥思〕之流。他說，他們都沒有思想，又沒有感情，故都站不住的。

　　他曾作Vachel Lindsay〔林賽〕的傳記，與Lindsay及Sara Teasdale〔綈絲黛兒〕很相熟。他說，Teasdale離婚後，其夫甚感傷，死在中國；她與Lindsay甚相投，但不願意結婚。Lindsay自殺後一年，她也自殺了。（我去冬買得新出的Sara Teasdale《全集》，竟無一篇短傳記。）[66]

　　換句話說，胡適援引馬司特斯對艾略特與坎冥思「沒有思想」、「沒有感情」的批評，來作為他鄙夷「艾略特與坎冥思之流」的佐證。胡適從馬司特斯所聽來的故事有點不確。綈絲黛兒跟林賽相戀是在她結婚以前。但她決定選擇嫁給一個富有的出口商。然而，綈絲黛兒的婚姻不快樂，最後還是跟她先生在1929年離婚。林賽在1931年自殺；兩年後——不是一年，綈絲黛兒自殺。

　　胡適就是喜歡不起來艾略特跟坎冥思。年輕時候的他說前衛藝術的「實地試驗」的精神「大足令人起舞」。只是，年齒漸長的胡適，對那些讓他摸不著頭腦的前衛藝術的「實地試驗」卻越來越沒有耐性。1931年他跟徐志摩談到艾略特和坎冥思的時候，徐志摩說這兩位現代詩人也許有他們特殊的經驗，胡適反詰說：他們容或有他們特殊的經驗，問題是他們並沒有能夠把他們特殊的經驗表達出來給我們看。

　　胡適對現代詩的排斥其實是有始有終的。這跟他所秉持的新詩理論是息息相關的。他在1922年所寫的〈評新詩集〉裡說：「我們知道詩的一個大原則是要能深入而淺出；感想(impression)不嫌深，而表現(expression)不嫌淺。」[67]他在1936年寫的〈談談「胡適之體」的詩〉還是同樣的立場。他在這篇文章裡，談到「所謂『胡適之體』，也只是我自己戒約自己的結果。」他有三條戒約，其中，最重要的是第一條戒律：

　　說話要明白清楚……意旨不嫌深遠，而言語必須明白清楚……我們今

66　《胡適日記全集》，7：525。
67　胡適，〈評新詩集〉，《胡適全集》，2：809-810。

日用活的語言作詩，若還叫人看不懂，豈不應該責備我們自己的技術太
笨嗎？我並不說，明白清楚就是好詩；我只要說，凡是好詩沒有不是明
白清楚的。至少「胡適之體」的第一條戒律是要人看得懂。[68]

　　如果胡適一向排斥現代詩，前衛詩就更不是他所能接受的了。胡適年輕的時
候，要人家容忍。他在1922年替汪靜之寫〈《蕙的風》序〉的時候勸誡別人說：

四五年前，我們初做新詩的時候，我們對社會只要求一個自由嘗試的
權利；現在這些少年新詩人對社會要求的也只是一個自由嘗試的權利。
為社會的多方面的發達起見，我們對於一切文學的嘗試者，美術的嘗試
者，生活的嘗試者，都應該承認他們的嘗試的自由。這個態度，叫做容
忍的態度。容忍加上研究的態度，便可到了解與欣賞。社會進步的大阻
力是冷酷的不容忍。[69]

　　諷刺的是，年歲漸長的胡適，對前衛藝術的態度就作不到「容忍加上研究的
態度」了。等他所一手推動奠定的寫實主義、明白易懂的文學典範受到挑戰以
後，他早就已經忘了他自己在《留學日記》裡說過：要對前衛藝術家「『實地試
驗』之精神」肅然起敬；他也早就已經忘了他在〈《蕙的風》序〉裡說過：這個
社會要有「容忍的態度」、要給「我們——即胡適——初做新詩」的人，以及
「現在這些少年新詩人」，「一個自由嘗試的權利」。當他反詰徐志摩，說那些
前衛詩人並「並沒有把他們特殊的經驗表達出來給我們看」的時候，他就跟他們
留美時任鴻雋批評他的態度完全一樣了。當時胡適提倡「作詩如作文」，任鴻雋
不以為然。說：你先證明給我看。換句話說，用功成名就、捍衛寫實主義典範的
胡適的話來說，就是你先要證明你能把你的特殊經驗表達出來給我們看再說。對
前衛藝術，胡適也許還能作到容忍，但他已經不再肯去「研究」以至於「了解與

68　胡適，〈談談「胡適之體」的詩〉，《胡適全集》，2：343。
69　胡適，〈《蕙的風》序〉，《胡適全集》，2：824。

欣賞」了。中年以後的胡適的立場彷彿已經變成是：前衛藝術家必須自己去「研究」如何能「把他們特殊的經驗表達出來給我們看」，以便於我們能「了解與欣賞」。

胡適注定永遠就是不喜歡艾略特的詩。可是他再怎麼不喜歡艾略特的詩，也影響不了艾略特作為美國現代詩的巨擘的事實，而且他還必須眼睜睜地看著艾略特在1948年獲得了諾貝爾文學獎的殊榮。

「作詩如作文」

像胡適這麼一個對詩詞的韻調、音節、句法作過琢磨、省思，甚至挪用、轉借英詩的體例的人，要他走到「作詩如作文」並不是一件容易的事。如果對像胡適這樣一個已經透過實地實驗，把英詩的體例成功地拿來挪用轉借的人，在走上「作詩如作文」的道路，都還需要掙扎、都還需要經過脫胎換骨的過程才作得到，那就更遑論他那些沒有經過這個過程的朋友了！在胡適提出這個口號以前，他的〈老樹行〉就因為末尾「作詩如作文」的兩句，就逗得他那批友朋笑得前仰後翻。胡適雖然了解了三句轉韻體不是他自己的發明，然而他顯然因為這個詩體比較自由而喜歡上了。這首〈老樹行〉，他錄在1915年4月26日的日記裡，也是三句轉韻體。胡適雖然自謙說：「雖非佳構，然末二語決非今日詩人所敢道也。」[70]那最後兩句是：「既鳥語所不能媚，亦不為風易高致。」

胡適所自傲的這兩句就正是他的朋友所忍俊不禁的所在。他在6月23日的日記裡說：

> 前作〈老樹行〉，有「既鳥語所不能媚，亦不為風易高致」之語。儕輩爭傳，以為不當以入詩。楊杏佛(銓)一日戲和叔永〈春日詩〉「灰」韻一聯云：「既柳眼所不能媚，豈大作能燃死灰？」余大笑曰：「果然

---

70 《胡適日記全集》，2：94-95。

青出於藍而勝於藍！」蓋杏佛嘗從余習英文也。今晨叔永見芙蓉盛開而
無人賞之，爲口占曰：「既非看花人能媚，亦不因無人而不開」，亦效
胡適之體也。余謂不如「既非看花任所能媚兮，亦不因無人而不開。」
此一「所」字、一「而」字，文法上決不可少，以「兮」字頓挫之，便
不覺其爲硬語矣。[71]

　　胡適體的詩，嬉笑爲之，他的友朋可以共樂之。然而，作爲一個文學主張，
就不是他們所能苟同的了。胡適這句「作詩如作文」的誓師宣言，是他在1915年
9月20日晚從綺色佳到紐約的夜車上寫的。然而，由於他和梅光迪都才剛轉了
學，所以戰火一直要到次年的2月才展開。梅光迪在信中對胡適說：

　　　　足下謂詩國革命始於「作詩如作文」，迪頗不以爲然。詩文截然兩
　　途。詩之文字(poetic diction)與文之文字(prose diction)，自有詩文以來
　　（無論中西），已分道而馳。足下爲詩界革命家，改良「詩之文字」則
　　可。若僅移「文之文字」於詩，即謂之爲革命，則不可也……一言以蔽
　　之，吾國求詩界革命，當於詩中求之，與文無涉也。若移「文之文字」
　　於詩，即謂之革命，則詩界革命不成問題矣，以其太易也。[72]

　　胡適當然反對梅光迪把詩、文分途的說法。他認爲「詩之文字」並不異於
「文之文字」，就好像詩之文法也不應該異於文之文法一樣。胡適更進一步地
說：「今日文學大病，在於徒有形式而無精神，徒有文而無質，徒有鏗鏘之韻貌
似之辭而已。今欲救此文勝之弊，宜從三事入手：第一，須言之有物；第二，須
講文法；第三，當用『文之文字』時不可避之。三者皆以質救文勝之弊也。」
　　胡適把他對梅光迪的反駁同時也寄給了任鴻雋。只可惜任鴻雋也不贊成。他

71　《胡適日記全集》，2：134。
72　以下的討論，除非另有註明，是根據胡適，〈逼上梁山——文學革命的開始〉，
　　《胡適全集》，18：106-132；胡適，〈《嘗試集》自序〉，《胡適全集》，1：
　　183-196。

說：「無論詩文，皆當有質。有文無質，則成吾國近世萎靡腐朽之文學，吾人正當廓而清之。然使以文學革命自命者，乃言之無文，欲其行遠，得乎？近來頗思吾國文學不振，其最大原因，乃在文人無學。救之之法，當從續學入手。徒於文字形式上討論，無當也。」任鴻雋在這封信裡雖然只著重於批評胡適「作詩如作文」的說法只是捨本逐末，他的看法跟梅光迪一樣，認為「文之文字」是不可以入詩的。

胡適的問題是他當時所說的「詩之文字」與「文之文字」都還停留在文言的範疇裡。就像他在〈逼上梁山〉裡所回憶的：「我那時的答案還沒有敢想到白話上去，我只敢說『不避文的文字』而已。但這樣膽小的提議，我的一班朋友都還不能了解。」然而，胡適很快地就有了新的看法。在〈逼上梁山〉裡，胡適回憶說：「從二月到三月，我的思想上起了一個根本的新覺悟。我曾徹底想過：一部中國文學史只是一部文字形式(工具)新陳代謝的歷史，只是『活文學』隨時起來代替了『死文學』的歷史。文學的生命全靠能用一個時代的活的工具來表現一個時代的情感與思想。工具僵化了，必須另換新的、活的，這就是『文學革命』。」

胡適在〈逼上梁山〉裡的這段回憶，把他的新覺悟定在1916年的2、3月間，這大致上是正確的。他在4月5日的《留學日記》裡說：

　　文學革命，在吾國史上非創見也。即以韻文而論：《三百篇》變而為《騷》，一大革命也；又變為五言、七言、古詩，二大革命也；賦之變為無韻之駢文，三大革命也；古詩之變為律詩，四大革命也：詩之變為詞，五大革命也；詞之變為曲、為劇本，六大革命也。何獨於吾所持文學革命論而疑之？

中國歷史上不只有詩國革命，而且還有「文國革命」：

　　文亦遭幾許革命矣。孔子以前無論矣。孔子至於秦漢，中國文體始臻

完備……六朝之文亦有絕妙之作，……然其時駢儷之體大盛，文以工巧
雕琢見長，文法遂衰。韓退之「文起八代之衰」，其功在於恢復散文，
講求文法，一洗六朝人駢儷纖巧之習，此亦一革命也……宋人談哲理者
似悟古文之不適於用，於是語錄體興焉。語錄體者，以俚語說理記
事……此亦一大革命也。至元人之小說，此體始臻極盛……總之，文學
革命至元代而登峰造極。其時之詞也、曲也、小說也，皆第一流之文
學，而皆以俚語為之。其時吾國真可謂有一種「活文學」出現。儻此革
命潮流(革命潮流，即天演進化之跡。自其異者言之，謂之「革命」。
自其循序漸進之跡言之，即謂之「進化」可也)，不遭明代八股之劫，
不受明初七子諸文人復古之劫，則吾國之文學已成俚語的文學；而吾國
之語言早成為言文一致的語言，無可疑也。

順著胡適這個思路推演下去，中國歷史上的文學革命，理應是世界上國語文
學——以別於已死的拉丁文學——興起的潮流裡的一部分。可惜的是，中國的白
話文學——胡適在這則日記裡稱為「俚語文學」——受到明初反動之害，而頓然
中挫：

但丁(Dante)之創義大利文〔學〕，卻叟(Chaucer)諸人之創英吉利文
〔學〕，馬丁·路得(Martin Luther)之創德意志文〔學〕，未足獨有千
古矣。惜乎五百餘年來，半死之古文，半死之詩詞，復奪此「活文學」
之席，而「半死文學」遂苟延殘喘以至於今日……文學革命何可更緩
耶！何可更緩耶！

這一則日記的重要，在於它是胡適白話文學革命思想成型的記錄。他的文學
革命古已有之論、文學進化論、「活文學」取代「死文學」的世界潮流論等等，
都可以在這則日記裡找到蹤跡。我們可以說，胡適白話文學革命的理論於焉形
成。接下來的，就是透過他跟他在美國友朋論辯的激盪、他自己的閱讀和思索，

來進一步地理出他的白話文學革命論。

　　胡適的文學革命理論既然奠定，豪氣干雲的他，就在4月13日填了一首〈沁園春〉作爲他提倡文學革命的誓詞。胡適這首〈沁園春〉前後修改約有十次，最後還是覺得初稿最好。這首詞云：

　　　　更不傷春，更不悲秋，以此誓詩。任花開也好，花飛也好；月圓固好，日落何悲？我聞之曰，「從天而頌，敦與制天而用之？」更安用爲蒼天歌哭，作彼奴爲！
　　　　文章革命何疑！且準備搴旗作健兒。要前空千古，下開百世，收他臭腐，還我神奇。爲大中華，造新文學，此業吾曹欲讓誰？詩材料，有簇新世界，供我驅馳。[73]

　　有關〈沁園春〉，胡適又在4月17日的日記裡作了進一步地引申，他說：「吾國文學大病在三：一曰無病而呻。哀聲乃亡國之徵，況無所爲哀耶？二曰摹仿古人。文求似左史，詩求似李杜，詞求似蘇辛。不知古人作古，吾輩正須求新。即論畢肖古人，亦何異行屍　鼎？……三曰言之無物。」胡適說他所填的〈沁園春〉其實就是「專攻此三弊。豈徒責人，亦以自誓耳」[74]。在往後的兩個月的日記裡，胡適記錄了他對文法與中國歷史上「活文學」的閱讀與省思。其中，最重要的是他五月間有關「談話文學」的一則日記。在這則日記裡，他已經認定了某些文體是中國「活文學」的樣本：「適每謂吾國『活文學』僅有宋人語錄、元人雜劇院本、章回小說及元以來之劇本、小說而已。吾輩有志文學者，當從此處下手。」[75]

　　胡適的白話文學革命的理論一旦奠定，他與友朋之間的筆戰其實已經到了一觸即發的地步。1916年6月底胡適到俄亥俄州的克里夫蘭開第二次的「國際關係

73　《胡適日記全集》，2：312。
74　《胡適日記全集》，2：316。
75　《胡適日記全集》，2：327。

討論會」。這次的會議其實是6月21日就開始的。胡適16日從紐約啓程，先去了綺色佳，在韋蓮司家住了八天，一直到25日才到會場。在綺色佳的時候，胡適跟他的那一批友朋，包括梅光迪在內，就發表了他的白話文學革命論。胡適在〈逼上梁山〉裡說：他在綺色佳八天，常和任鴻雋、楊杏佛、唐鉞談論改良中國文學的方法。有趣的是，當時梅光迪也在綺色佳，胡適也跟他討論過。但在此處，他獨漏列了梅光迪。胡適說：「這時候我已有了具體的方案，就是用白話作文、作詩、作戲曲。日記裡記我談話的大意有九點：

一、今日之文言乃是一種半死的文字。

二、今日之白話是一種活的語言。

三、白話並不鄙俗，俗儒乃謂之俗耳。

四、白話不但不鄙俗，而且甚優美適用。凡語言要以達意爲主，其不能達意者，則爲不美。如說：「趙老頭回過身來，爬在街上，撲通撲通的磕了三個頭。」若譯作文言，更有何趣味。

五、凡文言之所長，白話皆有之。而白話之所長，則文言未必能及之。

六、白話並非文言之退化，乃是文言之進化。其進化之跡，略如下述：

　　1.從單音的進而爲複音的。

　　2.從不自然的文法進而爲自然的文法……

　　3.文法由繁趨簡……

　　4.文言之所無，白話皆有以補充……

七、白話可以產生第一流文學。白話已產生小說、戲劇、語錄、詩詞，此四者皆有史事可證。

八、白話的文學爲中國千年來僅有之文學。其非白話的文學，如古文、如八股、如筆記小說，皆不足與於第一流文學之列。

九、文言的文字可讀而聽不懂；白話的文字既可讀，又聽得懂。凡演

說、講學、筆記、文言決不能應用⋯⋯」

　　從這九項白話優於文言的論點，我們可以看出胡適白話文學革命理論的漸趨成熟。胡適在同一則日記裡說：「此一席話亦未嘗無效果。叔永後告訴我，謂將以白話作科學社年會演說稿。叔永乃留學界中第一古文家，今亦決然作此實地試驗，可喜也。」相對地，他在7月13日追記的日記裡說，梅光迪「大攻我『活文學』之說。」[76] 事實上，後來的發展證明了任鴻雋雖然表明他「將以白話作科學社年會演說稿」，那並不表示他贊成胡適其他的文學革命綱領，特別是胡適詩國革命的主張。

　　把胡適和任鴻雋的根本分歧點凸顯出來的，就是凱約嘉湖(Cayuga Lake)翻船事件。胡適在〈逼上梁山〉裡回憶說：「我回到紐約之後不久，綺色佳的朋友們遇著了一件小小的不幸事故，產生了一首詩，引起了一場筆戰，竟把我逼上了決心試做白話詩的路上去。」7月8日，任鴻雋、陳衡哲、梅光迪、楊杏佛、唐鉞在凱約嘉湖上泛舟，近岸時翻了船，又遇著大雨。雖然沒有發生任何意外，大家的衣服都弄濕了。任鴻雋作了一首〈泛湖即事詩〉寄給胡適。胡適在〈逼上梁山〉裡，說他批評任鴻雋詩中所用的「猜謎賭勝，載笑載言」，前者是20世紀之活字，後者則是三千年前之死句。在《留學日記》裡，胡適還批評了任鴻雋的詩句：「行行忘遠，息檝崖根。忽逢波怒，鼉掣鯨奔。岸逼流回，石斜浪翻。翩翩一葉，馮夷所吞。」胡適笑任鴻雋：「寫覆舟一段，未免小題大做。讀者方疑為巨洋大海，否則亦當是鄱陽洞庭。」[77]

　　胡適的批評引來了梅光迪的路見不平。他去信對胡適說：

　　　　足下所自矜為「文學革命」真諦者，不外乎用「活字」以入文，於叔
　　　永詩中稍古之字，皆所不取。以為非「20世紀之活字」⋯⋯夫文學革新
　　　須洗去舊日腔套，務去陳言，固也。然此非盡屏古人所用之字，而另以

76　《胡適日記全集》，2：364。
77　《胡適日記全集》，2：378。

俗語白話代之之謂也……足下以俗語白話爲向來文學上不用之字，驟以入文，似覺新奇而美，實則無永久價值。因其向未經美術家鍛煉，徒諢諸愚夫愚婦，無美術觀念者之口，歷世相傳，愈趨愈下，鄙俚乃不可言。

胡適說他過後寫了一首一千多字的打油詩打趣梅光迪，模仿梅光迪生氣的神情，「一半是少年朋友的遊戲，一半是我有意試做白話的韻文。」其中有詩句如下：

「人閑天又涼」，老梅上戰場。
拍桌罵胡適，「說話太荒唐。」
說什麼「中國要有活文學！」
說什麼「須用白話做文章！」
文字豈有死活！白話俗不可當！
把《水滸》來比《史記》，
好似麻雀來比鳳凰。
說「20世紀的活字，
勝於三千年的死字」，
豈非瞎了眼睛，
定是喪心病狂！
老梅牢騷發了，老胡呵呵大笑。
「且請平心靜氣，這是什麼論調！」
文字沒有古今，卻有死活可道。
古人叫做「欲」，今人叫做「要」。
古人叫做「至」，今人叫做「到」。
古人叫做「溺」，今人叫做「尿」。
本來同是一字，聲音少許變了。

並無雅俗可言，何必紛紛胡鬧？

……

今我苦口嘵舌，算來卻是爲何？

正要求今日文學大家，

把那些活潑潑的白話，

拿來「鍛煉」，拿來琢磨，

拿來作文演說，作曲作歌：——

出幾個白話的囂俄〔雨果〕，

和幾個白話的東坡，

那不是「活文學」是什麼？

那不是「活文學」是什麼？[78]

　　胡適的這首打油詩，不消說，當然沒有討得梅光迪的歡心。連任鴻雋也大不以爲然。他說：「足下此次試驗結果，乃完全失敗；蓋足下所作，白話則誠白話矣，韻則有韻矣，然卻不可謂之詩。蓋詩詞之爲物，除有韻之外，須有和諧之音調，審美之辭句，非如寶玉所云：『押韻就好』也。」胡適當然不服氣，他在7月26日回了一封三千餘言的長信給任鴻雋，說他那首打油詩沒有一句是「湊韻」而已，其實有許多「極妙之韻」，包括「尿」韻。他也認爲自己的打油詩裡有十餘句，「若一口氣讀下去，便知其聲調之佳，抑揚頓挫之妙。」至於「審美」，他舉了若干句，說「此諸句哪一字不『審』？哪一字不『美』？」最後，他宣誓他自此不再作文言詩詞：「嗟夫，叔永！吾豈好立異以爲高哉？徒以『心所謂是，不敢不爲』。吾志決矣。吾自此以後，不更作文言詩詞。吾之《去國集》乃是吾絕筆的文言韻文也。」[79]

　　胡適唯一遺憾的是，他這個白話的「詩國革命」是孤獨的，是他必須單槍匹馬去作的嘗試。他在8月4日再給任鴻雋的信裡說：

---

78 《胡適日記全集》，2：372-377。
79 《胡適日記全集》，2：386、393。

　　我自信頗能用白話作散文，但尚未能用之於韻文。私心頗欲以數年之
力，實地練習之。倘數年之後，竟能用白話作文作詩，無不隨心所欲，
豈非一大快事？我此時練習白話韻文，頗似新習一國語言，又似新闢一
文學殖民地。可惜須單身匹馬而往，不能多得同志，結伴同行。然吾去
志已決。公等假我數年之期。倘此新國盡是沙磧不毛之地，則我或終歸
老於「文言詩國」亦未可知。倘幸而有成，則辟除荊棘之後，當開放門
戶迎公等同來蒞止耳。「狂言人道臣當烹，我自不吐定不快，人言未足
為輕重。」足下定笑我狂耳。[80]

　　這是胡適白話「詩國革命」的第一聲。他在1916年8月3日給韋蓮司的信裡，
也向她報告了這個里程碑：

　　我與綺色佳朋友的筆戰暫時告了一個段落。結局我相當滿意：我被迫
必須為我以白話作文學工具的立場作辯護。為了挑戰我的朋友們的保守
立場，我宣布我從此再也不用中國的「死文字」來作詩。往後的幾年，
我將用白話寫詩來作實驗。[81]

　　8月21日，胡適在寫給朱經農的信裡，寫下了他「文學革命的八條件」：
「一、不用典；二、不用陳套語；三、不講對仗；四、不避俗字俗語(不嫌以白
話作詩詞)；五、須講求文法。以上為形式的方面。六、不作無病之呻吟；七、
不摹仿古人；八、須言之有物。以上為精神(內容)的方面。」[82]這就是胡適的
「八不主義」。
　　9月3日，胡適從陸游的詩裡挪用了他的「嘗試成功自古無」的詩句，寫了一
首〈嘗試歌〉：

<hr/>

80　《胡適日記全集》，2：395。
81　Hu Shih to Clifford Williams,《胡適全集》，40：172。
82　《胡適日記全集》，2：399-400。

「嘗試成功自古無」，放翁這話末必是。

我今爲下一轉語：「自古成功在嘗試！」

請看藥聖嘗百草，嘗了一味又一味。

又如名醫試丹藥，何嫌「六百零六」〔花柳病藥〕次？

莫想小試便成功，天下無此容易事！

有時試到千百回，始知前功盡拋棄。

即使如此已無愧，即此失敗便足記。

告人「此路不通行」，可使腳力莫枉費。

我生求師二十年，今得「嘗試」兩個字。

作詩做事要如此，雖未能到頗有志。

作「嘗試歌」頌吾師：願吾師千萬歲！[83]

　　胡適是在1916年10月中把他的「八不主義」寫給陳獨秀的。他說，他在不到一個月之內，寫了他的〈文學改良芻議〉，舉例演申了他的「八不主義」。這「八不主義」不但責人也責己。胡適自己說得很清楚，他說他爲提倡文學革命所塡的〈沁園春〉那首誓詩，其用意「豈徒責人，亦以自誓耳」。比如說，他在〈文學改良芻議〉「第四：不作無病之呻吟」條說：「吾惟願今之文學家作費舒特、作瑪志尼，而不願其爲賈生、王粲、屈原、謝皋羽也。」這句話既是在勸戒他的讀者，也是「今日之我」的胡適自己的寫照。我們記得胡適在1915年8月29日贈別任鴻雋的詩裡說：「君期我作瑪志尼」。

　　這個時候的胡適早已脫離了悲觀的「昨日之我」。我在第三章分析胡適在上海求學的時候寫的詩，就已經提到他當時寫的許多詩都違反了他後來所提倡的「八不主義」。其中最明顯的就是無病呻吟。無病呻吟的毛病是他當時悲觀的心態的反照。胡適要大家不要引「賈生、王粲、屈原、謝皋羽」。這其實就是「今日之我」的胡適埋葬了「昨日之我」的胡適。他在1907年10月初所寫的〈西台

---

83 《胡適日記全集》，2：413。

行〉有句云：「皋羽登臨曾慟哭，傷哉愛國情靡已。」他同年所作的〈送石蘊山歸湘〉也說：「盡多亡國飄零恨，此去應先弔汨羅。」他在留美初期，1911年5月19日所寫的〈孟夏〉則引了王粲：「信美非吾土，我思王仲宣。」

〈文學改良芻議〉「第六：不用典」更是胡適對自己的期許與挑戰。胡適在留美期間所寫的詩，用典的俯拾皆是。他在提倡文學革命以前固然如此，比如說，我在第七章引了他1914年5月26日和任鴻雋的詩裡有句云：「何必麻姑為搔背，應有洪崖笑拍肩。」最令人玩味的是，他在舉起了文學革命的大旗以後，還是不能完全掙脫用典桎梏。比如說，他在1916年9月16日的日記裡記錄他改兩首出國以前寫的舊詩。第一首是〈讀大仲馬《俠隱記》《續俠隱記》〉：「從來桀紂多材武，未必武湯皆聖賢。太白南巢一回首，恨無仲馬為稱冤。」由於他說：「吾近主張不用典」，所以他把「太白」、「南巢」這兩個典都給去掉了，把它改寫成：「從來桀紂多材武，未必武湯真聖賢。哪得中國生仲馬，一筆翻案三千年！」胡適顯然相當滿意。諷刺的是，胡適去掉了傳統的典，卻引進了西洋的典──仲馬──而不自知。這豈不是和他在〈介紹我自己的思想〉裡說的話有異曲同工之妙：「被孔丘、朱熹牽著鼻子走，固然不算高明；被馬克思、列寧、斯大林牽著鼻子走，也算不得好漢。」[84]

如果胡適改第一首舊詩還滿意，第二首〈讀《十字軍英雄記》〉：「豈有酖人羊叔子？為知微服武靈王！炎風大漠荒涼甚，誰更持矛望夕陽？」他怎麼想也想不出如何換掉「羊叔子」、「武靈王」這兩個典。最後還是保留了這兩個典：「豈有酖人羊叔子，為知微服趙主父，十字軍真兒戲耳，獨此兩人可千古。」當時的他還嚴於責人，寬於律己，說：「第一首可入《嘗試集》，第二首但可入《去國集》。」等到他寫〈文學改良芻議〉的時候，他自知自己不能有雙重標準，「必也一致乎」，於是他說：

　　吾十年前嘗有〈讀《十字軍英雄記》〉一詩云：「豈有酖人羊叔子，

84　胡適，〈介紹我自己的思想〉，《胡適全集》，4：673。

為知微服趙主父，十字軍真兒戲耳，獨此兩人可千古。」以兩典包盡全
書，當時頗沾沾自喜，其實此種詩，盡可不作也。

　　胡適這一段話有兩點有趣而且值得指出的地方。第一、他舉他這首十年前寫
的詩，可是他用的是他一年前所改定的稿子。第二、胡適說典有廣、狹之典。前
者最好的代表是成語，不在禁用之列。狹義之典則是他所主張不用的。但狹義之
典也有工拙之別，「其工者偶一用之，未為不可，其拙者則當痛絕之。」[85]他舉
了一些「工者」的狹義之典來作例子。他自己的〈讀《十字軍英雄記》〉就屬於
「工者」。

　　〈文學改良芻議〉是胡適文學革命的主張公諸於世的宣言。有趣的是，胡適
自己說，由於他「在美國的朋友的反對」，他寫這篇文章的時候，比起他在1916
年4月5日在《留學日記》裡所寫的文學革命論，「膽子變小了，態度變謙虛
了。」事實上，胡適所謂的「膽子變小了，態度變謙虛了」，絕對不只是因為他
「在美國的朋友的反對」。他是有他的考量與顧慮的。他把他的「八不主義」的
次第作了一點調整。他在〈逼上梁山〉裡說：「這個新次第是有意改動的，我把
『不避俗字俗語』一件放在最後，標題只是很委婉的說『不避俗字俗語』，其實
是很鄭重的提出我的白話文學的主張。」[86]換句話說，在原先的「八不主義」
裡，「不避俗字俗語」是第四「不」，在〈文學改良芻議〉裡，退居為第八
「不」。而且原來在標題的括弧裡有「不嫌以白話作詩詞」的話。胡適擔心有讀
者看到這句話生氣而拒看，於是就把這句話給刪去了，讓讀者先看了內文的論
述，以便說服他們。不但如此，胡適這篇〈文學改良芻議〉是用文言文寫的，完
全跟他提倡白話文的命意是相違背的。然而，這也可以看出胡適持重或知人知世
的一面。無論如何，〈文學改良芻議〉一文在1917年1月出版。胡適萬萬沒想到
他的白話文學革命居然就像星火燎原一樣，在幾年之間就變成了一個莫然可禦的
運動。

85　胡適，〈文學改良芻議〉，《胡適全集》，1：9-12。
86　胡適，〈逼上梁山〉，《胡適全集》，18：128。

文學進化論

　　胡適在1917年5月寫的〈歷史的文學觀念論〉裡說：「一時代有一時代之文學。此時代與彼時代之間，雖皆有承前啓後之關係，而決不容完全鈔襲；其完全鈔襲者，決不成爲眞文學。愚惟深信此理，故以爲古人已造古人之文學，今人當造今人之文學。」[87]胡適這個「一時代有一時代之文學」的說法，並不是單純的歷史主義。這也就是說，文學與其時代的背景有不可分割的關係存在。這句話其實還有文學是隨著時代而演進的意思。比如說，他在1916年8月21日給陳獨秀的信裡說：「足下言曰：『吾國文藝猶在古典主義(Classism)、理想主義(Romanticism)時代，今後當趨向寫實主義。』此言是也。」[88]

　　寫實主義是最新的潮流這個觀念，胡適在1915年8月3日的日記裡說得更爲透徹。他說：文學大致可以分爲兩派：一爲理想主義(Idealism)；一爲實際主義〔寫實主義〕(Realism)。

　　　理想主義者，以理想爲主，不爲事物之眞境所拘域；但隨意之所及、心之所感，或逍遙而放言，或感憤而詠嘆；論人則托諸往昔人物，言事則設爲烏托之邦，詠物則驅使故實，假借譬喻：「楚宮傾國」，以喻薔薇；「昭君環佩」，以狀梅花。是理想派之文學也。

　　　實際主義者，以事物之眞實境狀爲主，以爲文者，所以寫眞、紀實、昭信、狀物，而不可苟者也。是故其爲文也，即物而狀之，即事而紀之；不隱惡而揚善，不取美而遺醜；是則是，非則非。舉凡是非、美惡、疾苦、歡樂之境，一本乎事物之固然，而不以作者心境之去取，渲染影響之。是實際派之文學也。

87　胡適，〈歷史的文學觀念論〉，《胡適全集》，1：30。
88　胡適致陳獨秀，《胡適全集》，1：1。

　　胡適作這理想主義與實際主義——亦即，寫實主義——文學的分野，是他讀白居易與元微之(元稹，799-831)論詩文一信的讀後感。胡適這時所用的譯名還不是很一致，"Romanticism"以及"Idealism"都翻成「理想主義」。然而，此處的重點在寫實主義。胡適引白居易自己說的話：「自登朝以來，年齒漸長，閱事漸多。每與人言，多詢時務；每讀書史，多求治道。始知文章合為時而著，歌詩合為事而作。」胡適說這是寫實主義者所說的話。白居易引孟子「窮則獨善其身，達則兼善天下」的話來作為文學的作用的理論基礎。他認為文學的作用在濟世。因此，任何詩詞，不管再美麗、再情動於中、再發之於情，如果沒有濟世之用，則只能算是獨善，沒有流傳的價值：

　　　僕志在兼濟，行在獨善。奉而始終之，則為道；言而發明之，則為詩。謂之諷諭詩，兼濟之志也；謂之閒適詩，獨善之義也。故覽僕詩者，知僕之道焉。其餘雜律詩，或誘於一時一物，發於一笑一吟，率然成章，非平生所尚者，但以親朋合散之際，取其釋恨佐歡。今銓次之間未能刪去。他時有為我編集斯文者，略之可也。

　　胡適稱白居易這封給元稹論詩文的信為：「可作實際派文學家宣告主義之檄文讀也。」他說唐代的寫實主義文學，當以杜甫與白居易為泰斗。不同的是，杜甫是天才，他可以隨所感所遇而為之，不期然而自然地作出寫實的文學。白居易則是有意於「扶起」「詩道之崩壞」。他畢生的精力所注，以及他希望能傳世不朽的就是寫實的文學[89]。
　　胡適認為白居易這種寫實主義的觀點有點過分偏頗。他在8月18日的日記裡又進一步地引申。他反問說文學的優劣真能夠用「濟世」與否來作標準嗎？他說文學有兩種類型：一種是有所為而為之者；另一種是無所為而為之者。前者是功利的，後者是超功利的；前者是以諷喻、或以規諫、或以感事、或以淑世；後者

89　《胡適日記全集》，2：176-181。

則是「情動於中，而形於言」。他的結論是：「作詩文者能兼兩美，上也。其情之所動，發而爲言，或一筆一花之微，一吟一觸之細，苟不涉於粗鄙淫穢之道，皆不可不謂非文學。」他用這個結論一方面來批評白居易「抹倒一切無所諷喻之詩，殊失之隘」；另一方面也用來反省他自己年少時跟白居易一樣的偏頗：「吾十六七歲時自言不作無關世道之文字(語見《競業旬報》中所載余所作小說〈眞如島〉)，此亦知其一不知其二之過也。」[90]

　　儘管胡適超越了他青少年時期狹隘的文以載道的理念，他對寫實主義優於理想主義或浪漫主義的信念是不移的。他不但認爲寫實主義是文學從理想主義、浪漫主義進化的更高層次，他而且認爲寫實主義本身也是繼續在進化的。比如說，他在1915年2月21日的日記裡說：

　　　　赴「巨冊大〔誤。應爲：小〕版會」〔Tome and Tablet〕，會員某君於下列四書中選讀若干則：
　　　　一、Theophrastus(B.C. ?–287?)〔狄奧佛拉司特斯〕：*Characters*〔《人物論》〕
　　　　二、Sir Thomas Overbury(1581-1613)〔歐佛伯理〕：*Characters*〔《人物論》〕
　　　　三、John Earle(1601-1665)〔俄爾〕：*Microcosmography*〔《作爲宇宙縮影的人類》〕
　　　　四、Samuel Butler(1612-1680)〔巴特勒〕：*Characters*〔《人物論》〕
　　　　皆寫生之作(寫生者，英文characterization)。此諸書皆相似，同屬抽象派。抽象派者，舉一惡德或一善行爲題而描寫之，如Theophrastus之〈諂人〉〔"The Flatterer"，《人物論》(*The Characters*)中的一篇〕，其所寫可施諸天下之諂人也。後之寫生者則不然，其所寫者乃是個人，

90　《胡適日記全集》，2：189-192。

非復統類。如莎士比亞之Hamlet〔哈姆雷特〕、如易卜生之Nora〔娜拉〕，如Thackeray〔薩克萊，1811-1863〕之Rebecca Sharp〔貝姬·夏普，註：《浮華世界》(*Vanity Fair*)裡的女主角〕。天下古今僅有一Hamlet、一Nora、一Rebecca Sharp，其所狀寫，不可移易也。此古今寫生文字之進化，不可不知。[91]

胡適的文學進化論是梅光迪所不能接受的。梅光迪在1916年8月9日的一封信裡批評胡適：「足下崇拜今世紀太甚，是一大病根。以為人類一切文明皆是進化的，此弟所不謂然者也。科學與社會上實用知識(如politics〔政治〕，economics〔經濟〕)，可以進化，至於美術、文藝、道德則否。若以為Imagist Poetry〔意象派詩〕，及各種美術上『新潮流』，以其新出必能勝過古人，或與之敵，則稍治美術、文學者，聞之必啞然失笑也。足下於文學、美術乃深有研究者，甚望出言稍慎，無貽知者以口實則得矣。」[92]

胡適的文學進化論自然必須放在他試圖矯正中國文化的「崇古」或「尚古」的脈絡下來看。然而，胡適對寫實主義的服膺絕對不只是工具性的，而完全是心悅誠服的。比如說，他在1921年6月3日的日記裡說：

赴卓克(Zucker)〔A. E. Zucker，當時在燕京大學教英文〕的午飯。飯後閑談甚久。卓克說，易卜生的《娜拉》一劇寫娜拉頗不近人情，太頭腦簡單了。此說有理。但天下古今多少社會革新家大概多有頭腦簡單的特性；頭腦太細密的人，顧前顧後，顧此顧彼，決不配做革命家。娜拉因為頭腦簡單，故能決然跑了；阿爾閟夫人〔《群鬼》裡女主人翁〕因為頭腦細密，故一次跑出復回之後，只能作虛偽的塗飾，不能再有跑去的勇氣了。易卜生的《娜拉》，以劇本論，缺點甚多，遠不如《國民之敵》、《海妲》等劇。

91　《胡適日記全集》，2：51。
92　梅光迪致胡適，[1916年8月]19日，《胡適遺稿及秘藏書信》，33：445。

我們又泛論到三百年來——自蕭士比亞到蕭伯納——的戲劇的進步。我說蕭士比亞在當日與伊里沙白女王一朝的戲曲家比起來，自然是一代的聖手了；但在今日平心而論，蕭士比亞實多不能滿人意的地方，實遠不如近代的戲劇家。現代的人若虛心細讀蕭士比亞的戲劇，至多不過能賞識某折某幕某段的文辭絕妙——正如我們賞識元明戲曲中的某段曲文——決不覺得這人可與近代的戲劇大家相比。他那幾本「最大」的哀劇〔悲劇〕，其實只當得今世的平常「刺激劇」。如Othello〔《奧塞羅》〕一本，近代的大家決不做這樣的醜劇！又如那舉世欽仰的Hamlet〔《哈姆雷特》，胡適自己的分析詳見下文〕，我實在看不出什麼好處來！Hamlet真是一個大傻子！此話卓克初不以為然，後來他也承認了。

戲劇所以進步，最大的原因是由於19世紀中歐洲文學受了寫實主義的洗禮。到了今日，雖有神秘的象徵戲如梅特林克(Maeterlinck)的名劇，也不能不帶寫實主義的色彩，也不能不用寫實主義做底子。現在的妄人以為寫實主義已成過去，以為今日的新文學應該「新浪漫主義」了！這種懶人真不可救藥！[93]

不但寫實主義是最近世界文學的趨勢，胡適而且認為文學的體例也是順應著現代人類生活步調的加快以及繁忙，而由長趨短、由繁趨簡。他在1918年寫的〈論短篇小說〉裡說：

最近世界文學的趨勢，都是由長趨短，由繁多趨簡要——「簡」與「略」不同，故這句話與上文說「由略而詳」〔註：指情節〕的進步，並無衝突——詩的一方面，所重的在於「抒情短詩」(Lyrical Poetry，或譯「抒情詩」)，像Homer〔荷馬〕、Milton〔彌爾敦〕及Dante〔但丁〕那些幾十萬字的長詩，幾乎沒有人做了；就有人做(19世紀尚多此

---

93 《胡適日記全集》，3：76-77。

種)，也很少人讀了。

戲劇一方面，蕭士比亞的戲，有時竟長到五齣二十幕(此所指乃 *Hamlet* 〔《哈姆雷特》〕也)，後來變到五齣五幕。又漸漸變成三齣三幕；如今最注重的是「獨幕戲」了。小說一方面，自19世紀中段以來，最通行的是「短篇小說」。長篇小說如Tolstoy〔托爾斯泰〕的《戰爭與和平》，竟是絕無而僅有的了。所以我們簡直可以說，「寫情短詩」、「獨幕劇」、「短篇小說」三項，代表世界文學最新的趨向。

這種趨向的原因，不止一種。一、世界的生活競爭一天忙似一天，時間越寶貴了，文學也不能不講究「經濟」；若不經濟，只配給那些吃了飯沒事做的老爺太太們看，不配給那些在社會上做事的人看了。二、文學自身的進步，與文學的「經濟」有密切關係。斯賓塞說，論文章的方法，千言萬語，只是「經濟」一件事。文學越進步，自然越講求「經濟」的方法。有此兩種原因，所以世界的文學都趨向這三種「最經濟」的體裁。[94]

西洋近代戲劇

從某個角度來說，胡適對19世紀的西洋戲劇情有獨鍾。他在1916年秋天致《甲寅》編者的信說：

適在此邦，所專治者倫理、哲學，稍稍旁及政治、文學、歷史及國際法，以廣胸襟而已。學生生涯頗需日力，未能時時作有用文字，正坐此故。前寄小說一種，乃暑假中消遣之作，又以隨筆迻譯，不費時力，亦不費思力故耳。更有暇晷，當譯小說及戲劇一二種。近五十年來，歐洲文字最有勢力者，厥唯戲劇，而詩與小說皆退居第二流。名家如挪威之

94　胡適，〈論短篇小說〉，《胡適全集》，1：135-136。

Ibsen〔易卜生〕、德之Hauptmann〔赫僕特滿〕、法之Brieux〔白里而〕、瑞典之Strindberg〔施吞堡〕、英之Bernard Shaw〔蕭伯納〕及〔John〕Galsworthy〔高爾華綏〕、比之〔Maurice〕Maeterlinck〔梅脫林克〕,皆以劇著聲全世界。今吾國劇界,正當過渡時期,需世界名著爲範本,頗思譯Ibsen之*A Doll's House*〔《玩偶之家》〕或*An Enemy of the People*〔《國民公敵》〕,惟何時脫稿,尚未可料。[95]

胡適在這封信裡所說的戲劇都是19世紀末以來的西洋近代戲劇。最有意味的是,這些戲劇大概都是他在課外,特別是在暑期當中,自己讀的。然而,這些胡適自己在課外所選讀的戲劇,並不是完全沒有人指導的。從胡適的《留學日記》,我們知道有許多戲劇,他都在學校或綺色佳的劇場看過了,如白里而的劇作。此外,康乃爾大學有著各式各樣的演講,除了我們在下一節會專門分析的易卜生以外,我們知道胡適對其他近代戲劇巨擘的了解,也得益於學校老師的演講。比如說,英語系在1914年的春季班就舉辦了詩歌、小說、戲劇的朗誦欣賞會,每星期四次。該學期主持的是英語系有名的威廉·斯特朗克(William Strunk)和胡適所常去請益的散蒲生教授。斯特朗克朗誦的是現代詩;散蒲生選讀的是現代戲劇[96]。

我們知道散蒲生教授在1913年10月18日,就已經在胡適所住的「康乃爾世界學生會」演講過「現代戲劇」(Modern Drama)[97]。1914年2月10日,散蒲生教授又在「康乃爾世界學生會」演講梅脫林克[98]。我們不知道胡適是什麼時候接觸到德

---

95 胡適致《甲寅》編者,無日期[1916年秋],《胡適全集》,23:82-83。請注意,《胡適全集》主編繫此信爲「約7月左右」,誤。胡適在信尾簽名:「胡適白自紐約」。胡適是在9月20日搭夜車離開綺色佳的,次晨抵紐約,搬進哥倫比亞大學。換句話說,這封發自紐約的信只有可能是該年秋天寫的。

96 "English Professors to Give Readings," *Cornell Daily Sun*, XXXIV.100, February 14, 1914, p. 8.

97 "Professor Sampson On "The Modern Drama," *Cornell Daily Sun*, XXXIV.24, October 18, 1913, p. 1.

98 "Professor Sampson to Discuss Maeterlinck," *Cornell Daily Sun*, XXXIV.95, February 9, 1914, p. 4.

國劇作家赫僕特滿的。然而，我們知道艾爾司特(Ernest Elster)教授在1914年3月27日的演講，講的就是赫僕特滿。艾爾司特是從德國來的訪問教授，他在康乃爾的訪問期間開了兩門課：「詩人海涅」以及「19世紀德國主要劇作家」[99]。艾爾司特教授的課我們不知道胡適是否去旁聽了。然而，最有可能的是，胡適是在散蒲生教授在1914年春季班所導讀的「現代戲劇」課上接觸到赫僕特滿。我的推想是，他在聽了散蒲生教授的導讀和詮釋以後，他就在該年的暑假，也就是7月18日、20日，連續讀了赫僕特滿的《東方未明》(*Before Dawn*)、《織工》(*The Weavers*)以及《獺裘》(*The Beaver Coat*)。他在7月29日的日記裡記了散蒲生教授對赫僕特滿幾齣戲劇的分析：

> 聞英文教長散蒲生(M. W. Sampson)講赫僕特滿所著劇之長處。其論《獺裘》與《放火記》(*The Conflagration*)也，曰：「此二劇相為始末。前劇之主人Mrs. Wolff〔伍夫夫人〕今再嫁為Mrs. Tietitz〔梯提慈夫人〕，老矣。雖賊智猶存，而堅忍不逮。奸雄末路，令人嘆息。赫氏長處在於無有一定之結構經營，無有堅強之布局，讀者但覺一片模糊世界，一片模糊社會。——逼真，無一毫文人矯揉造作之痕也。」此種劇不以布局勝，自赫氏始也。
>
> 其論《織工》也，曰：「此劇有二大異點：一、全劇不特無有主人〔翁〕，乃無一特異之角色。讀《獺裘》及《放火記》者，雖十年後，必不能忘劇中之賊婆伍媼及巡檢衛而汗(Wehrhahn)，猶讀《哈姆雷特》(Hamlet，蕭士璧〔莎士比亞〕名劇)者之不忘劇中之王子也。此劇《織工》則不然，讀者心中但有織工之受虐，資本家之不仁，勞動家之貧餓，怨毒入人心之深，獨不見一特異動人之人物(此言確也。吾讀此才數日耳，而已不能舉書中之事實耳)，蓋此書所誌不在狀人，而在狀一

99　"Schiff to Introduce Prof. Ernst Elster," *Cornell Daily Sun*, XXXIV.95, February 9, 1914, p. 1; "Hauptmann a Leader of Naturalist School," *Cornell Daily Sun*, XXXIV.136, March 28, 1914, p. 2.

種困苦無告之人群，其中本無有出類拔萃之人物也。二、劇中主人既是一群無告之識工，其人皆如無頭之蛇、喪家之犬，東衝四突，莫知所屆。讀者但覺其可憐可哀，獨不知其人所欲究屬何物，此其與他劇大異之處也。讀《西柴》〔《愷撒》〕者，知布魯佗〔Brutus，刺殺愷撒者〕所欲何事，亦知高西厄司〔Cassius，刺殺愷撒陰謀主導者〕所欲何事。讀《割肉記》（*Merchant of Venice*）者，知休洛克〔Shylock，以放高利貸致富的猶太人〕所欲何事。讀《哈姆雷特》者，知〔此〕丹〔麥〕王子所欲何事。獨讀此劇者但見一片模糊血淚，但聞幾許怨聲，但見餓鄉，但見眾鬥，但見搶劫，但見格鬥，但見一股怨毒之氣隨地爆發，不可遏抑。然試問彼聚眾之工人所要求者何事、所志在何事，則讀者瞠不能答也。蓋此劇所寫為一般愚貧之工人，其識不足以知其所欲何事，其言尤不足以自白其所志何在也。」此種體近人頗用之，俄國大劇家契可夫(Tchekofv〔Chekhov〕)尤工此。[100]

　　胡適對19世紀西洋戲劇的興趣，主要在於其寫實主義的角度。用胡適在日記裡所用的名詞來說，就是問題劇。他在記錄他讀赫僕特滿的《東方未明》的同一天，也就是1914年7月18日的日記裡說：「自伊卜生〔易卜生〕(Ibsen)以來，歐洲戲劇鉅子多重社會劇，又名『問題劇』(Problem Play)，以其每劇意在討論今日社會重要之問題也。業此最著者，在昔有伊卜生(挪威人)，今死矣。今日名手在德為赫氏，在英為蕭伯納(Bernard Shaw)氏，在法為白里而氏。」[101]

　　在留美學生裡，像胡適這麼用功、興趣這麼廣泛的人是不多見的。他不但自己讀書、勤於聽演講，他還組讀書會跟同學一起砥礪討論。比如說，他在1914年7月18日的日記還記他組了一個讀英文文學名著的讀書會：「發起一會曰讀書會，會員每週最少須讀英文文學書一部，每週之末日相聚討論一次。會員不多，其名如下：任鴻雋、梅光迪、張耘、郭蔭棠、胡適。余第一週所讀二書：

---

100 《胡適日記全集》，1：427-428。
101 《胡適日記全集》，1：410。

Hawthorne, *The House of Seven Gables*〔霍桑，《七個尖角屋頂之屋》〕、
Hauptmann, *Before Dawn*〔赫僕特滿，《東方未明》〕。」[102]
　　胡適除了聽課外的演講、組讀書會以外，他自己也勤作筆記。光是在7月18
日，他就記下了兩本劇本的讀後感：

> 　　上所舉第二書〔《東方未明》(*Before Dawn*)〕乃現世德國文學泰斗
> 赫僕特滿(Gerhart Hauptmann, 1862-1946)最初所著社會劇。赫氏前年得
> 諾貝爾獎金，推為世界文學鉅子。此劇《東方未明》，意在戒飲酒也。
> 德國人嗜飲，流毒極烈，赫氏故諷之。全書極動人，寫田野富人家庭之
> 齷齪，栩栩欲活，劇中主人Loth and Helen尤有生氣。此書可與伊卜生
> 〔易卜生〕社會劇相伯仲，較白里而(Eugène Brieux, 1858-1932)所作殆
> 勝之。[103]

又：

> 　　今日又讀一劇，亦赫氏著，曰《織工》(*The Weavers*)，為赫氏最著
> 之作，寫貧富之不均。中寫織工之貧況，真足令人淚下。書凡五齣：第
> 一齣，織工繳所織布時受主者種種苛刻虐待，令人發指。第二齣，寫一
> 織工家中妻女窮餓之狀。妻女日夜織而所得不足供衣食，至不能得芋
> (芋最賤也)。兒啼索食，母織無燭，有犬來投之不去，遂殺以為食。種
> 種慘狀，令人淚下。第三齣，寫反動之動機。獸窮則反噬，固也。第四
> 齣，織工叛矣。叛之原因，以主者減工值，工人哀懇之。主者曰：「不
> 能得芋，何不食草？」(此有「何不食肉糜」風味)。工人遂叛，圍主者
> 之家，主者狼狽脫去，遂毀其宅。讀之令人大快。第五齣，寫一老織工
> 信天安命，雖窮餓猶日夕祈禱，以為今生苦，死後有極樂國，人但安命
> 可矣。此為過去時代之工人代表。今之工黨決不作如此想也。此老之子

---

102 《胡適日記全集》，1：409。
103 《胡適日記全集》，1：409-410。

婦獨不甘束手忍受，及工人叛，婦持斧從之。其子猶豫未去，聞門外兵
士放槍擊工人之聲，始大怒，持刃奔出從之。老工人猶喃喃坐織門外，
槍彈穿戶入，中此老，仆機上死。俄頃，其幼孫奔入，歡呼工黨大捷
矣。幕遂下。此一幕寫新舊二時代之工人心理，兩兩對映，耐人尋味。
令人有今昔之感。「天實為之，謂之何哉！」此舊時代之心理也。「人
實為之，天何與焉？」「但問人事，安問天意？」「貧富之不均，人
實為之，人亦可除之。」此新時代之心理也。今工人知集群力之可以制
資本家死命也，故有同盟罷工之舉，豈得已哉！誰實迫之而使至於此
耶！此劇大類 Mrs. Gaskell's "*Mary Barton*"〔蓋絲蔻，《瑪麗‧芭
屯》，描寫維多利亞時代的下層社會〕，布局命意，大抵相類，二書皆
不朽之作也。[104]

　　7月30日，他又讀了「瑞典戲劇鉅子施吞堡(Strindberg)短劇名《線索者》
(*The Link*)，論法律之弊，發人深省。伊卜生亦切齒法律之弊，以為不近人情，
其所著《玩物》(*A Doll's House* 或譯《娜拉》)中之娜拉與奸人克洛司達一席話，
皆論此題也。」[105] 1914年12月，秋季班結束放聖誕節假的時候，胡適又讀了七個
劇本。他在12月20日的日記裡說：

　　連日讀赫僕特滿(Hauptmann)兩劇：一、《韓謝兒》(*Fuhrmann
Henschel*)；二、《彭玫瑰》(*Rose Bernd*)。又讀梅脫林克(Maurice
Maeterlinck，梅氏為比利時文學泰斗，為世界大文豪之一)四劇：一、
Alladine and Palomides〔《愛樂婷與帕洛米底司》〕；二、*The Intruder*
〔《不速之客》〕；三、*Interior*〔《屋內》〕；四、*Death of Tintagiles*
〔《婷綈凱之死》〕。又讀泰戈爾(Tagore，印度詩人)一劇：*The Post*

104 《胡適日記全集》，1：411-412。
105 《胡適日記全集》，1：430。

Office〔《郵局》〕。三人皆世界文學鉅子也。[106]

　　胡適對戲劇的涉獵讓他自己對戲劇的品評頗有自信。這個自信甚至在他廣泛地涉獵19世紀西洋戲劇以前就已經有了。比如說，我在第四章分析過他可能是在大三上學期所寫的讀書報告：〈哈姆雷特：一齣沒有英雄的悲劇〉。他在這篇報告的結論說：

　　　　我們在本文裡追溯了哈姆雷特的一生，發現他——用我在本文啓始所說的話來說——一丁點兒英雄的氣概也沒有。讓我再徵引歌德的話來說：「他有一個優美、清純、高貴、道德的本質，但沒有作爲一個英雄所應有的勇氣；他心中的重負〔母親跟毒死自己父親的叔叔結婚〕壓垮了他，他既擔不起又放不下。他所面對的是作不到的——不是作不到，而是他作不到。」對他來說是太難了。我們聽到他呼號著：

　　　這整個世界都脫序了。喔！真是霉運，
　　　讓我來這世間就是要我去撥亂反正！

　　　這就是哈姆雷特，就是一齣沒有英雄的悲劇裡的「英雄」。

　　　不只是哈姆雷特不夠英雄，這齣戲裡沒有一個稱得上是英雄的人物。那亂倫、殺人的克勞底爾司(Claudius)，用參考萊的話來形容，「整個人就是匕首與面具」，最後死在自己的「回頭箭」下。皇后呢！就像哈姆雷特對她說的：

　　　喔！不要臉！妳的羞恥心到哪兒去了？

　　　至於娥蜚(Ophelia)，她既沒有蔻黛麗(Cordelis)〔《李爾王》的么女〕優雅的頑強，也沒有茱麗葉狂熱的愛，也沒有馬克白夫人的「不男不女」(unsexedness)。她的柔弱幾近於曲承。〔劇中的〕萊提司(Laertes)呢！海司里特(Hazlitt)說他「有點好自吹自擂」。可他順從克

---

106 《胡適日記全集》，1：569-570。

勞底爾司的詭計要去害哈姆雷特。還有那鄱羅尼爾司(Polonius)〔胡適
在《留學日記》裡翻成「潘老丈」〕，那個最圓滑的笨伯，他深諳人世
間所有的教訓，卻栽在不知「好管閒事會惹禍」的道理〔這是哈姆雷特
在第三幕第四景刺死鄱羅尼爾司以後說的話〕。

　　喔！好一群傀儡、笨伯和丑角！喔！真是一齣沒有英雄的悲劇！然
而，大家都喜歡這齣戲。看著《哈姆雷特》裡的這些傀儡、笨伯、丑角
在那兒扯淡、矇騙、說謊、斃命，大家都為之歡呼、落淚、叫好、拍
手。人人都說莎士比亞最絕妙的作品是《哈姆雷特》。這原因何在呢？
我覺得理由很簡單。這個世界本身就是一個充斥著傀儡、笨伯與丑角的
舞台。傀儡、笨伯與丑角是眾多、遍在、近在眼前的；英雄則是少見、
稀有的。怯懦之行天天可見；英雄事蹟則仿如鳳毛麟爪。我們喜歡司各
特(Scott)〔Walter Scott, 1771-1832〕的小說，因為小說中有英雄人物。
我們喜歡阿拉丁〔《十字軍英雄記續》裡的人物〕猶太女子蘿蓓卡
〔《艾凡赫》裡的人物〕，因為他們是英雄、稀有的。然而，我們更喜
歡薩克萊小說裡的貝姬、鬥賓少尉〔《浮華世界》裡的人物〕和艾斯蒙
〔《艾斯蒙傳》〕，正因為他們不是英雄、正因為他們像你我他一樣的
實際、平凡和所在皆是。就像虛榮的女性喜歡顧影自喜一樣，這平凡的
世界在這齣莎士比亞的傑作裡看到的是自己的寫照——那沒有英雄的悲
劇。[107]

　　如果我們覺得〈哈姆雷特：一齣沒有英雄的悲劇〉的結論頗為熟悉，那就是
胡適眾人皆醉我獨醒的〈易卜生主義〉思想的雛形。胡適的思想裡自有他精英主
義的部分，雖然他也同時深信民主制度的功用與價值。但這都是後話。胡適顯然
相信在人類社會裡，大多數都是平凡的芸芸眾生，特立獨行的英雄乃是少數。這
些「英雄」用他在寫給梅光迪的一封信裡的話來說，是「天生的貴族」(natural

---

107 Suh Hu [Hu Shi], "Hamlet: A Tragedy without A Hero," 現藏於中國社會科學院近代史
　　研究所，胡適檔案，編號：E-59-2。

aristocrats)，以別於那些命好，生在帝王、將相世家的貴族。這些「天生的貴族」是帶領社會進步的要素。可惜胡適這封信現已不存。我們只能從梅光迪的回信推測胡適信中的大意：

> 來書所主張之實際主義〔寫實主義〕，與弟所恃之humanism(姑譯之為「人學主義」可乎)似多合處。足下之第一條，迪極贊同。第二條亦無所置議。惟第三條就字面論之，似有不能全然了解處，請再一言之可乎？迪謂今世風行社會學說(social philosophy)，似多分「社會」與「個人」為二物，尤有流弊者，乃在偏重社會方面。有個人作奸犯科，自命為社會改良者，乃歸其過於社會，以為社會上某某制度、某某法律若革去，則其社會中份子自可皆歸於善。此種改良，以迪觀之，乃倒行逆施耳。故今之西方社會上，其改良家愈多，其社會腐敗乃愈甚。此非悲觀之言，乃實境也。何則？由其個人(社會份子)腐敗也。故言「人學主義」者，主張改良社會，在從個人做起，使社會上多有善良個人，其社會自善良矣。孔子之言曰：君子修其身，而後能齊其家，齊其家而後能治其國……欲良改社會，非由個人修其身，其道安由？足下所稱之"natural aristocrats"〔天然貴族〕，即弟之所謂humanists(人學主義家)也。此種人無論何時，只居社會中少數。不過一社會之良否，當視此種人之多寡。[108]

　　梅光迪對許多社會學說——包括胡適——把「社會」與「個人」分為二的批判是有見地的。然而，他也受到自己的成見所囿，他總是把社會問題歸結於個人的問題，用他的話來說，個人的腐敗。這是傳統儒家從修身出發的政治社會哲學的一支，與典型的19世紀末、20世紀初社會達爾文主義觀點的匯流。用胡適的話來說，就是傳統個人主義的觀點。從留美到1940年代初期的胡適，一方面想用社

---

108 梅光迪致胡適，[1916年]12月28日，《胡適遺稿及秘藏書信》，33：464-465。

會立法來救濟傳統自由主義的不足與缺失，一方面又要確保少數特立獨行的個人
不被社會上平庸的大多數所迫害、淹沒與埋葬。這個「社會」與「個人」之間所
存在的緊張與矛盾如何取得創造性的均衡，是胡適在他人生不同的階段、扮演不
同的身分、面臨不同的事例時，所必須權衡、加持或割捨的。在他留美的後期，
胡適所著重的是他從易卜生的戲劇所悟出來的特立獨行的個人。

易卜生

　　在所有可能已經遺失了的胡適的文件裡，最可惜的大概就是他的英文版的
〈易卜生主義〉。根據胡適自己的回憶：「〈易卜生主義〉一篇寫的最早，最初
的英文稿是民國三年〔1914〕在康奈爾大學哲學會宣讀的，中文稿是民國七年〔
1918〕寫的。」[109]我們知道胡適在世的時候，手頭一直存有這篇英文稿。比如
說，他在1931年1月15日的日記裡說：「到英美菸公司，把十六年前做的〈易卜
生主義〉英文原稿交A. T. Henckendorff〔亨肯朵夫〕帶給他的夫人看。」[110]同月
18日的日記：「在A. T. Henckendorff家吃飯，與他們夫婦暢談。其夫人最表同情
於我的〈易卜生主義〉一文。」[111]又，同月23日的日記：「在〔沈〕崑三家吃
飯。他說：Mr. A. T. Henckendorff說挪威公使要把我的〈易卜生主義〉打二份，
送入Ibsenianan〔Ibseniana，易卜生匯輯〕中去。我說可以。」[112]可惜，現存北京
近代史研究所的「胡適檔案」沒有這篇文章，康乃爾大學的檔案館也沒有這篇文
章，挪威的「易卜生中心」也沒有這篇文章。

　　胡適在1914年寫的〈易卜生主義〉英文稿遺失之所以特別可惜，是因為我們
不能用他在1918年所寫的中文稿來還原他四年前所寫的英文稿的觀點。這主要是
因為這四年之間，是胡適思想變化的一個關鍵期。他在1914年寫〈易卜生主義〉
的時候，還沒有接觸到實驗主義。等他1918年寫〈易卜生主義〉的中文稿的時

---

109 胡適，〈介紹我自己的思想〉，《胡適全集》，4：662。
110 《胡適日記全集》，6：439。
111 《胡適日記全集》，6：448。
112 《胡適日記全集》，6：469。

候，他已經寫完了他的《先秦名學史》的博士論文。我在第五章已經分析了，他在《先秦名學史》裡對實驗主義有諸多附會、誤解的地方。我認爲回到中國以後的胡適，因爲下了功夫，開始對實驗主義有比較深刻的了解。他在撰寫〈易卜生主義〉的中文稿之前，又至少重溫了易卜生的一齣劇本。而且也跟朋友談了易卜生。我們知道他在1917年12月11日重讀了易卜生的《國民公敵》。他在〈老鴉〉一詩的序裡說：「六年十二月十一日重讀易卜生《國民公敵》戲本，欲作一詩題之。是夜夢中做一詩，醒時乃並其題而忘之。出門見空中鴿子，始憶夢中詩爲〈詠鴿與鴉〉，然終不能舉其詞。因爲補作成二章。」[113]1918年2月10日，他又在陶孟和家談易卜生。他在《新青年》4卷3號上所發表的〈除夕〉一詩，描寫他除夕在陶孟和家吃年夜飯。問談些什麼事？他說「像是談易卜生和白理歐(Ibsen and Brieux)，這本戲和那本戲」[114]。他的〈易卜生主義〉的中文稿就在該年6月4卷6號《新青年》的「易卜生專號」發表的。換句話說，除非我們能找到胡適在1914年所寫的〈易卜生主義〉的英文稿，我們必須把他在1918年所寫的〈易卜生主義〉放在他回到中國以後的思想脈絡裡來分析。

　　所幸的是，有關胡適在留美時期對易卜生的了解，我們並不是完全一無所知的。胡適在1921年5月19日的日記裡說：「他〔散蒲生(M. W. Sampson)教授〕的話，我深信不疑。因爲我第一次做成一篇〈易卜生主義〉時，我拿去請教他，我並不是他的學生，而且我們已做了一年多的朋友，他竟全不客氣，說我不應該強作『什麼主義』、『什麼主義』的分別；他替我改了好幾處，直到後半篇，他才說一兩句讚辭。這種態度，使我敬畏。」[115]

　　胡適會把他所寫的〈易卜生主義〉拿去向散蒲生教授請教是很自然的事。我在上文已經提起散蒲生教授在1914年的春季跟另外一位英語系的教授合開了一個詩歌與現代戲劇的課。胡適在留美時期不是在課堂上接觸到易卜生。他第一次認識易卜生可能是在1912年的春天。那年的春季班，康乃爾大學的「理學會」舉辦

113　胡適，〈老鴉〉，《胡適詩存》，頁177。
114　胡適，〈除夕〉，《新青年》，4卷3號(1918年3月15日)，頁229-230。
115　《胡適日記全集》，3：52。

了兩次「易卜生的倫理」(The Ethics of Ibsen)的演講會。演講者是康乃爾大學閃族語言的教授須密(N. Schmidt)先生。3月11日的演講在胡適所住的「康乃爾世界學生會」舉行，3月25日的演講則是在疤痕院。[116]

須密教授在演講以前就先開出了一個建議聽講者閱讀的書目。我們如果把這個書目跟胡適在〈易卜生主義〉裡所徵引的劇本相對比，就會發現兩者的雷同。須密教授所開的書目如下：

> 易卜生戲劇：《布蘭德》(*Brand*)、《社會的棟梁》(*Pillars of Society*)、《國民公敵》(*Enemy of the People*)、《玩偶之家》(*A Doll's House*)、《羅斯馬莊》(*Rosmersholm*)、《海上夫人》(*The Lady from the Sea*)、《大匠》(*The Master Builder*)。
>
> 他人著作：Jaeger, Henrick Ibsen: *A Critical Biography*〔傑格，《易卜生評傳》〕、Brandes, *Henrick Ibsen*〔布蘭笛司，《易卜生》〕、蕭伯納, *The Quintessence of Ibsenism*〔《易卜生主義精義》〕、Archer, "The Real Ibsen"〔阿確，〈眞正的易卜生〉〕[117]

雖然我們現在還沒找到胡適1914年的〈易卜生主義〉的英文稿，我們可以用他1918年的中文稿來作參考。他在這篇中文稿裡所徵引的易卜生的劇作，包括他的尺牘，如下：

> 《死而復甦》(*When We Dead Awaken*)、《玩偶之家》、《群鬼》(*Ghosts*)、《羅斯馬莊》、《社會的棟梁》、《野雁》(*The Wild Duck*)、《博克曼》(*John Gabriel Borkman*)、《國民公敵》、《海上夫

---

116 "Program for Ethical Club," *Cornell Daily Sun*, XXXII.91, January 24, 1912, p. 1.
117 "Ethical Club Reading," *Cornell Daily Sun*, XXXII.119, March 7, 1912, p. 7.

人》、《尺牘》(*Letters*)。[118]

　　須密教授所開的書單跟胡適在1918年的〈易卜生主義〉的中文稿裡所徵引的有相當多重疊的部分。當然，我們不知道易卜生的劇作，胡適在當時讀了幾齣。我們知道易卜生的《海妲傳》(*Hedda Gabler*)與《大匠》，胡適是在1914年3月14日買的。這兩本書現都藏在北京大學圖書館，有胡適在扉頁的簽名與胡適所翻的中文書名。《海妲傳》胡適一直要到該年8月8日才讀了。他在次日的日記裡說：「昨日讀伊卜生〔易卜生〕名劇《海妲傳》(*Hedda Gabler*)，極喜之。此書非問題劇也，但寫生耳。海妲為世界文學中第一女蜮，其可畏之手段，較之蕭氏之麥克伯妃(Lady Macbeth)但有過之無不及也。」[119]

　　同時，也由於胡適除了在徵引易卜生的劇作或他的尺牘以外，都沒有作任何引註，我們很難確切地作追溯的工作，看胡適究竟受到哪些分析易卜生著作的學者的影響。由於蕭伯納的《易卜生主義精義》與胡適用的〈易卜生主義〉非常接近，很容易讓人覺得胡適一定受到蕭伯納的影響。然而，就像胡適在哲學理論上有糅雜、調和的傾向，胡適的〈易卜生主義〉也是糅雜、調和許多不同易卜生研究者的產物。但這是《舍我其誰：胡適》第二部的後話。

　　須密教授在1912年3月的兩次演講到底說了什麼？他對胡適的影響如何呢？可惜的是，我們唯一的根據是《康乃爾太陽日報》記者的報導。這兩篇報導大概是我在本書所徵引的報導裡最拙劣、最不知所云的。然而，由於我們沒有別的資料可用，我別無選擇。根據這篇報導，須密教授在3月11日的演講裡說：易卜生的戲劇處理的是「國家、家庭與宗教的道德問題。」須密教授說，易卜生用自然寫實的方法把人生的許多道德問題都勾畫了出來。這些問題，易卜生透過他不同的劇本來表達。因此，須密教授強調我們必須要把易卜生的幾本戲劇同時拿來閱讀，方才能夠真正體會到他的觀點。須密教授說在政治上，易卜生所期待的是一種無政府的狀態。這是因為從易卜生的立場來看，任何形式的政府都會干涉到個

---

118 胡適，〈易卜生主義〉，《胡適全集》，1：599-617。
119 《胡適日記全集》，1：438。

人自由的發展。也正因為如此，須密教授認為易卜生對社會的批判破壞多於建設。

易卜生對家庭問題的剖析，須密教授認為也必須要把幾本劇本同時拿來閱讀，我們方才能夠真正的了解易卜生的立場。他認為易卜生對家庭問題的看法是很一致的。易卜生認為一對夫妻要能長久的結合，並一起營造一個對他倆、對社會都有益的共同生活，其所必須的不只是愛。他們兩個人的靈魂必須要有一種宗教式的、富有創造性的動機把他們結合在一起。他說：「易卜生認為婚姻必須建立在兩個基礎之上：開誠布公（truth）和獨立（independence）。有了自由，就有了責任；一切開誠布公，夫妻的關係才可臻理想。」[120]

須密教授在3月25日的第二個演講裡，討論了易卜生對國家以及家庭問題的看法。須密教授在這個演講裡說易卜生所強調的是個人的權利。人類的生活，依易卜生的看法，必須建立在自由與坦誠的基礎之上。他說，如果易卜生看起來好像是反對所有的政治社會組織，那是因為他認為所有組織都有桎梏人類自由的傾向。須密教授說易卜生就好像是在用他寫的戲劇來問問題一樣。他所要追問的，是我們能否在政治上、宗教上和家庭生活裡找到比較健全、有彈性的關係，讓個人能夠一切開誠布公，並以之來作為人生的準則。根據《康乃爾太陽日報》的報導，須密教授演講過後的討論是集中在婦女參政權的討論。須密教授認為婦女得到參政權對婦女、對社會都會有好處。這是因為婦女如果對家庭以外的事務有興趣，她們教養孩子就會比較成功。反之，她們所撫育出來的孩子就會像玩偶一樣，而不是未來的公民。《康乃爾太陽日報》的記者說，後來，討論又集中到離婚的議題上。記者說易卜生的看法是婚姻裡的自由愈多，夫妻的關係就愈堅固。易卜生不相信任何用高壓的手段來穩住婚姻的方法。維持婚姻關係最好的方法，就是給與自由以及個人因為自由而必須肩負起的責任。最後，記者說討論轉到了女性會不會變得越來越中性、既不男又不女的問題。記者說須密教授認為隨著文明的演進，男女之間的異同會逐漸地縮小。然而，他認為在精神的層面，男女的

---

120 "Criticism Negative However," *Cornell Daily Sun*, XXXII.123, March 12, 1912, p. 1.

不同是會永遠存在的[121]。

　　須密教授對易卜生的分析反映了當時許多欣賞易卜生的評者的共識。我們當然也不可以逕從須密教授的分析來斷定胡適是受到他的影響。只是，這很有可能是胡適第一次有系統地接觸到易卜生，其可能造成的印象是不能忽略的。其中，最明顯的有兩方面：一是個人與社會的對立；另一個是自由與責任在婚姻生活中的重要性。我們知道在胡適1918年的〈易卜生主義〉一文裡，雖千萬人吾往矣的特立獨行的個人是全篇最凸出的主旨。由自由而帶來責任感的重要性也是胡適在該文裡所堅持的。不管是《玩偶之家》裡的娜拉，還是《海上夫人》裡的哀梨姐，都是胡適用來凸顯在婚姻裡追求自由的選擇與責任感的女性的代表。當然，我在此處也必須指出胡適在1918年所寫的〈易卜生主義〉跟須密教授看法不一樣的地方。須密教授批評易卜生在劇本裡所闡明的觀點破壞多於建設[122]。胡適則不這麼覺得。他說易卜生主義：「表面上看去，像是破壞的，其實完全是建設的。」[123]

　　胡適留美所得到的最高學位是在哲學方面。然而，他也是在文學、特別是英國文學方面有所造詣的歸國留學生。胡適在結束他留美的學業以後，他返回中國擔任北京大學的教授。他所教授的課程在哲學與英國文學方面。這可以說是用才得宜的安排。胡適在北大的第一年所開的課，曹伯言跟歐陽哲生都根據《北京大學日刊》的記載臚列出來，只是稍有些許出入。根據曹伯言，胡適在1917學年度第一學期的課程如下：「中國哲學」、「中國哲學史」、「英國文學」與「英譯亞洲文學名著」；第二學期的課則爲：「中國哲學史」、「西洋哲學史」、「英詩」以及「英譯歐洲文學名著」[124]。根據歐陽哲生，胡適在1917學年度第一學期所開的課是：「英國文學」、「英譯亞洲文學」、「歐洲文學史」以及「中國名學鉤沉」；第二學期的課則是：「中國哲學史大綱」、「西洋哲學史大綱」、

---

121 "Woman's Suffrage Discussed," *Cornell Daily Sun*, XXXII.135, March 26, 1912, p. 3.
122 "Criticism Negative However," *Cornell Daily Sun*, XXXII.123, March 12, 1912, p. 1.
123 胡適，〈易卜生主義〉，《胡適全集》，1：612。
124 轉引自曹伯言等編，《胡適年譜》(合肥：安徽教育出版社，無年月)，頁122、125。

「英詩」以及「英譯歐洲文學名著」[125]。換句話說，胡適在北大的第一年所開的課程，哲學與西洋文學是各占一半。

根據胡適在1917年11月21日寫給韋蓮司的信，他在北大的第一個學期所開的四門課又跟《北京大學日刊》的記載有點出入。他說他開的課是：「中國哲學」、「英譯歐洲文學名著」、「英詩」、「中國歷史研究法」。他說他也正在籌組北大的歷史研究所，成立以後，他將擔任歷史研究所的主任[126]。很意外地，胡適向韋蓮司所報告的這四門課裡不包括西洋哲學史，反而是包括了「中國歷史研究法」。然而，即使如此，其所反映的，是北大用才的得宜，因為哲學史、西洋文學與歷史研究法都是胡適在美國下過功夫的學科。根據他康乃爾同學艾傑頓在1918年5月11日給他的信，我們知道胡適很快地既是哲學系的教授，也是英語系的代系主任[127]。到了1918年秋天，根據歐陽哲生所蒐集的資料所顯示，胡適已經擔任了三個系所部門的主任：英文部教授會主任、哲學研究所主任以及英文學研究所主任[128]。

胡適是一個對文學創作有興趣的人。他讀英詩，以至於技癢也寫起英詩來。他所讀過的19世紀西洋戲劇，其數目之多、其了解之深刻，在中國留學生當中應當是數一數二的。他的朋友張彭春，也就是南開教育系統的創辦人兼校長的張伯苓的弟弟，在留美的時候就已經著手寫作劇本了。胡適對他的劇本讚譽有加，但難免也有自己為什麼對戲劇頗有浸淫，卻讓別人專美於前之嘆。他在1915年2月有該年二度的紐約之行，他在14日的日記裡說：「十四日，星期〔天〕，至哥倫比亞大學訪友，……下午訪張仲述。仲述喜戲曲文字，已著短劇數篇，近復著一劇，名曰《外侮》，影射時事而作也。結構甚精，而用心亦可取，不可謂非佳作。吾讀劇甚多，而未嘗敢操觚自為之，遂令祖生先我著鞭，一笑。」[129]

125 歐陽哲生，〈胡適與北京大學〉，《新文化的傳統——五四人物與思想研究》（廣州：廣東人民出版社，2004年），頁294註3。

126 Hu Shih to Clifford Williams, November 21, 1917，《胡適全集》，40：204。

127 Bill [William Edgerton] to Hu, May 11, 1918，胡適外文檔案，E-130-2。

128 歐陽哲生，〈胡適與北京大學〉，《新文化的傳統——五四人物與思想研究》，頁297。

129 《胡適日記全集》，2：47。

　　當然，戲劇不比詩詞，工程浩大，不是開個夜車或用一兩天的工夫就可以竟工的。然而，這並不表示胡適作不到。比如說，他在1919年所寫的英文獨幕劇《終身大事》，他自己說是人家限他一天之內寫成的[130]。更重要的原因，可能是因為胡適認為翻譯比創作重要。我在上文已經徵引了他在1916年秋天致《甲寅》編者的信說。在那封信裡，他說歐洲最新的潮流是戲劇，是問題劇。其潮流之所趨使得小說與詩歌都不得不退居到第二流。他舉易卜生、赫僕特滿、白里而、施呑堡、蕭伯納、高爾華綏、梅脫林克為例。然後說：「今吾國劇界，正當過渡時期，需世界名著為範本，頗思譯Ibsen之 *A Doll's House*〔《玩偶之家》〕或 *An Enemy of the People*〔《國民公敵》〕，惟何時脫稿，尚未可料。」

　　同樣的話，胡適在該年2月就已經跟陳獨秀說過。他在2月3日的信上說：「今日欲為祖國造新文學，宜從輸入歐西名著入手，使國中人士有所取法、有所觀摩，然後乃有自己創造之新文學可言也。」然而，翻譯不是人人可得而為之的：「譯事正未易言。倘不經意為之，將令奇文瑰寶化為糞壤，豈徒唐突西施而已乎？與其譯而失真，不如不譯。此適所以自律，而亦頗欲以律人者也。」不但如此，譯書是必須講求次第的，是必須有選擇的。如果不經思索而貿然從之，可能反而得到反效果。所以胡適接著說：

　　　　譯書須擇其與國人心理接近者先譯之，未容躐等也。貴報(《青年雜誌》)所載王爾德之《意中人》(Oscar Wilde's *The Ideal Husband*)雖佳，然似非吾國今日士夫所能領會也。以適觀之，即譯此書者尚未能領會是書佳處，況其他乎？而遽譯之，豈非冤枉王爾德耶。[131]

　　這個翻譯比創作重要，或者更確切地說，這個以「世界名著為範本」的觀念，胡適一直秉持著。比如說，他在1919年所寫的〈論譯戲劇——答T. F. C.〉裡說：

---

130 胡適，〈《終身大事——遊戲的喜劇》序〉，《新青年》，6卷3號(1919年3月15日)。
131 《胡適日記全集》，2：278。

　　來書所說對於譯劇的懷疑，我以爲盡可不必顧慮。第一、我們譯戲劇的宗旨本在於排演。我們也知道此時還不配排演《娜拉》一類的新劇。第二、我們的宗旨在於借戲劇輸入這些戲劇裡的思想。足下試看我們那本〈易卜生專號〉，便知道我們注意的易卜生並不是藝術家的易卜生，乃是社會改革家的易卜生。第三、在文學的方面，我們譯劇的宗旨在於輸入「範本」。範本的需要，想足下也是承認的。第四、還有一層理由：我們一般同志都是百忙中人，不能譯長篇小說。我們最喜歡翻譯短篇小說，也是因爲這個原故。戲劇的長短介於短篇小說與長篇小說之間，所以我們也還可以勉強騰出工夫來翻譯他。[132]

　　1925年11月10日胡適寫信向北大校長蔣夢麟辭職。當時，胡適在上海醫治他的痔疾。他在信上說譯書要遠比他在講堂上所能得到的效果更大：

　　我這回走了幾省，見了不少的青年，得著一個教訓。國中的青年確有求知的慾望，只可惜我們不能供給他們的需求。耶穌說：「年成是很好的，只是做工的人太少了！」我每回受青年人的歡迎，心裡總覺得十分慚愧，慚愧我自己不努力。前不多日，我從南京回來，車中我忽得一個感想。我想不教書了，專做著作的事，每日定一個日程要翻譯一千字，著作一千字，需時約四個鐘頭。每年以三百計，可譯三十萬字，著三十萬字。每年可出五部書，十年可得五十部書。我的書至少有兩萬人讀，這個影響多麼大？倘使我能於十年之中介紹二十部世界名著給中國青年，這點成績，不勝於每日在講堂給一百五十個學生製造文憑嗎？所以我決定脫離教書生活了。[133]

　　胡適還把這個信念說給徐志摩聽了。他在1928年4月25日的日記裡說：「昨

---

132 胡適，〈論譯戲劇——答T. F. C.〉，《胡適全集》，12：31。
133 胡適致蔣夢麟，1925年11月10日，《胡適全集》，23：475。

晚與志摩及余上沅談翻譯西洋文學名著，成一部大規模的《世界文學叢書》。此
事其實不難，只要有恆心，十年可得一、二百種名著，豈不遠勝於許多淺薄無聊
的創作？」[134]

　　所謂翻譯西洋近代文學名著、輸入「範本」的意思，其實不只是體例的問
題，而更牽涉到思想的內容。胡適在上引〈論譯戲劇——答T. F. C.〉一文裡說得
再清楚也不過：「足下試看我們那本〈易卜生專號〉，便知道我們注意的易卜生
並不是藝術家的易卜生，乃是社會改革家的易卜生。」這個幾近於「文以載道」
的理念，胡適一直沒有放棄。他在1935年所寫的〈《中國新文學大系・建設理論
集》導言〉，說得很清楚：

> 　　我們開始也曾顧到文學的內容的改革。……但當那個時期，我們還沒
> 有法子談到新文學應該有怎樣的內容。世界的新文藝都還沒有踏進中國
> 的大門裡。社會上所有的西洋文學作品不過是林紓翻譯的一些19世紀前
> 的作品，其中最高的思想不過是迭更司的幾部社會小說；至於代表19世
> 紀後期的革新思想的作品都是國內人士所不曾夢見。所以在那個貧乏的
> 時期，我們實在不配談文學內容的革新，因爲文學內容是不能懸空談
> 的，懸空談了也決不會發生有力的影響。[135]

　　事實上，不但內容與體例，連中國的「國語」都必須透過「歐化」才可能變
得更嚴密、更豐富、更活潑。胡適說20世紀初年的作家，包括在上海求學時期學
作白話文的他自己在內，都是從中國傳統的白話小說裡學到寫白話文的技巧。他
說：「那些小說是我們的白話老師，是我們的國語模範文，是我們的國語『無師
自通』速成學校。」然而，傳統中國舊小說的白話太簡單了，不足以作爲創造現
代中國文學的工具。胡適說，傅斯年的白話文「歐化」論，爲中國人提供了一條

---

134 《胡適日記全集》，5：68。
135 以下討論的引文，請參見胡適，〈《中國新文學大系・建設理論集》導言〉，《胡
　　適全集》，12：294-300。

走出這個死胡同的出路。他指的就是傅斯年在《新潮》上所發表的〈怎樣做白話文〉一文。他說傅斯年在這篇文章裡提出了兩條最重要的修正案：第一、白話文必須根據我們說的活語言，必須先講究說話。話說好了，自然能做好的白話文；第二、白話文必不能避免「歐化」，只有歐化的白話方才能夠應付新時代的新需要。「歐化的白話文就是充分吸收西洋語言的細密的結構，使我們的文字能夠傳達複雜的思想、曲折的理論。」胡適更進一步地斷定歐化是有些作家特別成功的一個重要原因：

> 凡具有充分吸收西洋文學的法度的技巧的作家，他們的成績往往特別好，他們的作風往往特別可愛。所以歐化白話文的趨勢可以說是在白話文學的初期已開始了。

根本來說，白話文學只是一個過渡。對年輕到壯年時期的胡適而言，最終的目的是廢漢字改用拼音。所以胡適說：

> 在文學革命的初期提出的那些個別的問題之中，只有一個問題還沒有得著充分的注意，也沒有多大的進展，那就是廢漢字改用音標文字的問題……拼音文字只可以拼活的白話，不能拼古文；在那個古文學權威沒有絲毫動搖的時代，大家看不起白話，更沒有用拼音文字的決心，所以音標文字的運動不會有成功的希望。如果因為白話文學的奠定和古文學的權威的崩潰，音標文字在那不很遙遠的將來能夠替代了那方塊的漢字做中國四萬萬人的教育工具和文學工具了，那才可以說是中國文學革命的最大的收穫了。

胡適這個漢字拉丁化的最終理念，我們不知道他是否最終放棄了。根據唐德剛的回憶，他1950年代在紐約問胡適：「胡先生，漢字要不要改革？」「一定要簡化！一定要簡化！」他說當時中國每出一張「簡字表」，胡適一定要唐德剛馬

上送給他看。他說，每次胡適在認真評閱以後，總是稱讚不止。可是，他有時問胡適：「漢字要不要拉丁化呢？」胡適的回答就不一樣了。他總是說：「茲事體大！茲事體大！」不置可否地回答他[136]。

　　然而，胡適是否最終放棄了漢字拉丁化的理念並不是關鍵的問題。中國的文學，乃至於藝術，都像科學一樣，需要向西方引進靈感、方法與技巧，是胡適一生所信守不渝的。他在1930年所寫的〈介紹我自己的思想〉裡說：「我們必須承認我們自己百事不如人。不但物質機械上不如人，不但政治制度不如人，並且道德不如人，知識不如人，文學不如人，音樂不如人，藝術不如人，身體不如人。」[137]這個中國事事不如人的看法，他至死不渝。1961年11月，胡適在台北做了一個英文演講〈社會變遷與科學〉（Social Changes and Science）。在這個他一生最後一次的公開演講裡，胡適又再次摘述他從1920年代開始就一直歌頌西方近代科學文明的話。他說三十五年過去了，他還是覺得他的看法是正確的。他要亞洲人徹頭徹尾地承認自己不如人，從而從思想上起一番革命，否則科學永遠不會在亞洲生根，亞洲人也永遠不會悠然自得徜徉於現代的世界裡[138]。

136 唐德剛，《胡適雜憶》，頁145-146。
137 胡適，〈介紹我自己的思想〉，《胡適全集》，4：667。
138 胡適，"Social Changes and Science," 《胡適全集》，39：671-678。

幕間小結

　　胡適在1917年5月22日考過他的博士論文口試。29日向杜威辭行。胡適在紐約最後的住處是位於海文街(Haven Avenue)92號的公寓。那原來是韋蓮司所租住的。1915年4月，韋蓮司回綺色佳探望他生病的父親，結果注定是永久留下來與父母同住。於是，胡適就在該年夏天，和他哥大的同學盧錫榮頂租了韋蓮司的公寓。胡適在回國以前，除了忙著整理行裝、與特地從華盛頓、劍橋等地趕來與他餞別的中國同學以外，還幫韋蓮司收拾打包了她留在公寓裡的書籍、信件、畫作、包括一把椅子。然後，再由搬運公司把這些打包好了的東西寄回綺色佳給韋蓮司[1]。

　　兩年前，胡適從綺色佳坐夜車轉學到紐約的哥倫比亞大學去。兩年後的6月9日，胡適反向行走。他在當晚坐夜車離開紐約，到綺色佳去與韋蓮司一家人告別。在綺色佳的五天，胡適就住在韋蓮司家。胡適在日記裡說：「連日往見此間師友，奔走極忙。在旂五日(十日至十四日)，殊難別去。韋夫人與韋女士見待如家人骨肉，猶難爲別。」[2]胡適回國所訂好的船票是6月21日從加拿大的溫哥華航向日本的「日本皇后號」(Empress of Japan)。這艘郵輪是加拿大「太平洋航運公司」(Canadian Pacific Ocean Services)所有的。當時從綺色佳到溫哥華的火車路線，是要幾次進出美國和加拿大的國境。所以胡適在離開紐約之前就已經向清華駐美的留學生監督黃鼎詢問有關移民方面的規定。黃鼎告訴他說他必須向加拿大的移民總監申請入關手續。也許是因爲太忙，胡適自己疏忽，沒有處理這件事

1　Hu Shih to Clifford Williams, November 21, 1917，《胡適全集》，40：187。
2　《胡適日記全集》，2：519。

情。胡適在臨行以前向中國駐紐約的領事館詢問，領事館告訴胡適說他只要有領事館所發的證明就可以通行無阻了。胡適於是拿了領事館發給他的證件就上路了。

胡適之所以需要加拿大移民局的證件的原因，重點並不要是簽證，而是爲了要豁免「人頭稅」（Head Tax）。多數的讀者都聽說過美國在1882年通過的「排華法案」。其實，加拿大也有其「排華法案」，雖然那是一直到1923年才制定的。加拿大的「排華法案」可以追溯到1885年。那時，「加拿大太平洋鐵路」(Canadian Pacific Railroad)已經完工，不再需要華工。加拿大爲了限制中國人入境，在1885年制定法律，向每一個入境的中國人徵收五十加幣的「人頭稅」。這個「人頭稅」在1900年增爲一百元；在1903年再增爲五百元。五百元相當於當時華工兩年的工資。據估計，加拿大政府光是在向華人徵收「人頭稅」上，就總共獲有2千3百萬的收入 [3]。由於胡適是學生，又只是過境回國，可以豁免那五百元的「人頭稅」，所以他須要得到加拿大移民局驗明正身，以便得以入境並免繳「人頭稅」。

胡適在6月14日下午坐火車離開綺色佳。當晚，車抵水牛城。半夜，到尼亞加拉大瀑布。在進入加拿大國境之前，胡適把中國駐紐約領事館所發給的證書交給火車上的工作人員，然後就脫衣就寢。清晨兩點鐘的時候。加拿大海關人員把胡適叫醒，說他的證件不齊，不得入境。胡適說他有中國紐約領事館所發給的證件。海關人員說他只認加拿大政府的命令，中國領事館的證件不算數。胡適知道爭辯無益，於是在問了該海關人員的姓名以後，穿上衣服下車。胡適幸好得了一警察的幫助，爲他叫了一輛車子，把他載到一間旅館。

匆匆地睡了三個鐘頭以後，胡適起床打了電報給加拿大的移民總監以及中國駐紐約領事館。打了電報以後，胡適給韋蓮司寫了一封信：

　　昨晚在邊境被加拿大移民官員攔下。現在還在等渥太華來電許可入

3　http://www.ccnc.ca/redress/history.html，2010年5月7日上網。

境。這完全是怪我自己的疏忽。我希望今晚12點可以順利成行。我希望
告訴妳這件事不至於讓妳操心。這其實是一個蠻有趣的經驗，我以後再
向妳說明。

買了一份《七藝》(*The Seven Arts*)〔1917年6月號，胡適在《留學日
記：歸國記》裡說：是晨讀*Seven Arts*六月份一冊。此為美國新刊月
報，價值最高。中有Randolph Bourne〔波恩〕之"The War and the
Intellectuals"〔〈第一次世界大戰與知識分子〉一文〕。其以此次美國
之加入戰團歸罪此邦之學者，其言甚辯。又有一文述杜威之學說，亦
佳。[4]〕。看了一下午。現在寄給妳分享。

如果我等的電報沒到，我想我下午會去我三年沒去過的瀑布遊覽。

天氣好極了。相當涼——一早的時候幾乎可以說是太冷了。

我還有的是時間。即使我必須等到明晚才可以成行，我還是可以及時
趕到溫哥華上船。

對那些可能會為我作不必要的憂慮的人，就請不要告訴他們我被攔下
的事。

寄上我對妳和妳母親的想念。

胡適上　星期五〔6月15日〕中午[5]

胡適寄出了他給韋蓮司的信以後，當天下午，他就得到加拿大移民總監的回
電，要他向加拿大駐尼加拉瀑布的移民檢察官提出入境的申請。由於加拿大駐尼
加拉瀑布的移民檢察官也已經收到了移民總監的電報，所以胡適到了以後，馬上
就把手續辦妥了。當晚的半夜，胡適搭了跟前一天同一班的火車順利地進了加拿
大國境。火車在進了加拿大國境以後，又在當天(16日)從密西根州的猶龍口(Port
Huron)進入美國。當天下午抵達芝加哥。在芝加哥停留了兩個小時。想見的幾個
朋友都沒見成。傍晚6點半開車。

4　《胡適日記全集》，2：520。
5　Hu Shih to Clifford Williams, November 21, 1917，《胡適全集》，40：190。

　　6月17日，火車抵達明尼蘇達州的聖保羅。胡適在車上認識了新完成學業的許傳音和當時在耶魯大學任教的日本學者朝河貫一。在聖保羅換車，胡適換上了頭等車。「車尾有『觀覽車』，明窗大椅，又有書報，甚方便也。」他在車上讀了愛爾蘭作家丹山尼勛爵(Lord Dunsany)的劇本五種。胡適在日記裡描述了他在火車上看芝加哥以西大平原的風景：

　　　　自芝加哥以西，爲「大平原」(The Prairies)，千里曠野，四望空闊，
　　凡三日餘，不見一丘一山。十七日尚時時見小林，俗名「風屏」
　　(windbreak)者。十八日乃幾終日不見一樹，使人不歡。幸青天綠野，
　　亦自有佳趣。時見小湖水色藍艷，令我思赫貞河上之清晨風景。有時黃
　　牛驪馬，嚙草平原，日光映之，牛馬皆成紅色，亦足觀也。此數千里之
　　平野乃新大陸之「大中原」，今尚未經人力之經營，百年之後，當呈新
　　象矣。[6]

　　6月18日晨，火車抵達北達科他州的門關(Portal)，　重入加拿大境。這是胡適離開美國的最後一刻，他不禁在日記裡感傷地說：「從此去美國矣。不知何年更入此境？人生離合聚散，來蹤去跡，如此如此，思之惘然。」[7]19日早上6點，火車進入加拿大的落磯山脈。胡適在日記裡描述這一段旅程：「落磯山貫穿合眾國及加拿大。吾來時僅見南段之山，今去此乃見北段耳。落磯(Rocky)者，山石犖确之意。其高峰皆石峰無土，不生樹木。山巔積雪，終古不化，風景絕佳。」[8]
　　胡適所搭乘的火車在6月20日上午抵達溫哥華。他原先就約好一起回國的張慰慈，已經在兩天前就已經到了，他還到車站接了胡適。張慰慈是胡適從前在上海澄衷讀書時的同學。胡適從輪船公司那兒收到了朋友的幾封信：「讀C.W.〔韋蓮司〕一短書及N.B.S.〔瘦琴〕一長書，使我感慨。」[9]可惜，這兩封信現都已不

6　《胡適日記全集》，2：522。
7　《胡適日記全集》，2：522。
8　《胡適日記全集》，2：522。
9　《胡適日記全集》，2：529。

存。胡適給韋蓮司的回信說：

　　衷心感謝妳在我今晨抵達時迎接我的信。

　　離開綺色佳，對我來說不是一件容易的事。我一直覺得我的朋友的所在，就是我的家鄉。此刻，我就正要離開我所營造出來的家鄉而回到我父母給我的家鄉！

　　喔！我所要別離的妳！妳給我的友誼豐潤並深化了我的人生。每想到妳、每與妳一起作思考，就是喜悅！

　　我希望我們在往後的日子裡會永遠保持聯繫。

　　請在信上告訴我妳的健康和工作的情況。**一定要去渡假**。我這幾天一直為我們那天所談的事情記掛著。妳去渡假的時候，就請寄張明信片給我。在此敬祝妳會有一個完全放鬆而愉快的假期！

　　我明天啟航。在此懷著對妳與妳家人最美麗的回憶，並奉上最誠摯的祝福。

妳的朋友胡適[10]

　　胡適在6月21日登上「日本皇后號」郵輪。他坐的是二等艙，同艙的五人是：許傳音、鄭乃文、永屋龍雄、張慰慈以及胡適。從溫哥華到日本橫濱，兩個禮拜的航程，氣候一直不好。一直到抵達橫濱的兩天以前，也就是7月3日晚上，才第一次見到月亮。船行的顛簸以及海水的壯闊美麗，胡適6月30日在郵輪上寫給韋蓮司的信，有一段非常優美的描述：

　　前兩天海上顛簸得極為厲害，但現在已經平靜下來了。此刻的海是最美麗也不過了：三天來，這是第一次夕陽撒下它最迷人的餘暉；海水藍極了！那此起彼落的小白浪花更為之作了點綴。沒有浪花的海洋會是多

10　Hu Shih to Clifford Williams, June 20, 1917，《胡適全集》，40：192。

麼的單調與無趣啊！我們的郵輪仍然顛簸得很厲害，但我受得了。到現
在為止，我還沒暈過船，沒停過一餐飯，也沒被迫放下我的書本。[11]

我們記得胡適在1917年俄國二月革命以後，寫了一首頌讚「新俄萬歲」的
〈沁園春〉。很巧的是，他在「日本皇后號」郵輪上，就碰到了一群俄國革命後
「衣錦還鄉」的流亡的革命分子。胡適在日記裡幾次提到他們，不掩其鄙夷之
色：

二等艙中有俄國人六十餘名，皆從前之亡命，革命後為政府召回者
也。聞自美洲召回者，有一萬五千人之多。其人多粗野不學，而好為大
言。每見人，無論相識不相識，便高談其所謂「社會主義」或「無政府
主義」者。然所談大抵皆一知半解之理論而已。其尤狂妄者，自誇此次
俄國革命之成功。每見人輒勸其歸國革命，「效吾國人所為」。其氣概
之淺陋可厭也。其中亦似有沉靜深思之士，然何其少也！[12]

胡適在寫給韋蓮司的信裡，話說得一樣地重。他說這些俄國人：「幾乎全是
無政府主義者，現在被政府召回。我原先期待能跟這些流亡人士有一些有意味的
交流，結果是大失所望。相信我說的話，他們是令人討厭的一群！我一點都沒誇
張。」[13]他說他最鄙夷的，是他們的淺薄與浮誇：

在這群男女裡，有些是我畢生所見最膚淺、最封閉之最。再噁心的舉
止我都可以忍受。然而，浮誇、張著眼睛說謊話，才真是孰可忍！孰不
可忍！我一想到這些「過氣的革命家」（revolutionist emeritus
[revolutionists emeriti]）是由俄國政府付他們的川資、回國的時候還可能

11　Hu Shih to Clifford Williams, June 30, 1917，《胡適全集》，40：193。
12　《胡適日記全集》，2：531。
13　Hu Shih to Clifford Williams, June 30, 1917，《胡適全集》，40：193。

會受到凱旋式的歡迎，我就感到無比的悲哀。[14]

胡適嘲笑這批前此流亡的「革命分子」連「罷吃」一頓飯都堅持不了，還侈言什麼革命：

> 二等艙裡的俄國人嫌飯食不好，前天〔6月28日〕開會討論，舉代表去見船主，說這種飯是吃不得的。船主沒有睬他們。昨夜竟全體「罷飯」，不來餐堂。餐時過了，侍者們把飯菜都收了。到了九點鐘，他們餓了。問廚房要些麵包、牛油、乾酪、咖啡，大吃一頓。[15]

他在給韋蓮司的信上批評這批俄國人太過挑剔。他嗤笑他們天生就沒有嬌生慣養的命，卻貪圖在郵輪上當幾天的美食主義者：

> 事實上，二等艙的伙食是出奇得好，比我們這些住在大學城住食兩包的地方的伙食要好得多了，說不定也遠比這些「罷食者」在美國所能吃得到的飯菜要好得多多了。我懷疑他們回到此刻食物正短缺的俄國以後要怎麼過活呢！[16]

這六十幾個俄國人當中，只有少數幾個胡適願意美言幾句。他說：

> 頭等客中有托爾斯泰之子伊惹・托爾斯泰公爵（Count Ilya Tolstoy）。一夜，二等艙之俄人請其來演說其父之學說。演說後，有討論甚激烈。皆用俄語，非吾輩所能懂。明夜，又有其中一女子名Gurenvitch〔谷仁維奇〕者，演說非攻主義，亦用俄語。吾往聽之，雖不能懂，但亦覺其

14　Hu Shih to Clifford Williams, June 30, 1917，《胡適全集》，40：194。
15　《胡適日記全集》，2：533。
16　Hu Shih to Clifford Williams, June 30, 1917，《胡適全集》，40：194。

人能辯論工演説也。演畢，亦有討論甚烈。後聞其中人言，此一群人中
多持非攻主義，故反對一切戰爭。惟少數人承認此次之戰爲出於不得
已。[17]

　　我們記得胡適在1915年間一度成爲一個絕對不抵抗的非攻主義者。我在本書
第六章追溯他在1916年又從絕對的不抵抗主義者蛻變成一個國際仲裁主義者。我
們記得胡適所活躍於其中的「世界學生會」，在1913年加入「國際學生聯合
會」。該年「國際學生聯合會」所選出來的會長是德國人墨茨。1914年第一次世
界大戰爆發以後，墨茨因爲拒絕從軍當炮灰，遁入荷蘭轉道赴美。胡適當時稱讚
墨茨不犧牲其和平主義，「不爲流俗所移」，毅然遁走的行爲，「猶如空谷之足
音」，是一個理想家。等胡適變成一個國際仲裁主義者、贊成武力制裁以後，他
就轉而批評不願從軍者是不能犧牲小我、完成大我了。他甚而暗諷他們跟古時私
自折臂成殘以逃避兵役者都是一丘之貉：

　　〔1917年〕四月廿八日，美國議會通過「選擇的徵兵制」。此亦強迫
兵制之一種也。
　　自此以來，吾與吾友之非攻者談，每及此事，輒有論難。諸友中如
Paul Schumm〔舒母〕，Bill Edgerton〔艾傑頓〕，Elmer Beller〔貝
勒〕，Charles Duncan〔鄧肯，韋蓮司前男朋友〕皆不願從軍。昨與貝
勒(Beller)君談。君言已決意不應徵調，雖受囚拘而不悔。吾勸其勿如
此，不從軍可也，然亦可作他事自效，徒與政府抵抗未嘗不可，然於一
己所主張實無裨益。
　　吾今日所主張已全脱消極的平和主義。吾惟贊成國際的聯合，以爲平
和之後援。故不反對美國之加入〔第一次世界大戰〕，亦不反對中國之
加入也。

17 《胡適日記全集》，2：531。

然吾對於此種「良心的非攻者」（Conscientious objectors），但有敬愛之心，初無鄙薄之意；但惜其不能從國際組合的一方面觀此邦之加入戰圍耳。

因念白香山〔居易〕〈新豐老人折臂歌〉：

無何天寶大徵兵，戶有三丁點一丁。

……

是時翁年二十四，兵部牒中有名字。

夜深不敢使人知，偷將大石椎折臂。

向之寧折臂而不當兵者，與今之寧受囚拘而不願從軍者，正同一境地也。[18]

胡適所搭乘的「日本皇后號」在7月5日下午進日本的橫濱港。胡適原來的計畫是在橫濱下船，到東京一遊。然後，再從東京搭火車到長崎趕搭繼續駛向上海的「日本皇后號」。後來，因為郵輪在橫濱和長崎停留的時間都很短暫，已經決定作罷論[19]。然而，等他和張慰慈在橫濱下岸寄信買報的時候，因為朋友的堅邀，於是坐電車到東京去。在東京，胡適、張慰慈跟幾位舊友和新識在一家中國餐館吃了晚餐。幾位朋友雖然邀請他們在東京住一兩天，然後再坐火車到長崎趕船。胡適和張慰慈「以不欲坐火車，故不能留」。於是，「是夜九時，與諸君別，回橫濱。半夜船行。」[20]

7月7日早上，郵輪抵達神戶。胡適與張慰慈上岸一遊。胡適在神戶給韋蓮司寫了一張明信片：「5日在東京。和幾個舊友一唔。報載中國局勢大不妙〔指張勳復辟〕。再及。」[21]7月8日，到長崎。胡適和張慰慈沒上岸。胡適在日記裡描寫了沿岸絕美的景色：

18 《胡適日記全集》，2：511-512。
19 Hu Shih to Clifford Williams, June 30, 1917，《胡適全集》，40：196。
20 《胡適日記全集》，2：535-536。
21 Hu Shih to Clifford Williams, July 7, 1917，《胡適全集》，40：197。

八日，自神戶到長崎。舟行內海中，兩旁皆小島嶼，風景極佳。美洲聖洛能司河(St. Lawrence River)中有所謂「千島」〔Thousand Islands〕者。舟行無數小島之間，以風景著稱於世。吾未嘗見之。今此一日海程所經，亦可稱亞洲之「千島」耳。[22]

7月10日，「日本皇后號」抵達中國上海。胡適在日記裡說：「二哥、節公、聰侄、汪孟鄒、章洛聲，皆在碼頭相待。二哥年四十一耳，而鬚髮皆已花白。甚矣，境遇之易老人也！聰侄十一年不見，今年十八而已如吾長。節公亦老態蒼然，行步艱難，非復十年前日行六十里(丁未年〔1907〕吾與節公歸里，吾坐轎而節公步行)之節公矣。」[23]胡適在抵達上海當天給韋蓮司的信上，報告了他立時的觀感：

上海沒變！仍然跟從前一樣地縱情聲色、一樣地浮華。都市的面貌是有了極大的改變——新的交通工具、新的酒店、剪了辮子的男人。我還沒時間去逛書店。但從一天來的所談所見來看，我一點都樂觀不起來。我會再寫信告訴妳。

短暫的帝制已經是過眼雲烟了——就只有一個星期的壽命〔指張勳復辟〕。然而，整個國家都為之而在擾攘中。幾乎所有的國會議員現在都在上海。明天我會去找其中幾位談談，看他們的想法如何。現在全國分成了好幾派。帝制復辟是現在正要上演的鬧劇裡最不重要的一幕罷了。我預料會有進一步的鬥爭與攤牌，即使不是立時，也就在不久的將來。我個人是希望那越快發生越好。這點，我也會在下封信再告訴妳。

我現在住在一間旅店裡。會回家幾天。我現在在等著北京來的朋友談些北大的事。

我回國以前就已經對大局沒有抱著太大的期望，所以我對國事與我的

22　《胡適日記全集》，2：537-538。
23　《胡適日記全集》，2：538。

同胞也就不會大失所望。[24]

　有關張勳復辟的消息，胡適是在船抵橫濱的時候上岸買報紙的時候看到的。他在日記裡說：

　　七月五日下午四時船進橫濱港，始知張勳擁宣統復辟之消息。復辟之無成，固可斷言。然所可慮的，今日之武人派名為反對帝政復辟，實為禍亂根苗。此時之穩健派似欲利用武人派之反對復辟者以除張勳一派，暫時或有較大的聯合，他日終將決裂。如此禍亂因仍，坐失建設之時會，世界將不能待我矣。[25]

　誠然，「如此禍亂因仍，坐失建設之時會，世界將不能待我矣。」這在在說明了胡適留學歸國時的想法。他在留學日記的最後一則〈歸國記〉的啓始就已經說：

　　吾數月以來，但安排歸去後之建設事業。以為破壞事業已粗粗就緒，可不須吾與聞矣。何意日來國中警電紛至，南北之紛爭已成事實，時勢似不許我歸來作建設事。倪嗣沖在安徽或竟使我不得歸里。北京為倡亂武人所據，或竟使我不能北上。此一擾亂乃使我盡擲吾數月來之籌畫，思之悵然。[26]

　然而，儘管國事不堪，學成歸國的胡適已經不復是十年前出國時悲觀、未老先衰的胡適。我們記得胡適在1910年臨出國時所寫的〈去國行〉。其中的一首云：

24　Hu Shih to Clifford Williams, July 10, 1917,《胡適全集》，40：198-199。
25　《胡適日記全集》，2：535。
26　《胡適日記全集》，2：520。

　　　扣舷一凝睇，一發是中原。
　　　揚冠與汝別，微衫有淚痕。
　　　高邱豈無女，猙獰百鬼蹲。
　　　蘭蕙日荒穢，群盜滿國門。
　　　褰裳渡重海，何地招汝魂！
　　　揮淚重致詞：祝汝長壽年！

　　這種令人觸目驚心的「百鬼」、「群盜」、「荒穢」、「招魂」、「揮淚」等等「陳腔濫調」，當然已經不再是留學歸國以後倡導文學革命的胡適的詞彙的一部分。更重要的是，胡適的心態已經丕變。那悲觀、未老先衰的胡適，已彷如昨日之胡適已經譬如昨日死；胡適再也寫不出這樣頹唐、喪志的詩句。我們如果比較楊杏佛〈再送適之〉的詩，就可以看出胡適的許多朋友在詩情、詩意、詩興上還停留在十年前出國前胡適的模式裡：

　　　遙淚送君去，故園寇正深。
　　　共和已三死，造化獨何心？
　　　腐鼠持旌節，飢鳥滿樹林。
　　　歸人工治國，何以慰呻吟？[27]

　　學成歸國的胡適則不然，樂觀、朝氣是他的座右銘。他在1917年5月29日所改作的絕句云：

　　　五月西風特地寒，高楓葉細當花看。
　　　忽然一夜催花雨，春氣明朝滿樹間。[28]

---

27 《胡適日記全集》，2：533。
28 《胡適日記全集》，2：516。

他在6月1日贈別如任鴻雋、楊杏佛、梅光迪的〈文學篇〉的末句云：

> 暫別不須悲，諸君會當歸。
> 作詩與君期：明年荷花時，
> 春申江之湄，有酒盈清卮，
> 無客不能詩，同賦歸來辭！[29]

即使他從溫哥華回國的航程天候一直不好，海上波濤洶湧，船身顛簸終日。一直到「七月三夜月色甚好。在海上十餘日，此為第一次見月。與慰慈諸君閑步甲板上賞月，有懷美洲諸友。明日作一詞郵寄叔永、杏佛、經農、亦農、衡哲諸君」。這就是他的〈百字令〉：

> 幾天風霧，險些兒把月圓時孤負。
> 待得他來，又苦被如許浮雲遮住。
> 多謝天風，吹開孤照，萬頃銀波怒。
> 孤舟帶月，海天衝浪西去。
> 遙想天外來時，新洲曾照我故人眉宇。
> 別後相思如此月，繞遍人寰無數。
> 幾點疏星，長天清迥，有濕衣涼露。
> 憑闌自語。吾鄉真在何處？[30]

胡適這種「暫別不須悲」、「多謝天風，吹開孤照」的樂觀的心態，一如他自己所說的，是他在留美期間的一大斬獲。在這種樂觀的心態之下，國事再不堪，他都可以以「死馬當活馬醫」的決心去扭轉乾坤，讓死灰復燃。他在1916年1月4日的日記裡說：

---

29 《胡適日記全集》，2：518。
30 《胡適日記全集》，2：534。

　　吾嘗以爲今日國事壞敗，不可收拾，決非剜肉補瘡所能收效。要須打
定主意，從根本下手，努力造因，庶猶有死灰復燃之一日。若事事爲目
前小節細故所牽制，事事但就目前設想，事事作敷衍了事、得過且過之
計，則大事終無一成耳。

　　吾國古諺曰：「死馬作活馬醫。」言明知其無望，而不忍決絕之，故
盡心力而爲之是也。吾欲易之曰：「活馬作死馬醫。」活馬雖有一息之
尚存，不如斬釘截鐵，認作已死，然後敢拔本清源，然後忍斬草除根。
若以其尚活也，而不忍痛治之，而不敢痛治之，則姑息苟安，終於必死
而已矣。[31]

　　胡適這個不可救藥的樂觀主義者，在1917年春天讀了歐拉(S. L. Ollard)所寫
的英國宗教復興的《牛津運動簡史》(*A Short History of the Oxford Movement*)。他
喜歡該運動的領袖牛曼(John Henry Newman; Cardinal Newman, 1801-1890)，也就
是後來的牛曼大主教，引荷馬史詩的一句話："You shall know the difference now
that we are back again."〔吾輩已返，爾等且拭目以待！〕這時的胡適雖然已經憎
恨任何宗教，但他很喜歡這句話。他說：「其氣象可想。此亦可作吾輩留學生之
先鋒旗也。」[32]

　　「吾輩已返，爾等且拭目以待！」這是胡適返國的幾年之間，一再在演講以
及歸國留學生的聚會上所徵引的一句話。雄心萬丈的他，心中所充滿的是許許多
多的建設事業。然而，他恐怕從來就沒有預想到他在幾年之間，就會成爲全中國
思想界最具影響力的人物。事實上，在1917年回到中國的胡適，往後的十年，是
他一生的日正當中。

31　《胡適日記全集》，2：256。
32　《胡適日記全集》，2：486。

【舍我其誰：胡適】第一部

璞玉成璧

2011年1月初版　　　　　　　　　　　　　　　　　定價：新臺幣720元
2020年4月初版第三刷
有著作權・翻印必究
Printed in Taiwan.

著　　者	江	勇	振
叢書主編	沙	淑	芬
校　　對	王	中	奇
封面設計	蔡	婕	岑

出　版　者　聯經出版事業股份有限公司　　副總編輯　陳　逸　華
地　　　址　新北市汐止區大同路一段369號1樓　　總經理　陳　芝　宇
編輯部地址　新北市汐止區大同路一段369號1樓　　社　長　羅　國　俊
叢書主編電話　(02)86925588轉5310　　發行人　林　載　爵
台北聯經書房　台北市新生南路三段94號
　　　電話　(02)23620308
台中分公司　台中市北區崇德路一段198號
暨門市電話　(04)22312023
郵政劃撥帳戶第0100559-3號
郵撥電話　(02)23620308
印　刷　者　世和印製企業有限公司
總　經　銷　聯合發行股份有限公司
發　行　所　新北市新店區寶橋路235巷6弄6號2F
　　　電話　(02)29178022

行政院新聞局出版事業登記證局版臺業字第0130號

本書如有缺頁，破損，倒裝請寄回台北聯經書房更換。　ISBN　978-957-08-3747-6 (精裝)
聯經網址 http://www.linkingbooks.com.tw
電子信箱 e-mail:linking@udngroup.com

國家圖書館出版品預行編目資料

璞玉成璧/江勇振著 . 初版 . 新北市 .
聯經 . 2011.01 . 144面
17×23公分 . (舍我其誰：胡適 第一部)
ISBN 978-957-08-3747-6 (精裝)
[2020年4月初版第三刷]

1.胡適 2.傳記

783.3886   99026265